W0250159

metzler kompakt

Rock Pop Jazz

800 Bands und Künstler

Verlag J. B. Metzler
Stuttgart · Weimar

Verzeichnis der Autorinnen und Autoren

K. R. Bachmann
N. Brügmann
J. Eickmann
M. Falk
S. Franzen
S. Helms
M. Herbstmeier
C. Hoffmann
A. Kleinelanghorst
U. Kurth
H. Lörscher
G. Lübker-Suhre
R. Noltensmeier
C. Schomberg
I. Scheel
R.-M. Simon
S. Simon

A

Abba, schwedisches Pop-Quartett, gegründet 1972 in Stockholm von *Björn Ulvaeus*, *25.9.1945 (Gitarre), *Göran Bror Benny Andersson*, *16.12.1946 (Tasteninstrumente), *Agnetha Fältskog*, *5.4.1950 (Gesang) und *Anni-Frid Synni »Frida« Lyngstad*, *15.11.1945 (Gesang). Mit ihrem Song *Waterloo* gingen sie 1974 aus dem Grand Prix D'Eurovision siegreich hervor. 1977 belegten sie mit *Dancing Queen* erstmalig Platz 1 der amerik. Hitparade. Entscheidenden Einfluß auf den Erfolg der Band hatte Stig Anderson, der als Gründer des »Polar«-Labels (hier stand A. unter Vertrag), Kaufmann und Vermögensberater die vier Schweden managte. Alle Titel wurden von B. Andersson und B. Ulvaeus sowohl komponiert als auch arrangiert und von A. Fältskog und F. Lyngstad, mit denen sie zeitweilig verheiratet waren (Benny/Frida 1978–1981; Björn/Agnetha 1971–1978) gesungen. Zu den wichtigsten LPs bzw. Singles der Band zählen *She's my Kind of Girl* (1972), *People Need Love* (1972), *Waterloo* (1975), *Honey, Honey* (1975), *Mamma Mia* (1976), *Arrival* (1977), *The Best of ABBA* (1977), *The Album* (1978), *Voulez Vous* (1979), *Chiquitita* (1979), *Super Trouper* (1980) und *The Visitor* (1981). Der Film *ABBA-The Movie* erschien 1978 und wurde trotz schlechter Kritiken ein Welterfolg. Nach der Trennung im Jahr 1982 starteten Anni-Frid und Agnetha unabhängig voneinander Solo-Karrieren; Benny und Björn komponierten weiterhin gemeinsam und veröffentlichten 1984 zusammen mit dem Texter Tim Rice das Musical *Chess*. In den späten 80er Jahren zeigte sich zum ersten Mal der beginnende ABBA-Kult. Die CD-Serie *ABBA Gold* erzielte Millionenverkäufe, obwohl es sich größtenteils um Wiederveröffentlichungen handelte. Unzählige Bands begannen, Lieder von ABBA nachzuspielen. Die Gruppen und ihr Publikum kopierten in Kleidung und Auftreten ihre Vorbilder. 1999 erreichte der Kult um ABBA einen neuen Höhepunkt. Benny und Björn verarbeiteten die größten ABBA-Hits zum Musical *Mamma Mia* (deutsche Erstaufführung 2002). Der Erfolg von *Mamma Mia* löste eine weitere Welle der ABBA-Begeisterung aus.

Abercrombie, John, *16.12.1944 Portchester (New York); amerik. Gitarrist. Er wuchs in Greenwich auf und absolvierte von 1962–66 ein Musikstudium am Berklee College in Boston; bereits Ende der 60er Jahre spielte er mit Billy Cobham und den Brecker Brothers und verdingte sich lange als Studiomusiker. Seine erste Platte *Timeless*, die er u. a. mit dem Pianisten Jan Hammer einspielte, erschien 1974. Er war Mitglied in Billy Cobhams Band *Spectrum* und nahm etliche Platten mit Jack DeJohnette, Dave Holland, Lester Bowie sowie Eddie Goez auf. Im Duo ist er mit Ralph Towner auf *Sargasso Sea* (1976) und *Five Years Later* (1981) sowie mit John Scofield auf *Solar* (1996) zu hören. Sein Stil ist beeinflußt von moderner Rock- bzw. Jazz-Rock-Musik. A verwendet oft elektr. Effekte, um seinem Gitarrenspiel mehr Farbe zu verleihen. Er ist auf unzähligen Platten von Jazz- und Rockgrößen, die er auch auf Tourneen durch die USA, Europa oder Japan begleitet, zu hören. Wesentliche LPs sind *Characters* (1978), *Arcade* (1979), *Eventry* (1981), *Animato* (mit Vince Mendosa und Jon Christensen, 1990), *November* (mit John Surman 1993), *Homecoming* (1995) und *Cat'n'Mouse* (2002).

Abou-Khalil, Rabih, *17.8.1957, Beirut, libanesischer Ud-Spieler, Flötist und Komponist. In seiner Heimatstadt erlernte A. schon als Kind das Spiel auf der arabischen Kurzhalslaute Ud, floh 1978 wegen des Bürgerkriegs nach München. Dort begann er zunächst ein Hochschulstudium im Fach Querflöte und beschäftigte sich mit der Musik des Abendlandes. Aus dieser analytischen Perspektive heraus entdeckte er sein arabisches Erbe neu. Fortan trachtete er danach, mit verschiedenen Musikkulturen, namentlich der europäischen Klassik, des Jazz und der des arabischen Raumes eine neue Klangsprache zu schaffen. Westliche Kompositionstechnik kombinierte er dabei mit Jazz-Improvisation und den komplexen Metren und Skalen des Nahen Ostens. Zur Realisierung seiner Ideen arbeitete A. mit Musikern verschiedenster Disziplinen, unter ihnen Charlie Mariano, das *Kronos Quartet* oder der französische Tubist Michel Godard. Zu seinen wichtigsten Aufnahmen zählen *Roots And Sprouts* (1990), *Blue Camel* (1992), *The Sultan's Picnic* (1994), *The Cactus Of Knowledge* (2001) und *Morton's Foot* (2004).

AC/DC, australische Heavy-Metal Band, bestehend aus *Malcolm Young*, *6.1.1953 (Gitarre), *Angus Young*, *31.3.1959 (Gitarre), *Bon Scott*, *9.7.1946, † 19.2. 1980 (Gesang), *Phil Rudd*, *19.5.1954 (Schlagzeug) und *Marc Evans*, *2.3.1956 (Baßgitarre). Die 1973/74 in Sydney gegründete Band, deren Name die englische Abkürzung für Gleichstrom/Wechselstrom darstellt, spielt harte, manchmal extrem laute und aggressive Musik, bei der Gitarrenklänge und durchdringender Gesang im Vordergrund stehen. Mit *Highway to Hell* hatte die Band 1979 ihren ersten internationalen Erfolg. Nachdem Bon Scott 1980 an den Folgen übermäßigen Alkoholkonsums gestorben war, kam für ihn der Brite *Brian Johnson* (*5.10.1947), der vorher Sänger der Gruppe *Geordie* war, neu in die Band. Weitere wichtige LPs von AC/DC sind *High Voltage* (1976), *Let there Be Rock* (1977), *Highway to Hell* (1979), *Back in Black* (1980), *Fly on the Wall* (1985), *Blow up Your Video* (1987), *The Razor's Edge* (1990), *AC/DC Live* (1992), *Ballbreaker* (1995), *Bonfire* (1997) und *Stiff Upper Lip* (2000).

Adams, Bryan Guy, *5.11.1959 Kingston (Kanada); kanad. Gitarrist und Sänger. Der Sohn eines UN-Soldaten verbrachte seine Kindheit in verschiedenen Staaten Europas (Österreich, Portugal, Israel). Seine geradlinigen, melodischen Rock-Songs leben ebenso wie die gefühlvoll-melancholischen Balladen von seinem einfachen, gleichwohl dominanten Gitarrenspiel und von seiner rauchigen Stimme. Nachdem er 1979 mit dem Titel *Let Me Take You Dancing* seinen ersten Erfolg verbuchen konnte, schaffte er mit dem Album *Cuts Like a Knife* 1983 den internationalen Durchbruch. Lieder wie *Heaven, The Summer of 69, Run to You, This Time* und *It's Only Love* (im Duett mit T. Turner) erreichten oberste Hitparadenplätze in Amerika und Europa. 1991 landete er mit dem Titelsong *(everything I do) I Do It for You* zu dem Film *Robin Hood, König der Diebe* den Welthit des Jahres. Weitere interessante LPs sind: *Bryan Adams* (1980), *You Want It, You Get It* (1981), *Reckless* (1984), *Into the Fire* (1987), *Strong* (1988), *live! live! live!* (1988), *18 til I die* (1996), *»unplugged«* (1997), *On a day like today* (1998), die Filmmusik zu *Spirit – Stallion of the Cimarron* (2002) und *Room Service* (2005).

Adderley, Julian »Cannonball«, amerik. Jazzmusiker, *15.9.1928 Tampa (Florida), † 8. 8.1975 Gary (Indiana); Altsaxophonist, und dessen Bruder **Nat** (Nathaniel), *25.11.1931 Tampa; Trompeter und Kornettist. Die Brüder, Söhne eines Jazztrompeters, gingen in den 50er Jahren zunächst verschiedene Wege. »Cannonball« spielte u. a. 1955 in einer Gruppe von 0. Pettiford. 1956 gründete er in New York ein eigenes Quintett mit Nat als Trompeter, das sehr erfolgreich wurde, sich aber 1958 auflöste. Cannonball spielte dann (zusammen mit John Coltrane) bei Miles Davis, später als Solist in der George Shearing Big Band. Nat hatte 1954–55 bei Lionel Hampton gespielt, nach Auflösung des Quintetts trat er in den Gruppen von Woody Herman und Jay Jay Johnson auf. 1959 spielten die Brüder in dem erneuerten Quintett wieder zusammen. In San Francisco hatte die Gruppe einen triumphalen Erfolg. Ihr Stil war ein kräftig von Blues und Gospel gefärbter Soul-Jazz. 1960–65 bestand die Gruppe mit dem Flötisten Yusef Lateef als Sextett. Seit 1961 gehört ihr als Pianist und Arrangeur Joe Zawinul an. Typische Kompositionen sind u. a. Cannonballs *African Waltz* und Nats *Work Song*. Stilistisch hatte Cannonball von Charlie Parker das zupackende Timing, das spitze Stakkato des Altsaxophons, von John Coltrane die ausgreifende Flächenwirkung übernommen; Nat von Dizzy Gillespie das Attackenspiel, von Miles Davis eine gewisse Glättung mit einem melancholischen Unterton.

Aerosmith, US-amerik. Heavy-Metal-Band, bestehend aus *Steven Tyler* (eig. Steven Victor Tallarico, *26.3.1948), Gesang, *Joe Perry* (*10.9.1950), Gitarre, *Tom Hamilton* (*31.12.1951), Baßgitarre, *Brad Whitford* (*23.2.1952), Gitarre, und *Joey Kramer* (*21.6.1950), Schlagzeug. Die 1970 gegründete Band spielt harte, manchmal sehr laute Musik, mit starken Blues-Einflüssen. Melodische Gitarrenriffs und ein oft aggressiver Gesang stehen im Vordergrund ihrer Titel. Nachdem sie 1973 mit *Dream on* ihren ersten Hit verbuchen konnten, gelang ihnen 1976 mit *Walk this Way* erneut der Sprung in die Top 10. In dieser Zeit gehörten sie zu den beliebtesten Live-Gruppen in den Vereinigten Staaten. Wenig später jedoch zeigten sich erste Auflösungserscheinungen; einige Gruppenmitglieder verließen A. Erst 1984 kam es zu einem Comeback in Originalbesetzung, wobei die LP *Done With Mirrors* wenig erfolgreich war. Erst die 1986 in Zusammenarbeit mit der Rap-Formation *Run DMC* entstandene neue Version von *Walk this Way* brachte die Rückkehr in die Chart-Spitzen. Ausverkaufte Konzerte und mehrere Platinauszeichnung für ihre Plattenverkäufe bescherten Aerosmith einen zweiten Frühling. Sie wurden zu einer der erfolgreichsten Bands der 90er Jahre. Zu den wichtigen LPs zählen *Aerosmith* (1973), *Get Your Wings* (1974), *Toys in the Attic* (1975), *Rocks* (1976), *Draw the Line* (1977), *Permanent Vacation* (1987), *Pandoras Box* (1991), *Nine Lives* (1997), *Little South of Sanity – live* (1998) und *Just Push Play* (2001).

A-HA, skandinavisches Pop-Trio. Gegründet wurde die Band um 1981 in Oslo. Die Musiker *Morten Harket* (*14.9.1959), Gesang, *Magne Furuholmen* (*1.11.1962), Keyboards und Gesang, und *Pal Waaktaar* (*6.9.1961), Gitarre und Gesang, machten bereits Ende der 70er Jahre (damals noch getrennt voneinander) in ihrer Heimat Musik. A-Ha spielen englischsprachige Pop-Musik, vorwiegend sanfte, eher melancholische Lieder, geprägt durch moderne Keyboards und Drumcomputer, bei denen Morten Harket mit seiner weichen, jugendlichen Stimme, die er oft in sehr hohen Lagen einsetzt, dominiert. 1985 gelang ihnen mit dem Song *Take On Me* und einem dazugehörigen, preisgekrönten Zeichentrick-Musikvideo ihr erster Erfolg (Platz 1 der amerik. Hitparade). Nachfolgende Hits, wie *The Sun always Shines on T. V.*, *Cry Wolf*, *Train of Thought*, *Hunting High and Low* und *The Living Daylights* (alle Titel stammen aus den Jahren 1986–87) festigten die Karriere der drei Musiker. Ein weiterer Hit *Shapes that Go Together* erschien 1994. Weitere LPs der Band waren *Hunting High and Low* (1985), *Scoundrel Days* (1986) und *Stay on these Roads* (1988). 1993 schien das Potential der Gruppe ausgeschöpft zu sein. Die Musiker trennten sich und widmeten sich eigenen Projekten. Bei der Feier zur Verleihung des Friedensnobelpreises 1998 trafen sie sich wieder. Dabei entstand die Idee, es noch einmal zu versuchen. Es wurde ein fulminantes Comeback mit triumphalen Konzerten und zwei erstklassigen Alben: *Minor Earth Major Sky* (2000) und *Lifelines* (2002), denen 2003 das Livealbum *How Can I Sleep With Your Voices In My Head* folgte.

Akkerman, Jan, *24.12.1946 Amsterdam; ndl. Gitarrist. A. studierte 5 Jahre lang an einer Lyceum-Musikschule, bevor er erste praktisch-musikalische Erfahrungen in den Gruppen *Johnny and the Cellar Rockers, The Hunters* und *Brainbox* sammeln konnte. Durch seine virtuose Gitarrenarbeit mittlerweile auf dem ndl. Musikmarkt populär geworden, gründete A. 1969 zusammen mit dem Multiinstrumentalisten *Thiejs van Leer* (*31.3.1948) und dem Schlagzeuger *Pierre van der Linden* (*19.2.1946) die Band *Focus.* Beeinflußt von klassischen Komponisten wie Bach und Bartók, aber auch von Jazz-Größen wie M. Davis und C. Corea, schufen sie einen Musikstil, der bis dahin seinesgleichen in Europa gesucht hatte. Nach Chart-Erfolgen wie *Hocus Pocus* und *Sylvia* (die 1973 sogar in die amerik. Top 10 kamen) und ausgedehnten Tourneen, wurde A. von der Zeitschrift *Melody Maker* zum »weltbesten Gitarristen« gekürt. 1975 verließ er die Formation und ist seitdem als Fusion-Gitarrist mit Jazzausrichtung solistisch erfolgreich tätig. Einige seiner LPs sind *Moving Waves* (1971) (mit *Focus*) sowie *Profile* (1972), *Tabernakel* (1974), *Oil in the Family* (1981), *Can't Stand the Noise* (1983), *Jan Akkerman 50* (1996), *10.000 Clowns On A Rainy Day* (1997) und *Passion* (1999).

Alexander, Monty (eig. Montgomery Bernard Alexander), *6.6.1944 Kingston, Jamaika; amerik. Jazzpianist. Sein persönlicher Stil verbindet außergewöhnliche pianistische Virtuosität, die ihm den Ruf eines Oscar Peterson-Nachfolgers einbrachte, mit dem rhythmischen Charme und Raffinement seiner karibischen Heimat. 14jährig gründete er seine erste Band, *Monty and the Cyclones*, beeinflußt von R & B und Ska. 1961 ging er in die USA, wo der New Yorker Clubbesitzer Jilly Rizzo, ein Freund Frank Sinatras, auf ihn aufmerksam wurde und ihn für seinen Club als Pianist engagierte. Dort lernte er Ray Brown, Bassist des Oscar Peterson Trios, kennen, mit dem er fortan eng zusammenarbeitete. Weitere Zusammenarbeit mit Milt Jackson, Herb Ellis, Dizzy Gillespie u. v. a. Seine 2003 eingespielte Trio-Platte *Impressions in Blue* ist auch eine Hommage an Ray Brown. Sein stilistisch vielfältiges Schaffen umfaßt zahlreiche Trio-Aufnahmen, darunter *Trio* (1980) und *Overseas Special* (1982), jeweils mit Herb Ellis (g) und Ray Brown (bass), *Reunion in Europe* (1983) und *Echoes of Jilly's* mit John Patitucci (bass) und Troy Davis (dr), aber auch größere Formationen unter Einbeziehung von Steel Drums und Perkussion, wie in *Caribbean Circle* (1992), *To the Ends of the Earth* (1996) und *Stir It Up – The Music Of Bob Marley* (1999), Aufnahmen, welche die musikalischen Wurzeln seiner karibischen Heimat reflektieren. Weitere wichtige Aufnahmen: *Soul Fusion* (1977) mit Milt Jackson (vib), *Montreux Alexander, Live!* (1977). 1996 führte er George Gershwins *Rhapsodie in Blue* mit Sinfonieorchester unter dem Dirigat von Bobby McFerrin auf.

Allen, »Red« (Henry jr.), † 7.1.1908 Algiers (Louisiana), † 17.4.1967 New York; amerik. Jazztrompeter und -sänger. Er spielte zunächst in der Band seines Vaters und Lehrers Henry Allen († 1952), fiel dann während der 30er Jahre solistisch im Orchester von Fletcher Henderson auf und spielte 1937–40 mit Louis Armstrong, neben dem er damals als der bedeutendste Jazztrompeter galt. In den 40er Jahren leitete A. eigene Gruppen. In den 50er Jahren griff er auf den traditionellen Jazz der Band von Kid Ory zurück. Sprichwörtlich geworden ist die Kennzeichnung seiner jazzgeschichtlichen Einordnung »zwischen Armstrong und Roy Eldridge«. Schon früh wich A. aber von Armstrong ab, dämpfte das Stakkato, bevorzugte mehr flüssige Legati, wobei seine Intonation satt und rauh, seine Phrasierung aber vorausweisend modern wirkte. Damit gilt A. als Anreger für Swing- und Bebop-Trompeter.

Allison, Luther, *17.8.1939 Mayflower (Arkansas), † 12.8.1997 Madison (Wisconsin); amerik. Gitarrist und Sänger. A. kam 1951 nach Chicago und sammelte hier im familiären Gospel-Chor *The Southern Travellers* erste musikalische Erfahrungen. Ende der 50er Jahre gründete er eigene Bands, verfeinerte sein Gitarrenspiel, wobei ihn Freddie King, Magic Sam und Elmore James stark beeinflußten, und wurde einer der Stars der Chicagoer Blues-Szene. 1969 wurde A. Profi-Musiker und nahm im gleichen Jahr seine LP *Love Me Mama* auf. Wenig später gründete er die *Luther Allison Band,* die in wechselnden Besetzungen bis in die 80er Jahre hinein sein ständiger Begleiter wurde. A. gilt als einer der Blues-Erneuerer. Er hat die traditionellen Formen dieser Musik mit Soul- und Rock 'n' Roll-Elementen verbunden und sich so in Europa und den USA ein breites Publikum erobern können. In den 80er Jahren gab er diesen Stil zugunsten eines etwas seichten Pop-Sounds auf, was einen Großteil seiner Anhänger verärgerte. Zu seinen wichtigsten LPs zählen *Bad News Is Coming* (1973), *Love Me Papa* (1977), *Live in Paris* (1979), *Here I Come* (1985), *Rich Man* (1987), *Bad Love* (1994) und *Reckless* (1997).

Allman Brother's Band, amerik. Southern-Rock-Formation, die 1969 in der Besetzung Duane Allman (*20.11.1946, † 29.10.1971), Gitarre, Gregg Allman (*8.12.1947), Tasteninstrumente und Gesang, Dickey Betts (*12.12.1943), Gitarre, Berry Oakley (*4.4.1948, † 11.11. 1972), Baßgitarre, Jai Jai Johanson (*8.7. 1944), Schlagzeug, und *Butch Trucks,* Schlagzeug, gegründet wurde. Ihre Musik, die Einflüsse aus Rock, Blues und Country & Western aufweist, wurde stilistisch besonders geprägt durch das interessante und improvisationsreiche Gitarrenspiel D. Allmans sowie durch eine eminente rhythmische Dichte (2 Schlagzeuge). Mit ihren Live-Platten *At Fillmore East* (1971) und *Eat a Peach* (1972) erreichten sie ein Millionenpublikum. Kurze Zeit später jedoch verunglückten bei Motorradunfällen D. Allman und B. Oakley tödlich; außerdem kamen bei Unfällen auch drei Tontechniker ums Leben. Mit wechselnden Gastmusikern gelang zwar 1973 noch ein Bestseller (*Brother and Sisters,* Single-Auskoppelung: *Ramblin Man*), 1976 fiel die A. B. B. jedoch auseinander. Bei diversen Comeback-Versuchen konnte an frühere Erfolge nicht angeknüpft werden. Weitere wichtige LPs der Band sind *Win, Loose or Draw* (1973), *Beginnings* (1973), *The Road Goes on Forever* (1975), *Wipe the Windows, Check the Oil Dollar Gas* (1975). Erst als die Allmans sich 1989 mit Allman, Betts, Johanson und Trucks sowie Gitarrist Warren Haynes, Bassist Alan Woody und kurz darauf Perkussionist Marc Quinones erneut zusammenfanden, erlangten sie die einstige Durchschlagskraft, dokumentiert auf *Seven Turns* (1990), *Shades Of Two Worlds* (1991) *An Evening With The Allman Brothers Band* (1992) *Where It All Begins* (1994) und *An Evening With The Allman Brothers Band, 2nd Set* (1996). Haynes und Woody gründeten unterdessen erfolgreich *Gov't Mule* und kehrten der A.B.B. den Rücken. Anstatt ihrer kamen Gitarrist Derek Trucks und Bassist Oteil Burbridge, die mit ihrer Jugend neues Feuer in die Band trugen. Nach internen Streitigkeiten wurde Betts gefeuert und nach dem Tod von Alan Woody am 26.4.2000 kehrte Haynes in den Schoß der Band zurück. Mit einer erfrischenden Mischung aus Jazz, Rock, Blues, Country und Latin zeigten sich die Allmänner auf *Hittin' The Note* (2003) und dem fulminanten Livealbum *One Way Out* (2004) in der besten Form ihrer gesamten Laufbahn.

Almond, Peter Marc, *9.7.1957 Southport; engl. Pop-Sänger. Er besuchte die Kunsthochschule in Leeds und gründete 1979 zusammen mit seinem Studienkollegen David Bell (Songschreiber und Keyboarder) das Duo *Soft Cell.* Sie spielten leichtgängige, einfühlsame Pop-Schlager, die mit viel Elektronik (Keyboards, Drumcomputer) angereichert waren, und konnten mit *Tainted Love* 1981 ihren ersten Hit verbuchen. Nach der Trennung (1984) arbeitete A. u. a. als Solist weiter und feierte 1988 mit *Something's Gotten Hold of my Heart* und 1992 mit dem Song *The Days of Pearly Spencer* seine bisher größten Erfolge. Wichtige Langspielplatten sind: *Vermin in Ermine* (1984), *Stories of Johnny* (1985), *Mother Fist and Her Five Daughters* (1987), *Jaques* (1989), *Virgin's Tale* (1994), *Open All Night* (1999) und *Stranger Things* (2001), ein düsteres und melancholisches Album, das seine Stimme so grandios wie nie hervorstellt. Ebenfalls im Jahr 2001 startete A. eine neue Zusammenarbeit mit seinem *Soft Cell* Partner Dave Ball. 2003 nahm erdas Album *Heart On Snow* auf.

Alpert, Herb, *31.3.1935 Los Angeles; amerik. Trompeter, Sänger, Songschreiber, Produzent und Gelegenheitsschauspieler. Der Sohn eines russischen Emigranten und einer ungarischen Mutter begann seine Laufbahn als Trompeter in einer Armeeband und schrieb anschließend zusammen mit dem Komponisten Lou Adler Songs für den Sänger Sam Cooke *(Only Sixteen* und *Wonderful World*) und das Gesangsduo Jan & Dean (*Baby Talk*). Es handelt sich dabei um ruhige, primär melodische Schlager, wie sie für das Amerika der 50er und 60er Jahre typisch waren. 1962 gründete A. mit dem Produzenten Jerry Moss *A & M Records* (hier waren u. a. die *Carpenters* und C. Stevens unter Vertrag). In dieser Zeit arbeitete A. auch als Schauspieler in Hollywood-Filmen. Im gleichen Jahr gelang ihm mit dem Titel *The Lonely Bull* sein erster Hit. Wenig später gründete er die Gruppe *Tijuana Brass,* die in erster Linie Instrumentalmusik spielte, welche eine Mischung aus mexikan. Folk-Elementen, Jazz und Rock 'n' Roll darstellt, wobei A.s Trompetenspiel dominiert. Die äußerst erfolgreiche Band verkaufte in den 60er Jahren über 40 Millionen LPs; 1968 gelang A. mit *This Guy's in Love With You* ein Solohit – ein Jahr später löste er *Tijuana Brass* auf und konzentrierte sich auf seine solistische Karriere, wobei er den musikalischen Stil der Band jedoch weitgehend beibehielt. Zu den wichtigen LPs gehören *What Now My Love* (1966), *The Beat of the Brass* (1968), *The Brass Are Comin* (1969), *Solid Brass* (1977) und *Rise* (1979), mit der er in die Top Ten zurückkehrte. Doch mit *Beyond* (1980), *Fandango* (1982) und *Wild Romance* (1985) sank seine Popularität kontinuierlich. *Keep Your Eye On Me* (1987) sicherte ihm noch einmal einen

Achtungserfolg, doch die Alben der 90er Jahre blieben Flops. Weit erfolgreicher war 1990 der Verkauf seines Labels A & M Records an PolyGram für 500 Millionen Dollar. Ende der 90er Jahre betätigte er sich als Aussteller expressionistischer Kunst und beteiligte sich an der Produktion von Broadway Musicals wie *Angels In America* und *Jelly's Last Jam*.

Ambros, Wolfgang, *19.3.1952 Wolfsgraben bei Wien; östr. Liedermacher, Komponist, Texter und Gitarrist. A. war in den 70er Jahren einer der ersten, die den morbiden Charme der Wiener Mundart für satirische, sozialkritische und auch ironische Lieder entdeckten. A. trägt seine Songs, deren Texte meist von Josef Prokopetz bzw. Manfred Tauchen verfaßt wurden, mit oft ausdrucksloser, schläfriger Stimme vor. Sein bekanntestes Werk, das Rock-Hörspiel *Der Watzmann*, wurde über 250.000 Mal verkauft. Außerhalb Österreichs wurde A. wegen seiner gelungenen Interpretationen von Liedern Bob Dylans bekannt, die er sehr originell ins »Wienerische« übertrug: *Wie im Schlaf, Lieder von Bob Dylan – gesungen von W. Ambros* (1978). Einige seiner bekanntesten LPs sind außerdem *Zwickt's mi* (1975), *Es lebe der Zentralfriedhof* (1977), *Schifoan* (1977), *Idealgewicht* (1989), *Langsam wochs ma z'amm* (1990) und die Rückschau *Die 20 größten Hits seit 20 Jahren* (1992). Mit dem Album *Nach mir die Sinnflut – Ambros singt Waits* (2000), auf dem er Songs von Tom Waits »verwienert«, knüpft A. wieder an die Dylan-Tradition an. 2003 brachte der sozial engagierte Sänger das Album *Namenlos* heraus.

Amen Corner, brit. Pop-Rock-Band, bestehend aus *Andy Fairweather-Low* (*2.8.1950), Gesang, *Neil Jones* (*25.3.1949), Gitarre, *Derek Blue Weaver* (*11.3.1947), Tasteninstrumente, *Allen Jones* (*6.2.1947) und *Mike Smith* (*4.11.1947), beide Saxophon, *Clive Taylor* (*27.4.1949), Baßgitarre, und *Dennis Bryon* (*14.4.1949), Schlagzeug. Die Musiker kannten sich bereits aus der Schulzeit, bevor sie 1966 A. C. in Cardiff/Wales gründeten. Sie spielten einfache, schlagerähnliche Pop-Rock-Musik mit Einflüssen aus dem Blues, melodisch und rhythmisch leicht verständlich und ohne Schnörkel. A. C. war das, was man damals unter einer »Teenage Band« verstand. 1967 hatten sie mit dem Titel *Gin House Blues* ihren ersten Chart-Erfolg. Ihr Super-Hit *(If Paradise Is) Half as Nice* erschien 1969. Außerdem war die Gruppe mit eigenen TV-Serien wie *Stars in Their Eyes* und *A Night with Amen Corner* im engl. Fernsehen vertreten. 1971 löste sich die Formation auf. Sie veröffentlichten *Round Amen Corner* (1969), *The National Welsh Coast Explosion Company* (1969), *The World of …* (1970), *Farewell to the Real Magnificent Seven* (1970) und *Chartbusters* (1970). Von den Mitgliedern konnte sich lediglich Andy Fairweather-Low in der Musikszene halten. Er gründete die Band *Fairweather* und wurde einer der gefragtesten Studiomusiker der Rockmusik. Hervorzuheben ist seine enge Zusammenarbeit mit Eric Clapton.

America, amerik. Gesangstrio in der Besetzung *Dewey Bunell* (*19.1.1951), Gesang und Gitarre, *Gerry Beckley* (*12.9.1952), Gesang und Gitarre, sowie *Dan Peek* (*1.11.1950), Gesang und Gitarre. Die Söhne von in England stationierten US-Offizieren gründeten 1970 in London zunächst die Band *Daze*; wenig später benannten sie sich in *America* um und veröffentlichten 1971 ihre erste LP, aus der der Titel *A Horse with No Name* ausgekoppelt und ein weltweiter Sensationserfolg wurde. Ihre dem Folk zuzurechnenden Stücke, die Einflüsse aus der Rock-, Western- und Pop-Musik aufweisen, trugen sie dreistimmig vor, wobei sie ihre Instrumente eher dezent einsetzten. Nach ihrer Rückkehr in die USA 1972 wurden sie von dem Produzenten George Martin (der auch die Songs der Beatles produziert hatte) betreut; ein weiterer Nummer-1-Hit blieb ihnen jedoch – trotz einiger bemerkenswerter LPs – versagt. Dan Peek verließ 1977 die Formation, um sich solistisch christlicher Musik zuzuwenden. *America* arbeitete als Duo weiter; mit *The Last Unicorn* (gleichzeitig auch Titelsong zu dem gleichnamigen Zeichentrickfilm) gelang ihnen ein erneuter Chart-Erfolg. Wichtige LPs der Band sind *America* (1972), *Hat Trick* (1972), *Holiday* (1974), *Hearts* (1975), *History* (1975), *Silent Letter* (1979), *View from the Ground* (1982), *Perspective* (1985), *Ventura Highway and other Favourites* (1988), *Hourglass* (1997), *Human Nature* (1999).

Amon Düül II, dt. Rockgruppe, gegründet 1968 in Herrsching (Bayern) von *Christoph (Chris) Karrer* (*20.1.1947), Violine, Gitarre und Saxophon, *Johannes (John) Weinzierl* (*4.4.1949), Baßgitarre und Rhythmusinstrumente, *Falk Ulrich Rogner* (*14.9.1943), Gitarre und Tasteninstrumente, *Renate Knaup* (*1.7.1948), Gesang, *Dieter Serfas*, Schlagzeug und Rhythmusinstrumente, *Peter Leopold*, Schlagzeug, *»Schrat«*, Rhythmusinstrumente, Violine u. Gesang, und *Dave Anderson*, Baßgitarre und Rhythmusinstrumente. A. D. II entstand aus Mitgliedern der Formation *Amon Düül* (*Amon* war eine ägypt. Gottheit, *Düül* eine türk. Fabelfigur) und machte durch surreale, experimentelle Musik mit starken Improvisations-Anteilen und psychedelischen Einflüssen auf sich aufmerksam. Sie zählten zu den Undergroundbands der späten Hippie-Generation und veröffentlichten ihr Erstlingswerk, *Phallus Dei*, 1969. Wenig später schrieben sie die Filmmusik zu *San Domingo* und erhielten dafür den Bundesfilmpreis. Nicht enden wollende Personalumbesetzungen, eine zunehmende stilistische Richtungslosigkeit und mangelnde Verkaufszahlen führten die Formation Anfang der 80er Jahre in die Bedeutungslosigkeit. Zu den wichtigsten LPs der Band zählen *Yeti* (1970), *Tanz der Lemminge* (1971), *Carnival in Babylon* (1972) und *Wolf City* (1972). Im Zug des Krautrock-Revivals der 90er Jahre kam es zu mehreren Reunions der Band, die jedoch nur von Spezialisten beachtet wurden. A.D.II produzierten eine Reihe von Remixen und Neuausgaben alter Songs und Alben sowie die Live-CD *Live In Tokyo* (1996).

Anderson, Ian, *10.4.1947 Blackpool; engl. Sänger, Flötist und Songschreiber. Nach dem Besuch einer Kunstschule spielte A. 1963 bei den *Blades* (ab 1965 *John Evan Band*). 1968 gründete er *Jethro Tull* (Name eines engl. Autors aus dem 18. Jh.). Man spielte bluesorientierte Rockmusik mit Jazz-Einflüssen, und noch im Gründungsjahr erschien *This Was*. V.a. A.s interessantes Flötenspiel auf dieser LP, das er gelegentlich mit Spuck- und Knurrlauten paart, aber auch sein weicher, manchmal zarter Gesang verhelfen *Jethro Tull* zum Erfolg. Neben dem Single-Hit *Love Story* (1969) schrieb A. noch weitere Top 10-Songs für die Band (*Living in the Past* (1969), *Sweet Dreams* (1969), *The Witches Promise* (1970), *Locomotive Breath* (1970) und *Bourée* (1974)). A. entwickelte sich in der Folge zum Multi-Instrumentalisten (Schlagzeug, Saxophon, Mundharmonika, Gitarre u. Klavier). Besonders beeindruckend sind seine Live-Präsentationen, bei denen er als Clown, Geschichtenerzähler, Pantomime und Entertainer auftritt. Seine akrobatischen Kunststücke und seine häufig altertümliche Kleidung in Verbindung mit seinem unverwechselbaren Spiel brachten ihm den Namen »Rattenfänger der Rockmusik« ein. Zu seinen wichtigen

LPs gehören *This Was* (1968), *Stand up!* (1969), *Benefit* (1970), *Aqualung* (1971), *Living in the Past* (1972), *Songs from the Wood* (1977), *Stormwatch* (1979), *Crest of a Knave* (1987), *Rock Island* (1989), *A Little Light Music* (1992), *Roots to Branches/Jethro Tull in Concert* (1995), *J-Tull Dot Com* (1999) und das Solo-Album *The Secret Language of the Birds* (2000). Sein zweites Solo-Album *Rupi's Dance* (2003) war ein schwacher Aufguß früherer Abenteuer.

Anderson, Laurie, *5.6.1947 Wayne (Illinois); amerik. Performancekünstlerin, Sängerin, Violinistin und Songschreiberin. Musik betreibt sie nur nebenbei, ihr eigentliches Metier sind multimediale Live-Happenings, auf denen sie als Entertainerin und Komikerin die Widersprüche in der Gesellschaft der USA aufzuzeigen versucht. Auch die Musik der ausgebildeten Kunsthistorikerin ist schwer in Normen zu fassen. Oft sind es mehr Klangbilder als komplette Songs (so schrieb sie z. B. eine Symphonie für Autohupen), manchmal nur Wortfetzen, die sie mit Rock-Musik untermalt und mit denen sie versucht, das Publikum zu schockieren und zu provozieren. 1981 gelang ihr mit *O Superman* ein Top 10-Erfolg in England. Danach wurde ihr Musikstil zunehmend rockiger und verständlicher. In ihren Texten befaßt sie sich mit Politik, Geld und Liebe. Einige ihrer wichtigen Platten sind *Big Science* (1982), *Mister Heartbreak* (1983), *Home of the Brave* (1986), *Bright Red* zusammen mit Brian Eno (1994), *Life on a String* (2001). 2002 reagierte sie mit dem ergreifenden Live-Mitschnitt *Live At Townhall NYC* als einer der ersten amerikanischen Künstler auf die Ereignisse des 11. September.

Andrews, Chris, *15.10.1942 Romford; brit. Sänger und Komponist. Er begann in den 50er Jahren mit dem Komponieren und gründete 1963 die Beatband *Chris Ravel & The Ravers* (wobei A. sich Chris Ravel nannte), deren häufigster Auftrittsort Hamburg war. Ebenfalls 1963 schrieb er für den Sänger und Schauspieler Adam Faith den Top 10-Hit *The First Time*, 1965 gelangen ihm mit den Songs *Long Live Long* und *Girl Don't Come*, die er für Sandy Shaw geschrieben hatte, zwei weitere Chart-Erfolge. Im gleichen Jahr konnte er mit *Yesterday Man*, einem Dauerbrenner insbes. in der Bundesrepublik, seinen ersten großen Erfolg als Solist feiern. Einen weiteren Hit hatte er mit *To Whom it Concerns*. A. komponierte und sang meist gut gelaunte, einfach arrangierte und melodisch eingängige Pop-Schlager, die typisch waren für die damalige Beat-Ära. Mit *Pretty Belinda* schaffte er 1969 noch einmal den Sprung an die Spitze der Europäischen Hitparaden, anschließend wurde es jedoch um ihn, der unterdessen nach Deutschland übergesiedelt war, ruhiger. Mehrfach versuchte er ein Comeback, jedoch ohne großen Erfolg. Bei Oldie-Veranstaltungen ist A. heute ein gern gesehener Gast.

Andrews Sisters, amerik. Gesangs-Trio, bestehend aus den Schwestern *La Verne A.* (*6.7.1915, †8.5.1967), *Maxene A.* (*3.1.1918, †21.10.1995) und *Patti A.* (*16.2.1920). Nachdem sie bereits im Kindesalter getrennt voneinander aufgetreten waren und Tourneen durch die USA absolviert hatten, erschienen sie Anfang der 1930er Jahre gemeinsam auf der Bühne. Sie sangen für die damalige Zeit typische Swing-Titel (im Stil von G. Miller, B. Goodman oder den Dorsey Brothers) mit südamerik. Einflüssen, wobei ihr Markenzeichen ein unverwechselbar dichter dreistimmiger Gesang war. 1937 produzierte Dave Kapp mit ihnen den Song *Bei mir bist du schön*, der über eine Million mal verkauft wurde. Zusammen mit B. Crosby hatten sie insg. 23 Hitnotierungen, u. a.: *Pistol Packin Mama* (1943), *A Hot Time in the Town of Berlin* (1944) und *Don't Fence Me In* (1944). Außerdem nahmen sie Platten mit Les Paul, Danny Kaye und vielen anderen auf und wirkten darüber hinaus in einigen Musikfilmen mit. Ihr wohl größter Hit, *Rum & Coca-Cola*, erschien 1945. Mit über 60 Millionen verkauften LPs zählen sie zu den erfolgreichsten rein weiblich besetzten Bands aller Zeiten. Erfolgreiche LPs der A. S. waren *Ferryboat Serenade* (1940), *Shoo-Shoo Baby* (1943), *Christmas Island* (1946), *I Can't Dream, Can't I* (1949) und *I Wanna be Loved* (1950).

Animals, The, engl. Blues-Rock-Gruppe, bestehend aus *Eric Burdon* (*11.5.1941), Gesang, *Alan Price* (*19.4. 1941), Tasteninstrumente, *Brian James »Chas« Chandler* (*18.12.1938, † 17.7. 1996), Baßgitarre, *Hilton Valentine* *21.5.1943 (Gitarre), *John Steel* (*4.2. 1941), Schlagzeug, nach Umbesetzungen auch *Barry Jenkins* (*22.12.1944), Schlagzeug, und *Dave Rowberry* (*27.12.1943), Keyboards. Die A. wurden 1962 gegründet und zwei Jahre später von dem Produzenten Mickie Most unter Vertrag genommen. Er veröffentlichte ihre erste Single, *Baby Let Me Take You Home*, 1964; der eigentliche Durchbruch gelang den A. aber erst mit der im Sommer des gleichen Jahres erschienen Single *House of the Rising Sun*, einem Nummer–1-Hit auf beiden Seiten des Atlantik. Nach einer bis 1966 andauernden Erfolgsserie verließen A. Price und J. Steel die Band; sie wurden durch B. Jenkins und D. Rowberry ersetzt. Es begannen jedoch Auflösungserscheinungen; E. Burdon (mittlerweile Kopf der A.) wechselte die Musiker aus und benannte die Band in *Eric Burdon & the Animals* um, löste sie aber schließlich 1968 auf. Comeback-Versuche in den Jahren 1977 und 1983 blieben ohne größere Resonanz. Die A. spielten schnörkellose Rockmusik, die von Burdons kräftiger und gefühlvoller Stimme geprägt war. In seinen Texten besang er häufig die Träume, Hoffnungen und Ängste der damaligen Jugend. Zu den wichtigen LPs der A. zählen *The Animals* (1964), *In the Beginning* (1965), *Animalisms* (1966), *Wind of Change* (1967) und *The Twain shall Meet* (1968). 1995 wurden die A. in die Rock 'n' Roll Hall of Fame aufgenommen. 1999 stellte Eric Burdon die *New Animals* zusammen, um wieder ausgedehnte Konzert-Tourneen zu unternehmen.

Anka, Paul, *30.7.1941 Ottawa; kanadischer Sänger, Songschreiber, Produzent und Schauspieler. Mit 16 Jahren ging er nach New York und nahm dort den Titel *Diana* auf, der ihn wenig später zum jüngsten Plattenmillionär Amerikas machte. Folgehits wie *You Are My Destiny* (1958), *Put Your Hands on My Shoulder* (1959) und *Lonely Boy* (1960) waren zumeist sentimentale Liebeslieder im Schlagerstil der damaligen Zeit. In wenigen Jahren verkaufte A. über 30 Millionen Singles. Gelegentlich versuchte er sich auch als Schauspieler, so u. a. in dem Film *Der längste Tag*, für den er auch die Musik schrieb. A., dessen Chart-Notierungen sich bis in die heutige Zeit ziehen, komponierte auch für andere Interpreten, so 1969 für Frank Sinatra *My Way* und 1970 *She's a Lady* für Tom Jones. 1993 wurde er in die Songwriter's Hall of Fame aufgenommen. Zu seinen wichtigen LPs zählen *Songs I Wish I'd Written* (1960), *Young, Alive and in Love* (1960), *Our Man around the World* (1963), *Feelings* (1975), *Somebody Loves You* (1989), *Paul Anka & Friends* (1996) und *A Body of Work* (1998). 2005 überraschte er auf *Rock Swings* mit Swing-Versionen bekannter Rock-Titel aus älterer und neuester Zeit.

Aphex Twin (eig. Richard D. James), *18.7.1971; engl. Elektronik-Musiker. Bereits als Teenager experimentierte er mit selbst gebauten Klangmaschinen. Mit seinem Künstlernamen schlüpfte er in die Identität seines tot geborenen Bruders. Nach einem Elektronikstudium veröffentlichte er 1991 die EP *Analogue Bubblebath #1*, die trotz geringer Auflage durch ständigen Einsatz im Radio Kultstatus erhielt. Nach weiteren EPs und dem Album *Selected Ambient Works 85–92* (1993) etablierte er sich unter dem Pseudonym Polygon Window mit *Surfing On Sine Waves* (1993) als intelligentester Techno-DJ Großbritanniens. Seine Soundcollagen faszinierten durch rhythmische Dichte und emotionale Tiefe. Seine Liebe zu ausgefeilter Melodik entdeckte er auf *I Care Because Of You* (1995). Auf *The Richard D. James Album* (1996) rückte er mit Drum'n'Bass-Anleihen in die Nähe von Free Jazz und Percussion-Musik. Die Single *Windowlicker* (1999) bescherte ihm endlich einen internationalen Topseller. Im neuen Jahrtausend wandte er sich stärker Soundtracks für Filme und Ausstellungen zu. Auf der Doppel-CD *Drukqs* (2001) begab sich der hyperaktive Electro-Hippie auf seiner endlosen Odyssee durch die Welt der unerhörten Sounds und Beats in noch entlegenere Regionen. Kein Rhythmus, kein Soundfragment wurde länger als für den Bruchteil einer Sekunde durchgehalten. Mit sporadisch eingestreuten, völlig freien Improvisationen auf dem akustischen Piano verschreckte er selbst seine treuesten Fans. 2003 rekapitulierte er seine Laufbahn mit *26 Mixes For Cash*, einer Kopplung seiner prägendsten Remixe.

Archies, The, amerik. Pop-Rock-Formation ohne feste Mitglieder. Die Musik wurde von Studiomusikern (u.a. Sänger Ron Dante, Toni Wine, und Andy Kim, der auch Songs für die A. schrieb) eingespielt. Der Produzent und Kaufmann Don Kirshner (er hatte auch schon die *Monkees* ins Leben gerufen) ersann 1969 die Archies. Zusammen mit Jeff Barry nahm er für den RCA-Plattenkonzern äußerst erfolgreiche Songs auf. Die Musik war einfach aufgebaut und typisch für die damalige Beat-Ära Amerikas. Zusammen mit der Comic-Serie »The Archies«, die vom CBS-Fernsehsender ausgestrahlt wurde und deren einzelne Episoden mit der Musik der A. unterlegt wurden, verkauften sich die seichten, gesangsorientierten Schlager sensationell gut. 1969 erschien *Sugar Sugar*, der wohl größte Hit, von dem weltweit über 5 Millionen Singles verkauft wurden. Der Nachfolgehit *Jingle Jangle* wurde ebenfalls ein Top 10-Erfolg. 1971 verschwanden die A. wieder aus der Musikwelt. Zu den wichtigsten LPs zählen *The Archies* (1968), *Everything's Archies* (1969), *Sunshine* (1970) und *This Is Love* (1971).

Argent, engl. Rock-Band, bestehend aus *Rod Argent* (*14.7.1945), Keyboards und Gesang, *Russ Ballard* (*31.10.1947), *Waltham Cross*, Gitarre und Gesang, *Jim Rodford* (*7.7.1947), Baßgitarre, und *Robert Hewitt* (*2.5.1944), Schlagzeug. Die Formation, die 1969 aus den Resten der in den 60er Jahren sehr erfolgreichen engl. Gruppe *Zombies* entstanden war, spielte handwerklich sauber, rhythmisch treibend und mit für die damalige Zeit sehr interessanten Arrangements. Im Vordergrund standen Argents Orgel- und Pianoklänge, Ballards variationsreiches Gitarrenspiel, und ein geschickt eingesetzter, heller, oft mehrstimmiger Gesang. Nachdem ihre erste LP *Argent* 1970 ein gutes Echo gefunden hatte, gelang ihnen 1972 mit dem Top 10-Titel *Hold Your Head Up* ihr größter Erfolg. Der Nachfolge-Hit *God Gave Rock 'n' Roll to You* (1973) war bereits ihr letztes Highlight. Als Russ Ballard 1974 die Formation verließ, um eine Solokarriere zu starten, stießen nacheinander die Gitarristen John Grimaldi und John Verity zu A., ohne die Band, die sich 1976 auflöste, wieder auf Erfolgskurs bringen zu können. Wichtige LPs der Band sind *Ring of Hands* (1971), *All Together Now* (1972), *In Deep* (1973), *Nexus* (1974) und *Encore* (1974).

Armatrading, Joan, *9.12.1950 St. Kitts (Westindische Inseln); engl. Sängerin. Nachdem ihre Familie 1964 nach England übergesiedelt war, begann A. zu komponieren; ihren ersten Top 10-Hit, *Love and Affection,* landete sie 1974. Ihre Songs stellen eine Mischung aus Reggae, Rock und Rhythm & Blues dar. Sie sind dabei ebenso modern arrangiert wie facettenreich. 1978 schrieb sie den Titelsong zu dem Film *The Wild Geese* (*Die Wildgänse kommen*). Es gelangen ihr immer wieder einige Single-Erfolge, wie etwa *Me Myself I* (1980) oder *Drop the Pilot* (1983). Ihr hoher Bekanntheitsgrad wurde aber mehr durch ihre LPs begründet. Zu den wichtigen LPs zählen: *Back to the Night* (1975), *To the Limit* (1978), *Walk under Letters* (1981), *Hearts and Flowers* (1990), *Square the Circle* (1992), *What's Inside* (1995) und *Lovers Speak* (2003).

Armstrong, Louis, genannt Satchmo, *4.7.1900 New Orleans (Louisiana), †6.7.1971 New York; amerik. Jazztrompeter und -sänger. Nach ersten aufsehenerregenden Erfolgen bei Kid Ory in New Orleans spielte er 1920–22 bei Joe »King« Oliver in Chicago, 1924 im Orchester von Fletcher Henderson in New York. Darauf kehrte er nach Chicago zurück, wo seine ersten Schallplatten – historisch gewordene Studioaufnahmen mit den »Hot Five« und den »Hot Seven« – entstanden. Seit 1929 trat A., wieder in New York, mit verschiedenen Orchestern als Trompeter und als Sänger auf. 1947 übernahm er die Leitung einer kleinen Combo (»Louis A. All Stars«), mit der er wieder an die musikalische Tradition seiner Heimatstadt New Orleans anknüpfte, ohne aber jene »scies« aufzugeben, die ihn weltbekannt gemacht und die besonders sein Entertainer-Talent zur Geltung gebracht haben. In der Geschichte des Jazz, den er entscheidend beeinflußt hat, nimmt A. einen herausragenden Platz ein. Er gilt als der bedeutendste Trompeter des Jazz mit einer überragenden Spieltechnik. Sein Gesang mit der typischen rauchigen Stimme und mit der speziellen Technik des Scat fand neben Bewunderung auch Ablehnung.

Asia, engl. Heavy-Rock-Band mit der Besetzung *John Wetton* (*12.7.1949), Baßgitarre und Gesang, *Steve Howe* (*8.4.1947), Gitarre und Gesang, *Geoff Downes,* Keyboards und Gesang und *Carl Palmer* (*20.3.1947), Schlagzeug. Die Musiker hatten bereits in sehr erfolgreichen Formationen gespielt, mit denen sie engl. Rock-Geschichte geschrieben hatten. J. Wetton war vorher mit *UK, Roxy Music, Uriah Heep* und *King Crimson* erfolgreich; Howe hatte 11 Jahre lang seinen Platz bei *Yes*; Palmer hatte bei *Crazy World of Arthur Brown, Atomic Rooster* und *Emerson, Lake and Palmer* getrommelt; Downes kam von den *Buggles* und *Yes.* Von dem Produzententeam David Geffen/Mike Stone zusammengeführt, spielten sie eine bombastische Variante des Heavy-Rock mit Einflüssen aus der Pop-Musik, opulent arrangiert und symphonisch überladen. Mit den Single-Auskoppelungen aus ihrem Erstlingswerk *Asia* (1982), *Heat of the Moment* und *Only Time Will Tell,* erreichten sie Top 10-Plätze. Auch die zweite LP mit dem Hit *Don't Cry* war äußerst erfolgreich. 1986 zerfiel das Quartett; das Comeback 1990 mit neuem Sänger *John Payne* konnte die hohen Erwartungen des Publikums nicht erfüllen.

Die Band brachte noch einige Alben auf den Markt, die aber nicht mehr die Bedeutung erlangten, wie sie *Asia* in den 80er Jahren hatte. Die Studio-Alben sind: *Asia* (1992), *Arena* (1996), *Aura* (2001). Dazu hat die Band noch etliche Live-Aufnahmen und Best-of-Platten herausgebracht.

Atkins, Chet (eig. Chester Burton A.), *20.6.1924 Luttrel (Tennessee), † 30.7.2001 Nashville (Tennessee); amerik. Gitarrist und Produzent. Der Sohn eines Musiklehrers war bereits in den 40er Jahren sowohl in Radio-Shows als auch auf div. Country & Western-Platten zu hören, ehe er nach Nashville ging, um Studiomusiker und Produzent bei der Plattenfirma RCA zu werden, der er 1968–82 als Vizepräsident vorstand. Bei RCA arbeitete er u.a. für H. Snow, P. Come, E. Presley, J. Cash und D. Parton, entwickelte seinen (oft kopierten) sparsamen Gitarren-Stil und wurde zunächst Chef-Produzent. In dieser Eigenschaft produzierte er ungezählte Platten, wobei er die Country & Western-, manchmal auch die Pop-Schlager seiner Schützlinge mit symphonischen Klängen (Bläser, Streicher, Chöre) anreicherte und somit den Nashville-Sound prägte. Seinen größten Solo-Erfolg hatte er 1965 mit dem Song *Yakety Axe*. In den 70er Jahren spielte er u. a. mit dem Boston Pop Orchestra, den Nashville Symphonikern, machte Abstecher in den Jazz (mit S. Vaughan und L. Paul) und brachte eine eigene Country & Western-Gitarre heraus. Insgesamt ist er auf über 70 LPs zu hören; zu den wichtigsten zählen: *At Home* (1958), *Finger Style Guitar* (1959), *Caribbean Guitar* (1962), *From Nashville with Love* (1966), *Chester and Lester* (1977).

Atomic Rooster, engl. Heavy-Rock-Band, bestehend aus *Vincent Crane* (eig. V. Rodney Chessman, *21.5.1945, † Februar 1989), Tasteninstrumente und Gesang, *Carl Palmer* (*20.3.1947), Schlagzeug, und *Nick Graham*, Gitarre und Gesang. Die Gruppe wurde 1969 von V. Crane und C. Palmer gegründet. Ihre Musik ist laut und aggressiv, geprägt von einer düsteren Grundstimmung, die sich durch alle LPs zieht, wobei Cranes Orgelspiel dominiert. In ihren Texten beschäftigen sie sich mit Dämonen, Tod und Teufel. Kurz nach dem Erscheinen der ersten LP *Atomic Rooster*, die in England gut angekommen war, verließen Palmer und Graham A. R. Dies zog Besetzungsprobleme nach sich, die bis zur Auflösung der Band nicht endeten. Es spielten in den Jahren 1969–74 u. a. folgende Musiker mit: John Cann (Gitarre/Gesang), Paul Hammond (Schlagzeug), Peter French (Gesang), Steve Bolton (Gitarre), Johnny Mandala (Gitarre), Rick Parnell (Schlagzeug) sowie der Sänger Chris Farlowe, der bereits mit der Jazz-Rock-Formation → Colosseum sehr erfolgreich war. Trotzdem gelang A. R. 1971 mit dem Album *Death Walks behind You* der internationale Durchbruch. Die Single-Auskoppelungen *Tomorrow Night* und *Devil's Answer* waren gleichzeitig ihre größten Erfolge und erreichten oberste Chartnotierungen. 1974 löste Crane A. R. auf. Ein Comeback-Versuch scheiterte nach zwei erfolglosen Plattenveröffentlichungen. Im Februar 1989 nahm sich Crane, der schon lange unter Depressionen litt, das Leben. Wichtige LPs der Band sind *In Hearing of Atomic Rooster* (1971), *Made in England* (1972), *Assortment* (1973), *Nice & Greasy* (1973), *This Is Atomic Rooster* (1973).

Auger, Brian, *18.7.1939 London; engl. Pianist, Sänger und Komponist. Nachdem er zu Beginn seiner Karriere in Londoner Jazz-Clubs Solisten am Klavier begleitete, wechselte er zu einer Hammond-Orgel, auf der er sein später vielgerühmtes, kreatives und improvisationsreiches Spiel entwickelte. Mit der Gruppe *Steampacket*, die er 1965 gründete, und in der u. a. J. Driscoll, R. Stewart und J. Baldry mitspielten, begann A. seinen eigenen Musikstil aus Jazz-, Rock-, Folk- und Blueselementen zu entwickeln. Seine – gemessen an den Chartnotierungen – erfolgreichste Zeit hatte A. mit der Band *Trinity*, zu deren Gründungsmitgliedern (1966) er gehörte. Hit-Singles, wie *Save Me* (1967), *This Wheel's on Fire* (1968) und *Road to Kairo* (1969) verhinderten indes nicht, daß die Band sich bereits 1970 wieder auflöste. *Oblivion Express*, die Formation, bei der A. anschließend mitwirkte, erhielt, obwohl sie äußerst interessante Musik spielte, nicht die erhoffte Resonanz beim Publikum. Erst 1974 hatte Auger mit *Klaus Doldinger's Passport* wieder einen größeren Erfolg. 1995 reformierte er den Oblivion Express. Heute spielt A. hauptsächlich wieder in Jazz-Clubs in England und Deutschland. Einige seiner wichtigen LPs sind *Open* (1968), *Streetnoise* (1969), *Definitely What* (1969) und *Highlights of Brian Auger* (1971).

Austin, Patti, *10.8.1948; amerik. Sängerin. A., die bereits im Alter von vier Jahren auf der Bühne stand, wurde von D. Washington sowie S. Davis jr. gefördert und ging – erst 16jährig – mit H. Belafonte auf Tournee. In den 60er Jahren nahm sie unzählige Werbejingles auf und wurde in New York bevorzugte Studio- und Sessionsängerin für Weltstars wie M. Jackson, R. Flack, G. Benson, J. Cocker, P. Simon und B. Joel. Einen Plattenvertrag erhielt sie 1981 von ihrem Patenonkel Q. Jones, einem erfolgreichen Produzenten und Komponisten. Wenig später veröffentlichte sie ihr erstes Album *Every Home Should Have One*. Zusammen mit dem Sänger J. Ingram landete sie mit dem Song *Baby Come to Me* (1982), der auch als Titelmelodie zur US-Fernsehserie *General Hospital* verwendet wurde, einen Nummer-1-Hit in den USA. In dem Film *Tucker* versuchte sie sich 1988 als Schauspielerin. Eine Liebeserklärung an Ella Fitzgerald ist ihr 2002 publiziertes Album *For Ella*. Zu Ihren wichtigsten LPs zählen *End of a Rainbow* (1976), *Havana Candy* (1977), *Same* (1984), *Gettin away with Murder* (1985), *Love Is Gonna Getcha* (1990) und *In & Out Of Love* (1996).

Average White Band, engl. Soul-Rock-Band, bestehend aus *Alan Gorrie* (*19.7.1946), Baßgitarre und Gesang, *Onnie McIntyre* (*25.9.1945), Gitarre und Gesang, *Roger Ball* (*4.6.1944), Keyboards, *Malcolm Duncan* (*24.8.1945), Saxophon, *Robbie McIntosh* (*6.5.1950, †23.9.1974), Schlagzeug, *Hamish Stewart* (*8.10.1949), Gitarre und Gesang, und *Steve Ferrone* (*25.4.1950), Schlagzeug. Die A. W. B. wurde 1972 in Schottland gegründet und fand erste größere Beachtung als Begleitgruppe von E. Clapton. 1973 erschien ihr erstes Album, *Show Your Hand*; erfolgreich wurde das Ensemble aber erst 1974, nachdem es in die USA gegangen war, mit dem Album *Average White Band* (und speziell der Single-Auskoppelung *Pick up the Pieces*, einem Nummer-1-Hit). Die Nachfolge-Singles *Cut the Cake, School Boy Crush* und *If I Ever Loose this Heaven* erreichten ebenfalls Top 10-Plätze. Weitere LPs sind *Put It Where You Want It* (1974), *Cut the Cake* (1975), *Soul Searchin* (1976), *Person to Person* (1976), *Warmer Communications* (1978), *Feel No Fret* (1979) und *Shine* (1980). 1982 löste sich die Band auf, um 1989 mit Ex-Santana-Sänger *Alex Ligertwood* reformiert zu werden. Es folgten die Alben *Aftershock* (1990), *Soul Tattoo* (1996) und *Face To Face* (1999).

B

Bachman-Turner-Overdrive, kanadische Hard-Rock-Formation, bestehend aus *Randy Bachman* (*27.9.1943), Gitarre und Gesang, *Robbie Bachman* (*18.2.1942), Schlagzeug, *Tim Bachman*, Gitarre, *C. F. »Fred« Turner* (*6.10.1943), Baßgitarre und Gesang, *Chad Allan*, Gitarre, und *Blair Thornton* (*23.7.1950), Gitarre. Der Name B. T. O. ist etwas irreführend. Overdrive ist kein Bandmitglied, sondern ein Fachbegriff aus der Autobranche. – Die Band wurde 1973 von R. Bachmann gegründet, der bereits erfolgreich mit der Gruppe *Guess Who* zusammengearbeitet hatte. Die 1973 erschienene erste LP der Band, *Bachman – Turner – Overdrive*, kam nicht so gut wie erwartet an, weshalb T. Bachman B. T. O. verließ – er wurde durch B. Thornton ersetzt. Zu ihrem größten Erfolg wurde *You Ain't Seen Nothing Yet* (1974), der zu einem Nummer-1-Hit in den USA avancierte. 1975 hatte das Ensemble mit *Roll on Down the Highway* noch einen Chart-Erfolg – wenig später gingen die Bandmitglieder getrennte Wege. Ein Comeback brachte die Musiker zwar live wieder ins Gespräch, größere Plattenerfolge blieben indes aus. B.T.O spielt gitarrenorientierten, einfach arrangierten Hard-Rock, der jedoch sehr melodiereich ist. Ihre Texte beschreiben das Leben von Rock-Musikern »on the road«. Zu ihren wichtigsten LPs zählen *Bachman-Turner-Overdrive II* (1973), *Not Fragile* (1974), *Four Wheel Drive* (1975), *Head on* (1975) und *Freeways* (1977). 1993 erschien die Titelsammlung *Bachman-Turner-Overdrive: The Anthology.*

Bad Company, engl. Heavy-Rock-Band, bestehend aus *Paul Rodgers* (*17.12.1949), Gesang, *Simon Kirke* (*28.7.1949), Schlagzeug und Gesang, *Raymond »Boz« Burrell*, Baßgitarre, und *Mick Ralphs* (*31.3.1948), Gitarre und Gesang. Gegründet wurde B. C. 1973 von Rodgers und Kirke, die bereits mit der engl. Gruppe *Free* sehr erfolgreich gewesen waren. Mick Ralphs spielte vorher bei *Mott the Hoople* und Boz Burrell kam von *King Crimson*. Zusammen veröffentlichten sie 1974 die erste LP *Bad Company* sowie die Single-Auskoppelung *Cant Get Enough*, die international oberste Chartnotierungen erreichten. Die bluesorientierte, harte Rockmusik wurde schnörkellos gespielt, wobei die rauhe, bei Balladen sehr gefühlvolle Stimme von Rodgers dominierte. Auch die Nachfolgealben von B.C. wurden millionenfach verkauft. 1983 wurde die Formation aufgelöst, 1986 gab es ein Comeback mit dem neuen Sänger Brian Howe, 1998 kehrte Rodgers zurück. Einige wichtige Platten sind *Straight Shooter* (1975), *Run with the Pack* (1976), *Burning Sky* (1977), *Rough Diamonds* (1982), *Fame and Fortune* (1986), *Here Comes Trouble* (1993), *Company of Strangers* (1995), *Inside the Machine* (2000), *Digital Nation* (2001) und *In Concert: Merchants of Cool* (2002).

Bad Religion, 1980 in Los Angeles gegründet, US-amerik. Punk-Band, die ihre Musik durch Folk-Elemente anreicherte und mit Hymnen und Gassenhauern auf politische Zustände und Entwicklungen reagierte. *Greg Graffin* (*6.11.1964, Gesang), *Brett Gurewitz* (*12.5.1964, Gitarre), *Jay Bentley* (*6.6.1964, Bass) und *Jay Ziskrout* (Schlagzeug) begannen als Schülerband. Mit griffigen Songs, deren Länge selten mehr als zwei Minuten betrug, wurde die sich personell stetig verändernde Band schnell zu einer Star-Riege des Westcoast-Punk. Alben wie *No Control* (1989), *Against The Grain* (1991), *Generator* (1992) und *Recipe For Hate* (1993) klangen wie rasante Soundtracks zu einer Gesellschaft, in der Jugendliche immer schneller ins Abseits geraten. Ab 1995 klangen die Platten von B. R. wie endlose Wiederholungen desselben Themas. Gurewitz verließ die Gruppe, um sich seiner Plattenfirma Epitaph zu widmen, und kehrte erst 2002 anläßlich *The Power Of Belief* zu B. R. zurück. Mit *The Empire Strikes First* (2004), einem scharfen Kommentar zur Politik unter George W. Bush, erlangten B. R. ihren alten Biß zurück.

Baez, Joan, *9.1.1941 Clarence Center auf Staten Island (New York); amerik. Folk- und Protestsängerin. Die Tochter einer irischen Lehrerin und eines mexikan. Physikers wuchs in Kalifornien auf und sammelte Ende der 50er Jahre erste musikalische Erfahrungen auf Folk-Festivals. Sie sang traditionelle Folk- und Western-Songs sowie schottische Balladen, wobei sie sich schon damals selbst auf der Gitarre begleitete; auch ihre helle, klare und kraftvolle Stimme kam schon in dieser Zeit gut an. 1960 erschien ihre erste LP *Joan Baez* und wurde zur meistverkauften Folk-Platte in den Vereinigten Staaten. Mit einem Live-Album erreichte sie 1962 Platz 10 der US-amerik. LP-Hitparade. Mitte der 60er Jahre entwickelte sich B. zur Protestsängerin, wurde zunehmend politischer und engagierte sich in vielen Bürgerrechtsbewegungen. Sie sprach sich gegen den Vietnam-Krieg aus und agiert gegen Atomrüstung und Rassenhaß. In ihren Liedern fordert sie zur Gewaltlosigkeit auf. Ihren bisher größten Erfolg hatte sie 1971 mit *The Night They Drove Old Dixie Down.* Außerdem wurden in den letzten vierzig Jahren über 50 LPs von ihr veröffentlicht. Einige der interessanten sind *Joan Baez* (1964), *Davids Album* (1969), *The First 10 Years* (1970) *Joan Baez Ballad Book* (1972), *Lovesong Album* (1976), *The Night They Drove Old Dixie Down* (1982), *No Woman No Cry* (1992), *Ring Them Bells* (1995) und *Gone From Danger* (1996). 2003 feierte sie ein Comeback mit dem erstaunlich entspannten Americana-Album *Dark Chords on a Big Guitar.*

Bailey, Mildred (eig. Mildred Rinker), *27.2.1907 Tekoa (Washington), † 12.12.1951 Poughkeepsie (New York); amerik. Jazzsängerin. Seit 1929 gehörte sie der Band von Paul Whiteman an, leitete 1936–39 mit ihrem Mann, dem Vibraphonisten Red Norvo, eine eigene Band, trat danach in verschiedenen Formationen vornehmlich als Solistin auf. B. war die erste weiße Sängerin, die, beeinflußt von Bessie Smith, als Jazzsängerin nachhaltige Anerkennung fand.

Baker, Chet (Chesney), *23.12.1929 Yale/Okla., † 13.5.1988 Amsterdam; amerik. Jazztrompeter, auch Jazzsänger. Nach dem Studium der Musiktheorie und Harmonielehre erhielt er im Frühjahr 1952 ein Engagement bei Charlie Parker, spielte Ende 1952–53 bei Gerry Mulligan, wo er berühmt wurde, leitete dann eigene Gruppen und lebte abwechselnd in den USA und in Europa. Stilistisch galt sein Spiel, mit leicht verhangenem Ton, fast ohne Vibrato und mit geschmeidiger Phrasierung, als Inbegriff des Cool Jazz. Zu einer Art Markenzeichen für ihn wurde der Song *My Funny Valentine.* Rauschgiftabhängigkeit und eine Entziehungskur brachten eine längere Abwesenheit von der Jazz-Szene. In den letzten Jahren wurde sein Trompetenton härter. Bewundernswert blieb jedoch weiterhin die große Identität von Thema und Improvisation.

Baker, Josephine, *3.6.1906 St. Louis (Missouri), † 12.4.1975 Paris; amerik.-frz. Diseuse, Chansonette und Revuetänzerin. Mit 16 Jahren schloß sie sich einer Wandertruppe an, 1923 wurde ihr Talent als Tänzerin bei einer Aufführung der Komödie *Shuffle Along* in der Music Hall in New York entdeckt. Nach Erfolgen u. a. am Broadway ging sie 1925 nach Paris, wo sie zu Weltruhm gelangte, vor allem als Star des Théatre des Champs Élysées, der Folies Bergères, des Casino de Paris und ihres eigenen Nachtclubs Chez Josephine. Sie brachte den »Jazz hot« nach Europa, mit ihm den Charleston, den sie als grotesken Bühnentanz kreierte. Um 1930 wandte sie sich auch dem Chanson zu. Berühmte Titel wurden u. a. *J'ai deux Amours, Aux îles Hawai, Pretty Little Baby, Yes Sir, that's my Baby, La canne à sucre.* Um gegen die Rassendiskriminierung zu kämpfen, zog sie seit Ende der 40er Jahre in ihrem Schloß Les Milandes (Dordogne) von ihr adoptierte Kinder verschiedener Rassen und Religionen auf, geriet dadurch aber in große finanzielle Schwierigkeiten. Noch in den 70er Jahren trat sie gelegentlich auf, u. a. 1973 mit großem Erfolg an der Carnegie Hall in New York.

Baker, Peter Edward »Ginger«, *19.8.1939 Lewisham; engl. Schlagzeuger. Er begann seine Karriere Ende der 50er Jahre in der engl. Jazz-Szene u. a. bei T. Lightfood und Mr. Acker Bilk, bevor er, vom Blues-Rock beeindruckt, mit A. Corner musizierte und schließlich bei dem *Graham Bond Trio* einstieg. Hier lernte er den Bassisten und Sänger J. Bruce kennen, und zusammen mit dem Gitarristen Eric Clapton gründeten sie 1966 die Gruppe *Cream.* Hier entwikkelte B. seinen harten, einfallsreichen und technisch brillanten Schlagzeugstil. In vielen Songs dominieren seine langen Trommel-Figuren, und seine vielfältigen Rhythmuswechsel machen in weltberühmt. Nach dem Ende von *Cream* spielte er bei *Blind Faith*; wenig später entstand die Band *Airforce,* die afrikanische Musik mit europäischem Rock zu vereinen versuchte. Als dieses Projekt scheiterte, ging B. nach Afrika, eröffnete dort ein Studio und unterhielt ein Restaurant und einen Nachtclub. Er spielte mit nigerianischen Kollegen und stellte das Ensemble *Salt* zusammen, das jedoch keinen nennenswerten Erfolg hatte. Weiterhin ist B. (Mit-)Begründer der *Baker Gurvitz Army* und der Gruppe *Baker and Band*; auch bei *Hawkind* trommelte er mit. In den letzten Jahren wandte sich B. immer mehr dem Jazz zu. Zu seinen wichtigsten LPs zählen *Fresh Cream* (1967) und *Wheels of Fire* (1968, mit *Cream*); *Baker Gurvitz Army* (1975, mit *B.G.A.*); *Eleven Sides of Ginger Baker* (1977, mit *Baker and Friends*), das Jazzalbum *Coward Of The County* (1998, mit *James Carter*, Sax. und *Ron Miles*, Tromp.) und *African Force* (2001).

BAP, dt. Rockgruppe, die 1976 von *Wolfgang »Fuzz« Niedecken* (*30.3.1951), Gitarre und Gesang, *Hans Heres,* Gitarre, *Manfred Boecker*, Rhythmusinstrumente und Saxophon, *Wolfgang Boecker,* Schlagzeug, *Wolfgang Klever,* Baßgitarre, und *Bernd Odenthal,* Keyboards, gegründet wurde. Ihre erste LP, *BAP rockt andere Kölsche Leeder,* die sie 1979 noch als Amateure aufnahmen, brachte BAP (Kölner Platt-Ausdruck für Vater) erste Erfolge. Nach vielen Umbesetzungen erschien 1981 *für usszeschnigge* (zum Ausschneiden) und erreichte dank Mitwirkung des Neuzugangs Klaus Heuser (Gitarre) binnen weniger Wochen Platz 1 der LP-Hitparade. Ihre Musik, die sie gerade heraus und ohne Schnörkel spielen, zeigt sich von Rock und Blues beeinflußt; in ihren Texten, die in einer eigenwilligen Mischung aus Kölner Dialekt und Hochdeutsch verfaßt sind, befassen sie sich mit den Träumen, Sehnsüchten und Ängsten der kleinen Leute. Mit Liedern wie *Kristallnacht* und *verdamp lang her* greifen sie auch politische Themen auf. Trotz neuer Umbesetzungen (Wolfgang Niedecken ist 1999 als einziger der alten Besetzung übrig) schafften es BAP, ihrem Stil treu zu bleiben. 2000 drehte Wim Wenders das BAP-Roadmovie *Vill Passiert.* Das Jahr 2001 bescherte ihnen noch einmal vordere Hitparadenplätze und ausverkaufte Konzerthallen. Weitere wichtige BAP-LPs sind: *Aff jetaut* (1980), *Vun Drinne noh Drusse* (1982), *Ahl Männer, aalglatt* (1986)*Da Capo* (1988), *Pik Sibbe* (1993), *Amerika* (1996), *Comics & Pinups* (1999), *Tonfilm* (1999), *Aff Un Zo* (2001) und das Live-Album *övverall* (2002).

Barber, Chris (Christopher), *17.4.1930 London; engl. Jazzposaunist und Bandleader. 1949 gründete er seine erste Band und übernahm 1954 die Band von Ken Colyer. Seit Mitte der 50er Jahre konkurrierte B. mit der Dutch Swing College Band um den Platz der erfolgreichsten Dixieland-Formation in Europa. Sein Stil als Posaunist ist durch einen weichen Ton, flüssige Phrasierung und einfache Melodiebehandlung gekennzeichnet. Die Chorusse sind mehr Variationen als Improvisationen. – Die Band spielte anfänglich nur Old-Time-Jazz, besonders eine Kopie des kollektiven New Orleans Jazz, war dann durch sehr kommerzielle Titel wie *Ice Cream*(1954), *Wild Cat Blues* (1955) und *Petite Fleur* (1958 mit dem Klarinettisten Monty Sunshine) geprägt, nahm seit dem Ende der 60er Jahre Elemente des Mainstream, des Electric-Blues und auch des Rock 'n' Roll (mit Pete York am Schlagzeug) auf. 2001 erweiterte B. seine Formation zur *BIG Chris Barber Band.*

Barclay James Harvest, engl. Rock-Formation, die 1966 in der Besetzung *Stewart »Wolly« Wokstenholme* (*15.4. 1947), Keyboards und Gesang, *John Lees* (*13.1.1947) Gitarre und Gesang, *Les Holroyd* (*12.3.1948), Keyboards, Baßgitarre und Gesang, und *Mel Pritchard* (*20.1.1948), Schlagzeug, gegründet wurde. Erste Erfolge konnte B. J. H. mit der Single *Early Morning* (1968) sowie mit der LP *Barclay James Harvest* (1970) verbuchen. Ihren eigentlichen Erfolg hatten sie in den 70er Jahren in Deutschland, wo sich ihr Album *Eyes of the Universe* (1977) sensationell gut verkaufte und wo ihre Live-Konzerte alle Kassenrekorde brachen. B. J. H. spielt nach dem Ausscheiden von S. Wokstenholme mit wechselnden Gastmusikern. In ihren verträumten, romantisch verspielten Soft-Rock-Songs, die oft überladen sind mit Chören, Streichern und elektronischen Effekten, dominiert ihr heller, oft mehrstimmig eingesetzter Gesang. Zu ihren wichtigsten LPs gehören *Other Short Stories* (1971), *Live* (1974), *Gone to Earth* (1977), *Berlin – A Concert for the People* (1982), *Victims of Circumstance* (1984), *Endless Dreams* (1996), *Mocking Bird* (1997) und *Revolution Days* (2002).

Basie, William, genannt **»Count«,** *21.8.1904 Red Bank (New Jersey), †26.4.1984 Hollywood. B. kam 1928 nach Kansas City, spielte in der Band Bennie Moten und gründete 1935 nach dessen Tod eine eigene Band. Die jumpende »Count Basie Band« führte er als Big Band zu wachsendem Erfolg, zunächst in Chicago, dann in New York. 1950 mußte er sie aus wirtschaftlichen Gründen auflösen, konnte jedoch 1952 wieder ein Orchester mit zum Teil jungen Musikern zusammenstellen. – Als Pianist kommt B. aus der Tradition des Blues, des Boogie und des swingenden Harlem-Pianos (hier wie auch auf der Orgel war Fats Waller sein Vorbild und Lehrmeister). Für die Band sind bis heute die kraftvoll einfachen Bluesriffs der Kansas-City-Tradition maßgebend. Den Ruf der Band begründeten auch bedeutende Solisten, vor allem Lester Young. Basie-Standards sind *One O'Clock Jump, Jumpin at the Woodside* und *Lady Be Good.*

Bassey, Shirley, *8.1.1937 Cardiff; brit. Sängerin. 1955 trat sie erstmals im Fernsehen auf, ging Ende der 50er Jahre nach London und veröffentlichte 1959 den Titel *As I Love You,* der auch ihr erster großer Erfolg wurde. Ihre laute, ausdruckstarke und äußerst klare Stimme verlieh ihr den Spitznamen »Shirley the Belter«. Einen Namen machte sie sich auch als Interpretin für James-Bond-Filme; sie nahm insgesamt 3 Titelmelodien für die Agentenserie auf. Dabei war ihr wohl erfolgreichster Titel *Goldfinger* (1965), der auch in den USA hohe Chartnotierungen erhielt. B. brachte es 1957–73 auf 12 Hitparadenplazierungen, anschließend wurde es ruhiger um die Sängerin. Erst 1987 nahm sie mit dem Schweizer Erfolgs-Duo *Yello* den Titel *The Rhythm Divine* auf und schaffte erneut den Sprung in die Bestsellerlisten. Obwohl nicht mehr in den Hitparaden vertreten, ist B. dennoch weiterhin musikalisch aktiv. Ihr Gesamtwerk ist auf einigen Samplern zusammengefaßt, darunter *Diamonds* (1988), *Keep the Music Playing* und *The Definitive Collection* (beide 1991). Weitere Hits waren *Kiss Me Honey, Honey Kiss Me* (1958), *What Now My Love* (1962) und *Never, Never, Never* (1973) In den 90er Jahren nahm sie mehrere Alben auf, darunter *Keep The Music Playing* (1991), *The Songs Of Andrew Loyd Webber* (1995), *Let Me Sing I'm Happy* (1998) und *Shirley Bassey Sings The Movies* (1998).

Beach Boys, The, Name einer 1961 in Hawthorne (Kalifornien) gegründeten amerik. Pop-Rock-Band mit der Besetzung *Brian Wilson* (*20.6.1942), Tasteninstrumente, Baßgitarre und Gesang, *Mike Love* (*15.3. 1941), Gesang, *Carl Wilson* (*21.12.1946 †7.2.2002), Gitarre und Gesang, *Al Jardine* (*3.9.1942), Gitarre und Gesang, *Dennis Wilson* (*4.12.1944, †28.12.1983), Schlagzeug und Gesang, und *Bruce Johnston* (*27.6.1944), Gitarre und Gesang. Der Vater der Gebrüder Wilson trimmte die B. B. auf Erfolgskurs; 1961 erschien die erste Single, *Surfin.* Nach dem Wechsel der Plattenfirma erreichten sie mit *Surfin Safari* oberste Chartnotierungen. In den darauffolgenden Jahren gelang ihnen mit Hits wie *Surfin USA, Little Deuce Coup* (beide 1963), *I Get Around* (1964) und *Good Vibrations* (1966) der internationale Durchbruch. In dieser Zeit verließ B. Wilson die Band und wurde durch Bruce Johnston ersetzt. Die B. B. konzertieren seitdem nicht immer mit großem Erfolg; ein erneuter Bestseller gelang ihnen 1988 mit *Kokomo.* Weitere wichtige LPs sind *Surfin Safari* (1962), *All Summer Long* (1964), *Beach Boys Party* (1965), *Pet Sounds* (1966), *Wild Honey* (1967) und *Friends* (1968). Brian Wilson veröffentlichte 2004 im Alleingang das 40 Jahre zuvor konzipierte und komponierte, aber nie fertiggestellte Beach Boys-Album *Smile.*

Beatles, The, die erfolgreichste und bekannteste Pop-Gruppe weltweit. Die Band wurde 1960 in Liverpool gegründet und fand schließlich zu ihrer Stammbesetzung: *James Paul McCartney* (*18.6.1942), Baßgitarre, Klavier und Gesang, *George Harrison* (*25.2.1942, †29.11.2001), Melodiegitarre und Sitar, Gesang, *John Winston Lennon* (*9.10.1940, †8.12.1980 [Attentat]), Rhythmusgitarre, Klavier und Orgel, *Ringo Starr* (eig. Richard Starkey, *7.7.1940), Schlagzeug, Percussion und Gesang. – Die B. variierten und verjüngten die klischeehaften Rockmuster der 50er Jahre und trugen sie mit Wortwitz vor. Die Kompositionen der B. entfernten sich im Lauf der Jahre mehr und mehr vom starren Rhythmus und Rockschema. Die B. experimentierten mit der Musik, vermischten sie mit klassischen Musikformen, benutzten exotische Instrumente, elektronische Verfremdungen und verwandten ironische, surrealistische Texte. Die Experimente fanden ihren Höhepunkt in der LP *Sergeant Pepper's Lonely Hearts Club Band* (1967), die auf die spätere Rock- und Popmusik einen großen Einfluß ausübte. Mit der künstlerischen Entwicklung zerbrach jedoch allmählich die Harmonie der Gruppe. Das Autorengespann Lennon-McCartney wollte nicht mehr zusammenarbeiten, hinzu kamen Drogenprobleme und geschäftliche Fehlspekulationen, 1970 löste sich die Band auf. Die B. produzierten zwischen 1963 und 1970 27 Nummer-1-Hits und 13 LPs: *Please, Please Me* (1963), *With The Beatles* (1963), *A Hard Days Night* (1964), *Beatles For Sale* (1964), *Help!* (1965), *Rubber Soul* (1965), *Revolver* (1966), *Sgt. Pepper's Lonely Hearts Club Band* (1967), *Magical Mystery Tour* (1967), *The Beatles (The White Album)* (1968), *Yellow Submarine* (1969), *Abbey Road* (1969) und *Let It Be* (1970). Ihre größten Single-Erfolge waren *I Want To Hold Your Hand, She Loves You, Help!, Lady Madonna, All You Need Is Love, Hey Jude* und *Let It Be.* Die B. drehten auch Filme: *A Hard Days Night* (*Yeah, Yeah, Yeah*); *Help* (*Hi-Hi-Hilfe*); *Yellow Submarine*; *Magical Mystery Tour* und *Let It Be.*

Bécaud, Gilbert (eig. François Léopold Gilly), *24.10. 1927 Toulon, † 18.12.2001 Paris; frz. Chansonnier und Komponist. Er besuchte das Konservatorium in Nizza, trat seit 1946 zunächst als Pianist in Night-Clubs und Cafés auf, schrieb daneben Chansons. 1953 wurde er an das »Olympia« in Paris verpflichtet, wo ihm der große Durchbruch gelang. Weltweite Auftritte schlossen sich an. B. verschmilzt Chanson und Show zu einer Einheit. Sein Stil ist geprägt durch meist dramatische Themen und ein aggressives Temperament (daher auch »Monsieur 100 000 Volt« genannt). Zu seinen berühmtesten Titeln gehören u. a.: *Quand tu danses*; *Et maintenant*; *Le petit oiseau de toutes les couleurs*; *Nathalie*; *L'important*; *c'est la rose*; *Le jour ou la pluie viendra* (dt.: Am Tag, als der Regen kam); *Mé que mé que*; *Plein soleil*; *Tu le regretteras*; *Je t'aime.* B. schrieb u. a. auch eine Oper (*L'opéra d'Aran,* 1962), mehrere Filmmusiken (auch zu eigenen Filmen, darunter *Casino de Paris,* 1957).

Bechet, Sidney, *14.5.1897 New Orleans, † 14.5.1959 Garches bei Paris; amerik. Jazz-Klarinettist und -Sopransaxophonist. Schon als Jugendlicher spielte er als Klarinettist mit allen bedeutenden Jazzmusikern seiner Vaterstadt. Noch vor 1920 kam er während einer Tournee zum Sopransaxophon. In den 20er und frühen 30er Jahren trat B. wiederholt in Europa auf, hatte dann in den USA eigene Gruppen, oft aber nur Engagements, die seinem Rang nicht entsprachen. 1947 ließ er sich endgültig in Paris nieder, mußte aber auch hier meist mit französischen Bands von geringerer Qualität auftreten. B. gilt als Stammvater und bis heute als der berühmteste Sopransaxophonist des Jazz. Er besaß einen durchdringend voluminösen Ton und ein starkes, expressives Vibrato. Vom klassischen New Orleans Jazz herkommend, ging er melodisch und harmonisch weit über ihn hinaus. Kleine Meisterwerke sind die Einspielungen der *Bechet-Spanier Big Four* von 1940. B. schrieb die Autobiographie *Treat It Gentle* (Lo – NY 1960, ^{2}1964, dt.: *Alle Kinder Gottes tragen eine Krone,* Z 1961).

Beck, Jeff, *24.6.1944 Surrey; engl. Gitarrist und Sänger. Nach einem Kunststudium am Wimbledon Art College in London stieg er 1965 bei den *Yardbirds* für E. Clapton ein; unter seiner Mitwirkung entstanden Hits wie *Still I'm Sad* und *I'm a Man.* 1967 gelang B., der inzwischen eine Solo-Karriere ansteuerte, mit *Hi-Ho Silver* ein erster Erfolg, im

Jahr darauf jedoch gründete er die *Jeff Beck Group*, eine bluesorientierte Rockformation, in der Musiker wie R. Steward, R. Wood und A. Dunbar zusammentrafen. Hier entwickelte B. seinen improvisationsreichen und spannungsvollen Gitarrenstil, wobei er Bottleneck- und Vibrato-Effekte einsetzte. Nach einer durch einen Verkehrsunfall bedingten zweijährigen Pause war B. 1972 Mitbegründer von *Beck, Bogart & Appice* und spielte vier Jahre lang gemeinsam mit J. Hammer. Seitdem ist B. fast ausschließlich als Studio- bzw. Gastmusiker auf Platten und bei Tourneen vieler Pop- und Rock-Größen zu hören. Zu seinen wichtigsten LPs gehören *Truth* (1968), *Rough and Ready* (1971), *Blow by Blow* (1975), *There and Back* (1980), *Jeff Beck's Guitar Shop* (1989), *Frankie's House* (1992), *Crazy Legs* (1993), *Up Import* (1995), *Who Else* (1999), *You Had It Coming* (2001) und *Jeff* (2003).

Beck (eig. Beck David Campbell), *8.7.1970 Los Angeles; US-amerikan. Sänger und Songwriter. Mit dem Feeling für den perfekten Song bastelte Beck aus Samplings, Alltagsgeräuschen und einfachen Gitarrenlicks Songs, die aus dem Stand die Charts stürmten. Sein Song *Loser* auf dem Album *Mellow Gold* (1994), ein Hybrid aus Country und HipHop, wurde zur Hymne der 90er Jahre, Beck selbst zum Protagonisten des Lofi-Rock. Mit Alben wie *Stereopathetic Soul Manure* (1994), *One Foot In The Grave* (1994) und *Odelay* (1996) etablierte er sich als ebenso respektloser wie zynischer Song-Alchimist. Auf *Mutations* (1998) zelebrierte er unverbindlichen Bossa, auf Alben wie *Midnight Vultures* (1999) und *Sea Change* (2002) ahmte er unmotiviert Künstler wie Prince oder David Sylvian nach. Sein synthetischer HipHop-Versuch *Guero* (2004) konnte wenig überzeugen.

Bee Gees, engl. Pop-Rock-Band, bestehend aus den Geschwistern *Barry Gibb* (*1.9.1946), Gitarre und Gesang, und den Zwillingen *Maurice,* Baßgitarre und Gesang, und *Robin* (*22.12.1949), Gitarre und Gesang. In der Anfangszeit der Band gehörten auch *Vince Melouney* (Gitarre) und *Colin Peterson* (Schlagzeug) zur Band. Nachdem sie mit ihrer Familie nach Australien übergesiedelt waren, veröffentlichten sie 1963 ihre erste Platte, *Three Kisses of Love,* die jedoch ziemlich unbeachtet blieb. Mit *Spicks and Specks* landeten die B. G. (ein Wortspiel aus den Anfangsbuchstaben von *Brothers Gibb*) dann aber 1966 einen Nummer-1-Hit in Australien. 1967 kehrten sie nach England zurück, wo sie mit *New York Mining Desaster 1941* ihren Chart-Einstieg hatten. Nach einem Karriereknick schafften sie erst 1975 mit *Jive Talkin* und einem modernisierten, rhythmischeren, der damaligen Disco-Welle angepaßten Klangbild wieder den Anschluß an frühere Erfolge. Ihren absoluten Bestseller hatten sie mit der Filmmusik zu *Saturday Night Fever* (1977). Die Musik der Gruppe ist sinfonisch angereicherter Pop-Rock, eher schwerfällig und instrumental oft überladen. Die Gesangstimmen bewegen sich oft in schwindelerregenden Höhen und sind meist mehrstimmig angelegt. Bis über das Jahr 2000 hinweg gelang den B. G. immer wieder ein Superhit. Zu ihren wichtigsten Platten zählen: *Bee Gees 1st* (1967), *Horizontal* (1968), *Idea* (1968), *Odessa* (1969), *Cucumber Castle* (1970), *Saturday Night Fever* (1977), *Staying Alive* (1983), *E. S. P.* (1987), *One* (1989), *Tales From The Brothers Gibb* (1990), *One Night Only – live* (1998) und *This Is Where I Came In* (2001). Mit Maurice Gibbs Tod am 12. Januar 2003 beschlossen seine beiden Brüder das Ende der Bee Gees.

Beiderbecke, Leon Bismarck, genannt **»Bix«,** *10.3. 1903 Davenport (Iowa), †6.8.1931 Long Island (New York); amerik. Jazztrompeter und -kornettist, auch Jazzpianist, deutscher Abstammung. B. war der erste weiße Jazzmusiker, der von den schwarzen Musikern so weit anerkannt wurde, daß er seinerseits Einfluß auf sie ausüben konnte. Er gilt als der Trompeter bzw. Kornettist des Chicago-Stils, wegen der Leichtigkeit seines Tones und der hohen Sensibilität seiner Spielweise auch als ein Vorläufer des Cool-Jazz. Da er im Laufe seiner kurzen Karriere meist nur in kommerziellen Tanzorchestern gespielt hat, u.a. bei The Wolverines (1923), Frankie Trumbauer (1926), Jean Goldkette (1927) und Paul Whiteman (1928), hinterließ er nur wenige bedeutsame Schallplattenaufnahmen. Zu seinem legendären Ruf hat auch der Roman *Young Man with a Horn* (NY 1938, dt. Übers.: Verklungene Trompete, Z 1961) von D. Baker beigetragen.

Belafonte, Harry, *1.3.1927 New York; amerik. Sänger, Songschreiber und Schauspieler. Der Sohn eines Matrosen aus Martinique und einer Hilfsarbeiterin aus Jamaika wuchs in Harlem auf und kam, nachdem er 1935–40 in Jamaika gelebt hatte, wieder in die Vereinigten Staaten zurück. Nach High-School und Navy absolvierte B. ein Schauspielstudium, das – neben Auftritten in Broadway-Shows – zu ersten Filmangeboten führte. Seine 1956 veröffentlichte LP *Calypso* wurde in den USA ein Bestseller und hielt sich 31 Wochen auf Platz 1 der Hitparadenliste. B. vereint in seiner Musik viele Stile; afrikanische und karibische Elemente sind ebenso vorhanden wie amerikanische Blueseinflüsse. Weithin bekannt wurde B. jedoch durch seine Calypso-Songs, wie *Banana Boat* oder *Island in the Sun*, in denen sein weicher, gefühlvoller Gesang dominiert. Als Schauspieler weiterhin sehr erfolgreich, engagierte sich B. in zunehmendem Maße politisch (Martin-Luther-King-Friedenspreis 1982). Zu seinen wichtigsten Platten zählen *Songs of the Caribian* (1957), *Sings the Blues* (1960), *Midnight Special* (1962), *Evening* (1965), *Sings of Love* (1968), *Calypso Carnival* (1971), *Don't Stop The Carnival* (1986), *Belafonte '89* (1998) und *At Carnegy Hall* (1999).

Bellson, Louie (auch: Louies B.; eig. Luigi Bellassoni), *26.7.1924 Rock Falls (Ill.); amerik. Schlagzeuger, Komponist und Bandleader. Der Sohn eines Musikalienhändlers begann 5jährig das Xylophon-Spiel, wechselte zur Snare-Drum und begann schließlich, Schlagzeug zu spielen: Nach der erfolgreichen Teilnahme u.a. am Gene-Krupa-Nachwuchs-Wettbewerb erhielt er ein Engagement bei *Ted Fio Rio* und wechselte 1945 zu B. Goodman. B. entwickelte einen ungemein präzisen, schnellen und technisch brillanten Schlagzeugstil, wobei er in der Lage war, beide Hände und Füße völlig unabhängig voneinander einzusetzen. Nach seinen Entwürfen ließ er sich 1946 ein Doppel-Bass-Drum-Set bauen. Er spielte bei Harry James und ab 1951 bei D. Ellington, für den er auch als Komp. tätig war (*The Hawk Talks* und *Skin Deep*). 1952 heiratete er die Sängerin Pearle Bealey, die ihn häufig auf Konzerten begleitete. Mit einer eigenen Big-Band traten sie zusammen ab 1959 auf. B. spielte in unzähligen Formationen und Besetzungen (u.a. mit Symphonie-Orchester) und verfaßte mehrere methodische Schlagzeug-Schulen. Zu seinen wichtigsten LPs gehören *Explosion* (1974), *Sunshine Rock* (1977), *Dynamite* (1981) und *Salute* (1994).

Benson, George, *22.3.1943 Pittsburgh (Pennsylvania); amerik. Gitarrist, Sänger und Komponist. B. begann seine Karriere 1962 gemeinsam mit dem Pianisten

J. McDuff. Sein aus dem Blues entwickeltes, melodiöses Single-Note-Spiel in Verbindung mit einer spielerisch sicheren, rhythmisch ausgefeilten Gitarrenarbeit wurde hier in einen Jazz-Soul-Rahmen gebracht. Seit 1965 versuchte B. sich als Solist, und seine erste LP *The George Benson Cookbook* (1967) wurde mit Beifall aufgenommen. Anschließend arbeitete er auch wieder gemeinsam mit anderen Musikern, wie K. Curtis, H. Hancock, R. Carter, M. Davis und B. Cobham. Sein erster Single-Hit gelang ihm 1975 mit *Supership*, und er war darauf für lange Zeit nicht mehr aus den US-Charts weg zu denken. Ein Markenzeichen seiner immer mehr in Richtung Pop/Funk/Disco gehenden Lieder ist seine weiche Stimme, die er oft unisono zu Gitarrenthemen führt. Zu seinen wichtigsten LPs gehören *White Rabbit* (1971), *Bad Benson* (1974), *Space* (1979), *Give Me The Night* (1980), *In Your Eyes* (1984), *Tenderly* (1989), *Standing Together* (1998), *Absolute Benson* (2000), *All Blues* (2001) und *Irreplaceable* (2004).

Berger, Karl Hanns, *30.3.1935 Heidelberg; dt. Jazzmusiker. B. studierte Musik in Heidelberg, dort und in Berlin Philosophie, Soziologie und Musikwissenschaft und wurde 1963 promoviert. Zunächst trat er nur als Jazzpianist auf. 1961 ging er zum Vibraphon über, spielte bis 1964 in einer eigenen Band, dann bei Don Cherry in Paris, ging 1966 mit diesem nach New York wo beide 1968 die *Total Music Company* gründeten, die auch in Europa auftrat. Mit O. Coleman gründete B. die *Creative Music Foundation*, 1971, nach Deutschland zurückgekehrt, hier die *Karl-Berger-Company*. B. gilt als führender Vibraphonist des Free Jazz. Er hat, ähnlich wie Gunter Hampel, diesen Stil konsequent verfochten. Er pflegte interkulturellen Austausch mit Musikern unterschiedlicher Musikkulturen auf der Grundlage des Jazz, den er als eine »erste Weltmusik« charakterisiert. Ab 1991 lehrte B. Jazz und Popularmusik an der MH Frankfurt, wo er 1994 eine Prof. erhielt. Herausragende Aufnahmen von B. sind *Symphony For Improvisers* (mit dem *Don Cherry Quintett* 1966), *Transit* (1987), *Around* (1990) und *No Man Is An Island* (1996).

Berigan, Bunny (eig. Ronald Bernard), *1909 Fox Lake (Wisconsin), †2.6.1942 New York; amerik. Jazztrompeter und -sänger. Als Student wechselte er von der Violine zur Trompete, spielte zunächst in einigen kommerziellen Orchestern, danach u. a. 1934 bei den Dorsey-Brothers und 1935–36 bei Benny Goodman. Seit 1937 leitete B. eigene Bands. Als Trompeter mit »sattem« Ton, aber auch als Sänger stand er unter dem Einfluß von Armstrong, spielte als Trompeter aber oft lyrischer als dieser und besaß besonders in den tiefen Lagen einen selbständigen, charakteristischen Stil. Als Glanzstück gilt sein *I can't get started* von 1937.

Berry, Chuck, *18.10.1926 Ellardsville (Missouri); amerik. Gitarrist, Sänger und Songschreiber. B., der sich autodidaktisch ausbildete, erreichte mit *Maybelline* (1955) einen ersten Charterfolg, an den sich Bestseller wie *Roll over Beethoven* (1956), *Sweet Little Sixteen* und *Johnny B. Goode* (beide 1958) anschlossen. Als einer der Väter des Rock 'n' Roll faszinierte er sein Publikum durch seine meist einfachen, gitarren- und gesangsorientierten Kompositionen (die gelegentlich Calypso- und Mambo-Einflüsse aufweisen), beeinflußte aber auch eine ganze Generation von Musikern, so etwa die *Beatles*, die *Rolling Stones* und die *Yardbirds*. Zudem inspirierte er mit seinem rasanten, einfallsreichen Gitarrenspiel Musiker wie E. Clapton, J. Lennon und K. Richards. Seinen größten Erfolg hatte er 1972 mit *My Ding-A-Ling.* Zu den wichtigsten Veröffentlichungen B.s, dessen Feier zum 60. Geburtstag mit vielen Größen des Musikgeschäfts 1987 unter dem Titel *Hail! Hail! Rock 'n' Roll* filmisch dokumentiert wurde, zählen *After School* (1958), *One Dozen Berrys* (1958), *On Top* (1959), *Rockin at the Hops* (1960) und *Twist* (1962).

Björk (eig. Björk Gudmundsdottir), *21.11.1965; isländische Sängerin. Erste Erfolge hatte B. Anfang der 90er Jahre mit der New Wave-Band *Sugarcubes.* Doch erst mit ihrem Solo-Einstieg *Debut* (1993) gelang ihr jener Spagat zwischen Klang und Stil, der sie zur Ikone des ausgehenden 20. Jh. machte. Die Magie ihrer Songs beruhte auf einer einzigartigen Selbstinszenierung, in der die Grenzen zwischen Kunst und Kitsch oft verwischt wurden. Auf *Telegram* (1996) changierte sie selbstbewußt zwischen HipHop und Klassik, auf *Homogenic* (1997), *Selmasongs*, dem Soundtrack zu ihrem Musical *Dancer In The Dark* (2000) und *Vespertine* (2001) setzte sie ihre Klangexperimente fort. Auf dem a-capella-Album *Medulla* (2004) arbeitete sie mit einer ganzen Reihe Vokalkünstlern an einem anspruchsvollen Pop-Modell, das ganz ohne Instrumente auskommt.

Black Sabbath, engl. Heavy-Metal-Formation, die 1967 von *Tony Iommi* (*19.12.1948), Gitarre, *Terry »Geezer« Butler* (*17.7.1949), Baßgitarre, *John Michael »Ozzy« Osbourne* (*3.12.1948), Gesang, und *Bill Ward* (*5.5.1948), Schlagzeug, zunächst unter dem Namen *Polka Tulk* gegründet wurde. Im Jahr darauf benannten sie sich in *Earth* um und legten sich schließlich 1969, inspiriert durch einen Horrorfilm mit Boris Karloff, den Namen *B. S.* zu. Ihre erste LP *Black Sabbath* (1970) wurde ein nur mäßiger Publikumserfolg. Erst die Nachfolgeplatte *Paranoid* (1970) brachte weltweite Top 10-Plätze. Die Musik von B. S. ist ein schwerfälliger Metal-Rock, meist gitarrenlastig, voller eingängiger Melodien oft dominiert vom klagenden Gesang Osbournes. Ihre Texte handelten von schwarzen Messen, Voodoo-Zauber und Hexenkult. 1978 verließ Osbourne die Band, um sich solistisch weiterzuentwickeln; in den folgenden Jahren kündigten – bis auf T. Lommi – alle Gründungsmitglieder die Gefolgschaft. Dennoch hat B. S. mit Sängern wie Ian Gillan von *Deep Purple* oder Ronnie James Dio von *Rainbow* bis in die 90er Jahre beachtliche Erfolge vorzuweisen. Überraschend erfolgte 1998 eine Reunion in der Ur-Besetzung, eine weitere im Jahr 2005. Weitere wichtige LPs: *Master of Reality* (1971), *Black Sabbath 4* (1972), *Never Say Die* (1978), *The Ultimate Sin* (1986), *Tyr* (1990), *Forbidden* (1995), *Reunion* (1998) und *The Last Supper* (1999).

Blakey, Art (eig. Abdullah Ibn Buhaina), *11.10.1919 Pittsburgh, † 16.10.1990 New York; amerik. Schlagzeuger. Nach autodidaktischen Studien in den 30er Jahren erhielt B. erste Engagements bei M. L. Williams und F. Henderson und gründete schließlich 1947 die *Jazz Messengers*, die, bei wechselnder Besetzung, bis in die 80er Jahre hinein existierten und eine wichtige Gruppe des innerhalb des Modern Jazz darstellten. Sie spielten Hard-Bop, gepaart mit riffartigen Bläsersätzen und geradlinigem Groove. So war auch B.s Schlagzeugspiel direkter, treibender und v. a. rhythmisch kraftvoller als das vieler seiner Zeitgenossen im Swing/Be-Bop oder Hard-Bop. B. ist auf einer endlos anmutenden Zahl von Platten zu hören, u. a. spielte er mit Ch. Parker, D. Gillespie, J. Smith, M. Davis, S. Rollins und W. Shorter. Er unternahm ausgedehnte Tourneen durch die USA, Europa und Asien, trat in vielen Fernsehsendungen auf und wurde 1981 in die Hall of Fame aufgenommen. Einige seiner wichtigsten Veröffentlichungen sind *A Night at Birdland Vol 1* (1954), *Mirage* (1957), *The Big Beat* (1960), *Mosaik* (1961) und *The African Beat* (1962).

Blanton, Jimmy, *1921 St.Louis (Missouri), †30.7. 1942 Monrovia (California); amerik. Jazzbassist. Als Duke Ellington ihn 1939 hörte, engagierte er ihn sofort; doch schon 1941 mußte B. wegen Tuberkulose aus dessen Orchester ausscheiden. B. befreite den Kontrabaß von der Beschränkung auf ein reines Rhythmusinstrument, machte ihn zum Soloinstrument und erweiterte dessen technische Möglichkeiten in einem bis dahin nicht bekannten Ausmaß. Die Duos mit Ellington machen das bes. deutlich, u.a. *Plucked again* (1939), *Pitter Panther Patter* u. *Mr. J.B. Blues* (1940).

Bley, Carla (geborene Borg), *11.5.1938 Oakland (Kalifornien); amerik. Jazzkomponistin und -pianistin. Seit 1957 mit dem kanadischen Jazzpianisten *Paul Bley* (*10.11.1932 Montreal) verheiratet, arbeitet sie seit dieser Zeit mit Avantgardemusikern zusammen; seit 1964 leitet sie zusammen mit dem Trompeter Mike Mandler das Jazz Composer's Orchestra in New York. Obwohl sie eine hervorragende Pianistin ist, liegt ihre eigentliche Bedeutung wohl noch mehr in ihren Jazzkompositionen. Typisch dafür sind Stücke wie *Ictus, Turns, Vashkar, Sing Me Softly of the Blues, Funnybird Song* und *Sing Sang Song*. Deren Kennzeichen sind ausgefallene Melodik, komplexe Harmonien, meditative, ja grüblerische Elemente. In der Jazzoper *Escalator over the Hill* (1972) dagegen wird mit europäischen, amerik. und asiatischen Elementen eine sog. »Totalmusik« mehr postuliert als realisiert. Einige ihrer Alben sind *Tropic Appetites* (1973), *Dinner Music* (1976), *1977-European Tour* (1977), *Musique Mechanique* (1978), *Social Studies* (1980), *Big Band Goes To Church* (1996) und die Quartett-Einspielung *The Lost Chords* (2004).

Blood, Sweat and Tears, amerik. Jazz-Rock-Formation, bestehend aus ihrem Gründer *Al Kooper* (*5.2. 1944), Gesang, Gitarre und Tasteninstrumente, *Steve Katz* (*9.5.1945), Gesang, Gitarre und Mundharmonika, *Jim Fielder* (*4.10. 1947), Baßgitarre, *Bobby Colomby* (*20.12.1944), Schlagzeug, *Randy Brekker* (*27.11.1947), Trompete und Flügelhorn, *Jerry Weiss*, Trompete und Flügelhorn, *Dick Halligan* (*29.8.1943), Posaune und Querflöte, und *Fred Lipsius* (*19.11.1944), Posaune und Saxophon. Nach ihrem Erstlingswerk *Child Is Father to the Man* (1968) begannen bereits erste Personalveränderungen, die sich auch durch die weitere Geschichte der Band zogen. Mit dem hinzugekommenen Sänger *David Clayton-Thomas* (*13.9.1941) gelangen B.S. & T. eine Reihe von Hits (u.a. *You've Made me so Very Happy, Spinning Wheel, Hi-De-Ho* und *When I Die*), die sie auch international berühmt machten. Sie spielten instrumental auf sehr hohem Niveau, und ihre Kompositionen waren ebenso geschmackvoll wie technisch versiert, was ihnen drei Grammies einbrachte. Unter ihren Veröffentlichungen ragen *Blood, Sweat and Tears 4* (1971), *New Blood* (1972), *No Sweat* (1973), *Mirror Image* (1974) und *In Concert* (1976) hervor. 1980 scheiterte der letzte Versuch B.S. & T am Leben zu erhalten.

Bon Jovi, amerik. Heavy-Metal-Band, die sich 1983 mit den Musikern *Jon Bon Jovi* (eig. John Francis Bongiovi, *2.3.1962), Gesang, *Richie Sambora* (*11.7.1959), Gitarre, *David Bryan* (eig. D. Rashbaum, *7.2.1962), Keyboards, *Alec John Such* (*14.11.1956), Baßgitarre, und *Tico Torres* (*7.10.1953), Schlagzeug, formierte. J.B. Jovi und D. Bryan hatten bereits in der

Rhythm & Blues-Coverband *Atlantic City Express Way*, die allerdings nur Stücke anderer Interpreten nachspielte, gemeinsam Musik gemacht. Schon die erste LP, *Bon Jovi* (1984), kam beim Publikum sensationell gut an. Und auch spätere Single-Hits, wie *Wanted Dead or Alive* (1986) und *Living on a Prayer* (1988) brachten der Gruppe Millionenumsätze. Die Musik von B. J. ist sanfter Heavy-Metal-Rock, geprägt von Gitarrenklängen und der einprägsamen Stimme J. Bon Jovis, der 1989 kurzzeitig zudem nicht nur solistisch tätig war und den Bestseller *Blaze of Glory* veröffentlichte, sondern auch in dem Kinofilm *Young Gun II* mitwirkte. Zu den bedeutenden Veröffentlichungen der Band zählen *7800 Fahrenheit* (1985), *Slippery When Wet* (1986), *Never Say Goodbye* (1988), *New Jersey* (1988), *Keep The Faith* (1992), *These Days* (1995), *Destination Anywhere* (J.B.Solo 1997), *Crush* (2000), *One Wild Night* (2001), *Bounce* (2002) und *This Left Feels Right* (2004).

Boomtown Rats, engl. Rockband, bestehend aus *Bob Geldof* (*5.10.1954), Gesang, *Johny Fingers* (*10.9. 1956), Keyboards, *Pete Briquette* (eig. Patrick Cusack, *2.7.1954), Baßgitarre, *Gerry Roberts,* Gitarre und Gesang und *Simon Crowe*, Schlagzeug. Geldof gründete Anfang der 70er Jahre *The Nightlife Thugs,* aus denen schließlich in Dublin die *B. R.* (benannt nach einer Straßengang, die der amerik. Folk-Sänger W. Guthrie in seiner Autobiographie erwähnt) entstanden. Sie spielten anfänglich eine Mischung aus Rhythm & Blues, Rock und Reggae, der sie im Laufe der Jahre noch Punk- und New Wave-Elemente hinzufügten. Ihre Songs waren kraftvoll, manchmal verspielt, aber auch aggressiv und temporeich angelegt. Es standen Gitarren- und Keyboard-Sounds im Vordergrund, doch insgesamt dominierte B. Geldofs gequälter, leicht nasaler Gesang. 1977 erschien *Looking after No. 1* und erreichte sofort oberste Chartnotierungen. Auch die gleichzeitig erschienene LP *Boomtown Rats* hatte auf Anhieb internationalen Erfolg. Ihre größten Hits landeten die B. R. 1978 mit *Rat Trap* und 1979 mit *I don't Like Mondays.* Das Ensemble war mit seinen eingängigen Rock-Nummern (fast ausschließlich von Geldof geschrieben) bis in die 80er Jahre hinein in den europäischen Hitparaden vertreten. Danach setzten Auflösungserscheinungen ein, da Geldof zunehmend auf Solopfaden wandelte. 1984 rief er zusammen mit Midge Ure von *Ultravox* das humanitäre Rock-Projekt *Band Aid* ins Leben. Zu den wichtigsten Platten der B. R. zählen *A Tonic for the Troops* (1978), *A Fine Art of Surfacing* (1979), *V Deep* (1982) und *In the Long Grass* (1984). 2005 erfolgte eine Neuauflage von Live Aid (»Live 8« während des G8-Gipfels der führenden Industrienationen).

Bowie, David (eig. D. Robert Jones), *8.1.1947 Brixton; engl. Sänger, Gitarrist, Saxophonist und Schauspieler. B. trat in den 60er Jahren zunächst unter seinem bürgerlichen Namen in div. Amateur-Bands auf, veröffentlichte 1964 mit den *King Bees* seine erste Single, *Liza Jane,* änderte kurze Zeit später, inspiriert vom Bowie-Jagdmesser, seinen Namen und spielte kleinere Rollen in Kurzfilmen und Werbespots. In einer Pantomimegruppe lernte er, sich auffälliger zu kleiden und zu schminken, was ihm schließlich mehr Beachtung einbrachte. Als *Ziggy Stardust* avancierte er zu einer der Ikonen des Glam-Rocks. Seinen ersten Top 10-Erfolg hatte B. 1969 mit *Space Oddity* und feierte anschließend mit ebenso avantgardistischen wie technisch brillanten Hits (u. a. *Fame* (1975), *Ashes to Ashes* (1980), *Lets Dance* (1983)) immer wieder große Erfolge. Seine Musik bietet eine Mischung aus Folk, Rock und

Rhythm & Blues; in seinen Texten beschreibt er häufig eine visionäre Welt, in der Personen unter der Technisierung und Entmenschlichung ihrer Umwelt leiden. Nebenbei spielte B. auch erfolgreich in Kinofilmen mit, u.a. in *The Elephant Man* (1980). Zu seinen wichtigsten LPs zählen *The Man Who Sold the World* (1970), *The Rise and Fall of Ziggy Stardust and the Spiders from Mars* (1972), *Diamond Dogs* (1974), *Young Americans* (1975), *Heroes* (1977), *Let's Dance* (1983), *Changesbowie* (1990), *Earthling* (1997), *Hours ...* (1999), *Heathen* (2002) und *Reality* (2003).

Braxton, Anthony, *4.6.1945 Chicago, amerik. Jazzsaxophonist, -klarinettist und -komponist. B. studierte Philosophie und Musik. Auf dem von ihm bevorzugten Altsaxophon war er anfänglich von Lee Konitz und dem Cool Jazz beeinflußt. 1966 stieß er in Chicago zu der von Richard Abrams gegründeten AACM (= Association For The Advancement Of Creative Music) und geriet dadurch unter den Einfluß der zeitgenössischen Schwarzen Musik von John Coltrane und Ornette Coleman. Danach trat B. meist mit eigenen Ensembles auf, in denen sich Formen und Ausdruck des gesamten modernen Jazz mit den komplexen Strukturen moderner Konzertmusik vereinigen, ohne daß dabei die Improvisation vom Kompositionsmaterial unterdrückt wird. B. gilt als eine Schlüsselfigur des Jazz der 70er Jahre. 1990 wurde er Prof. an der Univ. Middletown. Seine wichtigsten Alben sind *Three Compositions Of New Jazz* (1968), *For Alto* (1968), *News From The 70's* (1972), *Birth And Rebirth* (1978) und *Eugene* (1989). In den 90er Jahren orientierte er sich stärker am Puls der amerik. Ureinwohner. Seine Alben betitelte er nur noch mit den Nummern seiner Kompositionen.

Brecker, Michael, *29.3.1949 Philadelphia; amerik. Tenorsaxophonist. B., der auch Querflöte u. Schlagzeug spielt, begann während seiner Universitätszeit in Big Bands und Rockgruppen zu spielen und ging 1969 nach New York, wo er mit B. Purdie und C. Rainey spielte. Im gleichen Jahr gründete er gemeinsam mit seinem Bruder →Randy B. und dem Schlagzeuger B. Cobham die Jazz-Rock-Formation *Dreams.* Nach deren Auflösung verdingte sich B. zunächst als Studiomusiker bei div. Jazz- und Rock-Größen und gründete dann 1975 gemeinsam mit seinem Bruder die *Brecker Brothers Band.* Die beiden Breckers faszinierten sowohl solistisch als auch mit ihren funkelnden Bläsersätzen, die sie berühmt machten. M. Brecker gehört zu denjenigen Fusionmusikern, die, beeinflußt von Rock-, Jazz- und Pop-Musik, einen neuen Stil entwickelten. Plattenaufnahmen, u.a. mit J. Lennon, E. Phillips, G. Benson, *Manhattan Transfer*, F. Zappa und E. John, belegen seinen musikalischen Facettenreichtum. Wichtige Platten sind *Michael Brecker* (1986), *Don't Try This At Home* (1988), *Two Blocks From The Edge – Live* (1997), *Nearness Of You – The Ballad Book* (2001) und *Wide Angles* (2003).

Brecker, Randy (eig. Randal B.), *27.11.1945 Philadelphia, amerik. Trompeter. B. der auch Flügelhorn, Posaune und Schlagzeug spielt, sammelte seine ersten Erfahrungen als Student in Big Bands und Rhythm & Blues-Gruppen, spielte bereits als 17jähriger u.a. bei Booker T., D. Liebman und C. Terry und zählte 1967 zu den Gründungsmitgliedern von *Blood, Sweat and Tears.* Zwei Jahre später gründete er gemeinsam mit seinem Bruder →Michael B. und dem Drummer B. Cobham die *Dreams.* Nebenbei arbeitete er sowohl im Studio als auch auf Tourneen für div. Künstler (u.a. D. Pearson, J. Taylor, J. Joplin und S. Wonder). 1975 gründeten die Gebrüder Brekker die *Brecker Brothers Band,* in der sie eine treibende und abwechslungsreiche Musik spielten, die sich, beeinflußt von verschiedenen Stilrichtungen, durch präzise Satzarbeit auszeichnete. Die gemeinsame Arbeit der *Brecker Brothers Band* verlief jedoch nicht kontinuierlich, da R. B. wegen seines spannungsreichen Trompetenspiels in aller Welt gefragt war. Dabei ist der vielseitige Musiker auf hunderten von Platten zu hören (u. a. mit G. Washington, L. Reed, H. Mann, B. James, S. Gyra u. P. Simon). Zu seinen wichtigsten Veröffentlichungen mit der *Brecker Brothers Band* zählen *Back to Back* (1975), *Heavy Metal Be Bop* (1978), *Straphangin* (1981), *Return Of The Brekker Brothers* (1992) und *Electric Jazz Fusion* (1999). Einige seiner Solo-Veröffentlichungen sind *Score* 1969), *In The Idiom* (1986), *Into The Sun* (1995), als Randroid das Rap-Album *Hanging In The City* (2001) sowie gemeinsam mit Saxophonist Bill Evans und der Soul Bop Band *Live* (2005).

Breuker, Willem, *4.11.1944 Amsterdam; ndl. Jazzklarinettist und -saxophonist. Anfang der 60er Jahre gehörte B. zu Gunter Hampels Gruppe, eine der ersten Formationen, die einen eigenständigen europäischen Avantgarde-Jazz kreierten. Seinem Vorbild Eric Dolphy folgend, bevorzugt B. die Baßklarinette, spielt sie aber mit expressiver Schärfe und mit einer so variablen Klangfülle wie kaum ein anderer Baßklarinettist. Er tritt heute mit seinem »Kollektief« auf, einem holländischen Orchester, das Jazz und verschiedene Formen von Volks-, Marsch- und Populärmusik – vergleichbar der Konzeption Kurt Weills – zu einer oft satirisch wirkenden Einheit verbindet. 1970 erhielt B. den *Holländischen Nationalpreis Jazz* und 1976 wurde er mit dem *Jazzpreis der Bundesrepublik Deutschland* ausgezeichnet. B. hat über 30 Alben veröffentlicht, darunter Aufnahmen mit Musik von George Gerswin, Kurt Weill und Enio Morricone.

Brönner, Till, *6.5.1971 Viersen, dt. Jazzmusiker (Trompete, Gesang), gehört zu den populärsten dt. Jazzmusikern der Gegenwart. Aufgewachsen in einer Musikerfamilie, gewann der 15jährige den nationalen Wettbewerb »Jugend jazzt« und wurde später jüngstes Mitglied in Peter Herbolzheimers *Bujazzo.* Er studierte Jazztrompete an der Musikhochschule Köln, im Alter von zwanzig Jahren wurde er in das RIAS-Tanzorchester Berlin aufgenommen. Seinem Debutalbum *Generations of Jazz* (1993) folgten *My Secret Love* (1995) und *German Songs* (1996), in dem er sich mit Evergreens von Hollaender, Kreuder u. a. auseinandersetzte. Die Integration von Streichern des Deutschen Sinfonieorchesters Berlin zeigt sein Interesse für Crossover-Produktionen. In seinem 1999 entstandenen balladesken Album *Love* mit Frank Chastenier (p, kb), Wolfgang Haffner (dr) u. a. greift B. auch zum Gesangsmikrophon, eine Parallele zu Chet Baker, nach dem B. seine 2000 erschienene Platte *Chattin' With Chet* benannte. Neben seiner Konzerttätigkeit schreibt er Filmmusik und arbeitet als Produzent, so für Hildegard Knef bei ihrem Album *Aber Schön War Es Doch.* B. unterrichtet als Dozent an der Hochschule für Musik ›Hanns Eisler‹, Berlin. Weitere Alben: *Blue Eyed Soul* (2002), *That Summer* (2004).

Brookmeyer, Bob, *19.12.1929 Kansas City, Missouri; amerik. Jazzmusiker (Ventilposaune, Klavier, Komposition und Arrangement). B. sammelte erste Big Band-Erfahrung als Pianist, bevor er sich 1953 als Ventilposaunist dem *Stan Getz Quintett* anschloß. 1954–1957 spielte er in der *Gerry Mulligan Band*, anschließend in Jimmy Giuffres *Three,* mit der ungewöhnlichen Besetzung Saxophon, Posaune und Gitarre (Jim Hall). Fortan betätigte er sich zunehmend als Arrangeur und Komponist, arrangierte für Mulligans Big Band und war Gründungsmitglied des *Thad Jones/Mel Lewis Orchestra* (1965). Seine Kompositionen sind von der Musik der modernen Klassik beeinflußt, seine klanglich raffinierten Arrangements beziehen teilweise für Jazz ungewöhnliche Instrumente, z. B. Holzbläser, mit ein. Als Posaunist ist er der Ästhetik des Cool Jazz zuzuordnen. Seit Ende der 70er Jahre hält er sich oft in Europa auf, arbeitet mit bedeutenden Big Bands (u. a. WDR-Big Band, Radio Big Band Dänemark) und ist als Interpret, Komponist und Lehrer vielseitig tätig. Folgende Alben stehen exemplarisch für seinen musikalischen Werdegang: *At The Shrine* (1954) mit Stan Getz, *Traditionalism Revisited* (1957) mit Jimmy Giuffre, *Paris Jazz Concert* (1962) mit Gerry Mulligan, *The Groove Merchant/The Second Race* (1970, Thad Jones/Mel Lewis), *Electricity* (1991,WDR-Big Band), *Old Friends* (1998) und *New Works Celebration* (2000), beide mit eigenem Quartett.

Broonzy, Big Bill (eig. William Lee Conley B.), *26.6. 1893 Scott (Mississippi), † 14.8.1958 Chicago; amerik. Bluessänger, -komponist und -gitarrist. B. wuchs als Sohn einer Sklavin im Süden der USA auf, arbeitete als Dienstmann, Land- und Eisenbahnarbeiter und kam 1920 nach Chicago. Nach seinen ersten Schallplattenaufnahmen 1926 setzte er sich allmählich durch und gehörte in den 30er Jahren zu den populärsten Musikern des Blues. 1938–39 trat er in den berühmten »Spiritual to Swing«-Konzerten in der Carnegie-Hall in New York auf. Während der 50er Jahre kam er wiederholt nach Europa, wo er mit der Einspielung von *Black, Brown and White* das Rassenproblem scharf aufgriff. Das war aber weder für ihn noch überhaupt für die schwarzen Musiker seiner Generation typisch. Andererseits begriff der eigenwillige B. den Blues auch nicht als Lied der ohnmächtigen Klage, sondern setzte sich darin, als einem spezifisch negroiden Ausdrucksmittel, mit ironischen Anspielungen zur Wehr. Er schrieb die Autobiographie *Big Bill Blues, mes blues, ma guitare et moi.*

Brötzmann, Peter, *6.3.1941 Remscheid; dt. Jazzsaxophonist und -klarinettist. B. war zuerst Maler und Grafiker, spielte in dieser Zeit in Dixieland-Bands, in Swing- und Hard-bop-Gruppen, wandte sich dann 1961 dem Free Jazz zu. Er spielte u. a. mit Carla Bley, Don Cherry, A. Mangelsdorff und im *Globe Unity Orchestra* mit A. von Schlippenbach. Programmatisch war lange Zeit seine LP *Machine Gun* (1968). B. galt in den 60er Jahren als radikalster Vertreter des Free Jazz in Deutschland. Charakteristisch waren lange Improvisationen in ekstatischer Überblastechnik und das aggressive Spiel. Häufig trat er mit dem holländischen Perkussionisten Han Bennink im Duo auf. Ihre Free Music ist verbindlicher und humorvoller, als die der meisten Free-Jazz Musiker. Wie bei W. Breuker finden sich Elemente der Volksmusik. Seit 1997 tritt B. mit dem Pianisten Borah Bergmann, dem Multi-Instrumentalisten Anthony Braxton und seinem hochkarätig besetzten Chicago Tentet (mit Ken Vandermark, Mars Williams, Mats Gustafsson, William Parker, Hamid Drake u. v. a.) auf. Seit 2000 zählt B. zu den wenigen konsequenten Überwindern der Free Jazz-Ästhetik unter den europäischen Free Jazz-Pionieren.

Brown, Arthur, *24.6.1942 Whitby; engl. Sänger. Bevor er sich entschloß, Profimusiker zu werden, absolvierte B. ein Philosophiestudium und arbeitete kurzzeitig als Lehrer. Nach seinem Abschied vom Schuldienst verdingte er sich als Schauspieler in einem Pariser Nachtkabarett. 1967 gründete er dann die Band *The Crazy World of Arthur Brown*, in der neben B. noch *Vincent Crane*, Tasteninstrumente, *Carl Palmer*, Schlagzeug, und *Nick Greenwood*, Baßgitarre, mitwirkten. Mit dem Song *Fire* (1968) gelang ihnen der Sprung in die int. Hitparaden. Es waren aber v.a. die Live-Shows der Band, die viel Aufsehehen erregten: B. konstruierte ein ebenso aufwendiges wie bombastisches Bühnenspektakel, bei dem er sich von einem Kran auf die Bühne hieven ließ, wobei er einen brennenden Helm trug. Mit seiner ständig überkippenden Stimme sang er von Voodoo-Kult und Satansbeschwörungen, wobei die Blues-orientierte, harte Rock-Musik keyboardbestimmt und voller dramatischer Elemente war. Nach der Auflösung der Band im Jahre 1969 versuchte B. mit ständig wechselnden Musikern vergeblich an alte Erfolge anzuknüpfen. Zu seinen wichtigsten Platten zählen *The Crazy World of Arthur Brown* (1968), *The Journey* (1972) und *Kingdom Come* (1973).

Brown, Clifford, genannt Brownie, *30.10.1930 Wilmington (Delaware), †26.6.1956 bei Chicago (Autounfall); amerik. Jazztrompeter. B., der außer Trompete auch Klavier studiert hatte, spielte 1952–53 in der Rhythm-and-Blues-Band von Chris Powell, anschließend bei Tadd Dameron und L. Hampton. 1954 stieß er in New York zu Art Blakey und gründete im selben Jahr mit Max Roach ein Hard-bop-Quintett, das einen bedeutenden Platz in der Geschichte des Jazz einnimmt. B. war spieltechnisch virtuos, er verband das Zupakkende, auch Kapriziöse von Gillespie mit gedämpfteren Phrasierungen zu einem eigenen Stil, der sich gegen den Cool Jazz richtete, wenn auch viele Passagen zugleich eine Neigung zum Cool erkennen lassen. Von seinen Kompositionen sind vor allem *Daahoud* und *Sandu* bekannt geworden.

Brown, James, *4.6.1929 Toccoa (Georgia); amerik. Sänger. B., der elternlos aufgewachsen ist, gründete 1955 die Band *Famous Flame*, die Gospels mit Rhythm & Blues zu kombinieren suchte. Er begann hier das zu spielen, was später als »Soul Music« bezeichnet wurde. Seinen ersten Plattenvertrag erhielt B. 1956 (Single *Please, Please, Please*), einen Chart-Erfolg hatte die Band mit *Try Me* (1958). V.a. aber waren es seine Live-Qualitäten, mit denen er ein überwiegend junges, schwarzes, sozial benachteiligtes Publikum in seinen Bann zog. Mit seiner rauchigen, oft überkippenden und heiseren Stimme sang er monotone Textzeilen zu einprägsamen Rhythmen, oft durchsetzt mit messerscharf klingenden Bläsersätzen. Großen Erfolg konnte er 1986 mit der Filmmusik zu *Rocky IV* für sich verbuchen. Ende der 80er Jahre kam der »Godfather of Soul« mit dem Gesetz in Konflikt und mußte für mehrere Jahre ins Gefängnis. Nach seiner Entlassung 1991 setzte er seine Karriere fort. Zu seinen wesentlichen LPs zählen *The Unbeatable* (1958), *Mr Dynamite* (1963), *I Got You (I Feel Good)* (1966), *It's a Man's Man's Man's World* (1966), *Nothing but Soul* (1969), *Sex Machine* (1970), *Living In America* (1995), *I'm Back* (1998) und *James Brown Live* (2001).

Brown, Ray (eigentl. Raymond Matthews Brown), *13.10.1926 Pittsburgh, †2.7.2002 Indianapolis; amerik. Kontrabassist, Cellist, Produzent. Er lernte zunächst Klavier und stieg zu Beginn seiner Highschoolzeit auf den Kontrabaß um. B. lernte viel nach Gehör und studierte vor allem die Baßlinien von Jimmy Blanton, Bassist im *Duke Ellington Orchestra* und einer der Wegbereiter des modernen

Baßspiels. Als B. kurze Zeit nach seinem Examen nach New York ging, eilte ihm sein Ruf bereits voraus. Dizzy Gillespie nahm ihn in seine Band, zusammen mit Charlie Parker, Bud Powell und Max Roach gehörte er nun zu den Protagonisten des Bebop. Zu den zahlreichen Jazzgrößen, die er fortan begleitete, gehörte auch seine spätere Frau Ella Fitzgerald, mit der er jedoch nur vier Jahre verheiratet war. 1949 engagierte ihn Norman Granz für sein Ensemble *Jazz at the Philharmonic*, dem er 18 Jahre lang verbunden blieb. Dabei lernte er Oscar Peterson kennen, dessen legendärem Trio er zusammen mit Schlagzeuger Ed Thigpen 15 Jahre lang angehörte. 1966 ging B. nach Los Angeles. In den 70er Jahren führte er sein eigenes Trio mit Monty Alexander, später mit Gene Harris und Benny Green, fort. Außerdem managte er Quincy Jones und Milt Jackson. Im Laufe seiner Karriere wurde er vielfach mit Preisen ausgezeichnet. Sein Tod im Jahre 2002 überkam ihn unerwartet im Schlaf, kurz vor einem Auftritt. Aus seinem überaus umfangreichen Schaffen seien repräsentativ genannt: *The Trio* (1961), *Night Train* (1962), *We Get Request* (1964), jeweils mit dem Oscar Peterson Trio, *This One's For Blanton* (1972), im Duo mit Duke Ellington, *As Good As It Gets* (1977), mit Jimmy Rowles, *Soular Energy* (1984), *Don't Get Easy* (1994), *Super Bass* (1996).

Brubeck, Dave (David), *6.12.1920 Concord (California); amerik. Jazzpianist. B. studierte Komposition u. a. bei A. Schönberg und vor allem bei D. Milhaud. 1944–67 spielte er mit dem Altsaxophonisten Paul Desmond zusammen, seit 1951 in einem auch außerhalb des Jazz viel diskutierten Quartett, dessen bekanntestes Thema *Take Five* war. Nach 1969 trat er oft mit dem Baritonsaxophonisten Gerry Mulligan auf, in den 70er Jahren auch mit seinen Söhnen Darius, Chris und Danny. Stilistisch verbindet B. in seinem Jazz klassische Imitationen, nachromantische Harmonik, auch verfremdete Blockakkorde und atonale Partikel. Daneben zeigte er eine Vorliebe für das gehämmerte Stride Piano und für den Blues. Als Komponist schrieb B. eine Reihe reizvoller, kantabler Jazzthemen, u. a. *The Duke* und *Blue Rondo à la Turk*, die heute zur Standardliteratur des Jazz gehören. Seine Versuche jedoch, Jazz und symphonische Musik sowohl kompositorisch als auch durch die Koppelung von Jazzgruppen und Symphonieorchester zu verbinden, fanden wenig Resonanz. Bis in die ersten Jahre des neuen Jahrtausends überzeugt B. mit Vitalität und Spielwitz.

Buena Vista Social Club, kubanische Allstar-Formation. Ins Leben gerufen vom Sänger, Tres-Spieler und Arrangeur Juan De Marcos Gonzalez (*1954, Havanna), der 1996 Stars der 1940er und 1950er in den staatlichen EGREM-Studios von Havanna versammelte, um die nach der kubanischen Revolution niedergegangenen Stile wie Son und Bolero zu beleben. Zur Stammformation gehörten u. a. die Vokalisten *Compay Segundo* (*18.11.1907, † 13.7.2003), *Ibrahim Ferrer* (*20.2.1927, † 7.8.2005) und *Omara Portuondo* (*1930), der Bassist *Orlando »Cachaíto« López* (*1933) und der Pianist *Rubén González* (*26.9.1919, † 8.12. 2003). Für die Aufnahmen tat sich González mit dem britischen Produzenten Nick Gold und dem amerikanischen Gitarristen → Ry Cooder zusammen. Unterstützt durch eine Musikdokumentation vom Wim Wenders erlangte der B. weltweit enorme Popularität: Die CD verkaufte sich millionenfach, am bekanntesten wurde das Lied *Chan Chan*. Der B. hat bei einem weitgefächerten Hörerkreis ein großes Interesse an kubanischer Musik angeregt. Etliche Solo-Produktionen seiner Mitglieder erschienen seit dem Startalbum: *Introducing Rubén González* (1997), *Buena Vista Social Club Presents Ibrahim Ferrer* (1999), *Cachaíto* (2001), *Buena Vista Social Club Presents Manuel »Guajiro« Mirabal* (2004).

Burdon, Eric, *11.5.1941 Newcastle; engl. Sänger und Songschreiber. B., der in einfachen Verhältnissen aufwuchs, wurde zunächst von A. Corner in dessen Band geholt und gründete dann 1962 gemeinsam mit dem Keyboarder Alan Price die → *Animals*. Bei den einfachen, meist bluesorientierten Songs dieser Band dominierte B. mit seiner rauchigen, »schwarzen« Stimme. Ab 1969 widmete er sich intensiver seiner Solo-Karriere, die jedoch immer wieder durch Alkohol- und Drogenprobleme unterbrochen wurde. Mit *Eric Burdon & War*, einer Band, die versuchte, afrik. und Blues-Musik zu vereinen, konnte er 1970 wieder einen Erfolg verbuchen (*Spill the Wine*). Anschließende Veröffentlichungen waren weniger erfolgreich und div. Comeback-Versuche mit den *Animals* scheiterten. B.s Autobiographie erschien 1986 unter dem Titel *I Used to be an Animal but I'm all Right Now*. In Deutschland ist das Buch unter dem Titel *Am Anfang war es tierisch* erschienen. 1995 wurden Eric Burdon und die Animals in die Rock 'n' Roll Hall-Of-Fame aufgenommen. 1999 formierte Eric Burdon die *New Animals* und ging wieder auf ausgedehnte Konzert-Tourneen. Zu seinen besten LPs zählen *Eric was Here* (1967), *Wind of Change* (1967) und *Every One of Us* (mit den *Animals*), sowie *Declares War* (1969) und *The Black Man's Burdon* (1970) (die letzten beiden mit *War*).

Burton, Gary, *23.1.1943 Anderson (Indiana); amerik. Jazzvibraphonist. B. studierte Klavier und Komposition, Vibraphon lernte er als Autodidakt. 1960 hatte er sein erstes Engagement, leitete 1962 eine eigene Gruppe, erregte aber erst Aufsehen, als er 1964–66 bei Stan Getz spielte. Danach trat er mit eigenen Gruppen auf. B. löste in den 60er Jahren Milt Jackson als bis dahin führenden Vibraphonisten ab. Für seinen Stil kennzeichnend war lange Zeit die Verschmelzung von melodischen und perkussiven Elementen, hinzu kamen Einflüsse des Rock. Charakteristisch für sein Spiel sind der biegsame Ton und die weiche Phrasierung, die aber nicht selten zum Selbstzweck werden. B. begann 1971 Komposition und Improvisation am Berklee College of Music in Boston (Massachusetts) zu lehren, 1996 wurde er dort zum Executive Vice President ernannt. Seine wichtigsten Alben sind *Duster* (1967), *Throb* (1969), *Alone At Last* (1971), *Dreams So Real* (1975), *Like Monds* (1998) und *For Hamp Red Bags & Cal* (2001), *Virtuosi* (2003 mit Makoto Ozone, Klv.) und *Generations* (2004).

Bush, Kate (eig. Catherine B.), *30.7.1958 Plumstead; engl. Sängerin und Songschreiberin. B. erhielt zunächst Violin- und Klavierunterricht, ehe sie, gefördert durch den Gitarristen David Gilmour (*Pink Floyd*), 16jährig zu texten begann und sich dem Tanz- und Pantomimestudium widmete. Mit ihrer ersten LP *The Kick Inside* und ihrem Debüt-Song *Wuthering Heights* (beide 1978) erregte sie durch ihre ausdrucksstarke, manchmal sehr hoch geführte Stimme (reicht über 4 Oktaven) großes Aufsehen, wobei sie ihre Phantasie-Lieder mit außerordentlicher Sensibilität vortrug. Auf ihren seltenen Tourneen zeigte die extravagante Rock-Lady ihre volle künstl. Bandbreite, indem sie eine Mischung aus Musik, Theater und Kabarett inszenierte. Nebenbei lieferte sie einige äußerst stimmungsvolle Musik-Videos ab, in denen ihre schauspielerischen Qualitäten zu bewundern sind. Chart-

Erfolge konnte sie mit *Babooshka* (1980) und *Running up that Hill* (1985) feiern; im Duett mit Peter Gabriel gelang ihr der Welterfolg *Don't Give Up* (1986). Ihre weiteren Alben sind *Lionheart* (1978), *Never for Ever* (1980), *The Dreaming* (1982), *Hounds Of Love* (1985), *Sensual World* (1989) und *The Red Shoes* (1993).

Byrd, Charles L., *16.9.1925 Suffolk (Virginia), †2.12. 1999 Washington D.C.; amerik. Jazz-Gitarrist. Nach. erstem Unterricht bei seinem Vater ließ er sich 1946 zunächst in New York nieder, wo er gemeinsam mit B. Carroll und F. Slack auftrat. In den 50er Jahren lernte er bei S. Papas in Washington und bei A. Segovia in Siena das klass. Gitarrenspiel. Der int. Durchbruch gelang B. 1962 mit der (gemeinsam mit S. Getz aufgenommenen) LP *Jazz Samba*, die, als gekonnte Mischung von Cool Jazz und lateinamerikanischen Einflüssen, weltweit eine Bossa-Nova-Welle auslöste. Auf ausgedehnten Tourneen zeigt B. meist die ganze Bandbreite seines Könnens, die sich auf die Bereiche Jazz, Klassik und Folklore erstreckt. Er ist auf einer Vielzahl von LPs als Gastmusiker vertreten, u. a. mit T. Bennett, H. Ellis, T. Gwaltney und L. Almeida. Zu seinen wichtigsten Platten zählen *Blue Bird* (1978), *Braziville* (1981) und *Isn't it Romantic* (1984).

Byrds, The, amerik. Folk-Rock-Formation. Der 1964 in Los Angeles gegründeten Band gehörten die Sänger und Gitarristen *Jim »Roger« McGuinn* (*13.7.1942), *Gene Clark* (*17.11.1941), *David Crosby* (eig. D. van Cortland, *14.8.1941), sowie *Chris Hillman* (*4.12. 1942), Baßgitarre und Gesang, und *Michael Clarke* (*3.6.1944), Schlagzeug, an. Ihr von Bob Dylan komponierter Debüt-Song *Mr. Tambourine Man* wurde auf Anhieb ein weltweiter Erfolg. Trotz früh beginnender Besetzungsprobleme (außer McGuinn wurden alle Gruppenmitglieder ausgewechselt) absolvierten sie mit Titeln wie *All I Really Want To Do* (1965, ebenfalls ein Bob Dylan Song), *Turn! Turn! Turn!* (1966) oder *Eight Miles High* (1966) eine erfolgreiche Karriere. Dabei wiesen ihre Songs, die von McGuinns nasalem Gesang geprägt wurden, Elemente aus Rock 'n' Roll und Folklore auf. Mit ihren gefälligen, sehr melodischen Titeln, die denen der *Beatles* nicht unähnlich waren, erreichten sie in den USA Kultstatus. 1991 wurden sie in die Rock 'n' Roll-Hall of Fame aufgenommen. Wichtige LP-Veröffentlichungen stellen *Turn! Turn! Turn!* (1966), *Fifth Dimension* (1966), *Younger than Yesterday* (1967), *The Ballad of Easy Rider* (1969) und *Untitled* (1970) dar.

C

Cale, J.J. (eig. John Junior C.), *5.12.1938 Oklahoma City; amerik. Gitarrist und Sänger. Zurückhaltendes, harmonisches Gitarrenspiel und sein rauher und dennoch warmer Gesang prägten den schlichten Country-Blues, in den C. mitunter auch Hammondorgel und Klavier einbezog. Seine Spielweise wurde später von Musikern wie Mark Knopfler (→ Dire Straits) kommerziell weitaus erfolgreicher umgesetzt, viele seiner Songs von anderen Interpreten übernommen. Ermutigt durch den unerwarteten Erfolg seines Stückes *After Midnight* (1970), das in der Version von → Eric Clapton die Top 20 der USA erreicht hatte, begann C. seine Karriere mit den LPs *Naturally* (1971) und *Really* (1972) und erreichte bald mit *Crazy Mama* (1972) einen Single-Hit. *Call Me the Breeze* in der Version von Lynyrd Skynyrd sowie v. a. *Cocaine* (1976), abermals von Clapton zu einem Welthit adaptiert, waren weitere Höhepunkte in C.s Karriere. Zu den wichtigen Werken des zurückgezogen lebenden Musikers zählen außerdem *Okie Okie* (1974), *Troubadour* (1976), *Grasshopper* (1982), *Number Ten* (1992), *Closer to You* (1994), *Guitar Man* (1996), *Live* (2001) und *To Tulsa And Back* (2004).

Cale, John, *9.3.1942 Garmont; engl. Sänger, Multiinstrumentalist und Komponist. C.s Weg als einer der ungewöhnlichsten Charaktere der Pop-Welt begann in den 50er Jahren: Der 8jährige spielte im BBC-Rundfunk eigene Stücke auf dem Piano. Nach Studium und Ausbildung an der Viola brachte ihn ein Stipendium nach Boston. Dort knüpfte C. Kontakte zu John Cage und La Monte Young, mit denen er bis 1964 spielte. Gemeinsam mit Lou → Reed gründete er → *The Velvet Underground.* Nach dem Zerwürfnis mit Reed 1968 arbeitete C. als Produzent für Elektra-Records und betreute Aufnahmen der *Stooges* und der Sängerin Nico. Ab 1970 verfolgte C. eine Solo-Karriere: Seine LPs enthielten Folk- und Rocksongs, Arbeiten mit Terry Riley und eigene klassische Arrangements, etwa *The Academy in Peril* (1972). Auf große Akzeptanz stieß das Album *Paris 1919* (1973), auf dem C. Rock und klass. Partituren verband. Weitere LPs beeinflußten u.a die brit. Punk-Szene. Unentschieden zwischen Rock-Format und E-Musik-Standard waren manche seiner Arbeiten in den 80er Jahren, herausragend aber die LPs *Music for a New Society* (1982) und *Words for the Dying* (1989). Seit 1990 schreibt Cale für Film und Ballett und gibt Solo-Konzerte. Er war auch an der Wiedervereinigung der *Velvet Underground* und der folgenden Tournee beteiligt. Zu seinen wichtigen LPs gehören *Fear* (1974), *Slow Dazzle* (1975), *Helen of Troy* (1975), *Songs for Drella* (1990, mit Lou Reed), *The Last Day on Earth* (1993, mit Bob Neuwirth) und *What's Welsh For Zen. The Autobiography Of John Cale* (1999, mit Victor Bockris).

Calexio, amerikan. Rock-Band, gegründet 1996 in Tucson (Arizona). Das Duo C. mit *Joey Burns* (Gesang, Gitarre, Bass) und *John Convertino* (Schlagzeug) ging aus der Country-Rock-Band *Giant Sand* hervor. Zunächst brachten Burns und Convertino einige instrumentale Alben unter dem Logo *Friends Of Dean Martinez* heraus, bevor sie ihre eingängige Mixtur aus amerikanischem Country Lounge Jazz und mexikanischem Mariachi Pop fanden. Ihr erstes Album *Spoke* (1996) entstand noch als Verlegenheitswerk während einer Tour von *Giant Sand.* Auf *The Black Light* (1998), *Hot Rail* (2000) und *Feast Of Wire* (2003) fanden sie immer souveräner ihre eigene Sprache im Bordermusic genannten Niemandsland zwischen Latin, Ambient, Jazz, Country und Rock. Nicht selten traten sie mit einer 13köpfigen echten Mariachi-Band auf. Ihr Sound wirkte wie der Prototyp für Legionen von Bands, die sich abseits gängiger Klischees etablieren wollten. 2004 schrieben C. einen Song für Nancy Sinatras Album *Nancy Sinatra.*

Calloway, Cab (eig. Cabell C.), *24.12.1907 Rochester (New York), † 1995; amerik. Sänger, Entertainer, Filmschauspieler und Bandleader. Der »Hi-de-ho-Man« genannte C. begann seine Karriere als Steptänzer und Sänger im Orch. seiner Schwester Blanche Calloway, bevor er mit den *Alabamians* und den *Missouris* eigene Ideen verwirklichte. *Minnie the Moucher* wurde 1931 sein erster großer Hit. Es war Swing-Musik, die er gekonnt mit Showeinlagen darbot, wobei seine helle, wohlklingende Stimme überzeugte. Ende der 40er Jahre ließ ihn sein Mitwirken in Filmen wie *The Singing Kid, Stormy Weather* und *St. Louis Blues* zum Weltstar werden. Von nun an widmete er sich zunehmend dem Showbusiness (Fernsehen und Broadway). In Gershwins *Porgy and Bess* verkörperte er in den 50er Jahren die Figur des Sportin Life. Anschließend trat er bis in die 70er Jahre hinein vorwiegend als Solosänger ohne eigenes Orchester auf. 1976 erschien seine Autobiographie *Minnie the Moocher and Me.* Zu seinen wichtigsten Platten gehören *Mr Hi-de-ho-Man* (1930), *Cab Calloway* (1937) und *Jazz of the Air* (1943).

Campbell, Glen Travis, *22.4.1938 Delight (Arkansas); amerik. Sänger, Schauspieler und Gitarrist. C. begann seine Karriere 1954 in New Mexico als Country & Western-Gitarrist in der Band seines Onkels Dick Bills. Nach Gründung eigener Bands ging er jedoch nach Los Angeles, um Studiomusiker zu werden. Dort hatte er 1961 seine ersten eigenen Erfolge mit den Titeln *Turn Around, Look at Me* und *Too Late to Worry.* Mit seiner weichen, angenehmen Stimme sang er sich vom Country bis zum Pop durch viele Stilarten und hatte in den 60er Jahren seine erfolgreichste Zeit. Sein bekanntester Hit war *Gentle of my Mind* (1967). In Fernsehsendungen (u.a. *The Glen Campbell Good Time Hour*) und Spielfilmen (u.a. *Norwood,* 1968, und *True Grit,* 1969) bewies er sich als Schauspieler und Showtalent. 1968 wurde er zum besten Entertainer des Jahres gewählt und erhielt 5 Grammypreise. Zu seinen interessantesten Platten zählen *The Astounding 12 String Guitar of Glen Campbell* (1965), *Hey, Little One* (1968), *Galveston* (1969), *The Last Day I Saw Her* (1971), *Houston* (1974), *It's The World Gone Crazy* (1981), *Walkin' In The Sun* (1990), *Wings Of Victory* (1992) und *Somebody Like That* (1993). 1994 veröffentlichte er seine Autobiografie *Rhinestone Cowboy.*

Can, dt. Rock-Band, 1968 gegründet. C. spielte in der Besetzung *Irmin Schmidt* (*29.5.1937), Keyboards, *Holger Czukay* (*24.3.1938), Baßgitarre, *Michael Karoli* (*29.4.1948, † 17.11.2001), Gitarre, *Jaki Liebezeit* (*26.5.1938), Schlagzeug, *Malcolm Mooney,* Gesang, *David Johnson,* Flöte, ab 1970 auch *Kenji Damo Suzuki* (*16.1.1950), Gesang. Beeinflußt u.a. von K. Stockhausen, brachte C. 1969 ihr Debüt-Album *Monster Movie* heraus, ohne damit jedoch größeren Erfolg zu haben. Auch die sehr improvisationsreich angelegten, mit elektr. Beiwerk versehenen Folge-LPs fanden beim Publikum wenig Beachtung. Einem breiten Publikum wurde C. durch mehrere Filmmusiken bekannt: Hier erzielten sie ihren Durchbruch mit *Spoon,* der Titelmelodie zum Durbridge-Krimi *Das Messer* (1971). Außerdem komponierten und spielten sie noch für Fernsehfilme wie *Das Millionenspiel, Tote Tauben* oder *Die letzten Tage von Gomorrha.* Mitte der 70er Jahre zerfiel die Band jedoch mehr und mehr in Solo-Projekte, und ihr Konzept wurde zunehmend diffuser; offiziell wurde die Gruppe jedoch nie aufgelöst. 1989 erschien ihr Album *Rite Time.* Es folgten noch das Remix-Projekt *Sacrilege* (1997) und *Can Live* (1999). Größeren Erfolg brachten der Band u.a. die LPs *The Can-Soundtracks* (1970), *Tagomago* (1971), *Future Days* (1973) und *Cannibalism* (1978).

Canned Heat, amerik. Blues-Rock-Formation. C.H. (»Hitze in Dosen«) wurde 1965 von *Alan Wilson* (*4.7. 1943, † 3.9.1970), Mundharmonika, Gitarre und Gesang, *Bob Hite* (*26.2.1945, † 5.4.1981), Gesang, *Henry Vestine* (*25.12.1944, † 1997), Gitarre, *Larry Taylor* (*26.2. 1942), Baßgitarre, und *Frank Cook,* Schlagzeug, in Los Angeles gegründet. Trotz etlicher Umbesetzungen im Anfangsstadium traf die Band mit ihrer einfachen, melodisch-rhythmisch oft stark treibenden Musik den Nerv der amerik. Hippie-Generation. Ihr Auftritt beim Monterey-Pop-Festival 1967 wurde ebenso stürmisch gefeiert wie ihr im gleichen Jahr erschienenes Debüt-Album mit der Single-Auskoppelung *On the Road Again*. Auch der Folgehit *Going up the Country*, v. a. aber ihr größter Erfolg *Let's Work Together* (1970) kam beim Publikum sensationell gut an. Durch Todesfälle und zunehmende Richtungslosigkeit wurde das Ensemble dann aus der Bahn geworfen. Mehrere Comeback-Versuche blieben auch deshalb erfolglos, weil kein Mitglied der Gründungsbesetzung sich an ihnen beteiligte. Zu den besten Platten von C. H. zählen *Living the Blues* (1968), *Cookbook* (1970), *Future Blues* (1970) und *Hooker'n Heat* (mit John Lee Hooker, 1971).

Captain Beefheart (eig. Don van Vliet), *15.1.1941 Glendale (Kalifornien); amerik. Sänger, Saxophonist und Komponist. Begeistert von Jazz und trad. Blues (bes. von Sänger Howlin' Wolf), gründete C. B. 1964 in Lancaster (Kalifornien) die *Magic Band*, deren elektrisch verstärkter Blues bereits mit dem Debüt *Safe as Milk* (1966) Sinn für exzentrische Momente bewies. C.B.s harsche Stimme und die mit freien Spielarten vertrauten Musiker stellten diesen Ansatz auf dem von B.s Freund Frank → Zappa produzierten Album *Trout Mask Replica* (1969) in den Mittelpunkt. Die komplexen Rock-Experimente ließen Verwandschaft mit den Dadaisten vermuten, dem kommerziellen Mißerfolg dieser LP folgte jedoch eine halbherzige Hinwendung zu konventionelleren Strukturen, so auf *Spotlight Kid* (1972) und *Unconditionally Guaranteed* (1974). Mit *Doc at the Radar Station* (1980) und *Ice Cream for Crow* (1982) kehrte C. B., der zeitweise in der Mojave-Wüste lebte, um sich von der Natur inspirieren zu lassen, zu radikalen Konzepten zurück. 2004 reformierte sich die Magic Band ohne C. B., um die einstigen Originale instrumental zu spielen. Ab Mitte der 80er Jahre konzentrierte sich B. auf die Malerei. Musiker wie *Pere Ubu*, *The Fall* oder John Lydon von den *Sex Pistols* nennen C. B. als großes Vorbild. Wichtige LPs von C. B. sind *Strictly Personal* (1970), *Lick my Decals off, Baby* (1970), *Mirror Man* (1971), *Shiny Beast* (1978), *Doc At The Radar Station* (1980), *Icecream For Crow* (1982) und *Legendary A & M Sessions* (1984, aufg. 1964).

Carney, Harry (Howell), *1.4.1910 Boston, † 10.10. 1974 New York; amerik. Jazzmusiker (Baritonsaxophon, Baßklarinette). Er wurde schon als 16jähriger von Duke Ellington engagiert und blieb bis zu seinem Tod Mitglied in dessen Orchester, spielte aber auch mit anderen Musikern des Swing und Mainstream zusammen. C. war vor allem als Baritonsaxophonist die Schlüsselfigur in Ellingtons Saxophonsatz. Die sonore Mächtigkeit und Fülle seines Spiels blieben lange Zeit, bis zu Gerry Mulligan, unerreicht. Wichtige Schallplatten-Einspielungen (alle mit Ellington) sind u. a. *Tiger Rag* (1929), *Old Man Blues* (1930), *Harlem speaks* (1933), *Perdido* (1942) und *Rockin In Rhythm* (1955).

Carpenters, amerik. Pop-Duo. Die Geschwister *Richard Carpenter* (*15.10. 1946 New Heaven), Keyboards und Gesang, und *Karen Carpenter* (*2.3.1950 ebd., † 4.2.1983), Schlagzeug und Gesang, waren zunächst im Trio mit dem Bassisten Wes Jacobs aufgetreten, trennten sich aber von ihm und gingen bei A & M-Records unter Vertrag. 1969 erschien dort ihre erste LP, und ihre Debüt Single *A Ticket to Ride* (eine Coverversion der *Beatles*) wurde ein voller Erfolg. Ihre Lieder, unter denen *Close to You* (1970), *Top of the World* (1973) und *Please Mr Postman* (1974) sehr erfolgreich waren, kennzeichnet eine einfache, schlagerähnliche Anlage, wobei Karen Carpenters makellos klare Stimme im Vordergrund steht. Nach ihrem Tod versuchte ihr Bruder mit der Solo-LP *Time* (1987) an alte Erfolge anzuknüpfen, was ihm jedoch nicht gelang. Zu den besten Platten der C. zählen *Carpenters* (1971), *A Song for You* (1972), *Horizon* (1975) und *A Kind of Hush* (1976).

Carter, Benny (Bennett Lester), *8.8.1907 New York, † 12.7.2003 Los Angeles; amerik. Jazzmusiker (Alt- und Tenorsaxophon, Trompete), Bandleader und Arrangeur. Er war anfänglich in rascher Folge Mitglied mehrerer Bands, u. a. 1929 der *McKinney's Cotton Pikkers.* 1932 gründete er eine eigene Band. 1935–38 hielt er sich in Europa auf und gründete 1937 in Holland eine aus schwarzen und weißen Musikern gemischte Band. Anfang der 40er Jahre bildete er immer wieder Gruppen mit jungen Bebop-Musikern, u. a. 1941 mit Dizzy Gillespie, 1943 mit M. Roach und J. J. Johnson. Seit Mitte der 40er Jahre arbeitete er für den Film in Hollywood. Später entstanden auch Fernsehserien. Daneben trat C. weiter auf der internationalen Jazzszene auf, so 1968 mit großem Erfolg beim New Port Festival. C., der stilistisch zum Swing gehört, gilt als einer der vielseitigsten Jazzmusiker. Sein Hauptinstrument ist das Altsaxophon, sein Spiel ist melodisch weich, singend, vergleichbar dem von J. Hodges, doch ohne dessen rhythmische Intensität. Seit den 60er Jahren tritt C. vor allem als Komponist und Arrangeur hervor. Mitte der 70er Jahre überraschte C. mit einem Bühnencomeback bei dem er zeigte, dass er als Saxonphonist noch immer mit den Besten mithalten konnte. Noch als 90jähriger spielte er öffentlich und – wie es heißt – ausgezeichnet.

Cash, Johnny (eig. John R. C.), *26.2.1932 Kingsland (Arkansas), † 12.9. 2003 Nashville (Tennessee); amerik. Country-Sänger. C. wuchs in ärmlichen Verhältnissen als Sohn rechtloser Wanderarbeiter auf, war als GI einige Zeit in der Bundesrepublik stationiert und ließ sich 1954 in Memphis nieder. Dort gründete er eine eigene Band und erhielt einen ersten Plattenvertrag bei der Firma *Sun-Records*, die auch Elvis Presley verpflichtet hatte. Hier veröffentlichte er 1956 seinen Hit *I Walk the Line.* Sein größter Erfolg war die LP *Johnny Cash at San Quentin* (1969), ein Live-Mitschnitt aus dem San-Quentin-Gefängnis in Kalifornien. Auch die Single-Auskoppelung *A Boy Named Sue* wurde ein Bestseller. C.s Songs waren meist einfach angelegte, jedoch sehr stimmungsvolle Country-Lieder. In seinen Texten befaßte sich der Cherkosen-Abkömmling häufig mit entrechteten Indianern, Hippies oder inhaftierten Kriminellen. Zu seinen wichtigsten LPs zählen *Blood, Sweat and Tears* (1963), *Orange Blossom Special* (1965), *Man in Black* (1971) und *A Thing Called Love* (1972). Insgesamt reichen C.s Erfolge bis in die 80er Jahre hinein, und mit der Platte *Johnny Cash Is Coming to Town* (1987) stellte er unter Beweis, daß er nichts von seinem Können verloren hatte. Der an der Parkinsonschen Krankheit leidende Sänger veröffentlichte gegen Ende seines Lebens die unter dem Einfluß von Alternative Rock und Americana von Rick Rubin produzierten Alben *American III: Solitary Man* (2000), und *American IV: The Man Comes Around* (2002), die als sein Vermächtnis angesehen werden.

Catherine, Philip, *27.10.1942 London; engl. Jazz- bzw. Jazz-Rock-Gitarrist. Seinen ersten Git.-Unterricht erhielt er als 14jähriger, studierte dann aber zunächst Wirtschaftswissenschaften und absolvierte seinen Armeedienst. Es folgte eine

Ausbildung am Berklee College of Music in Boston und die Zusammenarbeit mit Lou Bennet und Fats Sadi. 1970–72 spielte er mit dem Jazz-Rock-Geiger Jean Luc Ponty, bevor er 1973 die Band *Pork Pie* gründete, die allerdings schon 1974 wieder auseinanderfiel. Mit ihren Gründungsmitgliedern Charlie Mariano (Saxophon) und Jasper van't Hoff (Keyboards) spielte C. jedoch noch mehrere Jahre in Trio-Besetzung. Als Gastmusiker begegnete er K. Doldinger, T. Blanke, C. Mingus und M. Gibbs sowohl im Studio als auch auf int. Jazz-Festivals (Berlin, New York, Montreux). Auch seine Duo-Auftritte mit dem Gitarristen Larry Coryell gehören zu den Highlights des Jazz. 1981 traf er Chet Baker, mit dem er aufnahm (1983) und 1985 in Europa auf Tournee ging. Zu seinen wichtigsten Veröffentlichungen zählen *September Man* (1975), *Guitars* (1975), *Sleep My Love* (1979), *Young Django* (1980), *Trio* (1983), *I Remember You* (1990), *Guitar Groove* (1999), *Blue Prince* (2001), *Summer Night* (2002), *Meeting Colours* (2005 mit dem Brüsseler Jazz Orchester).

Cave, Nick (eig. Nicholas Edward C.), *22.9.1957 Warracknabeal; australischer Rock-Sänger. Mit seinen ersten Bands *Boys Next Door* und insbes. *Birthday Party* schuf C. eine abstrakte, brachiale Synthese aus Blues und Punk, deren rohe Energie und Aggressivität viele Bands beeinflußte. Sinistre Lyrik und exaltierter Gesang machten C. auch als Solokünstler v. a. einem Underground-Publikum bekannt. 1983 formierte C. seine Band *The Bad Seeds*, zu deren Besetzung u. a. die Gitarristen Blixa Bargeld (→ *Einstürzende Neubauten*), Mick Harvey und Kid Congo Powers (→ *Gun Club*) zählten. Nebenbei widmete sich C. Literatur und Film, so dem Roman *And the Ass Saw the Angel* (1989), einigen Arbeiten für Regisseur Wim Wenders (*Der Himmel über Berlin* und *Bis ans Ende der Welt*) sowie dem umstrittenen Film *Ghost of the Civil Dead*, in dem C. selbst eine Hauptrolle übernahm. Musikalisch deutete sich mit dem in Brasilien aufgenommenen Album *The Good Son* (1990) ein Wandel zu eingängigeren, fast beschwingten Songs an. Für Aufsehen sorgte 1995 eine Single-Aufnahme mit der Pop-Sängerin *Kylie Minogue*. Zu C.s wichtigsten Platten zählen außerdem *Birthday Party* (1980) und *Prayers on Fire* (1981) (mit *Birthday Party*) sowie *From Here to Eternity* (1984), *The Firstborn Is Dead* (1985), *Kicking Against the Pricks* (1986), *Henry's Dream* (1992), *Let Love in* (1994), *Murder Ballads* (1996), *The Boatsman's Call* (1997), *No More Shall We Part* (2001) und die zeitgleich veröffentlichten Neogospel-Alben *The Lyre Of Orpheus* und *Abattoir Blues* (beide 2004), die einen geläuterten, aber keineswegs gesetzten Nick Cave präsentierten.

Chaka Khan (eig. Yvette Marie Stevens), *23.3.1953; amerik. Soul-Sängerin. C. K. wählte den Namen Chaka (= Feuer), als sie in den 60er Jahren für die Black Panther-Bewegung aktiv war. 1972 wurde sie Sängerin bei der Soul-Rock-Formation *Ask Rufus* (später kurz: *Rufus*), die zusammen sechs LPs sowie die Single-Hits *Tell Me Something Good* und *Sweet Thing* herausbrachten. 1978 wandte sich K. Solo-Aufnahmen zu, die Disco-Rhythmik, aber auch hochemotionale Balladen und Vokalversionen von Jazz-Standards (u. a. *A Night in Tunesia*) einbezogen. Ihrer Liebe zur Jazzimprovisation führte zur Teilnahme an der LP *Echoes of an Era* (mit Chick Corea). 1983 erschien ein Abschiedsalbum von *Rufus*: *Stompin' at the Savoy* mit dem Hit *Ain't Nobody*. Auf *I Feel For You* unterstützen sie Künstler wie Stevie Wonder und Rapper Melle Mel. Trotz ähnlich profilierter Begleiter (u. a. Miles Davis) fehlte ihr später ein angemessener Rahmen. Schon bei *Rufus* von Selbstzweifeln geplagt, schien C.K. zwischen marktgerechter Produktion und eigener Ambition zu manövrieren. 1994 trat sie mit europäischen Jazz-Musikern auf, 1995 im Musical *Mama, I Want to Sing* in London und bei dem HipHop-Projekt *Jazzmatazz*. Weitere LPs der Künstlerin sind *Chaka* (1978), *What Cha Gonna Do For Me?* (1981), *Chaka* Khan (1982), *CK* (1988), *Life Is A Dance* (1989), *The Woman I Am* (1992), und *Come 2 My House* (1998).

Charles, Ray (eig. Ray Charles Robinson), *23.9.1932 Albany (Georgia), †10.6.2004 Los Angeles; amerik. Jazzmusiker (Piano, Orgel, Altsaxophon), Jazzsänger, Bandleader und Komponist. Ch. erblindete mit 6 Jahren nach einem Unfall. 1949 gründet er sein erstes Trio, für das Nat »King« Cole Vorbild war, 1954 die erste eigene Big Band. Er hatte stets eine Vorliebe für Big Bands, spielte gelegentlich aber auch mit kleinen Gruppen zusammen. 1962–66 unternahm er mehrere Europatourneen. 1962 gründete er eine eine Schallplattenfirma. Ch. gehört als Vertreter des sog. Jazz-Soul-Stils zu den Vermittlern zwischen dem traditionellen Jazz, Gospelsong, Blues, Rhythm & Blues und dem Modern Jazz, vor allem dem Bebop und Hard Bop. Sein Repertoire umfaßt aber auch Country and Western Music, Rock 'n' Roll-Songs und Beatles-Kompositionen. Zu seinen besten Soulsongs zählen *Yes Indeed, Nighttime is a Right Time, Georgia on my mind, What'd I Say*. Von den 35 Alben, die Ch. im Laufe seiner Karriere herausgebracht hat, seien genannt *The Great Ray Charles* (1956), *Soul Brothers* (1958), *Have A Smile On Your Face* (1964), *My Kind Of Jazz* (1970), *Porgy & Bess* (1976), *Blues Is My Middle Name* (1989), *Would You Believe* (1990), *Strong Love Affair* (1996), *Thank You For Bringing Love Around Again* (2002) und *Genius Loves Company* (2004).

Cheap Trick, amerik. Rockquartett, bestehend aus *Robin Zander* (*23.1.1952), Gesang, *Tom Petersson* (*9.5.1950), Baßgitarre, *Bun E. Carlos* (eig. Brad C., *13.6. 1951), Schlagzeug und *Rick Nielsen* (*22.12.1946), Gitarre. Weniger ihr von den → *Beatles* oder → *The Who* deutlich inspirierter, melodischer Hardrock, als die von Humor und Slapstick geprägten Shows festigten den Ruf der 1974 gegründeten Band. Neben den eher konventionellen Charakteren T. Petersson und R. Zander brachte R. Nielsen in absurder Kinderkleidung die Show mit Clownerien und Grimassen in Schwung, während der schwergewichtige Drummer Bun E. Carlos im Buchhalterdress und mit Zigarette im Mundwinkel die Fäden stoisch zusammenhielt. Nur zu logisch, daß den Platten der Band – sieht man einmal von Japan ab, wo C.T.s Veröffentlichungen einen großen Fankreis fanden – zunächst keine große Bedeutung beigemessen wurde. Den größten Erfolg, auch in den USA, feierten C.T. 1978 mit dem bezeichnenderweise in Tokio mitgeschnittenen Live-Album *Live at Budokan*, die Single-Auskoppelung *I Want You to Want Me* wurde zum größten Hit der Band. Im Laufe der 80er Jahre verlor C.T. zunehmend an Bedeutung, das kreative Potential war erschöpft, das Songmaterial zu dürftig. Trotzdem schafften sie noch einen kommerziellen Erfolg. 1987 gelangte die nichtssagende Single *The Flame*, die von einem bandfremden Songwriter geschrieben wurde, an die Spitze der amerikanischen Hitparade. Wichtige LPs der Band sind *Live at Budokan* (1978), *Dream Police* (1979), und *Lap Of Luxury* (1988). 1999 dokumentierten sie ihre glamouröse Show zum 25jährigen Bestehen auf der Doppel-CD *Silver*.

Checker, Chubby (eig. Ernest Evans), *3.10.1941 Philadelphia (Pennsylvania); amerik. Sänger und Pianist. Vom Songschreiber Karl Mann entdeckt, veröffentl. Ch. mit diesem zusammen seine Debüt Single *The Class* (1958). In den 60er Jahren wurde Ch. dann die zentrale Figur der Twist-Mode: Außerordentlichen Erfolg erzielte er mit *The Twist* (1960) und *Pony-Time.* Außerdem führte er den Tanz in unzähligen Fernsehshows auf und wirkte in dem Film *Twist Around the Clock* mit. Seinen Song *Let's Twist Again* (1962) sang er in verschiedenen Sprachen und auf einer darauffolgenden Welttournee brach er alle Kassenrekorde. Auch mit der nächsten Tanz-Welle, dem Limbo, und seinem dazugehörigen Hit *Limbo Rock* (1963) war Ch. in den Charts vertreten. Anschließend versuchte sich Ch. in der Soul-Branche, konnte hier jedoch an alte Erfolge nicht anknüpfen. 1988 brachte er gemeinsam mit den *Fat Boys* seinen Twist-Hit in einer Disco-Version heraus. Danach wurde es still um Ch. Zu seinen wichtigsten Platten zählen *It's Pony Time* (1962), *In Person* (1963), *Limbo Party* (1963), *The Other Side of Chubby Chekker* (1971), *The Change Has Come* (1982) und *Coming Back Hard Again* (1988 mit den *Fat Boys*).

Cherry, Don (Donald E.), *18.11.1936 Oklahoma City, † 19.10.1995 bei Malaga; amerik. Jazzmusiker (Trompete, Flöte). Ch. spielte zunächst seit 1951 in Los Angeles konventionellen Modern Jazz, u. a. mit Dexter Gordon, gründete 1957 mit Ornette Coleman ein Quartett, eine der ersten Gruppen des Free Jazz, und 1968 mit K. H. Berger die New York Total Music Company. In den 70er Jahren arbeitete Ch. oft mit Carla Bley zusammen. Er bevorzugte eine kleine pakistanische »Taschentrompete« und spielte Flöten mit doppelt montierten Mundstücken. Seine bes. Vorliebe galt der Musik Balis. Kennzeichnend dafür ist das Orchesterwerk *Eternal Rhythm* (1968).

Chicago, amerik. Rock-Formation, bestehend aus *Terry Kath* (*31.1.1946, † 23.1.1987), Gitarre und Gesang, *Peter Cetera* (*13.9.1944), Baßgitarre und Gesang, *Robert Lamm* (*13.10.1944), Tasteninstrumente und Gesang, *Walter Parazaider* (*14.3.1945), Saxophon, *Lee Loughnane* (*21.10.1946), Trompete, *James Pankow* (*20.8.1947), Posaune, und *Danny Seraphine* (*28.8. 1948), Schlagzeug. Die Mitglieder der Band hatten z. T. bereits in bekannten Orchestern wie denen von Woody Herman oder Maynard Ferguson mitgespielt oder ein Musikstudium absolviert, als sie 1967 Ch. in Chicago ins Leben riefen. Nachdem sie zwei Jahre lang nur geprobt hatten, präsentierten sie 1969 ihr Erstlingswerk. Doch erst das darauffolgende Album *Chicago II* (1970) brachte sie mit der Single-Auskoppelung *Make Me Smile* in die US-Charts. Hauptelement ihrer Musik war der Rock 'n' Roll, angereichert mit Jazz- und Rock-Einflüssen. Ihre Arrangements waren verspielt bis überladen, anfänglich auch experimentell und improvisatorisch. Mit zunehmendem Erfolg und nach mehrfachen Umbesetzungen entwickelte das Ensemble jedoch immer mehr seine Vorliebe für glattere, seichtere Pop-Nummern. Top 10-Hits wie *Saturday in the Park* (1972), *If You Leave Me Now* (1978) und *Hard to Say I' m Sorry* zeugen von dieser Entwicklung. Ch. liefert bis heute immer wieder Charts-Erfolge. Bisher wurden über 20 LPs veröffentlicht; unter ihnen sind besonders interessant: *Chicago at Carnegie Hall* (1971), *Chicago 10* (1976), *Chicago 17* (1984) und *Chicago 19* (1988) und *Chicago 25.* Einen Überblick über das Gesamtwerk von Ch. geben die beiden Sampler *The Heart Of Chicago 1967–1997* (1997) und *The Heart Of Chicago 1967–1998* (1998).

Chilton, Alex, *28.12.1950 Memphis (Tennessee); amerik. Sänger, Gitarrist und Produzent. C. war bereits als Jugendlicher mit der nach Marketing-Strategien zusammengestellten Popgruppe *Box Tops* erfolgreich. Überwiegend von Studiomusikern eingespielte Singles wie *The Letter* (1967) oder *Cry Like a Baby* (1968) verkauften sich v.a. in den USA millionenfach. Nach dem Ende der Box Tops prägten Westcoast-Sounds und Harmonien im Stile der → Byrds die Musik seiner neuen Gruppe *Big Star*, deren 3 Alben *No. 1 Record* (1971), *Radio City* (1974) und *Third* (1978) jedoch trotz glänzender Kritiken kaum beachtet wurden. In den 80er Jahren machte C. mit Produktionsarbeiten u.a. für The → Cramps und Tav Falco sowie mit spröden, zügellosen Solo-Alben, auf denen er unterschiedlichste Stile wie Rock'n Roll, Blues, Punkrock und Jazz verband, als Rock-Außenseiter einem Independent-Publikum zugänglich. Weitere wichtige Platten von C. sind *Like Flies on Sherbert* (1978), *Live in London* (1983), *Lost Decade* (1985), *High Priest* (1987), *Blacklist* (1990), *Cliches* (1994) und *Set* (2000).

Christian, Charlie (Charles), *20.1. 1916 Dallas (Texas), †2.3.1942 New York; amerik. Jazzmusiker (Gitarre). Er spielte in den 30er Jahren mit verschiedenen Swingbands als Tenorsaxophonist und Bassist, dann als Gitarrist. Durch Vermittlung von John Hammond kam er 1939 zu Benny Goodman in dessen Sextett. 1941 nahm er an den ersten Sessions des Bebop in New York teil. Ch. war der erste bedeutende Jazzmusiker mit elektrisch verstärkter Gitarre (die er seit 1937 benutzte). Für die Gitarristen des konventionellen Modern Jazz blieb er bis heute stilbildend. Auf Einfälle von ihm gehen einige berühmte Stücke von Goodman zurück, u.a. *Air Mail Special*, *Seven Come Eleven* und *Gone With the Wind*.

Clapton, Eric (eig. E. Patrick Clapp), *30.3.1945 Ripley; engl. Gitarrist und Sänger. C., der bei seinen Großeltern aufgewachsen ist, studierte zunächst Kunst, um sich dann professionell der Musik zu widmen. Über div. Beat Bands kam er 1964 zu den → *Yardbirds* und 18 Monate später zu J. → Mayalls *Bluesbreakers*. Im Sommer 1966 gründete C. zusammen mit J. Bruce und G. Baker die Rock-Formation → *Cream*. Anschließend führte ihn sein Weg zu *Blind Faith*, weiterhin spielte er bei *Delaney & Bonnie* und formierte *Derek and the Dominoes*. Auch als Gastmusiker war der »Slowhand« genannte C., dessen Wurzeln mehr in der Blues- als in der Rockmusik liegen, mit Größen wie J. Lennon oder B. Preston sehr erfolgreich. Anfang der 70er Jahre ging C. nach Amerika und widmete sich einer Solo-Karriere, die mit Titeln wie *I Shot the Sheriff* (1974) und *Lay Down Sally* (1977) sensationell gut begann. Nun beginnende Drogen- und Alkoholprobleme bekam C. erst in den 80er Jahren wieder in den Griff und ist seitdem erfolgreicher denn je. 1993 erhielt der sensible und schüchterne Star bei der Grammy-Verleihung sechs der begehrten Trophäen. Aus der Fülle seiner Schallplatteneinspielungen sind zu nennen: *Wheels of Fire* (1968, mit *Cream*), *Eric Clapton* (1970), *Rainbow Concert* (1973), *Slowhand* (1977), *Behind the Sun* (1985), *Unplugged* (1992), *From The Cradle* (1994), *Pilgrim* (1998), *Riding With The King* (2000, mit B.B.King), *Reptile* (2001) und das Tribute-Album *Me and Mr. Johnson* (2004, solistisch).

Clark, Gene (eig. Eugene Harold C.), *17.11.1941 Tipton (Missouri), †24.5. 1991; amerik. Country- und Rock-Sänger. Zunächst bei der Folk-Band *New Christy Minstrels* aktiv, prägte C. ab 1965 gemeinsam mit Roger McGuinn und David Crosby den maßgebenden Vokalsound der → Byrds. Nach sehr erfolgreichen Alben wie *Mr. Tambourine Man* oder *Turn!Turn!Turn!* verließ C. 1966, kurz nach dem gemeinsam mit McGuinn verfaßten Hit *Eight Miles High*, die Gruppe und wandte sich diversen Solo-Arbeiten und Co-Produktionen zu. 1967 erschien die LP *Gene Clark with the Gosdin Brothers*, 1968 unter dem Titel *Dillard & Clark Fantastic Expeditions* ein Album mit Musikern von den → Eagles und dem Banjospieler Doug Dillard. 1979 fand C. mit ehemaligen Byrds-Mitgliedern als *McGuinn, Clark & Hillman* noch einmal den Weg in die Top 50 der US-Charts. 1986 nahm er u.a. mit Ry Cooder, Don Henley und Carla Olson das Album *Midnight Mission* auf. Weitere Platten sind u.a. *White Light* (1971), *No Other* (1974), *Two Sides of Every Story* (1977) und *Firebyrd* (1984).

Clarke, Kenny (Kenneth Spearman), auch **Liaqat Ali Salaam,** *9.1.1914 Pittsburgh (Pennsylvania), † 26.1.1985 Montreuil-sous-Bois; amerik. Jazzmusiker (Schlagzeug). Er war in den 30er Jahren zunächst Swing-Schlagzeuger, u.a. bei Leroy Bradley und Roy Eldridge. 1941 stieß er zu den Begründern des Bebop in New York – hier ist vor allem Thelonius Monk zu nennen –, begleitete aber auch Musiker des traditionellen Jazz wie Louis Armstrong und Ella Fitzgerald. Seit 1946 wandte er sich bei Dizzy Gillespie und Tadd Dameron endgültig dem modernen Jazz zu, trat 1948 und 1949 mit Dameron und Miles Davis beim Jazzfestival Paris auf und blieb anschließend zwei Jahre in Europa. 1952–55 war er Mitglied des Modern Jazz Quartet, 1959 Mitgründer der Clarke-Boland Big Band in Köln, die erst in den 70er Jahren aufgelöst wurde. C. gilt als Erfinder des modernen Schlagzeugspiels im Jazz durch Verlagerung der Grundrhythmen auf das große Becken bei knappen Akzenten auf der großen und kleinen Trommel.

Clarke, Stanley M., *30.6.1951 Philadelphia (Pennsylvania); amerik. Bassist und Songschreiber. Der Sohn einer Sängerin spielte zunächst Violoncello und Violine, begann mit 13 Jahren das Baß-Spiel und studierte schließlich drei Jahre an der Musikakademie in Philadelphia. Nach ersten Engagements u.a. bei D. Gordon, St. Getz und J. Henderson gründete C. 1970 gemeinsam mit Chick Corea die Formation *Return to Forever.* Außerdem arbeitete er als Gastmusiker, Komponist und Produzent u.a. für A. Franklin, C. Santana, Al Di Meola und F. Purim. In den 80er Jahren war er an Platteneinspielungen mit namhaften Jazzern wie G. Benson, F. Hubbard oder M. Ferguson beteiligt. Daneben hat er mittlerweile in diversen Besetzungen bei allen wichtigen Jazz-Festivals gespielt. Der technisch völlig untadelige C. gilt als einer der ersten Musiker, die die Bedeutung des E-Basses herausstellten. Zu seinen wichtigsten Platten zählen *Stanley Clarke* (1974), *Journey to Love* (1975), *Modern Man* (1978), *Find Out* (1985), *If This Bass Could Talk* (1988), *At The Movies* (1995), *Rite Of Strings* (1995) und *This Is Jazz No. 41* (1998).

Clash, The, engl. Punk-Band. In der Besetzung *Joe Strummer* (eig. John Graham Mellor, *21.8.1952, † 22.12.2002), *Mick Jones* (*26.6.1953), beide Gitarre und Gesang, *Paul Simonon* (*15.12.1955), Baßgitarre, *Nicky »Topper« Headon* (*30.5.1955), Schlagzeug, neben den → *Sex Pistols* die bedeutendste Gruppe dieser Stilrichtung. In bissigen Texten verbalisierte das Autorenduo Strummer/Jones die Aggressionen frustrierter Jugendlicher und pflegte mit zunächst primitiven, explosiven Punksongs revolutionäre Attitüden. Ein ab 1979 um Elemente aus Pop, Reggae und Rock 'n' Roll erweitertes stilistisches Spektrum stieß zwar in der Punkszene auf Widerstand, eröffnete der Band jedoch eine breitere Zuhörerschaft. Nach dem Abgang Jones' 1983 schlugen Versuche Strummers, den Mythos von The C. wiederzubeleben, ebenso fehl wie sein Engagement bei *The* → *Pogues*. Auch Jones' Pop-Projekt *Big Audio Dynamite* hatte nur mäßigen Erfolg. 1991 erfuhr die Gruppe eine unerwartete Renaissance, als der neun Jahre alte Song *Should I Stay or Should I Go* im Zuge einer Jeans-Werbekampagne die Spitze der europäischen Charts erreichte. Zu den wichtigsten Werken zählen *The Clash* (1977), *London Calling* (1979), *Sandinista!* (1980), *Combat Rock* (1982).

Clayton, Buck (Wilbur), *12.11.1911 Parsons (Kansas), †8.12.1991 New York City; amerik. Jazzmusiker (Trompeter). Er hatte bereits mit 22 Jahren eine eigene Band, spielte 1934–36 mit Teddy Weatherford in Shanghai, gehörte 1938–43 zu den herausragenden Solisten der Count Basie-Band und begleitete in dieser Zeit mit Lester Young und Teddy Wilson die Sängerin Billie Holiday. C., der den Swing und Mainstream vertritt, bevorzugt das melodisch ausgeprägte Spiel. Ähnlich wie bei Roy Eldridge finden sich bei ihm einige Übergänge vom Swing zum modernen Bebop. Interessante Aufnahmen von C. finden sich auf den Alben *Bigband Story 1937–1945* (1937), *Essential* (1953), *Copenhagen Concert 1 & 2* (1959), *Jam Session 1975* (1975), *Buck Clayton Swings The Village* (1990) und *Philharmonic Blues* (1999).

Cliff, Jimmy (eig. James Chambers), *1.4.1948 Somerton (Jamaika); jamaikanischer Sänger, Songschreiber und Gelegenheitsschauspieler. Der aus ärmlichen Verhältnissen stammende und in Gettos aufgewachsene Musiker veröffentlichte 1962 seine erste Single *Daisy Got Me Crazy*, die ihn in seiner Heimat zum Star werden ließ. Mitte der 60er Jahre übersiedelte er nach England, wo er mit Titeln wie *Wonderful World, Beautiful People* (1969), *Vietnam* (1970) und *You Can Get it if You Really Want* (1970) den Sprung in die Top 10 der engl. Hitparaden schaffte. C.s Songs sind meist sehr melodisch angelegt und v.a. dem Reggae verpflichtet, wobei sie allerdings deutliche Blues-Einflüsse aufweisen. Zwischenzeitlich versuchte er sich ohne größeren Erfolg auch als Soul-Sänger. Anfang der 80er Jahre kehrte C. wieder nach Jamaika zurück, um sich seiner mus. Wurzeln zu besinnen. C.s Leben wurde 1972 unter dem Titel *The Harder They Come* verfilmt, wobei C. selbst die Hauptrolle übernahm und auch die Filmmusik schrieb. Zu seinen wichtigsten Platten zählen *Jimmy Cliff* (1969), *The Harder They Come* (1972), *Follow My Mind* (1976), *Give the People what They Want* (1981), *Breakout* (1992) und *Black Magic* (2004).

Clinton, George *21.7.1940, Kannapolis (North Carolina); amerik. Soul- und Funk-Sänger, Arrangeur und Komponist. In den 50er Jahren bei schwarzen Vokalgruppen wie *The Parlaments* aktiv, ließ sich C. vom Soul- und Rockverständnis der Superstars Sly Stone und Jimi → Hendrix inspirieren und formierte mit *Funcadelic* eine Band, die psychedelischen Rock und trad. Soul verband. Dieses Konzept verwirklichte er parallel mit *Parliament*. Seinen Stil, P-Funk genannt, erweiterte C. auf LPs wie *Free Your Mind* (1970, mit *Funcadelic*) oder *Mothership Connection* (1975, mit *Parliament*) um polit. Inhalte und eine groteske Weltraum-Mythologie, die auch als Zerrspiegel rassistischer Strukturen zu lesen ist. C.s Begleiter – William »Bootsy« Collins, Baßgitarre, Gary Shyder, Gitarre und Bernie Worrell, Keyboards – spielten auch in eigenen Gruppen wie *Bootsy's Rubber Band* oder *The Brides of Funkenstein*. C.s erfolgreichtste LP war *One Nation under One Groove*

(1978). Bis in die 90er Jahre blieb er mit Alben aktiv und tourt auch noch 2005. Der in exotischer Garderobe mit Pelzen, Federn und gefärbtem Haar auftretende C. wurde neben James Brown zum wichtigsten Einfluß für Hip Hop-Künstler wie *Digital Underground*, *Ice Cube* u.a. Zu seinen wichtigen LPs zählen *Maggot Brain* (1971), *Cosmic Slop* (1973), *Clone's of Dr. Funkenstein* (1976), *Hey Man … Smell my Finger* (1993), *Go Fer Yer Funk* (1993), *T.A.P.O.A.F.O.M.* (1996), *Dope Dogs* (1998) und *Atomic Dog* (1999).

Cobham, Billy (eig. William C. Cobham jr.), *16.5. 1944 Panama; amerik. Schlagzeuger, Komponist und Bandleader. Eine geregelte musikal. Ausbildung erhielt C., nachdem er mit seinen Eltern in die USA übersiedelt war, an der Brooklyn High School of Music and Art. Seinem Mitwirken beim → *Mahavishnu Orchestra*, das er 1969 mitbegründete, gingen Engagements beim *Horace Silver Quartet* (1968) und den *Dreams* sowie kurze Gastspiele bei B. Taylor, H. Laws, J. Brown und G. Washington voraus. Beim *Mahavishnu Orchestra* entwickelte C. sein ungemein virtuoses, hartes, oft rasant schnelles Schlagzeugspiel auf einem Riesen-Set mit 2 Bass-Drums. Anfang der 70er Jahre arbeitete er zunehmend an seiner Solo-Karriere und veröffentlichte 1975 sein Debütwerk *Spectrum*, das Rock- und Jazzeinflüsse miteinander verband. Er findet seitdem immer wieder die Zeit, um mit bekannten Größen, wie z.B. L. Bellson, J. Kühn, S. Goldberg, J. Bruce oder C. Baker zusammenzuarbeiten und auf allen großen Jazz-Festivals Amerikas und Europas zu spielen. C. wurde als Jazz-Musiker ungewöhnlich populär und galt lange Zeit als *der* Jazz-Rock-Drummer überhaupt. Zu seinen wichtigsten Werken zählen *Birds of Fire* (mit dem *Mahavishnu Orchestra*) sowie *Magic* (1977), *Flight Time* (1980), *Warning* (1985, solistisch), *The Traveller* (1993), *Focus* (1999) und die exzellent zusammengengestellte Doppel-CD *Rudiments-Billy Cobham Anthology* (2001) und das Grateful Dead-Tribute *Jazz Is Dead* (2002).

Cochran, Eddie (eig. Edward Ray C.), *3.10.1938 Oklahoma City (Oklahoma), † 17.4.1960 Chippenham (England); amerik. Sänger und Gitarrist. C. begann zunächst Anfang der 50er Jahre im Duo mit Hank Cochran (mit dem er nicht verwandt war) Country- bzw. Rockabilly-Musik zu spielen. 1956 veröffentlichte er seine Debüt-Single *Skinny Jim/ Half Love;* einigen Erfolg hatte er im Jahr darauf mit *Sittin in the Balcony.* Zum Star und Teenager-Idol einer ganzen Generation ließ ihn seine Rock 'n' Roll-Nummer *Summertime Blues* (1958) werden. Begeisterung entfachten v.a. seine einprägsame Stimme und ebenso einfache wie wirkungsvolle Gitarrenriffs. 1959 konnte er seine Fan-Gemeinde noch einmal mit *C'mon Everybody* hinreißen. Seine Karriere wurde dann jedoch durch einen Autounfall, an dessen Folgen C. starb, jäh beendet. Posthum erschien der Song *Three Steps to Heaven*, der ebenfalls zum Top 10-Hit wurde. 1987 wurde C. in die amerik. Rock 'n' Roll-Hall of Fame aufgenommen, obwohl er seine größten Erfolge in Europa feiern konnte. Zu seinen Lebzeiten erlangte er bes. Erfolg mit den Platten *Summertime Blues* (1958) und *Eddie Cochran* (1960); gute Zusammenstellungen bilden *Cherished Memories* (1962) und *Never to be Forgotten* (1963).

Cocker, Joe (eig. Robert John C.), *20.5.1944 Sheffield; engl. Sänger. Der Bergarbeitersohn und gelernte Klempner begann schon als Teenager, Soul- sowie Rhythm & Blues-Songs zu singen. 1964 erschien *I'll Cry Instead* (ein Beatles-Song), fand aber nur mäßigen Anklang. Erst 1969 gelang C. mit der

Lennon/McCartney-Komposition *With a Little Help from My Friends* der große Wurf. Mit seiner mächtigen Blues-Röhre und einem dramatischeren Arrangement schuf er einen Rock-Klassiker, den er wenig später beim legendären Woodstock-Festival charismatisch wie ein Glaubensbekenntnis vortrug. In den 70er Jahren geriet der »Mann mit der schwarzen Stimme« in die Hände skrupelloser Manager und wurde durch Alkohol- und Drogenexzesse aus der Bahn geworfen. Trotzdem gelangen ihm mit *The Letter* (1970) und *You Are so Beautiful* (1975) weitere Hits. C.s Karriere verlief in den 80er Jahren stabiler, und zusammen mit Jennifer Warnes sang er 1982 den Titelsong *Up where We Belong* zu dem Film *Ein Offizier und Gentleman*, wofür das Duo einen Grammy erhielt. C. lebt heute zurückgezogen in den USA, unternimmt aber immer noch ausgedehnte Tourneen und tritt mit erstklassigen, gefühlvollen Rock-Songs hervor. Zu seinen wichtigsten Platten zählen *Joe Cocker* (1969), *Mad Dogs and Englishmen* (1970), *I Can't Stand a Little Rain* (1975), *Sheffield Steel* (1982), *Unchain My Heart* (1987), *Night Calls* (1992), *Have A Little Faith* (1994), *Across From Midnight* (1997), *No Ordinary World* (1999) und *Respect Yourself* (2002).

Cohen, Leonard, *21.9.1934 Montreal; kanadischer Sänger, Gitarrist und Schriftsteller russisch-jüdischer Abstammung. C. studierte zunächst Geschichte und war anschließend als Kaufmann tätig, ehe er begann, eigene Gedichte zu vertonen. Erste Gedichtbände waren *The Favourite Game* (1963) und *Beautiful Losers* (1966). Sein Debüt als Filmkomponist hatte C. 1964 mit *Ladies and Gentlemen*. Der Sänger mit der oft monotonen, traurigen Blues-Stimme hatte 1967 mit *Suzanne* seinen größten Erfolg. Bereits 1973 erklärte er seinen Abschied von der Musik, brachte jedoch mit *Death of a Lady Man* (1977) und *Recent Songs* (1979) neue Alben heraus. 1987 landete Jennifer Warnes mit C.s Song *First We Take Manhattan* einen Hit. Mit seinem Video-Film *I Am a Hotel* gewann er die Goldene Rose von Montreux. In seinem 1992 erschienenen Album *The Future* setzt er sich kritisch mit extremistischen Positionen auseinander. Weitere LPs sind *The Songs of Leonard Cohen* (1968), *Songs of Love and Hate* (1971), *Songs and Poems* (1981), *Various Positions* (1984), *I'm Your Man* (1988), *Ten New Songs* (2001) und *Dear Heather* (2004).

Cole, Nat »King« (eig. Nathaniel Adams Coles), *17.3. 1917 Montgomery (Alabama), † 15.2.1965 Santa Monica (California); amerik. Jazz- und Popmusiker (Klavier, Gesang). Er spielte als 19jähriger in Chicago im Sextett seines Bruders, des Bassisten Eddie C., ging dann mit einer eigenen Band als Begleiter der Revue *Shuffle along* auf Tournee. 1939 gründete C. sein für den Swing und den frühen Modern Jazz stilbildend gewordenes Trio mit Oscar Moore (Gitarre) und Wesley Prince (Baß), dessen Besetzung in den folgenden Jahren häufig wechselte. C. wandte sich seit 1946 dem kommerziellen Song, in den 50er Jahren ausschließlich der Popmusik zu. Seitdem hatte er für den Jazz kaum noch Bedeutung. 1960 versuchte er ein Comeback als Jazzsänger bei einer Europa Tournee mit der Big Band von Quincy Jones. Wichtige Jazzeinspielungen von ihm sind: *Sweet Lorraine* (1940), *Early Morning Blues* (1941), *The Man I love* (1944).

Coleman, Ornette, *19.3.1930 Fort Worth (Texas); amerik. Jazzmusiker (Alt- und Tenorsaxophon, Trompete, Geige). C. spielte zunächst als Saxophonist in verschiedenen Rhythm-and-Blues-Bands, gründete dann 1957 mit Don Cherry ein Quartett, eine der ersten

Gruppen des Free Jazz, zu dessen Schlüsselfigur er wurde. 1962 zog er sich von der Jazzszene zurück und lernte als Autodidakt Trompete und Geige, trat aber seit 1965, wenn auch mit zahlreichen Unterbrechungen, erneut auf. In der zweiten Hälfte der 70er Jahre wandte C. sich dem Jazz-Rock zu. Sein Hauptinstrument ist das Altsaxophon. Sein Stil ist gekennzeichnet durch Verzicht auf feste harmonische Bindung, ständig durchbrochenen, paraphrasierten Grundbeat, expressiv zustoßenden Ton und einen zugleich aggressiven und schwermütigen Ausdruck. Sein Harmolodics genanntes harmonisches Konzept, das auf absoluter Eigenständigkeit jedes strukturellen Elements zw. Bandmitgliedes beruht, revolutionierte Jazz und andere Musikrichtungen. Eines seiner Hauptwerke, zugleich ein wichtiges Ereignis in der Geschichte des Jazz, ist der 1961 mit einem Doppelquartett aufgenommene Titel *Free Jazz.* Weitere wichtige Albes C.s sind *Something Else* (1958), *Love Call* (1968), *Song X* (1985), *Virgin Beauty* (1989) und *Tone Dialing* (1995).

Collins, Judy, *1.5.1939 Seattle (Washington); amerik. Folkloresängerin und Gitarristin. Sie begann eine Ausbildung als Pianistin. Mitte der 50er Jahre schloß sie sich der Folksong-Bewegung an. In ihrem ungemein weitgespannten und vielfältigen Repertoire interpretiert sie irische und amerikanische Volkslieder, engagierte moderne Lieder, Popmusik (u. a. von Bob Dylan, Pete Seeger, Leonhard Cohen und Joni Mitchell), Songs von B. Brecht und K. Weill, französische Chansons und Musik des Mittelalters (von Fr. Landini). Sie gilt neben Joan Baez und Bob Dylan als die bedeutendste Vertreterin des amerikanischen Folksongs. Mit dem Titel *Judy Blue Eyes* setzten ihr *Crosby, Stills & Nash* ein musikalisches Denkmal. Unter dem Titel *The J. C. Song-Book* (NY 1969) erschien eine Auswahl aus ihrem Repertoire.

Collins, Phil, *30.1.1951 London; engl. Sänger, Schlagzeuger, Produzent, Songschreiber und Schauspieler. C. übernahm bereits im Kindesalter kleinere Filmrollen, begann zu trommeln und besuchte eine Schauspielschule. 1970 trat er der Band → *Genesis* als Drummer bei und war auf deren Album *Nursery Crime* erstmals zu hören. Als Sänger führte er die Formation vom theatralischen Bombast-Rock hin zu moderneren Song-Strukturen. Nebenbei verwirklichte C. sich in div. Jazz- und Rock-Projekten, spielte einige Jahre in der Jazz-Rock-Band *Brand X* und arbeitete als Studiomusiker. Seine Solokarriere begann er 1981 mit der LP *Face Value* und der Single *In the Air Tonight.* Wegen seines interessanten Songmaterials, seiner charakteristischen Stimme und seines kräftigen Schlagzeugstils ist sein Erfolg bis heute ungebrochen. Für seine dritte LP *No Jacket Required* (1985) erhielt er 3 Grammies. Daneben schrieb er u. a. Filmmusik, sang bis 1995 erfolgreich bei *Genesis*, wurde Ehrendoktor der Univ. Boston und spielte die Hauptrolle in der Gaunerkomödie *Buster* (1988). Zu seinen bedeutenden LPs zählen *Hello I must be Going* (1982), *But Seriously* (1989), *Both Sides* (1993), *Dance Into The Light* (1996), die Big-Band-CD *Hot Night In Paris* (1999) und die Filmmusik zu *Tarzan* (1999), sowie *A Trick of the Tail* (1975) und *We can't Dance* (1992) (beide mit *Genesis*).

Colosseum, engl. Jazz-Rock-Formation, bestehend aus *John Hiseman* (*21.6.1944), Schlagzeug, *Dick Heckstall-Smith* (*26.9.1934, † 19.12.2004), Saxophon, *Dave Greenslade* (*18.1.1943), Tasteninstrumente, *Marke Clarke* (*25.7.1950), Baßgitarre, *Dave »Clem« Clempson* (*5.9.1949), Gitarre, und

Chris Farlowe (*13.10.1940), Gesang. Die Ursprünge der Band gehen bis in die frühen 60er Jahre zurück; die tatsächliche Gründung erfolgte um das Jahr 1968 in London. C. erschuf aus Blues-, Jazz- und Rockelementen eine neue Mischung, die zwar nicht für Hitparaden geeignet, aber dennoch kommerziell genug war, um ein breites Publikum in Europa und den USA zu erreichen. C. war eher eine Gemeinschaft technisch brillanter Virtuosen, die zeitweilig miteinander musizierten, als eine Band im herkömmlichen Sinne. Im Mai 1969 erschien ihre erste LP *Those who Are about to Die Salute You*, die sensationell gut ankam. Bereits nach drei weiteren erfolgreichen Alben löste sich die Gruppe im November 1971 auf. J. Hiseman versuchte 1975 mit *Colosseum II* und neuer Besetzung einen Neuanfang, das Ensemble gab jedoch 1978 wieder auf; 1994 startete C. ein Comeback in Originalbesetzung. Seit 2003 hat *Barbara Thompson*, Saxophone, den kranken D. Heckstall-Smith bei Live-Auftritten ersetzt. Weitere wichtige Platten von C.: *Valentyne Suite* (1970), *Colosseum Live* (1971), *Colosseum II/Strange New Flash* (1976), *Wardance* (1977), *Colosseum Live* (1995), *Bread & Circuses* (1997) und *Tomorrow's Blues* (2003).

Coltrane, John (William), *23.9.1926 Hamlet (North Carolina), †17.7.1967 Huntington (New York); amerik. Jazzmusiker (Saxophon). Er begann 1945 als Tenorsaxophonist und spielte vor allem in Rhythm-and-Blues-Bands, u. a. 1952–53 bei Earl Bostic. 1955–57 und 1958–60 war er Mitglied der Miles-Davis-Gruppe und gründete 1960 ein eigenes Quartett, das von 1961 bis in Mitte der 60er Jahre in der berühmt gewordenen Besetzung mit McCoy Tyner (Klavier), Reggie Workman bzw. Jimmy Garrison (Baß) und Elvin Jones (Schlagzeug) spielte, nach einem Besetzungswechsel mit seiner Ehefrau Alice McLeod (Klavier) und mit Rashied Ali (Schlagzeug). C. gehört zu den bedeutendsten Musikern des gesamten Modern Jazz. Sein Weg führte ihn vom konventionellen Jazz über Hard bop und Modal Jazz zum Free Jazz. 1959 wandte er sich dem Sopransaxophon zu, das ihm im Klang arabischen Oboen zu ähneln schien. Kennzeichnend für C. sind seine Improvisationen, die sich nicht auf harmonische Modelle, sondern auf tonale Skalen stützen, ferner die Sheets of Sound, Klangflächen und -ströme, bei denen die Intervalle der Akkorde in schnellem Durchlauf den Eindruck von Gleichzeitigkeit hervorrufen. Wichtige Schallplatten-Einspielungen sind u. a.: *Giant Steps* (1959), *Impressions* (1962) und *Ascension* (1965).

Commodores, amerik. Pop-Rock-Formation, bestehend aus *Lionel Richie* (*20.6.1949), Gesang, *Milan Williams* (*28.3.1948), Keyboards und Gesang, *Ronald LaPread* (*1950), Baßgitarre, *Walter »Clyde« Orange* (*10.12.1947), Schlagzeug, *Thomas McClary* (*6.10.1950), Gitarre, und *William King* (*30.1.1949), Trompete. Die Hälfte der Band musizierte bereits Ende der 60er Jahre in College-Bands zusammen, ehe die Plattenfirma *Motown* Anfang der 70er Jahre die C. unter Vertrag nahm. 1974 kamen sie mit ihrer Debüt-LP *Machine Gun* in die amerik. Charts; mit *Sweet Love* konnten sie im folgenden Jahr bereits einen Top 10-Erfolg feiern. Das Ensemble, das sich meist in uniformierten Bühnenkostümen präsentierte, spielte »schwarze« Funky-Musik, rhythmisch treibend, aber auch verspielt und sentimental. Im Vordergrund stand ein oft mehrstimmig angelegter Gesang. Als 1982 Leadsänger L. Richie die Band verließ, waren bereits etliche Bestseller gelungen, z. B. *Three Times a Lady* (1978) oder *Still* (1979). Für Richie kam 1984 *J. D. Nicholas* (*12.4. 1952) in die Band, und mit dem Song *Nightshift* (1985) gelang den C. ein erneuter Erfolg. Zu ihren besten Langspielplatten zählen *Movin On* (1975), *Natural High* (1978), *Heroes* (1980), *Nightshift* (1985), *United* (1986) und *Rock Solid* (1989).

Como, Perry (eig. Pierino C.), *18.5.1912 Canonsbury (Pennsylvania), †12.5.2001 Jupiter (Florida); amerik. Sänger. Der gelernte Friseur, der bereits im Alter von 14 Jahren sein eigenes Geschäft besaß, bevor er 1933 bei der Freddy Carlone Band und 1937–42 bei der Ted Weems Band sang, begann seine Solo-Karriere 1943. RCA nahm C. unter Vertrag, und mit *Till the End of Time* (1945) und *Prisoners of Love* (1946) hatte er seine ersten Chart-Erfolge. Daneben war er als Showmaster für Funk und Fernsehen tätig. Seine weit über 100 Hitparaden-Notierungen machten ihn zu einem der erfolgreichsten weißen Sänger der USA. Seine meist sentimentalen, verträumten Schlager, die er mit einer weichen, manchmal an Frank Sinatra erinnernden Stimme vortrug, bescherten ihm eine beispiellose Karriere. Zu seinen Hits zählen *Some Enchanted Evening* (1949), *If* (1951), *Don't Let the Stars Get in Your Eyes* (1952), *Round and Round* (1957) und *Catch a Falling Star* (1958).

Cooder, Ry (eig. Ryland C.), *15.3.1947 Los Angeles; amerik. Gitarrist. Er verfeinerte die sog. Bottleneck-Technik, bei der ein Flaschenhals oder Metallaufsatz das Griffbrett entlanggleitet. Sein Spiel, in das C. neben traditionellem Blues, Gospel und Country auch Elemente afrikanischer, südamerikanischer und asiatischer Kulturkreise einbezog, galt vielen stets als inspirierte Form der Weltmusik, verlor sich jedoch mitunter in stilistischer Beliebigkeit. Zunächst bei *Taj Mahal* und *Captain Beefheart* aktiv, begann C. 1970 seine Solo-Karriere, nicht ohne weiter mit anderen Musikern wie *Rolling Stones* oder *Little Feat* zusammenzuarbeiten. Das Album *Bop Til You Drop* (1979) war die erste Rockplatte, die sich digitaler Aufnahmetechniken bediente. Sein atmosphärisches Spiel wurde für zahlreiche Soundtracks verwendet, darunter *Paris, Texas* (1985, Regie: Wim Wenders). Mit J. Keltner, N. Lowe und J. Hiatt gründete C. 1992 *Little Village.* 1994 erhielt er einen Worldmusic Grammy für *A Meeting by the River* (mit dem Inder V.M. Bhatt). 1996 löste C. eine wahre Kuba-Welle aus, als er mit legendären kubanischen Musikern eine Aufnahmesession arrangierte, die von Wim Wenders filmisch dokumentiert wurde. Film und Musik des *Buena Vista Social Club* wurden ein Riesenerfolg. 2005 beschäftigte er sich auf *Chavez Ravine* mit der Musik der mexikanischen Einwanderer in den 1950ern. Zu den wichtigsten Werken von C. zählen weiterhin *Into the Purple Valley* (1971), *Boomer's Story* (1972), *Paradise and Lunch* (1974), *Chicken Skin Music* (1976), *Johnny Handsome* (1989), *Mambo Sinuendo* (2003).

Cooke, Sam, *22.1.1935 Chicago (Illinois), †11.12. 1964 Los Angeles; amerik. Soulsänger und Songschreiber. Der Sohn eines Baptistenpredigers begann als Leadsänger bei der High School-Gruppe *The Highway O.C.s* und sang ab 1950 bei *The Soul Stirres* traditionellere Gospelmusik. 1953 brachte er unter dem Namen Dale Cooke seine erste Single *You Send Me* heraus, die sich 2,5 Mio. mal verkaufte und ein Nr.-1-Hit wurde. C. bekam schließlich einen Vertrag bei RCA und war nun mit seinen melodischen, einschmeichelnden Balladen, die eine Mischung aus Soul- und Popmusik darstellten, ständig in den Charts vertreten. Mit Songs wie *Chain Gang* (1960), *Cupid* (1961) oder *Twistin the Night Away* (1963), die er auch meist selbst geschrieben hatte, gelang ihm eine sensationelle

Karriere. 1986/87 kam sein Song *Wonderful World,* mit dem eine amerik. Jeans-Firma einen Werbespot unterlegt hatte, noch einmal in die Hitparaden. Zu C.s besten Platten zählen *Mr. Soul* (1963), *Feel It* (1963) und *At the Copa* (1964).

Cooper, Alice (eig. Vincent Damon Furnier), *25.12. 1945 Detroit (Michigan); amerik. Rocksänger. Der Ingenieurssohn gründete 1965 seine erste Band, die unter wechselnden Namen meist Titel der *Rolling Stones* sowie anderer Rock-Größen nachspielte. 1966 nannte sich die Band *Alice Cooper* (ein typisch amerik. Frauenname). Später nahm V. D. Furnier diesen Namen für sich selbst in Anspruch. Die Band A. C. sprach mit harter, lauter und aggressiver Rock-Musik sowie Texten, die von Gewalt oder Horror-Szenarien handelten, ein überwiegend junges Publikum an. Auch auf ihren Tourneen, bei denen die Bühne oft einem Gruselkabinett glich, feierten sie bombastische Erfolge. 1975 löste Furnier die Band, zu deren Hits *School's Out* (1972), *Elected* (1972) und *Hello Hurray* (1973) zählen, auf, und versuchte erfolglos, sich als A. C. eine Solo-Karriere zu erarbeiten. Ein Comeback im Jahre 1989 verlief erfolgreich, und mit dem Titel *Poison* kam er in die Charts. Weitere LPs sind *Billion Dollar Babies* (1973), *Lace & Whiskey* (1977), *Constrictor* (1987), *Trash* (1989), *The Last Temptation* (1994), *The Life & Crime Of Alice Cooper* (1999), *Brutal Planet* (2000) und *Dragon Town* (2001).

Corea, Chick (eig. Armando Anthony C.), *12.6.1941 Chelsea (Massachusetts); amerik. Jazzmusiker (Piano). Er spielte zuerst in der Band seines Vaters, dann seit 1962 mit verschiedenen Gruppen, u. a. 1964–66 mit Blue Mitchell, 1968 bei Gary Burton. Seit 1968 wirkte er als Electric-Pianist bei vielen Einspielungen von Miles Davis mit, u. a. bei *In a Silent Way* (1968) und *Bitches Brew* (1970). 1970 gründete C. die Band *Circle*, 1972 die Gruppe *Return to Forever.* Er spielt hier hauptsächlich verschiedene elektronische Tasteninstrumente. Stilistisch führte sein Weg vom Latin- und Rock-Jazz zu immer anspruchsloserem Pop. Mitte der 90er Jahre gründete C. ein All-star-Quintett (u. a. mit Kenny Garrett und Wallace Roney) mit dem er moderne Versionen von Bud Powell- und Thelonious Monk-Stücken erarbeitete. C. ist eine der treibenden Kräfte des modernen Jazz. Jede Phase seiner Entwicklung ist auf Platten festgehalten. Wichtige Alben sind *Circle Paris Concert* (1971), *Light As A Feather* (1972), *Return To Forever* (1972), *Hymn To The Seventh Galaxy* (1973), *Live In Montreux* (1981), *Three Quartets* (1981), *Best Of Chick Corea* (1993), *Chick Corea Remembering Bud Powell* (1997), *Corea Concerto* (2000) und *To The Stars* (2004).

Coryell, Larry, *2.4.1943 Galveston (Texas); amerik. Gitarrist und Komponist. Der Sohn eines Atomphysikers studierte ab 1962 zunächst Journalismus. Seine ersten musikalischen Stationen waren in der 2. Hälfte der 60er Jahre die Gruppe *Free Spirits* und Größen wie Charles Lloyd und Gary Burton. C. spielte zunächst mit Blues angereicherte Rockmusik und wandte sich dann dem Jazz, bzw. dem Jazz-Rock zu. Mit fortschreitendem Alter tritt C. immer häufiger als Solist auf der akustischen Git. sowie im Duett mit anderen Künstlern auf. Als Studiomusiker arbeitete er u. a. für Don Cherry, Carla Bley und Herbie Mann. Anfang der 70er Jahre war er Mitbegründer der Formation *Eleventh House.* In den 80er Jahren spielte er Platten mit Stanley Clarke, Jean Luc Ponty und Airto Moreira ein und ist bis heute auf allen wesentlichen int. Jazz-Festivals zu hören. Zu seinen erfolgreichen LPs gehören *Twinhouse*

(1977), *Facts of Live* (1982) und *Coming Home* (1984).

Costello, Elvis (eig. Declan Patrick McManus), *25.8.1954 London; engl. Gitarrist und Songschreiber. C. arbeitete als Programmierer, bevor er sich, noch unter bürgerlichen Namen, beim Londoner Stiff-Label bewarb. Dessen Chef, Jack Riviera, der später C.s Manager wurde, regte eine Namensänderung an, und mit Titeln wie *Less than Zero, Alison* und *Watching the Detectives* (alle 1977/78) schaffte C. den Sprung in die Hitparaden. Musikalisch bewegt er sich zwischen den Bereichen Pop und New Wave, seine Texte sind meist pessimistischen Charakters. Der manchmal sehr exzentrische C. verlor viele seiner Fans, als er sich 1979 in Amerika rassistisch über Musikerkollegen geäußert hatte. Trotzdem veröffentlicht er bis heute immer wieder erfolgreiche Platten. Zu den wichtigsten zählen *My Aim Is True* (1977), *Get Happy* (1980), *Goodbye, Cruel World* (1984), *Spike* (1989), *The Juliet Letters* (1993), *Painted From Memory* (1998), *When I Was Cruel* (2002) und *North* (2003). 2004 überraschte der mit der Jazzsängerin Dianna Krall verheiratete Ex-Punk mit seiner ersten Sinfonie *Il Sogno*.

Courbois, Pierre, *1940 Nijmegen; ndl. Jazzmusiker (Schlagzeug). Er leitete bereits 1961 eine der ersten Gruppen des Free Jazz in Europa, wurde Mitte der 60er Jahre Mitglied der einflußreichen deutschen Avantgardegruppe von Gunter Hampel und gründete 1970 die (inzwischen wieder aufgelöste) Jazz-Rockformation *Association P. C.*, die dem Jazz-Rock von Miles Davis ein gleichwertiges, eigenständig europäisches Konzept gegenüberstellte. C. gehört zu den führenden Schlagzeugern Europas. In seinem Spiel verbindet er die federnden Beats des Jazz mit den einfacheren Formeln des Rock. Wichtige Alben sind *Music From Europe* (mit Gunter Hampel 1966), *Independence* (1984), *Live In Germany* (1997) und *Reouverture* (1997).

Cramps, amerik. Rock 'n' Roll-Band. 1975 in New York gegründet von *Lux Interior* (eig. Erick Lee Purkhiser), Gesang, und *Poison Ivy* (eig. Kirsty Marlana Wallace), Gitarre, die mit wechselnden Begleitmusikern an Bass und Schlagzeug, darunter zeitweilig Kid Congo Powers von → Gun Club, eine schrille Variante des Rock 'n' Roll vertraten. Extrovertierte, auf Geschmacklosigkeiten ausgerichtete Bühnenshows machten die C. zunächst vor allem einem Underground-Publikum bekannt. In simplen, rohen Akkordfolgen interpretierte die Gruppe neben eigenem Material vor allem Rockabilly-Songs zumeist unbekannter Autoren aus den 50er Jahren. Das Live-Album *Smell of Female* (1983) führte die C. erstmals an die Spitze der Independent-Charts. Mit Werken wie *A Date with Elvis* (1986) oder *Stay Sick* (1990) sowie ausgedehnten Tourneen konnten die C. v. a. in Europa ihre Position als wilde und skurrile Außenseiter der Rock 'n' Roll-Musik festigen. Weitere Platten sind u. a. *Songs the Lord Taught Us* (1980), *Psychedelic Jungle* (1981), *Off the Bone* (1983), *Look Mom No Head* (1991), *Flame Job* (1994), *Let's Get Fucked Up* (1994), *Cramp Stomp* (1997) und *Like A Bad Girl Should* (1997).

Cream, brit. Rocktrio, das 1966 in London gegründet wurde. Die drei exzellenten Musiker *Eric Clapton* (eig. E. Patrick Clapp, *30.3.1945), Gitarre, *Jack Bruce* (*14.5.1943), Baßgitarre und Gesang, und *Ginger Baker* (eig. Peter B., *19.8.1940), Schlagzeug, kamen aus schon bekannten Formationen, wie z. B. *Graham Bond Organisation, Yardbirds* und *John Mayalls Bluesbreakers* und hatten in verschiedensten Bereichen musikal. Erfahrungen gesammelt. Aus Blues-, Jazz- und Pop-Elementen schufen sie eine kraftvolle Rock-Synthese, die Ende der 60er Jahre noch unbekannt war. Im Hintergrund stand mit *Jack Brown* ein vierter Mann; zusammen mit J. Bruce lieferte er das Songmaterial. C.s erste Singleveröffentlichung *Wrapping Paper* (1966) kam noch nicht so gut an, aber bereits mit *I Feel Free* (1966) landeten sie in den int. Charts. V.a. in den USA hatte C. sensationellen Erfolg, weshalb sie schließlich ihr Betätigungsfeld dorthin verlagerten. Hier entstand auch ein Markenzeichen der Band, nämlich die Fähigkeit, die Songs durch phantastische Improvisationen und gekonnte Soloeinlagen in die Länge zu ziehen, was damals noch unüblich war. C. war mit ihrem harten Blues-Rock die erste Supergruppe der noch jungen Rock-Musik. Die Band gab am 26.11.1968 ihr Abschiedskonzert. Ihre LPs sind *Fresh Cream* (1967), *Disraeli Gears* (1967), *Wheels of Fire* (1968) und *Goodbye* (1969).

Creedence Clearwater Revival, amerik. Rock-Band. Die Musiker *John Fogerty* (*28.5.1945), Gitarre und Gesang, *Tom Fogerty* (*9.11.1941, † 6.9.1990), Gitarre und Gesang, *Stu Cook* (*25.4.1945), Baßgitarre und Keyboards, und *Doug Clifford* (*24.4.1945), Schlagzeug, traten bereits Anfang der 60er Jahre unter den Namen *Blue Velvets* bzw. *The Golliwogs* vornehmlich in Kneipen auf, bevor sie sich offiziell 1967 in San Francisco unter dem Namen C. C. R. formierten. 1968 erschien ihre erste LP *Creedence Clearwater Revival* mit der Single-Auskoppelung *Suzie Q* (ein alter Hit von Dale Hawkins). Mit ihrer Mischung aus Blues und Rock 'n' Roll, ihren geradlinigen, melodischen und gesangsorientierten Songs, bei denen J. Fogertys durchdringende, manchmal sehr hoch geführte Stimme dominierte, trafen sie den Nerv der Zeit. Das mehrfach preisgekrönte Ensemble löste sich 1972 auf. Wichtige LPs von C. C. R. sind *Bayou Country* (1969), *Green River* (1969), *Pendulum* (1970) und *Mardi Gras* (1972). Heute touren sowohl John Fogerty mit seiner Band als auch Doug Clifford und Stu Cook – als *Creedence Clearwater Revisited* – mit C.C.R.-Hits durch die Welt. Gemeinsam auftreten wollen sie allerdings nicht mehr.

Crosby, Bing (eig. Harry Lillis), *2.5.1904 Tacoma (Washington), † 14.10. 1977 Madrid; amerik. Sänger und Filmschauspieler. Er begann ein Jurastudium an der Gonzaga University in Spokane (Wash.) und gründete dort mit Al Rinker eine Kapelle. 1927 ging er nach Los Angeles, wo er sich dem berühmten Paul Whiteman Orchestra als Sänger anschloß. 1930 machte er sich selbständig und entwickelte – bedingt durch eine Stimmschädigung und auch beeinflußt durch den Jazz – eine neue Art des Singens (»crooning«), eine Mischung aus Sprechgesang und Gesang. Als gefeierter Schlagersänger trug er auch selbstkomponierte Titel vor (u. a. *Girl of My Dreams, Love me To-night* und I *would if I could, But I Can't*). Weltberühmt wurde er 1942 mit *White Christmas* von I. Berlin. Seit 1931 trat C. in über 70 Filmen auf – oft gemeinsam mit Bob Hope – und erhielt 1944 einen »Oscar« für seine Rolle in dem Film *Going My way*. Bereits in den 20er Jahren – nach dem Aufkommen des Rundfunks – ein Teenager-Idol, beeinflußte sein Stil später zahlreiche Sänger in aller Welt. Er erreichte mit über 300 Millionen verkauften Schallplatten einen Weltrekord. 1937 erhielt er die Ehrendoktorwürde der Gonzaga University. Autobiographisch erschien von ihm (zus. mit P. Martin) *Call Me Lucky* (NY 1953).

Crosby, Stills & Nash, amerik. Folk-Rock-Trio, bestehend aus den Sängern und Gitarristen *David Crosby* (eig. D. van Cortland, *14.8.1941), *Stephen Stills* (*3.1.1945) und *Graham Nash* (*2.2. 1942). Crosby spielte vorher bei den *Byrds,* Stills war bei *Buffalo Springfield* und Nash bei den *Hollies,* ehe sie sich 1968 zu C. S. N. zusammentaten. Im gleichen Jahr erzielten sie mit *Marakesh Express* und *Suite: Judy Blue Eyes* ihre ersten Single-Erfolge. Nachdem sie beim Woodstock-Festival einen sensationellen Auftritt hatten, stieß *Neill Young* (*12.11.1945) zur Band. Die vier Musiker formten aus Blues-, Country- sowie Folk-Elementen eine eigenständige Synthese; sie bestachen v. a. durch ihren ungemein sauberen mehrstimmigen Gesang und ihr akust. Gitarrenspiel. Ihre Platten wurden zu Verkaufsschlagern und Anfang der 70er Jahre gehörten sie weltweit zu den größten Konzertattraktionen. 1974 verließ Young die Band, die drei verbleibenden Musiker spielten in lockerer Verbindung weiter. Weitere Erfolge hatten sie mit *Just a Song Before You Go* (1977), *Wasted on the Way* (1982). Empfehlenswerte LPs sind weiterhin *Crosby, Stills & Nash* (1969), *Deja Vu* (1970), *Four Way Street* (1970), *So Far* (1974), *Daylight Again* (1982), *Allies* (1983), *American Dream* (1988) und *Live It Up* (1990). 1997 wurde die Gruppe in die Rock 'n' Roll Hall Of Fame aufgenommen. 2004 brachten Crosby und Nash das stimmungsvolle und politisch scharfzüngige Duoalbum *Crosby/Nash* heraus.

Cult, The, brit. Rock-Band. *Ian Astbury* (*14.5.1962), Gesang, und *Billy Duffy* (*12.5.1961), Gitarre, bildeten den harten Kern dieser Gruppe, deren Geschichte von Beginn der 80er bis Mitte der 90er Jahre von Stil- und Besetzungswechseln bestimmt war. Die kreative Energie resultierte aus der Freundschaft zweier gegensätzlicher Charaktere: Hier Astbury, ein unter Indianern aufgewachsener Freigeist, dort Duffy, ein bodenständiger Rocker. Astburys kehliger Gesang, mit dem er seine oft von indianischen Symbolen und spirituellen Erfahrungen durchsetzten Texte vortrug, stand ebenso für den Bandsound wie Duffys traditionelles Gitarrenspiel. Gleichwohl glich die Entwicklung der Band einer Reise durch die Welt der Rockklischees. War es auf *Love* (1985) gothic-beeinflußter New Wave, gelangte man über von Legenden wie → *Led Zeppelin* beeinflußten Hardrock auf ihrer erfolgreichsten LP *Sonic Temple* (1989) zu amerikanophilem, hitträchtigem Chartrock. Eine anschließende Durststrecke beendeten die beiden 1994 mit einer LP, die C. noch einmal auf der Höhe des Zeitgeistes zeigte. Dennoch blieben die Verkäufe hinter den Erwartungen zurück, 1995 kam es zum Split. Mitte des Jahres 2000 kamen Gerüchte über eine Reunion von C. auf. Tatsächlich erschien dann im Frühjahr 2001 das begeistert gefeierte Album *Beyond Good and Evil.* Weitere LPs sind: *Love* (1985), *Electric* (1987), *Sonic Temple* (1989) und *The Cult* (1994).

Culture Club, brit. Pop-Gruppe. *Boy George* (eig. George Alan O'Dowd) (*14.6.1961), Gesang, *Michael »Mikey« Craig* (*15.2.1960), Baßgitarre, *Jon Moss* (*11.9.1957), Schlagzeug, *Roy Hay* (*12.8.1961), Gitarre formierten sich 1981 zum C. C. Lichtgestalt der Band war Sänger Boy George, dessen androgynes Image speziell für die Teenpresse mindestens genauso interessant war wie die Musik der Band. Diese bediente sich aus dem unerschöpflichen Fundus der Popgeschichte. Wie das *Karma Chamaleon* (1983, ein Hit des C.C.) die Farben, so wechselte die Band die Musikstile von Platte zu Platte. Waren sie auf *Do You Really Want to Hurt Me?* (1982, Nr. 1 in England) mit Reggaepop erfolgreich, so adaptierten sie auf *Church* *of the Poison Mind* (1983) Motownklänge, um auf *Miss Me Blind* konventionellen Discosoul zu verarbeiten. Mitte der 80er Jahre begann ihr Stern zu sinken; Presse und Publikum zeigten mehr Interesse für Boy Georges Drogensucht als für die Musik der Band, und so ging man Ende 1986 getrennte Wege. Boy George gelang nur ein Jahr später ein Solo-Comeback mit *Everything I Own*, später trat er unter dem Namen *Jesus Loves You* auf. Nennenswerte LPs von C.C sind *Kissing to Be Clever* (1982), *Colour by Numbers* (1983), *Waking Up With The House On Fire* (1984), *Frum Luxury To Heartache* (1986) sowie *Sold* (1987, solistisch).

Cure, The, brit. New Wave-Band, 1977 u. a. von *Robert Smith*, *21.4.1959 Crawley, Gesang, gegründet. Stilistisch wandlungsfähig und wie wenige Gruppen ihres Genres kommerziell sehr erfolgreich, gelten The C. als Protagonisten des New Wave und seiner Spielarten. Von wechselnden Mitmusikern unterstützt, darunter *Laurence Tolhurst* (*3.2.1959), Keyboards, begann Smith auf dem Debutalbum *Three Imaginary Boys* (1979) zunächst mit simplen, rohen Songs in der Tradition des Punkrock, um auf Platten wie *Faith* (1981) oder *Pornography* (1982) nihilistische Konzepte zu verfolgen, die mit ihren schleppenden Rhythmen, düsteren Gitarrenklängen und Smiths markantem Lamento die Zukunftsängste vieler Jugendlicher ansprachen. Ab 1983 entdeckte S. sein Gespür für griffige, melancholische Pop-Songs und erreichte mit Singles wie *The Love Cats* (1983), *In between Days* und *Close to Me* (1985) *Love Song* (1989), *Pictures of You* (1990) oder *Friday I' m in Love* (1992) regelmäßig die int. Hitparaden. Weitere wichtige Werke sind die Alben *Seventeen Seconds* (1980), *Head on the Door* (1985), *Kiss Me Kiss Me Kiss Me* (1987), *Disintegration* (1989), *Wish* (1992), *Bloodflowers* (2000) und *The Cure* (2004).

D

Damned, The, brit. Punk-Band. In der Urbesetzung *Captain Sensible* (eig. Ray Burns, *23.4.1955), Baßgitarre, *Brian James* (eig. B. Robertson, *18.2.1955), Gitarre, *Rat Scabies* (eig. Chris Miller, *30.7.1957), Schlagzeug und *Dave Vanian* (eig. David Letts, *12.10.1956), Gesang, waren D. die erste Band der in England aufkeimenden Punkbewegung, die einen Plattenvertrag erhielt. Auf Basis ihrer 3-Akkord-Philosophie setzten sie gegen das Anarchische der → *Sex Pistols* und den politischen Anspruch der → *Clash* die Lust am Verkleiden und boten Comedy und Humor zu kurzen, schnellen Punksongs wie *New Rose* oder *Neat, Neat, Neat.* Ab 1978 kam es um D. Vanian und R. Scabies zwar immer wieder zu Umbesetzungen (B. James gründete *Lords of the New Church*, Captain Sensible hatte 1982 mit *Wot* einen Hit), ebenso regelmäßig aber auch zu Veröffentlichungen. *Machine Gun Etiquette* (1979) bot aggressiven, hitträchtigen Spätpunk, *Phantasmagoria* (1985) lebte von verklärtem Horrorfilm-Romantizismus. *Final Damnation* sollte 1989 den endgültigen Abschied markieren, aber schon 1991 reformierte sich die Band um die Gründungsmitglieder Vanian, Scabies und James. Wichtige LPs der D. sind *Damned, Damned, Damned* (1977), *Machine Gun Etiquette* (1979), *Black Album* (1980), *Phantasmagoria* (1985), *Anything* (1986), *Final Damnation* (1989), *Not of this Earth* (1995) und *Grave Disorder* (2001).

Dauner, Wolfgang, *30.12.1935 Stuttgart; dt. Jazzmusiker (Klavier, Orgel, Trompete, Ventilposaune) und Komponist. Er studierte seit 1958 an der Musikhochschule in Stuttgart Trompete, Klavier und Komposition. In den frühen 60er Jahren wurde er überregional durch den Avantgarde-Jazz mit Eberhard Weber (Baß) und Fred Braceful (Schlagzeug) bekannt. Seit Ende der 60er Jahre entwickelte er die Spieltechniken auf elektronischen Tasteninstrumenten weiter. Er gehört mit Jasper van't Hof zu den wichtigsten Vertretern des Electric Jazz. 1969 wurde D. Leiter der Radio-Jazzgroup Stuttgart des SDR, seit 1970 lehrt er Jazz an der Stuttgarter Musikhochschule. 1975 gründete er das *United Jazz & Rock Ensemble,* mit dem er bis 2002 aktiv war. Als Komponist widmet er sich sowohl dem reinen Jazz als auch der Verbindung von Jazz und moderner Musik. Eine enge Zusammenarbeit pflegt D. mit dem bayrischen Sänger und Pianisten Konstantin Wecker. Mit ihm spielte er mehrere Schallplatten ein. Ein weiteres musikalisches Feld D.s ist das Komponieren von Film- und Fernsehmusiken.

Dave Dee, Dozy, Beaky, Mick & Tich, brit. Pop-Gruppe. *Dave Dee* (eig. David Harman, *17.12.1941), Gesang, *Dozy* (eig. Travor Davis, *27.11.1944), Baßgitarre, *Beaky* (eig. John Dymond, *10.7.1944), Gitarre, *Mick* (eig. Michael Wilson, *4.3.1944), Gitarre, und *Tich* (eig. Ian Amey, *15.5.1944), Schlagzeug, formierten sich Anfang der 60er Jahre und tingelten lange Zeit vorwiegend in England, aber auch in Deutschland durch Clubs. Sie wurden dann von dem Manager-Songschreiber-Team Ken Howard und Alan Blaikley unter Vertrag genommen und auf Erfolgskurs getrimmt. Nach zwei erfolglosen Single-Veröffentlichungen kam mit *You Make It Move* (1965) die erste Chartnotierung. Insgesamt gelangen ihnen 1966–68 8 Top 10-Hits. Die bekanntesten unter ihnen sind *Bend It* (1966) und *Legend of Xanadu* (1968). Es waren – typisch für den damals populären »Liverpool-Beat« – meist einfache, melodische, schlagerähnliche Songs mit Blues- und Rock 'n' Roll-Wurzeln. 1969 verließ Dave Dee die Formation, die wenig später auseinanderfiel. In den 80er Jahren kam die Gruppe in wechselnden Besetzungen auf Revival-Veranstaltungen zusammen. Weitere LPs sind *Dave Dee, Dozy, Beaky, Mick & Tich* (1966), *What's in a Name* (1967), *If No One Sang* (1967) und *Together* (1970).

Davis, Miles Dewey, *25.5.1926 Alton (Illinois), †28.9. 1991 Santa Monica (Kalifornien); amerik. Jazzmusiker (Trompete, Flügelhorn) und Bandleader. Er spielte bereits 1941–43 professionell bei Eddie Randall, zusammen mit Clark Terry, der ihn stark beeinflußte, kam 1945 nach New York, geriet dort rasch in den Kreis der Bebop-Musiker und spielte 1946–48 u.a. mit Charlie Parker, Coleman Hawkins, Benny Carter und in der Billy Eckstine-Band. 1948 gründete er das Miles Davis Capitol-Orchestra, das eine Keimzelle des Cool Jazz wurde. Der Sound wurde wesentlich von Blechbläsern (Waldhörnern, Posaune und Tuba) geprägt. 1949 entstanden die berühmten Capitol-Aufnahmen. 1954 spielte D. vor allem mit Art Blakey und Horace Silver zusammen, die dann in der 2. Hälfte der 50er Jahre den Hardbop einleiteten. Das 1956 gegründete Quintett mit John Coltrane, Red Garland, Paul Chambers und Philly Joe Jones setzte Maßstäbe für alle folgenden Quintettbesetzungen im modernen Jazz und wurde auch weit über den Jazz hinaus bekannt. In ihm wurde die modale Spielweise entwickelt, die die direkte Vorstufe zum Free Jazz bildet: Die Improvisation orientierte sich nicht mehr an Akkorden, sondern an Skalen. D. selbst spielte ohne attacca, häufig mit Dämpfer, bevorzugte das mittlere und untere Register der Trompete und schuf damit einen eigenen Trompetenstil. Daneben entstanden die bedeutenden Schallplatteneinspielungen mit der Big Band von Gil Evans: *Miles Ahead* (1957), *Porgy and Bess* (1958) und *Sketches of Spain* (1959). 1963 änderte D. sein Spiel. An die Stelle lyrischer Einfachheit traten komplexe Rhythmen und sehr schnelle Tempi. Seine Band formierte sich neu. Die Einspielung von *In a silent way* 1968 kennzeichnet seine allmähliche Hinwendung zum Rock-Jazz auf Anregung von Joe Zawinul; die Einspielung *Bitches Brew* 1970 wurde das Manifest der neuen Richtung. D. war eine der zentralen Erscheinungen des gesamten Modern Jazz. Er hat in über 40 Jahren stets anregend auf den Jazz gewirkt und, wie im Modern Jazz nur noch D. Gillespie, zahlreiche Trompeter beeinflußt. Kompositionen von ihm, die zum Standardrepertoire des modernen Jazz gehörten, sind u. a. *E. S. P., Seven Steps to Heaven, So What* und *Compulsion.*

Davis, Sammy, jr., *12.8.1925 New York, † 16.5.1990 Beverly Hills; amerik. Sänger, Instrumentalist (Schlagzeug, Vibraphon, Trompete), Tänzer und Schauspieler. Seit frühester Kindheit trat er mit seinem Vater und seinem Nennonkel Will Mastin in dessen Truppe Holiday in Dixieland (später Will Mastin Trio) auf. 1949 erschien seine erste Schallplatte, 1954 sein erstes Plattenalbum (*Starring Sammy Davis jr.*). 1956 gelang ihm der Durchbruch am Broadway in *Mister Wonderful.* Er trat danach in zahlreichen berühmten Fernsehserien und zunehmend auch im Film auf. D. war als Allround-Entertainer einer der profiliertesten Stars des internationalen Showbusiness. Zu seinen erfolgreichsten Gesangstiteln gehörten u. a.: *Hey There, Mr. Bojangles, It Ain't Necessarily So, Mr. Wonderful, Too Close for Comfort, Without You, Candy Man, The Lady Is a Tramp, For Once in My Life.*

Davis, Spencer, *17.7.1941 Swansea; engl. Gitarrist, Sänger und Tasteninstrumentalist. D. gründete 1963 die *Spencer Davis Group*, der u. a. *Steve Winwood* (Gesang und Keyboards), *Muff Winwood* (Baßgitarre) und *Pete York* (Schlagzeug) angehörten. Der ehemalige Deutschlehrer, der in Großbritannien und Deutschland ausgebildet wurde, begann als Amateurmusiker in Folk- und Dixielandgruppen, bevor er sein Gitarrenspiel professionell betrieb. Mit der *Spencer Davis Group* gelangen etliche Top 10-Erfolge wie z. B. *Keep on Running* (1965), *Somebody Help Me* (1966), *Gimme Some Lovin'* (1966) oder *I'm A Man* (1967). Hierbei handelte es sich meist um melodische Popsongs mit einem Schuß R & B und treibenden Gitarren- und Keyboardakzenten. Im Vordergrund stand aber die »Röhre« von Sänger S. Winwood. Als dieser 1967 die Gruppe verließ, versuchte D. mit wechselnden Sängern an alte Zeiten anzuknüpfen, jedoch mit wenig Erfolg. Auch div. Neuanfänge in den USA und gelegentliche Plattenveröffentlichungen konnten nicht überzeugen. In den 70er Jahren war D. auch als Produzent und Talentsucher tätig. 1993 gründete er u. a. mit Mitgliedern von *Iron Butterfly* und *Rare Earth* die *Classic Rock Allstars*, deren Erfolg sich jedoch in Grenzen hielt. Einige seiner LPs sind *First Album* (1965), *Autumn 66* (1966) und *Here We Go Round The Mulberry Bush* (1967).

De Franco, Buddy (Boniface Ferdinand Leonardo), *17.2.1923 Camden (New Jersey); amerik. Jazzmusiker (Klarinette). Er spielte 1941–42 bei Gene Krupa, 1943–44 bei Charlie Barnet und 1944–45 bei Tommy Dorsey, Ende der 40er Jahre mit Bebop-Musikern. 1950 war er Mitglied im Septett von Count

Basie, gründete 1951 eine eigene Big Band, 1952 ein eigenes Quartett und unternahm 1953–54 eine Europatournee. 1966–74 leitete er das Glenn Miller-Orchester. – De F. begann im Swingstil von Goodman und Shaw, übertrug dann unter dem Einfluß von Charly Parker die Bebop-Phrasierungen auf die Klarinette und experimentierte in den 60er Jahren auf der Baßklarinette auch mit Avantgarde-Jazz. Er gilt vielfach mit Rolf Kühn als Schlüsselfigur der modernen Jazzklarinette. Eine wichtige Schallplatteneinspielung ist *Gershwin Song Book.*

De La Soul, afroamerik. Hip-Hop-Trio. Unter den Phantasienamen *Posdnous*, *Trugoy the Dove* und *Pasemaster Mase* öffnen die drei in New York geborenen Rap-Künstler *Kevin Mercer* (*17.9. 1969), *David J. Joliceur* (*21.9.1958) und *Vincent L. Mason* (*24.3.1970) den Hip-Hop seit 1988 für ein Spektrum vielfältigster Einflüsse. Ihr Debüt *3 Feet High and Rising* (1989) überraschte als Mosaik kleinster Klangpartikel, das meisterhaften Umgang mit der damals neuen Sampling-Technik bewies. Ebenso neuartig war der skurrile Witz des Trios. Ihr ironisches Bekenntnis zum *Daisy Age*, dem »Zeitalter der Gänseblume«, machte sie zu den »Hippies des Rap«. Dem konterten D.L.S. mit der nicht minder vielschichtigen, aber rauheren LP *De La Soul Is Dead* mit dem Hit *Ring Ring Ring* (1991). Hier nutzten sie *Chicago*- und Serge Gainsbourg-Songs als Sample-Quellen. Eine gelungene Einbindung natürlicher Instrumente – so das Saxophon des James → Brown-Weggefährten Maceo Parker – zeigte D. L. S. auf neuen Wegen, ohne aber die luzide Qualität ihrer Musik preiszugeben. Einige ihrer LPs sind *Buhloone Mindstate* (1993), *Stakes Is High* (1996), *Art Official Intelligence: Mosaic Thump* (2000), *AOI:Bionix* (2001) und *The Grind Date* (2004).

Dead Can Dance, gegründet 1981 in Melbourne; australisches Pop-Duo. *Brendan Perry* (*1959, Gesang, Keyboards, Gitarre) und Sängerin *Lisa Gerard* schufen mit wechselnden Gefährten ein organisches Hybrid aus elektronischem Pop und mittelalterlicher Musik. Ab 1982 agierten sie nur noch als Duo. Trotz musikalischer Entrücktheit nahmen sie sich auf Alben wie *Dead Can Dance* (1984), *Spleen And Ideal* (1985) und *Within A Realm Of A Dying Sun* (1987) auch brisanter gesellschaftlicher Themen an. Auf *The Serpent's Egg* (1988) gelang den Gothic-Protagonisten die überzeugendste Mischung aus historischen und futuristischen Klangprinzipien. Auf *Aion* (1990) überwogen wieder Elemente liturgischer Musik des Mittelalters. In der Folge arbeiteten D.C.D hauptsächlich an Theaterproduktionen und arbeiteten mit dem Ambient-Komponisten Hector Zazou. Weitere Alben sind *Into The Labyrinth* (1993), *Toward Within* (1994) und das esoterische *Spiritchaser* (1996). Die Solo-Alben von Gerard und Perry verraten bis heute deutliche Nähe zu D.C.D. Gerard schrieb daneben auch die Soundtracks zu Filmen wie *Gladiator* und *Insider.*

Dead Kennedys, amerik. Punk-Band in der Besetzung *Jello Biafra*, Gesang, *East Bay Ray*, Gitarre, *Klaus Fluoride*, Baßgitarre, und *Ted*, Schlagzeug, nach der ersten LP ersetzt durch *D.H. Peligro.* Der provokante Name der 1977 in San Francisco gegründeten Band war Programm: Angeführt vom dominanten Biafra attackierten sie die Mechanismen der amerik. Gesellschaft und entblößten in Songs wie *Holiday in Cambodia*, *California über alles* oder *Government Flu* die dunkle Seite des US-Systems. Der musikal. Stil der Band ist Bindeglied zwischen den Frühtagen des UK-Punk und den späteren Hochgeschwindigkeits-Songs des Hardcore: Metallische Gitarren treffen auf Uptempo-Rockrhythmen und den kehligen Gesang Biafras. Der gesellschaftskritische Impetus der Band war mehr als Attitüde. Biafra kandidierte 1979 erfolglos für den Bürgermeisterposten von San Francisco, in den 80er Jahren setzte er sich vehement (u. a. zusammen mit Frank Zappa) gegen Zensurbestrebungen ein und veröffentlichte auf dem eigenen Label *Alternative Tentacles* kontroverse Bands. D. K. trennten sich 1987 im Zuge eines Prozesses um ein von der Band veröffentlichtes, vermeintlich jugendgefährdendes Poster. Biafra startete eine Solokarriere und arbeitete u. a. zus. mit *No Means No*, *DOA* und *Mojo Nixon*. Einige ihrer besten LPs sind *Fresh Fruit for Rotting Vegetables* (1980), *Plastic Surgery Disasters* (1982), *Frankenchrist* (1986), *Bedtime For Democracy* (1986) und *Give Me Convenience Or Give Me Death* (1987).

Deep Purple, brit. Rock-Gruppe, gegr. 1968. *Ritchie Blackmore* (*14.4.1945), Gitarre, *Jon Lord* (*9.6.1941), Keyboards, *Roger Glover* (*30.11.1945), Baßgitarre, *Ian Paice* (*19.6.1948), Schlagzeug, und *Ian Gillan* (*19.8.1945), Gesang, hatten bereits jahrelange Erfahrungen in anderen Gruppen gesammelt und traten so von Beginn an mit großem technischen Vermögen an. Ihre erste Single *Hush* (1968) wurde in den USA ein Bestseller, in ihrer Heimat blieb sie unbeachtet. Erst mit dem *Concerto for Group and Orchestra* (1970), einer gemeinsam mit dem *Royal Philharmonic* gestalteten Live-Aufnahme, sowie mit den LPs *Deep Purple in Rock* (1970), *Fireball* (1971) und *Machine Head* (1972), schafften sie den Durchbruch. Persönliche Unstimmigkeiten führten indes immer wieder zu Umbesetzungen und Totalauflösungen; Comebacks fanden 1984 und 1993 statt. Mit dem Jazzrockgitarristen Steve Morse und dem Keyboarder Don Airey ist D. P. heute erfolgreicher denn je. Zu ihren besten Platten zählen *The Book of Taliesyn* (1969), *Made In Japan* (1972), *Burn* (1974), *Perfect Strangers* (1984), *The Battle Rages On* (1993), *Purpendicular* (1996), *Abandon* (1998) und *Bananas* (2003).

DeJohnette, Jack, *9.8.1942 in Chicago, amerikan. Jazzmusiker (Schlagzeug, Klavier, Keyboards, Komposition), wuchs in einer musikalischen Familie auf. Er erhielt klassischen Klavierunterricht vom 4. bis 14. Lebensjahr. Mit dem Schlagzeug begann er erstmals in der Highschoolband. Während seiner Highschoolzeit spielte er Klavier und Schlagzeug in verschiedenen Bands unterschiedlicher stilistischer Prägung, von R & B bis Free Jazz. Binnen kurzer Zeit entwickelte er sich zum gefragten Sideman.1966 ging er nach New York. Weltbekannt wurde er durch sein Mitwirken im *Charles Lloyd Quartett*, das auch für Keith Jarrett zum Karrieresprungbrett wurde.1969 wirkte er auf Miles Davis' für den Rockjazz wegweisenden Album *Bitches Brew* mit. In der Folgezeit nahm er als Sideman von Gary Peacock, Jan Garbarek, John Abercrombie u.a bei zahlreichen ECM-Produktionen teil. Besonders hervorzuheben ist seine enge Zusammenarbeit mit Keith Jarrett, die bei ECM mit der Duoplatte *Rutya And Daitya* (1971) begann, und in den 80er Jahren bis heute in den unnachahmlichen Trioalben *Standards Live* (1982), *Standards Vol 1,2, Changes,* (Jeweils 1983), *The Cure* (1990), *Inside Out* (2000) etc. ihre Fortsetzung fand. Darin erweist er sich als sensible Begleiter, der die Finessen von Jarretts genialem Klavierspiel aufnimmt und mit seinem unwiderstehlichen Drive vermählt. Gleichzeitig leitete er eigene Bands: Die im Quartett mit Lester Bowie, John Abercrombie und Eddie Gomez aufgenommene Platte *New Directions* (1978) wurde mit dem Prix du Jazz Contemporain de l'Academie Charles Gros ausgezeichnet. DeJohnette gilt zweifellos als einer der begnadetsten Jazzmusiker der Gegenwart. Weitere repräsentative Platten: *Charles Lloyd in Europe* (1966), *Special Edition* (1979), *Inflation Blues* (1982), *Earth Walk* (1991), *Music For The Fifth World* (1993).

Denver, John (eig. Henry J. Deutschendorf jr.), *31.12.1943 Roswell (New Mexico), †12.10.1997; amerik. Folksänger und Songschreiber. D. begann seine Karriere als Mitglied im *Chad Mitchel Trio* und schrieb gelegentlich Songs. Als *Peter, Paul & Mary* 1969 mit dem von ihm geschriebenen Lied *Leaving on a Jet Plane* einen Nr.-1-Hit landeten, wurde auch D. schlagartig bekannt. Seine ersten Erfolge waren *Take Me Home, Country Roads* (1971) und *Rocky Mountain High*. Seine romantischen Lieder, die meist Landschaftsschilderungen oder nostalgische Erinnerungen beinhalteten, wurden in Verbindung mit D.s weicher und klarer Stimme zu Bestsellern. Allein sein Album *John Denver – Greatest Hits* (1973) verkaufte sich über 10 Mio. mal, und die Liste seiner Chart-Erfolge reicht bis in die 80er Jahre. Für das TV-Special *An Evening with John Denver* (1975) erhielt er einen Emmy, 3 Jahre später war er als Schauspieler in dem Film *Oh God* zu sehen. In den 90er Jahren macht D. musikalisch kaum noch von sich reden, dafür engagiert er sich verstärkt für den Umweltschutz und andere wohltätige Zwecke. Zu seinen besten Platten zählen *Take Me to Tomorrow* (1970), *Back Home Again* (1974), *Autograph* (1980), *One World* (1986), *Higher Ground* (1988), *Earth Songs* (1990) und *Different Directions* (1991).

Depeche Mode, brit. Pop-Rock-Band, die Anfang der 80er Jahre gegründet wurde. Ihre Mitglieder sind *Dave Gahan* (*9.5.1962), Gesang, sowie die Keyboarder *Martin Gore* (*23.7.1961), *Andy Fletcher* (*8.7.1960) und *Vincent Clarke* (3.7.1960). 1980 gründeten Clarke, Gore und Fletcher das Trio *Composition of Sound*, das sich noch mit konventionellen Instrumenten Gehör verschaffte. Wenig später stieß Gahan dazu, die Gruppe stieg auf elektronisches Equipment um und benannte sich nach einem frz. Modeblatt *Depeche Mode*. 1981 erschien ihre Debüt-Single *Dreaming of Me* und mit *Just Can't Get Enough* landeten sie im gleichen Jahr ihren ersten Top 10-Erfolg. Im Dezember 1981 verließ Clarke, der auch die Songs schrieb, das Ensemble. Er wurde durch *Alan Wilder* (*1.6.1959), Keyboards, ersetzt. Den Part des Songschreibers übernahm Gore. Ihre von Synthesizern geprägte Pop-Musik in Verbindung mit Gahans markantem Gesang ist bis heute auf beiden Seiten des Atlantiks erfolgreich. In den 90ern verlagerte die mittlerweile als Trio arbeitende Band ihren Sound immer stärker auf ein klassisches Rock-Instrumentarium. Zu ihren wichtigsten Platten zählen *Speak and Spell* (1981), *People Are People* (1984), *Black Celebration* (1986), *Songs of Faith and Devotion* (1993), *Ultra* (1997) und *Exciter* (2001).

Desmond (eig. Breitenfeld), **Paul,** *25.11.1924 San Francisco, †30.5.1977 Los Angeles; amerik. Jazzmusiker (Altsaxophon). D. spielte seit den 40er Jahren mit D. Brubeck zusammen und gehörte 1951–67 dessen Quartett an, zu dessen Weltruhm er beitrug. Auch nach 1967 spielte er nochmals mit Brubeck zusammen, aber u. a. auch mit Jim Hall. D. gilt als der Lyriker des Cool Jazz, vor allem wegen seiner melodischen Erfindungen.

Deutscher, Drafi, *9.5.1946 Berlin, †9.6.2006 Frankfurt (Main); dt. Schlagersänger, Komponist und Produzent. D. war in den 60er Jahren mit eigenständiger Beat-Musik sehr populär. Im Anschluß daran trat er hauptsächlich als Komponist hervor (u.a. *Silbverbird* für Tina Rainford, *Belfast* für Boney M.). Seit Beginn der 80er Jahre war D. auch wieder als Sänger tätig und gründete 1986 gemeinsam mit Oliver Simon das Duo *Mixed Emotions*. Die größten Erfolge von D. waren *Shake Hands* (1964), *Cinderella Baby* (1964), *Marmor, Stein und Eisen bricht* (1965), *Guardian Angel* (1983 mit *Masquerade*) und *You Want Love* (1986 mit *Mixed Emotions*).

Devo, amerik. New-Wave-Band. *Jerry Casale*, Baßgitarre und Gesang, *Mark Mothersbaugh*, Gesang und Keyboards, *Bob Mothersbaugh*, Gitarre und Gesang, *Bob Casale*, Gitarre und Gesang sowie *Alan Myers*, Schlagzeug, (später ersetzt durch *David Kendrick*) lernten sich an der Kent State University kennen und gründeten 1972 in Akron (Ohio) D. (Abk. für *De-Evolution*). Einem preisgekrönten Video (1975) folgte auf dem eigenen *Booji Boy*-Label ein Jahr später die erste Single *Jocko Homo*. Im astronautenähnlichen Einheitslook transportierten D. die Idee »Rock 'n' Roll« in ein futuristisches Maschinenzeitalter; die Gitarren, auf bis dahin ungehörte Weise verzerrt, untermalten Computersounds und verfremdete Stimmen. Als exaltierte Vertreter der New Wave hatten die ehemaligen Kunststudenten ihre größten Hits mit *Satisfaction* (1977, eine groteske Version des Stones-Klassikers) und *Whip It* (1980). Im Zuge der 80er Jahre verlor die Band den Reiz des Innovativen, das D.-Konzept wirkte überholt. Nach *Smooth Noodle Maps* (1990), einem von Dancebeats geprägten Album, trennte sich die Band. Ihre Mitglieder arbeiteten in der Folgezeit an Filmmusiken und TV-Jingles. 1996 rief der wachsende Kultstatus der Band eine Reunion auf den Plan. Ein Jahr später veröffentlichten sie das PC-Spiel *The Adventures Of The Smart Patrol*. Wichtige LPs der Band sind *Q:Are We Not Men? A:We Are DEVO* (1978), *Duty Now for the Future* (1979), *Freedom of Choice* (1980).

Dexy's Midnight Runners, brit. Pop-Band. 1978 gegründetes Projekt des Sängers *Kevin Rowland*, *17.8. 1953 Wolverhampton. Mit laufend wechselnden Begleitmusikern schuf R. eine Reihe beschwingter Hits, die, v.a. von Bläsern und später Streichern kompetent und quirlig umgesetzt, Soul, britische Folklore und Pop verbanden. Nach einer ersten Single *Dance Stance* kam 1980 *Geno*, eine Hommage an den Soul-Sänger Geno Washington, in die engl. Hitparaden, noch im gleichen Jahr gefolgt von *There There My Dear*. Nach nahezu kompletter Umbesetzung, Imagewechsel und Umorientierung in Richtung Folklore gelang R. mit *Come on Eileen* (1982) ein weltweiter Hit für die D.M.R. Eine gelungene Version von *Jackie Wilson Said (I' m in Heaven When You Smile)*, einem Song von Van Morrison, folgte. Weitere Umbesetzungen, musikal. Neuanfänge und ein kompliziertes Verhältnis zur Musikpresse verhinderten indes eine Fortsetzung des int. Erfolgs. Weder das dritte Album *Don't Stand Me Down* (1985) noch Rowlands Solo-Album *The Wanderer* (1988) fanden die gebührende Anerkennung. Pop-Klassiker bleiben v.a. die ersten beiden Alben *Searching for the Young Soul Rebels* (1980) und *Too-Rye-Ay* (1982).

Di Meola, Al, *22.7.1954 Jersey City (New Jersey), amerik. Jazz- bzw. Jazz-Rock-Gitarrist, Bandleader und Songschreiber. Ab seinem 7. Lebensjahr erhielt D. Gitarrenunterricht und studierte nach der High-School 1972/73 in Boston Musik. Bereits in dieser Zeit arbeitete er zusammen mit Berry Miles und Larry Coryell. Sein Mitwirken bei Chick Coreas *Return to Forever* wurde für D. ein Karrieresprungbrett. 1975 erschien seine erste eigene Produktion *Land of the Midnight Sun* und zwei Jahre später, nach dem Abschied von Coreas Ensemble, *Elegant Gipsy.* Bes. auf diesen beiden Platten zeigte D., der von Gitarristen wie R. Towner oder J. Coltrane genauso beeinflußt wurde wie von klass. Komponisten (z. B. Strawinsky), seine atemberaubende Technik in Verbindung mit manchmal irrwitzigen Tempi auf der elektrischen wie auch auf der akust. Gitarre. Seine Mischung aus Rock, Jazz und span. Elementen brachte ihm enorme Plattenverkäufe. In den 80er Jahren spielte er dann mit div. Gitarristen z.T in akustischen Trios, aber auch kurzzeitig wieder mit *Return to Forever.* Zu seinen wichtigsten Platten zählen *Casino* (1978), *Electric Rendezvous* und *Friday Night in San Francisco* (beide 1980), *Soaring Through a Dream* (1986) und *Kiss My Axe* (1991). In den 90er Jahren wandte sich D. zunehmde akustisch orientierter Weltmusik zu, bei der die meditativen Momente einen breiten Raum einnahmen. Beispielhaft dafür ist die Band *World Sinfonia*, mit der er eine Reihe von Alben veröffentlichte.

Diamond, Neil (eig. Noah Kaminsky), *24.1.1941 Coney Island (New York); amerik. Sänger, Songschreiber und Gitarrist. D. begann seine Karriere als – allerdings recht erfolgloser – Songschreiber und tat sich dann mit Jack Parker zu dem Duo *Neil & Jack* zusammen. 1965 kam die Gruppe *Jay & the Americans* mit dem von D. geschriebenen Song *Sunday and Me* in die Charts. Nun erhielt auch D. einen Plattenvertrag und konnte mit *Cherry Cherry* (1966) seinen ersten Top 10-Erfolg feiern. Seine erfolgreichsten Lieder waren *Sweet Caroline* (1969), *Holly Holy* (1969), *Cracklin Rosie* (1970) und *Song Sung Blue* (1972). Seine von einer traurigen Grundstimmung geprägten Hits, die er mit seiner gefühlvollen Baritonstimme vortrug, machten ihn zum vielfachen Plattenmillionär. Doch auch als Autor blieb D. weiterhin erfolgreich. So schrieb er für die *Monkees I' m a Believer* und *A Little Bit Me, a Little Bit You* (1966). Als Schauspieler versuchte er sich 1977 in dem Film *The Jazz Singer* neben Sir Lawrence Olivier in einer Hauptrolle. Unter D.s neueren Veröffentlichungen finden sich keine Bestseller mehr. Zu seinen schönsten Platten zählen *Feel of Neil Diamond* (1966), *Shilo* (1970), *Diamonds* (1975), *Beautiful Noise* (1976), *Heartlight* (1982), *The Best Years Of Our Lives* (1988) und *Tennessee Moon* (1996).

Dibango, Manu, *12.12.1933 Douala; kamerunischer Saxophonist, Sänger, Pianist und Komponist. D. kam in jungen Jahren nach Frankreich und Belgien, wo er den amerikanischen Jazz entdeckte. Mit Joseph Kabasele und seiner Band *African Jazz* begleitete er die junge Unabhängigkeit Zaires musikalisch. Seinen eigenen Stil entwickelte er ab dem Ende der 1960er: Aus den Einflüssen zentralafrikanischer Popmusik, dem Highlife und traditionellen Tänzen seiner Heimat entstand der Makossa, eine urbane, blechblasorientierte Tanzmusik, die D. auf seinem Album *Soul Makossa* (1972) definierte. D. spielte daraufhin mit vielen afrikanischen und internationalen Größen zusammen, unter ihnen Fela Kuti, Hugh Masekela und Herbie Hancock. Stilistisch öffnete er die afrikanische Popularmusik für jamaikanische Elemente, für Funk und HipHop. Wichtige Alben sind *Waka Juju* (1982), *Electric Afrika* (1985) und *Afrijazzy* (1986), sowie das zu seinem 60. Geburtstag veröffentlichte *Wakafrica* (1993), auf dem viele der international bekannten Vokalisten Afrikas versammelt sind.

Diddley, Bo (eig. Ellas Bates McDaniels), *28.12.1928 McComb (Missisipi); amerik. Rock 'n' Roll-Gitarrist und Sänger.

D. studierte zunächst Violine, lernte dann das Gitarrenspiel und entwickelte auf diesem Instrument einen rhythmisch am Blues geschulten Stil, den er auf seinen ab den frühen 50er Jahren erschienenen Schallplatten so unverwechselbar machte wie seinen kraftvollen Gesang. *I' m a Man* war 1955 der erste Hit für D.; neben seinen Solo-Arbeiten erschienen in den folgenden Jahren auch Aufnahmen mit den Blues-Größen Muddy Waters und Howlin' Wolf. Mit Hut, ausgefallenen Brillenmodellen und kariertem Jackett präsentierte sich D. bei Konzerten als exzentrische Bühnenpersönlichkeit. Sein musikal. Beitrag zur Entwicklung der Rockmusik kann indes nicht hoch genug eingeschätzt werden. Die Hits *Mona, Hey, Bo Diddley,* (beide 1957), *Who Do You Love?* (1958) oder *Bo Diddley* (1959) sind von elementarer, geradliniger Kraft: archetypische Rocksongs, die von vielen engl. und amerik. Gruppen adaptiert wurden, u. a. den *Rolling Stones* und *The Who* in den 60er Jahren und *The Jesus and Mary Chain* in den 80er Jahren. Wesentliche LPs von B. D. sind *Bo Diddley* (1959), *Roadrunner* (1965), *Big Bad Bo* (1974), *Live At The Ritz* (1988 mit Ronnie Wood).

Dire Straits, brit. Rockformation, die bei ihrer Gründung im Juli 1977 aus *Mark Knopfler* (*12.8.1949), Gitarre und Gesang, *David Knopfler* (*27.12.1952), Gitarre, *John Illsley* (*24.6.1949), Baßgitarre, und *Pick Withers*, Schlagzeug, bestand. Im folgenden Jahr erschien ihr Debütalbum *Dire Straits* mit der Single-Auskoppelung *Sultans of Swing*, die in Großbritannien und den USA ein Bestseller wurde. Bereits 1980 verließ D. Knopfler die Gruppe und wurde durch *Hal Lindes* (Gitarre) ersetzt, der später wiederum *Alan Clarke* (Keyboard) weichen mußte. Außerdem gehörten im Laufe der Jahre noch T. Mandel, T. Williams, J. Sonni, G. Fletcher und C. White den D. S. an. Die verhaltene Rockmusik der Band war geprägt durch M. Knopflers schleppend wirkenden Gesang und seine ebenso einfache wie wirkungsvolle Gitarrenarbeit. Seit Ende der 80er Jahre sind kaum noch größere Aktivitäten des Ensembles zu verzeichnen, da M. Knopfler zunehmend auf Solopfaden wandelt. Weitere LPs der Band sind *Comunique* (1979), *Making Movies* (1980), *Love over Gold, Alchemy* (beide 1984), *Brothers In Arms* (1985) und *On Every Street* (1991).

Dissidenten, dt. Weltmusik-Gruppe, die 1981 aus der Fusion-Band *Embryo* hervorging und als Pionierband für die Vermittlung zwischen der Popmusik des Westens und nordafrikanischen sowie indischen Klängen gilt. Flötist/Saxophonist *Friedemann Josch* (*21.7.1952), Schlagzeuger *Marlon Klein* (*13.12. 1957) und Bassist *Uve Müllrich* (*7.12.1947) hatten durch intensive Reisen die Kulturen des Nahen Ostens kennen gelernt, bevor sie sich längere Zeit in Zentralindien aufhielten und dort mit dem *Karnataka College Of Percussion* ihr erstes Album *Germanistan* (1982) einspielten. Später fokussierten sie ihr Interesse auf den marokkanischen Raum, schufen mit Musikern in Tanger eine euro-arabische Fusion mit Jazz- und Rockanteilen. Dies wurde auf der LP *Sahara Elektrik* (1985) dokumentiert, deren Song *Fata Morgana* ein Nummer 1-Hit im mediterranen Raum wurde. Bis heute arbeiten die D. mit wechselnden Gastmusikern, unter ihnen auch → Charlie Mariano sowie der indische Perkussionist Trilok Gurtu, des weiteren Vokalisten aus Algerien, Marokko, Indien, Sri Lanka, der Elfenbeinküste und Curação. Spätere wichtige Alben sind *The Jungle Book* (1992) und *Instinctive Traveler* (1997), auf dem sie → HipHop-Elemente integriert haben.

Dodds, 1) Johnny, *12.4.1892 New Orleans, † 8.8. 1940 Chicago; amerik. Jazzmusiker (Klarinettist). Er spielte 1911–18 in der Kid Ory-Band in New Orleans, danach auf Tourneen mit verschiedenen Bands, seit 1920 in King Olivers Creole Jazz Band in Chicago. Seit 1924 leitete er eigene Bands. In der zweiten Hälfte der 20er Jahre entstanden jazzgeschichtlich bedeutende Studioaufnahmen mit L. Armstrongs Hot Five und Hot Seven (*Wild Man Blues, Potato Head Blues,* 1927). D. war Vorbild für viele bedeutende Klarinettisten des Swing; seine eigene Stärke war aber der Blues. – **2) Baby** (Warren), Bruder von 1), *24.12.1898 New Orleans, † 14.2.1959 Chicago; amerikanischer Jazzmusiker (Schlagzeug). Er spielte seit 1913 mit verschiedenen Bands in New Orleans, 1918–21 auf Mississippidampfern, folgte dann seinem Bruder in die Band von King Oliver. Seit 1924 war er hauptsächlich Schlagzeuger in den Bands seines Bruders. Nach dessen Tod spielte er bei Jimmy Noone. 1944 entstanden im aufkommenden New Orleans-Revival Schallplatteneinspielungen mit Bunk Johnson. In den folgenden Jahren spielte D. in New York, u.a. bei Art Hodes, 1948 in Frankreich mit Mezz Mezzrow. Nach einem Schlaganfall 1949 trat er nur noch gelegentlich in der Band von Natty Dominique auf. D. gehörte zu den bedeutendsten Schlagzeugern des traditionellen Jazz. Er bereitete den durchgeschlagenen 4/4-Beat des Swing vor und beeinflußte damit die großen Schlagzeuger des Swing. Seine Autobiographie *The Baby D. Story as Told to Larry Gara* (Los Angeles 1959) erschien in seinem Todesjahr.

Doldinger, Klaus (Pseud.: Paul Nero), *12.5.1936 Berlin; dt. Jazzmusiker (Sopran- und Tenorsaxophon, Klarinette, Tasteninstrumente). Er begann 1952 in der Düsseldorfer Amateur-Dixieland-Band *Feetwarmers*, spielte zunächst Sopransaxophon und Klarinette, später Tenorsaxophon, das sein Hauptinstrument wurde, und wandte sich dann als Berufsmusiker dem Modern Jazz zu. 1961 gründete er ein Quartett, das in der Besetzung mit Ingfried Hoffmann (Orgel), Peter Trunk (Baß) und Klaus Weiss (Schlagzeug) international berühmt wurde. D. arbeitete u.a. auch immer wieder mit Johnny Griffin zusammen. Seit Ende der 60er Jahre machte er interessante Versuche, Jazz mit Rock und Beat zu verbinden (z.B. in *Sahara*), in den 70er Jahren vor allem mit der Gruppe → *Passport*. Kompositionen von ihm sind u.a.: *Jive Cats* und *Bluesy Toosy*. Auch als Filmkomponist hat er sich einen bedeutenden Ruf erworben (u.a. *Moritz, lieber Moritz* (1978), *Das Boot* (1981), *Die unendliche Geschichte* (1984) und *Salz auf unserer Haut*, 1992). Wichtige Schallplatteneinspielungen D.s sind *The Feetwarmers Play The Blues* (1955 mit *The Feetwarmers*), *Jazz Made In Germany* (1963 mit *Klaus Doldinger Quartett*), *Soul Party* (1968 als *Paul Nero*), *Passport* (1971 mit *Passport*), *Looking Thru* (1973 mit *Passport*), *Doldinger's Jubilee* (1973), *Ataraxia* (1978), *Down To Earth* (1993), *Passport To Paradise* (1996), *Move* (1998). Solo-Alben sind *Constellation* (1983) und *Street Of Dreams – Klaus Doldinger in New York* (1994). Im Jahr 2000 wurde D. der Frankfurter Musikpreis verliehen.

Dolphy, Eric (Allan), *20.6.1928 Los Angeles, † 29.6. 1964 Berlin; amerik. Jazzmusiker (Altsaxophon, Klarinette, Baßklarinette, Flöte). D. spielte zuerst in Mainstream-Bands, in der zweiten Hälfte der 50er Jahre bei Chico Hamilton, seit 1960 in der Avantgardegruppe von Charles Mingus. 1961 war er mit Ornette Colemans Doppelquartett an der historisch bedeutenden Einspielung *Free Jazz* beteiligt, gründete ein eigenes Quartett und begann die Zusammenarbeit mit John Coltrane. 1962 gründete er eine Gruppe mit dem Trompeter Freddie Hubbard. D. hat als Altsaxophonist das revolutionierende Spiel von Charlie Parker weiterentwickelt und die Baßklarinette für den modernen Jazz entdeckt.

Domino, Fats (eig. Antonine D.), *26.2.1928 New Orleans (Lousiana); amerik. Sänger, Pianist und Songschreiber. D. begann seine Karriere in den 40er Jahren als Pianist im Orchester des Trompeters Dave Bartholomew. Sein Song *The Fat Man* (1949) gelangte auf Anhieb in die Charts, und auch der Folgehit *Goin Home* wurde ein Bestseller. Mit seinen meist einfachen Liedern, die sich aus Country- und Blues-Quellen speisen, und seinen hämmerden Piano-Riffs war D. bis in die 60er Jahre hinein weltweit in den Hitparaden vertreten. Zu seinen berühmtesten Single-Erfolgen zählen *Blueberry Hill* (1956), *Blue Monday* (1957) und *I' m Walkin* (1957). D. ist heute zwar nicht mehr in den Hitparaden vertreten, gibt aber immer noch Konzerte vor ausverkauftem Haus. 1986 wurde er in die Rock'n'Roll Hall of Fame aufgenommen und 1987 mit dem Grammy Lifetime Achievement Award geehrt. Auch wenn sich seine Platten nach 1964 nicht mehr so gut verkauften wie vorher, trat Fats bis weit in die 90er auf. Sein letztes Album, die Weihnachtsplatte *Christmas Is A Special Day* erschien 1993. Einige seiner beliebtesten LPs sind *Here Stands Fats Domino* (1957), *I Miss You So* (1961), *Fats on Fire* (1963) und *Getaway with Fats* (1966).

Donovan (eig. D. Philipp Leitch), *10.2.1946 Glasgow; brit. Sänger, Gitarrist und Mundharmonika-Spieler. D. hatte seinen ersten erfolgreichen Auftritt 1964 in der TV-Show *Ready Steady Go.* Nachdem er anschließend durch Großbritannien getingelt war, erreichte er mit seiner Debüt-Single *Catch the Wind* und den Folgehits *Colours* und *Universal Soldier* (alle 1965/66) in seiner Heimat gute Chart-Plätze. Aber erst die Zusammenarbeit mit dem Produzenten Mickie Most brachte den großen Durchbruch: Hatte D. bisher seichtere Songs bevorzugt, so gab er sich nun rockiger, wovon Hits wie *Mellow Yellow, Sunshine Superman* (beide 1966) und *Hurdy Gurdy Man* (1968) zeugen. D. wurde so zu einer der wichtigsten musikal. Figuren der 60er Jahre. Zwar erschienen in den 70er und 80er Jahren noch Platten von ihm, gemessen an seinen ersten Erfolgen brachten diese Produktionen jedoch nicht den gewünschten Absatz. Erst die stimmungsvollen Spätwerke *Sutras* (1996) und *Beat Cafe* (2004) trugen ihm wieder Respekt und kommerziellen Erfolg ein. Zu seinen wichtigsten weiteren LPs zählen *Real Donovan* (1966), *Barabajagal* (1969), *Cosmic Wheels* (1972) und *Lady of the Stars* (1983).

Doobie Brothers, The, amerik. Rockband. Die bedeutendste Besetzung bildeten *Michael Mc Donald* (*2.12.1952), Gesang und Tasteninstrumente, *Jeff »Skunk« Baxter* (*13.12.1948), Gitarre, *Keith Knudsen* (*18.10.1952), Schlagzeug, *Tiran Porter,* Baßgitarre und Gesang, *John McFee* (*18.11.1953), Gitarre, und *Cornelius Bumpus* (*13.1.1952), Saxophon und Tasteninstrumente. Bis zu ihrer Auflösung 1983 spielten bei den D.B. außerdem noch Tom Johnston, John Thomas Hartmann, Dave Shogren, Pat Simmons, Michael Hossak, Willie Weeks, Bobby LaKind und Chat McCracken mit. Ihre erste LP *Doobie Brothers* erschien 1970, gelangte jedoch nicht in die Charts. Erst das zweite Album *Toulouse Street* (1972) und die Single-Auskoppelung *Listen to the Music* brachten den gewünschten Erfolg. Mit ihrer leicht und locker daherkommenden Musik, die rhythmisch sehr variantenreich war, gehörten die D.B. in den

70er Jahren zu den wichtigsten Bands in den USA. 1988 formierten sich die D. B. erneut und konnten mit dem Titel *The Doctor* noch einmal einen Erfolg verbuchen. Danach wurde es aber wieder still um die Band, die bis ins neue Jahrtausend auf Oldies-Festivals tingelte. Wichtige Platten sind *The Captain and Me* (1973), *Stampede* (1975), *Minute by Minute* (1978) und *Farewell Tour* (1983).

Doors, The, amerik. Rock-Gruppe, die 1965 von *Jim Morrison* (*8.12.1943, † 3.7.1971), Gesang, *Ray Manzarek* (*12.2.1939), Tasteninstrumente, *John Densmore* (*1.12.1944), Schlagzeug, und *Robbie Krieger* (*8.1. 1946), Gitarre, gegründet wurde. Ihre Debüt-Single *Light My Fire* (1966) landete auf Platz 1 der US-Charts. Und auch in den folgenden Jahren veröffentlichten sie eine ganz Reihe von Hits, so u. a. *Hello I Love You* (1968), *Touch Me* (1968) und *Riders on the Storm* (1971). Ihre Musik, die sie – auf LP wie auch live – gekonnt durch Orgelpassagen oder ausgedehnte Gitarrensoli verlängerten, hatte ihre Wurzeln im Blues. Dabei stand der charismatische Sänger J. Morrison, der mit seiner markanten Stimme von Ängsten, Todesträumen und LSD-Phantasien erzählte, im Vordergrund. Erhebliche Drogen- und Alkoholprobleme zwangen ihn im Dezember 1970, die D. zu verlassen. Die restlichen drei Musiker spielten zwar zunächst weiter, gaben aber 1973 wegen anhaltender Erfolglosigkeit auf. 1991 wurde das Leben der D. von Oliver Stone verfilmt und 1993 wurden sie in die Rock'n' Roll Hall of Fame aufgenommen. Aus diesem Anlaß traten sie noch einmal mit *Pearl Jam*-Sänger Eddie Vedder auf. Weitere LPs sind *Strange Days* (1967), *Waiting for the Sun* (1968), *Morrison Hotel* (1970), *Absolutely Live* (1970) und *L. A. Woman* (1971).

Dorsey, 1) Jimmy (James), *29.2.1904 Shenandoa (Pennsylvania), † 12.6.1957 New York; amerik. Jazzmusiker (Altsaxophon, Klarinette) und Bandleader. Er spielte 1921 bei Jean Goldkette, hatte 1922 eine Novelty-Band, spielte danach bei Paul Whiteman, bei den California Ramblers und bei Red Nichols. 1928 gründete er mit seinem Bruder Tommy das Dorsey Brothers Orchestra, eine der erfolgreichsten Bands des Swing (bekanntestes Stück: *Boogie Woogie*). Ende der 40er Jahre beteiligte er sich hauptsächlich an Dixieland-Arrangements. 1953 löste sich das Orchester auf. Nach dem Tod seines Bruders übernahm er dessen Band. – **2) Tommy** (Thomas), Bruder von 1), *19.11.1905 Shenandoa (Pennsylvania), † 26.11.1956 Greenwich (Connecticut); amerik. Jazzmusiker (Posaune, Trompete) und Bandleader. Besonders in den 20er Jahren spielte er bevorzugt Trompete und war bei den California Ramblers, bei J. Goldkette und P. Whiteman engagiert. Das 1928 mit seinem Bruder Jimmy gegründete Dorsey Brothers Orchestra verließ er 1935 wieder, leitete danach eine eigene Band und darin auch die Combo Clambake Seven, die sich dem Dixieland widmete. Als technisch brillanter Posaunist war er in den 30er Jahren stilbildend. Seine Erkennungsmelodie war *I' m getting sentimental over you.*

Drifters, The, amerik. Vokalensemble mit wechselnder Besetzung, das im Gründungsjahr 1953 aus C. McPhatter, G. Thrasher, B. Pinkney und C. Hughes bestand. Mit *Money Honey* hatten sie 1954 ihren ersten Hit; anschließend verließ McPhatter die Formation, und auch die übrigen Mitglieder gaben wenig später auf. Daraufhin verpflichteten die Manager die Gruppe *The Five Crowns*, bestehend aus B. E. King, C. Thomas, E. Hobbs und D. Green und nannten sie *Drifters No. 2*. Es gelangen Bestseller wie

There Goes My Baby (1959) oder *Save the Last Dance for Me* (1960). Ihr Gesangstil basierte auf Blues- und kommerzialisierten, schlagerähnlichen Gospelelementen, wobei der von einer Melodiestimme geprägte Vokalsatz mit Streichern unterlegt wurde. Den D. gehörten in den folgenden Jahren u.a. noch R. Lewis, J. Moore, B. Fredericks, T. Burrows und R. Greenaway an. Die D. waren bis in die 80er Jahre hinein im Popgeschäft präsent; 1988 wurden sie in die Rock 'n' Roll Hall of Fame aufgenommen. Zu ihren wichtigsten Platten zählen *Rockin & Driftin* (1958), *Up on the Roof* (1963), *The Drifters Now* (1973) und *Love Games* (1975).

Driscoll, Julie, *8.6.1947; brit. Sängerin. Bereits mit 15 Jahren tingelte die Tochter eines Trompeters durch Nachtclubs und leitete nebenbei den Fanclub der →Yardbirds, von deren Produzent und Manager sie entdeckt wurde. 1965 veröffentlichte sie erste (erfolglose) Plattenaufnahmen und trat der Blues-Rock-Formation *Steampacket* bei, der auch B. Auger, R. Steward und J. Baldry angehörten. Als diese Band 1966 auseinanderfiel, gründete sie gemeinsam mit Auger *Trinity*. Hier gelangen der exzentrischen Frau mit der aufgekratzten Soulstimme Hits wie *Save Me* (1967) und *This Wheel's on Fire* (1968, Komposition von Bob Dylan). Sie verließ die Band 1969, um sich ins Privatleben zurückzuziehen, machte als Julie Tippett dennoch Abstecher in den Jazz und nahm Platten mit der Band *Centipede* (der ihr Ehemann Keith Tippett angehört) auf. Zu ihren LPs gehören *Open* (1968) und *Streetnoise* (1969, mit *Trinity*), *Centipede* (1971, mit *Centipede*) und *Julie Driscoll* (1971, solistisch).

Duran Duran, brit. Pop-Band in der Besetzung *Simon Le Bon* (*27.10 1958), Gesang, *Nick Rhodes* (eig. Nicholas Bates, *8.6.1962), Keyboards, *John Taylor* (*20.6.1960), Baßgitarre, *Roger Taylor* (*26.4. 1960), Schlagzeug, und *Andy Taylor* (*16.2.1961), Gitarre und Synthesizer. D. D., 1980 gegründet und benannt nach einem Charakter aus Roger Vadims Science Fiction-Komödie *Barbarella*, gehörten zu *den* Teenidolen der brit. New Romantic-Bewegung Anfang der 80er Jahre. Wie →Spandau Ballett legten D.D. größten Wert auf das imagebildende Zusammenspiel von Musik, Designer-Outfit und Videoclips. Inspiriert von →*Roxy Music*, spielte die Band modisch-unterkühlten Pop mit dezenten Funk-Gitarren und späten Anklängen an schwarze Acts wie z.B. *Chic*. Zu den größten Hits zählten *Girls on Film* (1981), *Wild Boys* (1984) und der 007-Soundtrack *A View to a Kill* (1985). Nach div. Sideprojects (A. und J. Taylor formierten mit Robert Palmer *The Power Station*, der Rest der Band gründete die ebenso kurzlebige Band *Arcadia*) und dem von Chics Nile Rodgers produzierten *Notorious* (1986) wurde es ruhig um D.D. Das Comeback glückte 1993. Das Trio Le Bon, Rhodes und John Taylor schaffte mit *Ordinary World* einen erneuten Hit. Zu den besten LPs von D.D. zählen *Duran Duran* (1981), *Rio* (1982), *The Wedding Album* (1993), *Pop Trash* (2000) und *Astronaut* (2004).

Dylan, Bob (eig. Robert Zimmermann; D. nannte er sich nach dem Dichter Dylan Thomas), *24.5.1941 Duluth (Minnesota); amerik. Rock-, Protest- und Folksänger und Instrumentalist (Gitarre, Klavier, Mundharmonika). 1959 besuchte er zunächst eine Kunsthochschule, erhielt 1960 ein Stipendium für die Universität von Minnesota, zog aber kurz darauf nach Greenwich Village (New York) zum Folklore Center Izzy Youngs. D., Idol einer ganzen Generation, löste mehrfach neue Trends der Popmusik aus und ist in seiner Bedeutung den *Beatles* vergleichbar. Seine Melodien sind z.T. eng an die amerikanische und englische Folklore (Shanties) angelehnt. In seinen Gesangsstil übernahm er Elemente des Rhythm & Blues, der schwarzen Folksänger und der Country & Western Music. Als Autor ist D., der auch als wichtiger Lyriker Amerikas gilt, bedeutender denn als Sänger. Seine Themen sind: politische Satire, soziale Anklage, Bürgerrechtsbewegung (*Blowing in the wind,* 1962). Bekannte Titel sind u. a.: *Masters of War* und *Hard Rain's Gonna Fall.* Seit der Verwendung einer Elektrogitarre sowie einer Rock 'n' Roll-Begleitgruppe 1964/65 gilt er als Begründer des Folk-Rock. 1970 verlieh ihm die Princeton University die Würde eines Ehrendoktors. Prosatexte und Gedichte von ihm erschienen unter dem Titel *Tarantula* (NY 1971). Sein musikalisches Werk erschien als *B.D. Song Book* (NY 1965).

E

Eagles, amerik. Folk-Rock-Formation. Die Mitglieder der Band, *Randy Meisner* (*8.3.1946), Gesang und Baßgitarre, *Glenn Frey* (*6.11.1948), Gesang und Gitarre, *Don Henley* (*22.7.1947), Schlagzeug und Gesang, und *Bernie Leadon* (*19.7.1949), Gesang und Gitarre, lernten sich in der Begleitband von Linda Ronstadt kennen, ehe sie die E. 1971 in Los Angeles gründeten. Mit dem Titel *Witchy Woman,* der ihrer Debüt-LP *Eagles* (1972) entstammt, gelangten sie erstmals in die Top 10. Es folgte eine Reihe weiterer Hits, so u.a. *Best of My Love* (1974), *One of These Nights* (1975) und ihr wohl bekanntestes Stück *Hotel California* (1976). Ihr gleichnamiges Album gehört zu den meistverkauften Platten der Rockgeschichte. Die leicht verdauliche Pop-Kost der E. speist sich aus Folk- und Rock-Quellen und ist häufig sehr sentimental getönt. Dabei stehen die hellen, verhaltenen Gesangsstimmen und eine für die E. typische, melodiöse Gitarrenarbeit im Vordergrund. In den 80er Jahren widmeten sich die Mitglieder z.T. sehr erfolgreichen Soloprojekten, lösten das Ensemble aber trotz aller anderslautenden Vermutungen nicht auf. Wichtige LPs sind *Desperado* (1973), *On the Border* (1974), *The Long Run* (1979) und *Hell Freezes Over* (1994).

Earth & Fire, ndl. Rock-Gruppe. *Jerney Kaagmann,* Gitarre und Gesang, sowie die Zwillinge *Chris Koerts,* Gitarre und Gesang, und *Gerard Koerts,* Keyboards und Gesang, gründeten die Band, der außerdem noch *Ton van de Kley,* Schlagzeug, und *Hans Ziech,* Baßgitarre, angehören, im Jahr 1969. Zwei Jahre später erschien ihr Erstlingswerk *Earth & Fire*; ihre LP *Song of the Marching Children* (1972) mit der Single-Auskoppelung *Memories* landete in den dt. Hitparaden. Überhaupt kamen die meist keyboardlastigen Arrangements in Verbindung mit Kaagmanns hoher, zuweilen kindlich wirkender Stimme beim Publikum in der BRD, in Belgien und den Niederlanden Anfang der 70er Jahre gut an. Ab 1975 änderte sich die Besetzung: C. Koerts, van de Kley und Ziech verließen das Ensemble; sie wurden durch Bert Ruiter, Ron Meyjes, Ab Tamboer und Nippy Noya ersetzt. Ihr wohl bekanntester Song *Weekend,* der Spitzenreiter in der BRD wurde, erschien 1979. Auch mit dem Folgehit *Fire of Love* konnten sie Erfolge verbuchen, dann wurde es jedoch zunehmend ruhiger um die Band. Weitere LPs sind *Atlantis* (1973), *To the World of the Future* (1975), *Gate to Infinity* (1977) und *Andromeda Girl* (1981).

Earth, Wind & Fire, amerik. Funk-Gruppe. *Maurice White* (*19.12.1941), Schlagzeug und Gesang, *Verdine White*

(*25.7.1951), Baßgitarre und Gesang, *Philipp Bailey* (*8.5.1951), Gesang und Percussions, *Larry Dunn* (*19.6.1953), Tasteninstrumente, *Jessica Cleaves* (*10.12.1948), Gesang, *Roland Bautista*, Gitarre, und *Ronald Laws* (*3.10.1950), Saxophon, Querflöte und Gesang, spielten zunächst unter dem Namen *Salty Peppers* und wurden dann vom musikal. Kopf der Band, M. White, 1970 in E.W. & F. umbenannt. In den 70er Jahren gelangen ihnen mit Titeln wie *Shining Star* (1975), *Got to Get You into My Life* und *September* (beide 1978) großartige Erfolge. Grundlegend dafür waren ihre homogene rhythmische Zusammenarbeit, die Verwendung prägnanter Bläsersätze und der z.T. sehr hohe Gesang Baileys und der beiden Whites. Seit den 80er Jahren auftretende Besetzungsprobleme führten bisher nicht zur Auflösung der Band. Im Jahr 2000 wurden sie in die Rock 'n' Roll Hall Of Fame aufgenommen. Weitere Platten sind *That's the Way of the World* (1975), *Spirit* (1976), *I Am* (1979), *Electric Universe* (1983), *Touch the World* (1987) und *In The Name Of Love* (1997).

East of Eden, brit. Rockgruppe, bestehend aus *Dave Arbus* (*8.10.1941), Violine, Saxophon, Querflöte, Trompete und Gesang, *Ron Caines* (*13.12.1944), Saxophon und Klavier, *Geoff Nicholson*, Gitarre, *Andy Sneddon*, Baßgitarre, und *Geoff Britton*, Schlagzeug. Die von Arbus 1967 in Bristol gegründete Band zeichnete sich bes. durch ihr stark instrumental geprägtes Klangbild aus, wobei schon die Kombinationsvielfalt verschiedener Instrumente ungewöhnlich für europäische Rock-Verhältnisse war. E. O. E. blieb lange ein Insider-Tip. Trotz vieler interessanter Alben gelang mit *Jig a Jig* (1971) nur ein Chart-Erfolg. Bedingt durch ständige Umbesetzungen und zunehmende Richtungslosigkeit versank das ehemalige Aushängeschild progressiver engl. Rockmusik in der Bedeutungslosigkeit. Zu ihren besten LPs zählen *Mercator Projected* (1968), *S.N.A.F.U.* (1969), *The World of East of Eden* (1971), *Another Eden* (1975) und *Silver Park* (1978). 1999 erschien dann überaschend noch das Album *Kalipse*, blieb aber ohne Bedeutung.

Eckstine (eig. Eckstein), **Billy** (William Clarence), *8.7.1914 Pittsburgh (Pennsylvania), †8.3.1993 ebd.; amerik. Jazz- und Popmusiker (Gesang, Trompete, Posaune) und Bandleader. Er war zuerst Sänger und Entertainer in Nachtclubs. 1939 kam er in Chicago zu Earl Fatha Hines, 1944–47 hatte er mit Budd Johnson eine eigene Band, der prominente Bebop-Musiker wie Charlie Parker, Dizzy Gillespie, Miles Davis und Sarah Vaughan angehörten. Seit 1948 wandte er sich als Sänger fast ganz der Popmusik zu, hatte aber auch immer wieder Auftritte mit Jazzmusikern (z.B. Terry Gibbs, Maynard Ferguson und Duke Ellington). Jazzeinspielungen (mit Earl Hines) sind u.a. *Jelly Jelly* (1940), *Water Boy* (1941) und *Stormy Monday Blues* (1942). 1966 entstanden mit dem Orchester von Count Basie Blues-Aufnahmen.

Edelhagen, Kurt, *5.6.1920 Herne (Westfalen), †8.2. 1982 Köln; dt. Bandleader. Er studierte u.a. Dirigieren an der Folkwangschule in Essen und leitete seit 1945 eine kleinere Jazzgruppe, seit 1946 eine größere Formation, die 1947 an den Rundfunk in Stuttgart, 1949 an den Sender Nürnberg des Bayerischen Rundfunks engagiert wurde. 1952 gründete E. eine neue Big Band beim SWF Baden-Baden, mit der er 1955 auch das *Concerto for Jazzband and Symphony Orchestra* von R. Liebermann uraufführte. 1957 ging er mit Teilen der Band zum WDR Köln. 1958–60 leitete er zugleich die neu gegründete Jazzklasse an der Musikhochschule in Köln. E. war in seinem

Big-Band-Stil vor allem von Stan Kenton beeinflußt. In den 50er Jahren galt die Band als eine der besten in Europa. Mit der Combo »Edelhagen All Stars« pflegte er experimentellen Jazz, u.a. durch Verwendung von Zwölftonreihen.

Edmunds, Dave, *15.4.1944 Cardiff; brit. Gitarrist, Sänger, Songschreiber und Produzent. E. kam über verschiedene Rock- und Bluesbands 1967 zu *Love Sculpture*, die mit *Sabre Dance* (1968) einen Chart-Erfolg hatten. Nach deren Auflösung startete E. eine Solo-Karriere. Mit einer Coverversion von S. Lewis' *I Hear You Knocking* (1970) hatte er einen weltweiten Hit. Zwischendurch arbeitete E. immer wieder als Produzent und Songschreiber für brit. Kollegen. Der Mann mit der ausdrucksstarken Stimme spielte bei Produktionen mitunter sämtliche Instrumente allein ein. Sein virtuoses Gitarrenspiel verhalf Songs wie *Baby I Love You* (1973), *Born to Be with You* (1973) und *Girls Talk* (1979) zum Erfolg. Ab 1977 schrieb er zusammen mit dem Bassisten Nick Love Lieder und gründete zusammen mit ihm auch die Gruppe *Rockpile*. E.s erfolgreichsten Platten sind u.a. *As Subtle as a Flying Mallet* (1975), *Get It* (1977), *Riff Raff* (1984), *I Hear You Rockin* (1987), *Closer To The Flame* (1990) und *Plugged In* (1994).

Einstürzende Neubauten, dt. Experimental-Rock-Band, 1980 in Berlin gegründet von *Blixa Bargeld* (eig. Christian Emmerich, *12.1.1959), Gesang, und *N. U. Unruh* (eig. Andrew Chudy, *9.6.1957), Schlaginstrumente, mit Bassist *Marc Chung* (*3.6.1957) und Drummer *F.M. Einheit* (eig. Frank Martin Strauß, *18.12.1958) sowie Gitarrist *Alex Hacke* (eig. A. von Borsig, *9.10.1965). E.N. musizierten mit Stahlteilen, Bauwerkzeug und Steinen, dazu schrie und flüsterte Bargeld pessimistische Lyrik in Titeln wie *Kalte Sterne*, *Durstiges Tier* oder *Der Tod ist ein Dandy*. Spektakuläre Konzerte machten die E.N. im Punk-Underground und in Avantgarde-Zirkeln berühmt und führten sie u.a. nach Japan und Amerika. Furore machte die Band auch mit Skandalen: Der Song *Die Elektrik* von der LP *Zeichnungen des Patienten O.T.* enthielt die Telefonstimme eines vermeintlichen Kidnappers, Konzertbühnen fingen Feuer; das Hamburger Schauspielhaus-Publikum schokkierten sie in dem Stück *Andi* (1987) durch schmerzhafte Lautstärke. 1989 dominierten auf *Haus der Lüge* delikatere Arrangements, in denen Lärm nurmehr als poetischer Nachhall vorkam. – Ab 1990 standen andere Aktivitäten der Mitglieder im Vordergrund. Chung baute den Musikverlag *Freibank* auf, Bargeld, Einheit und Hacke beteiligten sich an Hörspiel- und Theater-Produktionen. Geschlossen vertonten E.N. *Die Hamletmaschine* (1991) von Heiner Müller. Mitte der 90er verließen Einheit und Chung die Band. Die daraus resultierende Umbesetzung hatte songhaftere Strukturen zur Folge. Zu ihren LPs gehören: *Strategien gegen Architektur 1* (1983) und *2* (1990), *Halber Mensch* (1985), *5 auf der nach oben offenen Richterskala* (1987), *Tabula Rasa* (1993), *Ende Neu* (1996), *Silence Is Sexy* (2000), *Strategies Against Architecture 3* (2001) und *Perpetuum Mobile* (2004).

Ekseption, ndl. Klassik-Rock-Formation. *Rein van den Broek* (*19.9.1945), Trompete und Flügelhorn, *Rick van der Linden* (*5.8.1946), Keyboards, *Cor Dekker*, Baßgitarre, *Peter de Leeuwe*, Schlagzeug, und *Dick Remelink*, Saxophon und Querflöte, gründeten E. 1965 in Haarlem. E. spielte klassische Musik in Rock-Pop-Arrangements. Mit Bearbeitungen von Gershwins *Rhapsody in Blue* und J.S. Bachs *Air* aus der Orchestersuite BWV 1068 schafften sie Ende der 60er Jahre den Sprung in die europäischen

Hitparaden. Auf hohem technischen Niveau spielten sie 1969 ihre Erfolgs-LP *Beggar Julia's Time Trip* ein, die von Gerard Beckers produziert wurde und u. a. eine Bearbeitung des *Adagios* von Albinoni/Giazotto enthielt. Anfang der 70er Jahre veröffentlichte E. auch Platten mit Orchestern (u.a. Royal Philharmonic), doch als der musikal. Kopf der Band, R. van der Linden, die Formation verließ, kam 1975 auch das Ende der Gruppe. Comebackversuche in den Jahren 1978/80 und 1989 brachten nicht den erhofften Erfolg. Weitere LPs sind *00.04* (1971), *Trinity* (1973), *Mindmirror* (1975) und *Dance Macabre* (1981).

Eldridge, Roy (Davis Roy), *30.1.1911 Pittsburgh (Pennsylvania), †26.2.1989 New York; amerik. Jazzmusiker (Trompete, auch Flügelhorn, Klavier, Schlagzeug und Gesang). Er hatte 1934–35 mit seinem Bruder Joe und mit Kenny Clarke eine eigene Band, spielte 1936–37 u. a. bei Fletcher Henderson und hatte 1937 in Chicago wieder eine eigene Band, die als seine erfolgreichste gilt, danach neben eigenen Gruppen Engagements u. a. bei Gene Krupa, Artie Shaw und Benny Goodman. Ende der 40er Jahre spielte E. mit Charlie Parker zusammen. In den 50er Jahren war er mit dem Unternehmen »Jazz at the Philharmonic« auf Europatournee, gründete Ende der 50er Jahre mit Coleman Hawkins ein Quartett und spielte nun auch Flügelhorn. Seit den 50er Jahren begleitete er auch oft Ella Fitzgerald. 1956–66 bestand sein Quartett mit Richie Kamuca, danach war er bis in die 70er Jahre bei Count Basie engagiert. E. war der wichtigste Trompeter zwischen traditionellem und modernem Jazz, zwischen Louis Armstrong und Dizzy Gillespie.

Electric Light Orchestra, brit. Rock-Band, bestehend aus *Jeff Lynne* (*30.12.1947), Gesang, Gitarre und Keyboards, *Roy Wood* (*8.11.1946), Gesang, *Roy Beverly Bevan* (*25.11.1945), *Wilf Gibson* (28.2.1945), Violine, *Bill Hunt* (*23.5.1947), Keyboards, sowie *Hugh McDowall* (*31.7.1953), *Michael Edwards* (*31.5.1952) und *Andy Craig,* alle Violoncello. Von J. Lynn und R. Wood wurde die Formation um 1971 aus der Taufe gehoben. Von Anfang an spielte E. L. O. eine Mischung aus Rock 'n' Roll und z. T. bombastischen symphonischen Elementen. 1972 erschien ihr Debüt-Album *Electric Light Orchestra*, und die Single-Auskoppelung *10538 Overture* landete in den Charts. In den folgenden Jahren gelangen E. L. O. trotz vielfacher Neubesetzungen Erfolge wie *Roll over Beethoven* (1973), *Evil Woman* (1975), *Telephone Line* (1977) und *Hold on tight* (1981). 1991 fand eine Welttournee unter dem Namen *Electric Light Orchestra II* statt, Gründungsmitglieder waren dabei jedoch kaum vertreten. Weitere LPs sind *Showdown* (1974), *Out of the Blue* (1977), *Time* (1981), *Balance of Power* (1986), *Electric Light Orchstra Part II* (1990), *Moment Of Truth* (1994), *Zoom* (2001).

Element of Crime, dt. Rock-Band, 1985 in Berlin gegründet. E.o.C. entstanden im Nachhall der Neuen Deutschen Welle mit *Sven Regner* (*1.1.1961 Bremen), Gesang, Trompete, Gitarre, und *Jakob Ilja* (eig. Jakob Dreiw Ilja Friedrichs, *1959 Berlin), Gitarre, *Paul Lukas,* Baßgitarre, *Jürgen Fabritius,* Saxophon, und *Uwe Bauer* (*4.6.1953), Schlagzeug. Aus der Masse deutscher Bands stach die zunächst englisch singende Gruppe hervor, indem sie sich mit melancholischen Melodien und gefühlvollen Texten am deutschen, etwa von Kurt Weill geprägten, Song orientierte. Ihr erstes Album *Basically Sad* (1986) war ein totaler Flop, doch mit dem von John Cale produzierten Nachfolger *Try To Be Mensch* (1987) wurden sie zum Dauerthema der deutschen Feuilletons. Auf *The Ballad Of Jimmy And Johnny* (1989) probierten sie erstmalig einen deutschen Song, dessen Timbre fortan die Richtung der Band bestimmen sollte. Das Album *Damals Hinterm Mond* (1991) montierte Regner seine schwermütige Poesie wesentlich organischer in die moritatenhaften Songs. *Weißes Papier* (1993), *An Einem Sonntag Im April* (1994), *Die Schönen Rosen* (1996), *Psycho* (1999) und *Romantik* (2001) markierten weitere Höhepunkte in der Discographie von E.o.C. Danach widmete sich Regner mehr der Schriftstellerei. Sein Erfolgsroman *Herr Lehmann,* der die Grundstimmung seiner Songs aufgriff, wurde auch verfilmt. 2005 traf sich E.o.C. für ein Reunion-Album mit anschließender Tournee.

Ellington, Duke (Edward Kennedy), *29.4.1899 Washington/D.C., †24.5. 1974 New York; amerikanischer Jazzmusiker (Pianist, Arrangeur, Komponist und Bandleader). Er schlug 1917 ein Stipendium für ein Kunststudium aus, um sich ganz der Musik zu widmen. Sein wichtigster Lehrer war Oliver »Doc« Perry, er wurde aber auch von James P. Johnson beeinflußt. E. spielte bald als Ragtime-Pianist in Washington und hatte bereits 1922 eine eigene Band. 1923 ging er nach New York. 1923–27 hatte die Band ein Engagement im Hollywood Club (dem späteren Kentucky Club). In diesen Jahren entwickelte sich der erste typische E.-Stil, »jungle style« genannt, gekennzeichnet durch den extensiven Gebrauch von Dämpfern bei den Blechbläsern und die Growl-Spieltechnik. Wesentlich zu seiner Entwicklung trugen Bubber Miley, Charlie Irvis und Joe »Tricky Sam« Nanton bei. Die bekanntesten Stücke des »jungle style« sind: *Black and Tan Fantasy, East St. Louis Toodle-O* und *Creole Love Call.* 1924 schrieb E. eine Revue, *Chocolate Kiddies,* die zwei Jahre lang mit großem Erfolg in Berlin gespielt wurde. 1927 trat E. ein Engagement im Cotton Club an. 1929 spielte er in den Ziegfield-Shows, 1930 in Hollywood und 1933 in England vor Mitgliedern des Königshauses. Außerdem begleitete er M. Chevalier und wurde in den Katalogen jener Schallplattenfirmen geführt, die sonst nur weißen Musikern vorbehalten waren. Alles das waren zugleich wichtige Beiträge zur Emanzipation der farbigen Musiker. Um 1930 stießen Johnny Hodges, Cootie Williams, Barney Bigard, Harry Carney, Wellman Braud, Nanton und Ivie Anderson zur E.-Band. Ein neuer Stil gesellte sich zum »jungle style«, der »mood style«, gekennzeichnet durch getragene Tempi und raffinierte Orchesterfarben, die bereits harmonische Kühnheiten wagen. Seine Grundstimmung ist melancholisch-sentimental. Bekannte Stücke sind: *Mood Indigo, Solitude* und *Sophisticated Lady.* Dieser Stil prägt bis heute das Genre, das in der amerikanischen Populärmusik »Ballad« genannt wird. In der zweiten Hälfte der 30er Jahre begann E. mit der Form zu experimentieren. Er komponierte Stücke, die jeweils einen Solisten herausstellten und damit ein konzertantes Prinzip befolgten (u.a. in *Echoes of Harlem* für Cootie Williams oder *Clarinet Lament* für Barney Bigard). Neue Impulse gingen Ende der 30er Jahre von Ben Webster, Jimmy Blanton und vor allem von Billy Strayhorn aus, der bis zu seinem Tod 1967 große Teile des E.-Repertoires prägte. In jener Zeit entstanden viele zu Standards gewordene Swing-Nummern, u.a. *Caravan* von Juan Tizol und *Take the A-Train* von Strayhorn. In den 40er Jahren wandte E. sich größeren Formen zu. 1941 schrieb er mit Hal Borne die Revue *Jump for Joy,* die sich kritisch mit den Klischees über die Afroamerikaner auseinandersetzte. Es folgten mehrere sozialkritische Suiten: *Black, Brown, and Beige* (1943), *Deep South Suite* (1946), *Liberian Suite* (1947); außerdem entstanden *Beggar's Holiday* (1947), ein Opernversuch nach Gays und Pepuschs *Beggar's Opera*, und *Harlem*, ein Concerto grosso für Jazzband und Orchester, eine Auftragsarbeit des NBC Symphonie Orchestra, das damals von Toscanini geleitet wurde. Neue bedeutende Orchestermitglieder wurden in den 40er Jahren Cat Anderson, Oscar Pettiford und Russell Procope. Bis zu seinem Tod schrieb E. noch weitere Suiten und die Musik zu mehreren Filmen sowie eine Bearbeitung von Tschaikowskys Nußknacker-Suite (mit Strayhorn, 1960), ferner das Ballett *The River* (1970) und die beiden geistlichen Konzerte *Sacred Concert* (1965) und *Second Sacred Concert* (1968). Daneben entstanden viele kleinere Stücke, die zu Jazzstandards geworden sind, z. B. *Satin Doll* (1953). Wichtige Bandmitglieder der 50er Jahre waren Louie Bellson, Clark Terry, Paul Gonsalves und Jimmy Woode. In den 60er Jahren spielte E. auch mit Vertretern der Avantgarde, mit Max Roach, Charles Mingus und John Coltrane zusammen. – E. ist von einzigartiger Bedeutung für die afroamerikanische Musik. Seit den frühen 20er Jahren bis zu seinem Tod leitete er ein eigenes Orchester, das den Big Band-Jazz prägte und stilistisch wie personell eine erstaunliche Kontinuität besaß. E. war 15facher Ehrendoktor und Inhaber zahlreicher hoher Auszeichnungen. Nach seinem Tod führte sein Sohn **Mercer E.** (1919–1996) die Band weiter.

Ellis, Don (Donald Johnson), *15.7.1934 Los Angeles, † 17.12.1978 Hollywood; amerik. Jazzmusiker (Trompeter, Komponist und Bandleader). E. studierte Komposition in Boston und später in Los Angeles, spielte u. a. 1958–59 bei Maynard Ferguson, hatte 1961 ein eigenes Trio, spielte dann his 1962 bei George Russell und gründete 1963 ein Improvisations-Workshop-Orchester. 1964 ging er von New York nach Los Angeles und gründete dort mit Hari Har Rao das Hindustani Jazz-Sextet sowie eine Big Band. 1965–68 nahm er am New Port Festival, 1968 am Festival in Antibes und an den Berliner Jazztagen teil. Hier führte er mit der Berlin Dream Band die Kantate *Reach* auf. – E. verwendet gerne Skalen der Musik Indiens und des Balkans mit ungeraden, komplizierten Metren. Von K. Stockhausen inspiriert ist seine Einspielung *How Time Passes* (1960). In den 60er Jahren war er ein maßgebender Erneuerer des Big Band-Jazz.

Emerson, Lake & Palmer, brit. Rock-Musik-Gruppe, benannt nach ihren Mitgliedern *Keith Emerson* (*2.11.1944), Keyboards, *Greg Lake* (*10.11.1947), Baßgitarre, Gitarre und Gesang, und *Carl Palmer* (*20.3.1947), Schlagzeug. K. Emerson spielte vorher bei *Nice*, G. Lake sang bei *King Crimson* und C. Palmer trommelte bei *Arthur Brown* und *Atomic Rooster*. Ihr gemeinsames Debüt-Album *Emerson, Lake & Palmer* mit der Single-Auskoppelung *Lucky Man* (1970) bescherte den drei hochbegabten Musikern einen außerordentlichen Erfolg. Auch die Folge-Alben erwiesen sich als eminent verkaufsträchtig. Sie waren voll von neuen Sounds, da Emerson den Moog-Synthesizer erstmals in der Geschichte der Pop-Musik verwendete. Berühmt machte sie auch eine Adaption von Mussorgskis *Bilder einer Ausstellung* (*Pictures at an Exhibition*, 1971). Bis Mitte der 70er Jahre war das Trio, das sich nun immer mehr an klassische Vorlagen heranwagte, ganz oben, dann begannen wirtschaftliche wie auch musikal. Probleme, woraufhin E.L. & P. sich 1979 auflösten. 1992 versuchte das Ensemble in Originalbesetzung mit der CD *Black Moon* an alte Zeiten anzuknüpfen. Weitere LPs sind *Tarkus* (1971), *Trilogy* (1972), *Brain Salad Sur-*

gery (1973), *Works* (1977) und *Works II* (1977).

Eminem (eigentlich Marshall Bruce Mathers III), *17.10.1972 St. Joseph bei Kansas City; US-amerikanischer Rapper. E. durchlebte zunächst alle Härten einer Kindheit auf den Straßen von Detroit, bevor er seine Erfahrungen und Frustrationen in Reime meißelte und zum einflußreichsten Weißen im von Schwarzen dominierten HipHop avancierte. Seine Texte waren geradlinig, provokant und sparten nicht mit offenen Angriffen auf reale Persönlichkeiten. Frühe Demobänder nahm er während der Highschool auf. Erste Versuche, eigene Alben zu veröffentlichen, brachten ihm nur schlechte Kritiken ein, doch die mit Unterstützung des Magazins *Source* produzierte *Slim Shady EP* (1997) verhalf ihm zum Durchbruch. Dr.Dre von *NWA* half ihm bei der Produktion der *Slim Shady LP* (1999), mit der er überraschend Platz 2 der amerik. Billboard Charts eroberte. Gerade seine offene Bereitschaft, sich Feinde zu machen, trieb ihm die Jugendlichen in Scharen in die Arme. *The Marshall Mathers LP* (2000), *The Eminem Show* (2003) und der autobiographische Film *8 Mile*, sowie seine Mitarbeit in dem Rap-Kollektiv *D12* (Dirty Dozen) erhärteten seinen Ruf als kompromißloser Underground-Hero. Mit seinem musikalisch reifsten Album *Encore* (2005) griff er aktiv in die politische Debatte in den USA ein.

Eno, Brian (eig. B. Peter George St. John le Baptiste de la Salle E.), *15.5.1948 Woodbridge; engl. Multiinstrumentalist, Sänger und Produzent. E. besuchte eine angesehene katholische Schule, studierte Kunst und verwirklichte 1968 mit der Band *The Maxwell Demon* seine ersten musikal. Ideen. Nebenher beschäftigte der bis heute nach allen künstlerischen Seiten offene E. sich mit Lyrik, Malerei und Bildhauerei. 1969–73 gehörte er der Formation *Roxy Music* an, anschließend widmete er sich Solo-Projekten. 1973 erschien sein Debüt-Album *Here Come the Warm Jets*, auf dem er zusammen mit div. Gastmusikern schräge, etwas gewöhnungsbedürftige Pop-Strukturen mit z.T. überdrehten Stimmen paarte. Überhaupt war und ist E.s Musik oft experimentell, avantgardistisch und nicht auf reine Kommerzialität hin ausgerichtet. Mit *Music For Airports* (1979) galt er als Begründer der Ambient-Bewegung, von der er sich später distanzierte. Seine manchmal meditativen Klangcollagen nimmt der Künstler im eigenen Studio und auf eigenem Label auf; seine Musik wird hauptsächlich von treuen Anhängern gehört. Darüber hinaus machte er sich mit Produktionen für *U2*, David Bowie, Laurie Anderson und viele andere Künstler verdient. Neben seinen musikalischen Aktivitäten ist er auch auf den Feldern der Politik und Bildenden Kunst aktiv. Zu seinen wichtigsten Arbeiten zählen *Another Green World, Music for Films* (1977), *Ambient 4* (1982), *More Blank than Frank* (1986), *Nerve Net* (1992), *Robert Shekley's In A Land Of Clear Colours* (1993), *The Drop* (1997), *Drawn From Life* (2001) und *Another Day On Earth* (2005).

Equals, multinationale Pop-Band. Ihr gehören der Guayaner *Eddy Grant* (eig. Edward Montague G., *5.3.1948), Gesang und Gitarre, die jamaikanischen Zwillinge *Derv Gordon* (*29.6.1948), Gesang, und *Lincoln Gordon,* Gitarre, sowie die Engländer *Patrick Lloyd* (*29.6.1948), Gitarre, und *John Hall* (*17.3.1948), Schlagzeug, an. Bekannt wurde die Gruppe durch Auftritte in der Radio Bremen Fernsehserie *Beat Club* im Jahre 1967. Wenig später gelang ihnen mit *I Won't Be There* und dem darauffolgenden *Baby Come Back* (beide 1967) der

Sprung in die dt. Hitparaden. In Großbritannien kamen ihre rhythmisch geprägten Pop-Schlager erst ab 1968 in die Charts, *Baby Come Back* erreichte dort sogar Platz 1. Das Erfolgsrezept der E. funktionierte bis 1972: Mit dem Ausscheiden E. Grants, der auch die meisten Songs der E. geschrieben hatte, sank die Popularität der Band. Grant, der in einer eigenen Produktionsfirma *Ice* tätig ist, nahm 1978 die E. unter Vertrag, an alte Erfolge konnte jedoch nicht angeknüpft werden. Weitere Hits der E. waren *Softly, Softly* (1968), *Green Light* (1968), *Viva Bobby Joe* (1969), *Michael And The Slipper Treee* (1969) und *Rub a Dub Dub* (1970).

Erskine, Peter, *5.6.1954 Somers Point (New Jersey); amerik. Schlagzeuger. E. studierte an der Indiana University und erhielt Unterricht bei Alan Dawson, Dee Barton und Stan Kenton, dessen Band er sich ab 1972 für 3 Jahre anschloß. Nach ausgedehnten Tourneen durch Japan, Europa und die Vereinigten Staaten absolvierte er erneut Studien an der Universität, trommelte bei Maynard Ferguson, kam dann zu → *Weather Report* (1978–82) und schaffte hier schließlich den musikalischen Durchbruch. Dem hochbegabten, technisch versierten Drummer mit dem perfekten Timing und der enormen Power gelangen interessante Plattenaufnahmen u. a. mit J. Pastorius, J. Farrell, J. Mitchell, W. Bernhardt, G. Burton, B. James und J. Abercrombie. Ab 1982 arbeitete er mit *Steps Ahead* und ab 1986 mit Joe Zawinuls *Weather Update*. Zu seinen wichtigsten Platten zählen *Mr. Gone* (1978) und *8:30* (1979, mit *Weather Report*), *Modern Times* (1984, mit *Steps Ahead*), *The Genie* (1983, mit B. James) und *Train of Thought* (1985, mit M. Forman).

Essex, David (eig. D. Cook), *23.7.1947 London; engl. Schlagzeuger, Sänger, Schauspieler und Songschreiber. Seine Karriere als Schlagzeuger begann E. 1964 bei den *Everons*; zwischen 1965 und 1970 nahm er div. Singles auf, die jedoch allesamt erfolglos blieben. Bekannt wurde E., nachdem er in dem Musical *Godspell* (1972) die Rolle des Jesus übernommen hatte und Ringo Starr ihn daraufhin für seinen Film *That'll Be the Day* engagierte. Ab 1973 wurden seine Platten von Jeff Wayne produziert, und mit *Rock On* erschien er im selben Jahr in den Hitparaden. Es folgten weitere Kassenknüller, außerdem spielte E. in dem Kino-Film *Stardust* (1974) und daneben überaus erfolgreich die Rolle des Che Guevara in dem Musical *Evita* (1978). Die Reihe seiner Chart-Erfolge reicht bis in die 80er Jahre. Seine letzte Notierung hatte er mit *Tahiti* (1983). Zu seinen bemerkenswerten LPs gehören *All the Fun of the Fair* (1975), *Out on the Street* (1976), *Hot Love* (1980) und *Be-Bop the Future* (1981).

Eurythmics, brit. Pop-Duo. *Annie Lennox* (*25.12. 1954 Aberdeen), Gesang und Querflöte, und *David A. Stewart* (*9.9.1952 Sunderland), Gitarre und Keyboards, fanden sich zunächst in der Formation *Tourists* zusammen, aus der sich später die E. entwickelten. Mit ihrer avantgardistischen Mischung aus Pop- und Wave-Musik trafen sie den Zeitgeist der 80er Jahre; ihr Debütalbum, das sie mit div. Gastmusikern aufgenommen hatten, erschien 1981. Der im gleichen Jahr erschienene Song *Never Gonna Cry Again* brachte sie in die Charts. Ihren ersten Top 10-Treffer in Europa hatten sie mit dem Titel *Sweet Dreams* (*Are Made of This*), der von ihrer gleichnamigen LP stammte. 1989 erschien ihre letzte LP *We Too Are One*. Seitdem gehen beide getrennte Wege und versuchen sich in Solo-Projekten. Zu ihren wichtigsten Platten zählen *Touch* (1983), *Be Yourself Tonight* (1985), *Revenge* (1986), und *Savage* (1987). 1999 trafen sich Annie

Lennox und Dave Stewart wieder und nahmen das bemerkenswerte und sehr erfolgreiche Album *Peace* auf.

Evans, Bill (William), *16.8.1929 Plainfield (New Jersey), † 15.9.1980 New York; amerik. Jazzpianist. Er kam 1949 zum Jazz und wurde als Mitglied des Miles Davis-Sextetts 1958 berühmt. Er spielte mit zahlreichen namhaften Jazzmusikern zusammen, bevorzugte aber die Triobesetzung mit Baß und Schlagzeug. Berühmt wurde sein *Waltz for Debby.* – Sein zurückhaltendes Spiel, das auch von Lennie Tristano beeinflußt ist, zeigte sowohl ein Gespür für ausgesuchte Harmonien als auch für die Kombination von Klangeffekten, die das tonale System fast auflösen. E.' Einfluß reichte bis in den Free Jazz hinein.

Evans, Gil (eig. Ian Ernest Gilmore Green), *13.5. 1912 Toronto, † 20.3.1988 Mexico; amerik. Jazzmusiker (Arrangeur, Komponist, Bandleader und Pianist) kanadischer Herkunft. 1933–38 leitete E. eine eigene Band in Stockton (Calif.), 1941–44 und 1946–48 war er Hauptarrangeur der Claude Thornhill-Band. Dort begann er mit Klängen zu experimentieren (»Thornhill Sound«), die dann in den Capitol-Aufnahmen von Miles → Davis zu wesentlichen Neuerungen im Big Band-Jazz führten. Die Besetzung Waldhorn, Tuba, Altsaxophon, Baritonsaxophon, Klavier, Kontrabaß und Schlagzeug ist kleiner als in der herkömmlichen Big Band. Waldhorn und Tuba geben dem Ensemble einen sehr weichen, warmen Klang, in dem Dissonanzen weitgehend aufgefangen sind. Seit Ende der 50er Jahre spielte er – bis in die 70er Jahre – wieder mit Miles Davis zusammen. Es entstanden die jazzgeschichtlich bedeutsamen Einspielungen *Miles Ahead, Porgy and Bess* und *Sketches of Spain.* Zu den genannten Instrumenten traten auch Flöte, Oboe, Fagott und Harfe hinzu. E. war ein sehr eigenständiger Arrangeur, der seine Vorlagen so weit veränderte, daß man von Neukompositionen sprechen kann. Er hatte einen ausgeprägten Sinn für den Orchesterklang und war äußerst sorgfältig im Detail der Instrumentation. Seine sehr weichen Klangüberlagerungen muteten bisweilen impressionistisch an. Anfang und Mitte der 70er Jahre trat er wieder hervor, diesmal mit seiner Version des Electric Jazz. Dabei ragt besonders die Platte *Gil Evans Plays the Music of Jimi Hendrix* heraus. Sein Orchester war nun weitgehend elektrifiziert, verleugnete aber nie seinen jazzmäßigen Drive. Die dunklen weichen Klänge sind hier einem hellen scharfen Klang gewichen.

Everly Brothers, amerik. Gesangsduo, bestehend aus den Geschwistern *Don* (*1.2.1937) und *Phil Everly* (*19.1.1939). Bereits im Kindesalter traten die E. B. in Radio-Shows auf und bestritten Auftritte gemeinsam mit ihren Eltern. Der Gitarrist und Talentsucher Chet Atkins entdeckte die Gebrüder, verhalf ihnen zu dem Song *Bye Bye Love* (1957) und wenig später waren sie in den Top 10 gelandet. Mit ihrer Mischung aus Rock 'n' Roll, Country, Rhythm & Blues und Folk gelangen ihnen Dutzende von Welthits, darunter *Bird Dog* (1958), *Cathy's Clown* (1960), *Walk Right Back* (1961) und *Crying in the Rain* (1962). Bedingt durch Tourneestreß und Drogenprobleme kam es am 14.7.1973 zum Streit auf offener Bühne, woraufhin die E. B. sich trennten. Anschließende Soloprojekte verliefen erfolglos, weshalb man sich mit *The Wings of the Nightingale* (1984), geschrieben von P. McCartney, zu einem Comeback entschloß. Seither konzertieren die E. B. wieder regelmäßig. Einige ihrer beliebtesten Platten sind *Songs Our Daddy Tought Us* (1958), *Instant Party* (1962), *Gone Gone Gone* (1965), *Roots* (1968) und *The Everly Brothers Show* (1970).

F

Faces, brit. Rock-Gruppe, deren Mitglieder sich aus den Resten der *Jeff Beck Group* und den *Small Faces* rekrutierten. *Rod Stewart* (*10.1.1945), Gesang, *Ron Wood* (*1.6.1947), Gitarre, *Ronnie Lane* (*1.4.1946, †4.6. 1997), Baßgitarre, *Ian MacLagan* (*12.5.1945), Tasteninstrumente, und *Kenny Jones* (*16.9.1948), Schlagzeug, gründeten die Band 1969. Im Jahr darauf erschien ihr Debütalbum *First Steps*, und mit dem Song *Stay with Me* kamen sie erstmals in die engl. Charts. Ihre teilweise knallige Blues-Rock-Musik in Verbindung mit R. Stewarts rauher und ständig heiserer Stimme brachte ihnen in Großbritannien ein begeistertes Publikum ein. Bereits 1973 verließ R. Lane die Gruppe, er wurde durch den Japaner *Tetsu Yamauchi* (*21.10.1947), Baßgitarre, ersetzt. Um sich intensiver seiner Solokarriere widmen zu können, stieg R. Stewart 1975 bei den F. aus. Anschließend versuchten die verbleibenden Mitglieder gemeinsam mit dem Sänger *Steve Marriot* unter dem Namen *Small Faces II* zu reüssieren. Ende der 70er Jahre fielen die F. jedoch endgültig auseinander. Einige ihrer LPs sind *Long Player* (1971), *A Nod Is as Good as a Wink to a Blind Horse* (1971), *Oh La La* (1973), *Snakes and Ledders* (1976) und *In the Shade* (1978).

Faith No More, amerik. Rock-Band. *Mike Bordin*, Schlagzeug, *Roddy Bottum*, Keyboards, *Chuck Mosley* (ab 1989 *Mike Patton*), Gesang, *Bill Gould*, Baßgitarre, und *Jim Martin* (ab 1994 *Trey Spruance*), Gitarre, debütierten 1985 mit *We Care a Lot* auf Mordam Records, einem unabhängigen Plattenlabel ihrer Heimatstadt San Francisco. Innerhalb der folgenden 10 Jahre entwickelten sich F. N. M. zu einer der führenden Bands (neben den → *Red Hot Chili Peppers*) des Crossover. Eine punkverwurzelte Synthese aus schwarzer Rhythmik und weißem Hard-Rock erweiterten sie um Latin-, Country- und Hardcore-Elemente. Nach frühem Zuspruch in Insiderkreisen (*We Care a Lot*, 1987 ein Hit in Underground-Discotheken) stellte sich mit Sänger Patton kommerzieller Erfolg ein; *Epic* (1989) wurde ein erster Hit. Mit seinem überdrehten Gesangsstil zwischen klassischer Ausbildung und Rap-Zitaten prägte P. (ebenfalls Sänger des Projekts *Mr. Bungle*) in der Folgezeit den Stil ebenso wie die oft ausufernden Liveshows der Band. Ihren größten Hit landeten F. N. M. 1993 mit einer werkgetreuen Coverversion der Lionel Richie-Ballade *Easy*. Weitere LPs der Band sind *Introduce Yourself* (1987), *The Real Thing* (1989), *Angel Dust* (1992), *King for a Day, Fool for a Lifetime* (1995) und *Album Of The Year* (1999). Nach diesem Album und der folgenden Welttournee löste sich F. N. M. zum Leidwesen seiner zahlreichen Fans auf. Patton tat sich seither im experimentellen Jazz an der Seite John Zorns um und arbeitete mit der Free Rock-Band *Fantomas* an imaginativen Soundtracks.

Faithfull, Marianne, *29.12.1946 Reading; engl. Sängerin und Schauspielerin. Protegiert durch M. Jagger und K. Richards gelang F. 1964 der Top 10-Titel *As Tears Go By*, dem weitere Hits folgten. Sie widmete sich dann der Schauspielerei und erhielt 1968 neben Alain Delon eine Rolle in dem Film *Girl on a Motorcycle*. Bedingt durch private Schwierigkeiten und Drogenprobleme gelangte F. erst 1979 mit der Platte *Broken English* und dem Single-Hit *Ballad of Lucy Jordan* wieder in die Charts. Ihre einstmals klare Stimme war nun rauher und heiser geworden. 1995 spielte sie in dem Film *When Pigs Fly* mit, veröffentlichte ihre Autobiographie und brachte mit *A Secret Life* auch ein neues Album heraus. Weitere LPs sind *Come My Way* (1965), *North Country Maid* (1966), *Dangerous Acquaintances* (1981) und *Strange Weather* (1987). 1998 erregte F. Aufsehen mit ihrer Interpretation der *7 Todsünden* von Kurt Weill. Im Jahr 2002 erschien das kraftvolle und charismatische Album *Kissin Time*, drei Jahre später *Before the Poison* unter Mithilfe von Nick Cave und PJ Harvey.

Falco (eig. Johann Hölzel), *19.2.1957 Wien, †6.2.1998 Dominikan. Republik; östr. Schlagersänger. F., der kurzzeitig am Kons. in Wien ausgebildet wurde, legte sich seinen Künstlernamen 1977 in Anlehnung an den Skiläufer Falko Weißpflog zu. Nach weniger erfolgreichen Versuchen bei div. Bands (*Spinning Wheel, 1. Wiener Musiktheater, Drahdiwaberl*) gelang ihm 1982 der inzwischen etwa 7 Mio. mal verkaufte Hit *Der Kommissar*. Mit *Rock Me Amadeus* belegte er 1986 4 Wochen lang den 1. Platz in den US-Charts. Anschließend unternahm er eine überaus erfolgreiche Tournee durch Europa, die USA und Japan. Zu seinen wichtigsten Veröffentlichungen zählen, neben den bereits genannten, *Jeanny Part I* (1985), *Falco 3* (1986), *Wiener Blut* (1988) und *Nachtflug* (1992).

Fall, The, engl. Independent-Rock-Band, die sich seit 1977 von Manchester aus in oft wechselnder Besetzung um den Sänger und Songschreiber *Mark Edward Smith* (*5.3.1957) formiert. In der Blütezeit des engl. Punk-Rocks gegründet, spielte Smith zunächst mit *Martin Brahma, Karl Burns*, Schlagzeug, u. a. mehrere Singles und die LP *Life at the Witch Trials* (1979) ein, die rauhe Energie, bis zur Monotonie wiederholte Akkordmuster und Smiths nörgelnde Wortbeiträge als Koordinaten der F.-Klangwelt etablierten. Auf *Dragnet* (1979) oder *Hex Education Hour* (1982) folgten Smiths Begleiter dem Sänger auf dessen Experimentalkurs, ab 1983 verlieh Smiths Lebensgefährtin *Brix Smith*, Gesang und Gitarre, mit ihrer Vorliebe für Popsongs der spröden Band einen glamourösen Anstrich, etwa auf der LP *Bend Sinister* (1986) und der Hit-Single *Hit the North*. Neben der Arbeit mit F. widmete sich Smith auch der Theaterarbeit: Er brachte 1987 sein Stück *Hey! Luciani* auf die Bühne und schrieb die Musik zum Avantgarde-Ballett *I Am Kurios Oranj* (1988). Bis 1995 veröffentlichten F. über 20 LPs, die die Band als konstante Größe des brit. Independent-Rock ausweisen: im musikal. Mittelpunkt stehen dabei stets die verächtlich geknurrten Gesellschaftskommentare von Mark E. Smith. Weitere wichtige LPs der Band sind *The Frenz Experiment* (1988), *Extricate* (1990), *The Infotainment Scan* (1993), *Middle Class Revolt* (1994), *Oxymoron* (1997) und *Are You Are Missing Winner* (2001).

Fame, Georgie (eig. Clive Powell), *26.6.1943 Leigh/Lancashire bei Manchester; engl. Sänger und Organist. F. begann seine Karriere Ende der 50er Jahre als Sänger und Pianist in Dixieland-Kapellen. Der »Mann mit der satten, schwarzen Stimme« war 1961 Mitbegründer der *Blue Flames*, die Rhythm & Blues, sowie Soul-Elemente vermengten. Mit *Yeh Yeh* (1964) gelang ihnen der Sprung in die Charts. Mit F.s sattem Hammond-Orgel-Spiel sowie interessant arrangierten Bläsersätzen gelang ihnen 1965 (*Get Away*) erneut ein Top 10-Erfolg. F.s anschließender Versuch eines musikalischen Richtungswechsels verlief erfolglos. Erst mit *The Ballad of Bonnie & Clyde* (1968) gelang ihm ein Welthit. F. versuchte sich im Laufe der Jahre in verschiedenen Stilrichtungen; so ist seine LP *I Love Jamaica* (1983) vom Reggae geprägt. Von 1989 bis 1998 fungierte er als musikalischer Leiter der Band VanMorrisons. 2000 trat er den

Rhythm Kings des ehemaligen Rolling Stones-Bassisten Bill Wyman bei. F. gilt als einer der besten Rhythm & Blues-Sänger der engl. Szene. Weitere Platten sind u. a. *The Two Faces of Fame* (1967), *Seventh Son* (1969), *Georgie Fame* (1974), *In Hoagland* (1981), *In Goodmans Land* (1983) und *Cool Cat Blues* (1991).

Family, brit. Rock-Gruppe. *Charlie Whitney* (*24.6. 1944), Gitarre, gründete 1962 zunächst die Formation *Farinas*, aus der F. 1967 hervorging. Weiterhin gehören der Band *Roger Chapman* (*8.4.1942), Gesang, *Rick Grech* (*1.11. 1946), Violine, Baßgitarre und Gesang, *Rob Townsend* (*7.7.1947), Schlagzeug und Percussions, sowie *Jim King* (*5.5.1942), Saxophon, Querflöte und Gesang, an. Ihre Debüt-Single *Scene Through the Eye of a Lens* (1967) wurde ein Mißerfolg. Erst mit der LP *Music in a Doll's House* (1968) kam für das Ensemble, das zu den interessantesten und progressivsten Erscheinungen in Großbritannien gezählt wurde, der große Erfolg. Ihre kunstvoll arrangierte Rock-Musik mit z. T. untypischen Instrumentierungen (z. B. verzerrte Violine) und einem schrillen Gesamtklang, der von Chapmans vibratoreicher Bluesstimme geprägt war, verhalf ihnen zum Durchbruch. Trotz zahlreicher Besetzungsänderungen gelangen ihnen noch Single-Hits, wie *Strange Band* (1970), *In My Own Time* (1971) und *Burlesque* (1972). Schlechte LP-Verkaufszahlen und eine zunehmende musikalische Richtungslosigkeit zwangen F. Ende 1973 zur Aufgabe. Zu ihren interessantesten Platten zählen *Family Entertainment* (1969), *A Song for Me* (1970), *Old Songs. New Songs* (1971), *Bandstand* (1972) und *It's Only a Movie* (1973).

Fantastischen Vier, Die, dt. Rap-Gruppe, 1991 in Stuttgart gegründet. *Smudo* (eig. Michael Bernd Schmidt, *6.3.1968 Offenbach/Main), Gesang, *Andy Y.* (eig. Andreas Rieke, *17.11.1967 Stuttgart), Gesang, *Thomas D.* (eig. Thomas Dürr, *30.12.1968 Ditzingen), Gesang, und *Dee Jot Hausmarke* (eig. Michael Beck, *11.12.1967 Stuttgart), DJ, setzten ihre Muttersprache pointierter und rhythmischer ein als je zuvor im deutschen Pop. Sie vermochten sich von amerikanischen Vorbildern zu emanzipieren, machten den deutschen Rap gesellschaftsfähig und wurden von ihren unzähligen Epigonen nie erreicht. Alben wie *Jetzt Geht's Ab* (1991), *Vier Gewinnt* (1992), *Die Vierte Dimension* (1993), *Lauschgift* (1995) oder *4:99* (1999) waren an Witz und geistreichen Schüttelreimen kaum zu übertreffen. Auf *Viel* (2005) öffneten sie sich musikalisch anderen Richtungen schwarzer Musik, ohne ihre Grundlagen im deutschen HipHop zu leugnen.

Farlowe, Chris (eig. John Henry Deighton), *13.10.1940 Essex; engl. Sänger. F. begann seine Karriere in der *John Henry Skiffle Group*. 1959 gründete er die Rhythm & Blues-Band *Thunderbirds* und nahm in den Jahren 1963–65 Singles auf, die jedoch nicht erfolgreich waren. Als *Little Joe Cook* veröffentlichte er 1965 den *Stormy Monday Blues*, der den Mann mit der rauhen Blues-Stimme ins Gespräch brachte. Die *Rolling Stones*-Mitglieder M. Jagger und K. Richards verschafften ihm die nächsten Songs, *Think* und *Out of Time* (beide 1966), mit denen er die Charts erreichte. Danach zog er sich in sein Londoner Antiquitätengeschäft zurück, und man hörte erst 1970 wieder von ihm, als er mit der Band *Hill* auftrat. Wenig später wurde er Mitglied der Jazz-Rock-Formation → *Colosseum*, mit der er auch seine erfolgreichste Zeit gehabt haben dürfte. Nach deren Auflösung sang er bei *Atomic Rooster* und trat auch gelegentlich solistisch auf. Erst

1992 erschien seine CD *Waiting in the Wings* mit neuem Material, außerdem nahm und nimmt er seit 1994 an *Colosseum*-Reunion-Touren in Originalbesetzung teil. Zu seinen Veröffentlichungen zählen *Chris Farlowe and the Thunderbirds* (1966), *The Art of Chris Farlowe* (1968) und *From Here to Mama Rosa* (1970) (solistisch), sowie *Colosseum Live* (1971) und *Live* (1975) (mit Colosseum). Platten neueren Datums sind *Born Again* (1988), *Waiting In The Wings* (1992), *The Voice* (1999) und *Waiting In The Wings* (2002 Neuaufnahme).

Farmer, Art (Arthur Stewart), *21.8.1928 Council Bluffs (Iowa), † 4.10. 1999 New York; amerik. Jazzmusiker (Trompete und Flügelhorn). F., der seit 1945 auftrat, spielte u. a. 1948 bei Benny Carter, 1951 bei Wardell Gray und 1952–53 bei Lionel Hampton. 1953 unternahm er seine erste Europatournee. 1954–56 hatte er ein eigenes Quintett mit Gigi Gryce und spielte 1956 bei Horace Silver. 1958 trat er mit G. Mulligan mit großem Erfolg beim New Port-Festival auf. Seit 1959 hatte er mit Benny Golson (Tenorsaxophon) ein eigenes »Jazztett«, 1962–64 ein Quartett mit Jim Hall. Seit Mitte der 60er Jahre trat F. abwechselnd in den USA und in Europa auf, nahm hier seinen Wohnsitz in Wien und spielte u. a. auch mit östr. Musikern zusammen. In den 70er Jahren war er der herausragende Solist in Peter Herbolzheimers Rhythm Combination & Brass. Inzwischen kehrte er in die USA zurück. F. vertrat die lyrische Spielart des Jazz, ist dem Cool Jazz verpflichtet, war aber nicht von Miles Davis abhängig. Einen Überblick über seine Musik geben die Alben *Portrait Of Art Farmer* (1958), *Something To Live For* (1987) und *Art Farmer And The Jazz Giants* (1998).

Farnham, John, *1.7.1949 Dagenham; engl. Sänger. F. zog 10jährig mit seinen Eltern nach Melbourne, wo er nach seiner Schulzeit eine Klempnerlehre absolvierte. 1965 schloß er sich den *Strings* und wurde daraufhin von dem Produzenten David McKay entdeckt. Mit *The Cleaning Lady* (1967) gelang F. auf Anhieb ein Nr.-1-Hit, und es folgten etliche weitere LP- und Single-Veröffentlichungen. Ab 1982 war er Sänger der australischen *Little River Band*, die mit Songs wie *The Other Guy* (1982) und *We Two* (1983) in den Charts vertreten war. Ab 1987 war er wieder solistisch tätig und hatte mit *You're the Voice* seine in Deutschland höchste Hitparadennotierung. F. ist bis heute konstant erfolgreich. Zu seinen wichtigen LPs gehören *Whispering Jack* (1986), *Age of Reason* (1988, Single), *Seemed Like a Good Idea* (Single), *Then Again* (beide 1993), *Full House* (1994), *Chain Reaction* (1996), *Romeos Heart* (1996) und *33 1/3* (2000).

Favre, Pierre, *2.6.1937 Le Locle; Schweizer Schlagzeuger und Percussionist. F., der zunächst Klarinette spielte, begann 1954 professionell zu arbeiten. Er spielte in Unterhaltungskapellen und trommelte ab 1957 beim Orchester von Radio Basel. Erste größere Kontakte zur Jazz-Szene hatte der Mann mit dem variationsreichen Spiel, Anfang der 60er Jahre, als er mit George Gruntz, Barney Wilen, Flavio Ambrosetti, Chet Baker und Dusko Goykovich auftrat. Zudem war F. 1962–66 Mitglied im *Orchester Max Greger*. Darüber hinaus spielte er auch im Jazzensemble des BR und unternahm weltweit »Drum-Workshops«. In den 70er und 80er Jahren war F. neben seiner solistischen Tätigkeit auch gemeinsam mit Jack DeJohnette, Freddy Studer, Dom Um Romao, Terumas Hino, Albert Mangelsdorff, Paul Motian und Nana Vasconcelos zu hören. Zu seinen besten Platten zählen *Black Glory* (1971), *Abanaba* (1973), *Mountain Wind* (1975), *Percussion Profiles* (1977), *Singing Drums*

(1984), *De La Nuit …Le Jour* (1991), *Solitudes* (1992) und *Dialoges* (2000). 2004 erschien das überwältigend intime und dichte Live-Album *Ulrichsberg* im Duo mit Pianistin Irene Schweizer.

Feidman, Giora *26.3.1936 Buenos Aires; jüdischer Klarinettist. F. wuchs als Sohn bessarabischer Einwanderer in der argentinischen Hauptstadt auf, wo er mit 18 sein erstes Engagement im Orchester des Teatro Colón erhielt. Die folgenden 20 Jahre war er Mitglied im Israel Philharmonic Orchestra. Zu Beginn der 1970er machte er von New York aus eine modernisierte Form des Klezmer bekannt, in die er seinen klassischen Hintergrund, Jazz- und Tango-Elemente (*Clarinetango*, 1989) einbrachte. F. gilt seitdem als einer der wichtigsten Erneuerer des Genres. Sein Erfolg in Deutschland begann 1984 mit Auftritten in Peter Zadeks Inszenierung von Joshua Sobols *Ghetto* an der Freien Volksbühne Berlin. F. hat neben seinen Klezmer-Alben (u.a. *The Magic Of The Klezmer*, 1989; *The Singing Clarinet*, 1990) immer wieder klassische Kompositionen, etwa von Mozart und Schubert, aufgegriffen und tritt mit bekannten Symphonieorchestern auf. Eine herausragende Stellung in F.s Repertoire nehmen die Interpretationen der Werke seiner Ehefrau Ora Bat Chaim ein (*Love*, 2003). Dem Film ist F. in mehrfacher Hinsicht verbunden: durch Einspielungen für den Soundtrack zu Steven Spielbergs *Schindlers Liste* (1994), Gastauftritte in *Jenseits der Stille* (1996) und *Comedian Harmonists* (1997), sowie seine Vertonung des Stummfilmklassikers *Der Golem* (1997).

Feliciano, José Monserate, *10.9.1945 Larez; puertorikanischer Gitarrist und Sänger. Der von Geburt an blinde F. zog 1950 mit seiner Familie nach New York, wo er ersten Gitarrenunterricht erhielt und Mitte der 50er Jahre auch bei Konzerten mitwirkte. In der Folgezeit eingespielte Platten konnten nur regionale Bedeutung erlangen. 1968 gelang F., der über eine ausdrucksstarke Stimme und eine virtuose, lateinamerikanisch geprägte Gitarrentechnik verfügt, mit dem Doors-Title *Light My Fire* ein Sensationserfolg. F. erhielt dafür zwei Grammies (bester Sänger und bester Nachwuchskünstler). Später entwickelte er sich mehr zum Entertainer und Showkünstler, trat im Fernsehen auf und war als Schauspieler in einigen TV-Serien zu sehen. Sein Album *Me Enamore* (1983) wurde zur besten Platte des Jahres gewählt und erhielt ebenfalls einen Grammy. F.s Platten haben sich bisher weltweit über 100 Mio. mal verkauft. 1996 trat er in dem Film *Fargo* auf. Zu seinen Hits zählen *Che Sera* (1971) und *Ain't that Peculiar* (1981). Wichtige Plattenveröffentlichungen sind *Fireworks* (1970), *Angela* (1976), *Escenas de Amor* (1982) und *I' m Never Gonna Change* (1989).

Ferguson, Maynard, *4.5.1928 Montreal; kanadischer Trompeter, Songschreiber und Bandleader. Nach Studien am French Conservatory of Music 1943–47 ging F. in die USA und spielte bei J. Dorsey, C. Barnet und schließlich im Orchester von S. Kenton. Er erregte viel Aufsehen, weil er selbst in obersten Registern strahlend sauber blies; technisch wie stilistisch gehört er zu den Top-Trompetern. Nachdem er u.a. bei der *Birdland Dream Band* sowie in eigenen Formationen mitgespielt hatte, zog es F. nach Europa; er lebte 1968–74 in Manchester und gastierte als Solist in dt. Bigbands (R. H. Müller, K. Edelhagen). In den 70er Jahren unternahm er musikalische Ausflüge in Rock-, Latin- und Funk-Gefilde und spielte – z.T. mit hohem elektronischen Aufwand – sehr erfolgreich Filmmusiken (*Rocky*, *Krieg der*

Sterne) ein. F. fand zum Jazz zurück und präsentierte sich in den 80er Jahren mit einer All-Star-Formation sowie div. Bands auf amerikanischen wie europäischen Festivals. Zu seinen wichtigsten Arbeiten gehören *Chameleon* und *New Vintage* (beide 1977) (mit Herbie Hancock) sowie *It's My Time* (1980) und *Body & Soul* (1986). In den 90er Jahren spielte F. vor allem mit seiner Band *Big Bop Nouveau*. Obwohl er seine Auftritte in den letzten Jahren eingeschränkt hat, ist er ein engagierter und aufregender Trompeter geblieben.

Ferry, Brian, *26.9.1945 Washington (England), engl. Sänger und Keyboarder. F. absolvierte zunächst ein Kunststudium, spielte in der Gruppe *Gas Board* mit und arbeitete als Kunsterzieher. Anfang der 70er Jahre zählte er zu den Mitbegründern des Bandprojekts → Roxy Music, das 1972 mit der gleichnamigen LP und der Single-Auskoppelung *Virginia Plain* in die Charts kam. Die neue, avantgardistische Pop-Musik mit Glamour-Charakter fand in Großbritannien breiten Zuspruch. 1973 veröffentlichte F. sein erstes Solo-Album, auf dem er Klassiker von den *Rolling Stones*, den *Beatles*, von Carol King und Bob Dylan neu interpretierte. Mit dem Dylan-Song *A Hard Rain's Gonna Fall* konnte er seinen ersten großen Erfolg als Solist feiern. Sowohl mit *Roxy Music* als auch solistisch war F. über viele Jahre hinweg außerordentlich erfolgreich. Zu seinen wichtigsten LPs zählen *These Foolish Things* (1973), *In Your Mind* (1977) und *Boys and Girls* (1985). In den späten 80er und frühen 90er Jahren durchlebte F. eine Schaffenskrise. Sein nächstes Album *Taxi* (1993) widmete er seiner verstorbenen Mutter. 1999 folgte *As Time Goes By*, eine Hommage an die 30er Jahre. Mit *Frantic* (2002) zeigte F. neue Kreativität und kehrte mit einer großen Tournee ins Musikgeschäft zurück. 2005 brachte er anläßlich seines 60. Geburtstags *Roxy Music* wieder zusammen.

Fine Young Cannibals, engl. Pop-Band, gegründet 1983, bestehend aus *Roland Gift* (*28.5.1962), Gesang, sowie zwei ehemaligen Mitgliedern von *The Beat*, *Andy Cox* (*25.1.1960), Gitarre, und *David Steele* (*8.9.1960), Baßgitarre und Keyboards. Gifts markanter, soulorientierter Gesang und ihr Gespür für tanzbare, niveauvolle Popsongs machten die F. Y. C. Mitte der 80er Jahre außerordentlich populär. Doch schon nach wenigen Hits wie *Johnny Come Home* (1985), *Suspicious Minds* (1986) oder *She Drives Me Crazy* (1989) beendeten die F. Y. C., die stets eine nonkonformistische Attitüde gegenüber der Popszene pflegten, überraschend ihre Arbeit. Gift, der sich bereits früh seiner Schauspielerkarriere gewidmet und in Kinofilmen wie *Sammy and Rosie Get Laid* (1987, Regie Stephen Frears) oder *Scandal* (1989) Rollen übernommen hatte, zog Theater-Engagements dem Dasein als Popstar vor. Die beiden Alben der F. Y. C. sind *Fine Young Cannibals* (1985) und *The Raw and the Cooked* (1989).

Fitzgerald, Ella, *25.4.1918 Newport News (Virginia), †15.6.1996 Beverly Hills; amerik. Jazzsängerin. Sie wurde 1934 in New York bei einem Amateurwettbewerb von Chick Webb engagiert und hatte 1938 mit dem selbst geschriebenen Song im Swing-Stil *A Tisket, A Tasket* den ersten überragenden Erfolg. 1939 übernahm sie nach Webbs Tod dessen Band und leitete sie bis 1941. Danach trat sie in Clubs und Theatern auf, u. a. mit Louis Armstrong. 1946 band sie sich vertraglich an Norman Granz und ging mit dessen Tournee-Unternehmen Jazz at the Philharmonic jährlich auch nach Europa und Japan. 1948–52 wurde sie vom Trio ihres damaligen Ehemannes, des Bassisten Ray Brown, begleitet. 1958 gab sie mit Duke Ellington ein großes Konzert in der New Yorker Carnegie Hall, wirkte in Benny Goodmans Fernseh-Show »Swing into spring« mit, ließ sich in den 60er Jahren bevorzugt vom Oscar-Peterson-Trio begleiten und trat 1965–66 noch einmal mit Duke Ellington auf. In den 70er Jahren war der Gitarrist Joe Pass ihr bevorzugter Begleiter. – F. begann mit Swing-Songs, wandte sich 1946 dem Modern Jazz zu und trat seither auch mit Scat-Gesang im Bebop-Stil hervor (*How high the moon, Air mail special*), den sie wie kaum ein anderer Jazzsänger beherrschte. Darüber hinaus gilt sie, die man auch »The First Lady of Jazz« nennt, als die bedeutendste Sängerin in der Geschichte des Jazz. Sie interpretierte aber auch Schlager und Pop- und Beatmusik. Zu ihren berühmtesten Titeln gehören: *Crazy Rhythm, Lady Be Good, I Got Rhythm, Ma Patin Doll, The Boy from Ipanema, Can Anyone Explain, Basin Street Blues, Flying Home* und *How High the Moon.*

Flack, Roberta, *10.2.1937 Asheville (North Carolina); amerik. Sängerin und Pianistin. F. studierte zunächst Musik und Musikpädagogik, arbeitete dann als Lehrerin und sang schließlich Jazz-Songs und Schlager in noblen Washingtoner Bars, wobei sie sich selbst am Klavier begleitete. Der Pianist Les McCann entdeckte sie 1969 und im gleichen Jahr erschien ihre Debüt-LP *First Take.* Mit dem von dieser LP stammenden Song *The First Time Ever I Saw Your Face* gelang es ihr erst 1972, die Spitzen der Hitparaden zu erreichen. 1973 erhielt sie einen Grammy als »beste Sängerin«. Ihre meist balladesken Songs zeigen sich von Soul und Pop beeinflußt. Mit ihrer etwas verhaltenen, dennoch markanten Stimme gelangen F. Welthits wie *Feel Like Makin Love* (1974), *The Closer I Get to You* (1978) und *Back together Again* (1980); die beiden letztgenannten Lieder sang sie im Duett mit D. Hathaway. Langfristige Arbeitspläne mit ihm scheiterten an seinem frühen Tod (1979). F. arbeitete dann mit Peabo Bryson zusammen. Zu ihren LPs gehören *Chapter Two* (1970), *Blues Lights in the Basement* (1977), *I' m the One* (1982), *Oasis* (1988) und *Roberta* (1995). 1996 erzielten die *Fugees* mit der Rap-Version des Roberta Flack-Klassikers *Killing Me Softly* einen Welterfolg.

Fleetwood Mac, brit. Pop-Rock-Formation. Ihre Gründungsmitglieder waren *Mick Fleetwood* (*24.6. 1942), Schlagzeug, *Peter Green* (*29.10.1946), Gitarre, *John McVie* (*26.11.1945), Baßgitarre, *Jeremy Spencer* (*4.7.1948), Gitarre, und *Danny Kirwan* (*13.3.1950), Gitarre und Gesang. Die Band begann Mitte der 60er Jahre als Teil der *Bluesbreakers* (Begleitband von J. Mayall). Der Produzent Mike Vermon veranlaßte die Musiker, eigene Wege zu beschreiten; ihre Debüt-Single *I Believe My Time Ain't Long* (1967) veröffentlichten sie noch unter dem Namen *Peter Greens Fleetwood Mac.* Green schrieb in der Anfangszeit der Band auch die meisten Hits, so u. a. *Albatross* (1968), *The Green Manalishi* (1970) und *Black Magic Woman* (1968), mit dem auch *Santana* 1971 erfolgreich waren. Die bluesigen, stilistisch bald eigenständigen Songs von F. M. wurden fast immer zu Bestsellern. Als Green (1969) und Spencer (1971) das Ensemble verließen, setzte sich ein Besetzungskarussel in Bewegung, das sich bis in die 90er Jahre hinein drehte. U.a kamen und gingen Christine McVie, Bob Welch, Lindsey Buckingham und Stevie Nicks. Trotzdem gelang F. M. mit mittlerweile frischerem, modernerem Sound 1975 der Hit *Over My Head*, der ihnen endgültig zum Durchbruch verhalf. 1977 erschien das inzwischen 25 Mio. mal verkaufte Album *Rumours* mit 4 Single-Auskoppelungen, darunter die Erfolgsongs *Dreams* und *Don't Stop.* Wegen zunehmender Solo-Projekte und interner Auseinandersetzungen erwartete die Musikwelt das Ende von F. M. Der harte Kern um J. McVie, M. Fleetwood und C. McVie erhält die Gruppe jedoch bis heute am Leben. Zu ihren wichtigsten LPs zählen *The Biggest Thing Since Collossos* (1969), *Heroes Are Hard to Find* (1974), *Tusk* (1979) und *Tango in the Night* (1987). In den 90er Jahren erschienen noch 3 Lps von F. M., allerdings mit mäßigem kommerziellen Erfolg: *Behind The Mask* (1990), *Live At The BBC* (1995 mit alten, bisher unveröffentlichten Radio-Produktionen) und *The Dance* (1997). Nach längeren internen Auseinandersetzungen trat die Band 2003 erneut mit *Say You Will*, ihrem ersten Studioalbum seit 15 Jahren an.

Fleming, Joy (eig. Erna Strube), *15.11.1944 Rockenhausen (Pfalz); dt. Sängerin und Songschreiberin. F. wuchs in Mannheim auf und trat mit der Gruppe *Joy and the Hit-Kids* (später: *Joy Unlimited*) in US-Kneipen im Frankfurter Raum auf. F., die Soul- und Bluesstilistik gekonnt kombinierte und sich auch in härtere Rock-Bereiche vorwagte, wurde von dem Produzenten Peter Kirsten entdeckt. In die BRD-Hitparaden kam sie mit dem *Neckarbrücken-Blues* (1972). Beim MIDEM-Musikmarkt 1975 in Cannes startete sie erfolgreich für die Bundesrepublik, beim darauffolgenden Eurovisions-Wettbewerb in Stockholm trat sie mit *Ein Lied kann eine Brücke sein* an. Insgesamt waren es jedoch ihre Alben, mit denen sie ihre Fans überzeugte. Zu ihren LPs zählen *Joy Fleming* (1973), *Menschenskind* (1975), *Have a Good Time* (1976), *Vocals and Keyboards Only* (1981) *Helden werden auch mal älter* (1985), *Butzekrampel* (1988, mit Joana Emetz), *Feuer und Flamme* (1991), *Berühre mich* (1994) und *Joy Fleming – Joy To The World* (2002).

Flying Burrito Brothers, amerik. Country-Rock-Band, 1969 gegründet u. a. von *Gram Parsons* (*5.11. 1946, † 19.9.1973), Gesang und Gitarre, *Chris Hillman* (*4.12.1942), Gitarre, Gesang und Mandoline, sowie *»Sneeky« Pete Kleinow*, Steel-Guitar. Parsons und Hillman, die schon als Mitglieder der → Byrds diese auf der LP *Sweetheart of the Rodeo* (1968) stilistisch beeinflußt hatten, gelten als Pioniere in dem Versuch, Stile wie Rock, Country und Bluegrass zusammenzuführen und die Countrymusik von ihrem reaktionären Image zu befreien. Die LP *The Gilded Palace of Sin* (1969) der F. B. B. gilt als Klassiker des Genres. Diverse Umbesetzungen in der Band ließen eine Kontinuität nicht zu. Parsons verließ bereits 1970 die Gruppe, Hillmann 1971. Neu hinzugekommene Mitglieder wie *Bernie Leadon* (*19.7. 1947) und *Rick Roberts* (*31.8.1949), beide Gitarre und Gesang, versuchten mehrfach und zumeist vergeblich, den frischen Country-Charme der ersten Alben zu bewahren. Bis zur jahrtausendwende fanden die F. B. B. mehrfach sporadisch zusammen und gingen stets ebenso schnell auseinander. Roberts gründete später die Band *Firefall*, Leadon hatte großen Erfolg mit den → *Eagles*. Zu den wichtigen Platten der F. B. B. zählen außerdem *Burrito Deluxe* (1970), *Flying Burrito Brothers* (1971), *Last of the Red Hot Burritos* (1972) und *Sons Of The Golden West* (1999).

Fogerty, John Cameron, *28.5.1945 Berkeley (Kalifornien); amerik. Sänger, Gitarrist und Songschreiber. F. begann Ende der 50er Jahre mit den *Blue Velvets*, die sich später *The Golliwogs* nannten, auf Tanzveranstaltungen und in Kneipen zu spielen. Gemeinsam mit seinem Bruder gründete er 1967 in San Francisco

→ *Creedence Clearwater Revival*, für die er fast alle Songs selber schrieb, arrangierte, produzierte und textete. Nachdem sich die Band 1972 aufgelöst hatte, begann F. 1973 mit *Blue Ridge Rangers* ein neues Projekt. Sein erstes Solo-Album *John Fogerty* erschien 1975, die Single-Auskoppelung *Rockin' All over the World* landete in den Charts. Einen erneuten Erfolg konnte er mit dem Album *Centerfield* (1986) verbuchen. Weitere LPs sind *Bayou Country* (1969) und *Mardi Gras* (1972, mit *Creedence Clearwater Revival*), sowie *Hoodoo* (1976), *Eye of the Zombie* (1986), *Blue Moon Swamp* (1997) und *Premonition* (1998, solistisch).

Foreigner, 1976 in New York gegründete Rock-Formation, bestehend aus den Engländern *Mick Jones* (*27.12.1944), Gitarre und Gesang, *Ian McDonald* (*25.6.1946), Keyboards, Saxophon und Gesang, *Dennis Elliot* (*18.8.1950), Schlagzeug, sowie den US-Amerikanern *Ed Gagliardi* (*13.2.1952), Baßgitarre, *Al Greenwood*, Keyboards, und *Lou Gramm* (*2.5.1950), Gesang. Einige Bandmitglieder hatten schon vorher Erfolge vorzuweisen: Jones war bei *Spooky Tooth*, McDonald spielte mit *T.Rex* und *King Crimson*, Elliot trommelte bei *IF* sowie bei Ian Hunter. 1977 erschien ihr Debüt-Album *Foreigner* und ihr Hit *Feels Like the First Time*, der auf Platz 6 der US-Charts landete. Weitere Hits waren *Cold as Ice* (1977), *Hot Blooded* (1978), *Urgent* (1981), *Waiting For A Girl Like You* (1981) und *I Want To Know What Love Is* (1984). F. galten mit ihrer Kombination aus Rock und Rhythm & Blues, die zu einer weicheren Rock-Variante verschmolzen wurde, als Band der Superlative. Aber die ständigen Streitereien und Umbesetzungen sorgten dafür, daß *Mr. Moonlight* (1994) das letzte Album der Gruppe blieb. Neben zahlreichen Bestseller-Hits sind die folgenden Platten hörenswert: *Double Vision* (1978), *4* (1981), *Inside Information* (1987) und *Unusual Heat* (1991).

Four Seasons, amerik. Pop-Formation. Die gebürtigen Italiener *Frankie Valli* (eig. Francis Castellucio, *3.5.1937), Gesang, *Tommy DeVito* (*19.6.1936), Gesang und Gitarre, *Bob Gaudio* (*17.11. 1942), Keyboards und Gesang, und *Nick Massi* (eig. Nicholas Macioci, *19.9.1935), Baßgitarre und Gesang, kamen erstmals Mitte der 50er Jahre in der Band *Variations* zusammen, nannten sich später *Four Lovers* und hatten mit *You're the Apple of My Eye* (1956) ihren ersten Chart-Erfolg. Sie arbeiteten zunächst für den Produzenten Bob Crewe als Studiomusiker; Crewe und B. Gaudio schrieben gemeinsam einige Songs. Ein Ergebnis dieser Zusammenarbeit war das Lied *Sherry*, das 1962 – nun unter dem Bandnamen F.S. – ein Nr.-1-Hit wurde. Ihre glatte Pop-Musik in Verbindung mit ihren typisch hohen Gesangsstimmen und brillant gesetzten Chorpassagen machte die F.S. in den USA zu Publikumslieblingen. 1990 wurden sie in die Rock 'n' Roll Hall of Fame aufgenommen. Zu ihren LP-Veröffentlichungen zählen *Born to Wonder* (1964), *Our Day Will Come* (1975) und *Inside Story* (1976).

Four Tops, The, amerik. Vokalquartett, das sich Anfang der 50er Jahre zunächst unter dem Namen *Four Aims* formierte. Unter diesem Namen tingelten die ehemaligen Schulfreunde *Levi Stubbs* (eig. L. Stubbles, *6.6.1936), *Abdul »Duke« Fakir* (*26.12.1935), *Lawrence Payton* (*1938, † 20.6.1997) und *Renaldo »Obie« Benson* (*1935) jahrelang durch ihre Heimatstadt Detroit oder begleiteten den Vokalisten Billy Eckstine. Nach div. Plattenfirmenwechseln (*Chess Records, Red Top, Riverside, Columbia Records*) sowie indiskutablen Veröffentlichungen kamen sie 1964 zu *Motown* und hatten hier mit dem Titel *Baby, I Need Your Loving* ihren ersten Chart-Erfolg. Von ihrem z.T. sehr leidenschaftlichen und ausdruckstarken Vortragsstil zeugen auch die Bestseller *I Can't Help Myself* (1965), *Reach Out I'll Be There* und *Standing in the Shadow of Love* (beide 1966). 1969 wechselten sie zu ABC-Records, konnten jedoch an ihre Anfangserfolge nicht anknüpfen. 1990 wurden sie in die Rock 'n' Roll Hall of Fame aufgenommen. Weitere LPs sind *Reach Out* (1968), *The Magnificent 7* (1971), *Catfish* (1976) und *Indestructible* (1988).

Frampton, Peter, *22.4.1950 Beckenham; brit. Sänger und Gitarrist. Bei den *Truebeats* spielte der kaum 10jährige F. Gitarre und schon Mitte der 60er Jahre wurde er Mitglied der Gruppe *The Herd*, die mit Titeln wie *From the Underworld* und *Paradise Lost* Millionenerfolge feierte. Er verließ das Ensemble und schloß sich *Humble Pie* an, die härtere Rock-Musik spielten, aber mit *Natural Born Boogie* (1969) ihren einzigen Top 10-Erfolg hatten. 1972 rief er *Peter Framptons Camel* ins Leben; nach anfänglichen Mißerfolgen wurde das Doppelalbum *Frampton Comes Live* (1975) zu einem großen Verkaufsschlager. Mit Single-Auskoppelungen wie *Show Me the Way* (1976), *Do You Feel Like We Do* (1976) sowie *I' m in You* (1977), die alle einfachen Pop-Charakter besaßen und von F.s einprägsamer Stimme und seiner Gitarrenarbeit geprägt waren, wurde F. zum mehrfachen Millionär. Depressionen, Alkoholprobleme und ein schwerer Autounfall verhinderten den Erfolg mehrerer Comeback-Versuche. Zu F.s hörenswerten LPs zählen *Wind of Change* (1972), *Something's Happening* (1974), *Frampton* (1975) und *Where I Should Be* (1979). – F. ging in den 90er Jahren mehrmals auf Tournee. Hit-Erfolge mit seinen Liedern hatten andere: 1988 kam die Gruppe *Will To Power* mit dem Frampton-Song *Baby I Love Your Way* in die Charts. 1994 hatte die Reggae-Band *Big Mountain* Erfolg mit dem gleichen Titel.

Frankie Goes To Hollywood, engl. Pop-Band, bestehend aus *Holly Johnson* (*9.2.1960), Gesang, *Paul Rutherford* (*8.12.1959), Gesang, *Brian »Nasher« Nash* (*20.5.1963), Gitarre, *Mark O'Toole* (*6.1.1964), Baßgitarre, und *Peter Gill* (*8.3.1964), Schlagzeug. Nachdem H. Johnson und P. Rutherford bereits in mehreren brit. Punk-Gruppen als Gesangsduo zusammengearbeitet hatten, gründeten sie F.G.T.H. 1982 gemeinsam mit den anderen Genannten. Sie wurden von dem Produzententeam Horne/Morley entdeckt und im Rahmen eines Werbefeldzuges, dem es an Geschmacklosigkeiten nicht fehlte, an die Öffentlichkeit katapultiert. Mit *Relax* (1983) gelang ihnen ein großartiger Erfolg. Das Lied erregte ebenso wie das dazugehörige Video die engl. Gemüter so sehr, daß die BBC F.G.T.H. aus ihrem Programm verbannte, was allerdings der Karriere der Band nicht schadete. Sie verkauften auch ihre Folgehits *Two Tribes* (1984), *Welcome to the Pleasure Dom* (1985) und *Rage Hard* (1987) millionenfach. 1987 löste sich die Gruppe auf. Holly Johnson und Paul Rutherford arbeiteten solistisch weiter, wobei Holly Johnson der erfolgreichere von beiden wurde. Johnson machte Schlagzeilen, als er seine Aids-Erkrankung öffentlich bekanntgab. Zu den LPs von F.G.T.H. gehören *Welcome to the Pleasure Dome* (1984) und *Liverpool* (1986).

Franklin, Aretha, *25.3.1942 Memphis (Tennessee); amerik. Soul-Sängerin. F. wuchs in Detroit und Buffalo auf, sang zunächst in einigen Gospelchören mit und zog mit Baptisten-Ensembles ihres Vaters durch die USA; bereits 14jährig nahm sie erste Platten auf. 1960 versuchte Columbia Records erfolglos, F. im Jazz zu etablieren. Erst ein Wechsel zu Atlantic Records und die Wende zur Soulmusik brachten den Durchbruch. Mit Titeln wie *I Never Loved a Man*, *Respect*, *Baby I Love You* und *Chain of Fools* (alle 1967), die sie mit ihrer markanten, manchmal etwas rauhen Stimme vortrug, gelang F. der Sprung in die Charts. Sie wurde in der Folgezeit mit einer Reihe von Auszeichnungen geehrt und sogar als »Queen of Soul« bezeichnet. In den 80er Jahren sang sie auch im Duett mit A. Lennox bzw. G. Michael. 1987 wurde sie in die Rock 'n' Roll Hall of Fame aufgenommen. Zu ihren wichtigsten LPs zählen *Lady Soul* (1968), *Spirit in the Dark* (1970), *La Diva* (1979), *Who's Zoomin' Who?* (1985), *Aretha Franklin* (1986), *Through the Storm* (1989) und *A Rose Is Still A Rose* (1998).

Free, brit. Rock-Formation. *Paul Rodgers* (*17.12. 1949), Gesang, *Paul Kossoff* (*14.9.1950, † 19.3.1976), Gitarre, *Andy Fraser* (*7.8.1952), Baßgitarre, sowie *Simon Kirke* (*28.7.1949), Schlagzeug, kamen durch Mithilfe der Blues-Größe Alexis Korner 1968 erstmals gemeinsam auf die Bühne. Im darauffolgenden Jahr erschien ihre Single *Broad Daylight*, der allerdings kein größerer Erfolg beschieden war. Erst mit dem Album *Fire and Water* (1970) und der Single-Auskoppelung *All Right Now* gelang F. ein weltweiter Chart-Erfolg. Ihre einfache, kraftvolle Rock-Musik, die starke Blues-Elemente aufwies, begeisterte das Publikum. Bis zu ihrer endgültigen Auflösung im Jahr 1973 galt F. als »Super-Group« der populären Musik, wozu auch ebenso ausgedehnte wie erfolgreiche Tourneen durch Europa und die USA beitrugen. Weitere LPs sind *Highway* (1970), *Heartbreaker* (1972) und *At Last* (1972).

Freund, Joki (Walter Jakob), *5.9.1926 Frankfurt a. M.; dt. Jazzmusiker (Tenor- und Sopransaxophon, Klavier, Cembalo, Tuba). F. begann nach dem 2. Weltkrieg als Tenorsaxophonist und spielte bis 1954 in verschiedenen Bands. Seit 1955 trat er mit einem eigenen Quintett auf, zu dem u. a. auch Albert und Emil Mangelsdorff gehörten. Mehr und mehr wurde F. zum wichtigsten deutschen Arrangeur, u. a. für Albert Mangelsdorff und das Jazzensemble des Hessischen Rundfunks. Von 1962 an war er Saxophonist und Arrangeur beim Südfunk-Tanzorchester Stuttgart unter Erwin Lehn, trat aber immer wieder als Jazzmusiker auf. Er hat alle Stadien des Modern Jazz bis hin zum Free Jazz und Post Free Jazz durchlaufen. F. wirkte auch in dem deutschen Film *Praeludium in Jazz* (1958). Ein schönes Beispiel für das solistische Können von F. ist sein Album *Yogi Jazz* von 1964.

G

Gabriel, Peter, *13.2.1950 engl. Sänger und Songschreiber. In einem Internat traf G. auf M. Rutherford und T. Banks, mit denen er 1965 die Gruppe *Garden Wall*, wenig später *New Anon* und 1966 schließlich → *Genesis* gründete. G. verließ das Ensemble 1975, um sich fortan Solo-Projekten zu widmen. 1977 erschien sein Debüt-Werk *Peter Gabriel I*, die Single-Auskoppelung *Solsbury Hill* gelangte in die Charts. G. versteht sich selbst als experimentierfreudig, anspruchsvoll und grenzgängerisch. Seine Werke sind nie rein kommerzieller Art, sondern weisen ein hohes Maß an Eigenständigkeit auf. So finden sich bei ihm auch Einflüsse afrikanischer Musik. Auch als Komponist machte G. sich einen Namen: Er schrieb die Musik zu den Filmen *Birdy* und *Passion – Music for the* *last Temptation of Christ.* Auf seinem Label Realwork veröffentlichte er Alben von Weltmusik-Künstlern aller fünf Kontinente. Zu seinen wichtigsten Alben zählen *Foxtrott* (1972) und *The Lamb Lies down on Broadway* (1974) (beide mit *Genesis*) sowie *Peter Gabriel I* (1977), *Peter Gabriel II* (1978), *Peter Gabriel III* (1980), *So* (1986), *Us* (1992), *Secret World Live* (1994) und im Jahr 2000 die Musik für den Londoner Millenium Dome *OVO.*

Gadd, Steve, *4.9.1945 Rochester (New York); amerik. Schlagzeuger. G. spielt sowohl im Studio als auch live mit einer ungemeinen rhythmischen Sicherheit und großer Virtuosität. Er dominiert in der New Yorker Studioszene v. a. wegen seiner unglaublichen Präzision, die er selbst bei schwierigem musikal. Material nie verliert. Dabei ist er im Pop-Bereich ebenso zu Hause wie in Jazz- und Fusionstilen. Seit mehreren Jahrzehnten ist er auf unzähligen Plattenveröffentlichungen u. a. von S. Kahn, E. Gale, C. Corea, A. Di Meola und D. Liebman zu hören. Daneben ist er zu Gast auf allen bekannten internationalen Festivals. Außerdem brachte er div. Schlagzeug-Schulen und zwei Lehrvideos (*Up Close* und *In Session*, beide 1985) heraus. Zu G.s wichtigsten LPs zählen *Star Dance* (1977, mit D. Friesen), *Grawl Space* (1977, mit A. Farmer), *My Spanish Heart* (1976, mit C. Corea), *Tighttrope* (1977) und *The Blue Man* (1978, beide mit S. Kahn). Dazu kommt das mit eigener Band eingspielte Album *Gadd Gang* (1991) und *Trio In Tokyo* (1999).

Gallagher, Rory, *2.3.1949 Ballyshannon, † 1995; irischer Sänger, Gitarrist und Songschreiber. G. begann bereits 15jährig bei der Tanzkapelle *Fontana Showband* (später *The Impact*), mit der er Tourneen durch England, Spanien und Deutschland unternahm. 1966 gründete er die Gruppe *Taste*, deren Musik deutlich von M. Waters und C. Berry inspiriert war; besonderen Erfolg brachten G.s virtuoses Gitarrenspiel und seine ebenso einfache wie effektvolle Gesangsarbeit. Er verließ das Ensemble 1970, um sich fortan einer solistischen Karriere zuzuwenden, die bis in die 80er Jahre hinein erfolgreich verlief. G. war v. a. ein bedeutender Live-Musiker, erst auf der Bühne kam sein atemberaubendes Temperament voll zur Geltung. Zu seinen besten Platten zählen *Rory Gallagher, Deuce* (beide 1971), *Blueprint* (1973), *Stage Struck* (1980) und *Defenders* (1987) (solistisch), sowie *On the Boards* (1970) (mit *Taste).*

Gang of Four, engl. New-Wave-Band, 1977 in Leeds gegründet von *Jon King*, Gesang, *Andrew Gill*, Gitarre, *Dave Allen*, Baßgitarre, und *Hugo Burnham*, Schlagzeug. In ihren von dissonanter Gitarre und dynamischen Rhythmen getragenen Songs widmeten sich G. O. F. zunächst politischen, marxistisch orientierten Themen. Das Debütalbum *Entertainment!* (1978) gilt als Manifest der New-Wave-Bewegung. Nach dem Abgang D. Allens 1982, der durch *Sara Lee* ersetzt wurde, ersetzte das Autorenduo Gill/King die einfachen Sounds durch komplexere Arrangements und tanzbare Songs. Ab Mitte der 80er Jahre widmeten sich Gill und King Soundtracks für Fernsehproduktionen, um in 90er Jahren unter dem alten Bandnamen mit Platten wie *Mall* (1991) oder *Shrinkwrapped* (1995) alte Ideen weiterzuentwickeln. Nach 1995 wurde es still um die Band. Weitere wichtige Platten von G. O. F. sind *Solid Gold* (1981), *Songs of the Free* (1982) und *Hard* (1983).

Gang Starr, 1988 in New York gegründet, amerikan. HipHop-Duo. Sie gelten nicht nur als Protagonisten des Intelligent HipHop, sondern trugen maßgeblich zur Verbindung von HipHop und Jazz bei. Rapper *Guru* (eig. Keith Elam) und DJ *Premier* (eig. Chris Martin) wurden durch ihre Mitarbeit am Soundtrack von Spike Lees Jazz-Film *Mo Better Blues* (1990) bekannt, in dem sie u. a. mit dem Jazzer Branford Marsalis die folgenschwere Hymne *Jazz Thing* proklamierten. Auf den Alben *Step In The Arena* (1991) und *Daily Operation* (1992) trugen sie selbst die kommerzielle Ernte ihrer Losung ein. 1993 machte sich Guru selbständig und veröffentlichte unter dem Motto *Jazzmatazz* unter Beteiligung vieler bekannter Jazzmusiker selbst einige der wegweisenden Alben des Acid Jazz. Nach *Hard To Earn* (1994) trennten sich G., um separat Erfahrungen auf der Grenze zwischen beiden Genres zu sammeln. DJ Premier arbeitete für Branford Marsalis' Acid Jazz-Big Band *Buckshot LeFonque*. Erst 2002 vereinten sie ihre Fähigkeiten wieder auf *The Ownerz*, einer Abrechnung mit dem HipHop-Geschäft.

Garbarek, Jan, *4.3.1947 Mysen; norwegischer Jazzmusiker (Tenor- und Sopransaxophon). Er trat zunächst u. a. als Begleiter der Sängerin Karin Krog und 1967–68 als Mitglied der Big Band und des Sextetts von George Russell auf. 1969 gründete er ein eigenes Quartett (u. a. mit dem Gitarristen Terje Rypdal) und machte sich bald als entschiedener Vertreter des Free Jazz einen Namen. In den 70er Jahren wandte er sich einem stärker melodisch geprägten Spiel zu, bei dem auch der große Einfluß von John Coltrane spürbar ist. Sein Hang zu einer romantisch bestimmten Melodik wird im Zusammenspiel mit dem Pianisten Keith Jarrett (Einspielung *Belonging*, 1974) bes. deutlich. 1993 begann G. mit dem *Hilliard Ensemble* zu arbeiten, ein auf Renaissance-Musik spezialisiertes Vokalquartett. Aus dieser Zusammenarbeit entstanden die äußerst populären Alben *Officium* (1994) und *Mnemosyne* (1999). Mit *In Praise Of Dreams* legte Garbarek 2004 eines seiner komplexesten Werke vor.

García, Jerry, *1.8.1942 San Francisco (Kalifornien), †9.8.1995 Navato (Kalifornien); amerik. Sänger und Gitarrist. G., der seine musikalischen Kenntnisse hauptsächlich autodidaktisch erwarb, gründete 1964 die Gruppe →*Greatful Dead* und fungierte als deren Kopf. Hier kreierte er einen neuen Mischstil aus Folk-, Blues- und Rock-Einflüssen, der als »San Francisco Sound«, »Hippie Rock« oder »Westcoast Music« weltweit Beachtung fand. G. war auch regelmäßig solistisch tätig und gründete die Plattenfirma *Grateful Dead*. Zu seinen schönsten Platten zählen *Garcia* (1972), *Reflections* (1976) und *Almost Accoustic Live* (1988) (solistisch), sowie *Anthem of the Sun* und *Built to Last* (1989) (mit *Grateful Dead*).

Garfunkel, Art (eig. Arthur G.), *5.11.1941 New York; amerik. Sänger und Gitarrist. Bereits während seiner Schulzeit traf er auf Paul Simon, mit dem gemeinsam er große Erfolge feierte (→ *Simon & Garfunkel*). In den 70er Jahren widmete G. sich in Spielfilmen wie *Catch 22*, *Carnal Knowledge* und *Bad Timing* der Schauspielerei. Darüber hinaus spielte er eigene Kompositionen u. a. mit V. Morrison, R. Newman und J. Garcia. Eines seiner bekanntesten Werke ist der Titelsong *Bright Eyes* (1979, geschrieben von M. Batt) zu dem Zeichentrickfilm *Watership Down*. Zu seinen besten LPs gehören *Angel Clare* (1973), *Watermark* (1977), *The Animal's Christmas* (1986), *Garfunkel* (1988), *Up Til Now* (1993) und *Daydream – Songs From A Father To A Child* (1998) (alle solistisch) sowie *Wednesday Morning 3 a.m.* (1965) und *Bookends* (1968) (mit Paul Simon).

Garland, Red, *13.5.1922 Dallas (Texas), †23.4.1984 Dallas; amerik. Jazzpianist. G. lernte zunächst Klarinette und Altsaxophon und begann erst 18jährig mit dem Klavierspiel. Während seiner Zeit bei der Armee übte er jede freie Minute. Seine außergewöhnliche Begabung ließ ihn so rasche Fortschritte machen, daß er nach seiner Entlassung seine zweite Leidenschaft, das Boxen, an den Nagel hing und Profimusiker wurde. Ende der 40er Jahre begleitete er namhafte Solisten im Blue Note Club in Philadelphia, darunter Charlie Parker, Miles Davis, Coleman Hawkins und Lester Young. 1955 nahm ihn Miles Davis in sein Quintett mit John Coltrane (ts), Paul Chambers (bass) und Philly Joe Jones (dr), der wohl expressivsten Hardbopband Mitte der 50er Jahre. Davis schätzte G.s elegante, perlende Artikulation, die ihn an Ahmad Jamal erinnerte. Sein ideenreiches Spiel war u.a. durch seine ebenso kraftvolle wie distinguierte Blockakkord-Technik charakterisiert. Dem innovativen Streben von Davis jedoch konnte G. nicht dauerhaft kongenial begegnen. 1958, am Beginn der modalen Phase des Jazz, nahm der junge Bill Evans seinen Platz ein. G. blieb seinem eher traditionellen Stil treu, leitete erfolgreich ein eigenes Trio, die Aufmerksamkeit der Jazzwelt ging jedoch zunehmend an ihm vorbei. 1968 ging er wieder nach Dallas und zog sich weitgehend vom Konzertleben zurück. 1974 startete er ein erfolgreiches Comeback im Keystone Corner in San Francisco. – Mit dem Miles Davis Quintett der 50er Jahre entstanden bekannte Alben wie *Round About Midnight, Relaxin'* (beide 1956), *Milestones* (1958). Daneben nahm er Platten mit John Coltrane auf: *Lush Life* (1956), *Standard Coltrane* (1958) u.a., sowie *Tenor Madness* (1956) mit Sonny Rollins, und im Trio mit Sam Jones (bass) und Art Taylor (dr): *A Garland of Red* (1956), *Groovy* (1957) sowie *Red in Bluesville* (1959). Aus seiner späteren Zeit ist u.a. das Trio-Album *Feelin' Red* (1978) mit Sam Jones und Al Foster (dr) zu nennen.

Garner, Erroll Louis, *15.6.1921 Pittsburgh (Pennsylvania), †3.1.1977 Los Angeles, amerik. Jazzpianist. Er konnte bereits als 7jähriger improvisieren, spielte seit 1937 in verschiedenen Swingbands und ging 1944 nach New York. Dort trat er seit 1945 in verschiedenen Triobesetzungen und als Solist auf, gründete ein eigenes Trio, geriet unter den Einfluß des Bebop und machte 1947 mit Charlie Parker Schallplattenaufnahmen. 1953 gab er sein aufsehenerregendes »Concert by the sea«. Seit 1957 unternahm er auch immer wieder Europatourneen. – G. bevorzugte das Solo- und Triospiel, in den 70er Jahren machte er aber zahlreiche Einspielungen mit erweiterten Besetzungen. Er interpretierte mit Vorliebe klassische Jazzstandards und Evergreens der populären Musik. Seine berühmteste Komposition ist *Misty. G.* gilt als pianistische Ausnahmeerscheinung des Jazz. Sein besonderes Stilmerkmal ist der verschleppte Anschlag in der rechten Hand, so daß dieser um eine Nuance hinter dem Grundbeat der linken Hand zurückbleibt.

Garrett, Kenny, *9.10.1960 Detroit (Michigan); amerik. Jazzmusiker (Altsaxophon, Flöte). G. wuchs in einer musikalischen Familie auf. Sein Vater spielte Saxophon, seine Mutter hörte viel R & B, Jazz und Gospel. Im Alter von 9 Jahren erhielt er ein Altsaxophon und entwikkelte sich in seiner Jugend zu einem großen Talent der Detroiter Szene. Nachdem er dort erfolgreich für einen Saxophonisten des *Duke Ellington Orchestra* unter der Leitung von Sohn Mercer Ellington einsprang, nahm dieser ihn in seine Band auf. 1980 ging er nach New York, spielte u.a. mit Woody Shaw, Freddie Hubbard und Art Blakey's *Jazz Messengers*. 1984 gab er sein Debutalbum *Introducing Kenny Garrett* heraus. Miles Davis wurde auf ihn aufmerksam und nahm ihn in seine Band auf. G.s Spiel beeindruckt durch große Expressivität. Im Duett mit Davis vermochte er die elektrisierende Spannung, die sich in ihrem Call & Response-Spiel aufbaute, in groß dimensionierten, dynamisch intensiven Soli zu entladen. Mit Davis spielt er auf den Alben *Amandla* (1989) und *Dingo* (1990). In den 90er Jahren profilierte er sich vor allem mit seinen eigenen Bands, so auf den Alben *Trilogy* (1995), *Pursuance – The Music Of John Coltrane* (1996, mit Pat Metheny), *Simple Said* (1999) und *Standard Of Language* (2003).

Gaye, Marvin (eig. M. Pentz G. jr.), *2.4.1939 Washington D.C., † 1.4.1984 ebd.; amerik. Sänger, Schlagzeuger und Songschreiber. Bevor G. in den 60er Jahren mit der Veröffentlichung eigener Kompositionen begann, spielte er bei den *Rainbows*, den *Marquees* und bei *Harvey & the Moonglows*. Außerdem war er Sessiondrummer für *Tamla Motown* und daneben auf frühen LPs von Stevie Wonder und *Smokey Robinson & the Miracles* zu hören. Mit *Stubborn Kind of Fellow* (1962) konnte er seinen ersten eigenen Erfolg feiern. Es folgten weitere Titel wie *Pride and Joy* (1963), *I Heard It through the Grapevine* (1968) und *What's Going On* (1971). Ende der 70er Jahre eintretende Drogenprobleme führten zu künstlerischem Verfall, 1982 gelang G. jedoch mit *Sexual Healing* die Rückkehr in die Charts. G. wurde bei einer Auseinandersetzung von seinem Vater erschossen. 1987 wurde er in die Rock 'n' Roll Hall of Fame aufgenommen. Zu seinen hörenswerten LPs zählen *How Sweet It Is* (1966), *In the Groove* (1968), *I Want You* (1976) und *Early Years* (1980).

Gaynor, Gloria, *7.9.1947 Newmark (New Jersey); amerik. Sängerin. G. ist seit den 60er Jahren musikalisch tätig, erste Plattenaufnahmen und Auftritte in Diskotheken blieben indes unbeachtet. Erst die Zusammenarbeit mit den *Soul Satisfiers* machte sie 1970 einem breiteren Publikum bekannt. Nachdem sie sich vorübergehend ins Privatleben zurückgezogen hatte, machte sie 1973 mit dem Titel *Honey Bee* wieder von sich reden. Ihren größten Erfolg hatte die »Königin der Diskotheken« mit dem Lied *I Will Survive* (1978), das in den USA auf Platz 1 landete und weltweit mehr als 2 Mio. mal verkauft wurde. Überhaupt hatte G. ihre Glanzzeit in den 70er Jahren, deren Nerv sie durch einige mit Discorhythmus unterlegte Soul-Nummern traf. Weitere Songs waren u. a. *Reach out I'll Be There* (1975) und *I Am What I Am* (1983, aus dem Film *Ein Käfig voller Narren*). Wichtige Alben sind: *Never Can Say Goodbye* (1975), *I Have A Right* (1978), *Stories* (1980), *I'll Be There* (1995), *I Will Survive – The Anthology* (1998) und *I Wish You Love* (2002). Ende der 90er veröffentlichte sie ihre Autobiographie *I Will Survive*.

Geldof, Bob, *5.10.1952 Dublin; irischer Sänger und Songschreiber. G. war zunächst als Musikjournalist tätig, ehe er 1975 *The Nightlife Thugs* gründete, die sich später in → *Boomtown Rats* umbenannten. Mit einer Mixtur aus New Wave und Punk kredenzten die Musiker unter G.s maßgeblichem Einfluß einen äußerst erfolgreichen Musikstil und landeten mit Titeln wie *Rat Trap* (1978) und *I Don't Like Mondays* (1979) Bestseller. G.s charismatische Live-Präsentation brachte den *Boomtown Rats* zehn Top 10-Plazierungen. 1984 inszenierte G. unter dem Namen »Band Aid« ein humanistisches Gesamtkunstwerk, das später auch als TV-Show in hundert Länder übertragen wurde und der Hungerhilfe für Afrika mehr als 100 Mio. Dollar einbrachte. Von der engl. Königin wurde er zum Ritter geschlagen und war auch für den Friedensnobelpreis im Gespräch. Nebenher versuchte sich G. als Schauspieler in dem Pink Floyd-Film *The Wall* (1982) sowie in dem Drama *The Normal.* 2005 kam es zu einer Neuauflage von Live-Aid. Zu seinen wichtigsten Platten zählen *Deep in the Heart of Nowhere* (1986, solistisch) sowie *A Tonic for the Troops* (1978), *Mondo Bongo* (1980), *In the Long Grass* (1984) (mit *Boomtown Rats*), *Vegetarians Of Love* (1990), *The Happy Club* (1993) und *Sex, Age And Death* (2002).

Geller, Herb (eig. Herbert G.), *2.11.1928 Los Angeles; amerik. Multiinstrumentalist. G. studierte Saxophon, Klarinette und Klavier, beherrscht aber noch eine ganze Reihe weiterer Blasinstrumente. Erste musikalische Erfahrungen konnte G. 1946 bei Joe Venuti und Jimmy Zito sammeln. Ab 1949 arbeitete er hauptsächlich in New York u.a. mit Claude Thornhill, Jerry Wald und Lucky Millinder. Anfang der 50er Jahre ging er zurück an die Westküste und gelangte hier in den Formationen von Maynard Ferguson, Shorty Rogers und Chet Baker zu Weltruhm. Überhaupt gehörte G. in den 50er Jahren zu den wichtigsten Alt-Saxophonisten und war nicht zuletzt wegen seiner einfallsreichen Soli ein vielgebuchter Gastmusiker. In den 60er Jahren ging er nach Europa; er gastierte zunächst in Paris und kam dann nach Deutschland, wo er, nachdem er beim SFB-Tanzorchester engagiert war, ab 1965 festes Mitglied der Bigband des NDR wurde. 1976 wurde er als Künstler des Jahres mit dem Dt. Schallplattenpreis ausgezeichnet. In den 90er Jahren kehrte G. wieder regelmäßig in die Staaten zurück, wo er in der Zwischenzeit fast in Vergessenheit geraten war. Einige seiner Veröffentlichungen sind *Fire in the West* (1958), *Stax of Sax* (1959), *An American in Hamburg* (1975) und *Herb Geller Quartet* (1993).

Genesis, brit. Rock-Formation, bestehend aus *Phil Collins* (*30.1.1951), Gesang und Schlagzeug, *Mike Rutherford* (*2.10.1950), Gitarre, Baßgitarre und Gesang, *Tony Banks* (*27.3.1951), Keyboards, *Steve Hackett* (*12.2.1950), Gitarre, und *Peter Gabriel* (*13.2.1950), Gesang. Dies war die Besetzung von ca. 1970–77; vorher gehörten auch noch *Anthony Philipps* (Gitarre und Gesang), *John Mayhew, Chris Stewart* und *John Silver* (alle Schlagzeug) G. an. Die Internatsschüler A. Philipps und M. Rutherford gründeten Mitte der 60er Jahre die Band *Anon,* T. Banks und P. Gabriel spielten bei *Garden Wall.* Zusammen nannten sie sich nun *New Anon.* Ein ehemaliger Mitschüler, Jonathan King, nahm die Gruppe unter Vertrag und taufte sie *Genesis.* Die Drummer C. Stewart, J. Silver und J. Mayhew verließen G. Ende der 60er Jahre, und es kam Phil Collins. Weiterhin wurde nach einigen unbeachteten Plattenveröffentlichungen A. Philipps durch Steve Hackett ersetzt. 1972 schaffte G. mit dem Album *Foxtrot* den Durchbruch. Ihre bombastische Rock-Musik und ihre außergewöhnliche, theaterartige Live-Show machten sie zu einer der beliebtesten Newcomer-Bands Europas. Trotz des wachsenden Erfolges verließen Gabriel (1975) und Hackett (1977) das Ensemble. G. machte mit wechselnden Gastmusikern weiter und Phil Collins übernahm die Rolle des Leadsängers, bis auch er die Band Mitte der 90er endgültig verließ, um sich nur noch auf seine Soloprojekte zu konzentriern. Erst mit seinem Weggang ließ der Erfolg von G. nach, was die mäßigen Verkäufe des ohne Collins eingespielten Albums *Calling All Stations* (1997) bewiesen. Überraschend trafen sich die Mitglieder von G. 1999 in der alten Besetzung, um ihren Titel *Carpet Crawlers* von 1974 neu einzuspielen. Er ist auf dem Album *Turn It On Again – The Hits* (1999) enthalten. Weitere LPs sind *Selling England by the Pound* (1973), *The Lamb Lies down on Broadway* (1974), *A Trick of the Tail* (1976, das erste Album ohne Gabriel), *Duke* (1980), *Invisible Touch* (1986) und *We Can't Dance* (1992).

George, Fatty (eig. Franz Preßler), *24.4.1927 Wien, †29.3.1982; öster. Jazzmusiker (Klarinette, Altsaxophon). Er studierte am Konservatorium und an der Musikakademie in Wien. Seit 1945 spielte er im besetzten Österreich zuerst in russischen, dann in amerikanischen Soldatenklubs. 1947 ging er nach Deutschland. Nach Österreich zurückgekehrt, gründete er 1952 Fatty's Jazz Casino in Innsbruck, lebte seit 1955 wieder in Wien und unternahm von dort Tourneen durch Mitteleuropa. 1958 eröffnete er in Wien Fatty's Saloon, damals Europas größtes Jazzlokal, wo er mit seiner Band auftrat. 1964 gründete er ein neues Ensemble. In den 70er Jahren trat er in seinem neuen Wiener Lokal Jazzland auf. G. spielte auch modernen Jazz, u. a. mit H. Koller und Fr. Gulda. Seinen Ruf, zu den besten Jazzklarinettisten Europas zu gehören, verdankt er aber hauptsächlich seinem Spiel im traditionellen Swingstil. Seine besten Aufnahmen sind auf den Alben *On The Air* (1956) und *Fatty's Saloon* (1958) zu hören.

Getz, Stan (Stanley), *2.2.1927 Philadelphia, †6.6.1991 Los Angeles (Kalifornien); amerik. Jazzmusiker (Tenorsaxophon). Er wurde mit 15 Jahren Berufsmusiker und spielte 16jährig bei Jack Teagarden, der sein Vormund wurde. Nach Engagements in verschiedenen Bands, u. a. 1943–45 bei Stan Kenton, danach u. a. bei Jimmy Dorsey und Benny Goodman, leitete er 1947 ein eigenes Trio, bildete im selben Jahr mit den Saxophonisten Herbie Stewart, Jimmy Giuffre und Zoot Sims die jazzgeschichtlich bedeutsame Gruppe Four Brothers im Orchester Woody Herman, mit dem er *Early Autumn* einspielte. Seitdem galt er als überragender, am Cool Jazz orientierter Balladeninterpret. 1949 hatte er ein eigenes Quartett, unternahm 1951 eine Skandinavientournee, hatte danach verschiedene Gruppen, war 1955 wieder in Skandinavien, reiste danach durch die USA, ging 1957/58 erneut nach Europa und blieb anschließend 3 Jahre in Kopenhagen. In die USA zurückgekehrt, leitete er dort 1961 ein eigenes Quartett und machte 1962 mit dem Gitarristen Charlie Byrd den Bossa Nova populär (LP *Jazz Samba*). In den 60er Jahren wandte er sich wieder mehr dem Bebop und dem Cool Jazz zu und nahm den Vibraphonisten Gary Burton in seine Gruppe. In den 70er Jahren präsentierte er die Pianistin Joanne Brackeen.

Giger, Hans Peter, *12.4.1939 Zürich; Schweizer Schlagzeuger, Percussionist, Bandleader und Songschreiber. Erste musikalische Stationen des Multiinstrumentalisten waren Ende der 50er Jahre die *Temble Kids* und Anfang sowie Ende der 60er Jahre Claude Bolling in Paris. Außerdem begleitete der talentierte Polyrhythmiker internationale Größen, wie etwa Alice Babs, Sonny Grey oder Bill Coleman. 1969–72 unterrichtete G. an der Swiss Jazz School in Bern und gründete später gemeinsam mit Heinz Bigler, Isla Eckinger, und Joe Haider die Formation *Four for Jazz.* Mit seiner *Family of Percussion* trat er mit eigenem, spannungsreichen Jazz-Material sowie einem umfangreichen Arsenal an Percussion-Instrumenten auf und produzierte interessante rhythmische wie auch melodische Strukturen. Der vielbeschäftigte G. war auch gemeinsam mit dt. Musikern, darunter Albert Mangelsdorff, Volker Kriegel, Wolfgang Dauner und Eberhard

Weber, äußerst kreativ tätig und spielte mit ihnen unzählige Alben ein. Er arbeitet bis heute als Lehrer und Leiter von Workshops, darüber hinaus spielt er mit Musikern aus den verschiedensten Stilrichtungen. 1991 gründete er ein Trio mit Gerd Dudek und Vitold Rek, seit 1994 betreibt er in Meißen ein eigenes Tonstudio. Einige seiner interessantesten LPs sind *Land of Dolls* (1970), *Electric Silence* (1975), *Africa Meets Europe* (1980) und *Here Comes the Family* (1980).

Gil, Gilberto (eig. G. Passos G. Moreira), *3.3.1942 Salvador; brasilianischer Sänger und Multiinstrumentalist. G. rief Mitte der 60er Jahre u. a. mit Caetano →Veloso die »Tropicalismo«-Bewegung aus, die brasilianische Stile wie Samba und Bossa Nova mit westlichen Stilen verband, darunter Soul, Reggae und Rock. Wie Veloso wurde G., der 1966 seine erste Solo-Platte veröffentlichte, 1969 von der brasilianischen Militärdiktatur inhaftiert und bis 1972 verbannt. Die im gleichen Jahr aufgenommene LP *Gilberto 2222* enthielt mit *Oriente* und *Back in Bahia* zwei Hitsingles. Der größte Hit des Sängers, der als einer der wenigen brasilianischen Musiker auch über die Landesgrenzen hinweg Berühmtheit erlangte, war *Palco* (1982). In den 90er Jahren begann sich G. als Politiker v. a. für Umweltprobleme zu engagieren, ohne jedoch regelmäßige Tourneen und Plattenaufnahmen, so u. a. für das Pop-Album *Parabolica* (1992), zu vernachlässigen. 2002 wurde Gil zum Kulturminister Brasiliens berufen. Ausgewählte Platten sind außerdem *Gil and Jorge* (1974), *Revavela* (1977), *Raça Humana* (1984), *Dia Dorim Noite Neon* (1985), *O Eterno Deus Mu dança* (1989), *Quanta* (1997) und die Hommage an den einstigen Weggefährten Bob Marley *Kaya N'Gan Daya Ao Vivo* (2003).

Gilberto, João, *10.6.1931 Juazeiro (Bahia); brasil. Gitarrist und Sänger. Anfang der 1950er sang er in Rio de Janeiro zunächst in Vokalensembles im Stil des Samba Canção und trat in Nachtclubs auf. Anschließend übertrug er das rhythmische Geflecht der Samba Batucada auf die Gitarre und entwickelte einen unpathetischen, fast flüsternden Gesangsstil, der sich vom gefühlsbetonten Samba absetzte. Durch eine Kollaboration mit dem Komponisten Antônio Carlos Jobim und dem Poeten Vinícius de Moraes entstand so um 1958 die Bossa Nova, zu deren frühen Meilensteinen G.erste drei Platten, *Chega De Saudade* (1959), *O Amor, O Sorriso E A Flor* (1960) und *João Gilberto* (1961) zählen. 1962 nahm G. zusammen mit seiner Ehefrau Astrud Gilberto, mit Jobim und dem amerikanischen Saxophonisten Stan Getz das Album *Getz/Gilberto* auf, das mit dem Hit *The Girl From Ipanema* das neue Genre Bossa Nova weltweit bekannt machte. G. verbrachte fast 20 Jahre seines Lebens in den USA, nahm sporadisch immer wieder Platten auf, u. a. auch mit Caetano Veloso und Gilberto Gil. Seine äußerst konzentrierte und reduzierte Sing- und Spielweise pflegt er bis heute unverändert.

Gillespie, Dizzy (John Burks), *21.10.1917 Cheraw (South Carolina), †6.1.1993 Englewood (New Jersey); amerik. Jazzmusiker (Trompeter, Orchesterleiter, Sänger und Komponist). 1935 begann seine Laufbahn als Berufsmusiker, die ihn bald in renommierte Swingorchester und -bands führte. Sein stilistisches Vorbild dieser Zeit war Roy Eldridge. 1939 ging er nach New York und entwickelte sich zu einem der bedeutendsten Vertreter der Jazzavantgarde. Sein Trompetenspiel zeichnete sich durch äußerste Virtuosität, v.a in der Höhe, bei einem klaren Ton aus. G.s Melodielinien waren rhythmisch-metrisch kompliziert gebaut und setzten sich häufig über die formalen Schranken der Periodik der Jazzstücke hinweg. Nach Charlie Parker galt er als wichtigster Vertreter des Bebop, dessen Errungenschaften er als erster auf die Big Band übertrug. Eigene Big Bands, in denen er auch als Scat-Sänger hervortrat und den Bebop durch seine musikalischen Scherze popularisieren half, leitete er 1945–50 und 1950–58 (berühmte Einspielung: *Things to Come,* 1945). Weil er hier auch südamerikanische Rhythmen und Instrumente benutzte, galt G. auch als Vertreter des Afro-Cuban Jazz. Viele der von ihm komponierten Themen gehören zum Standardrepertoire des modernen Jazz, u. a. *Groovin' High* und *A Night in Tunisia.* Seit den 60er Jahren trat er fast nur noch mit Combos auf, wobei er in neuerer Zeit auch mit Rockrhythmen experimentierte.

Giuffre, Jimmy (James Peter), *26.4.1921 Dallas (Texas); amerik. Jazzmusiker (Klarinette, Tenor- und Baritonsaxophon), Arrangeur und Komponist. Er gehörte als Tenorsaxophonist der 1947 gebildeten Saxophongruppe *Four Brothers* an und ging mit dieser Gruppe auch zu Woody Herman, der ihn jedoch durch den Baritonsaxophonisten Serge Chalott ersetzte; G. blieb aber als Arrangeur. 1953–55 spielte er bei Shorty Rogers und gründete 1956 sein für Cool und West Coast Jazz bedeutsames Trio *Jimmy Giuffre Three,* das ohne Baß und Schlagzeug das Klanggefühl des Jazz revolutionierte. 1957 wurde er Dozent an der School of Jazz in Lenox. In den 60er Jahren gab er zeitweilig das Saxophon zugunsten der Klarinette auf, Anfang der 60er Jahre bildete er mit Paul Bley und Steve Swallow ein neues Trio, das sich um den Free Jazz bemühte. Mit Richard Davis und Joe Chambers griff G. seit Mitte der 60er Jahre wieder mehr auf einen vom Blues beeinflußten kammermusikalischen Jazz zurück. Seiner melodischen Grundlinie blieb er auch in den 70er Jahren im erneuten Zusammenspiel mit Paul Bley und einer vorübergehenden Tendenz in Richtung Jazzrock treu. Einige seiner Alben sind: *Four Brothers* (1954), *The Jimmy Giuffre Clarinet* (1956), *Western Suite* (1959), *Emphasis – Stuttgart 1961* (1961), *Quiet Song* (1974), *Diary Of A Trio* (1989) und *Conversations Of A Goose* (1996).

Go-betweens, The, australische Folk- und Pop-Band, 1977 in Brisbane gegründet von *Robert Forster* (*29.5.1957) und *Grant McLennan* (*12.2.1958), beide Gesang und Gitarre, später u. a. ergänzt durch *Lindy Morrison* (*2.11. 1951), Schlagzeug, *Robert Vickers* (*25.11.1959), Baßgitarre, und *Amanda Brown* (*17.11.1965), Violine, Oboe und Gesang. Durch das Wechselspiel der talentierten Song-Autoren Forster und McLennan gelangen den G. ausdrucksstarke, zumeist von akustischen Gitarren dominierte Pop-Songs und simple, spröde Balladen. Trotz großen Kritikerlobes fanden die z. T. brillanten, nach dem Zugang Browns 1986 zunehmend komplexer instrumentierten Songs auf Alben wie *Tallulah* (1987) und *16 Lovers Lane* (1988) kein breites Gehör. Während Forster nach der Auflösung der G. mit *Danger in the Past* (1990) und *Calling from a Country Phone* (1993) vielversprechende Solowerke veröffentlichte, spielte McLennan u. a. die Alben *Watershed* (1991) und *Fireboy* (1993) ein. Weitere wichtige Platten der G. sind *Send Me a Lullaby* (1982), *Before Hollywood* (1983), *Springhill Fair* (1984), *Metal and Shells* (1985), *Liberty Belle and the Black Diamond Express* (1986). Weil das Interesse der Fans an der Gruppe unvermindert anhielt, wurden noch einige Alben mit älterem Material veröffentlicht. Bemerkenswert darunter ist *The Lost Album '78-'79* (1999) mit bis dahin unveröffentlichten Stücken. 2000 erfolgte unter Beteiligung einiger Mitglieder von *Sleater Kinney* eine Reunion der G. mit *Friends Of Rachel Worth*, gefolgt von *Bright Yellow Bright Orange* (2003).

Godard, Michel, *3.10.1960 Hericourt; frz. Tubaspieler. G. studierte am Konservatorium von Besançon und an der Musikakademie in Paris. Seit 1979 konzertiert G. gleichermaßen auf dem Gebiet des Jazz, der Klassik und der freien Improvisation. Neben der Baßtuba beherrscht er auch den Serpent, ein mittelalterliches Grifflochhorn. 1989–91 war er Mitglied des *French National Jazz Orchestra*, 1989 gründete er seine eigene Gruppe *Le Chant du Serpent*, 1995 ein Quartett mit Sylvie Courvoisier, seit 1994 ist er Mitglied der *Rabih Abou-Khalil Group*, zu hören auf der CD *The Sultan's Picnic* (1994). 1998 spielte er mit Christoph Lauer auf dessen Album *Fragile Work*. Mit dem Cellisten Vincent Courtois und der Sängerin Lucilla Galeazzi bildet er das Ensemble *Trio Rouge*, dessen gleichnamige CD im Jahre 2005 den Platz 9 der World Music Charts in Europa belegte. G. ist ein außergewöhnlicher Virtuose auf seinem Instrument. Er hat den Tonraum der Tuba enorm ausgedehnt und eine Fülle neuer klanglicher Möglichkeiten entwickelt. Weitere wichtige Alben: *Loose Wires* (1995), *Castel Del Monte* (1998).

Goldberg, Stu, *10.7.1954 Malen (Massachusetts), amerik. Pianist und Songschreiber. G. wuchs in Seattle auf und erhielt früh Orgel-, Klavier- und Posaunenunterricht. Er studierte an der Univ. von Utah und gewann bereits 1969 einen Kompositionswettbewerb. Schon im Jahr darauf spielte das musikalische Wunderkind mit Louie Bellson, Mundell Lowe und Ray Brown. Erste größere Erfolge brachte G., der sich mittlerweile auf Synthesizer spezialisiert hatte, die Zusammenarbeit mit John McLaughlin Mitte der 70er Jahre ein. Des weiteren arbeitete er auch mit Künstlern wie Al Di-Meola, Michael Urbaniak, Don Ellis und Alphonse Mouzon. Zu seinen interessantesten Platten gehören *Inner Worlds* (1976, mit J. McLaughlin), *Fancy Glance* (1979), *Longing for Peace* und *When I Get Home* (beide 1984). Neben seiner Tätigkeit als Musiker betreibt G. erfolgreich ein Tonstudio, in dem er Aufnahmen mit Musikern der verschiedensten Genres produziert.

Gomez, Eddie, *4.10.1944 Santurce (Puerto Rico); amerik. Kontrabassist. G. wuchs in New York auf und spielte von 1959–1961 in der *Newport Festival Youth Band*. 1963 begann er ein klassisches Studium an der Juilliard School of Music, gleichzeitig kam er mit bekannten Jazzmusikern wie Marion McPortland, Gay McFarland und Paul Bley zusammen. G. wurde international bekannt durch die langjährige Zusammenarbeit mit Bill Evans, in dessen legendärem Trio er 1966–1977 spielte. Er führte die von Scott LaFaro eingeführte Ausdehnung des Tonumfangs des Instrumentes bis in extreme Höhenlagen und dadurch die Emanzipation des Kontrabasses als Soloinstrument fort. Seine meisterhafte Technik, der klare Sound und die stets saubere Intonation setzten Maßstäbe. Charles Mingus bezeichnete ihn gar als seinen Nachfolger. Seit den 70er Jahren ist er zunehmend als Studiomusiker tätig. 1979–1984 spielte er bei *Steps Ahead*, eine der erfolgreichsten Bands der 80er Jahre, mit Mike Mainieri und Michael Brecker. Aus dieser Zeit stammen die Alben *Steps Ahead* (1983) und *Modern Times* (1984). Aus seiner Zusammenarbeit mit Bill Evans gingen u. a. die Alben *My Foolish Heart* (1973), *Since We Met* (1974) und *You Must Believe in Spring* (1977) hervor. Auf seiner Platte *Gomez* (1984) präsentiert er sich mit Chick

Corea (keyb), Kazumi Watanabe (g) und Steve Gadd (dr) in verschiedenen Konstellationen.

Gong, frz.-engl. Musiker-Kollektiv, 1968 vom ehemaligen → *Soft Machine*-Mitglied *David Allen*, Gitarre, und *Gilli Smyth*, Gesang, gegründet. Mit wechselnden Musikern, darunter *Didier Malherbe*, Saxophon, und *Steve Hillage*, Gitarre, schufen G. anarchische, chaotisch-witzige und psychedelisch beeinflußte Rock-Alben wie *Camembert Electrique* (1971) oder *The Flying Teapot* (1973). Zunehmend vom 1973 hinzugekommenen Schlagzeuger und Vibraphonisten *Pierre Moerlen* dominiert, verfolgte die Gruppe ab der LP *Shamal* (1975) ein strafferes Konzept. Nach dem Abgang sämtlicher Mitglieder aus der Frühphase orientierte sich G. in Richtung perkussiv betonten, instrumentalen Jazzrock. Zwar kam es 1977 noch einmal zu einer auf dem Livealbum *Floating Anarchy* dokumentierten Zusammenarbeit mit D. Allen und G. Smyth, doch blieb die Dominanz P. Moerlens in der Folge offenkundig. Für Platten wie *Downwind* (1979) oder *Time Is the Key* (1979) wurde der Gruppenname in *Pierre Moerlen's Gong* geändert. In den 80er Jahren verlor die zunehmend sterile Virtuosität der Band ihren Reiz. Comebackversuche in den 90er Jahren, u. a. wieder mit Allen, blieben weitgehend unbeachtet. Weitere Platten von G. sind *Angels Egg* (1973), *You* (1974), *Gazeuse* (1976) und *Expresso II* (1978).

Goodman, Benny (Benjamin David), *30.5.1909 Chicago, † 13.6.1986 New York; amerik. Jazzmusiker. Zunächst Klarinettist in der Band von Ben Pollack, machte er sich als Solist rasch einen Namen. Seit 1929 wirkte er in New York in Theaterkapellen und Jazzensembles. 1934 gründete er sein erstes, für den Big Band-Jazz wegweisendes Orchester, in das er – für damals eine Sensation – als erster weißer Bandleader auch farbige Musiker aufnahm, 1935 ein Trio (mit Teddy Wilson und Gene Krupa), das als die erste Combo des Jazz gilt. Er erweiterte es dann durch den Vibraphonisten Lionel Hampton zum Quartett, das zu den klassischen Quartetten des Jazz zählt. 1935 ging er erstmals mit seiner Big Band auf Tournee. G. wurde der herausragende Vertreter des Swing-Stils und erhielt den Beinamen »King of Swing«. Höhepunkt war 1938 das berühmt gewordene Konzert in der Carnegie Hall in New York. 1939 gründete er ein Sextett. Später spielte er mit wechselnden Besetzungen. Anläßlich des Films *The Benny Goodman Story* (1955) stellte er eine neue Big Band zusammen. Er wirkte auch in mehreren anderen Spielfilmen mit. G., einer der bedeutendsten Klarinettisten des Jazz, war ein hervorragender Interpret auch »klassischer« Musik; u. a. der Klarinettenkonzerte von Mozart und C. M. von Weber. 1939 spielte er in der Carnegie Hall mit E. Petri und J. Szigeti die ihm und Szigeti gewidmeten *Contrastes* von B. Bartók, 1950 mit dem Philadelphia Orchestra unter E. Ormandy das für ihn geschriebene Klarinettenkonzert (1947) von P. Hindemith. Auch A. Copland widmete ihm ein Klarinettenkonzert (1948). Seine Autobiographie erschien unter dem Titel *The Kingdom of Swing* (zus. mit I. Kolodin, NY 1939, ²1961; dt.: *Mein Weg zum Jazz*, Z 1961 und 1965). G. schrieb auch eine Klarinettenschule (NY 1941).

Gordon, Dexter, *27.3.1923 Los Angeles, † 25.4.1990 Philadelphia; amerik. Jazzmusiker (Tenor- und Sopransaxophon). Er begann mit 13 Jahren Klarinette zu spielen, wechselte erst auf Altsaxophon und 17jährig zum Tenorsaxophon. Noch im gleichen Jahr begann er in Lionel Hamptons Band.1943–1945 machte er wichtige Erfahrungen in den

Big Bands von Fletcher Henderson, Louis Armstrong und Billy Eckstine. 1945 ließ er sich in New York nieder, spielte mit Charlie Parker, Dizzy Gillespie und entwickelte sich zu einem der führenden Tenoristen des Bebop. Mit seiner Synthese aus bebopinspirierten Linien und einem an Lester Young geschulten sonoren wie eleganten Ton beeinflußte er eine Generation von Tenorsaxophonisten. G. pendelte zwischen Ost- und Westküste, eine besondere Attraktion wurden seine »Tenor Battles« mit Saxophonkollegen Wardell Gray, wie auf der Platte *The Chase* (1947). In den 50er Jahren mußte er wegen Drogendelikten zweimal ins Gefängnis. 1962 ging er nach Europa und lebte 14 Jahre in Kopenhagen. In dieser Zeit entstanden bemerkenswerte Aufnahmen für Blue Note, allen voran das Album *Our Man In Paris* mit Bud Powell (p), Pierre Michelot (b) und Kenny Clarke (dr) aus dem Jahre 1963. 1976 kehrte G. nach New York zurück und führte sich sogleich mit dem Album *Homecoming* ein. 1978 wurde er bei *Downbeat* zum Jazzmusiker des Jahres gewählt. 1985 spielte er die Hauptrolle in *Round Midnight*, einem Film über das Schicksal von Bud Powell und Lester Young, beides Musiker, denen G. besonders verpflichtet war. Weitere bedeutende Platten: *Dexter Rides Again* (1946), *Go*! (1962, im Quartett mit Sonny Clark und Billy Higgins), *One Flight Up* (1964, im Quintett mit Donald Byrd und Niels-Henning Ørsted Pedersen).

Grand Funk (Railroad), Amerik. Rock-Gruppe um *Mark Farner* (*29.9.1948), Gitarre, Gesang und Keyboards, *Don Brewer* (*3.9.1948), Schlagzeug und Gesang, *Mel Schacher* (*3.4.1951), Baßgitarre, und *Craig Frost* (*20.4.1948), Keyboards. D. Brewer und M. Farner spielten Anfang der 60er Jahre bei *Terry Knight & the Packs.* Als 1968 M. Schacher dazukam, verließ Knight das Ensemble, wurde dann ihr Manager und taufte sie *Grand Funk Railroad.* Das Trio spielte melodische Hard Rock-Musik, bei der Farners Gitarrenspiel und seine markante Stimme dominierten. Ihre ersten 5 LPs wurden weltweit zu Verkaufsschlagern. 1973 kam der Keyboarder C. Frost zu G. F., Knight wurde entlassen, und mit neuem Management (John Eastman) und dem Producer Todd Rundgren schuf man das Album *We're an American Band* (1973). Die gleichnamige Single-Auskoppelung wurde ein Nr.-1-Hit in den USA. Mittlerweile nannten sie sich nur noch *Grand Funk* und landeten außer dem Spitzenreiter *Loco Motion* (1974) noch einige Top 10-Titel. 1976 trennten sich die Bandmitglieder, um solistisch tätig zu werden. 1981 gab es mit Farner, Brewer und dem Bassisten Dennis Bellinger ein Comeback. Man nahm 2 Alben auf, 1983 jedoch fiel die Formation wieder auseinander. Zu einer zweiten Reunion kam es 1996. Die Band engagierte sich mit einer Reihe von erfolgreichen Konzerten für das unter den Folgen des Krieges leidende Bosnien. Mitschnitte dieser Konzerte wurden auf dem Live-Album *Bosnia* (1997) veröffentlicht. Weitere LPs sind *Live-Album* (1970), *Mark, Don & Mel* (1972), *Caught in the Act* (1975), *Grand Funk Lives* (1981) und *What's Funk* (1983).

Grandmaster Flash (eig. Joseph Saddler), *1.1.1958 Barbados; afroamerik. HipHop-DJ. G. F. war 1981 die prominenteste Figur der eben vom int. Popmarkt entdeckten New Yorker HipHop-Kultur. Als DJ entwickelte Flash ab 1977 die Kunst des Scratchens (das mit den Händen manipulierte Abspielen einer Schallplatte) und des Mixens an mehreren Plattenspielern. Mit einem Rap- und Breakdance-Ensemble, *The Furious Five*, veröffentlichte er die frühen Rap-Hits *The Message* (1982), *White Lines* (1983) und *New York, New York* (1983). Deren Texte spiegelten, erstmals seit den Soul-Platten der frühen 70er Jahre, die desolate soziale Wirklichkeit der afroamerikanischen Bevölkerung in den Großstädten der USA wider. Nachdem Hip-Hop um 1984/85 wieder zu einer Spielart des musikalischen Untergrunds geworden war, gelang es G. F. nicht, an den Erfolg der nachwachsenden Rap-Generationen anzuschließen. Als Pionier dieser Musik genießt er bei diesen jedoch den Status einer Legende. Essentiell sind die LPs *The Adventures of Grandmaster Flash on the Wheels of Steel* (1981), *The Message* (1982), *Grandmaster Flash and the Furious Five* (1983) und *Da Bop Boom Bang* (1987).

Grant, Amy, *25.11.1960 Augusta (Georgia), amerik. Sängerin. Wie viele Sängerinnnen aus dem Süden der USA, begann auch G. mit Gospel-Songs ihre Karriere. Sie hatte bereits einige Erfolge vorzuweisen, bevor sie Mitte der 80er Jahre erstmal in den Charts auftauchte. 1986 gelang ihr gemeinsam mit Peter Cetera der Nr.-1-Hit *The Next Time I Fall.* Außerdem erhielt sie in den Jahren 1982–84 sowie 1988 jeweils eine Grammy-Auszeichnung als beste Gospel-Interpretin. Sie gilt als »The First Lady of Contemporary Christian Music«. Nach etlichen weiteren Chart-Notierungen und einer längeren künstlerischen Pause erschien 1994 ihr neues Album *House of Love* mit der Single-Auskoppelung *Lucky One.* Weitere Hits sind *Baby Baby* (1991), *Every Heartbeat* (1991), *That's What Love Is For* (1991) und *Good For Me* (1992). Alben neueren Datums sind *Behind The Eyes* (1997), *Her Greatest Inspirational Songs* (2002) und *Rock Of Ages ... Hymns & Faith* (2005).

Grappelli, Stéphane, *26.1.1908 Paris, †1.12.1997 Paris; frz. Jazzmusiker (Violinist). Er wandte sich Ende der 20er Jahre dem Jazz zu. 1934 gründete er in Paris mit Django Reinhardt das *Quintette du Hot Club de France*, die einzige Combo des Jazz, die nur mit Saiteninstrumenten besetzt ist. G. gehörte dem Quintett bis 1939 und erneut seit 1947 an. Im 2. Weltkrieg lebte er in England. G. modernisierte seinen Swingstil bis in die 70er Jahre. Er spielte u. a. mit Duke Ellington, Oscar Peterson und mit dem von ihm besonders geschätzten Pianisten George Shearing zusammen und machte auch Schallplattenaufnahmen mit Yehudi Menuhin. G. trug wesentlich zur Anerkennung der Violine im Jazz bei.

Grateful Dead, amerik. Rock-Formation um die Musiker *Jerry García* (*1.8.1942, †9.8.1995), Gesang, *Bob Weir* (*16.10.1947), Gitarre, *Tom Constanten,* Keyboards, *Keith Godchaux* (*19.7.1948, †23.7.1980), Keyboards, *Ron »Pigpen« McKernan* (*8.9.1945), Keyboards, *Donna Godchaux* (*22.8. 1947), Gesang, *Phil Lesh* (eig. Philip Chapman, *15.3.1940), Baßgitarre, *Bill Kreutzmann* (*7.4.1946), Schlagzeug, und *Mickey Hart,* Schlagzeug, die den Kern von G. D. bildeten, da die »Dankbaren Toten« eigentlich eher eine Kommune oder Großfamilie darstellten, die zeitweilig 70 Mitglieder zählte. Um das Jahr 1965 aus verschiedenen Bands in San Francisco gegründet, waren sie das Aushängeschild der kalifornischen Hippie-Kultur und wegweisend mit ihrem Psychedelic Sound, der, versehen mit vielen technischen Spielereien, hauptsächlich aus Blues-, Folk-, Jazz und Rockelementen bestand. Trotz ständiger Neubesetzungen des Keyboarder-Postens und einiger Todesfälle gelang ihnen eine atemberaubende Karriere. G. D. war die einflußreichste Gruppe des Flower Power und wurde 1994 in die Rock 'n' Roll Hall of Fame aufgenommen. Weitere LPs sind *Aoxomoxoa* (1969), *Skele-*

tons from the Closet (1974), *Go to Heaven* (1980) und *Built to Last* (1989). In den späten 90ern reformierten sich *Grateful Dead* zunächst unter dem Logo *The Other Ones* und dann mit Sängerin Joan Osborne als *The Dead.* Für Jerry García kam von den *Allman Brothers* Jimmy Herring.

Green, Al (eig. Greene), *13.4.1946 Forrest City (Arkansas), amerik. Sänger und Songschreiber. G. begann in den 50er Jahren als Gospelsänger bei den *Green Brothers,* in den 60er Jahren sang er bei *Creations* und ging mit seinen Brüdern in der Formation *Soul Mates* auf Tournee. Zwar hatte G., der eine Synthese aus Rhythm & Blues, Soul und Rock 'n' Roll kreierte und sie mit seiner markanten, oft sehr hoch geführten Stimme vortrug, in dieser Zeit schon einige gute Singles auf den Markt gebracht. Einen wirklichen Verkaufsschlager erzielte er aber erst 1971 mit dem Titel *Tired of Being Alone.* Weitere Chart-Erfolge waren u. a. *Let's Stay Together* (1971), *I' m Still in Love with You* (1972) und *Call Me* (1973). Nach einem tragischen Unfall, der G. zum Pausieren zwang, kaufte er sich in Memphis eine Kirche und fungierte als Pfarrer. Nach einem erneuten Unfall widmete er sich vermehrt religiösen Liedern. 1995 wurde der ausdruckstarke und bis in die 90er Jahre erfolgreiche G. in die Rock 'n' Roll Hall of Fame aufgenommen. Nach einer längeren Pause feierte er 2003 sein Comeback. Zu seinen wichtigsten Alben zählen *Green Is Blues* (1973), *Full of Fire* (1976), *Going Away, He Is the Light* (1985), *Get Joy* (1989), *Don't Look Back* (1993) und *I Can't Stop* (2003).

Green, Peter (eig. P. Greenbaum), *29.10.1946 Bethnel Green; engl. Gitarrist, Sänger und Songschreiber. G. leitete bereits als Schüler eigene Amateur-Bands. Bevor er als Baßgitarrist für Peter Bees tätig wurde, spielte er bei *Shogun Express* und übernahm 1966 vom scheidenden Eric Clapton die Rolle des Gitarristen bei *John Mayall's Bluesbreakers.* Hier begründete er seinen Ruf als ebenso kreativer wie begabter Instrumentalist und Songschreiber. 1967 gehörte er zu den Begründern der Gruppe → *Fleetwood Mac,* deren führender Kopf er bald darauf wurde; Welthits wie *Albatross* (1968), *Oh Well* (1969) und *Black Magic Woman* (1968) stammen aus seiner Feder. G. verließ *Fleetwood Mac* 1970 aufgrund einiger persönlicher Probleme. Zu kreativer – und bis in die 80er Jahre andauernder – Höchstform fand er erst wieder in der zweiten Hälfte der 70er Jahre; vollends überzeugen konnte er mit seiner LP *In the Skys* (1979). Weitere seiner LPs sind *English Rose* (1969, mit *Fleetwood Mac*), *The End of the Game* (1970), *Little Dreamer* (1980) und *Legend* (1988). G. lebt seit einigen Jahren völlig zurückgezogen im Londoner Vorort Twickenham. An Musik ist er nur noch sporadisch interessiert. Trotzdem erscheinen noch Platten von G., zuletzt *Time Traders* (2001, mit *Splinter Group*) und *Blues By Green* (2003).

Green Day, 1989 in Oakland, Kalifornien gegründet, amerikan. Punk-Band. *Mike Dirnt* (eig. Michael Pritchard, *4.5.1972 Kalifornien), Baßgitarre, *Billie Joe Armstrong* (*17.2.1972 San Pablo, Kalifornien), Gesang und Gitarre, sowie *Frank Edwin Wright III* (*9.12.1972 Deutschland), Schlagzeug, kondensierten aus den Rezepten der *Ramones, Sex Pistols* und *Bad Religion* ihre eigene Mixtur ebenso melodischen wie kraftvollen Punks, mit dem sie sich über ein Jahrzehnt in den Charts behaupten sollten. Bereits die Verkäufe ihres dritten Albums *Dookie* (1994) überflügelten alles, was ihre Vorbilder abgesetzt hatten. Der noch immensere Erfolg der Kurz-LP *Insomniac* (1995) machte Punk stadionkompatibel, entfremdete sie aber von ihren ursprünglichen Fans. In der Folge wurde ihr Sound glatter und ihre Aura ließ nach. Als niemand mehr mit G. D. rechnete, holte die Band mit ihrer ungeschliffenen Polit-Rockoper *American Idiot* (2004) erneut zum großen internationalen Rundumschlag aus.

Green On Red, amerik. Rock-Band, bestehend u. a. aus *Dan Stuart* und ab 1984 *Chuck Prophet*, beide Gitarre und Gesang, *Chris Cacavas*, Keyboards, und *Jack Waterson*, Baßgitarre. Neben Bands wie → *Violent Femmes*, *Dream Syndicate* oder *Long Ryders* gelten G.o.R. als Protagonisten eines Mitte der 80er Jahre aufgekommenen Rock-Revivals, das sich an bodenständigen Sounds und an Gitarrenklängen im Stile der → *Rolling Stones* orientierte. G.o.R. arbeiteten auf ihren Platten mit aus den 60er und 70er Jahren bekannten Musikern und Produzenten wie Al Kooper, James Luther Dickinson oder Greg Elmore zusammen. 1993 löste sich die Band auf und ihre Mitglieder widmeten sich Solo-Karrieren, erfolgreich dabei v. a. Cacavas mit seiner Band *Junkyard Love*. Zu den wichtigsten Werken zählen *Green on Red* (1981), *Gravity Talks* (1983), *Gas Food Lodging* (1984), *Here Come the Snakes* (1988), *This Time Around* (1989), *Scapegoats* (1991) und *Too Much Fun* (1992).

Greger, Max, *2.4.1926 München; dt. Orchesterleiter und Tenorsaxophonist. Er studierte Klarinette am Münchner Konservatorium und spielte nach dem 2. Weltkrieg zunächst in verschiedenen kleinen Orchestern. Seinen ersten großen Erfolg hatte er mit einer eigenen Big Band in der Senderreihe *Mitternacht in München 4* bei Radio München (u. a. mit der Glanznummer *Night Train*), dem ersten Zentrum des Jazz in Deutschland. Aus der Band entstand 1955 das Orchester Max Greger, eines der erfolgreichsten deutschen Tanz- und Unterhaltungsorchester der Nachkriegszeit, für das er auch zahlreiche, z. T. sehr populär gewordene Tanz- und Schlagerkompositionen schrieb. 1963 bis 1977 war es auch Vertragsorchester des ZDF und wirkte in vielen populären Sendungen mit (*Der goldene Schuß*, *Musik ist Trumpf* oder *Der große Preis*).

Grönemeyer, Herbert (eig. H. Arthur Wiglev Clamor G.), *12.4.1956 Göttingen; dt. Sänger, Schauspieler, Songschreiber und Keyboarder. Ehe G. 1977 als Leadsänger der englischsprachigen Jazz-Rock-Formation *Ocean* Platten aufnahm, war er als Bühnenmusiker tätig und wirkte in Inszenierungen P. Zadeks mit. Meriten erwarb er sich durch sein Mitwirken an den Filmen *Das Boot* (1981) und *Frühlingssinfonie* (1982). Sein Durchbruch als Musiker gelang ihm 1984 mit dem Album *4630 Bochum* und der Single-Auskoppelung *Männer*. Die nachfolgenden LPs, *Sprünge* (1986) und *Ö* (1988), wurden ebenfalls zu Bestsellern. Sein bis heute andauernder Erfolg ist zum einen auf seine überaus interessanten Arrangements zurückzuführen. Zum anderen gelingt es G. immer wieder, intrikate Sujets (z. B. Ausländerhaß) profiliert in Worte zu fassen. Mit seinem Label Grönland gibt er darüber hinaus experimentellen Künstlern ein Podium. Zu seinen LPs gehören *Grönemeyer* (1978), *Total egal* (1982), *Luxus* (1990), *Chaos* (1993), *Cosmic Chaos* (1994), *Unplugged Herbert* (1995), *Grönemeyer Live* (1995), *Bleibt alles anders* (1998) und *Mensch* (2002).

Gruntz, George, *24.6.1932 Basel; Schweizer Jazzmusiker (Pianist, Arrangeur und Komponist). 1956 wurde er Pianist und Arrangeur bei Radio Basel. Er nahm jährlich am Jazzfestival San Remo und 1958 mit der *International Youth Band* am Jazzfestival Newport

(USA) teil und begleitet seither bedeutende amerikanische und europäische Jazzmusiker. Seit 1965 arbeitet er eng mit dem Schweizer Altsaxophonisten Flavio Ambrosetti, dann auch mit dessen Sohn Franco (Trompete) zusammen, und gründete im selben Jahr einen Jazz-Workshop. G. tritt auch mit eigenen Veranstaltungsreihen hervor. 1970 wurde er musikalischer Direktor des Züricher Schauspielhauses, 1972–94 war er künstlerischer Leiter der Berliner Jazztage. Besondere Aufmerksamkeit erregte G. mit der Kombination aus Jazz- und Folkloremusikern (Basler Trommlern und Pfeifern, tunesischen Beduinen) und mit der sporadisch auftretenden Großformation *The Band*. Seit den 90er Jahren arbeitet G. wieder mit kleineren Besetzungen zusammen. Zu seinen besten Aufnahmen zählen *Bach Humbug!* (1964), *George Gruntz Concert Jazz Band – Live* (1978), *First Prize* (1989), *Serious Fun* (1989), *Blues 'n Dues Et Cetera* (1991), *Beyond Another Wall – Live In China* (1992) und *Merryteria* (2000).

Guess Who, The, kanadische Rock-Gruppe. *Randy Bachmann* (*27.9.1943), Gitarre, *Jim Kale* (*11.8.1943), Baßgitarre, *Garry Petersen* (*26.5.1945), Schlagzeug, *Chad Allan* (eig. Allan Kobel), Gitarre und Gesang, nannten sich Ende der 50er Jahre zunächst *Reflections*, später *Chad Allan & The Expressions* und schließlich 1965 G.W. Bereits 1966 verließ Leadsänger C. Allan die Formation und wurde durch *Burton Cummings* (*31.12.1947) ersetzt. Mit einprägsamen Rock-Stücken und Cummings' rauher und markanter Stimme gelangen ihnen etliche Bestseller, darunter *These Eyes*, *Laughing* und *No Time* (alle 1969), sowie der Nr.-1-Hit *American Woman* (1970), der die Band auch in Europa bekannt werden ließ. Nach mehreren Umbesetzungen und weiteren Plattenerfolgen fiel G.W. 1975 auseinander. Comebackversuche in den Jahren 1979 und 1983 erbrachten nicht den gewünschten Erfolg. Zu ihren interessantesten Platten zählen *Canned Wheat Packed By* (1969), *So Long Bannatyne* (1971), *Artificial Paradise* (1973), *Road Food* (1974) und *Power in the Music* (1975).

Gullin, Lars, *4.5.1928 Visby (Schweden), † 17.5.1976; schwedischer Jazzmusiker (Baritonsaxophon, Klarinette). Er kam 1948 nach Stockholm, spielte dort zuerst Klarinette, seit 1949 Baritonsaxophon, hatte seit 1951 ein Engagement im Orchester Arne Domnerus und leitete seit 1953 eine eigene Band. 1958–59 hielt er sich in Italien auf und wirkte 1959 beim Jazzfestival in San Remo mit. 1968 erhielt er vom schwedischen Staat ein Künstlerstipendium auf Lebenszeit. G., der als der Repräsentant des schwedischen Cool Jazz gilt, spielte mit bedeutenden amerikanischen Jazzmusikern zusammen.

Gun Club, amerik. Rock-Band, 1980 in Los Angeles gegründet von *Jeffrey Lee Pierce* (*27.6.1958 † 31.3.1996), Gesang, der mit div. Mitmusikern, darunter *Kid Congo Powers* (eig. Brian Tristan), Gitarre, und *Patricia Morrison* (*15.1.1962), Baßgitarre, eine feurige, nonkonforme Version aus Blues und Punk entwickelte. Pierces eigenwilliger Vokalstil, bei dem er die Gefühlswelt des Blues mit der Aggressivität von Rock und Punk kombinierte, machte den G.C. Anfang der 80er Jahre v.a. einem Untergrund-Publikum bekannt. 1984 löste sich der G.C. auf, bedingt durch Pierces gesundheitliche Probleme. 1987 reformierte P. die Band mit *Kid Congo Powers* sowie *Romi Mori* (eig. Hiromi Otami), Baßgitarre, und *Nick Sanderson*, Schlagzeug. Das Comeback brachte mit *Mother Juno* (1987) und *Pastoral Hide & Seek* (1992) zwei glänzende Alben hervor, die v.a. in Europa positiv aufgenommen wurden.

1994 wurde der G. C. abermals aufgelöst. Zu den wichtigsten Platten zählen außerdem *Fire of Love* (1981), *Miami* (1982), *Las Vegas Story* (1984) und *Wildweed* (1985, Pierce solo).

Guns n' Roses, amerik. Hard Rock-Formation, bestehend aus *Axl Rose* (eig. William Bailey, *6.2.1962), Gesang und Gitarre, *Izzi Strandlin* (eig. Jeffrey Isabell), Gitarre, *»Slash« Hudson* (eig. Saul H., *23.7.1965), Gitarre, *Duff »Rose« McKagan* (*5.2.1965), Baßgitarre, und *Steven Adler* (*22.1.1965), Schlagzeug, der später gegen *Matt Sorum* ausgewechselt wurde. G. N. R. entstand 1985 in Hollywood aus den Bands *Hollywood Rose* und *La Guns.* Ihre Mischung aus Punk und Hard Rock erwies sich bis in die 90er Jahre hinein als beispiellos verkaufsträchtig. Vom Management mit einem »Anti-Image« versehen, plazierten G. N. R. Stücke wie *Sweet Child of Mine* (1988), *Paradise City* (1989), *November Rain* und *Knockin on Heaven's Door* (1992) in den US-Charts. Trotz rekordverdächtiger Plattenumsätze und gigantischer Welttourneen mehren sich Auflösungsgerüchte, die durch Solo-Aktivitäten einzelner Mitglieder nur noch bestärkt werden. Wichtige Platten des Ensembles sind *Appetite for Destruction* (1987), *Guns N' Roses Lies* (1988), *Use Your Illusion* (1989) und *The Spaghetti Incident* (1993). 1999 steuerten G. R. in veränderter Besetzung den Titel *Oh My God* einen Titel zum Schwarzenegger-Film *End Of Days* bei – ein echtes Comeback scheiterte aber schon in der Planungsphase. Slash, Sorum und McKagan fanden sich unterdessen mit *Stone Temple Pilots*-Sänger Scott Weiland zu *Velvet Revolver* zusammen.

Guthrie, Arlo, *10.7.1947 Coney Island (New York); amerik. Folk-Sänger, Gitarrist und Songschreiber. G., Sohn von → W. Guthrie, begann seine Karriere in den 60er Jahren, als die Hippie-Kultur ihren Höhepunkt in den USA erreicht hatte. Seine erste LP-Veröffentlichung *Alice's Restaurant* legte er 1967 vor, im gleichnamigen Film spielte er 1969 die Hauptrolle. Seine Lieder, die stilistisch zur Country Music tendieren, trug er mit einer etwas nasal gefärbten, ausdruckslosen Stimme vor. Geistreiche Episoden und eine humorvoll formulierte Gesellschaftskritik zeichneten seine Texte aus. Den meisten Beifall erhielt G. aus den Kreisen der Flower Power-Bewegung. 1969 trat G. beim legendären Woodstock-Festival auf. Der Film über das Ereignis und das Dreifach-Album *Woodstock* machten ihn weltbekannt. Seinen größten Plattenerfolg hatte G. 1972 mit der Ballade *The City of New Orleans.* Weitere LPs sind *Running down the Road* (1969), *Last of the Brooklyn Cowboys* (1973), *Arlo Guthrie & Pete Seeger* (1975), *Outlasting the Blues* (1979), *Precious Friend* (1982, mit Pete Seeger), *All Over The World* (1991), *Son Of The Wind* (1992) und *Mystic Journey* (1998).

Guthrie, Woody (eig. Woodrow Wilson G.), *14.7. 1912 Okemah (Oklahoma), †3.10.1967 New York; amerik. Folk-Sänger, Gitarrist und Songschreiber. G. war zunächst als Gelegenheitsarbeiter tätig und sang in der Zeit nach der Weltwirtschaftskrise für unterprivilegierte Landarbeiter. In Kalifornien versuchte er, die entrechteten Menschen, die hier aus dem ganzen Land zusammenkamen, um auf Plantagen zu arbeiten, mit seiner Musik aufzubauen und zur Gründung von Gewerkschaften zu bewegen. Als überzeugter Sozialist schrieb er mehr als 1000 Songs, in denen er die soziale Ungerechtigkeit thematisierte. 1941 gründete er gemeinsam mit dem Protest-Sänger Pete Seeger die Formation *Almanac Singers.* Seine 1943 erschienene Autobiographie *Bound for Glory* wurde von Hal Ashby 1976 gleichnamig verfilmt. Zu seinen interessantesten Platten zählen *Ballads of Sacco and Vanzetti* (1961), *Dust Bowl Ballads* (1964), *This Is Your Land* (1966) und *Poor Boy* (1966).

H

Hackett, Bobby (auch Robert Leo, eig. Pete Pesci), *31.1.1915 Providence (Rhode Island), †7.7.1976 Chatham (Massachusetts); amerik. Jazzmusiker (Kornett, Trompete). Er spielte zunächst in verschiedenen Bands, übernahm dann die Band von Herbie Marsh, ging 1937 zu Joe Marsala nach New York und leitete dort auch eine eigene Gruppe. 1941–42 war er Mitglied im Orchester Glenn Miller, hatte dann ein Engagement beim Rundfunk (NBC), 1946 im Orchester Glen Gray, danach erneut beim Rundfunk (ABC). 1953–55 gehörte er dem Orchester Jackie Gleason an, leitete 1957–60 eigene Formationen, u.a. mit Jack Teagarden, ging 1961 mit Benny Goodman nach Mexiko und trat 1968 mit seinen All Stars auf. Wegen seines ausgeprägt melodischen Spiels sowohl im Dixieland als auch im Swing gilt er in stilistischer Hinsicht vielfach als wichtigster Nachfolger »Bix« Beiderbeckes. H. griff auch als einer der ersten den Walzer im Jazz auf (*Jammin' the Waltz*, 1938, mit L. Feather).

Haden, Charlie (eig. Charles Edward H.), *6.8.1937 Shenandoah (Iowa); amerik. Bassist, Bandleader und Komponist. H., der einer Musikerfamilie entstammt, begann Mitte der 50er Jahre, Jazz zu spielen, und nahm dann Unterricht bei Red Mitchell. Bei Ornette Coleman spielte er 1958–62 und entwickelte sich hier mit seinem virtuosen Bass-Spiel zu einem der wichtigsten Instrumentalisten des Free Jazz. H. mußte aufgrund von Drogenproblemen seine Karriere mehrfach unterbrechen. Es gelang ihm indes immer wieder, in vorderster Reihe mitzuspielen. So trat er mit Größen wie Don Cherry, John Coltrane, Carla Bley, Keith Jarrett, Pat Metheny oder Paul Motion auf, verwirklichte seine Ideen aber auch in eigenen Formationen. Auch als Komponist konnte H. viel Erfolge erzielen; er schrieb Auftragswerke u.a. für die Guggenheim-Stiftung und die National Endownment for the Arts. In den 90er Jahren arbeitete er vor allem mit seinem nostalgischen *Quartet West*. Bis heute ist H. auf allen großen Jazz-Festivals zu hören, auch veröffentlicht er regelmäßig Platten. Einige davon sind *Eyes of the Heart, Closeness* (beide 1976), *Musique mechanique* (1978), *The Ballad of the Fallen* (1982), *Quartet West* (1986), *Haunted Heart* (1991), *Alone Together* (1996) und *Nocturne* (2001).

Hagen, Nina (eig. Catharina H.), *11.3.1955 (Ost-) Berlin; dt. Rock-Sängerin. Die Tochter der Sängerin und Schauspielerin Eva Maria H. gehörte bereits 17jährig zu den hoffnungsvollen Nachwuchstalenten der DDR-Rockszene. Wegen ihres Eintretens für Wolf Biermann wurde sie 1976 ausgebürgert, wenig später gründete H. gemeinsam mit Bernhard Potschka, Herwig Mitteregger, Manfred Praeker und Reinhold Heil die *Nina Hagen Band*, die Punk- und Rock-Elemente zu einem schrillen und frechen Stil verschmolz. Nach der Trennung von ihren Kollegen ist H. nur noch solistisch tätig, wobei sich ihr eigenwilliges, provozierendes Outfit ihren musikstilistischen Vorlieben komplementär fügt. Einige ihrer Platten sind *Unbehagen* (1979 mit der *Nina Hagen Band*), *Nunsexmonkrock* (1982), *Angstlos* (1983), *Love* (1987), *Nina Hagen* (1989), *Revolution Ballroom* (1993), *FreuD Euch* (1995), *Oh Nama Shivay* (1998) sowie *The Return Of The Mother* (2000).

Haley, Bill, *6.7.1927 Highland Park (Michigan), †9.2.1981 Los Angeles; amerik. Rocksänger. H., der Begründer des Rock and Roll, war zunächst Musik-Manager einer Radiostation, gehörte einige Zeit der Country-Band The Saddlemen an und gründete 1954 die Band The Comets, mit der er die meisten seiner späteren Hits aufnahm. Den sensationellsten Erfolg errang er mit *Rock Around The Clock* (Leitmotiv des Rockerfilms *Blackboard Jungle*, dt.: *Die Saat der Gewalt*), mit dem sich die Jugendlichen der 50er Jahre in Amerika wie in Europa identifizierten. H.s übersteigerter Rock-Stil wurde in der Folge von Interpreten wie Little Richard, Elvis Presley, Buddy Holly, Fats Domino und Chuck Berry modifiziert und verfeinert.

Hall, Jim (eig. James Stanley H.), *4.12.1930 Buffalo (New York), amerik. Jazzmusiker (Gitarre). Er spielte 1955–56 bei Chico Hamilton, wurde 1956 Mitglied des jazzgeschichtlich bedeutsamen Jimmy Giuffre-Trios, unterrichtete daneben 1957–59 an der School of Jazz in Lenox und ging dann mit Giuffre auf Europatournee. Hall befreite die Gitarre von ihrer bis dahin im Jazz dominanten Rhythmus-Funktion. Sein singender Ton sollte Generationen von Gitarristen beeinflussen. 1960 begleitete er Ella Fitzgerald in Südamerika, hatte von 1960–61 ein Duo mit Lee Konitz, spielte von 1961–62 bei Sonny Rollins, leitete von 1962–63 ein Trio und trat 1962–64 mit Art Farmer auf. 1965 bildete er ein neues Trio, nahm 1968 am Jazzfestival in New Port und 1969 an den Berliner Jazztagen teil. In den 70er Jahren spielte er u. a. auch wieder mit Art Farmer zusammen. Es folgten Aufnahmen u. a. auch mit dem klass. Geiger Itzhak Perlman. In den 80er Jahren arbeitete H. mit Michel Petrucciani zusammen. Nachdem H. klassische Duette zusammen mit Bill Evans aufgenommen hatte, begann er mit Pat Metheny zu spielen (*Jim Hall & Pat Metheny*, 1999). H., der vom Cool Jazz, aber auch vom Blues geprägt ist, gehört zu den stilbildenden Gitarristen des modernen Jazz.

Hamilton, Chico (Foreststorn), *21.9. 1921 Los Angeles; amerik. Jazzmusiker (Schlagzeug) und Bandleader. Er spielte zunächst als Swingklarinettist bei Lionel Hampton und Lester Young, lernte 1942–46 Schlagzeug bei Jo Jones, ging danach mit Jimmy Mundy und mit Count Basie auf Tournee und begleitete seit 1948 wiederholt die Sängerin Lena Horne. 1952 wurde er Mitglied des jazzgeschichtlich bedeutsamen ersten Quartetts von Gerry Mulligan. 1956 gründete er ein eigenes Quintett, das auch mit Flöte und Violoncello besetzt war und einen kammermusikalisch geprägten Jazz pflegte. 1958 trat die umbesetzte Gruppe, u. a. mit Eric Dolphy, beim Jazzfestival in New Port auf. 1960 stellte H. eine neue Formation zusammen, die u. a. mit Charles Lloyd (Tenorsaxophon und Flöte) sowie mit dem Gitarristen Gabor Szabo eine Mischung aus Avantgarde- und Pop-Jazz spielte. 1989 holte H. die Originalmitglieder seines Quintetts aus den 50er Jahren zu Konzerten und einer Schallplattenproduktion noch einmal zusammen. Kennzeichnend für den Stil H.s ist es, Avantgardistisches in gefälliger Form zu bieten. H. zählt zu den bedeutendsten Schlagzeugern des Jazz.

Hammer, Jan, *17.4.1948 Prag; tschechischer Keyboader und Komponist. H. erhielt 6jährig ersten Klavierunterricht und trat mit 12 Jahren als Begleiter seiner Mutter, der Sängerin Vlasta Pruchowa, in Erscheinung. Er studierte zunächst in Prag Musik, emigrierte dann aber 1968 nach Berkeley, wo er seine Studien fortsetzte. Ersten Engagements bei Elvin Jones und Sarah Vaughan folgte 1971–74 sein Mitwirken beim → *Mahavishnu Or-*

chestra; v. a. wegen seines virtuosen Synthesizerspiels im Jazz-Rock-Bereich international bekannt. In den 70er Jahren spielte er auch mit Jerry Goodman, Jeff Beck und John McLaughlin, daneben veröffentlichte er Solo-Alben. Anfang der 80er Jahre wandte H. sich moderner Rock-Musik zu, zog sich später aber fast gänzlich aus dem Live-Betrieb zurück, um als Songschreiber tätig zu werden. Überaus erfolgreich (war er mit etlichen Titeln sowohl zu der amerik. TV-Serie *Miami Vice* als auch zu der europäischen Serie *Eurocops*. Zu seinen wichtigsten LPs zählen *Birds of Fire* (1973, mit *Mahavishnu Orchestra*), *Live – with Jeff Beck* (1977), *The First Seven Days* (1975), *Untold Passion* (1981), *Scenario* (1983), *Night* (1984), *Escape From Television* (1987), *Snapshots* (1989), *Beyond The Mind's Eyes* (1993) und *Drive* (1994).

Hammond, Albert, *18.5.1942 London; engl. Sänger und Songschreiber. H. wuchs in Gibraltar auf und tingelte bereits in den 50er Jahren durch Spanien und Marokko. Seine erste Single *New Orleans* nahm er 1957 auf und gründete wenig später gemeinsam mit seinem Bruder die *Diamond* Boys, anschließend, zurückgekehrt nach England, das Duo *Albert & Richard*. Mit Mike Hazelwood bildete er ein Komponistenteam; besonderen Erfolg konnten sie mit den Songs *Little Arrows* und *Gimme Dat Ding* für sich verbuchen. Anfang der 70er Jahre zog H. nach Los Angeles und startete dort zusammen mit dem Texter Hal David seine eigentliche Karriere als Sänger meist leichter, dennoch aber stimmungsvoller Lieder. Mit Songs wie *It Never Rains in Southern California* (1972) oder *The Free Electric Band* (1973) schaffte er den Sprung in die Top 10 der US-Charts. Später wurde es ruhiger um H., mit *Give a Little Love* (1987) gelang ihm noch einmal eine Hitparadennotierung. Als Songschreiber war H. für J. Cash, die *Hollies*, Art Garfunkel und *Steppenwolf* erfolgreich tätig. Zu seinen wichtigen LPs zählen *Albert Hammond* (1974), *99 Miles From L. A.* (1975), *When I Need You* (1977) und *Somewhere in America* (1982).

Hampel, Gunter, *31.8.1937 Göttingen; dt. Jazzmusiker (Vibraphon, Flöte, Baßklarinette, Klavier). Er begann 1954 als Klarinettist in einer Dixieland-Gruppe, trat seit 1958 mit einer eigenen Gruppe auf und unternahm bald Tourneen durch Europa. 1964 gründete er mit Manfred Schoof, Alexander von Schlippenbach, Pierre Courbois und der Sängerin Jeanne Lee ein für den deutschen und europäischen Free und New Jazz wichtiges Quintett (Einspielung der ersten deutschen Free Jazz-Schallplatte *Heart Plants*). H., der ständig auch in New York auftrat, spielte u. a. mit Anthony Braxton und Marion Brown zusammen. In den 70er Jahren wurde er mit seiner Galaxie Dream Band, u. a. mit Jeanne Lee und Perry Robinson, bekannt. Einige seiner Alben sind *Heartplanets* (1965), *Ballet Symphonie/Symphonie Nr. 6* (1970), *Cosmic Dancer* (1975), *Wellen/Waves* (1980), *Dialog* (mit Matthias Schubert, 1992).

Hampton, Lionel, *12.4.1913 (?) Louisville (Kentucky), † 31.8.2002, New York; amerik. Jazzmusiker (Vibraphon, Schlagzeug, Klavier). Er war ursprünglich Schlagzeuger, spielte in der 2. Hälfte der 20er Jahre in verschiedenen Bands, studierte seit 1928 Musiktheorie an der Univ. in Los Angeles und kam dort, nach eigener Aussage, durch L. Armstrong zum Vibraphon, das sein Hauptinstrument wurde (Einspielung *Memories of You* mit L. Armstrong, 1931). 1932–36 leitete er eine eigene Band, war dann 1936–40 Vibraphonist im jazzgeschichtlich bedeutsamen Quartett von Benny Goodman und wirkte 1938 in Goodmans Carnegie Hall Concert in New York mit. Seit 1940 leitete er verschiedene Big Bands, spielte daneben regelmäßig auch in kleineren Besetzungen, u. a. mit Oscar Peterson. 1942 hatte er mit der Big Band-Aufnahme *Flying Home* großen Erfolg. 1945 gab er mit dem Lionel Hampton Orchestra ein eigenes Konzert in der Carnegie Hall. Im Laufe der 40er Jahre nahm er Bebop-Elemente in sein Spiel auf, in den 50er Jahren solche des Rhythm & Blues. 1953 besuchte er zum erstenmal Deutschland und Europa. 1955 wirkte er in dem Film *The Benny Goodman Story* mit, 1965 gründete er das Sextett *All Star Jazz Inner Circle*. Bis in die 70er Jahre unternahm er weltweite Tourneen; 1979 nahm er auch an den Berliner Jazztagen teil. – H. zählt zu den bedeutenden Musikern des Jazz, u. a. durch seine Improvisationen (z. B. über Balladen wie *Stardust* und *The Man I Love*). Über den Jazz hinaus wurde er mit Titeln wie *Hey Ba-Ba Re Bop* populär. Als Komponist trat er u. a. mit der Jazz-Suite *King David* hervor, die 1957 in New York unter D. Mitropoulos uraufgeführt wurde. Er lehrte als Prof. Musik an der Xavier University und an der Dillard University in New Orleans. Wichtige Schallplatteneinspielungen von H. sind *Drum Stomp* (1937), *Down Home Jump* (1938), *Flying Home* (1942), *Hamp's Boogie-Woogie* (1944), *Hey Ba-Ba-Rebop* (1945), *Midnight Sun* (1947), *Real Crazy/ I Only Have Eyes For You* (1953), *Lionel Hampton's Jazz Giants* (1955), *Newport Uproar* (1967) und *Made In Japan* (1982). U.a. hat H. folgende Auszeichnungen erhalten: Gold-Medaille der Stadt Paris, Georg-Friedrich-Händel-Medaille, Kennedy-Center-Award (1992), National Medal Of Arts (1997) und mehrere Ehrendoktorwürden.

Hancock, Herbie (eig. Herbert Jeffrey H.), *12.4.1940 Chicago; amerik. Jazzmusiker (Tasteninstrumente). Er spielte zunächst in Chicago, ging 1960 mit dem Trompeter Donald Byrd nach New York und schloß sich dort Phil Woods, Oliver Nelson und Eric Dolphy an. 1963–68 gehörte er der jazzgeschichtlich bedeutenden Gruppe von Miles Davis an. Unter den Jazzpianisten der 60er Jahre nahm er bald eine Vorrangstellung ein, indem er den modalen Jazz von Davis weiterentwickelte. Seit 1968 hat H. eigene Gruppen und verwendet elektronische Tasteninstrumente. In den 70er Jahren hatte er große Erfolge mit Musik, die Rock-Rhythmen mit Jazzimprovisationen verbindet (Fusion Music). 1979 trat er als Pianist mit Chick Corea im Duo auf. Im Lauf seines Lebens widmete sich H. sehr unterschiedlichen Stilrichtungen, so erzielte er 1983 mit der fast schon techno-orientierten Single *Rockit* einen Hitparadenerfolg. Seine bekannteste Komposition ist *Watermelon Man*. Wichtige Alben sind *Takin' Off* (1961), *Three Steps To Heaven* (mit Miles Davis 1963), *Blow Up – Soundtrack* (1966), *Fat Albert Rotunda* (1968), *Head Hunters* (1973), *Jazz Africa* (1986), *Perfect Machine* (1986), *A Tribute To Miles* (1992), *Gershwin's World* (1998) und *Future II Future* (2001).

Handy, William Christopher, *16.11. 1873 Florence (Alabama), †28.3.1958 New York; amerik. Jazzmusiker (Kornettist, Komponist), Musikschriftsteller und Verleger. Er studierte am Kentucky Musical College, zog mit Theatergruppen durch die Südstaaten der USA, spielte als Kornettist u. a. bei den Mahara's Minstrels und wurde 1896 deren Leiter. 1905 hatte er in Memphis, danach in Chicago, eine eigene Band. Später gründete er in New York einen Musikverlag und die Schallplattenfirma »Black Swan Records«. Mit eigenen Bands machte er 1919–39 Schallplattenaufnahmen. Auch nach seiner Erblindung in den 30er Jahren leitete er seine Unternehmen weiter.

Bedeutung gewann er auch als Sammler, Herausgeber und Bearbeiter von Blues-Themen. Einige seiner berühmten Blues-»Kompositionen«, mit denen er zugleich zur Standardisierung des 12taktigen Schemas beitrug, basieren auf überlieferten Melodien, so *The Memphis Blues* auf der Melodie von *Mr. Crump.* Bekannte Standards von H. sind ferner: *Loveless Love*, *Beale Street Blues*, *Yellow Dog Blues* und vor allem der *St. Louis Blues*, der zu den meistgespielten Jazzstücken wurde. Seine Autobiographie erschien unter dem Titel *Father of the Blues*, hrsg. von A. Bontemps (NY 1941, Lo – NY 1961). Er veröffentlichte ferner: *Blues, An Anthology* (NY 1926, NA als: *A Treasury of the Blues*, NY 1949); *The Birth of the Blues* (NY 1941). Über sein Leben handelt der Film *St. Louis Blues* (1957) mit Nat King Cole in der Hauptrolle.

Hardin, Tim, *23.12.1941 Eugene (Oregon), †29.12. 1980 Hollywood; amerik. Folk- und Blues-Sänger, Gitarrist. H. begann früh, noch vor dem Aufkommen des Folk-Rocks durch Bob → Dylan und den → Byrds, mit elektrischen Instrumenten zu experimentieren. H.s sentimentales, sehr persönliches Werk zeigt ihn als einfühlsamen Musiker, dessen poetische u. kompositorische Fähigkeiten sich v.a. andere Künstler zunutze machten. Mit Versionen von Songs wie *If I Were a Carpenter* oder *Reason to Believe* gelangen Bobby Darin bzw. den Four Tops, aber auch Rod Stewart weltweite Hits. In den 70er Jahren verlor Hardins zunehmend gefühlsseliger Stil an Reiz. Nach wenig gelungenen Versuchen, selbst Werke anderer Künstler wie Leonard Cohen oder James Taylor zu interpretieren, zog sich Hardin, dessen private Probleme längst eine kontinuierliche Arbeit verhinderten, mehr und mehr zurück. Ein letztes gefeiertes Konzert, wenige Monate vor seinem Tod, schien ein Comeback anzudeuten. Wichtige Platten sind *Tim Hardin 1* (1966), *Tim Hardin 2* (1967), *Suite For Susan Moore and Damion* (1969), *Bird on a Wire* (1971) und *The Homecoming Concert* (1980).

Hardin & York, brit. Rock-Duo, bestehend aus *Tim Hardin* (*23.12.1941 Eugene, Oregon), Gesang und Tasteninstrumente, sowie *Pete York* (*15.8.1942 Middlesborough), Schlagzeug. Sie lernten sich in der *Spencer Davis Group* kennen und stellten sich 1969 als »kleinste Bigband der Welt« vor. Die beiden ausgezeichneten Techniker verstanden es, mit einfallsreichen Arrangements und gefälligen Soundtüfteleien eine außergewöhnlich homogene und zugleich erstaunlich voluminöse Synthese zu schaffen. Mit Titeln wie *Tomorrow Today*, *Candellight* oder dem Beatles-Medley *Lady Madonna/Norwegian Wood* kamen sie 1969/70 in die Hitparaden und wurden insbes. in Deutschland gefeiert. Wenig später trennten sie sich, spielten dann aber wieder gemeinsam in der neugegründeten *Spencer Davis Group* und nach deren Auflösung im Trio mit dem irischen Bassisten Hugh McCracken, wieder unter dem Namen H. & Y. Jedoch auch diese Formation fiel auseinander. Seither versuchen sich Hardin und York als Solisten, ohne damit bes. erfolgreich zu sein. Weitere LPs sind *Tomorrow Today* (1969), *The World's Smallest Big Band* (1970), *For the World* (1971), *Hardin & York with Charlie McCracken* (1974) und *Hardin & York* (1981).

Harper, Ben, *28.10.1969 Inland Empire nahe Los Angeles; US-amerik. Blues- und Rock-Sänger und Gitarrist. H. führte die Traditionen von Bob Dylan, Bob Marley und Jimi Hendrix mit Strömungen des Rock der 1990er und 2000er Jahre zusammen. Konsequent entzog er sich der medialen Vermarktung via MTV und bildete seine Fan-Basis fast ausschließlich über seine charismatische Persönlichkeit, die sich vor allem in Live-Shows offenbarte. Auf Hörerfahrungen seiner Kindheit aufbauend, führte er auf seinem Debüt-Album *Welcome To The Cruel World* (1994) ländlich traditionelle und urbane Elemente des Rock zusammen und suchte inhaltliche Verbindungen zwischen den Lehren von Martin Luther King und den zwei Jahre zuvor überstandenen »L.A. Riots«. Nach *Fight For Your Mind* (1995) gründete er die Band *The Innocent Criminals*, mit der er die CDs *The Will To Live* (1997), *Burn To Shine* (1999), *Live From Mars* (2002) und *Diamonds On The Inside* (2003) herausbrachte. Mit der traditionellen Gospelgruppe *The Blind Boys Of Alabama* nahm er 2004 das ergreifende Album *There Will Be A Light* auf.

Harris, Emmylou, *2.4.1947 Birmingham (Alabama), amerik. Country-Sängerin. H. entstammt einer Offiziersfamilie und studierte Drama an der Universität in North Carolina. Nach gescheiterter Ehe tingelte sie durch die USA und arbeitete gemeinsam mit dem Country-Musiker Gram Parsons. Nach dessen Tod baute sie sich eine Karriere als Solistin auf, wobei sie sich stilistisch u. a. an Pete Seeger, Woody Guthrie, George Jones und Hank Williams orientierte. Ihre geschmackvollen und modern aufbereiteten Country Songs, unter denen sich etliche »Klassiker« anderer Interpreten befanden, trug H. mit beeindruckender Virtuosität vor. Sie wurde zu einer der wichtigsten Figuren der Country-Musik. Für ihr Album *The Ballad of Sally Rose* erhielt sie einen Grammy. Diese begehrte Auszeichnung erhielt sie ein zweites Mal gemeinsam mit Dolly Parton und Linda Ronstadt für das Album *Trio* (1987). Zu ihren LPs gehören weiterhin *Gliding Bird* (1969), *Quarter Moon in a Tent Cent Town* (1978), *Evangeline* (1981), *Angel Band* (1987), *Bluebird* (1989) und *Wrecking Ball* (1995). Für das letztgenannte Album erhielt H. 1996 einen Grammy in der Sparte *Best Contemporary Folk Album* verliehen. Mit den Alben *Red Dirt Girl* (2000) und *Stumble Into Grance* (2003) erlangte sie vor allem Anerkennung bei einem jungen, alternativen Country-Publikum.

Harvey, Alex, *5.2.1935 Glasgow, †4.2.1982 Zeebrugge; schottischer Gitarrist und Sänger. H. gründete 1958 die *Big Soul Band*, mit der er Songs u. a. von Bo Diddley nachspielte. Anschließend begann H., im Bereich des Rhythm & Blues stilistische Selbständigkeit zu entwickeln. Er tourte durch Europa und war dabei auch als Entertainer, Kabarettist und Nachtclubsänger tätig; zudem sammelte er wichtige Erfahrungen als Gitarrist im Londoner Orchester des Musicals *Hair*. Anfang der 70er Jahre gründete er zusammen mit der Gruppe *Tear Gas* die *Sensational Alex Harvey Band*, die in der Besetzung *Alex Harvey*, Gesang und Gitarre, *Zal Cleminson*, Gitarre, *Chris Glenn*, Baßgitarre, *Hugh McKenna*, Keyboards, sowie *Ted McKenna*, Schlagzeug, äußerst erfolgreich aufspielte. H. verließ die Band, die v. a. wegen ihrer Live-Qualitäten geschätzt wurde, Ende der 70er Jahre, um sich fortan solistisch zu betätigen. Zu seinen wichtigsten Platten gehören. *The Blues* (1969), *Tomorrow Belongs to Me* (1974), *Rock Drill* (1977) und *The Mafia Stole My Guitar* (1979).

Harvey, Polly Jean PJ, *9.10.1970 Corscombe, Dorset; engl. Rock-Sängerin. PJ Harvey brach in der Tradition von Patti Smith mit allen Klischees, die es zuvor von Rocksängerinnen gegeben hatte und produzierte eine Reihe ebenso spröder wie schillernder Alben, in deren Mittelpunkt stets die emotionale Kraft ihrer eindringlichen Stimme stand. PJH. spielte zunächst Saxophon und studierte

Bildhauerei, bevor sie sich 1993 mit dem Album *Dry* dem Schreiben eigener Songs widmete, auf dem sie ungewohnt offen über Sex aus der weiblichen Perspektive sang. Mit *Rid Of Me* (1993), *To Bring You My Love* (1995), *Dance Hall At Louse Points* (1997) und *Is This Desire?* (1998) bewegte sie sich konsequent vom Mainstream weg. Auf *Stories From The City, Stories From The Sea* (2000) schien sie ein neues, unverkrampftes Verhältnis zum traditionellen Song gefunden zu haben, doch auf dem eigenwilligen Werk *Uh Huh Her* (2004) negierte sie alles, was ein konventionelles Rock-Album auszeichnet. Das ging so weit, daß nicht einmal die Titel auf dem CD-Booklet umißverständlich zu lesen waren. Neben ihren eigenen Platten sang sie mit Nick Cave und Mark Lanegan, arbeitete an mehreren Projekten im Umfeld von *Queens Of The Stone Age* und schrieb Songs für Marianne Faithful.

Havens, Richie (eig. Richard P. H.), *21.1.1941 New York; amerik. Folk-Sänger und Gitarrist. H. wurde Anfang der 60er Jahre durch Folkloregruppen wie *Peter, Paul & Mary* inspiriert und fand breite Anerkennung durch seinen Auftritt beim legendären Woodstock-Festival (1969). Dort sang er mit außerordentlicher Intensität den später zum Hippie-Klassiker avancierten Titel *Freedom*. Außerdem wurde H. durch sehr gelungene Neuauflagen bereits erschienener Bestseller der *Beatles* (*Strawberry Fields for Ever*, u.a.) und Bob Dylans (*I Pity the Poor Immigrant*) bekannt. H. ist einer der bekanntesten Interpreten der 68er Generation auf seinem Gebiet und wurde in den USA zur Kultfigur. Einige seiner Platten sind *Something else Again* (1968), *Stonehenge* (1970), *The End of the Beginning* (1976), *Common Ground* (1983) und *Simple Things* (1988). 2002 meldete sich H. nach langer Pause mit dem Album *Whishing Well* zurück.

Hawkins, Coleman (genannt »Bean«), *21.11.1904 St. Joseph (Missouri), † 19.5.1969 New York; amerik. Jazzmusiker (Tenorsaxophon). Er kam 1923 nach New York, wurde Mitglied des Orchesters Fletcher Hendersons und setzte als Solist das Tenorsaxophon im Jazz durch. 1934 ging er nach England zu Jack Hylton, trat in mehreren westeuropäischen Ländern auf und spielte in Frankreich u.a. mit Django Reinhardt zusammen. 1939 in die USA zurückgekehrt, gründete er ein eigenes Orchester, mit dem seine Schallplatteneinspielung *Body and Soul* entstand, die ein Welterfolg wurde. Einige Jahre später war H. der erste bedeutende Swing-Musiker, der sich den jungen Bebop-Musikern zuwandte (1944 organisierte er die erste Schallplatteneinspielung des Bebop). Seit 1945 ging er mit der Veranstaltungsreihe *Jazz at the Philharmonic* auf Tournee, trat seit 1950 wieder ständig in Europa auf, spielte 1955–60 meist in New York und wirkte 1958–59 bei der Konzertreihe »Seven ages of Jazz« mit. In den 60er Jahren spielte H. meist mit Combos in New York. H., dessen extrovertiertes Spiel sich durch einen abgedunkelten, voluminösen und ausladenden Ton auszeichnete, gilt als der erste bedeutende Tenorsaxophonist des Jazz. Weitere berühmte Einspielungen: *If I Could Be With You* (1929); *It's the Talk of the Town* (1932); *The Man I Love* (1943); *Picasso* (1947), wahrscheinlich das erste unbegleitete Solo der Jazzgeschichte (über Harmonien von *Body and Soul*).

Hayes, Isaac, *20.8.1943 Covington (Tennessee); amerik. Sänger, Pianist, Songschreiber und Produzent. Der ehemalige Gelegenheitsarbeiter begann seine Karriere als Komponist. Zusammen mit dem Texter David Porter schrieb er u.a. für das Erfolgsduo *Sam & Dave* die Titel *Soul Man* und *Hold on! I' m Comin* (1967). Auch als Session-

Musiker für das Stax-Label machte H. sich einen Namen. Erste eigene Veröffentlichungen erschienen Ende der 60er Jahre. Der farbige Sänger verband in seinen Liedern Gospel-, Soul- und Rhythm & Blues-Elemente und reicherte seine z.T. interessanten Arrangements orchestral an. Seinen größten Erfolg hatte H. mit der Musik zum Krimi *Shaft* (1971), für die er einen Oscar und mehrere Grammy-Auszeichnungen erhielt. Durch weitere Soundtracks sowie enorme Plattenverkäufe wurde H. zu einem der führenden Musiker in den USA. Allerdings erwies er sich auf der Bühne mehr und mehr als Exzentriker, seine Musik wurde richtungsloser. Einen damit verbundener Popularitätsschwund konnte H. auch durch den Chart-Treffer *Hey Girl* (1986) nicht wettmachen. Einige seiner LPs sind *In the Beginning* (1972), *Black Moses* (1972), *Juicy Fruit* (1976), *Don't Let Go* (1980) und *Love Attack* (1988). H. gilt heute als einer der Wegbereiter des HipHop. 1999 kam er mit *Chocolate Salty Balls* noch einmal zu Hitparaden-Ehren.

Healey, Jeff, *25.3.1966 Toronto; kanadischer Gitarrist und Sänger. Der seit seinem ersten Lebensjahr blinde H. spielte bereits mit 3 Jahren Gitarre und gründete 15jährig die Formation *Blue Direction.* Nachdem ihn der Bluesgitarrist Albert Collins Anfang der 80er Jahre entdeckt hatte, gründete H. 1985 zusammen mit *Joe Rockman* (*1.1.1957), Baßgitarre und Gesang, und *Tom Stephen* (*2.2.1955), Schlagzeug, die *Jeff Healey Band.* Erste Single-Veröffentlichungen wurden, zumal sie auf eigenem Label herausgebracht wurden, nicht zu Publikumserfolgen. Erst der Wechsel zu *Arista* 1988 brachte dem Trio, das modernen Blues-Rock spielt, die angemessene kommerzielle Plattform. Ihr Debüt-Album *See The Light* aus dem Jahr 1989 verkaufte sich über 2 Mio. mal. Im gleichen Jahr landeten sie ihren – bisher einzigen – Top 10-Erfolg mit *Angel Eyes.* Bedingt durch ihre frischen und interessanten Darbietungen und v.a. durch H.s virtuoses Gitarrenspiel und seinen gefühlvollen Gesang, gelang den 3 Musikern eine beachtliche Karriere, die bis heute anhält. Ihre wichtigsten Platten sind *Hell to Pay* (1990), *Feel This* (1992), *Cover to Cover* (1995) und *Get Me Some* (2000).

Heart, amerik. Rock-Formation, bestehend aus *Ann Wilson* (*19.6.1951), Gesang, *Nancy Wilson* (*16.3. 1954), Gitarre, Keyboard und Gesang, *Steve Fossen* (*15.11.1949), Baßgitarre, *Roger Fisher* (*14.2.1950), Gitarre, und *Michael Derosier* (*24.8.1951), Schlagzeug. A. Wilson, R. Fisher und S. Fossen hatten bereits gemeinsam in der Band *White Heart* (vormals *The Army*) gespielt, ehe sie sich zu H. in Vancouver zusammenfanden. Ihr Debüt-Album *Dreamboat Annie* erschien 1975, und mit der Single-Auskoppelung *Magic Man* konnten sie sogleich einen Top 10-Erfolg feiern. Mit einer Mischung aus Rock- und Folk-Elementen gelangen der Band Hits wie *Barracuda* (1977), *Theses Dreams* (1986), *Alone* (1987) und *All I Wanna Do Is Make Love to You* (1990). Maßgeblichen Anteil am Erfolg der Band hatten die Schwestern Wilson, die H. dominierten und der Band bei etlichen Umbesetzungen die Kontinuität garantierten. Nach 1990 wandten sich die Mitglieder immer mehr eigenen Projekten zu, das Interesse an der Band H. begann zu erlöschen. Einige ihrer Platten sind *Magazine* (1977), *Private Audition* (1982), *Bad Animals* (1987) und *Desire Walks On* (1993).

Heath, Percy *30.4.1923 Wilmington (North Carolina), †28.4.2005 Southhampton (New York); amerik. Jazzmusiker (Kontrabaß). H. kam 1947 mit dem Bebop-Trompeter Howard McGhee nach New York, spielte seit 1948 bei Miles Davis, Fats Navarro und Jay Jay Johnson und seit 1950 bei Dizzy Gillespie. Seit 1954 bis zu dessen Auflösung 1974 war er Mitglied des Modern Jazz Quartet. H. gehörte zu den bedeutendsten Kontrabassisten des Jazz. In seinem Spiel hat sein Instrument auch eine melodische Funktion.

Henderson, James Fletcher, *18.12. 1898 Cuthbert (Georgia), †29.12.1952 New York; amerik. Jazzmusiker (Pianist, Bandleader, Arrangeur). H. kam 1920 nach New York. Dort spielte er bei W.C. Handy, war seit 1922 Hauspianist in dessen Plattenfirma »Black Swan Records«, begleitete die Bluessängerin Ethel Waters und nach ihr viele andere Stars des Vaudeville-Blues, u.a. 1923–27 Bessie Smith, mit der er auch Schallplattenaufnahmen machte. 1923–34 leitete er in New York ein Orchester, das sich, nicht zuletzt wegen der Arrangements von Don Redman und Benny Carter, zur ersten Big Band der Jazzgeschichte entwickelte. 1935–39 hatte er auch mit einer zweiten Band Erfolg, ging dann aber als Pianist zu Benny Goodman, bevor er 1942–47 wieder mehrere eigene Bands leitete. 1942–47 war er erneut Begleitpianist von Ethel Waters. 1950 beendete ein Schlaganfall seine Karriere. H. gehörte zu den großen Bandleadern und Arrangeuren der 1920er und 1930er Jahre. Seine Arrangements für Benny Goodman mit ihren deutlich voneinander abgehobenen Bläsersätzen prägten ganz wesentlich den charakteristischen Sound des Goodman-Orchesters.

Henderson, Joe, *24.4.1937 Lima (Ohio), †30.6. 2001 San Francisco; amerik. Jazzmusiker (Tenor- und Sopransaxophon, Flöte, Komposition). Er wuchs als eines von fünfzehn Kindern in ärmlichen Verhältnissen auf. Sein Interesse an Musik rührte von Schallplatten her und bewegte seinen Vater, ihm ein Saxophon zu kaufen. Während seiner Highschoolzeit hörte er viel Bebop, vor allem Charlie Parker und erhielt ersten Unterricht in Klavier und Saxophon. Aufgrund seiner hohen Begabung schaffte er den Sprung in die Wayne University in Detroit. Nach absolviertem Militärdienst folgte er Trompeter Kenny Dorham nach New York. 1963 nahm ihn das Label Blue Note unter Vertag, das Sammelalbum *The Blue Note Years* (1963–1990) dokumentiert sein umfangreiches Schaffen. 1964–1966 arbeitete er mit Horace Silver zusammen. Während dieser Zeit entstanden auch seine eigenen Alben *Black Is The Color* und *Black Narcissus*, die seine Identifikation mit der schwarzen Bürgerrechtsbewegung widerspiegeln. In den 70er Jahren übersiedelte er nach Kalifornien und widmete sich zunehmend dem Unterrichten. Anfang der 90er Jahre brachte er wieder zwei neue Platten heraus: *Lush Life* (1991, eine Hommage an Billy Strayhorn) und *So Near, So Far (Musings for Miles)* (1992, mit John Scofield, Dave Holland und Al Foster), welche von der Jazzwelt begeistert aufgenommen wurden und ihm drei Grammys einbrachten. Den vierten Grammy erhielt er 1995 für die A.C. Jobim gewidmete Platte *Double Rainbow.* 1998 erlitt er einen Schlaganfall und mußte seine Karriere beenden. H. gehörte zu den interessantesten Saxophonisten der Zeit nach J. Coltrane. Sein Ton war nahezu grenzenlos variabel, vom beherzten Zupacken eines Sonny Rollins sowie der Expressivität Coltranes bis zum filigranen, verspielten Flüstern. Weitere bedeutende Platten: *Song For My Father* (1964, Horace Silver-Quintett), *Inner Urge* (1964, mit McCoy Tyner), *Mirror, Mirror* (1980, mit Chick Corea).

Hendrix, Jimi (eig. James Marshall), *27.11.1942 Seattle (Washington), †18.9.1970 London; amerik. Rockgitarrist. H. spielte in verschiedenen amerikanischen Rhythm & Blues-Bands. 1966 ging er nach England und gründete dort mit David Noel Redding (Baßgitarre) und Joe Mitch Mitchell (Schlagzeug) die *Jimi Hendrix Experience.* Ende 1969 löste er diese Band auf und formierte die Band of Gipsys, in der er mit wechselnden Partnern, u. a. mit Buddy Miles, spielte. H. galt als der führende Gitarrist der späten 60er Jahre, der die Rockmusik bis weit in die 70er Jahre beeinflußte. In seiner Musik verband er spieltechnische Elemente des Blues, Rock und Jazz. Sein differenziertes Gitarrenspiel überdeckte er häufig mit elektronischen Rückkoppelungs-, Verzerrer- und Überlagerungseffekten und fand in dieser Synthese von Musik und Technik seine individuelle Ausdrucksform.

Herbolzheimer, Peter Alexander, *31.12.1935 Bukarest; dt. Posaunist, Bandleader und Komponist. H. kam 1951 nach Deutschland und studierte hier am Kons. in Nürnberg. 1953–57 lebte er in den USA, zog dann aber wieder nach Deutschland zurück, wo er als Instrumentalist und Arrangeur für verschiedene Orchester arbeitete. Mit seiner 1969 gegründeten *Rhythm Combination & Brass*, die Big Band-Strukturen mit modernen Rock-, Funk- und Latin-Elementen verbindet, gehört H. zu den festen Größen der dt. Jazz-Szene. Zusammen mit *Dieter Reith* und *Jerry van Rooyen* schrieb er die Einzugsmelodie für die Olympischen Spiele 1972 in München. Ausflüge in die Pop-Musik unternahm H. als er im Laufe der 70er Jahre LPs mit *Udo Lindenberg* einspielte – u. a. *Wotan Wahnwitz* (1975) – und diesen auch auf seinen Tourneen begleitete. H. schrieb die Filmmusik zu *Das Traumhaus* (1980), ist regelmäßig bei den Berliner Jazztagen zu Gast und lehrt an der Universität in Graz. Zu seinen interessantesten Platten zählen *Catfish* (1975), *Hip Walk* (1976), *Touchdown* (1977), *Fat Man Boogie* (1981) und *Big Band Bebop* (1983). Seit 1987 kümmert sich H. verstärkt um die Nachwuchsförderung und übernahm die künstlerische Leitung des Bundesjugend-Jazzorchesters. H. erhielt im Laufe seines Lebens u. a. folgende Auszeichnungen: Bundesverdienstkreuz am Bande (1973), 1. Preis beim Concours International des Thémes de Jazz (1974), Wahl zur Big Band Nr. 1 in Europa durch *Jazz-Forum* (1975/76), Künstler des Jahres der Phono-Akademie (1977), Großer deutscher Schallplattenpreis (1978) und Musikpreis der Stadt Frankfurt (1998).

Herman, Woody (eig. Woodrow Charles H.), *16.5.1913 Milwaukee (Wisconsin), †29.10.1987 Los Angeles; amerik. Jazzmusiker (Klarinette, Altsaxophon) und Bandleader. H. formierte Ende der 30er Jahre ein als *The Band that Plays the Blues* bekannt gewordenes Ensemble, das er 1943/44 unter der Bezeichnung *First Herd* zur Big Band erweiterte. Erfolgshit dieser Band, deren Swingstil jetzt eine deutliche Tendenz zum Bebop hatte, war *Caledonia*, ein Stück, das I. Strawinsky zu seinem von H. 1946 uraufgeführten *Ebony Concerto* inspirierte. 1947 stellte H. die *Second Herd* zusammen, die bis 1949 bestand. Sie zeichnete sich bes. durch den Saxophonsound der sog. »Four Brothers« Stan Getz, Zoot Sims, Herb Stewart (später Al Cohn) und Serge Chaloff aus und übernahm stilistisch Elemente des Cool-Jazz. Nach der Ende 1949 gegründeten und 1955 wieder aufgelösten *Third Herd* stellte er 1956 erneut eine Band zusammen, die sich aber erst 1963 zur *Fourth Herd* formierte. Diese v. a. durch die Arrangements von Nat Pierce geprägte Band verarbeitete Elemente des Hard Bop. Auch die von H. in den 70er Jahren geleiteten Big Bands gehörten zu den führenden Gruppierungen des konventionellen modernen Jazz.

Herman's Hermits, engl. Pop-Band, die 1962 als Amateur-Gruppe unter dem Namen *The Heartbeats* in der Besetzung *Peter Noone* (eig. P. Blair Denis Bernhard N., *5.11.1944), Gesang und Saxophon, *Derek Leckenby* (*14.5.1946, †4.6.1994), Gitarre, *Keith Hopwood* (*26.10.1946), Gitarre, *Karl Green* (*31.7.1947), Baßgitarre, und *Barry Bean Whitwam* (*21.7.1946), Schlagzeug, gegründet wurde. H. H. wechselten 1964 ins Profilager und landeten mit *I' m into Something Good* einen Nummer-1-Hit in England. Beste Chart-Plätze erreichten sie auch mit den Titeln *Can't You Hear My Heartbeat, Mrs. Brown You've Got a Lovely Daughter* und *I' m Henry VIII I Am* (alle 1965) sowie mit *No May Come, Years May Go* (1970). In den 70er Jahren verblaßte ihr Ruhm zunehmend, obwohl sie zeitweilig mehr Platten absetzen konnten als die *Beatles*. Reste der Formation tingelten bis Anfang der 90er Jahre auf meist zweitklassigen Oldie-Veranstaltungen durch die Lande. Einige ihrer besten LPs sind *On Tour* (1965), *Luckey 13* (1966), *Blaze* (1967) und *There's a Kind of Hush* (1967).

Hines, Earl Fatha (Earl Kenneth), *28 12.1905 Duquesne (Pennsylvania), †22.4.1983 Oakland; amerik. Jazzpianist und Bandleader. H. spielte 1926–28 u. a. bei Louis Armstrongs »Hot Five« und leitete 1928–48 eigene Big Bands. Seine beste Band war die der Jahre 1939–41, seine einflußreichste (in ihr spielten nachmalige Größen des Bebop wie Charlie Parker und Dizzy Gillespie) hatte er 1943. 1948 kehrte H. wieder zu Louis Armstrong zurück, leitete seit 1951 aber wieder eigene Bands. Unter dem Eindruck der Trompetentechnik Armstrongs entwickelte H. einen speziellen Klavierstil, den »Trumpet Piano Style«.

Hiseman, Jon, *21.6.1944 Blackheath; engl. Schlagzeuger und Bandleader. H. erhielt als Kind Violin- und Klavierunterricht, wechselte dann aber zum Schlagzeug. Erste Band-Erfahrungen sammelte er in den 60er Jahren bei *Wes Minster Five*, dem *Don Rendell Quintett* und beim *New Jazz Orchestra*. 1966 schloß er sich der *Graham Bond Organization* an und wurde wenig später Profi-Musiker. Nach kurzen Gastspielen bei Georgie Fame und *John Mayalls Bluesbreakers* gründete er zusammen mit dem Saxophonisten Dick Heckstall-Smith 1968 die Jazz-Rock-Formation → *Colosseum*. Hier überzeugte H. durch einen ungemein virtuosen Drum-Stil und wurde zeitweilig als weltbester Jazz- bzw. Rock-Drummer gehandelt. Sein lockeres Spiel sowie die unübertroffene Unabhängigkeit zwischen Bein- und Stockarbeit ermöglichten es ihm, melodisch spannende Percussionsfiguren zu spielen, die ihresgleichen suchten. Nach der Auflösung von *Colosseum* arbeitete H. zunächst bei *Tempest* (ab 1972), dann bei *Colosseum II* (ab 1975). Ab Mitte der 70er Jahre war er auch häufiger mit dem *United Jazz and Rock Ensemble* zu hören. H., dessen Jazz-Aktivitäten bis in die heutige Zeit reichen, tritt regelmäßig auch mit seiner Frau, der Saxophonistin Barbara Thompson, auf, v. a. seit der Reunion von *Colosseum* 1995. Zu seinen wichtigsten Platten zählen *Valentyne Suite* (1969) und *Colosseum Live* (1971 und 1975, mit *Colosseum*), *Living Fear* (1974, mit *Tempest*) sowie *Night in the Sun* (1983,solistisch).

Hodges, Johnny (eig. John Cornelius H.), *25.7.1906 Cambridge (Massachusetts), †12.5.1970 New York; amerik. Jazzmusiker (Alt- und Sopransaxophon). H. spielte zunächst u. a. bei Chick Webb und kam 1928 zu Duke Ellington, in dessen Orchester er der herausragende Solist wurde. Seit 1951 leitete er eigene Bands, kehrte aber 1955 in die Ellington-Band zurück, der er bis zu seinem Tod angehörte. H., dessen Spielweise eine Ausdrucksskala von vehement-abrupter bis lyrisch-zarter Tongebung umfaßte, gehörte mit Benny Carter zu den führenden Altsaxophonisten der 30er Jahre.

Holiday, Billie (eig. Eleonora Fagan Gough McKay), *7.4.1915 Baltimore, † 17.7.1959 New York; amerik. Jazzsängerin. Sie kam 1929 nach New York, wo sie 1933 von John Hammond entdeckt wurde und im selben Jahr ihre erste Schallplatte mit Benny Goodman aufnahm. Über 350 Schallplatteneinspielungen, u. a. mit dem Orchester von Teddy Wilson und mit eigenen Bands, verhalfen ihr zu einer weltweiten Popularität. Neben zahlreichen Gastspielen in den USA mit bekannten Orchestern, wie den von Count Basie und Artie Shaw, unternahm sie 1954 ihre erste und 1958 ihre zweite Europatournee. Obwohl B. H. durch die sich immer starker entwickelnde Musikindustrie dazu angehalten war, schlagerähnliche Songs mit deutlichen Swingelementen zu interpretieren, konnte sie durch ihre oft tragischen und erschütternden Lebenserfahrungen in ihren Songs nie die Bluesatmosphäre und ihre Herkunft vom traditionellen Blues verleugnen. Ihre Autobiographie erschien als *Lady Sings the Blues* (Garden City/N.Y. 1956. Lo 1958. 1960 [zus. mit W. F. Dufty], dt. Übers.: *Schwarze Lady ... Sings the Blues*, H 1957. Reinbek 1965).

Holland, David, *1.10.1946 Wolverhampton; engl. Kontrabassist, Baßgitarrist, Komponist und Bandleader. Bevor H. 1965–68 Kontrabaß an der Guildhall School of Music studierte, hatte er sich bereits autodidaktisch das Gitarren- und Baßgitarrenspiel beigebracht. Er spielte zunächst sowohl in klassischen als auch in Jazz-Besetzungen und dann 1968–71 in der Band von Miles Davis. Anfang der 70er Jahre arbeitete H., der sein Spiel gerne mit modernster Technik anreichert, auch mit Jazz-Größen wie Joe Farrell, John McLaughlin, Stan Getz oder Chick Corea. Unbeschadet eigener solistischer Aktivitäten (*Emerald Tears*, 1977), ist H. bis in die 90er Jahre hinein immer wieder mit Superstars aus der Jazz-Szene aufgetreten. Zu seinen wichtigsten LPs gehören *Music for two Basses* (1971), *Conference of the Birds* (1972), *Waterfall Cascade* (1976), *Jumpin In* (1983), *Seeds of Time* (1985) und *Overtime* (2005).

Hollies, The, brit. Pop-Band, deren Ursprünge bis Anfang der 60er Jahre zurückreichen. Die Schulfreunde *Harold Allen Clarke* (*5.4.1942), Gesang, und *Graham Nash* (*2.2.1942), Gitarre und Gesang, spielten sich durch die Gruppen *Two Teens*, *Fourtones* und *Deltas*, ehe sie 1962/63 in Manchester die H. gründeten. Zu den Mitgliedern der Band gehörten weiterhin *Tony Hicks* (*16.12.1943), Gitarre und Gesang, *Eric Haydock* (*3.2.1943), Baßgitarre, und *Bobby Elliott* (*8.12. 1942), Schlagzeug. Der Produzent Ron Richards nahm die H. unter Vertrag, kreierte einen Musikstil, der zwischen den *Beatles* und den *Everly Brothers* lag, und veröffentlichte 1963 ihren Debüt-Song *Stay*, der prompt ein Top 10-Treffer wurde. Mit ihrem seichten Unterhaltungs-Pop, der geprägt war von A. Clarkes markanter Stimme und mehrstimmigem Gesang, gelangen ihnen int. Bestseller wie *Bus Stop* (1966), *Carrie Anne* (1967), *He Ain't Heavy, He's My Brother* (1969) oder *The Air That I Breathe* (1974). Trotz einiger Umbesetzungen – so verließ Nash die Gruppe 1968, um *Crosby, Stills & Nash* zu gründen, Allan Clarke ging 1971, kam jedoch 1973 wieder zurück – konnten sich die H. bis in die 70er Jahre retten. Div. Comeback-Versuche brachten letztlich nicht den erhofften Erfolg. Einige ihrer LPs sind *In the Hollies Style* (1965), *Dis-*

tant Light (1971), *Russian Roulette* (1976) und *What Goes Around* (1983). Auch wenn die H. heute praktisch keine Platten mehr verkaufen, sind sie eine Live-Attraktion geblieben und gehören zu den beliebtesten Bands bei Oldie-Veranstaltungen.

Holly, Buddy (eig. Charles Hardin Holley), *7.9.1936 Lubbock (Texas), †3.2. 1959 bei Mason City (Iowa); amerik. Sänger und Gitarrist. Zu Beginn seiner Laufbahn spielte H. v.a. Western Music gemeinsam mit Bob Montgomery. Ab 1956 versuchte er zunächst, mit *Buddy Holly & The Three Tunes* in Nashville Fuß zu fassen. Später wechselte er jedoch zu der Rock 'n' Roll-Gruppe *The Crickets*, die mit *That'll Be the Day* (1957) einen Spitzenreiter in den US-Charts plazieren konnte. Auch als Solist kam H. mit fast identischem Musikmaterial, bisweilen auch sentimentaleren Balladen, zum Erfolg. Mit Songs wie *Peggy Sue* (1957) oder *Rave On* (1958) konnte er sich neben Elvis und Chuck Berry etablieren. Nach seinem Tod (Flugzeugabsturz) veröffentlichte seine Plattenfirma von ihm zu Lebzeiten aufgenommenes, unvollendetes Material. Posthum erschienen u.a. *Bo Diddley* und *Wishing* (beide 1963). Das Leben des Teenager-Idols wurde 1978 unter dem Titel *Buddy Holly Story* verfilmt. 1986 wurde er in die Rock 'n' Roll Hall of Fame aufgenommen. Zu seinen wichtigsten LPs zählen *Buddy Holly* (1958), *That'll Be the Day* (1958) und *Buddy Holly Story*, Vol. 1 u. 2 (1958).

Hooker, John Lee, *22.8.1917 Clarksdale (Mississippi), †21.6.2001 San Francisco; amerik. Blues-Sänger, Gitarrist und Songschreiber. Bereits in den 30er Jahren tingelte H. durch die Vereinigten Staaten, arbeitete gemeinsam mit R. Nighthawk und spielte in div. Gospel-Gruppen (u.a. *Fairfielt Four*). In den 40er Jahren wurde er in Detroit ansässig und veröffentlichte Platten unter eigenem Namen, aber auch unter den Pseudonymen Delta John, Johnny Williams, Texas Slim oder The Boogie Man. H. eignete sich weniger für spektakuläre Chart-Notierungen. Sein Markenzeichen sind vielmehr gefühlvolle Alben, auf denen er seine markante Stimme und sein einfaches, jedoch sehr effektvolles Gitarrenspiel in ursprünglichen, manchmal sehr monotonen, aber trotzdem voller Ausdruckskraft dargebotenen Songs zur Geltung bringt. Er gilt als einer der Urväter des Blues bzw. Rhythm & Blues und beeinflußte maßgeblich Musiker späterer Generationen, so u.a. *Rolling Stones*, die *Animals* und die *Yardbirds*. H., der bis in seine letzten Jahre hinein aktiv war, nahm eine unübersehbare Zahl an Schallplatten auf und spielte 1980 in dem Film *The Blues Brothers* eine Nebenrolle. Empfehlenswerte Platten sind u.a. *Sing the Blues* (1959), *Travelin* (1960), *Hooker 'n' Heat* (1971), *Sittin Here Thinking* (1980) und *The Healer* (1989).

Hopkin, Mary, *3.5.1950 Ystradgynlais; brit. Sängerin. Als sie Ende der 60er Jahre bei der Nachwuchs-Show »Opportunity Knocks« den ersten Preis gewann, hatte sie bereits ihre Debüt-Platte *Llais Swinol Mary Hopkin* (1967) in walisischer Sprache aufgenommen. P. McCartney verpflichtete sie für das *Beatles*-Label Apple, und mit dem von G. Raskin geschriebenen und von McCartney produzierten Song *Those Were the Days* (1968) gelang ihr ein Sensationserfolg: In Europa und den USA wurde die Single über 8 Mio. mal verkauft. Auch *Goodbye* (1969), diesmal von McCartney geschrieben, wurde für H. zum Welterfolg. Beim Grand Prix d'Eurovision 1970 erreichte sie mit *Knock, Knock Who's There* den zweiten Platz. Seitdem sang sie nur noch vereinzelt, u.a. auf Platten von D. Bowie, R. McTell und Thin Lizzy. Sie hat sich in Großbritannien schon seit längerem als

Songschreiberin etabliert. Einige ihrer LPs sind *Postcard* (1969), *Earth Song – Ocean Song* (1971) und *Kidnapped* (1979).

Hopkins, Sam »Lightnin«, *15.3.1912 Centerville (Texas), †31.12.1982 Houston (Texas); amerik. Blues-Sänger, Gitarrist und Songschreiber. Der aus ärmlichen Verhältnissen stammende schwarze Musiker, der bis in die 40er Jahre hinein als Landarbeiter seinen Lebensunterhalt unter schweren Bedingungen verdienen mußte, begann zunächst gemeinsam mit Texas Alexander zu musizieren, ehe er als Mitglied von *Thunder Smith and Lightnin* erste Platten veröffentlichte. Seine Rhythm & Blues-Songs, die er mit oft weinerlicher Stimme gefühlvoll darbot, kamen insbes. bei unterprivilegierten schwarzen Getto-Bewohnern in den USA gut an. Einige dieser Lieder aus den 50er Jahren, die nie einen Chart-Platz erreichten, sind *Mountain Blues*, *Coffee Blues* und *Katy Mae*. Seine int. Karriere begann in den 60er Jahren. Er war nun auf ausgedehnten Tourneen zu hören, nahm eine schier unüberschaubare Zahl von Platten auf und genoß den Ruf, einer der einflußreichsten, wenn nicht der bedeutendste Blues-Interpret zu sein. Zu seinen LPs zählen *Country Blues* (1959), *Blues in My Bottle* (1961), *Soul Blues* (1965) und *That's My Story* (1969).

Hornsby, Bruce, *23.11.1954 Williamsburg (Virginia); amerik. Sänger, Pianist und Songschreiber. H. begann als Amateur-Musiker auf der High School, absolvierte anschließend ein Musikstudium und tourte Ende der 70er Jahre mit einem eigenen Ensembles durch die Bars der Südstaaten. 1980 wurde er Songschreiber bei der *20th Century Publishing*. Erste große Auftritte als Pianist hatte er in der Band von *Sheena Easton*, die er 1983 auf einer Amerika-Tournee begleitete. Wenig später gründete er *The Range* (*B. H. & The Range*) und erhielt einen Plattenvertrag bei RCA. Seine Debüt-Single *The Way It Is* (1983) erreichte auf Anhieb Platz 1 der US-Charts. Weitere Top 10-Titel von H. waren *Mandolin Rain* (1987) und *The Valley Road* (1988). Als begehrter Gastmusiker ist H. auf einer Reihe von Alben zu hören. Seit Anfang der 90er Jahre ist er solistisch wieder sehr erfolgreich, spielte aber auch Keyboards bei *The Grateful Dead* und deren Nachfolgeband *The Other Ones*. Einige seiner LPs sind *The Way It Is* (1986), *Scenes from the Southside* (1988), *A Night on the Town* (1990), *Harbour Lights* (1993), *Hot House* (1995), *Spirit Trail* (1998) und *Here Come The Noise Makers* (2000).

Houston, Whitney, *9.8.1963 Newark (New Jersey); amerik. Sängerin. H. enstammt einer musikalischen Familie: Ihre Mutter Emily »Cissy« Houston war als Leadsängerin der *Sweet Inspiration* u. a. auf Platten von Elvis und A. Franklin zu hören; ihre Cousine D. Warwick ist eine erfolgreiche Solo-Sängerin. H. sang als Kind in einem Gospel-Chor, später bei *Chaka Khan*. Ab 1985 begann eine Bestseller-Serie, die bis Mitte der 90er – trotz manchmal recht dünner Disco-Kost – nicht abgerissen ist und zu der Titel wie *You Give Good Love* und *Saving All My Love for You* (beide 1985), *I Wanna Dance with Somebody* (1987), *One Moment in Time* (1988) sowie *I'm Every Woman* (1993) gehören. 1992 übernahm sie eine Hauptrolle in dem US-Spielfilm *Bodyguard*; der von ihr gesungene Titelsong *I Will always Love You* wurde ein Welterfolg und verkaufte sich allein in den USA über 13 Mio. mal. Drogenprobleme und öffentliche Skandale drängten sie jedoch Mitte der 90er immer weiter ins Abseits. Zu ihren LPs gehören *Whitney Houston* (1985), *Whitney* (1987), *The Bodyguard* (1992), *My Love*

Is Your Love (1998) und *Love, Whitney* (2001).

Hubbard, Freddie (eig. Frederick Dewayne H.), *7.4. 1938 Indianapolis (Indiana); amerik. Jazzmusiker (Trompete, Flügelhorn). H. spielte 1959–60 bei Sonny Rollins und entwickelte sich rasch zum herausragenden Trompeter der 60er Jahre, bes. des Hard Bop. Danach spielte er mit verschiedenen anderen namhaften Musikern, u.a. mit Ornette Coleman, John Coltrane und Max Roach und trat 1965 in einer Studio Big-Band von Friedrich Gulda auf. In den 70er Jahren ließ sich H., der die Stilmittel vom konventionellen Modern Jazz bis zum atonalen Free-Jazz beherrschte, auch mit Jazzrock und Discomusik hören. In den späten 80er Jahren begann die Energie von H., die ihn bisher ausgezeichnet hatte, zu erlahmen. Er kümmerte sich immer weniger um Auftrittsmöglichkeiten und auch sein Spiel verlor an Qualität. Seinen Fans bleiben etliche hervorragende Aufnahmen. Einige davon sind *Open Sesame* (1960), *Breaking Point* 1964), *Straight Life* (1970), *Live At The Hague* (1980), *Face To Face* (1982), und *Double Take* (1985).

Huey Lewis & The News, amerik. Rockband. Der Namensgeber der Band, *Huey Lewis* (eig. Hugh Anthony Creg III, *5.7.1950), Gesang, begann in den späten 60er Jahren als Straßenmusiker. In den 70er Jahren hatte er mit eigenen Bands, wie *Slippery Elm* und *Clover* erste musikalische Erfolge. 1979/80 stellte Lewis H.L. & T.N. zusammen. Der Formation gehören neben ihm noch *Chris Hayes* (*24.11.1957), Gitarre, *Mario Cipolina* (*10.11.1954), Baßgitarre, *Sean Hopper* (*31.3.1953), Keyboards, *John Colla* (*2.7.1952), Saxophon und Gesang, sowie *Bill Gibson* (*13.11.1951), Schlagzeug, an. Mit ihrem peppigen Mainstram-Rock und einem homogenen Gruppensound fanden sie rasch eine große Fangemeinde. In den 80er Jahren lieferte die Formation etliche Top 10-Hits und sogar einige Chart-Spitzenreiter. Dazu gehören *Do You Believe in Love* (1982), *The Power of Love* (1985), *Stuck with You* (1986), *Jacob's Ladder* (1987) und *Perfect World* (1988). Zwar wurde es in den 90er Jahren ruhiger um die Band, neue Alben und Tourneen lassen jedoch an eine Auflösung nicht denken. Einige ihrer LPs sind *Huey Lewis & The News* (1980), *Picture This* (1982), *Sports* (1983), *Fore* (1987), *Small World* (1988), *Hard At Play* (1991), *Four Chords And Several Years Ago* (1994) und *Plan B* (2001).

Humair, Daniel, *23.5.1938 Genf; Schweizer Jazzmusiker (Schlagzeug). H. begleitete in den 60er Jahren die französischen *Swingle Singers* auf zahlreichen Tourneen durch Europa und durch die USA. Bekannt wurde er als Mitglied von Phil Woods *European Rhythm Machine,* die 1969–72 zu den besten Jazz Combos Europas gehörte. Er spielte außerdem bei namhaften Jazzmusikern wie Chet Baker, Jean-Luc Ponty, Lucky Thompson und Louis Sclavis.

Human League, brit. Pop-Band. 1977 zunächst als *Future* gegründet, benannten sich *Phil Oakey* (*2.10.1955), Gesang und Keyboards, *Martin Ware* (*19.5.1956), Keyboards, *Ian Craig Marsh* (*11.11.1956), Keyboards, und *Adrian Wright* (*30.6.1956), Visuals, bald nach dem Computerspiel *Human League.* Erste Erfolge stellten sich nach den Single-Veröffentlichungen *Being Boiled* und *Holidy 80* (1979/80) ein. 1980 verließen M. Ware und I.C. Marsh das Ensemble und gründeten *Britsh Electric Foundation* bzw. *Heaven 17.* Neu hinzu kamen *Ian Burden*, Baßgitarre, *Jo Callis,* Keyboards, sowie die Sängerinnen *Susanne Sulley* und *Joanne Catherall.* Mit ihrem eingängigen, manchmal unterkühlten Synthesizer-Pop gelangen ihnen etliche Top 10-Treffer, darunter *Love Action, Don't You Want Me* (1981) und *Human* (1986), die sich in Europa und den USA sensationell gut verkauften. Ende der 80er Jahre ebbte die Erfolgswelle der Band weitestgehend ab; dennoch sind H. L. bis heute aktiv. Zu ihren wichtigsten Alben zählen *Reproduction* (1979), *Dare* (1981), *Crash* (1986), *Romantic* (1990), *Octopus* (1995) und *Secrets* (2001).

Humperdinck, Engelbert (eig. Arnold George Dorsey), *2.5.1936 Madras (Indien), brit. Sänger. Gemeinsam mit seiner Familie kam H. 1946 nach Großbritannien; Ende der 50er Jahre erschien seine erste Platte, ohne daß sich vorerst kommerzieller Erfolg einstellte. Erst die Zusammenarbeit mit dem Manager Gordon Mills, der H. zu seinem Künstlernamen riet, brachte den Durchbruch. Mit *Release Me* gelangte H. 1967 an die Spitze der engl. Hitparade. Wenig später folgten gerichtliche Auseinandersetzungen über den Namen des frischgebackenen Idols: Die Nachfahren des Komponisten Engelbert Humperdinck erreichten, daß der Interpret sich zumindest in Deutschland nur noch »Engelbert« nennen durfte. Trotzdem gelangen ihm mit seichten, melancholischen, oft etwas schmalzig daherkommenden Songs etliche Bestseller. H. zog in den 70er Jahren nach Las Vegas, von wo aus er bis heute Songs produziert. Zu seinen Hits gehören *The Last Waltz* (1967), *There Goes My Everything* (1967), *A Man without Love* (1968), *Winter World of Love* (1969) und *After the Lovin'* (1976).

Humphries, Les, *18.8.1940 London; engl. Pianist, Sänger, Komponist und Bandleader. H. erhielt bereits als Kind Klavierunterricht und betätigte sich auch als Berufssoldat musikalisch. Ende der 60er Jahre kam er nach Hamburg, wo er Mitglied der Gruppe *Wonderland* wurde, mit denen er 1968 den Hit *Moscow* veröffentlichte. Inspiriert durch die *Edwin Hawkins Singers* gründete H. wenig später die *Les Humphries Singers*, denen u. a. auch Jürgen Drews und John Lawton beitraten. Mit ihren gefälligen Chorliedern, einem Gemischtwarenladen aus Pop-Musik, Gospel und Spirituals, waren sie die Lieblinge der dt. TV- und Radiosender und plazierten Bestseller wie *We Are Going down Jordan* (1971) und *Mexico* (1972) in den Hitparaden. Seit Mitte der 70er Jahre ist H. von der int. Bühne verschwunden. Zu seinen Hits zählen weiterhin *Mama Loo* (1973) und *Kansas City* (1974).

Hunt, Marsha, *15.4.1949 Philadelphia (Pennsylvania); brit. Sängerin. Nachdem sie in Berkeley Anthropologie studiert hatte, kam sie 1966 nach London, wo sie als Hauptdarstellerin im Musical *Hair* viel Aufsehen erregte. Zudem stellte sie ihre erstaunlichen gesanglichen Fähigkeiten bei Alexis Korner, John Baldry und bei der Gruppe *Ferris Wheel* unter Beweis. Als Solistin hatte sie Ende der 60er Jahre mit Titeln wie *Gilded Splinters, You Ain't Going Nowhere, Moan You Moaners* und dem von Paul Simon geschriebenen Hit *Keep the Costumer Satisfied* (1970) großen Erfolg. H. betätigte sich außerdem als Moderatorin bei brit. Fernsehsendern und sang 1976 im Musical *Mardi Gras* mit. Weiterhin veröffentlichte sie noch einige LPs und übernahm einige Nebenrollen in Fernsehfilmen. Mit *The Other Side of Midnight* konnte sie 1977 noch einmal einen Erfolg für sich verbuchen. 1986 veröffentlichte sie ihre Autobiographie unter dem Titel *Real Life*. Einige ihrer Alben sind *Desdemona* (1971), *Woman Child* (1971) und *Musinch Disco* (1980).

Hüsker Dü, amerik. Rocktrio, bestehend aus *Bob Mould*, Gitarre und Gesang, *Grant Hart*, Schlagzeug und Gesang, sowie *Greg Norton*, Baßgitarre. Die Band, benannt nach einem skandinavischen Brettspiel (»Weißt Du noch?«), wurde 1978 in Minneapolis gegründet und prägte wie kaum eine zweite den Alternative Rock der 80er Jahre. Die Songschreiber B. Mould und G. Hart schufen einen gitarrenlastigen Stil, der Aggressivität neben Melodie und Melancholie stellte. War das Debüt *Land Speed Record* (1981) noch von halsbrecherischen Hardcore-Tempi geprägt, so setzte sich ab *Zen Arcade* (1983) die Vorliebe für klassisches, fast folknahes Songwriting durch. Ihre Texte malten düstere Innenwelten, in denen Verlustängste, gescheiterte Beziehungen und Frustration sich zu einem den American Dream entlarvenden Bild zusammenfügten. Mit *Candy Apple Grey* (1986) und *Warehouse: Songs and Stories* (1987) setzte sich die Band ein Denkmal – zwei Platten, die das Trio auf dem Höhepunkt ihrer Kreativität zeigten; nicht zuletzt ein Grund für den massiven Einfluß, den H.D. auf nachfolgende Bands wie z.B. →*Nirvana* haben sollte. Interne Probleme sorgten 1988 für den Split der Band, Mould und Hart starteten Solokarrieren, ersterer war vor allem mit der Band *Sugar* erfolgreich. Eine weitere wichtige LP des Trios ist *Flip Your Wig* (1985).

I

Ibrahim, Abdullah, ursprünglich Dollar Brand (eig. Johannes Adolph Brand), *9.10.1934 Kapstadt; südafrikanischer Pianist, Flötist, Saxophonist, Sänger, Komponist und Bandleader. Er wuchs in einem vielfältigen musikalischen Umfeld auf. Früh begann er sich für Jazz zu interessieren, bereits mit 15 Jahren schlug er sich unter dem Künstlernamen »Dollar« Brand als Berufsmusiker durch. 1959 wurde er Mitglied der *Jazz Epistles*, der ersten Band mit südafrikanischen Musikern, die ein Jazz-Album veröffentlichte. In seiner künstlerischen Entwicklung durch das Apartheidregime limitiert, ging er 1962 mit seiner späteren Frau, der Jazzsängerin Bea Benjamin, nach Zürich. Dort wurde Duke Ellington auf ihn aufmerksam: 1963 durfte er auf dessen Label seine erste Trio-Platte veröffentlichen: *Duke Ellington presents the Dollar Brand Trio.* Er folgte Ellington in die USA, etablierte sich in der Free Jazz Szene. 1968 konvertierte er zum Islam und nahm den Namen Abdullah Ibrahim an. I.s unverwechselbarer Stil vereint afrikanische Tradition und teilweise Einflüsse der populären Musik mit großer improvisatorischer Spielfreude. Besonders populär wurde *African Marketplace* (1979). 1983 gründete er das Septett *Ekaya* (Heimat) und widmete dessen mehrjährige Arbeit den immer noch durch das Apartheidregime unterdrückten Menschen: *Water From An Ancient Well* (1985) und *African River* (1989). 1990, im Jahr der Freilassung Nelson Mandelas, kehrte er nach Kapstadt zurück, behielt jedoch seinen Wohnsitz in New York. 1994 spielte er zur Amtseinführung Mandelas und wurde mit der Ehrendoktorwürde der Univ. of the Western Cape ausgezeichnet. Weitere Alben: *Good News from Africa* (1973) und *Echoes from Africa* (1979, jeweils im Duo mit Johnny Dyani, voc.), *At Montreux* (*Dollar Brand Quintett*, 1980), *Zimbabwe* (1983), *African Suite For Trio And String Orchestra* (1997), Solo: *Reflections* (1965), *African Sketchbook* (1969) und *Ode to Duke Ellington* (1973).

Ice T (eigentlich Tracey Marrow), *1958 Newark, New Jersey; US-amerik. Rapper. Wie kaum ein anderer Rapper der

80er und 90er Jahre thematisierte Ice T in seinen Songs die alltägliche Gewalt auf der amerikanischen Straße. Nach dem frühen Tod seiner Eltern und Jugenderfahrungen in einer Street Gang wählte er sein Pseudonym nach dem Poeten Iceberg Slim. Sein Debüt-Album *Rhyme Pays* (1987) wurde als erste Platte überhaupt mit einer Elternwarnung wegen vermeintlich jugendgefährdender Texte versehen. In seiner Rap-Organisation *Rhyme Syndicate* beschäftigte er Mitglieder seiner ehemaligen Gang. Auch auf seinen Alben *Power*, vor allem aber auf *Freedom Of Speech ...Just Watch What You Say* (beide 1989) setzte er sich mit Themen wie Gewalt und Meinungsfreiheit auseinander. 1990 gründete er die Band *Body Count*, in der er HipHop wirkungsvoll mit Heavy Metal versetzte. Der Song *Cop Killer* vom Album *Body Count* (1992) wurde auf den Index gesetzt und unter HipHop-Fans zur Kulthymne. Als Ice T veröffentlichte er indes mit *O. G. Original Gangster* (1991) sein musikalisch und textlich stringentestes Album. Weitere Platten wie *Home Invasion* (1993), *VI: Return To The Real* (1996) und *7th Deadly Sin* (2000) bestätigten Ice Ts Stellung als Ausnahmerapper. Zwei weitere Alben mit *Body Count* ließen hingegen den Biß des Debüts vermissen.

Ideal, dt. Rock-Band, die sich 1980 in der Besetzung *Annette Humpe* (*28.10. 1950), Gesang, *Hansi Behrendt*, Schlagzeug, *Ernst Ulrich Deuker*, Baßgitarre, und *Frank Jürgen Krüger*, Gitarre, zusammenfand. Die Anfang der 80er Jahre aufblühende Neue Deutsche Welle inspirierte auch I. stilistisch. Mit Single-Veröffentlichungen wie *Eiszeit* (1981) und *Monotonie* (1983) schafften sie den Sprung in die bundesdeutschen Hitparaden; interne Schwierigkeiten hatten jedoch zur Folge, daß sich I. bereits 1983 auflöste. LPs der Band waren *Ideal* (1980), *Der Ernst des Lebens* (1981), *Bi Nuu* (1982) und *Zugabe – Live* (1983).

Idol, Billy (eig. William Michael Albert Broad), *30.11. 1955 London; engl. Sänger. I. gründete Mitte der 70er Jahre die Punk-Band *Chelsea*. Später nahmen ihn der *Kiss*-Manager Bill Aucoin und der Produzent Keith Forsey unter Vertrag, verliehen ihm ein neues Outfit und sorgten auf diese Weise dafür, daß I. ab 1982, gemeinsam mit seinem Gitarristen Steve Stevens, einige Chart-Erfolge feiern konnte. Zu ihnen gehören *Eyes without a Face* (1984), *To Be a Lover* (1986), *Sweet Sixteen* und *Cradle of Love* (1990). Trotz einiger schwerer Motorrad-Unfälle, wegen der I. mehrfach pausieren mußte, ist er bis heute, allerdings mit etwas gereiftem und weicherem Stil, erfolgreich. Einige seiner LPs sind *Billy Idol* (1982), *Rebel Yell* (1983), *Whiplash Smile* (1986), *11 of the Best* (1988), *Cyberpunk* (1993) und *VH1 Storytellers* (2002). 2005 feierte er der geläuterte Punk ein großes Comeback mit *Devil's Playground*.

Iglesias, Julio (eig. J.I. de la Cueva), *23.9.1943 Madrid; span. Sänger. I.' Plan, Fußballspieler zu werden, wurde durch einen schweren Autounfall vereitelt. In der Rekonvaleszenz lernte er Singen und Gitarrespielen. Mit seinem selbstkomponierten *La Vida Sigue Igual* gewann er 1968 einen Gesangswettbewerb in Benidorm. I., der seine Lieder zeitweilig in 5 verschiedenen Sprachen veröffentlichte, hatte 1972 mit *Wenn ein Schiff vorüberfährt* seinen ersten Top 10-Erfolg in Deutschland. Spätestens seit dieser Zeit gilt er, den man gelegentlich auch den »spanischen Frank Sinatra« nennt, als Herzensbrecher und Frauenliebling. Seine hauptsächlich seichten, melancholischen Liebeslieder verkauften sich bisher weltweit mehr als 100 Mio. mal. I.' Popularität ist insbes. bei seinen weiblichen Fans bis heute ungebrochen. Auch in den USA konnte I. sich etablieren. Er sang dort im Duett u. a. mit W. Nelson, S. Wonder und D. Ross. Zu seinen Hits zählen weiterhin *Begin the Beguine* (1981), *Quiereme Mucho* (1982), *To All the Girls I've Loved Before* (1984), *My Love* (1988), *La Caretera* (1993), *Tango* (1996) und *Piano Instrumentals* (1997).

Ike and Tina Turner, amerik. Soul-Duo. Der Gitarrist und Pianist Ike Turner (eig. Ikear T.), *5.11.1931 Clarksdale (Mississippi), war ab 1948 als Talentsucher für Plattenfirmen tätig, bevor er 1957 für seine Band *The Kings of Rhythm* die Sängerin Tina Turner (eig. Anne Mae Bullock), *26.11.1939 Brownsville (Tennessee), entdeckte. 1958 heiratete das Paar. Aus der Verbindung gingen u. a. die Hits *I Idolize You* und *Poor Fool* (1962) hervor; 1966 war *River Deep, Mountain High* der erste Welt-Hit des Duos, das 1969 im Vorprogramm der *Rolling Stones* den int. Durchbruch erzielte. Rock-Songs wie *Proud Mary* von *Creedence Clearwater Revival* und Tinas *Nutbush City Limits* (1973) festigten den Ruhm ebenso wie die sexuell offenherzigen Shows der Turners. 1976 zerbrach die Ehe. T. T. floh vor den drogenbedingten Gewaltausbrüchen ihres Mannes. Während I. T. schließlich wegen Kokainhandels ins Gefängnis ging, verhalfen prominente Fans wie *Dire Straits* und *Heaven 17* der Sängerin ab 1982 zur eigenen Karriere. Mit *Private Dancer* (1984), *Break Every Rule* (1986) und Hits wie *Two People* übertraf T. T. alle alten Erfolge. 1986 erschien das Buch *I, Tina*, Grundlage für den biographischen Film *What's Love Got to Do with It*. 1992 verkündete die Sängerin ihren Abschied vom Musikgeschäft, machte aber dann doch weiter. Ihre großen Erfolge rechtfertigten diese Entscheidung. Erst im Jahr 2000 hängte sie, nach einer triumphalen Abschiedstournee, die Show-Stiefel an den Nagel. Wichtige LPs aus ihrer Zeit mit Ike sind *River Deep, Mountain High* (1967), *Come Together* (1970), *The World of I. & T.T. – Live* (1973) und *Nutbush City Limits* (1974).

Incredible String Band, The, brit. Band, die 1965 in Glasgow gegründet wurde und im wesentlichen nur aus den beiden Multiinstrumentalisten *Mike Heron* (*1942) und *Robin Williamson* (*1943) bestand. Um sich herum scharte das Duo eine illustre Gesellschaft von Musikern und Tänzern, die sowohl live als auch im Studio mitwirkten. Die Musik der I. S. B. war häufig von eigenwilliger Exotik, voller fremdländischer Instrumente und Klänge, und wurde zudem durch aufwendige Studiotechnik zu einem Klanggebilde verarbeitet, das im England der 60er Jahre seinesgleichen suchte. Weder war der Sinn ihrer Texte eindeutig verständlich, noch erklärt die virtuose Verwendung verschiedenster (auch historischer) Stile den Erfolg der Band. Eher war es wohl die Mischung aus Pantomime, Theater und Show, die die I. S. B. populär machte. Ihr Wechsel zu rhythmusbetonterem und bodenständigerem Material in den 70er Jahren wurde von den Fans nicht honoriert; die I. S. B. löste sich 1974 auf. Einige ihrer LPs sind *5000 Spirits or the Layers of the Onion* (1967), *Changing Horses* (1969), *Earthspan* (1972) und *Hard Rope and Silken Twine* (1974).

Inner Circle, amerik. Pop-Reggae-Gruppe, bestehend aus *Roger Lewis* (*29.6.1956), Gitarre, *Ian Lewis* (*1.11. 1958), Baßgitarre, *Jacob Miller* (*4.5. 1956, †23.3.1980), Gesang, *Bernard »Touter« Harvey* (*25.10.1956), Keyboards, und *Lancelot Hall* (*7.2.1960), Schlagzeug. Gegründet wurde I. C. 1968 auf Jamaica von den Gebrüdern R. und I. Lewis. 1974 stieß J. Miller hinzu und im Frühjahr 1979 erschien mit *Everything Is Grat* ihr erster Hit. Nachdem Miller 1980 verstarb und durch Trevor Brown ersetzt worden war, verlegte die Band ihren Arbeitsmittelpunkt nach Miami, eröffnete hier ein Plattenstudio und brachte LPs u. a. mit *2 Live Crew* und Joe Tex heraus. 1990 kam Carlton Coffey als neuer Sänger in das Ensemble, und 1992 erreichten sie mit dem Song *Bad Boys*, der auch Titelmelodie zu der TV-Sendung *Cops* wurde, erstmals die amerik. Top 10. Die Gruppe stellt eine neue Generation von Reggae-Bands dar, die sich mehr dem US-Electronic-Pop verpflichtet fühlen als ihren eigentlichen jamaikanischen Ursprüngen. Weitere Hits von I. C. waren *Sweat (A La La La La Long)*, *Rock with You* (beide 1992) und *Games People Play* (1994).

Inxs (sprich: In Excess), australische Pop-Band in der Besetzung *Jon Farriss* (*10.8.1961), Schlagzeug, *Andrew Farriss* (*27.3.1959), Keyboards, *Tim Farriss* (*16.8. 1957), Gitarre, *Garry Beers* (*22.6.1957), Baßgitarre, *Kirk Pengilly* (*4.7.1958), Gitarre, und *Michael Hutchence* (*12.1.1959, †22.11.1997), Gesang. Neben Bands wie →*AC/DC* und *Midnight Oil* ist I. eine der erfolgreichsten Bands des australischen Kontinents. 1977 spielte das Sextett zunächst als *Farriss Brothers*, später als *The Vegetables*. Einen ersten Achtungserfolg als I. konnten sie mit *Just Keep Walking* von ihrem Debüt-Album *Simple Simon* (1980) verzeichnen. Der Durchbruch gelang mit dem von Nile Rodgers produzierten *The Swing* (1984). Mit Songs wie *What You Need* (1986), *Devil Inside* (1988) oder *Suicide Blonde* (1990) haben I. Hits geschaffen, die New-Wave-Keyboardsounds mit Funkklängen kombinieren und harte Gitarren in Verbindung mit Dancefloor-Rhythmen in einen modernen Kontext setzen. Das lukrative Talent, Anspruch mit Kommerzialität zu verbinden, nicht zuletzt auch die Präsenz von Leadsänger Hutchence haben I. zu einem *der* Megaacts der späten 80er und der 90er Jahre werden lassen. Die Laufbahn der Band endete jäh mit dem Selbstmord Hutchenses. Wichtige LPs der Band sind *Listen Like Thieves* (1986), *Kick* (1988), *X* (1990), *Welcome to Wherever You Are* (1992), *Full Moon Dirty Hearts* (1993), *Elegantly Wasted* (1997) und *Shine Like It Does: The Anthology* (2001).

Iron Butterfly, amerik. Rock-Gruppe, die 1966 in San Diego (Kalifornien) von *Doug Ingles*, Tasteninstrumente und Gesang, ins Leben gerufen wurde. Ihr gehörten weiterhin *Lee Dorman* (Baßgitarre), *Erik Brann* (Gitarre), und *Ron Bushey* (Schlagzeug) an. Blieb ihrem Debüt-Album *Heavy* (1968) auch der Erfolg versagt, so gelang ihnen doch mit der folgenden Veröffentlichung *In-A-Gadda-Da-Vida* (1968) der große Wurf. Die LP hielt sich gut 2 Jahre in den Bestseller-Listen und wurde 5 Mio. mal verkauft. Der gleichnamige Titelhit, von immerhin 17minütiger Dauer, erreichte weltweit Kultstatus. Zum einen ist dies auf D. Ingles' ausdruckstarke Stimme zurückzuführen, zum anderen auf ungewohnt ausgedehnte Gitarren-, Baß-, Orgel- und Drum-Soli. Es gelang I. B. kein weiterer Erfolg dieser Art. Sie lösten sich bald auf, und auch ein 1974 unternommener Comeback-Versuch führte nicht wieder ins große Geschäft. Weitere LPs der Band waren *Ball* (1969), *Metamorphosis* (1970), *Scorching Beauty* (1975) und *Sun and Steel* (1975).

Iron Maiden, brit. Heavy-Metal-Band, die um das Jahr 1978 eine erste konstante Besetzung mit *Paul Di'Anno* (*17.5. 1959), Gesang, *Dave Murray* (*23.12. 1955), Gitarre, *Doug Sampson*, Schlagzeug, und *Steve Harris* (*12.3. 1957), Baßgitarre, fand. S. Harris hatte I. M. bereits 1976 erstmals formiert; bis 1994 spielten noch folgende Musiker in der

Band: *Tony Parsons*, Gitarre, *Dennis Stratton*, Gitarre, *Clive Burr* und *Nicko McBrain*, Schlagzeug, *Adrian Smith*, Gitarre, sowie *Bruce Dickinson* und *Blaze Bailey*, Gesang. Nach einigen erfolglosen Veröffentlichungen gelang ihnen mit ihrer LP *Iron Maiden* (1980) und der Single-Auskoppelung *Running Free* der nationale Durchbruch. Mit ihrer manchmal extrem lauten und aggressiven Musik, die sich durch schrille Gitarrenriffs, eine donnernde Rhythmusgruppe und oft hysterischen Gesang auszeichnete, spielte sich I. M. auch international an die Spitzen der Charts. Trotz ihrer manchmal recht deftigen Horror- und Science Fiction-Geschichten, in denen es an blutrünstigen Zombie-Gestalten nicht fehlte, blieben ihnen ihre Fans bis heute treu. Weitere LPs sind u. a. *Killers* (1981), *The Number of the Beast* (1982), *Live after Death* (1985), *Seventh Son of a Seventh Son* (1988), *Fear Of The Dark* (1992), *The X Factor* (1995), *Brave New World* (2000) und *Rock In Rio* (2002).

Isaak, Chris (eig. Christopher Josef I.), *26.6.1956 Stockton (Kalifornien); amerik. Sänger, Gitarrist, Songschreiber und Schauspieler. Ab 1985 veröffentlichte I. Platten, die jedoch kaum Beachtung fanden. Erst als David Lynch für seinen Film *Wild at Heart* den 1989 erschienen Song *Wicked* verarbeitete, konnte I. Einzug in die int. Top 10 halten. Die Rock 'n' Roll-Presse pries ihn als neuen Superstar an und stellte ihn in eine Reihe mit Roy Orbison. I., der mit seiner einfühlsamen und ausdruckstarken Stimme immer wieder beeindruckt, kann indes nicht als Rock-Musiker etikettiert werden. Der Charakter seiner Werke ist eher melancholisch und verträumt. Als Schauspieler war I. in den Filmen *Married to the Mob, Das Schweigen der Lämmer* und *Little Buddha* zu sehen. Einen weiteren Hit hatte er mit *Blue Hotel* (1991). Seine neueren CDs sind *Feeling Blue* (1995), *Speak Of The Devil* (1998), *Always Got Tonight* (2002) und *Chris Isaak Christmas* (2004).

Isley Brothers, amerik. Gospel-Ensemble. Die I. B. bestanden bei ihrer Gründung in Cincinatti Anfang der 50er Jahre aus den Gebrüdern *Ronald I.* (*21.5. 1941), *Rudolph I.* (*1.4.1939), *O'Kelly* (*25.12.1937, †31.3.1986) und *Vernon I.* Nach dem Tod von Vernon I. ging das verbleibende Trio nach New York und nahm mit *The Cow Jumped over the Moon* (1956) seine erste Platte auf; mit *Shout* (1959) gelangten sie erstmals in die Charts. Mit ihrer Mischung aus Soul und R & B sowie gelegentlichen lateinamerikanischen Einflüssen wurden sie zu einer der beständigsten Gruppen des Gospel. Es entstanden Bestseller, zu denen *Twist and Shout* (1962), *It's Your Thing* (1962) und *Harvest for the World* (1976) gehören. 1973–84 wurden die I. B. durch die jüngeren Geschwister Ernie I. und Marvin I. sowie durch einen Cousin, Chris Jasper I., verstärkt. Nach dem Tod von O'Kelly I. traten die I. B. auch kurzzeitig als Duo auf. 1992 wurden sie in die Rock 'n' Roll Hall of Fame aufgenommen. Wichtige LPs der Band sind *Soul on the Rocks* (1968), *Givin' It Back* (1972), *The Heat is On* (1975), *Between the Sheets* (1983) und *Tracks of Life* (1992).

It's A Beautiful Day, amerik. Rock-Gruppe, die 1967 von *David LaFlamme*, Violine und Gesang, gegründet wurde. Weiterhin gehörten ihr *Linda LaFlamme*, Tasteninstrumente und Violoncello, *Hal Wagenet*, Gitarre, *Mitchel Holman*, Baßgitarre, *Val Fuentes*, Schlagzeug, sowie *Pattie Santos*, Gesang und Percussionsinstrumente, an. Die Band hatte ihren Sitz in San Francisco, dem damaligen Zentrum der Flower Power-Bewegung, und so war auch ihre Musik leicht, voller Tagträume und gelegentlich improvisatorisch angelegt. Dabei standen Gesang und Violine im Vordergrund. Mit ihrem Debüt-Album *It's a Beautiful Day* (1969) erreichten sie in Hippie-Kreisen Kultstatus und wurden sogar in Europa bekannt. Nach etlichen Umbesetzungen und dem Ausscheiden von D. LaFlamme versank die Band in der Bedeutungslosigkeit. Weitere LPs waren u. a. *Marrying Maiden* (1970), *Choice Quality Stuff* (1971), *At Carnegie Hall* (1972), *It's A Beautiful Day – Today* (1973) und *1001 Nights* (1974).

J

Jackson, Janet, *15.6.1966 Gary (Indiana); amerik. Sängerin. Die Schwester von → Michael J. wuchs in einer musikalischen Familie auf und konnte bereits im Kindesalter erste Bühnenerfahrungen sammeln. In professionelle Berührung mit dem Show-Geschäft kam J. Ende der 70er Jahre durch ihr Mitwirken bei TV-Serien wie *Good Times*, *Diff'rent Strokes* und *Fame*. Ab 1982 folgende Plattenveröffentlichungen blieben noch ohne Resonanz; erst mit dem Titel *What Have You Done for Me Lately* (1986) landete sie ihren ersten weltweiten Top 10-Erfolg. Weitere Chart-Notierungen erzielte sie u. a. mit *When I Think of You* (1986), *Let's Wait a While* (1987) und *Rhythm Nation* (1989). Dabei ist ein Ende ihrer Hitserie bis heute nicht abzusehen. So wurden allein von ihrer LP *Rhythm Nation* 6 Mio. Exemplare verkauft, 7 Lieder der LP, die als Singles herausgebracht wurden, gelangten in die Top 10, 3 von ihnen erhielten sogar Spitzenplätze. 1993 gab J. in dem Film *Poetic Justice* ihr Debüt als Filmschauspielerin. Zu ihren wichtigen LPs zählen *Janet Jackson* (1982), *Dream Street* (1984), *Control* (1986), *More Control* (1987), *Janet* (1993), *The Velvet Rope* (1997) und *All For You* (2001).

Jackson, Joe, *11.8.1955 Burton-on-Trent; brit. Sänger, Pianist und Songschreiber. J. erhielt als Kind zunächst Violin-, dann Klavierunterricht und studierte 1971–74 an der Royal Academy of Music Komposition. Anschließend verdingte er sich als Barpianist und schloß sich den Formationen *Edward Bear* und *Arms and Legs* an. 1978 erhielt J. einen Plattenvertrag bei A & M Records und gelangte mit seinem im gleichen Jahr veröffentlichten Song *Is She Really Going out with Him* unter die ersten 20. Mit seiner eher feinen, jedoch ausdruckstarken Stimme und seinem typischen Pianospiel gelangen ihm Folgehits, wie z. B. *It's Different for Girls* (1980) oder *Steppin Out* (1982). Ebenfalls 1982 verlegte J. seinen Arbeitsplatz nach New York und brachte hier bis über die 90er Jahre hinaus einige stilistisch interessante, z. T. sinfonische Platten heraus, die jedoch kommerziell an den Erfolg seiner ersten Werke nicht heranreichten. Zu seinen wichtigen LPs zählen *Look Sharp* (1979), *Jumpin Jive* (1981), *Night & Day* (1982), *Will Power* (1987), *Blaze of Glory* (1989), *Laughter & Lust* (1991), *Night Music* (1994), *Heaven & Hell* (1997), *Summer In The City* (2000), *Night & Day II* (2000) und *Afterlife* (2004).

Jackson, Mahalia, *26.10.1911 New Orleans, †27.1. 1972 Chicago; amerik. Spiritual- und Gospelsängerin. 1937 nahm sie ihre erste Schallplatte auf, wurde aber erst 1945 mit *Move on up Little Higher* und 1950 mit *Silent Night* berühmt. In den 50er Jahren folgten zahlreiche weitere Plattenaufnahmen und Konzerte in den USA und in Europa. 1957 und 1958 nahm sie am New Port-Jazzfestival teil, wobei sie 1958 vom Duke Ellington-Orchester begleitet wurde. M. J., in Stimmgebung und Vortragsweise vom Blues beeinflußt, gilt als die bedeutendste Sängerin der Negro Spirituals und Gospelsongs. Ihre Autobiographie erschien unter dem Titel *Movin' on up* (NY 1966) (zusammen mit E. McLeod Wylie; dt. Übers.: *M. J. erzählt … die Geschichte ihres Lebens*, Z 1969).

Jackson, Michael, *29.8.1958 Gary (Indiana); amerik. Sänger und Tänzer. J. begann bereits 5jährig, gemeinsam mit seinen Brüdern bei den →*Jackson 5* (später *Jacksons*) zu spielen. Seinen ersten eigenen Spitzenreiter in den US-Charts hatte er mit dem Song *Ben* (1972, Titelmelodie zum gleichnamigen Film). Ende der 70er Jahre begann J., unterstützt von dem Produzenten Quincy Jones, sich endgültig von den *Jacksons* abzunabeln. Sein Album *Thriller* (1982) verkaufte sich weltweit mehr als 40 Mio. Mal und brachte J. sogar einen Grammy ein. In den folgenden Jahren festigte er seinen Ruf als Solist u.a. mit *Beat It* (1983), *I Just Can't Stop Loving You* (1987) und *Black or White* (1991). J., der tänzerisch außergewöhnlich talentiert ist und dessen Produktionen ein bemerkenswert hohes Niveau aufweisen, zählt zu den herausragenden Figuren der int. Pop-Szene. Nach 2000 machte er jedoch nur noch durch medial aufgeblasene Prozesse wegen Kindesmißbrauchs Schlagzeilen. Zu seinen LPs gehören *Forever Michael* (1975), *Farewell My Summer Love* (1984), *Anthology* (1986), *Bad* (1987), *Dangerous* (1991), *History* (1995), *Blood On The Dancefloor* (1997) und *Invincible* (2001).

Jackson, Milt (Milton) , genannt »Bags«, *1.1.1923 Detroit, †9.10.1999 New York; amerik. Jazzmusiker (Vibraphon). J. wurde 1945 von Dizzy Gillespie entdeckt. Er spielte außerdem noch bei Tadd Dameron, Howard McGhee und Woody Herman. Aus dem von ihm gegründeten Milt Jackson Quartet entwikkelte sich unter dem Einfluß des Pianisten John Lewis 1953 das →Modern Jazz Quartet, das zum Inbegriff des Cool Jazz wurde und auch in Europa, u.a. 1957 bei den Donaueschinger Musiktagen, sehr erfolgreich war. J. interpretierte mit virtuoser Technik Balladen und Blues in besonders ausdrucksvoller Weise.

Jackson 5/Jacksons, amerik. Pop-Gruppe um *Jermaine* (*11.12.1954), Gesang und Baßgitarre, *Jackie* (eig. Sigmund Esco J., *4.5.1951), Gesang, *Michael* (*29.8.1958), Gesang, *Marlon* (*12.3.1957), Gesang und Gitarre, sowie *Tito J.* (eig. Toriano Adaryll J., *15.10.1953), Gesang und Gitarre. Die J. wurden von ihren Eltern seit frühester Kindheit auf eine Gesangs- und Tanzkarriere vorbereitet und begannen um das Jahr 1963 als Trio (Jackie, Tito und Jermaine). Michael und Marlon stießen nur wenig später hinzu. Der Durchbruch gelang ihnen erst, nachdem der Produzent Berry Gordy sie unter Vertrag genommen hatte; *I Want You Back* (1969) war ihr erster Hit. Es folgten weitere Spitzenreiter, darunter *ABC*, *The Love You Save* und *I'll Be There* (alle 1970). 1973 verließ Jermaine J. die Formation und wurde durch *Randy J.* (eig. Steven Randall J., *29.10.1962), Gesang und Keyboards, ersetzt. In den 80er Jahren zerfiel die Band, seit Beginn der 90er Jahre wird sie durch die Kinder von Tito J. und Jermaine J. revitalisiert. J.5 veröffentlichte u.a. *Diana Ross Presents the Jacksons* (1970), *Motown Special* (1977), *Triumph* (1980) und *Victory* (1984).

Jam, The, brit. Rock-Trio. *Rick Buckler* (*6.12.1955), Schlagzeug, *Bruce Foxton* (*1.9.1955), Baßgitarre, und *Paul John William* →*Weller* (*25.5.1958), Gitarre und Gesang, fanden 1973 als Schülerband zusammen. Unter dem Management von Pauls Vater John machte die Band 1977–82 eine einzigartige Karriere und verzeichnete insgesamt 17 Single-Hits (*Going Underground*, 1980, *Town* *called Malice*, 1982). Obwohl im Zuge des Punk bekannt geworden, waren J. keine Punk-Band. Wellers Vorbild war Pete →Townshend, sein Interesse galt dem Mod-Movement der 60er Jahre, sowohl hinsichtlich der Musik als auch der Mode. So traten J. in Anzügen mit schmalen Krawatten auf und spielten eine rauhe Rhythm & Blues-Melange, voller Anklänge an frühe *Who* und *Kinks*, gespielt mit der kraftvollen Verve des Punk. Wellers Songtexte positionierten ihn als ernsthaften Chronisten des UK, der über ein gutes Auge für das Schicksal seiner Landsleute verfügte und aus persönlichen Lebensskizzen bissige Statements zur Lage der Nation zusammenfügte. Folgerichtig wurde Weller 1980 zum besten brit. Songschreiber des Jahres gewählt. 1982, quasi auf dem Höhepunkt des Ruhmes, kam es zur überraschenden Trennung. Weller gründete *The Style Council* und war später auch als Solist erfolgreich. Zu den wichtigen LPs der Band zählen *In the City* (1977), *All Mod Cons* (1978), *Setting Sons* (1979) und *The Gift* (1982).

Jamal, Ahmad, urspr. Frederick Russel Jones, *2.7.1930 Pittsburg; amerik. Jazzpianist. J. erlernte bereits mit 3 Jahren das Klavierspiel und widmete sich früh dem Jazz, inspiriert von der virtuosen Leichtigkeit eines Erroll Garner, Art Tatum und Teddy Wilson. Nach seinem Highschool-Abschluß spielte er als Sideman in verschiedenen Formationen, 1950 gründete er sein erstes Trio *The Three Strings* mit Ray Crawford (g) und Eddie Calhoun (b). Kein geringerer als Miles Davis schwärmte von seiner leichtfüßigen, trocken perlenden Artikulation. 1958 gelang ihm mit seinem neu formierten Trio, nun in klassischer Besetzung mit Baß (Israel Crosby) und Schlagzeug (Vernell Fournier), seine bedeutendste Platte: *At The Pershing – But Not For Me*. Seine klare, bisweilen minimalistische Motivik – darin an Monk erinnernd –, das lebendige Zusammenspiel mit der Rhythmusgruppe und ein neuartiger Groove, mit starkem Backbeat des aus New Orleans stammenden Schlagzeugers, wurden stilbildend. *But Not For Me* etablierte sich sogar an dritter Stelle in den Pop-Charts. In seiner langjährigen Jazzkarriere blieb für J. das Piano Trio die zentrale Ausdrucksform. Weitere bedeutende Schallplatten: *The Awakening* (1970), *Chicago Revisited* (1992), *I Remember Duke, Hoagy & Strayhorn* (1994), *In Search of Momentum* (2003).

James, Harry (Haagh), *15.3.1916 Albany (Georgia), †3.7.1983 Las Vegas; amerik. Jazztrompeter und Bandleader. Er spielte 1935–36 bei Ben Pollack und dann bei B. Goodman. 1939 gründete er seine eigene Big Band, die zunächst mit Tanzmusik erfolgreich war, dann aber in den 50er Jahren sich wieder dem Jazz zuwandte und später als eine der besten Jazz-Big Bands angesehen wurde. James' schwungvolles Spiel war durch sein kräftiges Vibrato charakterisiert.

James, Rick (bürgerlich James Johnsen), *1.2.1952 Buffalo (New York), †6.8.2002 Los Angeles (Kalifornien); amerik. Sänger, Keyboarder, Gitarrist und Songschreiber. Nachdem J. von mehreren Schulen »geflogen« war, ging er in den 60er Jahren zur Army, desertierte jedoch alsbald, ging nach Toronto/Kanada und gründete hier 1967 zusammen mit Neil Young die *Mynah Birds*. In den 70er Jahren kam er nach England, pendelte jedoch unentwegt zwischen London, Toronto und den USA, wo er auch eine Haftstrafe wegen seines Militärvergehens verbüßen mußte. 1977 gründete er die *Stone City Band*. Ein Jahr später erhielt J. einen Vertrag bei Motown, auch als Solist. 1978 erschien sein Debütalbum *Come Get It* und mit *You*

And I hatte er auch seinen ersten Charterfolg. Der schwarze Musiker mit der markanten Rock-Stimme verband Funk/Punk- wie auch Rock 'n' Roll-Einflüsse in seinen Songs, in denen er auch des öfteren auf die Probleme in den Farbigen-Ghettos aufmerksam machen wollte. Weitere Hits wie *Mary Jane, Bustin Out* oder *Super Freak* machten ihn zu einem der bekanntesten Künstler in Amerika. Alkohol und Drogenprobleme machten ihm in den 80er Jahren schwer zu schaffen und nach eine Therapie hatte er Schwierigkeiten, an alte Erfolge anzuknüpfen. Interessante LPs sind u. a. *Fire It Up* (1979), *Streets Songs* (1981), *Cold Blooded* (1983) und *Wonderful* (1988).

James Gang, The, amerik. Rock-Gruppe, die zwar bereits 1966 in Cleveland (Ohio) ins Leben gerufen wurde, aber erst 1969 in der Besetzung *Joey »Joe« Walsh* (*20.11.1947), Gitarre, Keyboards und Gesang, *Dale Peters*, Baßgitarre, und *Jim Fox*, Schlagzeug, Percussions und Gesang, zu einer stabilen Form fand. Die als amerikanische Antwort auf die britischen *Cream* geltende J. G. wurde in den USA bekannt, weil sie im Vorprogramm von *The Who* das Publikum begeistern konnte. Ihren größten Erfolg hatten sie mit *Yer Album* (1969). *Rides Again* (1970) war ihr wohl bestes Album. 1970 verließ Walsh, der dem Ensemble bislang Feuer verliehen hatte, die J. G. In den folgenden Jahren kam es zu einigen Umbesetzungen, u. a. mit dem späteren *Deep Purple*-Gitarristen Tommy Bolin, die Auflösung erfolgte 1976. Zu ihren LPs zählen *Thirds* (1971), *Straight Shooter* (1972), *Newborn* (1975) und *Jesse Come Home* (1976).

Jankowski, Horst, *30.1.1936 Berlin, †29.6.1998 Radolfzell; dt. Jazz- und Unterhaltungsmusiker (Pianist, Komponist, Arrangeur, Dirigent) ; er begleitete 1954–55 Caterina Valente und kam 1955 als Pianist zum Südfunk-Tanzorchester von Erwin Lehn, wo er bald als herausragender Solist angesehen war. J. spielte mit eigenen Combos, trat aber auch mit bekannten Jazzmusikern auf, u. a. 1957 mit Tony Scott und 1958 auf der Brüsseler Weltausstellung mit Benny Goodman. In Europa und den USA wurde er mit dem Schlager *A Walk in the Black Forest* (*Schwarzwaldfahrt*) bekannt. 1975 wurde J. Leiter des RIAS-Tanzorchesters in Berlin.

Japan, engl. Pop-Band. 1976 gegründet von *David Sylvian* (eig. D. Batt, *23.2.1958), Gesang, *Richard Barbieri* (*30.11.1958), Keyboards, *Mick Karn* (eig. Anthony Michaelides, *24.7.1958), Baßgitarre, und *Steve Jansen* (eig. Steven Batt, *1.12.1959), Schlagzeug, später ergänzt durch *Rob Dean*, Gitarre. Für eine kurze Zeit erreichten J. mit einer Mischung aus New Wave, New Age und Synthesizer-orientierter Popmusik sowie dem Image androgyner Ästheten die europäischen Hitparaden. Bereits 1982, dem Jahr ihres größten Single-Erfolges (*Ghosts*) trennte sich die Gruppe, deren Mitglieder sich mit unterschiedlichem Erfolg neuen Projekten widmeten. Die größte Reputation erlangte dabei D. Sylvian durch seine Soloalben wie *Brilliant Trees* (1984) und *Secrets of the Beehive* (1987) sowie durch Arbeiten mit Ryuichi Sakamoto, Holger Czukay, dem Free-Jazz-Gitarristen Derek Bailey und Robert Fripp, mit dem Sylvian 1994 das Live-Album *Damage* veröffentlichte. Eine Reunion von J. unter dem Namen *Rain Tree Crow* fand 1991 hingegen wenig Beachtung und führte zur erneuten Trennung. Die wichtigsten Platten von J. sind *Adolescent Sex* (1978), *Quiet Life* (1980), *Gentlemen Take Polaroids* (1980), *Tin Drum* (1981) und *Oil on Canvas* (1983).

Jarre, Jean-Michel, *24.8.1948 Lyon; frz. Keyboarder, Synthesizer-Spieler, Gitarrist und Songschreiber. Der Sohn von Maurice J. studierte am Pariser Conservatoire und gehörte der »Group Récherche musicale« an. Seinen ersten int. Erfolg landete er mit dem Album *Oxygène* (1976), das sich mehr als 8 Mio. mal verkaufte. Besondere Aufmerksamkeit erregte sein mit gigantischer Lasershow und monströser Verstärkeranlage zelebrierter Auftritt 1979 auf dem Place de la Concorde. in Paris. Ähnlich aufgebauschte Konzerte gab J. in den 80er Jahren. Trotz spärlicher Single-Erfolge verkaufen sich seine Schallplatten bis in die heutige Zeit außerordentlich gut. Weitere seiner LPs sind *Equinoxe* (1978), *Magnetic Fields* (1981), *Zoolook* (1984), *Rendez-Vous* (1986), *Jarre Live* (1989), *Waiting For Cousteau* (1990), *Hong Kong* (1995), *Oxygene 7–13* (1997) und *Metamorphoses* (2000).

Jarreau, Al, *12.3.1940 Milwaukee (Wisconsin), amerik. Sänger. Als Sohn eines Predigers sammelte J. seine ersten musikal. Erfahrungen in Gospel-Chören. Während eines Psychologie-Studiums, das er erfolgreich abschloß, vertiefte er seine Jazz-Kenntnisse. 1968 wagte er den Sprung ins Profilager, aber erst 1975 konnte er erste Erfolge in Europa, zunächst als Shooting Star der Berliner Jazztage, feiern. Den US-Amerikanern war seine jazzige Stimmakrobatik, mit der er lateinamerikanische und afrikanische Musik zu einer Synthese brachte, zu gewagt. Erst der Wechsel zum Rhythm & Blues katapultierte ihn in den 80er Jahren u.a. mit *We're in This Love Together* (1981), *Mornin* (1983) und *Moonlight Theme* (1987) in die US-Charts. Außerdem erhielt er 5 Grammy-Auszeichnungen, 3 als »bester Jazz-Vokalist« und je eine als bester Pop- und bester Rhythm & Blues-Vokalist. Auch wenn J. ein erstklassiger Live-Entertainer ist, sind es doch seine Alben, mit denen er bis heute seine Fans verblüfft. Berühmt geworden sind bes. seine Vokalisierungen von Jazz Instrumental Standards wie *Take Five* (1977, D. Brubeck), *Blue Rondo a la Turk* (1981, D. Brubeck), *Spain* (1980, C. Corea) und *Something That You Said* (1999, Remake von *A Remark You Made,* J. Zawinul). Zu seinen bemerkenswertesten LPs zählen *We Got By* (1975), *Glow* (1976), *Look to the Rainbow* (1977, live), *All Fly Home* (1978), *In London* (1985), *L Is for Lover* (1986), *Hearts Horizon* (1988), *Heaven And Earth* (1992) und *Accentuate The Positive* (2004).

Jarrett, Keith, *8.5.1945 Allentown (Pennsylvania); amerik. Jazzmusiker (Piano, Orgel, Vibraphon und Sopransaxophon). Er spielte zunächst u.a. 1965 bei Art Blakey und wurde 1966 bei Charles Lloyd bekannt. 1968 gründete er zusammen mit Charlie Haden (Baß) und Paul Motian (Schlagzeug) ein eigenes Trio, das im Laufe der 70er Jahre zu einem Quintett erweitert wurde. 1970 trat er in die *Miles Davis Group* ein, verließ aber diese Jazz-Rock-Formation wieder, um sich seiner eigenen Gruppe und v.a. der akustischen Musik zu widmen. J. ist im Free Jazz ein virtuoser Pianist und Meister in der Verarbeitung von Motiven. Berühmt sind sein *Köln Concert* und die *Solo Concerts Bremen Lausanne* von 1973. Seit 1983 tritt J. in regelmäßigen Abständen mit dem Bassisten Gary Peacock und dem Schlagzeuger Jack DeJohnette auf. In dieser Trio-Formation widmet sich J. vorwiegend traditionellen Jazz-Standards. Allerdings nähert er sich ihnen auf eine neue Art und Weise: Er behandelt sie gleichsam wie Kammermusik, wobei den einzelnen Instrumenten einerseits größte Eigenständigkeit zugestanden wird, sie aber im Zusammenspiel dennoch zu einer unauflöslichen Einheit verschmelzen. In den Folgejahren entstanden in dieser Besetzung mehrere CDs (*Standards I* und

II, The Cure, Bye Bye Blackbird, Standards in Norway, Keith Jarrett at the Blue Note). – J. ist auch als Interpret klassischer Musik hervorgetreten. Seine Einspielungen von J. S. Bach (*Goldbergvariationen, Das wohltemperierte Klavier*), Händel, Mozart und Schostakowitsch zeichnen sich durch uneitle Werktreue aus und beweisen, daß sein überlegenes Spiel auch auf diesem Feld Erfolge feiert. In den 90er und 00er Jahren widmete sich J. wieder ganz dem Jazz und nahm zusammen mit Gary Peacock und Jack DeJohnette mehrere Alben mit Standards aus diesem Genre auf.

Jefferson Airplane/Starship, amerik. Rock-Formation, die um 1956 in San Francisco gegründet wurde und, nach anfänglichen personellen Veränderungen, mit *Marty Balin* (eig. Martyn Jerel Buchwald, *30.1.1942), Gitarre und Gesang, *Paul Kantner* (*12.3.1943), Gitarre und Gesang, *Jack Casady* (*13.4.1944), Baßgitarre, *Spencer Dryden* (*7.4.1938, † 11.1.2005), Schlagzeug, *Jorma Kaukonen* (*23.2.1940), Gitarre und Gesang, sowie *Grace Slick* (eig. G. Barnett Wing, *30.10.1939), Gesang, ihre erste dauerhafte Besetzung fand. J. A. war eine der wichtigsten Bands des San Francisco Psychedelic Rock und Mittelpunkt der Flower Power-Bewegung. Mit *Somebody to Love* und *White Rabbit* (beide 1967) gelangte ihnen erstmalig der Sprung in die Charts. Ab 1970 zerfiel der Gruppenverband; unter dem Namen *Jefferson Starship* gelang ab 1974 ein Neuanfang. *We Built This City* (1985) brachte noch einmal Charterfolge. In dieser Zeit nannte sich die Band nur noch *Starship*, es waren allerdings kaum noch Gründungsmitglieder beteiligt. 1989 gab es einen Comeback-Versuch mit Balin, Slick, Kantner, Kaukonen und Casady unter dem alten Namen *Jefferson Airplane*. Dieser Versuch schlug fehl und brachte der Band nur einen Preis des Magazins *Rolling Stone* ein, für das unwillkommenste Comeback. Kaukonen ist bis heute in seiner mehrfach gegründeten und wieder aufgelösten Band *Hot Tuna* erfolgreich. Einige ihrer besten LPs sind *Surrealistic Pillow* (1967), *Volunteers* (1969), *Spitfire* (1976), *Winds of Change* (1982) und *Keep Deep in the Hoople* (1985).

Jennings, Waylon (eig. Wayland Arnold J.), *15.6.1937 Littlefield (Texas), † 13.2. 2002 Chandler (Arizona); amerik. Countrysänger. J. gilt neben Willie → Nelson als Vertreter der sog. *Outlaws*, einer Gruppe von Musikern, die sich gegen reaktionäre Tendenzen in der Countrymusik wandten. Zunächst in der Begleitband von Buddy Holly und anschließend mit den *Waylors* aktiv, nahm J. ab 1965 als Solist konventionelle Country-Songs auf, darunter Hits wie *That's the Chance I Have to Take* oder *For Loving Me*. Anfang der 70er Jahre begann sich J. jedoch zunehmend vom konservativen Country-Business in Nashville abzugrenzen, um dem Genre mit einfach und dennoch individuell produzierten Songs neue Impulse zu geben. Von den Plattenfirmen bald geschickt als nonkonformer Außenseiter vermarktet, gelang J. nun der kommerzielle Durchbruch, so mit dem Song *Luckenbach, Texas* (1977) oder durch seine Duette mit Nelson, darunter v. a. *Good Hearted Woman* (1976). 1985 formierte J. mit Johnny Cash, Kris Kristofferson und Nelson das erfolgreiche Star-Ensemble *Highwaymen*, 1987 erschien das autobiographische Album *A Man Called Hoss* (1987). 1995 gelang J. mit *Waymore's Blues (Part II)* ein vielbeachtetes Comeback. Zu seinen wichtigsten Platten zählen außerdem *Singer of Sad Songs* (1970), *This Time* (1974), *Dreamin' My Dreams* (1975), *Wanted: The Outlaws* (1976, u. a. mit Nelson), *Will the Wolf Survive?* (1985), *Heroes* (1986), *Full Circle* (1988).

– In den 90er Jahren bemühte sich die rege Norddeutsche Plattenfirema *Bear Family Records* um die alten Aufnahmen von J. und brachte eine Reihe liebevoll ausgestatteter CDs mit alten und seltenen Aufnahmen heraus, die vor allem in den USA viele Liebhaber fanden.

Jesus and Mary Chain, The, schottische Rock-Band. *Jim Reid* (*1961 Glasgow), Gesang, und *William Reid* (*1958 Glasgow), Gitarre, begannen 1983 mit vom Punkrock und dem Pop der 60er Jahre entlehnten Ideen Musik zu machen. Um den Bassisten *Douglas Hart* und Drummer *Murray Dalglish* zum Quartett erweitert, weckten die Brüder mit aggressiven Posen und heulenden Gitarren-Rückkopplungen das Interesse der Medien. Auf dem Independent-Label Creation erschien 1984 die Single *Upside Down,* die J.A.M.C. das Image von innovativen Rebellen einbrachte. Drogendelikte, Tumulte bei meist nur 20 Minuten dauernden Konzerten, vor allem aber der provokante Songtitel *Jesus Suck* (von brit. Plattenpresswerken boykottiert) festigten dieses Bild. Das LP-Debüt *Psycho Candy* (1985), eingespielt mit dem Schlagzeuger Bobby Gillespie (später erfolgreich bei *Primal Scream*), gilt als Meilenstein der Rockgeschichte. Die Mischung aus sanften Melodien und lärmenden Gitarren beeinflußte eine Generation angloamerikanischer Bands. Auf späteren Alben zeigten sich J.A.M.C. introvertierter (*Darklands*, 1988), pflegten aber weiterhin eine Haltung, die Trotz, Zorn und Langeweile als wesentliche Motive des klass. Popsongs betonte. 1999 ging die Band auseinander. Zu ihren weiteren LPs zählen *Barbed Wire Kisses* (1988), *Honey's Dead* (1992), *Stoned and Dethroned* (1994) und *Munki* (1998).

Jethro Tull, engl. Rock-Formation, benannt nach einem Autor des 18. Jh. und 1968 von *Ian Anderson* (*10.8.1947), Gesang, Querflöte und Gitarre, in London gegründet. Seine Mitspieler, die noch aus den Gruppen *Blades* und *John Evan Band* stammten, waren zu diesem Zeitpunkt *Glenn Cornick* (*24.4.1947), Baßgitarre, *Mick Abrahams* (*7.4.1943), Gitarre, und *Clive Bunker* (*12.12.1946), Schlagzeug. Die Band spielte Blues-Rock mit Jazz-Einflüssen und konnte beim Blues- und Jazz-Festival in Sunbury 1968 erstmals vor großem Publikum glänzen. Im gleichen Jahr erschien ihr Debüt-Album *This Was,* kurze Zeit später verließ M. Abrahams die Band und wurde durch *Martin Barre* (*17.11.1946), Gitarre, ersetzt. Erfolgreiche Titel dieser Zeit waren *Living in the Past* und *Sweet Dreams* (beide 1969) sowie *Teacher/The Witch's Promise.* Im Laufe der Jahre drängte I. Anderson, der als »einbeiniger Flötist« bereits zum Markenzeichen der Band geworden war, auf sog. Konzeptalben, die auch eine musikal. Veränderung markierten. Ihre immer noch spürbare Verbindung zum Rock überlagerten sie mit schottischen und etlichen altenglischen Folk-Elementen. Trotz vieler Umbesetzungen existieren J. T. noch heute. 1989 erhielten sie den erstmalig vergebenen Grammy für die »beste Hard Rock Performance«, obwohl sie in diese Sparte nicht hineinpassen. Zu ihren LPs gehören *This Was* (1968), *Stand Up* (1969), *Benefit* (1970), *Aqualung* (1971), *Living in the Past* (1972), *Thick As A Brick* (1972), *A Passion Play* (1973), *Minstrel In The Gallery* (1975), *Too Old To Rock 'n' Roll, Too Young To Die* (1976), *Songs From The Wood* (1976), *Heavy Horses* (1978), *The Broadsword And The Beast* (1982), *Under Wraps* (1984), *Crest of a Knave* (1987), *A Little Light Music* (1992), *Root To Branches – Live* (1995), *J-Tull Dot Com* (1999), *The Secret Language Of Birds* (2000 Ian Anderson Solo) und *The Jethro Tull Christmas Album* (2003).

Jobim, Antônio Carlos, *25.1.1927 Rio de Janeiro, †8.12.1994 ebd.; brasil Komponist, Pianist, Gitarrist und Sänger. J. erhielt schon in der Jugend klassischen Piano-Unterricht u.a. beim deutschstämmigen Komponisten → Hans Joachim Koellreutter und begann seine Karriere als Pianist in den Bars der Südzone Rios. Später arbeitete er als Arrangeur und Dirigent in den Studios der Plattenfirma Odeon. Nach einer entscheidenden Begegnung mit dem Poeten Vinícius de Moraes entstand die Musik zum Bühnenstück *Orfeu Da Conceição* (1956), der die ersten erfolgreichen Kompositionen J.s enthielt. Der Stoff wurde später für den Film *Orfeu Negro* (1959) adaptiert. J. fand in → João Gilberto einen kongenialen Interpreten für seine Lieder, die mit ihrer komplexen Harmonik an impressionistische Vorbilder wie Claude Debussy genauso wie an den Jazz angelehnt sind. Kombiniert mit der neuen Gitarrenrhythmik und der quasi flüsternden Gesangsweise Gilbertos entstand so die Bossa Nova. Für Gilberto produzierte J. drei Platten, bevor beide 1963 mit dem amerikanischen Saxophonisten Stan Getz und Gilbertos Ehefrau Astrud die Bossa Nova in den USA mit dem Album *Getz/Gilberto* und dem darauf enthaltenen Welthit *The Girl From Ipanema* populär machten. J. kehrte daraufhin immer wieder in die USA zurück und spielte dort etliche Platten mit dem deutschen Arrangeur Klaus Ogerman ein, u.a. *The Composer Of Desafinado Plays* (1963). Mit Frank Sinatra (1967) und der MPB-Sängerin Elis Regina (1974) entstanden wichtige Duo-Aufnahmen. In den 1970ern wandte sich J. einem Easy Listening-Stil zu, der ab und an Züge von Jazzrock, aber auch von klassischen Kompositionen trug. Letztere nahmen stets einen eigenen Zweig seines Schaffens ein (*Sinfonia Da Alvorada*,1960). Die letzte Phase seines Lebens war geprägt durch die *Nova Banda*, eine Bigband, unter deren Musikern sich auch etliche Familienmitglieder befanden. J. gilt aufgrund der Bandbreite seines Schaffens und seiner Innovationen auf dem Gebiet der Popularmusik als bedeutendster brasilianischer Musiker des 20. Jahrhunderts.

Joel, Billy (eig. William Martin J.), *9.5.1949 New York; amerik. Sänger, Pianist und Songschreiber. J. wuchs in Hicksville auf, gründete 1964 die Band *Echoes* (später: *Lost Souls*) und spielte bei den *Hassles* und bei *Attila*, ohne größere Erfolge verbuchen zu können. *Cold Spring Harbor*, sein erstes Solowerk, erschien 1972, größere Resonanz erfuhr aber erst sein Album *Piano Man*; die gleichnamige Single-Auskoppelung gelangte in die Charts. Seitdem zählt er zu den kommerziell erfolgreichsten amerik. Künstlern. Mit seiner kraftvollen Rockmusik, die jedoch auch balladenhaft und ruhig daherkommen kann, seinem individuellen Pianospiel und seiner markanten, manchmal gequälten wirkenden Stimme begeistert er regelmäßig ein Millionenpublikum. Besonders erfolgreich waren u.a. die Titel *It's Still Rock 'n' Roll to me* (1980), *Tell Her About It* (1983), *We Didn't Start the Fire* (1989) und *River of Dreams* (1993). Bemerkenswert ist, daß J. alle seine Hits selbst geschrieben hat. Zu seinen wichtigsten LPs gehören *52nd Street* (1978), *Songs in the Attic* (1980), *Storm Front* (1989), *River of Dreams* (1993), *2000 Years: The Millenium Concert – Live* (2000) sowie *Fantasies & Delusions* (2001).

John, Sir **Elton** (eig. Reginald Kenneth Dwight), *25.3. 1947 Pinner; engl. Sänger, Pianist und Songschreiber. J. studierte an der Royal Academy of Music und arbeitete zunächst als Studiomusiker. Seinen ersten Chart-Erfolg hatte er mit dem Titel *The Border Song* (1970). Die Liste seiner darauffolgenden Bestseller ist kaum zu überschauen und reicht bis in die 90er Jahre hinein. Beispielhaft seien hier *Crocodile Rock* (1972), *Island Girl* (1975), *Nikita* (1985) und *Don't Let the Sun Go Down On Me* (1991) genannt. Bei seinen Live-Auftritten besticht J. durch z.T. extravagante Bühnenshows. 1994 wurde er in die Rock 'n' Roll Hall of Fame aufgenommen, im darauffolgenden Jahr schrieb er die Musik für den Walt Disney-Film *König der Löwen*. Der Titel *Can You Feel the Love Tonight* wurde als bester Filmsong mit einem Oscar ausgezeichnet. Das auf Marilyn Monroe gemünzte Lied *Candle in the Wind* veröffentlichte J. 1997 als Tribut an die tödlich verunglückte Lady Diana in einer neuen Version und produzierte mit 32 Mio. verkauften Exemplaren die erfolgreichste Single aller Zeiten. Zu J.s bemerkenswerten LPs zählen *Madman Across the Water* (1971), *Goodbye Yellow Brick Road* (1973), *Blue Moves* (1976), *Victim of Love* (1979), *Too low for Zero* (1983), *Sleeping with the Past* (1989), *Made In England* (1995), *Aida* (1999), *Songs From The West Coast* (2001) und *Peachtree Road* (2004).

Johnson, Bunk (William Geary), *27.12.1879 New Orleans, †7.7.1949 New Iberia (Louisiana); amerik. Jazzmusiker (Trompete, Kornett). Er spielte in New Orleans in verschiedenen Bands und kam um 1895 zu Buddy Bolden. Seit 1900 reiste er mit Wandershows und trat 1910–14 wieder in New Orleans auf. In den 20er Jahren bis 1932 spielte er mit der *Black Eagle Band* und mit der *Banner Band*, geriet dann aber in Vergessenheit. Mit Unterstützung von Louis Armstrong und der Jazzautoren William Russel und Frederick Ramsey gelang ihm 1937 ein Comeback. In der nun entstehenden »New Orleans Renaissance« zählte man J. zu den bekanntesten Solisten.

Johnson, Howard, *7.8.1941 Montgomery (Alabama); amerik. Multiinstrumentalist (Tuba, Saxophon, Baßgitarre), Komponist und Arrangeur. J. ging 1963 nach New York und arbeitete hauptsächlich als Saxophonist für Bill Dixon und Hank Crawford, mit denen er auch Schallplatten einspielte. Er musizierte mit Charlie Mingus, sammelte Erfahrungen bei Marvin Gaye und im Orchester von Josephine Baker, spielte Baßgitarre für Gato Barbieri und erhielt ein Engagement bei Duke Ellington. Mehr und mehr entwickelte er sich jedoch vom Begleitmusiker zum anerkannten Solisten. Daneben war er auch als Arrangeur in der New Yorker Jazz-Szene tätig. J., der über eine außerordentliche Kreativität und eine einen erweiterten Tonumfang zulassende Überblastechnik verfügt, gilt als einer der profiliertesten und besten Tubisten der Gegenwart. Zu seinen wichtigsten Platten zählen *Happy Just to Be Like I Am* und *The Real Thing* (beide 1971, mit Taj Mahal), *Sounds … And Stuff Like That* (1978, mit Q. Jones), sowie *Concert Jazz Band* (1979) und *Theatre* (1983) (mit G. Gruntz). Ebenfalls hervorragend zu bewerten sind die solistischen Aufnahmen *Arrival* (1995), *Gravity!!!* (1995) und *Right Now* (1998).

Johnson, James P. (James Price), *1.2.1891 New Brunswick (New Jersey), †17.11.1955 New York; amerik. Jazzmusiker (Pianist) und Komponist. J. trat seit 1904, vorwiegend als Solist, auf, entwickelte sich zu einem der bedeutendsten Ragtime-Pianisten Harlems der 20er Jahre und war maßgeblich bei der Entstehung des Harlem-Stils beteiligt. Als Komponist schrieb er europäisch geprägte und von Jazz- Reminiszenzen durchsetzte Orchestermusik.

Johnson, Jay Jay (Jay James Louis), *22.1.1924 Indianapolis (Indiana),

†4.2.2001; amerik. Jazzmusiker (Posaune) und Arrangeur. Er spielte bis Anfang der 50er Jahre u. a. bei Count Basie, Illinois Jacquet, Woody Herman, Dizzy Gillespie und Oscar Pettiford. Mit dem Posaunisten Kai Winding gründete J. das *Jay and Kai Quintet*, das sehr bekannt wurde und bis 1956 bestand. 1962 spielte er bei Miles Davis, leitete eigene Combos und arbeitete als Arrangeur und trat erst in der zweiten Hälfte der 70er Jahre wieder als Jazzposaunist hervor. J. übertrug als erster den präzisen Bebop Charlie Parkers auf die Jazzposaune und überwand damit deren schwerfälliges Glissando.

Jones, Elvin (Elvin Ray), *9.9.1927 Pontiac (Michigan), †18.5.2004 New York; amerik. Jazzmusiker (Schlagzeug). Er spielte in den 50er Jahren vor allem in Hard-Bop-Gruppen, u. a. 1956 im Bud-Powell-Trio, 1958–59 bei Thelonious Monk und 1960–65 im Quartett von John Coltrane. Mit Duke Ellington konzertierte er 1966 in Europa und leitete seit 1967 eigene Combos, mit denen er die Coltrane-Tradition fortsetzte. J., der sich immer mehr vom durchlaufenden Beat löste und statt dessen ein rhythmisch pulsierendes Spiel entwickelte, zählt zu den Begründern des Free Jazz. In den 90er Jahren erlangte J. mit seiner Band *Elvin Jones Jazz Machine* große Popularität. Zu seinen bemerkenswertesten Alben gehören *Puttin' It Together* (1968, mit J. Garrison und J. Farrell), *When I was At Aso-Mountain* (1990) und *Going Home* (1992).

Jones, Grace, *19.5.1952 Spanishtown (Jamaika), amerik. Sängerin, Songschreiberin und Schauspielerin. J. wuchs als Tochter eines jamaikanischen Predigers in New York auf und ging, nachdem sie bereits erste Filmrollen übernommen hatte, als Fotomodell nach Paris. Ihr Debüt-Album *Portfolio* (1977) brachte nicht den gewünschten Erfolg. Erst als sie sich neuen Musikrichtungen gegenüber öffnete und Stilmittel aus Reggae, New Wave und Disco in ihrem Album *Slave to the Rhythm* (1985) zusammenfließen ließ, konnte sie ein breiteres Publikum erreichen. J. ist auch eine gefragte Schauspielerin. Zu ihren interessanten LPs gehören *Fame* (1978), *Nightclubbing* (1981), *Island Life* (1985), *Inside Story* (1986) und *Bulletproof Heart* (1989).

Jones, John Howard, *23.2.1955 Southampton; brit. Sänger, Keyboarder und Songschreiber. J. studierte am Music College in Manchester und tingelte ab 1979 durch Großbritannien. Seine 1983 erschienene Debüt-Single *New Song* gelangte auf Anhieb in die Top 10; mit *Things Can Only Get Better* erreichte er Platz 5 der US-Charts. J. hatte wichtigen Einfluß auf die Weiterentwicklung des Synthesizers innerhalb der Pop-Musik. Weitere seiner Hits sind *What Is Love* (1983), *Look Mama* (1985), *No One Is to Blame* (1986) und *Everlasting Love* (1989). Einige seiner Alben sind *Humen's Lib* (1984), *Action Replay* (1985), *People* (1999) und *The Peaceful Tour – Live* (2002).

Jones, Norah, *30.3.1979 New York; amerik. Country-, Folk-, Jazzsängerin und Pianistin. Mit 15 Jahren begann J. ihre musikal. Ausbildung an der High School for Performing and Visual Arts in Dallas (Texas) und studierte ab 1997 an der Univ. of North Texas Jazzpiano. 1999 ging sie nach New York, wo sie 2000 beim Jazzlabel Blue Note die Chance einer Audition hatte. 2002 erscheint bei Blue Note ihre Debüt-CD *Come Away With Me* mit sensationellem Erfolg. Binnen 6 Wochen wurden in den USA 300.000 Exemplare verkauft, weltweit schließlich 16 Mio. CD. J. wurde mit Grammys und diversen Auszeichnungen aus 40 Ländern überschüttet. Diesen Erfolg wiederholte sie mit ihrem zweiten Album *Feels Like Home*, u.a. mit dem Hit *Sunrise*. J.' Musik hat von Anfang an Tiefe und eine starke individuelle Prägung. Das Erbe des Country, Folk, Soul, Blues und Jazz ist lebendig in einer Gestaltung, die mit traumhafter Sicherheit den Kern jedes Songs trifft. Das behutsam-verträumte Piano-Spiel mit ausgeprägter Jazz-Artikulation (J. nennt Bill Evans als Vorbild) und J.' Stimme irgendwo zwischen Billie Holiday und Janis Joplin üben sich in der Kunst des Auslassens, darin kongenial unterstützt von ihrer Band, der *Handsome Band*, vor allem ihren alten Weggefährten *Adam Levy*, Gitarre, und *Lee Alexander*, der an E- und Kontrabaß den enormen Groove beisteuert. Weitere Bandmitglieder sind 2005 *Andrew Borger*, Schlagzeug (ersetzte *Dan Rieser*), *Robbie McIntosh*, Gitarre (ersetzte *Jesse Harris*), und *Daru Oda*, Gesang und Keyboard. Die Songs, etwa der Titelsong des ersten Albums, stammen zum Teil von J. selbst, zum Teil von Lee Alexander und Jesse Harris. J. hat nicht nur beim Publikum Erfolg, sondern wird auch von den Kollegen geschätzt. So singt die Country-Legende Dolly Parton auf *Feels Like Home* mit ihr das Duett *Creepin' In*; mit Ray Charles stand J. auf der Bühne und nahm den Song *Here We Go Again* auf (veröffentlicht 2005).

Jones, Philly Joe (eig. Joseph Rudolph Jones), *15.7.1923 Philadelphia, †30.7. 1985 ebd.; amerik. Jazzmusiker (Schlagzeug, Klavier). J. erhielt den ersten Musikunterricht von seiner Mutter, einer Klavierlehrerin. In den 40er Jahren spielte er in der R&B-Band von Trompeter Joe Morris, der auch Johnny Griffin und Percy Heath angehörten, bevor er sich Ben Webster anschloß. In New York arbeitete er als Freelance-Musiker u.a. mit Lee Konitz, Zoot Sims, Tony Scott und Thad Dameron, dem er sich sehr verbunden fühlte. 1952 wurde Miles Davis auf ihn aufmerksam. Davis sah in ihm den idealen Drummer für sein vitales Quintett mit Paul Chambers, Red Garland und John Coltrane. J.' »Rim Shot«, der charakteristische Schlag auf die Kante der Snaredrum auf Zählzeit vier, der einen besonderen Drive erzeugt, wurde stilbildend. In der Zeit mit Davis (1952–1962) entstanden bedeutende Alben wie *Round About Midnight*, *Relaxin'* (beide 1956), *Milestones* (1958). Mit Paul Chambers bildete J. eine der begehrtesten Rhythmusgruppen des Hard Bop. Nach 1962, als der Jazz neue Wege ging und Elvin Jones seinen Platz im *John Coltrane Quartett* einnahm, geriet er – ähnlich wie sei Partner Red Garland – zunehmend ins Hintertreffen. 1967 ging er nach England, konzertierte und unterrichtete einige Jahre in Europa. Dann kehrte er in seine Heimatstadt Philadelphia (von der sein Beinamen »Philly« herrührt) zurück. In den 80er Jahren gründete er *Dameronia*, eine Band, die sich vor allem der Musik Thad Damerons verpflichtet fühlte, mit der er zwei Platten einspielte: *To Tadd With Love* (1982) und *Look, Stop and Listen* (1983). J.' Leben war teilweise von Drogenkonsum überschattet. Weitere bedeutende Platten: *Everybody Digs Bill Evans* (1959, Bill Evans Trio), *Blue Train* (mit John Coltrane), *Drums Around The World* (1959).

Jones, Quincy (Q. Delight), *14.3.1933 Chicago; amerik. Jazzmusiker (Trompete). Er spielte 1951–53 bei Lionel Hampton, mit dessen Orchester er auch seine erste Europatournee unternahm. Nach 1953 arbeitete er als Arrangeur in New York und leitete seit 1956 die Big Band von Dizzy Gillespie. 1959 übernahm er das All Star Orchestra, mit dem er im selben Jahr das Jazzmusical *Free and Easy* von Harold Arlen in Amsterdam uraufführte. Nach Amerika zurückgekehrt, wurde J. 1964 Vizepräsident von Mercury Records, arbeitete daneben weiter als Arrangeur und Bandleader. J. trat auch als Film- und Fernsehkomponist hervor und hat sich in den letzten Jahren verstärkt als Produzent betätigt. J. fühlt sich sowohl im Jazz als auch in der Popmusik zu Hause. 1982 produzierte er mit Michael Jackson das Erfolgsalbum *Thriller.* 1984 begleitete er Frank Sinatra auf seinem Album *L. A. Is My Lady.* J. schrieb Filmmusik u. a. zu *In The Heat Of The Night* (1967), *The Wiz* (1978) und *The Color Purple* (1984). 1990 wurde der Dokumentarfilm *Listen Up* über das Leben von J. gedreht.

Jones, Ricky Lee, *8.11.1954 Chicago; amerik. Sängerin und Songschreiberin. J. arbeitete als Kellnerin, ehe sie 1979 für ihr Erstlingswerk *Rickie Lee Jones* als »beste neue Künstlerin« einen Grammy erhielt. Mit zarter, verhangener Stimme skizzierte sie in häufig zerbrechlich-sensiblen Balladen Bilder von Außenseitern, Träumern und einsamen Menschen, die rastlos durch Großstädte irren. J. versank in den 80er Jahren zunächst in der Bedeutungslosigkeit, machte aber 1989 wieder von sich reden, als sie gemeinsam mit Dr. John den Titel *Makin Whoopee* sang. Für den »besten Jazz-Gesang eines Duos« erhielten sie einen Grammy. Im Anschluß hieran verlief J.' Karriere konstant. Einige ihrer besten Platten sind *Pirates* (1981), *Flying Cowboys* (1989), *Pop Pop* (1991), *Traffic From Paradise* (1993), *Naked Song* (1995), *Ghostyhead* (1997), *It's Like This* (2001) und *The Evening Of My Best Day* (2003).

Jones, Tom (eig. Thomas John Woodward), *7.6.1940 Pontypridd; walisischer Sänger. Der ehemalige Bergarbeiter begann seine Karriere 1963 unter dem Pseudonym Tommy Scott bei der Gruppe *The Senators.* Anschließend nahm ihn der Manager Gordon Mills unter Vertrag und brachte ihn – nun als T.J. – mit dem Song *It's not Unusual* (1965) in die Charts. Im gleichen Jahr erhielt er einen Grammy als bester neuer Künstler. Mit den folgenden Songs *What's New Pussycat* (1965), *Green Green Grass of Home* (1966), *Delilah* (1968) und *She's a Lady* (1971) hielt er den Erfolgskurs. In den 70er Jahren trat er vorwiegend als Dauer-Attraktion in Spielcasinos in Las Vegas und div. anderen Etablissements auf. Mit *A Boy from Nowhere* (1987) und der Prince-Komposition *Kiss* (1988, eingespielt mit der Formation *Art of Noise*) gelangen ihm wieder Bestseller. Im Jahr 2000 war es der von Mousse T. geschriebene Hit *Sexbomb.* Zu seinen erfolgreichsten LPs zählen *At the Talk of the Town* (1967), *Help Yourself* (1969), *Close Up* (1972), *Don't Let Our Dreams Die Young* (1983), *At this Moment* (1989), *The Lead and how to Swing It* (1994), *By Request* (1995), *I Need Your Lovin'* (1997), *Reload* (1999) und *Mr. Jones* (2002).

Joplin, Janis *19.1.1943 Port Arthur (Texas), † 4.10. 1970 Los Angeles; amerik. Blues- und Rocksängerin. Sie kam 1966 nach San Francisco, wo sie sich der »Big Brother and Holding Company« anschloß. Mit dieser Formation wurde J. J. die bekannteste Rockinterpretin der späten 60er Jahre. 1968 gründete sie eine eigene Begleitband, mit der sie auch eine erfolgreiche Europatournee unternahm. J. J., die stark von Betty Smith beeinflußt war, galt als eine der wenigen weißen Sängerinnen, die den »echten schwarzen« Blues singen konnte.

Jordan, Stanley, *31.7.1959 Chicago; amerik. Jazz-Gitarrist. J. wuchs in Kalifornien auf und erhielt zunächst Klavier-, dann Gitarrenunterricht. 1977 gewann er beim Reno-Musikfestival als bester Solist den 1. Preis. Anschließend studierte er in Princeton und tingelte durch die USA. J. gilt als der Senkrechtstarter der 80er Jahre, zumindest im Jazz- und Fusionbereich. Er zupft und greift die Saiten nicht wie seine musikalischen Vorbilder, zu denen er v.a. G. Benson, C. Cristian, D. Reinhardt, aber auch J. Hendrix zählt, sondern drückt oftmals mit gleichzeitig der linken und der rechten Hand die Saiten nieder, wobei der Ton bereits durch das Niederdrücken entsteht. Diese weit über die Grenzen konventioneller Gitarrenarbeit hinausgehende Technik ermöglicht ihm ein erweitertes mehrstimmiges Spiel bzw. eine eigentümliche Mischung aus Akkord- und Melodiespiel. Er konnte auch in Europa (Jazz-Festival Montreux) überzeugen. Trotz seines exzeptionellen musikalischen Talents wirkt die Karriere von J. manchmal ziellos. Bisweilen fehlt ihm der Blick für eine schlüssige Stilistik und er scheint sein Können an wenig lohnende Stücke zu verschwenden. Interessant sind vor allem seine frühen Aufnahmen *Touch Sensitive* (1983), *Stanley Jordan* (1984) und *Magic Touch* (1985).

Journey, amerik. Rock-Formation, bestehend aus *George Tickner*, Gesang und Gitarre, *Greg Rolie*, Keyboards und Gesang, *Ross Valory* (*2.2.1949), Baßgitarre, *Aynsley Dunbar* (*10.1.1946), Schlagzeug, und *Neal Schon* (*27.2. 1954), Gitarre. J. wurde von N. Schon und A. Dunbar in San Francisco gegründet, nachdem sie *Santana* verlassen hatten. Die anfänglich eher flach verlaufende Erfolgskurve der Band stieg 1978 steil an, als nach dem Ausscheiden G. Tickners der Sänger *Steve Perry* (*22.1.1949) neu hinzukam. Mit *Wheel in the Sky* gelang die erste Hit-Notierung, und in den folgenden Jahren konnte sich J. eine schier beispiellose Karriere in den USA aufbauen. Ihre mit Blues- und Pop-Elementen gespickten Ohrwürmer (u.a. *Who's Crying Now*, 1981, *Don't Stop Believin*, 1981, *Open Arms*, 1982, und *Only the Young*, 1985) bescherten ihnen Millionenumsätze. Seit den 80er Jahren besteht der Kern der Band aus Schon, Perry und Chain; die übrigen Mitwirkenden sind eher als Gastmusiker zu bezeichnen. Erwähnenswert sind u.a. die LPs *Infinity* (1978), *Escape* (1981), *Frontiers* (1983), *Raised on Radio* (1986), *Trial By Fire* (1996) und *Arrival* (2001).

Joy Division, engl. New Wave-Quartett. *Ian Curtis* (*15.7.1956, † 18.5.1980), Gesang, *Bernard Albrecht* (eig. B. Dicken, *4.1.1956), Gitarre, *Peter Hook* (*13.2. 1956), Baßgitarre, *Stephen Morris* (*28.10.1957), Schlagzeug, fanden 1977 in Manchester zusammen. Zunächst unter dem Namen *Warsaw* (nach einem David Bowie-Song), dann als J.D. (angebl. ein nationalsoz. Begriff für Prostituierte in Konzentrationslagern) eiferte die Band Vorbildern wie Iggy Pop's *Stooges* nach und erregte durch Konzerte im Punk-Umfeld rasch die Aufmerksamkeit der engl. Musikszene. Ihre beim Independent-Label Factory veröff. LPs *An Ideal for Living* (1978) und *Unknown Pleasures* (1979) übertrugen den Geist des Punkrock in kalte, monotone Klangkonstrukte; Curtis besang mit düsterer Stimme Themen wie Vereinsamung und Entfremdung. Die depressive Haltung war mehr als eine modische Pose: C. nahm sich 1980 am Vorabend einer Europa-Tournee das Leben. Den größten Hit hatten J.D. im selben Jahr mit *Love Will Tear Us Apart*. Die übrigen Band-Mitglieder setzten als → *New Order* ihren musikalischen Weg fort. Wichtige nach C.s Tod erschienene LPs sind *Closer* (1980) und *Still* (1981).

K

Kansas, amerik. Rock-Band, die 1970 in Topeka (Kansas) als *White Clover* gegründet wurde und ab 1972 in der Besetzung *Kerry Livgren* (*18.9.1949), Gitarre, *Phil Ehart* (*4.2.1950), Schlagzeug, *Robby Steinhardt* (*25.5.1950), Violine, *Dave Hope* (*7.10.1949), Baßgitarre, *Steve Walsh* (*15.6.1951), Keyboards und Gesang, sowie *Rich Williams* (*1.2.1950), Gitarre, auftrat. Mit meist einfacher, sehr melodischer Rock-Musik, die bisweilen weich konturiert war, erspielten sie sich bald ein großes Publikum; schon 1976 gelang ihnen der Sprung in die Charts mit *Carry on, Wayward Son*. Ihren größten Single-Erfolg hatte die Band 1978 mit *Dust in the Wind* (Platz 6 der US-Hitparade). Eigentlicher Renner waren aber nicht einzelne Hits, sondern div. LPs, die millionenfach von den Fans gekauft wurden. Nach mehreren Umbesetzungen und zunehmender Stagnation löste K. sich 1983 auf. Nach einer erfolglosen Neuformierung 1986 kam K. im Jahr 2000 noch einmal in der Originalbesetzung zusammen und veröffentlichte mit *Somewhere To Elsewhere* ein Album, mit dem die Band an die erfolgreichen Platten der Vergangenheit anschließen konnte. Weitere interessante LPs der Band sind *Kansas* (1974), *Masque* (1975), *Leftoverture* (1976), *Point of no Return* (1977), *Two For The Show* (1978) und *Audio-Visions* (1980).

Kanté, Mory, *24.2.1950 Kissidougou; guineischer Sänger und Kora-Spieler. K. ist der Sproß einer Griot- (Erzähler und Sänger-) Familie des Mande-Volkes und erhielt als Kind Unterweisung im Gesang und Balafonspiel, dem emblematischen Instrument des Kanté-Klans. Nach Jahren in lokalen Bands schloß er sich 1971 in Bamako der *Rail Band* an, einer der wichtigsten Bigbands des jungen unabhängigen Mali, die die traditionelle Musik der Mande in populärer Form neu belebte. Dort ersetzte er 1973 den Leadsänger Salif Keïta und eignete sich das Spiel auf der Kora an. In Abidjan formte er ab 1978 seinen eigenen Stil mit afrikanischen und westlichen Elementen und wurde Direktor des Mande-Balletts. 1984 wechselte K. nach Paris, wo er u.a. die bahnbrechenden Alben *10 Cola Nuts* (1986) und *Akwaba Beach* (1987) aufnahm. Letzteres enthält den Titel *Yéke Yéke*, einen der ersten Hits des damaligen Weltmusik-Booms. Die Kombination von elektrisch verstärkter Kora und Popmusik-Arrangements brachte ihm den Beinamen »Electro-Griot« ein. Weitere Einspielungen zeichneten sich durch einen überproduzierten Sound aus; mit *Sabou* (2004) kehrte K. auf eine akustische und rein traditionelle Linie zurück.

Kc & The Sunshine Band, amerik. Pop-Formation um *Harry Wayne Casey* (*31.1.1951 Hialeah/Florida), Keybords und Gesang, und *Richard Finch* (*25.1. 1954 Indianapolis), Baßgitarre. Der Rest der Gruppe bestand aus ständig wechselnden Gastmusikern. Casey und Finch lernten sich in einem Tonstudio kennen und gründeten wenig später die Band *KC & The Sunshine Junkanoo* (KC ist eine Abkürzung für Casey). 1974 erhielten sie einen Plattenvertrag und veröffentlichten ihre Debütsingle *Blow Your Wistle*, die jedoch ziemlich unbeachtet blieb. Im gleichen Jahr schrieben und produzierten sie für George McCrae den Welterfolg *Rock Your Baby*. Kurz darauf waren sie als K. mit den Titel *Queen Of Clubs* in den Charts. Ihren ersten Nr. 1-Hit in den USA hatten sie mit *Get Down Tonight* (1975). Mit ihrer leichten, unbeschwerten Happy-Musik gelangen ihnen etliche Bestseller, darunter auch mit Teri Desario *Yes, I'm Ready* (1979), und sie waren bis in die 80er Jahre erfolgreich. Nach einem schweren Autounfall mußte Casey pausieren, gründete nach seiner Genesung seine eigene Plattenfirma Meca. Weitere Hits waren *That's The Way* (1975), *Shake Your Booty* (1976), *I' m Your Boogie Man* (1977), *Please Don't Go* (1979) und *Give It Up* (1983).

Kenton, Stan (eig. Stanley Newcomb) ,*19.2.1912 Wichita (Kansas), †26.8. 1979 Los Angeles; amerik. Jazzmusiker (Bandleader, Pianist, Arrangeur). Er war seit 1928 zuerst als Arrangeur, dann auch als Pianist tätig und gründete 1941 seine erste Band. Anfangs vom Swing-Stil beeinflußt, wandte er sich 1947 dem Afro-Cuban Jazz zu und interpretierte um 1950 mit einem 40-Mann-Orchester symphonisch und lateinamerikanisch beeinflußte Musik. Seit den 50er Jahren musizierte er mit verschiedenen Gruppierungen, seit 1965 spielte er mit seinem Neophonic Orchestra in Los Angeles Synthesen aus Jazz und symphonischer Musik. K.s Bedeutung in der Geschichte des Jazz liegt nicht zuletzt in seinem ständigen Bemühen, dessen Grenzen nach verschiedenen Richtungen hin zu überschreiten. Er selbst nannte dies »Progressive Jazz«. Besonders in den 70er Jahren kümmerte sich K. auch intensiv um den Jazznachwuchs an amerikanischen Colleges.

Kershaw, Nick (Nicolas David), *1.3.1958 Bristol, britischer Multiinstrumentalist (Gitarre, Keyboards, Baßgitarre, Percussion), Sänger und Songschreiber. Als Kind musikalischer Eltern unternahm er schon während der Schulzeit mit der Gruppe *Half Pint Hog* erste Startversuche als Musiker. Später spielte er bei der Jazz Rock Formation *Fusion* Gitarre, bevor er sich entschloß, eine Solokarriere anzustreben. 1983 nahm ihn der Erfolgsproduzent Peter Collins unter Vertrag, und mit dem Titel *I Won't Let The Sun Go Down On Me* (1984) landete er prompt in den Hitparaden. Auch seine Folgehits *Wouldn't It Be Good* und *The Riddle* (1984), *White Boy* (1985) und *Don Quixote* (1985), die er im Studio oft im Alleingang aufnahm, bestätigten seinen Chart-Instinkt. Mit meist kräftiger, zeitgemäßer und ästhetischer Pop-Rock-Musik, angereichert mit viel Studio-Elektronik und seiner warmen Stimme, verstand es der nur 1,61 m große K. als einer der vielseitigsten Künstler Anfang der 80er Jahre, die europäischen Fans auch im schweren Live-Betrieb zu erobern. Zudem verpackte er seine Lieder in geschmackvolle und perfekt inszenierte Videoclips. In den 90er Jahren verdingte K. sich hauptsächlich als Songlieferant u. a. für Chesney Hawkes und die *Hollies*. Erst 1999 kehrte er auf *15 Minutes* zu eigenen Songs zurück. Seine wichtigsten LPs sind *Human Racing*, *The Riddle* (beide 1984) und *Radio Musicola* (1986).

Khaled (Khaled Hadj Brahim), *29.2.1960 Oran; algerischer Sänger. K. gilt als der international bekannteste Vertreter des Raï. In seiner Jugend sang er bei Hochzeiten und Festen in der Nachbarschaft traditionelle Lieder, eiferte zugleich seinen Idolen Johnny Hallyday und Elvis Presley nach. Als er anfing Raï zu singen, hatte sich dieser gerade durch Innovationen an die westliche Rockmusik angenähert. Wie etliche algerische Sänger nannte sich K. zunächst »Cheb« (Junge), um die jugendliche Herangehensweise an das Genre zu unterstreichen. Durch einen Auftritt in Paris 1986 brachte K. den Raï nach Europa. Das mit dem Amerikaner Don Was produzierte Album *N'ssi N'ssi* (1993) begründete seinen internationalen Ruhm. Sein Raï bekommt auf diesem Album Züge des Funk. Sein bekanntestes Album *Sahra* entstand 1997 mit Jean-Jacques Goldman, es enthielt den Hit *Aïcha*. Immer wieder hat K., wie etwa auf *Ya-Rayi*

(2004), den Raï, traditionelle Stile des Maghreb und Elemente aus der Salsa in seinen Liedern kombiniert.

Khan, Steve (eig. Steve Chan), *28.4.1947 Los Angeles; amerik. Gitarrist und Songschreiber. K., der einer Musikerfamilie entstammt, erhielt bereits 5jährig ersten Klavierunterricht. Als Jugendlicher war er in div. Rock-Formationen als Schlagzeuger tätig. In den 60er Jahren studierte er Musik und Psychologie in Los Angeles, daneben widmete er sich zunehmend dem Gitarrenspiel. Zunächst arbeitete er gemeinsam mit Dave Friedman, Maynard Ferguson und Tom Scott. Bekanntheit erreichte er aber v.a. durch seine Zusammenarbeit mit Mike und Randy Brecker, auf deren erfolgreichen Alben er mitspielte. Ungezählte Plattenaufnahmen brachten ihm den Ruf eines ausgezeichneten Studiogitarristen ein. Beeinflußt von Kenny Burrell, Wes Montgomery, Jim Hall und B.B. King entwickelte K. hauptsächlich im Fusionbereich einen eigenen Stil. Zu seinen wichtigsten eigenen Werken zählen *Tightrope* (1977), *The Blues Man* (1978), *Arrows* (1979), *Casa Loco*, *Blades* (1985), *Let's Call This* (1991), *Headline* (1992), *Crossings* (1994), *Got My Mental* (1997) und *You Are Here* (1998).

Kid Creole and the Coconuts, amerik. Pop-Gruppe um *Kid Creole* (eig. Thomas August Daniel Browder, *1951), Baßgitarre und Gesang, *Sugar Coated* (eig. Andy Hernandez, *1950), Percussions, Vibraphon und Gesang, sowie das aus drei Frauen bestehende Chorensemble *The Coconuts*, zu dem auch Kid Creoles Ehefrau Adriana Kaegi gehört. Kid Creole hatte bereits bei der New Yorker Band *In-Laws* gespielt, bevor er auf seinen späteren Bühnenpartner Sugar Coated stieß. Beide entwickelten Ende der 70er Jahre das musikal. Konzept sowie die Bühnenshow von K.C.A.T.C.; 1980 erschien das Debütalbum *Off the Coast of Me*. Mit ihrer frechen und ironischen Mischung aus Calypso, Disco, Swing und Jazz drangen sie in neue Gefilde vor. Titel wie *Baby* oder *Annie I' m not Your Daddy* brachten ihnen Millionenumsätze. In den folgenden Jahren wurde es jedoch, bedingt durch den sich verändernden Publikumsgeschmack, ruhiger um die Formation. Zu ihren wichtigsten Platten zählen *Fresh Fruit in Foreign Places* (1981), *In Praise of Older Women and other Crimes* (1985), *I too Have Seen the Woods* (1987) und *Private Waters In The Great Devide* (1990).

King, B.B. (bürgerlich Riley King), *16.9.1925 Itte Bena/Mississippi, amerik. Bluessänger, Gitarrist und Songschreiber. K. wuchs in ärmlichen Verhältnissen und z.T. elternlos auf. Nachdem der Bluessänger Bukka White ihm erste Gitarrenstunden gegeben hatte, verdingte sich K. als Straßenmusiker. 1939 gründete er das Gospel-Quartett *Elkhorn Singers* und später auch *The Beale Streeters*. Ab 1947 arbeitete er als DJ in Memphis unter dem Namen »Blues Boy von der Beale Street«, aus dem später B.B.K. wurde. Ab Ende der 40er Jahre nahm er regelmäßig Platten auf und brachte es zu etlichen Erfolgen in den R&B-Hitlisten, darunter *Three O Clock Blues* (1951), *You Know I Love You* (1952), *Please Love Me* (1953) und *You Upset Me Baby* (1954). Als der Blues in Amerika gesellschaftsfähig wurde, kam der farbige K. auch in die Pop Charts und hatte mit *The Thrill Is Gone* (1969) und *I Like To Live The Love* (1973) seine größten Erfolge. 1981 bekam er für die LP und Single *There Must Be A World Somewhere* einen Grammy. K. wurde 1987 in die Rock 'n' Roll Hall Of Fame aufgenommen und erhielt im gleichen Jahr einen erneuten Grammy für sein Lebenswerk. K. gilt als einer der Urväter des Blues und hat eine ganze Generation von

Musikern mit seiner markanten, ausdruckstarken Stimme, seinem unverwechselbaren Gitarrenspiel und seinen stilvollen Liedern beeinflußt. Einige seiner wichtigsten LP's sind *The Jungle* (1966), *Midnight Believer* (1978), *Six Silver Strings* (1985), *There Is Always One More Time* (1991), *Heart To Heart* (1994), *Deuces Wild* (1997) und *Riding With The King* (2000, mit Eric Clapton).

King, Carole (bürgerlich Carole Klein), *9.2.1942 Brooklyn/New York, amerik. Sängerin und Songschreiberin. K. hatte bereits als Kind Klavierunterricht und arbeitete später als Sessionsängerin, bevor sie zusammen mit ihrem Mann Gerry Goffin zu einem der erfolgreichsten Songschreiber-Duos der USA wurden. Carole schrieb die Musik und Gerry die Texte zu weit über 100 Songs, die sie meist an bereits etablierte Künstler verkauften. Einige ihrer größten Hits in den 60er Jahren waren *Will You Love Me Tomorrow*, *Locomotion* und *Go Away Little Girl*. Ihren ersten eigenen Charterfolg hatte K. 1962 mit *It Might As Well Rain Until September*. Nach dem Scheitern ihrer Ehe 1967 zog sie nach Los Angeles und verfaßte jetzt auch die Texte zu ihrer Musik selbst. Mit ihrer einfühlsamen, ausdrucksstarken Stimme und meist sanfteren Klängen aus Rhythm & Blues-Wurzeln kam sie sensationell gut an, und von ihrem Album *Tapestry* (1970), für das sie 1972 vier Grammys erhielt, wurden weltweit über 14 Millionen Stück abgesetzt. In den 80er Jahren zog sich K. zunehmend aus dem Showgeschäft zurück. 1990 wurden sie und Gerry Goffin in die Rock 'n' Roll Hall Of Fame aufgenommen. Weitere LPs sind u.a. *Carole King and The City* (1968), *Wrap Around Joy* (1974), *Pearls* (1980), *City Streets* (1989) und *Colour Of Your Dreams* (1993). Wie sehr K. von ihren Musikerkollegen geschätzt wird, dokumentiert das Album *Tapestry-Revisited – A Tribute To Carole King* (1995). Namhafte Leute wie Amy Grant, *Bee Gees*, Rod Stewart u.a. ehrten K. mit ihren Interpretationen von Songs der großartigen Musikerin. 2001 meldete sie sich selbst noch einmal musikalisch zu Wort mit dem einfühlsamen Album *Love Makes The World*.

King Crimson, brit. Rock-Formation, die mit *Robert Fripp* (*16.5.1946), Gitarre und Keyboards, *Ian McDonald* (*25.6.1946), Keyboards, *Greg Lake* (*10.11. 1947), Gesang und Baßgitarre, *Michael Giles*, Schlagzeug und Percussion, sowie dem Texter *Pete Sinfield* eine erste konstante Besetzung hatte. R. Fripp, der Kopf von K. C., schrieb auch die Songs für die Band und produzierte mit seinen Musikern eine neuartige, avantgardistische und progressive Rock-Variante, in der Rock-, Jazz- und Rhythm & Blues-Elemente zu einem manchmal surrealen Klangbild verschmolzen wurden. 1969 spielten sie im Vorprogramm der *Rolling Stones* erstmals vor größerem Publikum, und im gleichen Jahr erschien ihre Debüt-LP *In the Court of the Crimson King*, die sich erfolgreich in den Charts halten konnte. Überzeugen konnten sie v.a. die Fans in England, Deutschland und den Niederlanden. Der Auflösung der Band 1974 folgte 1981 ein erfolgreiches Comeback mit Fripp, *B. Bruford*, Schlagzeug, *A. Belew*, Gitarre und *T. Levin*, Baßgitarre. Seither ruft Fripp die Band in wechselnden Konstellationen immer wieder zu längeren Arbeitsphasen zusammen. Innerhalb von K.C. experimentiert Fripp mit sogenannten Projects, denen einzelne Mitglieder aus teilweise verschiedenen Phasen der Band angehören. Zu ihren besten LPs zählen *In the Wake of Poseidon* (1970), *Lark's Tongues in Aspic* (1973), *Discipline* (1981), *Three of a Perfect Pair* (1983), *VROOM* (1994), *Thrak* (1995), *The ConstruCKtion Of Light*

(2000) und *The Power To Believe* (2003).

Kinks, The, brit. Rock-Gruppe, die 1963 als Rhythm & Blues-Combo *Ravens* begann und ab 1964 unter dem Namen K. in der Besetzung *Ray Davies* (eig. Raymond Douglas D., *21.6.1944), Gesang und Gitarre, *Dave Davies* (*3.2.1947), Gitarre und Gesang, *Pete Quaife* (*27.12.1943), Baßgitarre, und *Mick Avory* (*15.2. 1944), Schlagzeug, zunächst sog. Mersey Beat spielte. Nach zwei erfolglosen Single-Veröffentlichungen kam mit *You Really Got Me* (1964) der große Durchbruch. K. gelangen in der Folgezeit Welthits (u. a. *All Day and All of the Night*, 1964, *Tired of Waiting For You*, 1965, *Dedicated Follower of Fashion*, 1966, *Waterloo Sunset*, 1967, und *Lola*, 1970), die für die Beat-Generation zu Kultliedern wurden und die die K. als eine der wichtigsten englischen Bands neben *Beatles*, *Rolling Stones* und *The Who* auswiesen. Trotz etlicher Umbesetzungen ab Ende der 60er Jahre und einiger künstlerischer Einbrüche waren die K. bis in die 90er Jahre aktiv. 1990 wurden sie in die Rock 'n' Roll Hall of Fame aufgenommen und kamen zu diesem Ereignis noch einmal in Originalbesetzung zusammen. Zu ihren wichtigsten Alben zählen *The Kinks Are the Village Green Preservation Society* (1968), *Soap Opera* (1975), *Misfits* (1978), *Give the People What They Want* (1981) und *Phobia* (1993).

Kirk, Roland Rahsan (Ronald T. K.), *7.8.1936 Columbus (Ohio), † 5.12.1977 Bloomington (Indiana); amerik. Jazzmusiker (Saxophon, Flöte, Klarinette, Manzello, Stritch). Er gehörte seit 1961 zur Gruppe von Charles Mingus, hatte im selben Jahr einen großen Erfolg bei den Essener Jazztagen, war 1963 in England und bei den Berliner Jazztagen und trat 1968 beim New Port-Festival auf. K., der blind und später auch halbseitig gelähmt war, trat meist mit eigener Rhythmusgruppe und kurz vor seinem Tode im Orchester Gil Evans auf. Er spielte einen expressiven, emotionalen Modern Jazz mit starken Blues-Elementen. Als Flötist bediente er sich häufig der Überblastechnik, bei der während des Blasens zugleich auch in das Instrument hineingesungen wird. Er spielte auch zwei selbstkonstruierte Blasinstrumente (Manzello und Stritch), meist kombiniert, oft auch – über ein Mundstück – gleichzeitig mit dem Tenorsaxophon.

Kiss, amerik. Hard Rock-Formation um *Gene Simmons* (eig. G. Klein, *25.8. 1949), Baßgitarre und Gesang, *Ace Frehley* (eig. Paul Daniel F., *27.4.1951), Gitarre und Gesang, *Paul Stanley* (eig. P. S. Eisen, *20.1.1950), Gitarre und Gesang, und *Peter Criss* (eig. P. Crisscoula, *27.12.1947), Schlagzeug und Gesang. K. wurde 1973 ins Leben gerufen, und mit *Kissin Time* (1974) hatten sie ihren ersten Chart-Erfolg. Harte und extrem laute Musik, auffällige Gesichtsbemalungen und futuristische Phantasiekostüme führten zu Bestsellern wie *Beth* (1976), *I Was Made for Lovin You* (1979) und *Crazy Crazy Nights* (1987). Bereits 1980 wurde P. Criss durch Eric Carr ersetzt. Nach dessen Tod 1991 kam Eric Singer in die Band. A. Frehley ging 1982, für ihn kam zunächst Vinnie Vincent, später Mark St. John und darauf Bruce Kulick. 1983 trat K. exklusiv für MTV ungeschminkt und ohne Verkleidung auf, was ihrem Erfolg nicht schadete. Seit den 90ern gaben sie sich jedoch mit immer aufgeblaseneren Konzepten der Lächerlichkeit preis. Zu ihren besten Platten zählen *Kiss* (1974), *Unmasked* (1980), *Animalize* (1984), *Revenge* (1992), *Kiss Alive III* (1993), *Psycho Circus* (1998) und der Soundtrack zu dem Film *Detroit Rock City* (1999).

Kitt, Eartha, *26.1.1928 Columbia (South Carolina); amerik. Tänzerin, Sängerin und Schauspielerin. K. wuchs in Harlem auf und gelangte nach Engagements in Paris durch ihr Mitwirken an der Broadway-Produktion *New Faces of 1952* zu Ansehen. Ihren ersten Chart-Erfolg hatte sie 1953 mit *C'est Si Bon*. Charakteristisch für ihr Auftreten waren v. a. ihre Artikulation beim Singen sowie ihre tänzerischen Fähigkeiten. In den 50er Jahren spielte sie auch in mehreren Kinofilmen mit, darunter *St. Louis Blues* (mit Nat King Cole) und *Anna Lucasta* (mit Sammy Davis jr.). Nachdem die int. Musikwelt mehr als 20 Jahre lang keine Notiz mehr von ihr genommen hatte, tauchte K. 1983 mit dem Song *Where Is My Man* in den europäischen Hitparaden auf und war wieder äußerst erfolgreich. Weitere Hitnotierungen K.s waren *Santa Baby* (1953), *Under the Bridges of Paris* (1955), *I Love Men* (1984) und *Cha Cha Beat* (1989, mit *Bronski Beat*).

Knight, Gladys & The Pips, amerik. Gesangsformation um *Gladys Knight* (*28.5.1944), sowie die »Pips« *Brenda Knight, Eleonor Guest* und *Merald »Bubba« Knight* (*4.9.1942) und *William Guest* (*2.6.1941). G. Knight hatte bereits im heimischen Atlanta in Gospel-Chören gesungen, bevor sie sich dem *Morris Brown Choir* und später dem *Wings over Jordan Choir* anschloß. Ende der 50er Jahre gründete sie mit ihren Geschwistern Merald und Brenda, ihrer Cousine Eleonor und ihrem Cousin William eine eigene Gruppe, deren Manager und Namensgeber K.s Cousin James »Pips« Woods wurde. 1959 verließen B. Knight und E. Guest das Ensemble, sie wurden durch *Edward Patten* und *Langston George* ersetzt. Mit dem jeweiligen Zeitgeist angepaßten Songs, die sich jedoch meist aus Rhythm & Blues-Quellen speisten, starteten sie eine Hitserie, die bis in die heutige Zeit anhält. G.K. & T.P. gehörten zu den bedeutendsten und ausdrucksstärksten Gruppen im Pop-Geschäft der USA und schufen Bestseller wie *I Heard It through the Grapevine* (1967), *Midnight Train to Georgia* (1973) und *One and One* (1974). G. Knight erhielt 1974 2 Grammies, trennte sich anschließend von den *Pips*, stieß aber 1980 wieder zu ihnen. Nach dem Auseinanderfallen der Gruppe 1989 versuchte sich G. Knight solistisch und hatte mit der Titelmelodie zu dem James-Bond-Film *Licence to Kill* (1989) einen Top 10-Hit. Die Gruppe wurde 1996 in die Rock 'n' Roll Hall of Fame aufgenommen. Zu den wichtigsten LPs der Band gehören *Feelin Bluesy* (1968), *Silent Night* (1975), *All Our Love* (1987), *Good Woman* (1991, G. Knight) und *Just for You* (1994, G. Knight).

Koller, Hans, *12.2.1921 Wien, †22.12.2003 Wien; östr. Jazzmusiker (Saxophon, Klarinette). K. studierte 1935–39 an der Wiener Musikakademie. Seit 1947 leitete er eigene Gruppen, u. a. ein Quartett mit Jutta Hipp als Pianistin, das ihn auch unter amerikanischen Jazzmusikern bekannt machte. Außerdem spielte er in den 50er Jahren mit Albert Mangelsdorff zusammen und begleitete 1953 Dizzy Gillespie, 1954 Lee Konitz und Lars Gullin und 1956 Stan Kenton auf ihren Deutschlandtourneen. 1954–56 leitete er mit dem Pianisten Roland Kovac eine Combo, war 1957–58 in Eddie Sauters Big Band beim Südwestfunk Baden-Baden, übernahm 1958 die Leitung des Jazz-Ensembles beim NDR in Hamburg und spielte 1959 u. a. mit Oscar Pettiford zusammen. K.s Hauptinstrument war bis in die 70er Jahre das Tenorsaxophon, als dessen führender Vertreter in Deutschland er lange Zeit galt. In den 50er Jahren stark vom Cool Jazz beeinflußt, wandte er sich in den 70er Jahren mehr dem Jazz-Rock und einem freien New Jazz zu und bevorzugte nun häufig das Sopransaxophon. Einige von K.s Alben sind *Hans Koller's New Jazz Stars* (1953), *Hans Across the Sea* (1957), *Hello, Baden Baden* (1957), *The Horses* (1979), *Live at the Jazz Festival Frankfurt* (1980) und *Some Winds* (1996).

Konitz, Lee, *13.10.1927 Chicago; amerik. Jazzmusiker (Alt- und Tenorsaxophon). K. spielte 1947 im Orchester Claude Thornhill, war 1948–50 Mitglied in der Band von Miles Davis und arbeitete außerdem eng mit dem Pianisten Lennie Tristano zusammen, dessen Konzept eines harmonisch komplexen Cool-Jazz er entschieden vertrat. 1952–53 spielte K. bei Stan Kenton, 1959 und 1964 nochmals mit Tristano und leitete außerdem eigene Gruppen. K., der seit 1951 häufig Europa-Tourneen unternimmt, hat mit seinem vibratoarmen Ton, seiner lyrischen und komplexen Spielweise den Cool-Jazz bis zur Mitte der 50er Jahre maßgebend beeinflußt. In den frühen 60er Jahren schien die Karriere von K. beendet, er zog sich aus dem Musikleben zurück. 1967 überraschte er mit seinen *Duets*, die heute als Meilenstein der Jazzgeschichte gelten. In den späten 70ern übernahm K. noch erfolgreich die Leitung eines Nonetts. Seinen unverwechselbar eleganten Ton kultivierte K. bis ins neue Jahrtausend.

Kool & The Gang, amerik. Pop-Band. *Robert »Kool« Bell* (*8.10.1950), Baßgitarre und Gesang, *Ronald »The Captain« Bell* (*1.11.1951), Saxophon, *Dennis »Dee Tee« Thomas* (*9.2.1951), Saxophon, *Robert »Spike« Mickens*, Trompete, *Rick Westfield*, Keyboards, und *»Funky« George Brown* (*5.1.1949), Schlagzeug, formierten sich 1964 in ihrer Heimatstadt Jersey City zu der Jazz Combo *Jazziacs*. Später nannten sie sich *New Dimensions*, *Kool & The Flame* und schließlich K. & the G. 1968 stieß der Gitarrist *Claydes Smith* hinzu, erste große Erfolge stellten sich aber erst Anfang der 70er Jahre mit Top 10-Titeln wie *Jungle Boogie* (1973) und *Hollywood Swinging* (1974) ein. Seit dieser Zeit gehört das Ensemble, dessen wesentliche Merkmale ein mit markanten Bläsersätzen gepaarter, gefälliger Sound sowie eine rhythmisch treibende Gitarrenarbeit sind, zu den konstanten Größen im US-Showgeschäft. Zu ihren wichtigsten LPs zählen *Kool Jazz* (1974), *Ladies Night* (1979), *Emergency* (1984), *Sweat* (1989), *Unite* (1992), *State Of Affairs* (1996) und *Gangland* (2000).

Kooper, Al (eig. Alan K.), *5.2.1944 Brooklyn (New York); amerik. Sänger, Keyboarder, Gitarrist und Komponist. K. wurde bereits 14jährig Mitglied bei der Profi-Band *Royal Teens*. Anschließend arbeitete er als Studiogitarrist, besuchte die Universität von Bridgeport und schrieb Songs für Gary Lewis und Gene Pitney. Darüber hinaus arbeitete er für Bob Dylan, Jimi Hendrix und die *Roll-ing Stones*, produzierte LPs für *Lynyrd Skynyrd*, *The Tubes*, Nils Lofgren und B. B. King und war Mitbegründer von *The Blues Project* und *Blood, Sweat & Tears*. Er prägte den Ende der 60er Jahre in den USA aufkommenden Blues-Rock entscheidend. Als vielseitiger Musiker war K. hochgeschätzt; seine eigenen Werke gefielen jedoch nur selten – zu oft rutschten sie ins Banale und Peinliche ab. 1976 veröffentlichte er seine Autobiographie *Backstage Passes*. Zu seinen wichtigsten Platten zählen *Super Session* (1968), *Easy Does It* (1970), *Naked Songs* (1972), *Act like Nothing Wrong* (1976), *Championship Wrestling* (1982), *Rekooperation* (1994), *Soul Of A Man* (1995) und *Black Coffee* (2005).

Korner, Alexis, *19.4.1928 Paris, † 1.1.1984 London; brit. Sänger und Gitarrist. Als Sohn eines Österreichers und einer Griechin wuchs K. in Frankreich, der Schweiz und Nordafrika auf, ehe sich die Familie 1939 in England niederließ. Er lernte Klavierspielen, kam 1947 als Besatzungsoffizier nach Deutschland und arbeitete als Discjockey für BFN und NWDR. Nach England zurückgekehrt, spielte er bei *Chris Barber* und *Ken Colyer* Dixieland. Außerdem begleitete er div. Bluesgrößen (u. a. Muddy Waters und Memphis Slim) auf deren England-Tourneen. 1961 gründete er die Band *Blues Incorporated.* Seine einzigen Single-Hits landete er (mit der Rock-Big Band *CCS*) zwischen 1970 und 1972. Er spielte in etlichen stilübergreifenden Bands, trat aber wegen seines rapide sich verschlechternden Gesundheitszustandes Anfang der 80er Jahre nur noch selten auf. K., der als einer der Urväter des europäischen Blues gilt, förderte viele talentierte Bands, darunter die *Rolling Stones, Led Zeppelin, Pentangle* und *Free.* Sein eigener Erfolg blieb indes bescheiden. Zu seinen bemerkenswertesten Platten zählen *New Generation of Blues* (1968), *Both Sides* (1970), *Snap Live in Germany* (1972) und *The Party Album* (1979).

Kraftwerk, dt. Pop-Rock-Ensemble, bestehend aus *Ralf Hütter* (*20.8.1946), Keyboards und Gesang, und *Florian Schneider-Esleben* (*7.4.1947), Keyboard, Percussions und Gesang, sowie den Gastmusikern *Wolfgang Flür, Klaus Roeder, Klaus Dinger, Andreas Hohmann* und *Karl Bartos.* R. Hütter und F. Schneider-Elsleben traten ab 1968 zunächst als *Organisation* auf, ehe sie sich 1970 in K. umbenannten. Ihre Debütplatte *Kraftwerk* erschien 1970. Mit einer Synthese aus Rock, Pop und zeitgemäßen elektronischen Elementen klangen sie oft wie ein musizierender Sprachcomputer, konnten sich dadurch aber eine Sonderstellung in der deutschen Rock-Szene sichern, die ihnen einen ungewöhnlich hohen Bekanntheitsgrad sicherte. Ihre 1975 erschienene LP *Autobahn* brachte den int. Durchbruch, und mit der gleichnamigen Single-Auskoppelung landeten sie auch in den USA einen Chart-Erfolg. Zu den Hits der Band zählen *Computer Love/The Model* (1981), *Das Model* (1982) und *Music Non Stop* (1986). K. gilt als eine der kreativsten und außergewöhnlichsten deutschen Formationen und inspirierte viele nachfolgende Synthesizer-Bands im In- und Ausland. 2003 feierten sie eine weltweit erfolgreiche Reunion mit *Tour De France.* Weitere K.-Platten sind *Ralf & Florian* (1973), *Radio-Aktivität* (1975), *Mensch-Maschine* (1978), *Computerwelt* (1981), *Electric Cafe* (1986), *The Mix* (1991) und *Minimum-Maximum* (2005).

Kraus, Peter (eig. P. Siegfried Krausenecker), *18.3. 1939 München; dt. Sänger, Schauspieler und Showmaster. Seine ersten Erfolge als Sänger konnte K. 1956 feiern (*Tutti-Frutti, Teddybär*), bereits 1953 gab er in dem Film *Das Fliegende Klassenzimmer* sein Debüt als Schauspieler; 19jährig moderierte er seine erste TV-Show, *Herzlichst Ihr Peter Kraus.* Als Elvis-Verschnitt wurde K. zum größten deutschen Rock 'n' Roll-Star und Teenageridol der 50er und 60er Jahre. Seit 1994 ist K. auch als Filmregisseur tätig. Seine Autobiographie veröffentlichte er unter dem Titel *Wop-Baba-Lu-Ba. Mein verrocktes Leben* (1990). Zu seinen wesentlichen Erfolgen als Sänger führten die Titel *Sugar Baby* (1958), *Schwarze Rose, Rosemarie* (1961) und *Sweety* (1962).

Kriegel, Volker, *24.12.1943 Darmstadt, † 14.6.2003 San Sebastián (Spanien); dt. Jazzmusiker (Gitarrist, Bandleader und Komponist). K. gründete 1962 ein Trio und wurde 1964 beim Jazz-Amateur-Festival in Düsseldorf zum besten Solisten gewählt. 1968 formierte er mit dem amerikanischen Vibraphonisten David Pike das *Dave Pike Set*, das bis

Ende 1972 erfolgreich war. Danach gründete er die Gruppe *Spectrum*, dann das *Mild Maniac Orchestra*, das als eine der erfolgreichsten Jazz-Rock-Bands Deutschlands angesehen wird. Seit 1976 war er Mitglied des → *United Jazz & Rock Ensembles*. Wichtige Alben K.s sind *Spectrum* (1971), *Missing Link* (1972), *Topical Harvest* (1975), *Mild Maniac Orchestra Live in Bayern* (1980) und *Journal* (1981). In den letzten Jahren vor seinem Tod hat sich K. als erfolgreicher Buchautor und Illustrator hervorgetan.

Kristofferson, Kris, *22.6.1936 Bronsville (Texas); amerik. Sänger, Gitarrist, Songschreiber und Schauspieler. Der Sohn eines Generals studierte in Oxford, wurde dann Offizier und begann Anfang der 70er Jahre als Interpret meist gefühlvoller Lieder im Country Stil. Mit seiner eher schwermütigen, ausdrucksstarken Stimme und sensiblen Texten, die oft seinen eigenen Lebensweg beschrieben, gelangen ihm Bestseller wie *Me and Bobby McGhee* (der erfolgreich von Janis Joplin kopiert wurde), *Help Me Make It through the Night* und *Sunday Morning Coming Down*. Seinen größten Single-Erfolg hatte er 1973 mit *Why Me*. Als Komponist schrieb er u. a. Filmmusiken zu *The Last Movie* und *Ned Kelly* (beide 1970). Als Schauspieler war K. in den Hollywood-Produktionen *Pat Garrett and Billy the Kid* (1973), *A Star Is Born* (1977), *Convoy* (1978) und *Heaven's Gate* (1980) zu sehen. K., der zeitweilig Alkohol- und Drogenprobleme hatte, die seine Karriere in Mitleidenschaft zogen, ist im Showgeschäft immer noch aktiv. Zu seinen wichtigen LPs gehören *Kristofferson* (1971), *Natural Act* (1978), *The Winning Hand* (1982), *Highwayman* (1987) und *The Austin Sessions* (1999).

Krokus, Schweizer Heavy-Metal-Gruppe um die Gründungsmitglieder *Chris van Rohr*, Gesang, Percussions und Baßgitarre, *Tommy Kiefer*, Gitarre, *Fernando von Arb*, Gitarre, *Jürg Naegli*, Keyboards, und *Freddy Steady*, Schlagzeug. Wegen mangelnden Auftrittsmöglichkeiten in der Schweiz verlegten sie ihr Betätigungsfeld an die spanische Costa Brava, wo sie hauptsächlich in Touristen-Discotheken zu erstem Ruhm gelangten. Nach ihrer Rückkehr in die Schweiz erschien ihr Debüt-Album *Painkiller* (1978). Aber erst mit dem neu hinzugekommenen Marc Storace konnte man einen auch int. haltbaren Standard erreichen. Der engl. Manager Martin Pearson (*Queen*) sorgte dafür, daß die Formation erst in England und daraufhin auch in den USA als eine der wenigen vom europäischen Kontinent stammenden Bands große Anerkennung erhielt. Trotz etlicher Umbesetzungen und musikalischer Wandlungen zählt K. zu den erfolgreichsten Heavy-Metal-Gruppierungen. Weitere LPs sind *Metal Rendezvous* (1979), *Hardware* (1981), *Once Vice at a Time* (1982), *Headhunter* (1983) und *The Blitz* (1984). Im Jahr 2002 trafen sich die Musiker von K. wieder, um ein neues Album zu produzieren: *Rock the Block* (2003). Darauf folgte eine großangelegte USA-Tournee. 2004 erschien das Live-Album *Fire and Gasoline*.

Krupa, Gene, *15.1.1909 Chicago, †16.10.1973 Yonkers (New York); amerik. Jazzmusiker (Schlagzeug). Er spielte in verschiedenen Jazzbands und Tanzorchestern und kam 1935 zu Benny Goodman. In diesem Orchester machte er sich einen Namen als bedeutender Swingschlagzeuger, der mit seinen ausgedehnten und virtuosen Soli im Jazz richtungweisend wurde. Später gründete und leitete K. eigene Big Bands und Combos und unternahm zahlreiche Tourneen, u. a. mit Tommy Dorsey. 1954 gründete er eine Schlagzeugschule in New York. K. schrieb *The Science of Drumming* (NY 1946).

Kuhn, Paul, *12.3.1928 Wiesbaden; dt. Bandleader und Komponist. Er erhielt Unterricht am Konservatorium in Wiesbaden. Nach dem 2. Weltkrieg leitete er mit Erfolg eigene Jazz-Combos und kam 1953 als Pianist und Arrangeur zum WDR. Seit Ende der 50er Jahre produziert er auch eigene Fernsehshows, u. a. *Pauls Party* und *Hallo, Paulchen.* 1968–80 war er Leiter des SFB-Tanzorchesters. Von K.s Schlagerkompositionen, die teilweise auch von ihm selbst gesungen wurden, sind besonders *Der Mann am Klavier* (1958), *Die Farbe der Liebe* (1958) und *Es gibt kein Bier auf Hawaii* (1963) bekannt geworden. Bis weit in die 90er Jahre hinein produzierte K. erfolgreiche Jazz-Aufnahmen u. a. mit der Big Band des SWR in Stuttgart. K. erhielt u. a. folgende Auszeichnungen: Goldene Kamera (1972), Großer Deutscher Schallplattenpreis (1976).

Kühn, Joachim Kurt, *15.3.1944 Leipzig; dt. Jazz-Pianist, Keyboarder und Komponist. K. erhielt eine klassische Ausbildung bei dem Dirigenten Arthur Schmidt Elsey in Leipzig. Außerdem spielte er im *Werner Pfüller Quintett.* 1964 gründete er gemeinsam mit Klaus Koch (Kontrabaß) und Reinhard Schwarz (Schlagzeug) sein eigenes Trio; wenig später übersiedelte er in die Bundesrepublik, wo er sich hauptsächlich dem Free Jazz widmete. Sein Umzug nach Paris 1967 bedeutete für ihn auch einen Stilwechsel: K. begann, sich von seinen Vorbildern (B. Timmons, R. Garland, H. Silver, McCoy Tyner) zu lösen und arbeitete nun gemeinsam mit K. Berger, G. Barbieri oder P. Woods. Außerdem engagierte er sich nach ersten Treffen mit dem Geiger J. L. Ponty auch in der aufkommenden Jazz-Rock-Szene. Seit den 70er Jahren widmete er sich der Rock- und Pop-Musik. K., der zu den bekanntesten und ausdrucksstärksten Musikern Europas zählt, ging 1980 nach New York und ist weiterhin mit unterschiedlichstem Musikmaterial präsent. 1996 spielte er im Duo mit Ornette Coleman. Seine wichtigsten Platten: *This Way Out* (1973), *Charisma* (1977), *Snow in the Desert* (1981), *Wandlungen* (1986) und *Colors* (1996, mit O. Coleman).

Kunze, Heinz Rudolf, *30.11.1956 Espelkamp; dt. Sänger, Gitarrist und Songschreiber. K. studierte zunächst Philosophie und Germanistik und widmete sich dann Anfang der 80er Jahre der deutschsprachigen Rock-Musik. Er spielte erfolgreich beim Würzburger Nachwuchsfestival und brachte 1981 seine Platte *Reine Nervensache* auf den Markt. Für die darauffolgende LP *Eine Form von Gewalt* (1982) erhielt K. 1983 den Deutschen Schallplattenpreis. K., ein sensibler Beobachter gesellschaftlicher Tendenzen, ist kein »Hit-Lieferant«; sein Song *Dein ist mein ganzes Herz* (1985) war sein bisher einziger Chart-Erfolg (Platz 8 der BRD-Hitparaden). Es sind seine Alben, mit denen er textlich wie musikalisch seine Fans bis heute begeistert. Seine wichtigsten LPs sind *Brille* (1991), *Draufgänger* (1992), *Ich brauche Dich jetzt* (1993), *Kunze: Macht Musik* (1994) *Der Golem aus Lemgo* (1994), *Richter-Skala* (1996), *Alter Ego* (1997), *Korrekt* (1999), *Halt* (2001), *Wasser bis zum Hals steht mir* (2002) und *Das Original* (2005).

Kuti, Fela »Anikulapo«, *15.10.1938 Abeokuta, † 3.8. 1997 Lagos; nigerianischer Sänger, Saxophonist und Bandleader. Ende der 1960er Jahre kombinierte K. Jazz nach der Art von Miles Davis mit dem Soul von James Brown, Pop-Instrumente trafen auf die Rhythmen und Gesänge seines Yoruba-Erbes und das geniale Schlagzeugspiel seines Drummers Tony Allen. Diese Mischung nannte K. Afrobeat und hatte damit riesigen Erfolg in Afrika, Europa und Amerika, wo er als einer der ersten afrikanischen Künstler den Durchbruch schaffte. Seine »Republic Of Kalakuta« erklärte er zur einzig freien Republik Nigerias, er gründete seine eigene Partei, das »Movement Of The People« (MOP), und äußerte in seinen Texten beißende Kritik am Staat. Dies brachte ihm immer wieder tätliche Angriffe von seiten der Autoritäten, über 300 Gerichtstermine und etliche Gefängnisaufenthalte ein. Mit seinen Bigbands *Africa 70* und später *Egypt 80* spielte er über siebzig LPs ein, darunter *Shakara* (1974), *Zombie* (1976) und *Black President* (1981). K. starb an einem durch Immunschwäche bedingten Herzversagen. Sein Sohn Femi Kuti führt das Erbe des Afrobeats fort.

Kyuss, amerik. Rock Band, gegründet 1989 in Palm Desert, Kalifornien. Auf Erfahrungen von *Black Sabbath* und *Blue Cheer* aufbauend, generierten K. eine schwere, schleppende und dennoch intelligente und hypnotische Spielart des Heavy Metal, die man als Desert oder Stoner Rock bezeichnete. Mit *John Garcia* (*1972), Gesang, *Nick Oliveri* (*21.10.1971), Baßgitarre, *Josh Homme* (*17.5.1973), Gitarre und *Brant Bjork* (Schlagzeug) entwickelten sie dichte »Walls of Sound«, die vor allem live das Publikum fesselten. Ihr Debüt-Album *Wretch* (1991) konnte diesen hohen Standard jedoch nicht halten. Ganz anders *Blues For The Red Sun* (1992), *Welcome To Sky Valley* (1994) und *And Circus Leaves Town* (1996). Persönliche Differenzen und daraus resultierende Umbesetzungen führten jedoch auf dem kreativen Höhepunkt zur Auflösung von K. Als legitimer Nachfolger von K. wurde die Band *Queens Of The Stone Age* angesehen, in der außer ehemaligen K.-Musikern Mitglieder von *Nirvana* und den *Screaming Trees* spielten.

L

La Rocca, Nick (Dominick James), *11.4.1889 New Orleans, †22.2.1961 ebd.; amerik. Jazzmusiker (Kornett) und Bandleader. Er gründete 1915 die Original Dixieland Jazz Band (ODJB) in Chicago, mit der 1917 die ersten Schallplattenaufnahmen der Jazzgeschichte gemacht wurden. Erfolgstitel waren vor allem *Tiger Rag, At the Jazz Band Ball* und *Ostrich Walk.* 1925 wurde die Band aufgelöst. 1935–36 versuchte L. ein Comeback mit neuen Schallplattenaufnahmen, hatte jedoch keinen Erfolg. Daraufhin zog er sich zurück. In Briefen bezeichnete er sich als »Schöpfer des Jazz«.

Labelle, Patti (eig. Patricia Holt), *4.10.1944 Philadelphia (Pennsylvania); afroamerik. Soul-Sängerin. L. gründete 1961 das Vokal-Quartett *Patti LaBelle and the Bluebelles* mit *Sarah Dash* (*24.5.1942), *Nona Hendryx* (*18.8.1945) und *Cindy Birdsong* (*15.12.1939). *I Sold My Heart to the Junkman* und *A Groovy Kind of Love* (1964) zählten zu ihren größten US-Hits. Birdsong ging 1968 zu den → *Supremes,* das verbliebene Trio verkürzte den Namen auf *Labelle.* Mit einer Stimme, die Gospel- wie Rockphrasierungen einbezieht, führte die Lead-Sängerin L. von nun an Songs wie *Lady Marmalade* (auf ihrer LP *Nightbirds,* 1974) in die Hitparaden. 1976 trennte sich die Gruppe. P. L. arbeitete als Solistin mit versch. Künstlern wie den *B–52s* und Al → Green zusammen. Im Duett mit Sänger Michael McDonald landete L. 1986 den Hit *On My Own.* Erfolg hatte sie auch mit *New Attitude* (1985) und *Oh, People* (1986). 1990 wurde L. vom amerik. Kongreß für Rassengleichstellung für ihr Lebenswerk geehrt. Wichtige LPs von L. sind *Patti Labelle* (1977), *Winner in You* (1986), *Be Yourself* (1989),

Burnin' (1991) und *When A Woman Loves* (2000). 1995 erschien ihre Autobiografie *Don't Block The Blessings.*

Ladysmith Black Mambazo, Vokalgruppe aus der Republik Südafrika. Ihr Gründer Joseph Shabalala (*28.8.1941) aus dem Ort Ladysmith nördlich von Durban sammelte in den 1960er Jahren männliche Familienmitglieder um sich, mit denen er eine neu harmonisierte Art des Isicathamiya schuf, des Gesangs der dortigen Minenarbeiter. Aus sämtlichen Chor-Wettbewerben ging Shabalalas Ensemble siegreich hervor, weshalb sich die Gruppe bald *Black Mambazo* nannte – »black« im Hinblick auf die schwarzen Ochsen, die gemeinhin als die stärksten einer Farm gelten, »mambazo« (Axt), als Ausdruck der Stärke im Wettstreit. In den 1970ern spielten sie ihre erste Platte ein, den int. Durchbruch brachte ihr Gastspiel auf Paul Simons Album *Graceland.* Simon produzierte auch ihre Platte *Shaka Zulu* (1987). Seitdem hat Shabalalas Ensemble weltweit mit Stars gearbeitet (u.a. mit Stevie Wonder, Dolly Parton, George Clinton), trat vor dem Papst und der englischen Königin auf und begleitete Nelson Mandela zur Verleihung des Friedensnobelpreises. Mit ihrem auf 40 Alben eingefangenen Repertoire aus Gospel, Arbeiterliedern und eindrücklichen Reminiszenzen an die bittere Zeit der Apartheid wurden sie eine der erfolgreichsten Gruppen des afrikanischen Kontinents.

Lage, Klaus, *16.6.1950 Soltau; dt. Sänger, Gitarrist und Bandleader. L., der eine kaufmännische Lehre absolviert und 2 Semester Violine studiert hat, spielte in den 70er Jahren in einer Berliner Rock-Band. 1981 gründete er eine eigene Formation, mit der er seither erfolgreich konzertiert. Sein größter Erfolg war die Hit-Single *Tausendundeine Nacht* (1984). Zu seinen wichtigsten LPs zählen *Positiv* (1982), *Stadtstreicher* (1983), *Schweißperlen* (1984), *Mit meinen Augen* (1986) und *Mensch bleiben* (2000).

Laibach, gegründet 1980 in Trbovlje, Slowenien; slowenische Rock-Band. L. ist die einzige osteuropäische Band, die sich über Jahrzehnte im internationalen Rockgeschäft behaupten konnte. Mit ihrem Konzept von der Neuen Slowenischen Kunst nahmen sie darüber hinaus aktiv Einfluß auf die slowenische Kultur und Politik. L. rekrutierten sich aus Mitgliedern der jugoslawischen Armee, unter anderem *Tomaz Hostnik* (1961–1982); die genaue personelle Konstellation der Band blieb stets unklar. Neben Sprecher *Ivan Novak*, dessen musikalische und konzeptionelle Funktion in der Band nie offiziell bekannt gegeben wurde, spielten u.a. *Milan Frez, Dejan Knez* und *Ervin Markozek* mit. Auf Alben wie *Opus Dei* (1987), *Let It Be* (1988), *Macbeth* (1990), *Kapital* (1992) oder *NATO* (1994) verfolgten sie ebenso provokante wie aufwendige Konzepte zwischen Rock und Techno. Vor allem ihre Coverversionen bekannter Pop-Songs oder ganzer Alben, die meist in einen ungewöhnlichen politischen Kontext gesetzt wurden, polarisierten die Hörerschaft. 2003 ließen L. die CD *WAT* folgen.

Lang, Eddie (auch Blind Willie Dunn; eig. Salvatore Massaro), *25.10.1902 Philadelphia, †26.3.1933 New York; amerik. Jazzmusiker (Gitarre). Er spielte 1924 bei Red McKenzie in England und seit 1926 häufig mit dem Geiger Joe Venuti, u.a. in der Gruppe *Blue Four.* 1930 wirkte er in dem Paul Whiteman-Film *King of Jazz* mit und begleitete anschließend 2 Jahre lang den Sänger Bing Crosby. L. gilt als der bedeutendste Jazzgitarrist seiner Zeit.

Last, James (Hans), *17.4.1929 Bremen; dt. Bandleader, Komponist und

Arrangeur. Nach dem Besuch der Heeresmusikschule in Bückeburg spielte er 1946–56 als Kontrabassist in mehreren Tanzorchestern (Radio Bremen, Last/Becker-Ensemble, NWDR). 1956 schrieb er erste Arrangements für den Funk und für bekannte Stars, darunter Caterina Valente, Freddy Quinn und Helmut Zacharias. Seit 1969 unternimmt er mit eigenen Tanzorchestern regelmäßig Tourneen in alle Welt. Durch seinen »Happy Party Sound« und Bearbeitungen klassischer Melodien wurde L. in den 70er Jahren der in seiner Art populärste deutsche Bandleader. Seine Plattenserien *A gogo* und *Non Stop Dancing* erzielten Rekordumsätze. Bis 1981 erhielt er 150 »Goldene Schallplatten«. Nach der Jahrtausendwende galt Last als Vaterfigur des Lounge Pop, an den er mit dem Album *They Call Me Hansi* selbst anschloß.

Lauper, Cindy, *20.6.1953 New York; amerik. Pop-Sängerin. Mit schriller Stimme, einem unkonventionellen, frechen Äußeren und ihrem respektlosen Umgang mit Musikstilen wie Soul und New Wave zählte L. Mitte der 80er Jahre zu den größten Stars der Popmusik. Schon von der ersten LP *She's So Unusual* (1984) erreichten die 4 Songs *Girls Just Want to Have Fun*, *Through the Night*, *She Bop* und *Time After Time* die internationalen Hitparaden. Die LP selbst wurde weltweit über 14 Mio. mal verkauft und zu einem der erfolgreichsten Debüt-Alben der Popmusik. Auch mit der folgenden LP *True Colours* (1986) und der gleichnamigen Hit-Single fand L., die 1987 in der Filmkomödie *Vibes* ihr Debüt als Schauspielerin gab, weltweite Beachtung. In den 90er Jahren wurde es ruhiger um die Sängerin. Weitere Platten von L. sind *Kindred Spirits* (1989), *Hat Full of Stars* (1993), *Twelve Deadly Cyns* (1994), *Sisters Of Avalon* (1997) und *Shine* (2004).

Lecuona, Ernesto, *7.8.1896 Guanabacoa (heute Havanna) , †29.11.1963 Santa Cruz (Teneriffa); kubanischer Komponist, Bandleader und Pianist. Er studierte bis 1913 Klavier, Instrumentation und Orchesterleitung bei J. Nin y Castellanos, Antonio Saavedra und H. De Blanck am Nationalkonservatorium von Havanna. Anschließend bereiste er Nordamerika und Westeuropa als Pianist und Dirigent des von ihm gegründeten Salonorchesters *Lecuona Cuban Boys*. Schon vor dem 1. Weltkrieg begann mit *Malagueña* und *Siboney* die Kette seiner Sensationserfolge, die bis zuletzt nicht abriß (*Rapsodia negra* für Orchester, 1943; *Concierto en rumba* für Klavier und Orchester, 1963). L. entwikkelte einen rhythmisch und melodisch an kreolisch-afrikanische Grundmuster angelehnten Pop-Stil. Auch mit einer Reihe von Zarzuelas hatte er seit den 20er Jahren anhaltenden Erfolg (*Niña Rita*, 1927; *Lola Cruz*, 1935).

Led Zeppelin, engl. Rockband. Die Urväter des Heavy Metal, *John Bonham* (*31.5.1947, †25.9.1980), Schlagzeug, Percussions und Gesang, *John Paul Jones* (eig. John Baldwin, *31.1.1946), Baß, Orgel und Gesang, *Jimmy Page* (*9.1.1944), Gitarre, Steel-Gitarre, Mandoline und Sitar, sowie *Robert Plant* (*26.8.1947), Gesang und Harmonika, formierten sich 1968. Das erste Album, schlicht *Led Zeppelin I* betitelt, war zunächst nur in den USA ein Erfolg. Doch der urwüchsige Sound, bestimmt durch R. Plants hohe, fast hysterische Stimme und J. Pages rasante Gitarrenläufe, eroberte in den 70er Jahren bald auch Europa. Mit *Whole Lotta Love* (1970) und *Stairway to Heaven* (1971) schufen die Briten Rockklassiker und wurden zum Vorbild vieler junger Bands. Ihre Tourneen, geprägt durch Eskapaden außerhalb der Bühne, gerieten zu Triumphzügen. Durch den Tod John Bonhams

(1980) war das Ende der Band besiegelt. Die Mitglieder versuchten sich mehr oder weniger erfolgreich als Solisten. 1994 gingen Page und Plant erstmals wieder gemeinsam ins Studio und nahmen *No Quarter* auf. Zu den wichtigsten Alben der Rocker zählen *Led Zeppelin* (1969), *II* (1969), *III* (1970), *IV* (1971) und *Physical Graffiti* (1975).

Lee, Albert, *21.12.1943 Leominster; engl. Country- und Bluesrock-Gitarrist. L., der sich vor allem als Begleitmusiker seit den frühen 60er Jahren einen guten Namen machte, war Mitglied der englischen *Thunderbirds* (mit dem späteren *Colosseum*-Sänger Chris Farlowe) und bei *Head, Hands and Feet.* Seit Beginn der 70er Jahre wirkte L. auf zahlreichen Schallplatten als Gitarrist, so bei Joe Cocker, den *Everly Brothers,* Eric Clapton, der ihn wiederholt als Tourneemusiker verpflichtete, und vertrat Ritchie Blackmore bei Deep Purples *Gemini Suite.* Auch in den USA ist L. ein begehrter Sideman. Seine Fertigkeit an Saiteninstrumenten wie Dobro und Mandoline empfahl ihn dort u. a. den Country-Stars Willie Nelson, Rosanne Cash und Emmylou Harris. Der vielbeschäftigte Session-Musiker fand aber auch Zeit für die eigenen LPs *Hiding* (1979) und *Albert Lee* (1982). Zu wichtigen Werken, auf denen L. zu hören ist, zählen *With a Little Help from My Friends* (1969, mit J. Cocker), *Willie Nelson Sings Kristofferson* (1979) und *Money and Cigarettes* (1983, mit E. Clapton). Solistisch wirkt er auf den Alben *Gagged But Not Bound* (1987), *Black Claw/Country Fever* (1991), *In Full Flight* (1993) und *Heartbreak Hotel* (2003).

Lee, Peggy (eig. Norma Dolores Egstrom), *26.5.1922 Jamestown (North Dakota), †21.1.2002 Los Angeles; amerik. Jazz-Sängerin. Sie sang 1941 bei Benny Goodman, widmete sich aber seit 1943 eine Zeitlang nur der Komposition. Seit den 50er Jahren war sie wieder als Sängerin u. a. bei Benny Carter und Quincy Jones erfolgreich und trat daneben in den 60er Jahren erneut als Komponistin ansprechender Songs hervor.

Lehn, Erwin, *8.6.1919 Grünstadt (Pfalz); dt. Bandleader und Komponist. 1934–37 besuchte er die Städtische Musikschule in Peine. 1945 kam er nach Berlin, wurde Pianist und Arrangeur im Tanzorchester von Radio Berlin und 1947 zusammen mit Horst Kudritzki dessen Leiter. 1951 übernahm er das Südfunk-Tanzorchester beim Süddeutschen Rundfunk, das er mit Spitzenmusikern und durch seine stark vom Jazz beeinflußten Arrangements zu einer der besten europäischen Big Bands entwikkelte. Aus dem Orchester gingen zahlreiche bekannte Musiker hervor, darunter H. Jankowski. Im Lauf seiner Tätigkeit spielte L. zusammen mit seinen Musikern über 80.000 Titel für den Süddeutschen Rundfunk und auf Schallplatte ein. Darüberhinaus komponierte und textete er Schlager und schrieb die Musik zu über 50 Spielfilmen. In eigenen kleinen Ensembles (Quartett, Quintett) spielt L. Vibraphon. 1977 übernahm Lehn die Big Band der Staatlichen Hochschule für Musik und Darstellende Kunst in Stuttgart und erreichte mit ihr internationalen Ruf. 1997 gab L. sein letztes offizielles Konzert.

Lenz, Günter, *25.7.1938 Frankfurt a. M.; dt. Jazzmusiker (Kontrabaß; auch Bandleader). Er gehörte seit 1955 zur »Frankfurter Szene« und machte in den 60er und 70er Jahren als Mitglied der Gruppen von A. Mangelsdorff eine internationale Karriere. 1978 gründete er eine eigene Band, *Springtime,* die Hard Bop, Free und New Jazz verbindet. L. bevorzugt das Expressive; seine Soli auf dem Kontrabaß sind durch stürmische Folgen von gebrochenen Akkorden gekennzeichnet.

Lewis, Jerry Lee, *29.9.1935 Ferriday (Louisiana); amerik. Rock 'n' Roll-Sänger. Ekstatisches Hämmern auf dem Klavier brachte Jerry Lee Lewis den Namen »der Killer« ein. Im Vergleich zu Elvis war Lewis der wahre Rebell. Seine Liveshows führten ebenso wie seine anzüglichen Texte in den 50er Jahren immer wieder zu Saalverwüstungen. Mit *Great Balls of Fire* (1957), *Whole Lotta Shakin' Goin'* (1957) und *Breathless* (1958) gelangen ihm Superhits. Aber die Karriere von L. war nicht von Dauer geprägt. Drogenexzesse und familiäre Skandale sorgten dafür, daß der Sänger sich nicht langfristig etablieren konnte. Ende der 60er Jahre hatte er erneut mit Countrysongs einen größeren Erfolg, dann wurde es wieder still um ihn. In den folgenden Jahren erregte seine Zusammenarbeit mit bekannten Künstlern wie Pete Frampton, Rory Gallagher und Rolling Stone Keith Richards Aufmerksamkeit. Mit dem Album *Young Blood* (1995) meldete der 60jährige sich wieder in der Rockwelt zurück, die er mit seinen Alben *Jerry Lee Lewis* (1959), *Greatest Live Show on Earth* (1964), *She Still Comes Around* (1969), *The Session* (1973), *Duetts* (1978) und *I Am What I Am* (1984) geprägt hatte.

Lewis, John (Aaron), *3. 5.1920 La Grange (Illinois), †29.4.2001 Manhattan NYC; amerik. Jazzmusiker (Pianist, Bandleader, Komponist, Arrangeur). Er arbeitete 1945 bei Dizzy Gillespie, war 1949 als Solist und Arrangeur für Miles Davis und dessen *Capitol Orchestra* tätig, gründete 1951 das *Modern Jazz Quartet*, das seit 1952 offiziell in Erscheinung trat und zu einer maßgebenden Combo des Cool Jazz wurde. Der Klang der Gruppe wurde v. a. durch das ausgesparte Spiel von L. am Klavier und durch die flüssigen Vibraphonimprovisationen von Milt Jackson bestimmt. Als Komponist hatte L. großen Erfolg mit *Django, Afternoon in Paris, Fontessa* und *Two Bass Hit*. Daneben strebt L. Verbindungen zwischen Jazz und Konzertmusik an.

Lindenberg, Udo, *17.5.1946 Gronau (Westfalen); dt. Rock-Musiker. Er studierte Musik in Münster und Duisburg und spielte danach Schlagzeug, Klavier, Gitarre und Saxophon in verschiedenen Tanzorchestern und Bands. 1973 gelang ihm in Hamburg der Durchbruch mit seinem *Panik-Orchester*, auf dessen zahlreichen Tourneen er ein neues, sehr erfolgreiches Showkonzept, eine Mischung aus Rock-Musik, Hollywood-Revue, Gesellschaftskritik und Kommerz, entwickelte (u. a. *Dröhnland-Symphonie*, 1979, Inszenierung P. Zadek; *Rock gegen Rechts*, 1980). 1979 produzierte er seinen ersten Film (*Panische Zeiten*). LPs in Auswahl: *Daumen im Wind* (1972), *Alles klar auf der Andrea Doria* (1973), *Ball Pompös* (1974), *Votan Wahnwitz* (1975), *No Panic On The Titanic* (1976 in engl.), *Panische Zeiten* (1980), *Götterhämmerung* (1984), *Live in Leipzig* (1990), *Der Excessor* (2000) und *Ich schwöre! Das volle Programm* (2001).

Lindisfarne, engl. Folk-Band, bestehend aus *Alan Hull* (*20.2.1945), Gesang, Klavier und Gitarre, *Rod Clements* (*17.11.1947), Gitarre, Violine und Gesang, *Simon Cowe* (*1.4.1948) und *Ray Jackson* (*12.12.1948), beide diverse Saiteninstrumente und Gesang, sowie *Ray Laidlaw* (*28.5.1948), Schlagzeug. 1969 in Newcastle gegründet, erspielten sich L. mit optimistisch gefärbten Folklore-Songs vor allem in England ein größeres Publikum und hatten mit Songs wie *Meet Me on the Corner* (1972) und *Lady Eleanor* (1972) einige Hits. Nach einer vorübergehenden Trennung 1973 und der Gründung von *Jack the Lad*, einem Projekt von Laidlaw, Clements und Cowe, ließ die Band mit dem Hit *Run for Home* (1978) von der LP *Magic in the Air* aufhorchen. 1990 kam noch einmal eine neue Fassung von *Fog on the Tyne* in die Charts. Zu den wichtigen Platten zählen außerdem *Nicely out of Tune* (1970), *Fog on the Tyne* (1971), *Dingly Dell* (1972), *The News* (1979) und *Sleepless Nights* (1983).

Little Feat, amerik. Rock-Band. L. F. entstand im März 1970 im Umfeld von Frank → Zappas *Mothers of Invention*. In der Besetzung *Lowell George* (*13.4.1945, †29.6.1979), Gesang und Gitarre, *William Payne* (*12.3.1948), Keyboards und Gesang, *Paul Barrere* (*3.7.1948), Gitarre und Gesang, *Ken Gradney*, Baßgitarre, *Richard Hayward*, Schlagzeug, und *Sam Clayton*, Congas, schufen L. F. Mitte der 70er Jahren ein überzeugendes Konglomerat aus Country & Western, Blues, Soul und Rock, das kompositorisch und spieltechnisch von höchstem Rang war. L. F.-Songs erzielten kaum Chart-Notierungen, wurden aber oft von anderen Künstlern interpretiert. Georges Ballade *Willin'* (1971) avancierte zum Klassiker. Das spannungsgeladene Zusammenspiel der sechs Individualisten brachte L. F. den Ruf einer faszinierenden Live-Band ein, dokumentiert auf dem herausragenden Live-Album *Waiting for Columbus* (1978). Schwere Drogenprobleme und Konflikte in der Band gingen dem frühen Tod des Sängers George voraus. Posthum erschien die LP *Down on the Farm* (1979) mit G.s letzten Beiträgen, dann gingen die Mitglieder von L. F. wieder ihren Verpflichtungen als gesuchte Studio-Musiker nach. Ein Neubeginn war 1988 kommerziell erfolgreich, aber künstlerisch enttäuschend. Wichtige *Little Feat*-LPs sind *Sailing Shoes* (1973), *The Last Record Album* (1975), *Hoy-Hoy!* (1981) und *Let It Roll* (1988).

Little Richard (eig. R. Wayne Penniman), *5.12. 1932 Macon (Georgia); amerik. Rock-Pianist und Sänger. Nach Anfängen als Bluesmusiker wurde R. mit exzentrischem, mitunter parodistisch anmutenden Bühnen-Entertainment, emotionaler Gesangskunst und überschwenglichen Pianoläufen zu einem der bekanntesten Musiker Ende der 50er Jahre. Songs wie *Rip It Up, Long Tall Sally, Keep A-Knockin', Lucille, Tutti Frutti* oder *Good Golly, Miss Molly* gelten längst als Klassiker des Rock 'n' Roll, R. selbst als Pionier, dessen Arbeiten zahlreiche Superstars wie die *Beatles, Rolling Stones* oder Prince maßgeblich beeinflußten. Ab Mitte der 60er Jahre erregte R. mehr Aufsehen durch private Skandale und Drogenprobleme als durch seine Versuche, mit dem Wiederaufbereiten alter Hits im Gespräch zu bleiben. Nach mehrmaligen, zumeist religiös motivierten Rückzügen vom Show-Geschäft feierte R. allerdings 1986 ein Comeback, als er einen Song für den Film *Down and out in Beverly Hills* aufnahm. Eine Orientierungshilfe durch das schwer überschaubare Gesamtwerk, für das R. 1993 einen Grammy erhielt, geben Platten wie *Here's Little Richard* (1957), *His Biggest Hits* (1963), *Little Richard's Grooviest 17 Original Hits* (1967), *Lifetime Friend* (1986) oder *The Specialty Sessions* (1990).

Living Colour, amerik. Rockband. Die Rocker *Vernon Reid* (*22.8.1958), Gitarre, *Corey Gover* (*6.11.1964), Gesang, *Muzz Skillings* (*6.1.1960), Baß, und *William Calhoun* (*22.7.1964), Schlagzeug, sorgten Ende der 80er Jahre mit ihrem kompromißlosen Hardrock für Aufsehen in den Vereinigten Staaten. Während sich die meisten schwarzen Musiker an Soul und Funk orientierten, hießen für L.C. die Vorbilder → *Led Zeppelin* und die → *Rolling Stones*. Mick Jagger war es auch, der die Band entdeckte und das Debütalbum *Vivid* (1989) produzierte, das sich 76 Wochen in den amerikanischen Charts hielt. Auch der Nachfolger *Time's Up* (1991) überzeugte durch seine gelungene Mischung aus Funk, Speed Metal und Rhythm & Blues. Mit Songs wie *Elvis is Dead* provozierte L.C. die überwiegend weiße Rock-Fangemeinde und demonstrierte schwarzes Selbstbewußtsein. 1993 erschien der Song *Ausländer*, der den deutschen Neofaschismus anprangerte. 1995 löste sich die Band nach einer kurzen, aber sehr erfolgreichen Karriere auf. Bandleader V. Reid sah keine weitere musikalische Entwicklung für L. und widmete sich lieber Soloprojekten. 2003 erfolgte eine Reunion in Originalbesetzung. Nach ihrem Debütalbum veröffentlichte L.C. noch die Alben *Time's Up* (1990), *Stain* (1993) *Pride* (1995) und *Collideoscope* (2003).

Loussier, Jacques, *26.10.1934 Angers (Maine-et-Loire); frz. Jazzmusiker (Pianist). L. studierte bei Y. Nat am Pariser Conservatoire, spielte zunächst als Begleitmusiker in Varietés und fand dann zum Jazz. 1959 gründete er mit *Christian Garros* (Schlagzeug) und *Pierre Michelot* (Baß) das Trio *Play Bach*, das Werke von J.S. Bach in einer stark rhythmisierten und nur wenig jazz-improvisatorischen Weise darbot. 1978 löste L. sein Trio auf und begann eigene Musik zu schreiben. Gleichzeitig widmete er sich seinem Tonstudio in der Provence, in dem bereits Pop-Größen wie Elton John oder *Pink Floyd* ihre Musik produzierten. Im Bach-Jubiläumsjahr 1985 startete L. ein erfolgreiches Bühnen-Comeback mit dem *New Play Bach Trio* mit (*Vincent Charbonnier*, Bass und *André Arpino*, Schlagzeug). Seit kurzer Zeit versucht sich L. an einer Jazz-Version der *Vier Jahreszeiten* von Antonio Vivaldi.

Love, amerik. Rock-Band, 1965 in Los Angeles gegründet von *Arthur Lee* (eig. A. Porter Taylor, *1944), *John Echols* (*1945), *Bryan McLean* (*1947), alle Gitarre und Gesang, sowie *Ken Forssi* (*1943), Baßgitarre, und *Alban Pfisterer* (*1947), Schlagzeug und Keyboards. Ab 1966 schufen L. mehrere durch Tempo- und Stimmungswechsel scheinbar ziellos wirkende Rockalben, welche die Zerrissenheit der Gruppe reflektierten. Die stilistische Konfusion implizierte jedoch v.a. auf *Love* (1966), dem ersten und kommerziell erfolgreichsten Werk der Band, eine reizvolle Mischung aus Soul, Westcoast-Rock und Jazz. 1969, nach der brillanten, orchestral arrangierten LP *Forever Changes*, ersetzte Arthur Lee die restliche Band komplett durch neue Mitglieder. Weder die folgenden Alben noch Lees Solo-Arbeiten wie *Vindicator* (1972), *Arthur Lee* (1977) oder ein neuerlicher Comeback-Versuch *Arthur Lee & Love* (1992) konnten an den oftmals mystifizierten Klang von L. anknüpfen. Weitere hörenswerte Platten sind *Da Capo* (1967), *Four Sail* (1969), *Out Here* (1969), *Love Revisited* (1970), *Reel to Real* (1974).

Lovich, Lene (eig. Marlene Premilovich), *30.3.1954 Detroit; Sängerin jugosl. Abstammung. L. zählte Ende der 70er Jahre kurzzeitig zu den Stars der engl. New Wave-Szene. Kurios kostümiert, sorgte L. mit einer auffälligen Bühnenshow und eigenwillig instrumentierten Songs, in denen sie ihre hohe, schrille Stimme zu vokaler Akrobatik bis hin zu Geräuschimitationen einsetzte, für Aufschen. Mit dem Song *Lucky Number* gelang L. 1979 ein Top-3-Hit in England. Unterstützt von ihrem Partner und Co-Autor, dem Gitarristen Les Chappell, veröffentlichte L. mit *Say When*, *Bird Song*, *New Toy* und *It's Only You (Mein Schmerz)* bis 1982 weitere erfolgreiche Singles, die jedoch nicht verdecken konnten, daß der Reiz ihrer Musik von begrenzter Dauer blieb. Die drei Alben von L. sind *Stateless* (1978), *Flex* (1979), *No Man's Land* (1982).

Lucia, Paco de (Francisco Sanchez Gomez), *21.12. 1947 Algeciras; spanischer Gitarrist. L. ist der bedeutendste Erneuerer des Flamenco im späten 20. Jh. Mit 7 Jahren begann er Gitarre zu spielen und nahm schon als Teenager eine Platte mit seinem Bruder Pepe auf. Durch den Gitarristen Sabicas wurde er ermutigt, die traditionelle Schule zu verlassen. Seine erste Soloplatte kam 1964 auf den Markt. 5 Jahre darauf tat er sich mit dem Sänger Camarón De La Isla zu einer langen künstlerischen Partnerschaft zusammen. In den 1970er Jahren vermittelte er der jungen Generation Spaniens den Flamenco mit der LP *Entre Dos Aguas*, 1982 eroberte er mit dem millionenfach verkauften *Friday Night in San Francisco*, eine Liveaufnahme mit John McLaughlin und Al Di Meola, ein weltweites Publikum. Im Jahr darauf stellte er sein eigenes Sextett zusammen, in dem unter anderem seine beiden Brüder und Jorge Pardo spielten. Immer wieder hat L. für den Flamenco die Tore in Richtung Jazz geöffnet, interpretierte aber auch klassische Kompositionen für Gitarre (*Concierto De Aranjuez*, 1991). Weiter wichtige Einspielungen sind *Sólo Quiero Caminar* (1981) und *Zyryab* (1990, mit einem Gastspiel von Chick Corea).

Lunceford, Jimmie (eig. James Melvin), *6.6.1902 Fulton (Missouri), † 13.7.1947 Seaside (Oregon); amerik. Jazzmusiker (Saxophon, Klarinette, Flöte, Posaune und Gitarre) und Bandleader. L. studierte an der Fisk University in Nashville (Tenn.) und am New Yorker City College. 1927 gründete er seine »Chickasaw Syncopators«, die während der 30er Jahre in New York zu den führenden Big Bands des Swing gehörten. Ihr Swingstil zeichnete sich durch besondere Präzision und rhythmische Prägnanz (»Bounce«) aus. Zu ihrem Repertoire, meist Stücke im mittleren Tempo, gehörten die Erfolgstitel *Baby won't you please come home* und *Margy*.

Lynn, Loretta, *14.4.1935 Butcher Hollow (Kentucky); amerik. Country-Sängerin. Mit ihrem Image aus Volksnähe, Ehrlichkeit und Aufrichtigkeit gilt L. neben Dolly → Parton als die bekannteste weibliche Interpretin der Countrymusik. Ihr erster US-Hit aus dem Jahr 1960 hieß *I' m a Honky Tonk Girl*, zu ihren größten Erfolgen zählen Hits wie *Don't Come Home A-Drinkin'* (1966), *You Ain't Woman Enough*, *Fist City*, *Woman of the World* und *Coal Miner's Daughter* (1970). Letzterer gab 1980 einem autobiographischen Film den Titel (in Deutschland *Nashville Lady*), deren Hauptdarstellerin Sissy Spacek für ihre Rolle einen Oscar erhielt. In den 70er Jahren gab L. überdies erfolgreiche Duette mit Conway Twitty (eig. Harold Jenkins) und erreichte mit Songs wie *After the Fire Is Gone*, *As Soon As I Hang Up the Phone* oder *The Letter* die Country-Charts. Einen Überblick über das mehr als 30 Alben umfassende Werk von L. geben Platten wie *Greatest Hits* (1968), *Lead Me On* (1971, mit Conway Twitty) oder *The Country Music Hall of Fame: Loretta Lynn* (1991).

Lynyrd Skynyrd, amerik. Rock-Band. Um sich an ihrem brutalen Sportlehrer Leonard Skinner zu rächen, nannten sich die aus Florida stammenden Blues-Rocker *Bob Burns*, Schlagzeug, *Allen Collins* (*19.7. 1952, † 23.1.1990), Gitarre, *Steve Gaines* (*14.9.1949, † 20.10.1977), Gitarre, *Ed King*, Gitarre und Baß, *Billy Powell* (*3.6.1952), Keyboards, *Gary Rossington* (*4.12. 1951), Gitarre, *Ronnie Van Zant* (*15.1.1949, † 20.10. 1977), Gesang, und *Leon Wilkeson* (*2.4.1952),

Gitarre, L. S. 3 Gitarren und die unverwechselbare rauhe Stimme von R. Van Zant bestimmten den kraftvollen, lebendigen Sound der Band. Weltweit bekannt wurden die überzeugten Südstaatler mit ihrer Hymne *Sweet Home Alabama* (1974), einer Retourkutsche für Neil Young, der in seinem *Southern Man* den Geist des Südens kritisiert hatte. Das Album *One More from the Road* (1976) dokumentiert die besondere Dynamik der Live-Auftritte von L. S. Eine Tragödie beendete die erfolgreiche Karriere der Rocker. Bei einem Flugzeugabsturz kamen R. Van Zant und S. Gaines 1977 ums Leben. Versuche der restlichen Mitglieder, mit Van Zants Bruder Johnny als Ersatz ein Comeback zu starten, waren nur noch in den USA erfolgreich. Nach der Jahrtausendwende machte L. S. am rechten Rand der amerikanischen Rock-Szene Stimmung für George W. Bush. Zu den erfolgreichsten Alben der Band zählen *[pronounced 'leh-'nerd 'skin-'nerd]* (1973), *Second Helping* (1974), *Street Survivors* (1977), *Skynyrds First … And Last* (1978) und *Legend* (1987).

M

Macdermot, Galt, *18.12.1928 Montreal; amerik. Komponist und Pianist. Er wurde bekannt durch sein »American Tribal Love Rock Musical« *Hair* (1967, überarbeitet 1968). Weitere Werke des Genres konnten an diesen Erfolg nicht anknüpfen. Er schrieb Ballett-, Schauspiel-und Filmmusiken. Seine instrumentalen Funktitel der 60er Jahre wurden 20 Jahre später als gefragtes Material in der HipHop-Szene entdeckt.

Madness, engl. Ska- und Pop-Band. 1976 in London zunächst als *Morris and the Minors* gegründet von *Graham »Suggs« McPherson* (*13.1.1961) und *Chas Smash* (eig. Carl Smyth, *14.1.1959), beide Gesang, *Chris Foreman* (*8.8.1958), Gitarre, *Mike Barson* (*21.4.1958), Keyboards, *Lee Thompson* (*5.10.1957), Saxophon, *Mark Bedford* (*24.8.1961), Baßgitarre, und *Daniel Woodgate* (*19.1.1960), Schlagzeug. Neben den → *Specials* gelten M. als bekannteste Vertreter des Ska, einer rhythmisch ungewöhnlich akzentuierten Tanzmusik jamaikanischen Ursprungs, die Ende der 70er Jahre v. a. in England eine Renaissance erlebte. Mit ihrer zunächst ebenso frischen wie witzigen Mischung aus Ska sowie Elementen des New Wave und später v. a. Pop gelang der Band ab 1979 eine Reihe von Single-Hits, darunter *My Girl* (1979), *Night Boat to Cairo* (1979), *It Must Be Love* (1981), *House of Fun* (1982) und *Our House* (1983). 1986 zunächst aufgelöst, versuchte die Gruppe 1988 noch einmal ein Comeback. Zu den wichtigsten Platten von M. zählen *One Step Beyond* (1979), *Absolutely* (1980), *The Rise and Fall* (1982), *Keep Moving* (1984), *Utter Madness* (1986), *Devine Madness* (1992) und *Wonderful* (1999).

Madonna (eig. M. Louisa Ciccione), *16.8.1958 Bay City (Michigan); italoamerik. Pop-Sängerin und Songschreiberin. Nach harten Lehrjahren als Schauspiel-, Ballett- und Modern Dance-Schülerin gelang es M. 1982, beim Medienkonzern Warner unterzeichnen zu können. Die Singles *Lucky Star* und *Holiday* waren erste Erfolge, die sie durch unorthodoxes Auftreten (schwarze Dessous, dazu Rosenkränze und Kruzifixe als Relikte ihrer kath. Erziehung) geschickt forcierte. Bereits die zweite LP *Like a Virgin* machte sie 1984 international bekannt. Die Auskoppelung *Material Girl* wurde weltweit zum Hit. Zunächst als oberflächliche Pop-Figur ohne stimmliche Substanz kritisiert, bewies M. jedoch mit Filmrollen (*Desperately Seeking Susan*, 1985; *Dick Tracy*, 1990), ausnahmlos erfolgreichen Singles (*Angel, Dress You Up*, 1985) und Tourneen Kreativität und sicheres Gespür für die Regeln der Pop-Welt. Mit den LPs *True Blue* (1986) und v.a. *Like a Prayer* (1989) gelang es ihr dabei, auch private Krisen musikalisch überzeugend zu verarbeiten. Als Plattenmillionärin bewies M. zudem professionelle Geschäftstüchtigkeit und eine Selbstbestimmtheit, die sie zu einem Rollenmodell der Frauenbewegung machten. Dieses Bild unterlief die Sängerin jedoch mit stets wechselnden, sexuell expliziten Images, etwa in ihrem Film *In Bed with Madonna* (1991) und dem Fotoband *Sex* (1992). 1993/94 blieb sie mit einer Hauptrolle in dem Film *Snake Eyes*, ihrer *Girlie Show*-Tournee und der LP *Bedtime Stories* als vielseitige Pop-Künstlerin präsent. 1996 spielte M. die Hauptrolle in *Evita*, der Verfilmung des gleichnamigen Musicals von Andrew Lloyd Webber. Madonna in der Rolle von Evita Peron, der Gattin des argentinischen Diktators, wurde von den Kritikern zerrissen – beim Publikum war der Film ein Erfolg. Weitere LPs von M. sind *I'm Breathless* (1990), *Erotica* (1992), *Ray Of Light* (1998), *Music* (2000) und *American Life* (2003).

Maffay, Peter (eig. P. Alexander Makkay), *30.8.1949 Kronstadt (Rumänien); rumänisch-dt. Schlager- und Rock-Sänger und Gitarrist. Nach ersten Gehversuchen mit der Schülerband *Dukes* legte der 1963 mit seinen Eltern nach Bayern übergesiedelte M. mit der Ballade *Du* (1969) den Grundstein für seine inzwischen über 35 Jahre währende Karriere. Viele seiner Hits der 70er Jahre, wie etwa *Josie* (1974) oder *Und es war Sommer* (1976) waren sehnsuchtsvolle Schlagerballaden zwischen Sentiment und Freiheitsdrang. Gegen Ende der Dekade fügte M. seinem Stil zunehmend angloamerikanische Rockelemente hinzu, thematisierte seine Vorliebe für Motorräder und Lederkleidung audiovisuell in Image und musikal. Stil und baute so seine vielköpfige Fan-Gemeinde weiter aus. Sein Filmdebüt gab er als gelähmter Kommissar in *Der Joker* (1987). Zu M.s größten Erfolgen zählt außerdem der Liederzyklus um *Tabaluga*, den kleinen Drachen. 1994 wurde der vornehmlich für Kinder konzipierte Stoff erfolgreich als Bühnenmusical aufgeführt. Zu M.s wichtigen LPs gehören *Meine Freiheit* (1975), *Steppenwolf* (1979), *Tabaluga oder Die Reise zur Vernunft* (1983), *Carambolage* (1984), *Tabaluga und das leuchtende Schweigen* (1986), *Kein Weg zu weit* (1989), *Tabaluga und Lilli* (1993), *Begegnungen* (1998), *X* (2000) und *Heute vor 30 Jahren* (2001, mit Neuaufnahmen der größten Erfolge).

Mahavishnu Orchestra, int. besetzte Jazzrock-Band um *John Mc Laughlin*, (*4.1.1942), Gitarre. Mit *Billy Cobham*, (*16.5.1944), Schlagzeug, *Jan Hammer* (*17.4. 1948), Tasteninstrumente, *Jerry Goodman*, (*16.3. 1943), Violine, und *Rick Laird*, Baßgitarre, arbeitete dieser ab 1971 an einer energetischen Verdichtung von Jazz- und Rock-Elementen. Vielfältige Spielerfahrungen (McLaughlin bei Brian Auger und Miles Davis; Cobham bei Davis und James Brown) ermöglichten dem M.O. ein souveränes Verschränken der Stile, die technische Meisterschaft förderte aber auch einen leistungsorientierten Individualismus, der sich in krasser musikalischer Interaktion entlud – so auf der Live-LP *Between Nothingness and Eternity* (1973). Nach mehreren Umbesetzungen – für Cobham kam *Michael Walden*, für Goodman der Geiger *Jean-Luc Ponty* – ging das M.O. 1976 auseinander. McLaughlin verfolgte seinen Kurs mit indischen Musikern bei *Shakti* und in Solo-Projekten; Jazz, Klassik, Rock und Flamenco boten dabei neuen Raum für seine Künste. 1985 gründete der Gitarrist mit Cobham und

Bill Evans (Saxophon) ein neues M. O., das nur kurzzeitig existierte. Musikalische Höhepunkte sind *The Inner Mounting Flame* (1972), *Bird of Fire* (1973), *Apocalypse* (1974) und *My Goal's Beyond* (1971, J. Mc Laughlin).

Mainieri, Mike, *24.7.1939 New York, amerik. Jazzmusiker (Vibraphon, Percussion, Keyboards, Komposition); M. wuchs in einer Musikerfamilie auf. Mit zwölf Jahren lernte er Vibraphon, zwei Jahre später spielte er schon im *Paul Whiteman Orchestra.* Mit 17 spielte er im Sextett von Buddy Rich, 18jährig gewann er den International Jazz Critic's Award. 1962 wurde er Mitglied der Jazzrock-Gruppe *Jeremy & The Satyrs.* Aus diesem Kreis erwuchs in den späten 60er Jahren unter M.s Leitung das experimentelle Ensemble *White Elephant Orchestra*, eine kreative Plattform der jungen New Yorker Jazzszene. 1979 gründete er die Fusion-Band *Steps Ahead* mit Michael Brecker, Steve Gadd, Eddie Gomez und Don Grolnick, eine der erfolgreichsten Bands der 80er Jahre. Aus dieser Zeit stammen die Alben *Steps Ahead* (1983) und *Modern Times* (1984). Als Komponist, Arrangeur und Spieler war M. an vielen erfolgreichen Produktionen beteiligt, er arbeitete auch mit Popmusikern wie Paul Simon, Billy Joël u. a. 1992 gründete er das Label NYC Records. Weitere Alben: *White Elephant* (1969), *Love Play* (1977), *Free Smiles* (1978, mit Warren Bernhardt), *Wanderlust* (1981), *American Diary* (1994), *Live At Seventh Avenue South – Mike Mainieri Quartett* (1996).

Makeba, Miriam *4.3.1932 Johannesburg; südafrikanische Sängerin. M. wuchs in einem Township auf und machte sich zunächst im Süden Afrikas einen Namen als Vokalistin der *Manhattan Brothers*, die sowohl afrikanische Volkslieder als auch Jazz interpretierten. 1953 gründete sie ihre erste Gruppe, die *Skylarks* und komponierte drei Jahre später das auf Folklore der Xhosa beruhende Necklied *Pata Pata*, welches mit dem gleichnamigen Album von 1967 zu ihrem Markenzeichen avancierte. 1959 lernte sie bei einer Musical-Produktion den Trompeter und späteren Ehemann → Hugh Masekela kennen und kam kurz darauf durch Vermittlung von → Harry Belafonte in die USA, wo sie über Nacht als erste afrikanische Sängerin zum Star wurde. Da das Heimatland ihr die Rückreise verweigerte, lebte M. fortan im US-Exil, trat mit Jazzern wie → Dizzy Gillespie auf, sang 1962 neben Marilyn Monroe auf J.F. Kennedys Geburtstagsparty und erhielt für ihr Album *An Evening With Miriam Makeba & Harry Belafonte* (1965) den ersten Grammy für eine Künstlerin aus Afrika. Fortan engagierte sie sich auch politisch gegen die Apartheid und hielt mehrere Reden vor der UNO. 1969 siedelte sie nach zunehmender Bespitzelung und Zensur durch US-Behörden mit dem Black Panther-Aktivisten Stokeley Carmichael nach Guinea über. In den 1970ern eroberte sie das europäische Publikum, nahm in den 1980ern an der *Graceland*-Tour von → Paul Simon teil. Nach der politischen Wende in Südafrika kehrte sie auf Einladung von Nelson Mandela in ihre Heimat zurück. Unter den Aufnahmen der letzten Jahre ragen die Alben *Sing Me A Song* (1993), *Homeland* (2000) und die Neueinspielung von Klassikern ihrer Karriere, *Reflections* (2004) heraus.

Mamas and the Papas, The, amerik. Popquartett. *John Phillips* (*30.8.1941, †19.3.2001), Klavier, Gitarre und Gesang, *Denny Doherty* (*29.11.1941), Trompete, Gitarre, Baßgitarre und Gesang, *»Mama« Cass Elliot* (*19.9. 1943, †29.7.1974), Gesang, sowie *Michelle Gilliam*, verh. *Phillips* (*6.4.1944), Gesang, fanden im Sommer 1965 zusammen. Ihr

Sound war geprägt von filigran arrangiertem, mehrstimmigem Gesang und der positiven Lebenseinstellung der Flower-Power-Generation. Die größten Hits landete die Band 1966 mit *California Dreaming* und *Monday Monday*. Nur zwei Jahre später trennten sie sich, aufgerieben vom Business, zermürbt durch den anhaltenden Streß, den der exponierte Status der Gruppe mit sich brachte. Cass Eliot verzeichnete 1968 mit *Dream a Little Dream of Me* einen bemerkenswerten Solohit, verstarb jedoch kurze Zeit später. Der Rest der Gruppe raufte sich Ende der 80er Jahre noch einmal zusammen. Mit Scott McKenzie, als Interpret von Phillips' *San Francisco* (1967) ebenfalls Protagonist einer verklärten Hippie-Vision, tourte man noch einmal, ohne an alte Erfolge anknüpfen zu können. Wichtige LPs der Band sind *If You Can Believe Your Eyes and Ears* (1966) und *The Mamas and the Papas* (1966); zu den interessanten Solo-LPs von C. Elliot zählt *Dream a Little Dream* (1968). 2001, während der Vorbereitungen zu einem neuen Comeback, starb mit John Phillips das zweite Mitglied der M & P.

Mangelsdorff, 1) Emil, *11.4.1925 Frankfurt a. M.; dt. Jazzmusiker (Altsaxophon, Klarinette, Flöte, Bandleader). Er war 1941 Mitbegründer des *Hot Club Frankfurt*, kam Anfang der 50er Jahre zum Modern Jazz, spielte in verschiedenen Frankfurter Gruppen, v. a. mit seinem Bruder und Joki Freund, mit letzteren regelmäßig seit 1954 bis Ende der 50er Jahre. Seitdem tritt M., der auch zum *Jazzensemble des Hessischen Rundfunks* gehört, mit eigenen Gruppen auf; neben Modern Jazz spielt er immer wieder Swing im Stil Benny Goodmans. Hauptsächlich aber ist M. bis heute dem Idiom des Hard Bop verpflichtet. 1980 erhielt M. den Jazzpreis des Landes Hessen für seinen Einsatz für das Jazzleben und seine Gesprächskonzerte. Seine Zeit als Mitglied der *Swing-Jugend*, die von den Nationalsozialisten verfolgt wurde, wurde in der Laudatio besonders gewürdigt. M. habe sich immer als ein Künstler mit gesellschaftspolitischer Verantwortung verstanden. Auch für seinen Beitrag zum Dialog zwischen den Generationen wurde ihm gedankt.

2) Albert, Bruder von 1), *5.9.1928 Frankfurt a. M., †25.7.2005 ebd.; dt. Jazzmusiker (Posaunist, Bandleader). Er spielte 1953 bei *Hans Kollers New Jazz Stars*, hatte 1953–54 mit Dave Amram ein eigenes Ensemble und wurde bald die führende Persönlichkeit der »Frankfurter Szene«, später auch des gesamten deutschen Jazz. In den 50er Jahren gründete er zusammen mit Joki Freund das *Jazzensemble des Hessischen Rundfunks*, spielt seither mit eigenen Gruppen und in zahlreichen »All Star«-Formationen. Noch vor Mitte der 60er Jahre rückte M. in die Weltelite der Jazzposaunisten auf und wurde für die Mehrzahl seiner Kollegen in Europa und USA eine Schlüsselfigur. Seine Entwicklung geht von Dixieland und Mainstream über Cool Jazz, Bebop, Hard Bop zu modalem Jazz und Free Jazz. M. verfügt über eine überragende Virtuosität und hat damit Schule gemacht; charakteristisch dafür ist u. a. die Schallplatteneinspielung von *Trombirds* (1972). 1995–2000 fungierte er als künstlerischer Leiter des JazzFest Berlin. Weitere bedeutende Schallplatten sind *Tension* (1964), *Now Jazz Ramwong* (1964), *The Wide Pont* (1975), *Live Im Schützenhaus* (1978, mit dem *United Jazz & Rock Ensemble*), *Reflections* (1983, mit dem *Manfred Schoof Orchester*), *Old Friends* (2000, mit Manfred Schoof, Eberhard Weber, Klaus Doldinger, Wolfgang Haffner und Wolfgang Dauner) sowie *Music For Jazz Orchestra* (2003).

Manhattan Transfer, amerik. Vokalquartett. Gegründet wurde M. T. 1972 in

New York von *Tim Hauser* (*1940), *Alan Paul* (*1949), *Janis Siegel* (*1953) und *Laurel Massee* (*1954) bzw. – ab 1979 – *Cheryl Bentyne* (*1954), alle Gesang. M. T. (nach J. Dos Passos' Großstadt-Roman von 1925) bearbeiten mit zwei weiblichen und zwei männlichen Stimmen das weite Feld amerikanischer Liedtradition des 20. Jh. Den Doo-Wop-Techniken schwarzer Straßensängergruppen ebenso verpflichtet wie den swingenden Improvisationen der Jazzvokalisten *Lambert, Hendricks & Ross*, behandeln M. T. leichte Popsongs (*Chanson d'Amour*, 1976), Jazz-Klassiker (*Birdland*, 1979) und brasilianisches Liedgut (*Brasil*, 1987) mit demselben professionellen Impetus. M. T. geben den Vorlagen den glatten Schliff einer perfekt harmonierenden Gesangsformation. Mit *The Offbeat of Avenues* (1991) und *Tonin'* (1994, mit Phil Collins, Smokey Robinson u. a.) führten sie dieses Konzept erfolgreich weiter. Zu ihren wichtigsten LPs gehören *Manhattan Transfer* (1975), *Extensions* (1979), *Bop Doo-Wop* (1984), *Brasil* (1988), *The Offbeat Of Avenues* (1991), *Tonin'* (1994), *Swing* (1997), *Spirit Of St. Louis* (2000) und *Vibrate* (2004).

Manilow, Barry (eig. B. Alan Pincus), *17.6.1946 New York; amerik. Pop-Sänger und Pianist. Als ein Meister trivialer Unterhaltungsmusik verkaufte M. mit zumeist eingängigen, sanften Melodien aus Pop, R & B, Soul und Swing in den 1970er und 80er Jahren weltweit über 25 Mio. Platten. Zunächst als Pianist an der Seite Bette Midlers sowie als Musiker für Werbespots beschäftigt, hatte M. mit *Mandy* (1975), einem Song von Scott English, seinen ersten großen Solo-Hit. Weitere Welterfolge folgten, darunter *I Write the Songs* (1975), *Looks Like We Made It* (1977), *Can't Smile without You* (1978) oder *Copacabana (At the Copa)* (1978). In den 80er und 90er Jahren gingen die Erfolge Manilows, der zunehmend versuchte, sich mit Jazz-Aufnahmen als ernstzunehmender Künstler zu etablieren, merklich zurück. Zu den bekanntesten LPs von M. zählen *Mandy* (1975), *Barry Live* (1977), *One Voice* (1979), *All the Best – Barry* (1980), *Manilow Miracles* (1981), *Showstoppers* (1991) und *Here At The Mayflower* (2001).

Mann, Herbie (eig. Herbert Jay Solomon), *16.4.1930 New York, † 1.7.2003 Santa Fé; amerik. Jazzmusiker (Flöte, Tenorsaxophon, Klarinette; Bandleader). M. gehört seit den frühen 50er Jahren zur amerik. Jazzszene und gründete 1959 sein Sextett *Afro Jazziacs*, für das lateinamerikanische Rhythmen charakteristisch waren. Seither besetzte M. seine Gruppe immer wieder um, wobei er mehr und mehr zu einem gefälligen Populär-Jazz tendiert. Die Flöte wurde sein Hauptinstrument. Zu seinen wichtigsten LP-Einspielungen gehören *Herbie Mann Plays East Coast Jazz* (1954), *Mann In The Morning* (1956), *Flute Flight* (1957), *Salute To The Flute* (1957), *African Suite* (1959), *Evolution Of Mann* (1960), *With Floot To Boot* (1975), *Brazilian Soft Shoe* (1999) und *Do The Bossa Nova With Herbie Mann* (1999).

Mann, Manfred (eig. Michael Lubowitz), *21.10.1940 Johannesburg (Südafrika); engl. Keyboarder und Sänger. M. wirkte in mehreren stilistisch sehr unterschiedlichen Projekten mit, die er als zurückhaltender, versierter Musiker zumeist aus dem Hintergrund dominierte. Zu seinen Begleitern zählten Paul Jones, Jack Bruce, Mike D'Abo und Chris Thompson. Mit *Do Wah Diddy Diddy* (1964), *Pretty Flamingo* (1966) sowie mehreren Bob Dylan-Songs, darunter *Just Like a Woman* und *Mighty Quinn* (1968), hatte M. zunächst mehrere für die 60er Jahre typische Pop-Hits in Europa. Ab 1969 widmete sich M. mit der Gruppe *Chapter Three* für kurze Zeit technisch anspruchsvollerem Jazzrock. 1971 gründete M. die *Earth Band*, die mit komplexer Rockmusik und v. a. dem dritten Album *Solar Fire* (1973) den erneuten Durchbruch brachte. 1976 gelang ihm mit *Blinded By the Light*, einem Song von Bruce Springsteen, einer seiner größten Hits, dem *Davy's on the Road Again* (1978) folgte. In den 90ern versuchte sich Mann vergeblich als Jazzrock-Musiker zu etablieren. Nach der Jahrtausendwende kehrte er zum klassischen Rocksound der *Earth Band* zurück. Einen Überblick über das frühe Werk von M. gibt die Zusammenstellung *This Is Manfred Mann* (1971). Zu seinen bekanntesten Werken mit der *Earth Band* zählen außerdem die Alben *Manfred Mann's Earth Band* (1972), *Messin* (1973), *The Good Earth* (1974), *The Roaring Silence* (1976), *Watch* (1978) und *Somewhere in Africa* (1983).

Manne, Shelly (Sheldon), *11.6.1920 New York, † 26.9.1984 Los Angeles; amerik. Jazzschlagzeuger. In den 30er Jahren zunächst in Swingbands, wechselte er in den 40er Jahren zum Modern Jazz. Seit 1946 spielte er immer wieder bei Stan Kenton und wurde in 50er Jahren der führende Schlagzeuger des kalifornischen West Coast Jazz, u. a. 1954 bei Shorty Rogers. 1956 hatte M. ein eigenes Quintett, arbeitete danach als Studiomusiker und galt seither als hervorragender Vertreter des modernen Mainstream Jazz. M. hat auch den Avantgardisten Ornette Coleman begleitet und in den 70er Jahren Jazzrock gespielt.

Manson, Marilyn (eigentl. Brian Wagner) *5.1.1969 Canton, Ohio; amerik. Rock-Sänger. Als genialer Meister der Selbsinszenierung avancierte der androgyne Satanist M. M. zur Rock-Ikone der 90er Jahre. Was als stumpfe Kopie eines Alice Cooper begann, mauserte sich zu einer der intelligentesten Rock-Performances Amerikas. 1990 gründete er in Florida *Marilyn Manson & The Spooky Kids*. Trent Reznor von *Nine Inch Nails* unterstützte ihn und wirkte auf dem M.M.-Debüt *Portrait Of An American Family* (1994) mit. Endgültige Berühmtheit erlangte er durch Beiträge für den Soundtrack von David Lynchs Kultfilm *Lost Highway*. Mit dem charismatisch düsteren Album *Antichrist Superstar* (1996) war der M.M.-Kult auf seinem Höhepunkt angelangt. Das Platin-Album *Mechanical Animals* (1998) markierte die Wende zum Glam Rock, die Live-Platte *The Last Tour* (1999) wies ihn als wandlungsfähigen Vollblut-Entertainer aus. Zudem machte der Regisseur Michael Moore den vermeintlichen Bösewicht in seinem Film *Bowling For Colombine* zum Kronzeugen gegen die amerikanischen Waffengesetze. Da hatte er es schwer, mit seinem Album *The Golden Age Of Grotesque* (2003) das bewährte Image zu bedienen.

Mariano, Charlie (Charles Hugo), *12.11.1923 Boston (Massachusetts); amerik. Jazzmusiker (Saxophon, Flöte, Nagaswaram). Er begann mit Mainstream Jazz, kam dann in den 50er Jahren zum modernen West Coast Jazz, spielte u. a. bei Stan Kenton und Shelly Manne und gründete 1960 mit seiner damaligen Frau, der japanischen Pianistin Toshiko Akiyoshi, ein Quartett. In den 60er Jahren hielt sich M. längere Zeit in Japan und Indien auf, erlernte das indische Blasinstrument Nagaswaram und startete 1971 eine zweite Karriere in Europa, wo er mit europäischen Gruppen zusammenspielte, u. a. mit Eberhard Webers *Colours*. M. verfügt über einen hervorstechend kräftigen Ton und neigt seit den 70er Jahren zum melodisch Ausgeformten und Suggestiven. Sein Sopraninospiel löste sich vom Einfluß John Coltranes und zeigte zunehmende Eigenständigkeit. Wichtige Schallplatten sind *Ray Borden Orchestral* (1947), *Charlie Mariano Octet* (1949), *Charlie Mariano – Boston All Stars* (1951), *Charlie Mariano Quartett* (1955), *Toshiko* (1960), *Folk Soul* (1967), *Embryo* (1972), *Reflections* (1974), *Colours* (1975, mit Eberhard Weber), *Live im Schützenhaus* (1977, mit dem *United Jazz & Rock Ensemble*), *Wieder Dahoam* (1986, mit Konstantin Wekker) und *Tango Para Charlie* (2000).

Marley, Bob (eig. Robert Nesta M.), *6.2.1945 St. Ans (Jamaika), † 11.5.1981 Miami (Florida); jamaikanischer Reggae-Songschreiber, Sänger und Gitarrist. Aufgewachsen als sog. *rude boy* (gewalttätiger Straßenjunge) im Getto Trenchtown in Kingstontown, stellte die Musik für M. einen Ausweg aus Gewalt und Armut dar. 1963 gründete er gemeinsam mit Peter →Tosh und Bunny Livingstone *The Teenagers*. Ihre erste Einspielung *Simmer Down* wurde zum Gettobestseller. Personelle Erweiterungen und Umbesetzungen ließen weitere Namen folgen: *Wailing Wailers, Wailers* und schließlich *B.M. & The Wailers*. M. ging aus dieser Entwicklung als Bandleader hervor, B. Livingstone und P. Tosh verließen die Band und starten erfolgreiche Solokarrieren. M. verbesserte die Kommerzialität des Reggae durch aufwendige Arrangements mit Soulelementen und Elektronikeffekten, ohne dabei den Kontakt zu seinen Wurzeln einzubüßen. Im Mittelpunkt seiner Musik stehen die Probleme des schwarzen Proletariats (*I Shot the Sheriff*, 1973) und sein Leben und Glauben als Rastaman (*Rastaman Vibration*, 1976). Kombiniert mit seinem Engagement wuchs er zum international geachteten Darsteller des Widerstandes der sog. Dritten Welt gegen das Establishment. Reine Liebeslieder wie *No Woman, No Cry* (1975), *Is this Love* (1978) und *Waiting in Vain* (1977) trugen erheblich zu seiner Popularität bei, stellen jedoch einen unrepräsentativen Ausschnitt aus seinem Gesamtrepetoire dar. Zu seinen wichtigen LPs gehören *Burnin'* (1973), *Catch a Fire* (1973), *Exodus* (1977), *Babylon by Bus* (1978), *Legend* (1984) und *Natural Mystic* (1994).

Marsalis, Branford, *26.8.1960 Breaux Bridge, Louisiana; amerik. Jazzmusiker (Sopran- und Tenorsaxophon). Der Sohn von Ellis und Bruder von Wynton M. begann im Alter von 4 Jahren Klavier zu spielen, später Klarinette. Während seiner Collegezeit spielte er Altsaxophon im *Lionel Hampton Orchestra* und mit Clark Terry, 1981 bei Art Blakeys *Jazz Messengers*. 1982 wechselte er zum Tenor- und Sopransaxophon und spielte in der Band seines Bruders Wynton. 1984 brachte er sein Debütalbum *Scenes In The City* heraus. 1985 unternahm er zusammen mit Kenny Kirkland, Darryl Jones und Omar Hakim die Welttournee von Rockstar Sting und war an den Alben *Dreams Of The Blue Turtles* (1985), *Bring On The Night* (1986), *Nothing Like The Sun* (1987) beteiligt. In den 90er Jahren leitete er die Hausband der bekannten amerikanischen Talkshow *The Tonight Show*. Seine CD *I Heard You Twice The First Time* wurde 1993 mit einem Grammy ausgezeichnet. Als Saxophonist ein Vertreter des vitalen Neo-Bop, versuchte er, im Jazz neue Wege zu gehen: Sein 1994 veröffentlichtes Album *Buckshot LeFonque* verbindet Elemente des HipHop mit modernem Jazz. Seit 1997 arbeitete er als A & R-Mann (Talentsucher) für Columbia Records und gründete einige Jahre später sein eigenes Label Marsalis Music. Neben seiner künstlerischen Tätigkeit lehrt M. an der Michigan State University in East Lansing. Weitere Alben aus seinem vielseitigen Schaffen: *Decoy* (1983, Miles Davis Group), *Crazy People* (1990), *Requiem* (1998, seinem Pianisten Kenny Kirkland gewidmet, der vor Beendigung der Aufnahmen verstarb).

Marsalis, Wynton, *18.10.1961 New Orleans; amerik. Trompeter. Der Sohn von Ellis M. und Bruder von Branford erhielt ersten Trompetenunterricht im Alter von 6 Jahren und begann früh, sich ernsthaft für Jazz und klassische Musik zu interessieren. Mit 18 Jahren besucht er die Julliard School in New York, wenig später spielte er bereits bei Art Blakeys *Jazz Messengers*. Durch seine Auftritte mit dem *Herbie Hancock Quartett* 1981 wurde er international bekannt. 1982 brachte er sein Debütalbum *Wynton Marsalis* heraus, mit seinem Quintett, dem sein Bruder Branford angehörte und mit dem er auf Europatournee ging. Ende des Jahres nahm er in London seine erste Platte mit klassischen Trompetenkonzerten auf. 1983 wurde er als erster Musiker gleichzeitig in den Kategorien Klassik und Jazz mit einem Grammy ausgezeichnet. Es folgten weitere Ehrungen und Preise, verbunden mit einer beispiellosen Medienpräsenz, die sein Vorbild Miles Davis kritisch kommentierte. Ende der 80er Jahre formierte er eine neue Band, erweitert zur Septettbesetzung. Zunehmend trat er auch als Komponist in Erscheinung. Für sein Oratorium *Blood On The Fields* erhielt er1997 den begehrten Pulitzer-Preis. 1992 wurde er künstlerischer Direktor für Jazz am Lincoln Center New York. Neben seiner intensiven künstlerischen Arbeit engagiert er sich auch als Pädagoge und leitet internationale Meisterkurse. 1996 zählte ihn das *Time Magazine* zu den 25 einflußreichsten Persönlichkeiten Amerikas. Einige repräsentative Alben: *Live At Blues Alley* (1986), *The Majesty Of Blues* (1988), *Lush Life* (1991, Joe Henderson Quintett), *Blue Interlude* (1992, Septett), *Marsalis Plays Monk* (1994, Oktett).

Masekela, Hugh *4.4.1939 Witbank, südafrikanischer Trompeter und Bandleader. Als junger Musiker spielte M. eine Mischung aus Swing, Bebop und Sounds der Townships. 1959 lernte er durch Mitwirkung beim Musical *King Kong* seine spätere Ehefrau → Miriam Makeba kennen, spielte kurz darauf an der Seite des führenden südafrikanischen Jazzpianisten Dollar Brand (Abdullah → Ibrahim). In den 1960ern verließ M. im Zuge der zunehmenden Apartheid seine Heimat und emigrierte über London in die USA, wo ihn Harry → Belafonte förderte und wo er Jazz-Alben einspielte, von denen *The Promise Of The Future* (1968) das erfolgreichste wurde. In den Folgejahren arbeitete M. mit vielen prominenten Jazz- und Weltmusik-Künstlern, unter ihnen Fela Kuti, Dizzy Gillespie, Herb Alpert und Ladysmith Black Mambazo. Nach seiner Rückkehr ins demokratische Südafrika förderte er Musiker der neuen Generation und machte sich für die Unabhängigkeit der Schwarzen in der Unterhaltungsindustrie stark. Zu den herausragenden Alben der jüngeren Zeit gehören die Live-Aufnahme *Hope* (1994) und *Back To The Future* (1997).

Massive Attack, 1983 als *The Wild Bunch* in Bristol gegründet, engl. Trip-Hop-Band. *3D* (eigentl. Robert Del Naja, *1966), Gesang und Produktion, *Mushroom* (eigentl. Andrew Vowles, *1968), Keyboards, Gitarre und Produktion, sowie *Daddy G* (eigentl. Grant Marshal, *1959), Keybards und Produktion, fanden eine stimmige Synthese aus Punk, Reggae, HipHop und Techno. Nach einer Reihe semierfolgreicher Singles markierte 1991 das Debüt-Album *Blue Lines* erste Erfolge. Auf *Protection* (1994) verfeinerten sie die Maximen des Vorgängers. Inzwischen ließen Künstler und Gruppen wie Madonna und *U2* sich von M.A. remixen. Mit *Mezzanine* (1998) veröffentlichten sie eins der wichtigsten Statements des TripHop und traten in Wettbewerb mit *Portishead*. 1999 verließ Mushroom die weiter als Duo agierende Band. Nach fünfjähriger Pause kehrten M. A. 2003 mit *100th Window* zurück, wobei inzwischen auch Daddy G der Band aus familiären Gründen den Rücken gekehrt hatte. Der Sound der CD orientierte sich dicht an *Mezzanine*, was M. A. erstmals in ihrer Laufbahn den Vorwurf der Stagnation einbrachte.

Matthews, Iain (eig. Ian MacDonald), *16.6.1946 Lincolnshire; engl. Folk-Gitarrist und Sänger. M. zählt zu den einflußreichsten und aktivsten Folk-Musikern Großbritanniens. Nach einigen brillanten LPs als Sänger bei der Folkgruppe *Fairport Convention* gründete M. 1969 die Band *Matthews Southern Comfort* und hatte 1970 mit dem von Joni Mitchell stammenden Song *Woodstock* einen ersten Hit in Europa und den USA. Im Anschluß startete M. eine Solokarriere, nicht ohne sich zwischenzeitlich an diversen Koproduktionen zu beteiligen. So veröffentlichte M. u. a. mit *Plainsong*, einem Projekt mit dem Gitarristen Andy Roberts, das vielgelobte Album *In Search of Amelia Earhart* (1972) oder auch *Dark Side of the Room* (1992). Als Solist kam M. 1978 mit dem Song *Shake It* in die Top 20 der US-Charts. 1989 änderte M. die Schreibweise seines Vornamens in *Iain*, um auf seine keltischen Wurzeln hinzuweisen. Weitere wichtige Platten sind *Matthews Southern Comfort* (1970), *Tigers Will Survive* (1972), *Hit and Run* (1977), *Stealin' Home* (1978) und *Walking a Changing Line* (1978). In den 90er Jahren nahm M. noch mehrere ausgezeichnete Alben auf, darunter *Pure & Cooked* (1990), *Dark Ride* 1994), *God Looked Down* (1996), *Excerpts From Swine Lake* (1998) und *Tiniest Wham* (2000).

Mayall, John, *29.11.1933 Macclesfield; engl. Blues-Gitarrist und Sänger. M., der 14jährig begann Klavier zu spielen und schon als Kind die Blues-Platten seines Vaters studiert hatte, war ab den frühen 60er Jahren maßgeblich für die Blues-Begeisterung der engl. Musikszene verantwortlich. In seinem 1963 gegründeten Ensemble *The Blues Breakers* spielten u. a. Jon → Hiseman, Eric → Clapton, Jack Bruce, Peter → Green u. v. a., später mit eigenen Bands berühmt gewordene Musiker. M., der in indianischen Lederkostümen mit Patronengurt und Stiefeln auftrat, eiferte v. a. schwarzen Blues-Gitarristen nach und veröffentlichte mit den LPs *Bluesbreakers with Eric Clapton* (1965), *Blues Crusade* (1967) und *Blues from Laurel Canyon* (1969) erfolgreiche Alben. Sein Boogie- und Bluesrock öffnete sich ab den 70er Jahren auch für Jazzimprovisationen. M.s Popularität indes begann um diese Zeit bereits zu schwinden. Bis in die 90er Jahre hinein folgte M. jedoch live wie im Studio unbeirrt seinen musikal. Idealen und profitierte durchaus von der zyklisch wiederkehrenden Blues-Begeisterung des Pop-Publikums. Weitere seiner LPs sind *Jazz Blues Fusion* (1972), *Bottom Line* (1979), *Behind the Iron Curtain* (1985), *Spinning Coin* (1995), *Padlock Of The Blues* (1999) und *Along For The Ride* (2001).

Mayfield, Curtis, *3.6.1942 Chicago, † 26.12.1999 Roswell (Georgia); amerik. Soul-Sänger, Gitarrist und Produzent. M.s rhythmisch betonte, komplex arrangierte Songs aus Soul, Funk und Rhythm & Blues machten ihn zu einem der wichtigsten Musiker der 60er und 70er Jahre. Die markante Falsettstimme, mit der M. in oftmals politisch motivierten Texten die sozialen Mißstände und Rassenprobleme in den USA thematisierte, hat überdies die Soulmusik maßgeblich beeinflußt. Schon die Arbeiten mit seiner ersten Band *The Impressions*, darunter Hits wie *Gypsy Woman* (1961), *It's Allright* (1963) oder *People Get Ready* (1964), gelten ebenso als Klassiker des Soul wie sein Solo-Debüt *Curtis* (1971, mit dem Welthit *Move on Up*) oder die Filmmusik aus *Superfly* (1972). Neben zahlreichen weiteren Solo-Platten komponierte M. in den 70er Jahren div. Soundtracks (*Claudine, Let's Do It Again, Short Eyes*) und arbeitete u. a. mit Aretha Franklin zusammen. In den 80ern verlor die Öffentlichkeit zunächst das Interesse an M., bis sich u. a. Hip Hop-Musiker wie Ice T wieder auf M. beriefen. Die schweren Rückenmarksverletzungen, die M. am 13.8.1990 bei einem Bühnenunfall erlitt, machten indes eine Fortsetzung seiner Karriere unmöglich. Zu den wichtigsten Platten M.s zählen außerdem *Curtis Live* (1971), *Back to the World* (1973), *There's No Place Like America Today* (1975) und *Something to Believe In* (1980).

Mc5 (Motor City Five), amerik. Rock-Band, bestehend aus *Rob Tyner* († 17.9.1991), Gesang und Saxophon, *Wayne Kramer* (*30.4.1948), Gitarre, *Fred »Sonic« Smith* († 6.11.1994), Gitarre, *Michael Davis*, Baßgitarre und *Dennis Thompson*, Schlagzeug. Nach einem trotz Verbots veranstalteten Konzert während eines Parteikonvents der amerik. Demokraten (1968), waren MC5 für kurze Zeit die wohl extremste Band des Rock 'n' Roll. Als Hausband von John Sinclairs revolutionärer *White Panther Party* spielten die Musiker aus Detroit (»Motor City«) eine rauhe Mixtur aus Rhythm & Blues und Jazzelementen, ihre Texte enthielten extreme Parolen, expliziten Sex und Drogenerfahrungen. Hegten die *Rolling Stones* nur *Sympathy for the Devil*, dann waren MC5 für den amerik. Durchschnittsbürger der Teufel persönlich. Eindrucksvoll dokumentiert wird die Energie der Band auf ihrem Live-Debüt *Kick out the Jams* (1969). Nur kurze Zeit konnten sie ihren Hang zum Extremen in Produktivität ummünzen. Entmutigt durch geringe Plattenverkäufe, trennte sich die Band 1972. Smith verstarb während der Arbeit an einem gemeinsamen Album mit seiner Frau Patti. Kramer veröffentlichte nach längerem Gefängnisaufenthalt *The Hard Stuff* (1994) und erspielte sich eine achtbare Reputation im Spannungsfeld von Alternative Rock und Jazz. Weiterhin veröffentlichte MC5: *Kick Out The Jams* (1969), *Back in The USA* (1971), *High Time* (1971).

McCrae, George, *19.10.1944 West Palm Beach (Florida), amerik. Disco- und Soul-Sänger. Faktisch gehört M. zur Spezies der sog. »One Hit Wonder«. Nach kurzer Zusammenarbeit mit seiner Frau Gwen (1969) und 5 erfolglosen Jahren als Solist traf er 1974 mit dem aus der Feder der Studiomusiker Casey und Finch stammenden *Rock Your Baby* den Nerv der aufkommenden Discowelle. Über einem gleichförmigen Discostep legte M. seinen extrem hohen Falsettgesang so gekonnt und eingängig, daß die Single weltweit 10 Mio. mal verkauft wurde. Konnte er auch weitere Achtungserfolge verzeichnen, so war sein Songmaterial in der Folgezeit doch nicht dazu angetan, diesen Wurf zu wiederholen. Seinem gleichförmigem Discosoul fehlte die Inspiration, und so wird M. trotz regelmäßiger Veröffentlichungen, wie z. B. *Own The Night* (1986) bis heute fast ausschließlich mit *Rock Your Baby* in Verbindung gebracht. Zu seinen LPs gehören *Rock Your Baby* (1974), *George McCrae* (1975), *Diamond Touch* (1976).

McFerrin, Bobby, *11.3.1950 New York; amerik. Jazzmusiker (Gesang, Dirigieren). M. verkörpert eines der größten Stimmwunder der Gegenwart. Als Sohn einer Musikerfamilie erhielt er mit 6 Jahren Klavierunterricht, arbeitete nach seiner College-Zeit als Pianist und Sänger, um sich bald nur noch auf die Stimme zu konzentrieren. 1978 sang er mit der Gruppe *Astral Project*, dann ging er mit Jazzvokalist Jon Hendricks auf Tour. Inspiriert von den Solokonzerten des Pianisten Keith Jarrett beschloß M., als Sänger ebenfalls solistisch aufzutreten. 1983 ging er mit seinem Soloprogramm auf Europatournee und feierte triumphale Erfolge, u. a. dokumentiert auf seiner CD *The Voice* (1984). Sein Stimmumfang über vier Oktaven und seine Fähigkeit, große Intervallsprünge auch in extreme Lagen absolut sauber zu intonieren, ermöglicht ihm, beim Hörer die Illusion von Mehrstimmigkeit zu erzeugen. Mit seiner Technik vermag er außerdem, den Klang von Instrumenten überzeugend zu imitieren, wie beim Soundtrack des Films *Round Midnight* (1986), für den er eine von insgesamt 10 Grammy-Auszeichnungen seiner bisherigen Karriere erhielt. 1988 brachte er das Album *Simple Pleasures* heraus, der Song *Don't Worry, Be Happy* wurde zu einem Welterfolg. Ungeachtet seiner Popularität begann er ein Dirigierstudium. 1994 spielt er als Leiter des *St. Paul Chamber Orchestra* die CD *Paper Music* ein. Bis heute ist er als Sänger und Dirigent sowohl im Jazz wie auch in der klassischen Musik vielseitig tätig. Weitere Alben: *Play* (1990, im Duo mit Chick Corea), *Hush* (1992, mit Cellist Yo-Yo Ma), *Bang! Zoom* (1996, mit den *Yellowjackets*), *Circlesongs* (1997).

McLaughlin, John, *4.1.1942 Kirk's Sandall; engl. Jazz- und Rock-Gitarrist. M. spielte in europäischen Jazz- und Rockgruppen, u. a. bei Brian Auger und bei Wilson Pickett, kam 1968 nach New York in die Gruppe *Lifetime* von Tony Williams und trat dann in den Gruppen von Miles Davis auf. 1969 schloß er sich durch den Einfluß des indischen Gurus Sri Chinmoy dem Hinduismus an. Seither nennt er sich auch »Mahavishnu«, und sein eigenes Ensemble von 1971 bis 1975 hieß →*Mahavishnu Orchestra*; später leitete er die indisch inspirierte Improvisationsgruppe *Shakti*. Ein Höhepunkt der musikalischen Arbeit von M. war das Zusammenspiel mit Al Di-Meola und Paco De Lucia in den späten 70er Jahren. M. spielt eine Spezialgitarre mit 2 Hälsen und 18 Saiten; sein ekstatisches Spiel erregte viel Aufsehen; Anerkennung fand er aber auch mit Einspielungen auf der Konzertgitarre. In den 90er Jahren gab es eine spektakuläre Reunion von *Shakti*.

McLean, Don, *2.10.1945 New Rochelle (New York); amerik. Folkrock-Sänger und Gitarrist. Mit *American Pie*, einem fast 9minütigen Song von epischer Breite, musikal. Zerrbild der 60er Jahre und zugleich Würdigung seines Idols Buddy Holly, kam M. 1972 zu einem unerwarteten Welterfolg. Trotz weiterer Hits wie *Vincent* oder *Dreidle* konnte M., der den plötzlichen Starruhm auch musikalisch zu verarbeiten versuchte, sein Millionenpublikum nicht halten. Seine zunehmend bitteren, melancholisch gefärbten Sozialanalysen wie *Homeless Brother* (1974) fanden weit weniger Beachtung als *American Pie*, das als Single bis 1975 über 7 Mio. Mal verkauft worden war. 1981 erreichte M. mit *Crying*, einem Song von Roy Orbinson, noch einmal die US-Charts. Zu seinen wichtigsten LPs zählen *Tapestry* (1970), *Don McLean* (1972), *Believers* (1981), *Then and Now* (1987).

Meat Loaf (eig. Marvin Lee Aday), *27.9.1947 Dallas (Texas); amerik. Rock-Sänger und Schauspieler. Nach Auftritten in div. Musicals und in Jim Sharmans Kinoversion der *Rocky Horror Picture Show* (1976), gelang dem schwergewichtigen Meat Loaf (dt. = Hackbraten) 1977 mit *Bat out of Hell* der Durchbruch. Die von Todd Rundgren produzierte LP basierte auf *Never Land*, einem Peter Pan-inspirierten Musical von Jim Steinman. Sie bot überladene Balladen und von Motorengeräusch untermalte Rockdramen über unglückliche Liebe und die Suche nach einer besseren Welt. Millionenfach verkauften sich sowohl Album als auch Single-Auskoppelungen wie *You Took the Words Right out of My Mouth*, ein Duett mit Ellen Foley, oder *Two out of Three Ain't Bad*. Weitere Hits für M.L. waren in den Folgejahren *Dead Ringer for Love* (1981), ein Duett mit Cher, und, nach dem Zerwürfnis mit Steinman, *Modern Girl* (1984). Gegen Ende der 80er Jahre war M.L.s Popularität als Rockstar an einem Tiefpunkt angelangt. Erst im Zuge einer Wiederveröffentlichung von *Bat out of Hell* kam es zur Versöhnung mit Steinman. Erfolgreiches Ergebnis der erneuten Zusammenarbeit war *Bat out of Hell II: Back into Hell* (1993) mit dem Singlehit *I Would Do Anything for Love (But I Won't Do That)*. Weitere Alben waren *Welcome To The Neighbourhood* (1995) und *Couldn't Have Said It Better* (2003). [i. scheel]

Melvins, amerik. Rock-Trio, bestehend aus *Buzz Osborne*, Gitarre und Gesang, *Dale Crover*, Schlagzeug, und *Matt Lukin*, Baßgitarre. Gegründet 1984, steuerten die M. bewußt gegen den vorherrschenden Trend zu immer schnellerem Tempo im Spektrum harter Rock-Musik. Schon das Debüt-Album *10 Songs* (1986) dokumentiert dies eindrucksvoll. Neben musikal. Qualitäten bewiesen die M. auch Humor: 1992 veröffentlichten die drei Bandmitglieder zeitgleich Solo-LPs – ein Konzept, das bis hin zur Covergestaltung eine Idee der Rock-Gruppe *Kiss* persifliert. Im selben Jahr erschien das wichtigste Album *Lysol*. Eröffnet wird es von einem nahezu ereignislosen 12minütigen Instrumentalsong, der tradierte Formen des Rock-Arrangements mit Slow-Motion-Riffs brutal dekonstruiert. Den Kern der M. bilden B. Osborne und D. Crover, die Baßbesetzung wechselt häufig. Die wichtigste Alben des Trios sind *Bullhead* (1991), *Lysol* (1992) und *Honky* (1997).

Metallica, amerik. Heavy-Metal-Band. Mit kompromißloser Härte und bis an den Rand der Differenzierbarkeit getriebenem Tempo konnten sich *James Hetfield* (*3.8.1963), Gitarre und Gesang, *Kirk Hammett* (*18. 11.1962), Gitarre, *Jason Newsted* (*4.3.1963), Baßgitarre, und *Lars Ulrich* (*26.12.1963), Schlagzeug, bis Mitte der 80er Jahre als eine der wichtigsten Bands der Sub-Genres Speed- und Trash-Metal etablieren. Sie entwickelten sich mit Erscheinen des dritten Albums *Master of Puppets* (1985) zu ernstzunehmenden Rock-Songschreibern und landeten 1988 mit dem Anti-Kriegs-Song *One* einen Single-Hit. M. wurden zu Vorbildern einer neuen Sachlichkeit im Heavy Metal, indem sie auf die üblichen Klischees verzichteten und in der Textarbeit verschiedentlich gesellschaftskritische Ansätze verfolgten. Zu ihren besten Alben zählen *Master of Puppets* (1985), *And Justice for All* (1988), *Metallica* (1991), *Load* (1996), *ReLoad* (1997), *Garage Inc.* (1998), *S&M* (1999) und *St. Anger* (2003).

Metheny, Pat, *12.8.1954 Lee Summit (Missouri), amerik. Jazz-Gitarrist. Als Kind erlernte M. das Trompetenspiel, bevor er als Teenager zur Gitarre wechselte. Der Vibraphonist Gary Burton holte ihn 1974 als Dozenten an die Berklee-Musikschule Boston und verpflichtete ihn für drei LPs als Musiker, bevor M. 1976 mit *Bright Size Life* als Solist debütierte. 1977 entstand M.s erfolgreiches Quartett, die *Pat Metheny Group*, die einen leichthändig gespielten Fusion-Jazz mit melodiestarken Themen für sich entwickelte. Reinere Formen des Jazz mit mehr Raum für Improvisation pflegte M. im Spiel mit Musikern wie Charlie Haden und Jack De Johnette, so auf dem preisgekrönten Doppelalbum *80/81*. In den 80er Jahren erweiterte M. das Konzept der P. M. G. um brasilianische Einflüsse und elektron. Klänge, etwa auf *Offramp* (1982), bevor er mit David → Bowie und dem Hit *This Is Not America* tief in die Sphäre der Popmusik eindrang. Daß M. trotz eines unverkennbaren Stils keiner Richtung verpflichtet ist, beweisen das Free-Jazz-Album *Song X* (1985, mit Ornette Coleman) und das Solo-Werk *Zero Tolerance for Silence* (1994), dessen Erkundung atonaler Spielweisen M.s Image als Verfechter harmonischer Klänge radikal korrigiert. Im neuen Jahrtausend wurden die immer komplexeren Werke der Gruppe teils zu bissigen Kommentaren zur amerikanischen Gesellschaft. Weitere seiner LPs sind *American Garage* (1979), *As Falls Wichita …* (1981), *Travels* (1983), *Secret Story* (1992), *The Road To You* (1993), *We Live Here* (1994), *Quartet* (1996), *Beyond The Missouri Sky* (1997, mit *Charlie Haden*), *Imaginary Day* (1997) und *The Way Up* (2005).

Mezzrow, Mezz (eig. Milton Mesirow), *9.11.1899 Chicago, † 5.8.1972 Neuilly-sur-Seine; amerik. Jazzmusiker (Klarinette, Saxophon). Er spielte in den 20er Jahren in Chicago, u. a. bei der »Austin High School Band«, danach vor allem in Klubs, besaß 1945–48 die Schallplattenfirma King Jazz und trat seit 1948 hauptsächlich in Frankreich auf. M. hat in der Jazzwelt vor allem als Manager einen Ruf. Er machte mit vielen Größen des traditionellen Jazz Schallplattenaufnahmen, u. a. mit Louis Armstrong, Fats Waller und Sidney Bechet, war für diese aber kein adäquater Partner. Eine Autobiographie erschien unter dem Titel *Really the Blues* (NY 1946, Lo 1961), dt. Übers.: *Jazz-Fieber* (Z 1946).

Michael, George (eig. Georgios Kyriacos Panayiotou), *25.6.1963 London; Pop-Sänger engl.-zypriot. Abstammung. Mitunter banale, jedoch stets perfekt inszenierte, narzißtisch vorgetragene Balladen und sein Gespür für eingängige Melodien aus Funk, Soul und Pop machten M. zu einem der kommerziell erfolgreichsten Musiker der 80er Jahre. Während sein gemeinsam mit *Andrew Ridgeley* (*26.1.1963) ins Leben gerufene Gesangsduo *Wham!* mit Songs wie *Young Guns (Go for It)* (1982) oder *Wake Me Up Before You Go-Go* (1984) zunächst v. a. Jugendliche begeisterte, etablierte sich M. auch als seriöser Solo-Interpret. Mit Songs wie *Careless Whisper* (1984), *A Different Corner* (1986), *I Want Your Sex* (1987), *Faith* (1987) oder *Praying for Time* (1990) hatte M. mehrere Bestseller-Singles. Von seinen beiden Solo-Alben wurden ca. 23 Mio. Exemplare verkauft. Nebenbei war M. auch an der Seite anderer Künstler sehr erfolgreich, so u. a. mit *I Knew You Were Waiting (For Me)* (1987, mit Aretha Franklin), *Don't Let the Sun Go Down on Me* (1991, mit Elton John) oder *Somebody to Love* (1993, mit Queen). Ein längerer Rechtsstreit mit seiner Plattenfirma behinderte ab 1993 die Karriere des Sängers. Veröffentlichte Alben sind bisher *Fantastic* (1983), *Make It Big* (1984) und *The Final* (1986, alle mit *Wham!*) sowie die Solo-Werke *Faith* (1987), *Listen without Prejudice* (1990), *Older* (1996), *Ladies & Gentlemen* (1998), *Songs From The Last Century* (1999) und *Patience* (2004).

Midler, Bette, *1.12.1945 Paterson (New Jersey); amerik. Sängerin und Schaupielerin. Als Reliquie des »American Way of Life« begründet sich der Erfolg der amerikanischen Diseuse v. a. in ihrem Talent, die großen Gesten der Schauspielbühne mit einer guten Stimme und ihrer ausgeprägten Fähigkeit zur Selbstironie zu verbinden. Aufgewachsen auf Hawaii, sang M. bereits als Jugendliche in einer Folk-Gruppe. Im Anschluß an ihre Übersiedlung nach New York und Auftritten in Musicals und Bars gelang ihr 1973 der Durchbruch mit dem Debüt-Album *The Divine Miss M.* Sie sang vornehmlich Coverversionen von ebenso bekannten wie unterschiedlichen Größen (Edith Piaf, Bob Dylan, *Andrew Sisters*). Nach weniger gelungenen Platten konzentrierte sie sich Ende der 70er Jahre auf ihre Schauspielkarriere. Bes. erfolgreich war *The Rose* (1979), eine frei nachempfundene Biographie J. Joplins. Mit *Zoff in Beverley Hills* gelang ihr 1986 ein Film-Comeback. Ihre Karriere als Sängerin nahm 1989 mit *Wind Beneath my Wings* wieder Fahrt auf, 1991 veröffentlichte sie *Experience the Divine*: *Greatest Hits*, die sowohl in den USA als auch in Europa den Weg in die Charts fand.

Miller, Glenn Alton, *1.3.1904 Clarinda (Iowa), †vermutlich 16.12.1944 (Flugzeug zwischen Twinwood Farm, England, und Paris vermißt); amerik. Jazzmusiker (Bandleader, Posaunist, Komponist, Arrangeur). Nach dem Studium an der University of Colorado in Boulder spielte er u.a. bei Boyd Santer, Ben Pollack und Red Nichols, in dessen Band er bei der UA von G. Gershwins Musical *Girl Crazy* (1930) mitwirkte. 1934 spielte er bei den Dorsey Brothers, 1935 bei Ray Noble und entwickelte hier eine spezielle Art der Phrasierung und Instrumentierung (mit der Klarinette als führender Stimme über 4 Saxophonen), die als »Miller-Sound« bekannt geworden ist. 1937 gründete er eine eigene Band, 1939 eine neue Band, mit der er dann der erfolgreichste Bandleader der Swing-Ära wurde. 1942 trat er in die US-Luftwaffe ein, wo unter seiner Leitung die Army-Air-Force-Band entstand. M., der noch 1935 bei J. Schillinger Komposition studiert hatte, erhielt 1942 für *Chattanooga Choo Choo* die erste vergebene »Goldene Schallplatte«. Am bekanntesten wurde M.s Arrangement von Joe Garlands *In the Mood* und die auch als Erkennungsmelodie seiner Band gespielte *Moonlight Serenade.* 1954 wurde seine Karriere als *The Glenn Miller Story* verfilmt.

Miller, Steve, *5.10.1943 Milwaukee (Wisconsin); amerik. Rock-Sänger und Gitarrist. Der studierte Literaturwissenschaftler begann seine musikalische Karriere in Chicago, spielte dort in div. Blues-Bands, bis er 1966 nach San Francisco zog. 1968 gründete er die *Steve Miller Blues Band*, die durch die Fusion von Rock, Blues und Elektronikelementen zwar anspruchsvolle, aber kommerziell wenig erfolgreiche Musik bot. M. nahm sich neue Musiker und landete fast folgerichtig 1973 mit *The Joker* seinen ersten Hit. In den folgenden Jahren konnte sich M. mit seinen Alben in den Charts festsetzen. Die Kritik schwärmte von »brillanter, ungemein melodiöser Popmusik«. Die 80er und 90er Jahren waren dagegen aus ökonomischer Sicht nicht mehr so erfolgreich, sieht man von der Wiederentdeckung des Songs *The Joker* durch die Werbung ab. Dafür besann sich M., nach der allzu glatten Studioproduktion *Abracadabra* (1982), mit dem Album *Born 2 B Blue* 1988 auf seine Jazz- und Blues-Wurzeln. Zu den wichtigsten Alben zählen *Children of the Future* (1968), *The Joker* (1973), *Fly Like an Eagle* (1977), *Book of Dreams* (1978), *Abracadabra* (1982) und *Wide River* (1993).

Mingus, Charlie (Charles), *22.4.1922 Nogales (Arizona), †5.1.1979 Cuernavaca (Mexiko); amerik. Jazzmusiker (Klavier, Kontrabaß; Bandleader). Er begann mit traditionellem Jazz, spielte u.a. 1941–43 bei Louis Armstrong, wechselte im Laufe der 40er Jahre zum Modern

Jazz, spielte u.a. 1950–51 im Trio von Red Norvo, kam mit Charlie Parker, Stan Getz, Bud Powell, aber auch mit dem für ihn bedeutsamen Duke Ellington zusammen. 1952 gründete M. die Schallplattenfirma Debut. Seit 1955 trat er als Komponist und Bandleader hervor, 1960 spielte Eric Dolphy bei ihm. In den letzten Monaten vor seinem Tod war M. an den Rollstuhl gebunden, leitete aber noch als Dirigent seine Gruppe weiter. Sein Hauptinstrument war der Kontrabaß, den er dynamisch und expressiv spielte. Bedeutung hat M. jedoch als Komponist und Bandleader, weil er zwischen traditionellem und modernem Jazz vermittelte und dabei Ausdrucksformen des Negro spiritual und des Gospelsong mit einem Jazz verband, der den Free Jazz paraphrasierte. Eine Autobiographie erschien unter dem Titel *Beneath the Underdog. His World as Composed by M.* (NY 1971), dt. Übers.: Autobiographie. »*Beneath the Underdog*« (H 1980).

Minnelli, Liza May, *12.3.1946 Hollywood; amerik. Schauspielerin, Sängerin und Tänzerin. Tochter der Schauspielerin Judy Garland und des Filmregisseurs Vincente M., tanzte sie bereits mit 7 Jahren am New Yorker Palace Theater. Neben Auftritten in Nachtclubs und im Fernsehen übernahm sie mehr und mehr Rollen in Musicals am Broadway (*Flora*, 1965; *The Red Menace*, 1965) und Filmen (*Charlie Bubbles*, 1968; *The Sterile Cuckoo*, 1969; *Tell Me That You Love Me, Junie Moon*, 1970). Der Durchbruch zum Weltruhm gelang ihr mit dem Film *Cabaret* (1972; Auszeichnung mit dem *Oscar* 1973). Nach ihrem Auftritt in der Broadway-Musicalrevue *The Act* (1977) unternahm sie 1978 eine erfolgreiche Deutschlandtournee und trat 1979 bei einer Galashow während der Internationalen Funkausstellung in Berlin auf. Ihre weitere Karriere wurde von einer schweren Drogen- und Alkoholabhängigkeit beeinträchtigt. Nach einer Entziehungskur kehrte sie 1987 mit Erfolg auf die Bühne zurück, produzierte neue Platten und tritt bis heute in Fernsehshows auf.

Mitchell, Joni (eig. Rebecca Joan Anderson), *7.11.1943 Alberta; kanadische Sängerin, Songschreiberin, Gitarristin, Pianistin und Malerin. Die Kunststudentin M. spielte ab den 60er Jahren in den Folk-Clubs von Detroit und New York. 1968 veröffentlichte sie ein erstes Album. Ihr Song *Both Sides Now* wurde in der Version von Judy Collins ein Hit. 1969 schrieb sie mit *Woodstock* die Hymne des legendären Festivals, obwohl sie selbst gar nicht anwesend war. 1970 sang sie ihren großen Erfolg *Big Yellow Taxi*. Auf weiteren LPs beschrieb M. mit ungewöhnlicher Offenheit und poetischer Sensibilität die Befindlichkeit der amerik. Künstler- und Hippiekultur zu Beginn der 70er Jahre. *Blue* (1971) ist beispielhaft für diese Phase und gilt – auch ihrer makellosen Stimmführung wegen – als erstes Meisterwerk der Sängerin. Mitte der 70er Jahre wandte sich M. jazzverwandten Arrangements zu. Auf *Hejira* (1976), einem wiederum hochgelobten, autobiographischen Album, ließ sich M. von Jaco → Pastorius begleiten, für *Mingus* (1979) plante sie eine Zusammenarbeit mit dem legendären Bandleader, der aber während der Aufnahmen verstarb. Auf *Shadows And Light* (1980) umgab sie sich mit den Jazzgrößen Pat Metheny und Michael Brekker. Weitere LPs öffneten sich in den 80er Jahren dem US-Mainstream-Rock; so bat M. für *Chalk Mark in a Rain Storm* (1988) Stars wie Tom Petty und Peter Gabriel ins Studio. Darüber hinaus widmete sich M. der Malerei. Mit *Night Ride Home* (1991), und v.a. mit *Turbulent Indigo* (1994) brillierte sie jedoch auch wieder als Meisterin musikalisch und inhaltlich komplexer Songdichtungen. Weitere ihrer LPs sind *Joni Mitchell* (1968), *For* *the Roses* (1972), *Court and Spark* (1974), *The Hissing of Summer Lawns* (1975), *Don Juan's Reckless Daughter* (1977), *Shadows And Light* (1980), *Wild Things Run Fast* (1982), *Dog Eat Dog* (1985), *Turbulent Indigo* (1994) und *Taming The Tiger* (1998). Mit *Both Sides Now* (2000) legte sie ein Album mit Jazz-Standards vor. Zwei Jahre später folgte *Travelogue.*

Moby (eigentl. Richard Melville Hall), *1966 New York, amerik. Sänger und Produzent. Der Nachfahre des Schriftstellers Herman Melville war konsequenter Tierschützer, Friedensaktivist und Vegetarier. Nachdem er in verschiedenen Punk-Bands gespielt und sich als DJ verdingt hatte, samplete er 1992 aus dem Thema der TV-Serie Twin Peaks die Single *Go*, mit der er aus dem Stand in die amerikanischen Top Ten einstieg. Er brachte zwei Compilations mit sporadisch zusammengetragenen Aufnahmen heraus, bis er 1995 auf *Everything Is Wrong* weichen Techno mit sprödem Hardcore kombinierte und zum Star der Rave-Szene avancierte. *Animal Rights* (1996) geriet zum Entsetzen seiner Fans zum waschechten Punk-Album. Auf *I Like To Score* (1997) kehrte er jedoch wieder in die Nähe des Techno zurück. Auf *Play* (1999) und *18* (2001) verband er eingängigen Techno-Pop mit packenden Blues-Samples. Auf *Hotel* (2005) versiegte seine sonst so zuverlässige Inspiration vorübergehend.

Modern Jazz Quartet, The, amerik. Jazzband. 1951 von John Lewis gegründet, spielte das M. J. Q. bis zur Auflösung 1974 in der Besetzung *J. Lewis,* Klavier, *Milt Jackson,* Vibraphon, *Percy Heath,* Baß, und *Connie Kay* (1952–55: *Kenny Clark*), Schlagzeug. Formal orientierte sich das M. J. Q. an barocken Vorbildern (z. B. in der Suite *Fontessa*). Ideal der Gruppe war die Durchformung, wobei genau vorgegebene, streng kontrapunktische Strukturen durch Improvisation aufgelockert wurden. Gerade die disziplinierte, der Formidee verpflichtete Spielweise des M. J. Q. war insbesondere für spätere Bands von Einfluß. Es wurde zum Inbegriff des Cool Jazz. 1981 rief Milt Jackson das M. J. Q. wieder ins Leben. Mit einigen Umbesetzungen, aber stilistisch unverändert, gab das M. J. Q. bis in die 90er Jahre Konzerte in der ganzen Welt, die allerdings eher nostalgischen Charakter hatten.

Monk, Thelonious (Sphere), *10.10. 1920 Rocky Mount (N.C.), † 17.2.1982 Eaglewood (N.Y.); amerik. Jazzmusiker (Klavier). Ende der 30er u. Anfang der 40er Jahre spielte er zunächst Swing und Mainstream, traf aber schon 1941 in New York mit einigen Jazz-Erneuerern zusammen (u. a. mit Kenny Clarke und Charlie Christian) und beteiligte sich aktiv an der Vorbereitung des Modern Jazz (Bebop). Später spielte er auch mit Charlie Parker und Dizzy Gillespie. Seit 1957 rückte M. in den Mittelpunkt des Jazzgeschehens, spielte u. a. mit John Coltrane und Johnny Griffin; seit 1959 gehörte der Tenorsaxophonist Charlie Rouse zu seinem Quartett. Bis in die 70er Jahre hinein trat M. auch als Solist auf. Charakteristisch für seinen Stil war die Auflösung der traditionellen Harmoniebeziehungen und insbesondere die Verwendung von Blueselementen, die er mit komplexen Strukturen verband. Jazzstandards wurden u. a. seine Kompositionen: *Round about Midnight, Epistrophy, Well you needn't, Straight no Chaser, Blue Monk, Misterioso.*

Monkees, The, amerik. Pop-Band. *David Jones* (*30.12. 1945), Baßgitarre und Gesang, *Peter Tork* (*13.2.1945), Gitarre und Gesang, *Mickey Dolenz* (*8.3.1946), Schlagzeug und Gesang, sowie *Mike Nesmith* (*30.12. 1942), Gitarre und Gesang, meldeten sich im Sommer

1965 auf ein Inserat im Showbranchenblatt *Variety*. Zwei TV-Produzenten suchten »vier irre Typen ... mit Mut zur Arbeit«. Diese vier aus über 400 Bewerbern ausgesuchten Hobbymusiker starteten nach einem dreimonatigen Musik-Intensivlehrgang einen einzigartigen Siegeszug als Retortenausgabe der → *Beatles*. Eine eigene Fernsehserie beim NBC und Singlehits wie *Last Train to Clarksville*, *I' m a Believer*, *A Little Bit You, A Little Bit Me* oder *Daydream Believer* verhalfen der Band in den USA zu Millionenverkäufen, auch im Hinblick auf den Devotionalienhandel. 1967 erhielten sie 6 Goldene Schallplatten und 2 Emmy Awards. Nach dem Ausscheiden Torks löste sich die Band 1969 auf, und einzig Nesmith war auch als Solist erfolgreich. 1986 kam es nach einem MTV-Special zu einem Comeback der Band vom Reißbrett. Ein Jahr später rief ein Getränkehersteller zur besseren Zielgruppenansprache die Teenversion *The New Monkees* ins Leben. Wichtige LPs der Band sind *The Monkees* (1966) und *More of the Monkees* (1967)

Monster Magnet, amerik. Psychedelic-Rock-Band in der Besetzung *Dave Wyndorf*, Gitarre und Gesang, *Ed Mundell*, Gitarre, *Joe Calandra*, Baßgitarre, und *Jon Kleinman*, Schlagzeug. 1989 gründete Wyndorf die Band, deren Wurzeln im psychedelischen Rock der späten 60er und frühen 70er Jahre zu finden sind. *Hawkwind*, → *MC 5*, und → *Black Sabbath*, aber auch deutsche Progressivbands wie → *Amon Düül* oder → *Can* sind musikalische Quellen, aus denen M. M. ihre Inspirationen beziehen. Im Zuge der aufkommenden Grungebewegung war es ihr 1991 auf dem *Glitterhouse*-Label erschienenes Debüt *Spine of God*, das den Grundstein für eine beachtliche Karriere legte. Ihre Songs leben von der gekonnten Jonglage zwischen »extrem laut« und »extrem leise«. Flüstergesänge und Sitarklänge wechseln sich ab mit brachialen, gitarrenlastigen Eruptionen, Wyndorfs Texte malen bizarre, comicartige Scheinwelten zwischen LSD-Konsum und fernen Planeten. Auf der Bühne wird dieses Konzept abgerundet durch die ausufernde Licht- und Diashow des »fünften Bandmitglieds« *Tim Cronin*. Mit ihrem dritten Album, inzwischen bei A & M Records, haben M. M. die obere Rockliga erreicht und ihren Space-Rock perfektioniert. Inzwischen gelten sie als Väter des sogenannten Stoner Rock. Zu ihren LPs gehören *Spine of God* (1991), *Superjudge* (1993), *Dopes to Infinity* (1995), *I Talk To Planets* (1996), *Powertrip* (1998), *God Says No* (2001) und *Monolithic Baby* (2004).

Montgomery, Wes, *6.3.1925 Indianapolis, Indiana, † 15.7.1968 ebd.; amerik. Jazzgitarrist. M. lernte in jungen Jahren die Gitarre autodidaktisch und spielte in ortsnahen Bands. 1948–50 ging er mit Lionel Hampton auf Tour. Zurück in Indianapolis, hielt er sich zunächst mühsam mit Tagesjobs und Auftritten in Bars über Wasser. Ende der 50er Jahre machte er Aufnahmen mit seinen Brüdern Monk (b) und Buddy (vib). 1959 nahm ihn das Riverside Label unter Vertrag (*The Complete Riverside Recordings*, 1959–63), seine Platte *The Incredible Jazz Guitar Of Wes Montgomery* (1960) verschaffte ihm weltweite Anerkennung. Er spielte mit Musikern wie Wynton Kelly, Milt Jackson, John Coltrane u. v. a. 1964 begann er, Aufnahmen mit Big Band zu machen, denen großer kommerzieller Erfolg beschieden war, die jedoch nicht mehr die Vitalität der früheren Hardbop-Sessions ausstrahlten (z. B. *California Dreaming*, Wes Montgomery with the Don Sebesky Orchestra,1966). Obwohl er sich in seinen letzten Jahren einer Vermarktung preisgab, die viele seiner Verehrer enttäuschte, nimmt M. den Platz eines der bedeutendsten Gitarristen des Jazz ein.

Unverkennbare Merkmale seines Spiels sind der warme Ton – er schlug die Saiten mit dem Daumen an – sowie seine virtuose Oktav- und Blockakkordtechnik. Er starb 1968 an einem Herzinfarkt. Weitere Alben: *George Shearing And The Montgomery Brothers* (1961), *Full House* (1962, mit Wynton Kelly und Johnny Griffin).

Moroder, Giorgio, *26.4.1940 Ortisei (Südtirol); östr. Sänger und Komponist. M. begann seine musikalische Karriere als Sänger Giorgio und war mit den Songs *Looky, Looky* (1969) und *Underdog* (1971) in den deutschen Charts vertreten. Durchschlagenden Erfolg hatte er als Musikproduzent (ab 1971 Tonstudio Musicland in München). In Partnerschaft mit Pete Bellotte produzierte er gemeinsam mit der Sängerin *Donna Summer* bis zum Ende des Jahrzehnts stilprägend zahlreiche Hits im Disco Sound. Bekannt wurde weiter in den 80er Jahren durch seine Filmmusik, für die er in seiner Karriere 3 Oscars gewann. 1984 komponierte M. die Musik zu der rekonstruierten Fassung von Fritz Langs Stummfilmklassiker *Metropolis*. Im selben Jahr wurde M. gebeten, die offizielle Hymne für die Olympischen Spiele in Los Angeles zu schreiben. *Reach Out* wurde ein weltweiter Hit. Nach diesem Erfolg durfte der Südtiroler auch für die Olympischen Spiele 1988 die Hymne komponieren und landete mit *Hand in Hand*, gesungen von der Formation *Koreana*, ebenfalls einen Superhit. M. arbeitete aber nicht nur als Komponist, sondern auch als Produzent für die Schlagersänger Michael Holm, Mary Roos und Ricky Shane. Zu seinen erfolgreichsten Alben zählen die Kompositionen zu *Midnight Express* (1977), *Flashdance* (1982) und *Top Gun* (1985). Für seinen langjährigen Erfolg im Pop-Business erhielt M. 1990 die Auszeichnung *Goldene Europa*.

Morrison, Van (eig. George Ivan M.), *31.8.1945 Belfast; irischer Sänger, Gitarrist, Saxophonist und Songschreiber. M. sang zunächst mit von Blues- und Soul-Sängern geprägter Intensität in der Band *Them*, die u. a. den Bob Dylan-Titel *It's All Over Know, Baby Blue* zu einem Hit machte. Nach zwei erfolglosen Solo-LPs veröffentlichte M. 1968 die in Amerika eingespielte Platte *Astral Weeks*, auf der er sich von stilistischen Grenzen befreite und eine beispiellose Symbiose aus Jazz, Blues, Folklore und Kammermusik schuf, in deren Zentrum M.s assoziative Lyrik stand, interpretiert mit der Intensität eines Soul-Sängers. Auch die folgende LP, *Moondance*, wurde zu einem Klassiker. Wie in seinen Konzerten zeigte M. auf weiteren Alben starke Stimmungsschwankungen, die vom aggressiven Biß bis zur introvertierten Entrücktheit alle Gefühlsfacetten abdeckten und ihm den Ruf des schwierigen Künstlers schlechthin einbrachten. In den 80er Jahren nahmen religiöse Motive auf M.s Alben immer breiteren Raum ein (etwa auf *Inarticulate Speech of the Heart*, 1983), ebenso wie der nostalgische Blick auf seine irische Herkunft (bes. auf *Irish Heartbeat* mit *The Chieftains*, 1987). M. brachte weiterhin regelmäßig LPs heraus, auf denen der als »beste weiße Soulstimme« gelobte Ausnahmesänger seine biographische und spirituelle Selbstsuche sowie die Verbindung musikal. Stile fortsetzte. Weitere LPs von M. sind *His Band and Street Choir* (1970), *St. Dominiques Preview* (1972),*Wavelength* (1978), *Beautiful Vision* (1982), *Enlightenment* (1990), *Too Long in Exile* (1993), *A Night In San Francisco* (1994), *Days Like This* (1995), *The Healing Game* (1997), *The Philosophers Stone* (1998), *Back On Top* (1999), *You Win Again* (2000), *Down The Road* (2002), *What's Wrong With This Picture* (2003) und *Magic Time* (2005).

Morton, Jelly Roll (eig. Ferdinand Joseph La Menthe), *20.9.1885 Gulfport (Louisiana), †10.7.1941 Los Angeles; amerik. Jazzmusiker (Klavier), Bandleader und Komponist. M. begann 1902 seine Laufbahn als Pianist in New Orleans, war danach ständig auf Tournee, gründete 1926 in Chicago seine für den traditionellen Jazz maßgebende Band *Red Hot Peppers,* die mit ungewöhnlichen Arrangements aufwartete. 1938 sprach er seine Lebenserinnerungen auf Schallplatte, veröffentlicht als *The Saga of Mr. Jelly Lord.* Wie Nick La Rocca behauptete auch M., der »Schöpfer des Jazz« zu sein. Das wirkliche Verdienst von M. ist jedoch, den Ragtime mit dem Blues verschmolzen zu haben. Bekannte Kompositionen sind u. a. *Jelly Roll Blues, King Porter Stomp, Frog-I-More-Rag, Wolverine Blues* und *Dr. Jazz.*

Mothers of Invention, amerik. Rock-Gruppe. Als loses Musikerkollektiv von Frank → Zappa 1965 gegründet, entwikkelten die M. O. I. unter Zappas Regie chaotische Synthesen aus Rock und Jazz. Mit virtuosen, satirischen Alben zunächst im kalifornischem Untergrund aktiv, bildeten die M. O. I., darunter zunächst u. a. *Ray Collins*, Gesang, *Jim Carl Black*, Schlagzeug, und *Roy Estrada*, Baßgitarre, den kreativen Hintergrund für die Platten Zappas. Als dieser in den 70ern nach Belieben die Mitglieder auswechselte, verlor die Gruppe den Zusammenhalt. Für Platten wie *Waka Jawaka* (1972), *Over-Nite Sensation* (1973) oder *Roxy & Elsewhere* (1974) waren zahlreiche Musiker als M. O. I. aktiv, darunter *George Duke* und *Don Preston*, beide Keyboards, *Tom Fowler*, Baßgitarre, *Bruce Fowler*, Posaune, *Ian* und *Ruth Underwood*, beide div. Instrumente, *Aynsley Dunbar* und *Chester Thompson*, beide Schlagzeug. Nachdem Zappa Mitte der 70er Jahre die M. O. I. aufgelöst hatte, begannen 1981 ehemalige Mitglieder, darunter Black und Preston, ein wenig beachtetes Comeback als *Grandmothers.* Zu den wichtigsten Platten der M. O. I. zählen v. a. die frühen Zappa-Werke *Freak Out* (1966), *Absolutely Free* (1967), *We're Only in It for the Money* (1968) und *Mothermania* (1969).

Motörhead, brit. Rock-Trio. Mit dem von *Hawkwind* gefeuerten *Ian »Lemmy« Kilminster* (*24.12.1945), Baßgitarre und Gesang, *Phil »Animal« Taylor* (*21.9.1954), Schlagzeug, und *»Fast« Eddie Clarke*, Gitarre, gehörte M. Ende der 70er Jahre zu den ersten Formationen, die traditionellen Hard Rock mit Punk-Rock-Einflüssen anreicherten. Technisch wenig anspruchsvoll, gelang es ihnen, mit extremer Lautstärke und einem unverwechselbar heiseren Anti-Gesang zum gefragten Live-Act zu avancieren. Das martialisch-militante Image, das sich etwa im Tragen schwerer Patronengürtel und LP-Titeln wie *Overkill, Bomber* oder *Iron Fist* äußerte, erwies sich zudem als wirksames Verkaufsvehikel. Kopf der Band, die im Laufe ihres 20jährigen Bestehens eine Vielzahl von Besetzungswechseln zu verzeichnen hatte, ist I. Kilminster. Zu den besten Alben des Trios zählen *Motörhead* (1977), *Overkill* (1979), *Ace of Spades* (1980), *No Sleep 'til Hammersmith* (1981), *Sacrifice* (1995) und *Everything Louder Than Everything Else* (1999).

Mott The Hoople, engl. Rock-Band. Eigentlich wollten sich die Rocker *Verden Allen* (*26.5.1944), Orgel, *Ariel Bender* (eig. Luther Grosvenor, *23.12.1948), Gitarre und Gesang, *Morgan Fisher* (*1.1.1950), Keyboards, *Dale Griffin* (*24.10.1948), Schlagzeug, *Ian Hunter* (*3.6.1946), Gesang und Percussion, *Mick Ralphs* (*31.3.1944), Gitarre und Gesang, *Mick Ronson* (*26.5.1949, †30.4.1993), Gitarre, Keyboards und

Baß, *Mick Balton*, Keyboards, *Peter »Overend« Watts* (*13.5.1947), Gesang und Baß, *Mick »Blue« Weaver* (*11.3.1947), Keyboards, 1972 nach vierjähriger Zeit mäßigen Erfolgs mit den Alben *Mott the Hoople* (1969) und *Mad Shadows* (1970) auflösen. Doch David Bowie wußte es zu verhindern. Er schrieb für die Band den Hit *All the Young Dudes* (1972). Mit *All the Way from Memphis* (1973) und *Roll Away the Stone* (1973) folgten weitere Hitsingles. Doch das ständige Kommen und Gehen von neuen Mitgliedern schadete der Band. Als I. Hunter 1975 zusammenbrach, beschloß M.T.H sich zu trennen. Hunter arbeitete danach erfolgreich mit dem Gitarristen Mick Ronson, auch einem kurzfristigen Bandmitglied, zusammen. Zu den wichtigsten Alben von M.T.H. zählen *All the Young Dudes* (1972), *Mott* (1973) und *Live* (1975).

Mulligan, Gerry (eig. Gerald Joseph M.), *6.4.1927 New York, †18.1.1996 Darien (Connecticut); amerik. Jazzmusiker (Baritonsaxophon, Klarinette), Arrangeur und Bandleader. Er war 1949–50 maßgebender Arrangeur und Saxophonist im »Capitol Orchestra« von Miles Davis und hatte 1952 mit seinem ersten eigenen Quartett, das ohne Klavier besetzt war, einen sensationellen Erfolg. Seither spielte er immer wieder mit dem Trompeter Chet Baker und seit 1953 mit dem Posaunisten Bob Broockmeyer und seit 1968 als Gast in den Gruppen von Dave Brubeck. M., dessen Hauptinstrument das Baritonsaxophon war, galt als überragender, ideenreicher Improvisator.

My Bloody Valentine, brit. Rock-Band. Die aus Dublin stammenden *Kevin Shields*, Gitarre und Gesang, und *Colm O'Ciosoig*, Schlagzeug, siedelten 1984, nach der Gründung von M.B.V., mit ihrem Sänger *David Convay* nach Berlin um. Beeinflußt von dort lebenden Bands wie der *Birthday Party* um Sänger Nick →Cave veröffentlichten M.B.V. zunächst Songs bei kleinen Plattenfirmen. Nach dem Umzug nach London stieß die Bassistin *Deborah Googe* dazu. Erst als Convays Platz von Shields und der Sängerin *Bilinda Butcher* eingenommen wurde und M.B.V. einen Vertrag mit der Firma *Creation* abschloß, erhielt die Musik eigenes Profil. Die LP *Isn't Anything* (1988) erwies sich mit ihren verfremdeten Gitarrentönen, dem HipHop verwandten Rhythmen und bewußt diffus aufgenommenen Pop-Melodien als Sensation. Noch radikaler brachen M.B.V. auf dem 3 Jahre später folgenden Album *Loveless* mit jedem gängigen Rock-Verständnis. Gitarrenstimmen, Gesang und Rhythmus verschwimmen darauf zu einem tosenden Klangstrom von hypnotischer Sogkraft. Mit dieser bisher letzten Arbeit und deren extrem lauten Umsetzung auf der Bühne prägten M.B.V. den Sound zahlloser brit. und amerik. Gruppen der frühen 90er Jahre. Weitere LPs der Band sind *This Is Your Bloody Valentine* (1984) und *Strawberry Wine* (1987).

N

Nannini, Gianna, *14.6.1956 Siena, it. Rock-Sängerin. Die Tochter eines Konditors begann ihre musikalische Karriere mit dem Album *Gianna Nannini* (1976) als Folk-Sängerin. Doch eine Reise durch die Vereinigten Staaten begeisterte sie für Rockmusik, die fortan ihren musikalischen Stil bestimmen sollte. Auch sonst paßte N. nicht mehr in das Bild einer sanften Folkmusikerin. Das Cover des Albums *California* (1979) zierte die Freiheitsstatue mit einem Massagestab in der Hand. Mit *Latin Lover* (1982) konnte sich die Rockerin 3 Jahre später international durchsetzen. Bes. in der Bundesrepublik hinterließ ihr Auftritt beim *Rockpalast* 1982 einen nachhaltigen Eindruck und sicherte ihr eine treue Fangemeinde. N. widmete sich in ihrer Heimat neben der Musik auch anderen Künsten. Sie schrieb einen Roman und spielte in einer Shakespeare-Inszenierung mit. Eine philosophische Dissertation, die die Musikerin 1993 erfolgreich abschloß, führte zu längeren Pausen zwischen ihren Musik-Produktionen. 1995 meldete sich N. mit einer Tournee durch Europa erfolgreich zurück. Bei Kindern war sie mit dem Soundtrack zu dem Trickfilm *Momo* erfolgreich. Zu ihren bedeutenderen Alben zählen weiterhin *Dispetto* (1985), *Malafemmina* (1988), *Scandalo* (1990), *Dispetto* (1995) und *Cuore* (1998).

Naura, Michael, *19.8.1934 Memel; dt. Jazzmusiker (Klavier) und Bandleader. Er gründete 1953 ein Quintett und tritt seitdem ständig mit dem Vibraphonisten Wolfgang Schlüter auf. Im Genre »Lyrik und Jazz« arbeitet er regelmäßig mit dem Schriftsteller Peter Rühmkorf zusammen und war außerdem Jazzredakteur beim NDR Hamburg. Als Pianist kam N. vom Swing, spielte mit seiner Gruppe in den 50er Jahren Bebop und Cool Jazz und verarbeitet diese Stile heute in einem harmonisch erweiterten New Jazz. Nachdem N. nach 40 Jahren als Jazz-Redakteur und Leiter der Jazz-Redaktion im NDR in den Ruhestand getreten ist, widmet er sich jetzt wieder verstärkt dem Klavierspiel. 1999 veröffentlichte er das Album *Call.*

Navarro, Fats (eig. Theodore), *14.9.1923 Key West (Florida), †7.7.1950 New York; amerik. Jazzmusiker (Trompete, Klavier, Tenorsaxophon). Seit 1943 spielte N. in bedeutenden Bands, u.a. mit Andy Kirk, Billy Eckstine, Lionel Hampton und Coleman Hawkins. Drogenmißbrauch führte 1949 zu einem raschen gesundheitlichen Verfall; vor seinem Tod machte er noch Aufnahmen mit Charlie Parker. N. ist neben Dizy Gillespie der maßgebende Trompeter des Bebop. Seine Attacken waren zupackend, sein Timing zeugte von überragendem Gestaltungsvermögen. Kennzeichnend war eine oft düstere Tonbildung. N. beeinflußte bedeutende Trompeter wie Clifford Brown und Lee Morgan.

Nazareth, brit. Rock-Band. Die Schotten *Pete Agnew* (*14.9.1946), Baßgitarre, *Manuel Charlton* (*25.7.1941) Gitarre, *Zal Cleminson* (*4.5.1949), Gitarre, *Dan McCafferty* (*14.10.1946), Gesang, *Billy Rankin* (*25.4.1959), Gitarre, und *Darrell Sweet* (*16.5.1947, †30.4.1999), Schlagzeug, die Anfang der 60er Jahre noch unter dem Namen *Shadettes* agierten, boten soliden und konventionellen Hardrock. 1969 änderten sie ihren Namen in N., inspiriert durch den Song *The Weight* von *The Band*, und nahmen die wenig erfolgreichen Alben *Nazareth* (1971) und *Exercises* (1972) auf. Der Durchbruch gelang 1973 mit dem Album *Razamanaz*, das der Band große Popularität in Europa einbrachte. Schnörkellose Heavy Metal-Songs waren das Markenzeichen von N. Doch ihren größten Erfolg bescherte ihnen die Ballade *Love Hurts* (1975), einem Song der *Everly Brothers.* Die 80er Jahre bedeuteten für die Band den Niedergang. D. McCafferty versuchte sich erfolglos als Solist. Dem Grunge- und Hardcore-Zeitalter konnten die Schotten nichts entgegenhalten. Das Album *No Jive* (1992) sorgte kaum noch für Aufsehen. Zu den übrigen Produktionen von N. gehören *Loud 'n' Proud* (1973), *Hair of the Dog* (1975), *The Fool Circle* (1981), *No Jive* (1992), *Move Me* (1994) und *Boogaloo* (1998). In den späten 90er Jahren, nahm das Publikumsinteresse an N. wieder zu. Sänger J. McCafferty gelang es, die alte Besetzung von N. fast komplett wieder zusammenzuholen. Ausgedehnte Tourneen durch die ganze Welt erhalten die Band noch am Leben. Chartserfolge sind allerdings nicht mehr in Aussicht.

N'Dour, Youssou, *1.10.1959 Dakar; senegalesischer Sänger und Produzent. Als Sohn einer Griotte (traditionelle Sängerin) des Tukuleur-Volkes lernte N. zunächst Tauf- und Hochzeitslieder kennen und fiel als Jugendlicher durch seine außerordentlich helle Stimme auf, was ihn zur *Star Band de Dakar* brachte. Mit Mitgliedern dieser Band gründete er 1979 seine eigene Formation *Étoile de Dakar*, später *Super Étoile de Dakar*, die den Mbalax populär machte. 1981 trat er erstmals in Paris auf, arbeitete ab Mitte der 1980er mit europäischen Größen der Popmusik wie →Peter Gabriel und →Sting. Wichtige Einspielungen dieser Phase sind *Immigrés* (1988) und *The Lion* (1990). Den Durchbruch in der internationalen Popmusik brachte das Album *Wommat – The Guide* (1994). N. war einer der ersten afrikanischen Musiker, die ihre Musik in der Heimat in einem eigenen Studio produzierten, um den eurozentrischen Charakter der Weltmusik zu umgehen, und machte sich so im Senegal einen Namen als Förderer junger Musiker. Heute veröffentlicht N. in Dakar regelmäßig Mbalax-Aufnahmen, für Europa produziert er Platten mit internationalem Pop-Charakter (*Joko*, 1999 und *Nothing's In Vain*, 2002).

Nelson, Oliver (Edward), *4.6.1932 St. Louis (Missouri), †27.10.1975 Los Angeles; amerik. Jazzmusiker (Saxophon, Flöte), Bandleader und Arrangeur. N. trat seit 1950 auf, spielte zuerst bei Louis Jordan und studierte daneben seit 1954 Musiktheorie. Als Saxophonist zeigte er deutliche Einflüsse von Johnny Hodges und Ben Webster; als Arrangeur für Big Bands war er eigenständiger und zeichnete sich bes. durch die harmonisch-originelle Bearbeitung von Standardstükken wie z. B. *Down by the riverside* aus. 1970 übernahm er die musikalische Leitung für die Aufnahmen der LP *Louis Annstrong and his friends;* bes. gelungen ist hier die Version von *We shall overcome.*

Nelson, Willie, *30.4.1933 Abbott (Texas); amerik. Country-Sänger und Gitarrist. N. gilt neben Waylon →Jennings als Protagonist sog. Country-Outlaws, die Anfang der 70er Jahre gegen das Establishment des Genres aufbegehrten. Warmherzige, oftmals autobiographische Balladen und sein gefühlvoller Gesang machten N. überdies zu einem der berühmtesten Country-Interpreten überhaupt. In den 60er Jahren als Solist zunächst wenig beachtet, schrieb N. eine Reihe von Hits für andere Künstler, darunter Patsy Cline, Faron Young und Ray Price. Beeinflußt von der Hippie-Bewegung, begann sich N. zu Beginn der 70er Jahre von der Countryszene abzugrenzen. Erst das Album *Stardust* (1978) etablierte N. selbst als Superstar, der anschließend in Filmen wie *The Electric Horseman* (1979) und *Honeysuckle Rose* (1980) mitwirkte und seinen größten Hit mit dem Song *Always on My Mind* (1982) hatte. Arbeiten mit Jennings (*Waylon and Willie*, 1978), J. Iglesias (*To All the Girls I've Loved Before*, 1984) sowie das Projekt *Highwayman* (1985, mit Kris Kristofferson, Johnny Cash und Waylon Jennings) folgten. Zahlreiche Veröffentlichungen in den 90er Jahren, unter denen die Alben *Across the Borderline* (1993) und *Moonlight Becomes You* (1994) herausragten, reflektierten sowohl unveränderte Kreativität wie auch die finanziellen Nöte des leichtfertig in Schulden geratenen Sängers. Eine knappe Auswahl aus Nelsons mehr als

120 Platten umfassendem Werk bilden die Alben *Country Willie* (1965), *Shotgun Willie* (1973), *Red Headed Stranger* (1975), *Without a Song* (1983), *The Promiseland* (1986), *Spirit* (1996), *Night & Day* (1999), *Joy* (2001) und *The Great Devide* (2002).

Nena (eig. Gabriele Kerner), *24.3.1960 Hagen (Westfalen); dt. Pop-Sängerin. N. war der unumstrittene weibliche Star der Neuen Deutschen Welle. Ihre Alben *Nena* (1982) und? *(Fragezeichen)* (1984) eroberten den deutschen Markt, ihr erster Song *Nur geträumt* erreichte 1982 die Spitze der deutschen Hitparaden. Der Nachfolger *99 Luftballons* gelangte 1983 sogar auf Platz 2 der US-Charts und war Nummer 1 in Großbritannien, was bis dahin noch keiner deutschen Band gelungen war. Der Erfolg der naiven und fröhlichen Songs hielt auch noch in den folgenden Jahren an. Doch 1986 war die Zeit des Deutsch-Pop vorläufig beendet. Nena trennte sich von ihren Begleitmusikern und startete eine Solokarriere. Sie spielte in einigen Kinofilmen mit und hatte eine eigene Fernseh-Show. Durch die Geburt ihrer Zwillinge entdeckte die Sängerin Kindermusik für sich und nahm 1990 mit *Komm lieber Mai und mache* eine Platte mit alten Kinderliedern auf. 5 Jahre später erschien das Album *Nena live*, auf dem die Sängerin erneut ihre größten Hits präsentierte. Zu ihren übrigen Produktionen zählen noch *Wunder gescheh'n* (1989), *Unser Apfelhaus* (1995), *Jamma nich* (1997), *Wenn alles richtig ist, dann stimmt was nich* (1997) und *Chokmah* (2001).

Neville Brothers, The, amerik. Quartett, das die Wurzeln der schwarzen Musik New Orleans', Jazz, Soul und Blues zu einer lebendigen Mischung von virtuoser Spielfreude vereint. *Arthur* (*17.12. 1938), Gesang und Keyboards, *Charles* (*28.12.1939), Gesang und Saxophon, *Aaron* (*24.1.1941), Gesang, und *Cyrill* N. (*10.1. 1949), Gesang, spielten in den 70er Jahren für den aus New Orleans stammenden Komponisten und Produzenten Alan Toussaint, der auch für Aaron N.s Hit *Tell It Like It Is* (1966) verantwortlich zeichnete. Als Mitglieder der *Meters* veröffentlichten sie bis 1977 eine Reihe von LPs, bevor sie ihren vierstimmigen Gesang unter dem Namen N. B. perfektionierten. Ab 1978 erschienene LPs machten sie zum Geheimtip für Anhänger urwüchsiger, in den Sümpfen der Südstaaten wurzelnder Folklore-Klänge. *Fiyo from the Bayou* (1981) und *Neville-Ization* (1984) gingen – parallell zum wachsenden Ruhm – dem Album *Yellow Moon* (1989) voraus, das auch dank der atmosphärischen Produktion von Daniel Lanois zum Welt-Hit wurde. Aaron N. arbeitete auch als Solist sowie mit der Sängerin Linda → Ronstadt und erwies sich als brillantester Vokalist der Gruppe. 1994 nahmen die N. B. am zweiten Woodstock-Festival teil. Weitere Alben sind *Live at Tipitina's New Orleans* (1985), *Brother's Keeper* (1990), *Family Groove* (1992), *Live On Planet Earth* (1993), *All My Relations* (1996), *Tell It Like It Is* (1998) und *Valence Street* (1999).

New Order, engl. Pop-Band, hervorgegangen aus der New Wave-Band → *Joy Division*. Die nach dem Tod von Sänger Ian Curtis verbliebenen Mitglieder *Bernard Sumner* (eig. B. Dicken, *4.1.1956), Gitarre und Gesang, *Peter Hook* (*13.2.1956), Baßgitarre, *Stephen Morris* (*28.10.1957), Schlagzeug, dazu *Gillian Gilbert* (*27.1. 1961), Keyboards, vollzogen als N. O. ab 1981 einen allmählichen Stilwandel von düsteren, schroffen Klängen hin zu Pop, Disco und Rave. Mit markanten Baßlinien, elektronischen Rhythmen und Sumners fragiler Stimme gelang der Gruppe bereits 1983 mit *Blue Monday* der kommerzielle Durchbruch und die bis dahin in Großbritannien erfolgreichste Maxi-Single aller Zeiten. Auf Alben wie *Brotherhood* (1986) oder *Technique* (1989) verfeinerte die Band ihre Studioarbeit, dabei stets flexibel auf die Trends tanzbarer Musik reagierend. *True Faith* (1987) und *World in Motion* (1990), eine Aufnahme mit der engl. Fußballnationalmannschaft, waren vielbeachtete Singles. Überdies rief Hook 1987 die Band *Revenge* ins Leben, während Summer mit Johnny Marr (*The Smiths*) das Projekt *Electronic* gründete. 2001 kam es zu einer Reunion von N.O mit *Marion*-Gitarrist Phil Cunningham. Zu den wichtigen Platten von N.O. zählen des weiteren *Movement* (1981), *Power, Corruption and Lies* (1983), *Low Life* (1985), *Substance* (1987), *Republic* (1993), *Twisted Tenderness* (1999), *Get Ready* (2001) und *Waiting For The Sirene's Call* (2005).

New York Dolls, amerik. Rock-Gruppe, bestehend aus *Johnny Thunders* (eig. John Anthony Genzale, *15.7. 1952, †23.4.1991), Gitarre, *David Johansen* (*9.1.1954), Mundharmonika und Gesang, *Sylvian Sylvian* (*14.2. 1954), Piano, *Billy Murcia*, Schlagzeug, und *Arthur Kane*, Baßgitarre. Imagefragen besaßen bei den N.Y.D. von Beginn an einen größeren Stellenwert als musikal. Originalität. Geschminkt und verkleidet als Transvestiten, galten die N.Y.D. zu Beginn der 70er Jahre als Vorreiter der US-Variante des Glam Rock. Die Band kokettierte mit ihrem exzessiven Drogenkonsum und dem Status gesellschaftlicher Außenseiter. Das musikal. Werk der N.Y.D., die es auf 2 offizielle Studioalben brachten, erschöpfte sich in einfachen Rock 'n' Roll-Riffs und bemüht provokanten Songtexten. 2004 kam es zu einer wenig beachteten Reunion von der N.Y.D. Die genannten Alben sind *New York Dolls* (1973) und *Too Much too Soon* (1974).

Newman, Randy, *28.11.1943 Los Angeles; amerik. Sänger und Pianist. N. besang mit Wortwitz und Ironie die Widersprüche und Probleme der amerik. Mittelstands-Gesellschaft. In seinen mit rauher Stimme vorgetragenen Songs standen politische Themen neben spöttischen Analysen zu Show- und Rockbusiness. 1968 erschien mit *Randy Newman* die erste von mehreren wenig beachteten LPs. Seine Arbeiten für andere Künstler, darunter Ringo Starr, Ray Charles oder Judy Collins, fanden weitaus mehr Anklang, so v.a. der Song *Mama Told Me Not to Come*, 1970 von *Three Dog Night* zu einem Single-Hit adaptiert. Mit der Satire *Short People*, auf der brillanten LP *Little Criminals* zu finden, gelang N. 1977 überraschend selbst eine Chart-Plazierung. In den 80er Jahren wurde es, bedingt durch gesundheitliche Probleme, ruhiger um den sensiblen Künstler. 1995 beendete N. mit *Randy Newman's Faust*, einem mit Musikern wie Elton John oder James Taylor aufgenommenen Musical, eine längere kreative Pause. Zu seinen wichtigsten Werken zählen außerdem *12 Songs* (1970), *Sail Away* (1972), *Good Old Boys* (1974), *Trouble in Paradise* (1983), *Land of Dreams* (1988) und *Bad Love* (2000). Mit der Jahrtausendwende wurden seine Songs zunehmend Vorlage für Jazzmusiker.

Nice, The, engl. Rock-Band. Ursprünglich als Begleitgruppe der schwarzen Sängerin P.P. Arnold konzipiert, veröffentlichten N. in der Besetzung *Keith Emerson* (*2.11.1944), Keyboards, *Lee Jackson* (*8.1.1943), Baßgitarre, *Brian Davison* (*25.5.1944), Schlagzeug, sowie für kurze Zeit *David O'List* (*13.12. 1948), Gitarre, ab 1967 v.a. Klassik-Adaptationen, aber auch eigene Werke sowie Songs von Bob Dylan, Tim Hardin u. Hank Williams. Dominiert von Emersons ebenso virtuosem wie egozentrischem Tastenspiel, verloren sich die

Ambitionen, musikalische Symbiosen aus Rock sowie klassischen und spätromantischen Werken von Bach, Sibelius oder Tschaikowsky zu formulieren, meist in einem pathetischen Rock-Eklektizismus. Mit Alben wie *Ars Longa Vita Brevis* (1968) oder *Five Bridges* (1970) wurden klassische Themen oft zu Klischees trivialisiert. Nach einem Auftritt mit dem Londoner Royal Philharmonic Orchestra 1970 trennte sich die Band. Emerson gründete im Anschluß das sehr erfolgreiche, ähnlich orientierte Trio → *Emerson, Lake & Palmer.* Weitere Platten sind *The Thoughts of Emerlist Davjack* (1967) und *Elegy* (1971).

Nichols, Red (Ernest Loring), *8.5.1905 Ogden (Utah), †28.6.1965 Las Vegas (Nevada); amerik. Jazzmusiker (Kornett, Trompete, Bandleader). Er ging 1923 nach New York, spielte in verschiedenen Bands, u.a. 1927 im Orchester Paul Whiteman. 1926 stellte er für Schallplattenaufnahmen die aus einer stets wechselnden Besetzung bestehende Band »Red Nichols and His Five Pennies« zusammen, der zeitweise u.a. Benny Goodman, Jimmy Dorsey, Joe Venuti, Gene Krupa und Glenn Miller angehörten. Während der 30er Jahre leitete N. Orchester mit oft kommerziellem Charakter, kehrte seit Ende der 30er Jahre wieder zur kleinen Besetzung und zum Dixieland-Jazz zurück. Der Spielfilm *The Five Pennies* verhalf ihm nochmals zum Erfolg.

Nine Inch Nails, amerikan. Rock-Band, gegr. 1988 in Cleveland, Ohio. Von den Errungenschaften von *The Cure* und *Depeche Mode* ausgehend, generierten N.I.N. einen massenwirksamen Highspeed Industrial-Rock. Kreativer Kopf der Band war Michael Trent Reznor (*17.5.1965 Mercer, Pennsylvania). Mit Musikern von *Tackhead* produzierte er 1990 das N.I.N.-Debüt *Pretty Hate Machine*, dessen Electro-Noise ihn sofort in die Charts katapultierte. Ein Streit mit seiner Plattenfirma verhinderte zunächst weitere Veröffentlichungen, weshalb Reznor mit den *Revolting Cocks, Pigface* und Marilyn Manson arbeitete. Das zweite Album *The Downward Spiral* (1994) verriet den Einfluß David Bowies. Reznor produzierte den Soundtrack zu Oliver Stones *Natural Born Killers* und beteiligte sich an der Musik zu David Lynchs *Lost Highway.* Auf dem dritten Album *The Fragile* (1999) gastierte David Bowie. Sechs weitere Jahre mußten vergehen, bis N.I.N. *With Teeth* nachlegten.

Nirvana, amerik. Rock-Trio. *Kurt Cobain* (*20.2.1967, †9.4.1994), Gitarre und Gesang, *Chris Novoselic* (*16.5. 1965), Baßgitarre, und *Chad Channing*, Schlagzeug, ersetzt durch *Dave Grohl* (*14.1.1969), fanden sich 1988 in Aberdeen (Washington) zusammen. Auf dem innovativem Pop-Label Sub veröffentlichten N. 1989 ihr Debüt *Bleach.* Sie gehörten zu den Mitbegründern des Grunge, einer von Bands wie *Black Sabbath*, den *Stooges* ebenso wie z.B. von *Hüsker Dü* beeinflußten Mixtur aus Metal, Punk und Pop. 1991, inzwischen bei Geffen Records und mit Grohl am Schlagzeug, schafften N. mit *Nevermind* den weltweiten Durchbruch, ihre Single *Smells Like Teen Spirit* traf auf spektakuläre Weise den Nerv der Zeit. Der daraus resultierende Erfolgsdruck wurde zum stetig wachsenden Problem, insbes. für Cobain, der zudem unter schweren Magenproblemen und seiner Drogensucht litt. Skandalmeldungen über Cobain bestimmten in der Folgezeit die Schlagzeilen. Auf *In Utero* (1993) gingen N., unter bewußtem Ignorieren des öffentlichen Anspruchs, weniger kommerziell zu Werke. Anfang 1994 spitzte sich die Situation zu, einem Zusammenbruch in Rom folgte Cobains Selbstmord. Der posthum veröffentlichte Mitschnitt von MTVs *Unplugged in New York* geriet zu einem weiteren weltweiten Chart-Erfolg von N.

Noone, Jimmy, *23.4.1895 bei New Orleans (Louisiana), † 19.4.1944 Los Angeles; amerik. Jazzmusiker (Klarinette). N. hatte schon früh (zusammen mit Buddy Petit) ein eigenes Orchester, spielte dann seit 1918 u. a. mit King Oliver und Freddie Keppard in Chicago und trat dort seit 1926 mit einer eigenen Band im »Apex Club« auf 1940 ging er zu Kid Ory nach Los Angeles. N. zählt zu den einflußreichen New-Orleans-Klarinettisten, hatte einen schönen und weichen Ton und beeinflußte Swingklarinettisten wie Benny Goodman und Jimmy Dorsey. Berühmt ist sein aus der 2. Hälfte der 20er Jahre stammender *Apex Blues.*

Norvo, Red (eig. Kenneth Norville), *31.3.1908 Beardstown (Illinois), † 6.4.1999 Santa Monica (Kalifornien); amerik. Jazzmusiker (Xylophon, Vibraphon) und Bandleader. Er leitete 1925 in Chicago eine Marimba-Band, beteiligte sich dann an musikalischen Unternehmungen mit mehr kommerziellem Charakter und trat Anfang der 30er Jahre u. a. mit Paul Whiteman und seit 1934 in New York mit seiner Frau, der Sängerin Mildred Bailey, auf. 1943 hatte N. eine All Star Band, spielte 1945 bei Benny Goodman und 1946 bei Woody Herman und ließ sich 1947 in Hollywood nieder. Von den seither gegründeten Gruppen wurde bes. sein 1950 mit Tal Farlow und Charlie Mingus zusammengestelltes Trio bekannt. Seit den 60er Jahren trat N. lediglich mit Frank Sinatra in Las Vegas auf. Gelegentlich arbeitete er noch mit Goodman zusammen.

Numan, Gary (eig. G. Anthony James Webb), *8.3. 1958, London, brit. Tasteninstrumentalist (insbes. Synthesizer), Gitarrist und Sänger. Als *Tubeway Army* (mit seinem Onkel Jess Lidyard, Schlagzeug, und Paul Gardiner, Baßgitarre) gelang ihm 1979 mit *Are Friends Electric?* der Durchbruch in Europa. Für Kritiker ein uninspirierter David Bowie-Imitator, für Fans, die »Numanoids«, Vorreiter des Synthicpop, verdichtete N. seine Vorlieben für → *Kraftwerk*, → *Ultravox* und Brian → Eno zu einem charttauglichen Mix, ohne über die Authentizität der Vorbilder zu verfügen. N. zeichnete verantwortlich für Text, Musik und Produktion und sang sich bleichen Teints durch eine unterkühlte, von Robotern, Aliens und Maschinen bevölkerte Scheinwelt. Mit *Cars* (vom zweiten Album *The Pleasure Principle*) gelang ihm, fortan unter seinem Pseudonym Gary Numan, 1980 auch in den USA ein veritabler Hit. In den Folgejahren arbeitete er u. a. mit Roger Taylor (*Queen*) und Robert → Palmer zusammen. Obwohl er ab Mitte der 80er Jahre keine Singlehits mehr verzeichnen konnte, sicherten ihm seine loyalen Fans weiterhin profitable Plattenverkäufe und ausreichend Zuspruch bei Liveshows. Zu seinen wichtigen LPs gehören *Replicas* (1979, mit *Tubeway Army*), *The Pleasure Principle* (1979), *Telekon* (1980), *I Assasin* (1982), *Warriors* (1983), *Berserker* (1984), *The Skin Mechanik* (1989), *Sacrifice* (1995), *Exile* (1997) und *Pure* (2000).

O

Oasis, engl. Rock-Band, gegr. 1991 in Manchester. Die Brüder *Noel Gallagher* (*29.5.1967), Gitarre, und *Liam Gallagher* (*21.9.1972), Gesang, inszenierten mit O. einen verbissenen Wettkampf mit ihren Britpop-Konkurrenten *Blur*, aus dem sie als Sieger hervorgingen. Die mannigfachen Skandale um die Band können jedoch nicht darüber hinwegtäuschen, dass die Gallaghers fantastische Songwriter sind. Mit *Paul »Bonehead« Arthurs*, Gitarre, *Paul »Guigs« McGuigan*, Baßgitarre, und *Tony McCarroll*, Schlagzeug, positionierten sie sich eindrucksvoll zwischen den *Beatles* und den *Kinks*. Bereits mit ihrer ersten Single *Supersonic* (1994) landeten sie einen Riesenhit. Mit ihren Alben *Definitely Maybe* (1994), *(What's The Story) Morning Glory?* (1995), *Be Here Now* (1997), *The Masterplan* (1998), *Standing On The Shoulder Of Giants* (2000), *Familiar To Millions* (2000), *Heathen Chemistry* (2002) und *Don't Believe The Truth* (2005) veröffentlichten sie in ungebrochener Reihe Meistwerwerke, die trotz häufiger Besetzungswechsel stets die Handschrift der Gallaghers erkennen ließen.

O'Connor, Sinéad, *12.12.1966 Dublin; irische Pop-Sängerin. Neben ihrem Gesangsstil, bei dem sie scheinbar mühelos Stimmungswechsel zwischen Aggressivität und Empfindsamkeit bewältigte, machte O'C. Ende der 80er Jahre v. a. durch ihren mutigen wie medienwirksamen Nonkonformismus von sich reden. 1988 mit dem Single-Hit *Mandinka* erstmals in England aufgefallen, kam O. durch ihre sehr emotionale Version von *Nothing Compares 2 U* (1990), einer Ballade von Prince, zu einem Welterfolg, der sie als kommende Starsängerin der 90er Jahre anzukündigen schien. Doch bereits mit dem Nachfolgealbum 1992 verweigerte O. sich den Erwartungen ihres Millionenpublikums, als sie mit einer Big Band u. a. alte Swing-Standards und Evergreens wie Andrew Lloyd-Webbers *Don't Cry for Me Argentina* einspielte. Auch in der Folgezeit blieb O'C. in erster Linie durch provokative Äußerungen und bes. in den USA sehr kontrovers diskutierte politische Aktionen im Gespräch. Die bisherigen Platten von O'C. sind *The Lion and the Cobra* (1988), *I Do Not Want What I Haven't Got* (1990), *Am I Not Your Girl?* (1992), *Universal Mother* (1994) und *Faith And Courage* (2000).

Oldfield, Mike (eig. Michael O.) *15.5.1953 Reading; engl. Pop-Multiinstrumentalist. In seine vorwiegend meditativ geprägte Instrumentalmusik verwob O. neben Elementen aus Folklore und Klassik v. a. seine harmonischen Gitarrensoli. 1973 wurde O. mit der LP *Tubular Bells* über Nacht berühmt. Das größtenteils allein eingespielte Album, das z. T. in dem Kino-Erfolg *Der Exorzist* als Soundtrack verwandt wurde, verkaufte sich weltweit über 15 Mio. mal und wurde zu einem der erfolgreichsten Alben der britischen Popmusik. In den folgenden Jahren widmete sich der sensible, zurückgezogen lebende Musiker zumeist aufwendiger Studioarbeit, so auf Alben wie *Ommadawn* (1975), *Platinum* (1979) oder *Five Miles Out* (1982). Zu Beginn der 80er Jahre erreichte O. mit verspielten, oft von Gastsängern interpretierten Popsongs, darunter 1983 *Shadow on the Wall* (Roger Chapman) und *Moonlight Shadow* (Maggie Reilly), in Europa die Hitparaden, während er in den USA kaum beachtet wurde. In den 90er Jahren schien sein kreatives Potential erschöpft; ein Eindruck, den auch eine Bearbeitung seines Debüts 1993 (*Tubular Bells II*) oder das Album *The Songs of Distant Earth* (1994) kaum widerlegten. Weitere wichtige Platten sind *Hergest Ridge* (1974), *QE 2* (1980), *Earth Moving* (1989) und *Amarok* (1990). 1998 setzte O. die musikalische Thematik von *Tubular Bells* weiter fort. Er veröffentlichte *Tubular Bells III* und *The Millenium Bell* (1999). Das Album *Tres Lunas* (2002) zeigte, daß sich O. nach wie vor auf eine treue Anhängerschaft stützen kann – eine musikalische Weiterentwicklung ist aber nicht mehr zu erwarten.

Oldfield, Sally, *1951 Dublin; brit. Sängerin und Keyboarderin. Ursprünglich wollte die Britin Tänzerin werden. 4 Jahre lang studierte sie an der Royal Academy of Dancing, verließ dann aber das Ballett, und wechselte zur Philosophie. Erst an der Universität von Bristol wandte sie sich der Musik zu. Zusammen mit ihrem Bruder →Mike Oldfield gründete sie die Band *Sallyangie*, die nicht sonderlich erfolgreich war und sich bald auflöste. Während ihr Bruder mit *Tubular Bells* 1973 einen Welterfolg landete, wartete Sally mit Plattenaufnahmen. Erst 1978 brachte sie mit *Water Bearer* ihr erstes Album heraus. Inspiriert durch Tolkiens *Herr der Ringe* sang O. mit ihrer hohen und klaren Stimme von Fabelwesen und ihren Abenteuern. Das Album bestach durch seine faszinierenden sphärischen Klänge. 2 Jahre später hatte O. ihren größten Erfolg: *Mandala* von dem Album *Celebration* (1980) wurde bes. in der Bundesrepublik ein Superhit. Danach wurde es still um die Musikerin, die es nie so recht vermochte, aus dem Schatten ihres Bruders herauszutreten. 1994 versuchte sie mit *Three Rings* ein nicht sehr erfolgreiches Comeback. Zu ihren wichtigsten Alben gehören *Celebration* (1980) und *Playing in the Flame* (1981); Alben neueren Datums sind *Secret Songs* (1996) und *Flaming Star* (2001).

Oliver, »King« Joe (eig. Joseph), *11.5. 1885 Saulsburg Plantage bei Abend (Louisiana), †8.4.1938 Savannah (Georgia); amerik. Jazzmusiker (Kornett), Bandleader und Komponist. Er spielte zunächst in verschiedenen Brass Bands in New Orleans und gründete 1915 seine erste eigene Band. 1918 übersiedelte er nach Chicago, wo er 1920 die Band von Lawrence Dewey übernahm und sie in »King Oliver's Creole Jazzband« umbenannte. Diese seine erfolgreichste Band galt als einzigartig in der Kunst der Kollektivimprovisation. 1922 kam Louis Armstrong als zweiter Kornettist in die Band, dessen Duette mit O. in die Jazzgeschichte eingingen. 1925–27 trat O. auch mit den von ihm gegründeten *Dixie Syncopators* auf, zuletzt in New York, und verwirklichte mit ihnen das Ideal bruchlos eingefügter Soli. Nach Auflösung der Band (1928) versuchte er mit verschiedenen anderen Ensembles vergeblich ein Comeback. In den frühen 20er Jahren galt O. als »König des Kornetts«. Er hatte einen sicheren und strahlenden Ton, spielte aber auch schon mit Dämpfern. Bekannte Kompositionen sind u.a. *Camp Meeting Blues, Canal Streets Blues, Chimes Blues* und *West End Blues.*

Orbison, Roy, *23.4.1936 Wink (Texas), †6.12.1988 Hendersonville (Tennessee); amerik. Rock-Sänger. Der Mann, der vorzugsweise mit großer Sonnenbrille und schwarzem Hemd auftrat, paßte nie in das Bild eines Rock 'n' Rollers. O. bewegte sich kaum, wenn er seine bittersüßen Balladen vortrug. Seine Stimme, die mühelos zwei Oktaven bewältigte, war Bühnenpräsenz genug. Mit *Only the Lonely (Know How I Feel)* (1962), *Crying* (1962) und *Oh Pretty Woman* (1964) landete er Anfang der 60er Jahre seine größten Hits. Private Tragödien, wie der Tod seiner Frau und seiner beiden Söhne, nahmen O. Ende der 60er Jahre den Elan und die Kreativität. Seine Songs hatten kaum noch Ausdrucksstärke. Erst 1988, als O. mit Jeff Lynne, Tom Petty, George Harrison und Bob Dylan im Bandprojekt *Traveling Wilburys* zusammenarbeitete, wurde die Welt wieder aufmerksam auf den Sänger mit der Falsett-Stimme. Mit dem von Jeff Lynne produzierten *You've Got It* hatte er 1988 wieder einen großen Hit. Den Erfolg konnte O. wegen seines plötzlichen Todes leider nicht lange auskosten. 1994 wurde sein *I Drove All Night* postum herausgebracht und war international noch einmal ein großer Erfolg. Andere wichtige Alben waren *Crying* (1962), *Regeneration* (1977), *Mystery Girl* (1989) und (posthum) *King of Hearts* (1992).

Orchestral Manoeuvres in the Dark, brit. Pop-Band. Die beiden Liverpooler Soundkünstler *Paul Humphries* (*27.2. 1960), Gesang und Keyboards, und *Andrew McCluskey* (*24.6.1959), Keyboards, hatten schon immer einen Sinn für obskure Bandnamen. Bevor sie 1978 mit *Martin Cooper* (*1.10.1958) Saxophon, Keyboards und Gesang, und *Malcolm Holmes*, Schlagzeug und Percussions, als O. M. D. starteten, spielten sie bei *Hitlerz Underpantz*. Die Band schwamm Anfang der 80er Jahre mit den Alben *Orchestral Manoeuvres in the Dark* (1980) und *Architecture and Morality* (1981) ganz oben auf der Synthie-Pop-Welle. Mit *Enola Gay* (1980) und *Maid of Orleans (The Waltz of Joan of Arc)* (1982) waren sie in den internationalen Hitparaden vertreten. 1983 kam das Album *Dazzle Ships* heraus, das kaum noch für die Tanzfläche geeignet war. A. McCluskey und P. Humphries hatten ihre Songs immer wieder mit Samples von Maschinengeräuschen oder Radiosendungen durchsetzt. Melodien und Harmonien wurden dabei durch Signale unterbrochen. Die Kritik reagierte auf diese Produktion zumeist hilflos und verärgert. 1988 gründete Humphries mit *Listening Pool* seine eigene Gruppe. McCluskey behielt den Bandnamen bei und versuchte, mit den Alben *Sugar Tax* (1991) und *Liberation* (1993) an die alten Erfolge anzuknüpfen, was ihm aber kaum gelang. Zu den wichtigsten Alben von O. M. D. zählen *Junk Culture* (1984), *Crush* (1985) und *In the Dark* (1988). 1996 schaffte McCluskey mit dem eingängigen *Walking On The Milky Way* noch einmal einen Erfolg in den Hitparaden.

Ørsted Pedersen, Nils-Henning, *27.5.1946 Örsted, † 19.4.2005 Kopenhagen; dänischer Jazzmusiker (Kontrabaß). Er begleitete schon in den frühen 60er Jahren amerik. Jazzstars wie Bud Powell, Bill Evans, Dexter Gordon und Sonny Rollins und wurde seither von amerik. und europäischen Musikern der verschiedensten Stilrichtungen als Begleiter bevorzugt. Ö. war ein Virtuose, der das kontrapunktierend fließende Melodiespiel auf dem Kontrabaß vervollkommnet hat. Bes. stark kam das während der 70er Jahre in Duoauftritten mit dem Pianisten Oscar Peterson zum Ausdruck. Die Eigenheiten seines Spiels zeigen sich in den Schallplatteneinspielungen *Windows* (1977, mit George Shearing), *Tivoli Gardens* (1979), *Eternal Travel* (1984), *Double Base* (1994) und *Trio* (1998).

Ory, Kid (Edward), *25.12.1889 La Place (Louisiana), † 23.1.1973 Honolulu (Hawaii); amerik. Jazzmusiker (Posaune) und Bandleader. Er spielte nach 1905 u. a. bei Buddy Bolden, hatte 1911 die erste eigene Band, zu der zeitweise auch King Oliver und Louis Armstrong gehörten. 1925–27 wirkte O. bei dessen »Hot Five« und »Hot Seven« mit und spielte in verschiedenen Bands in Chicago und Los Angeles. 1940 trat er nach längerer Pause wieder auf, hatte in der Folgezeit starke Resonanz in Kalifornien, beteiligte sich 1957 beim Newport-Festival und zog sich in den 60er Jahren allmählich ganz zurück. O. war der klassische Vertreter der Tailgate-Posaune, für die der Glissandostil charakteristisch ist; sein Spiel war robust und etwas schwerfällig. Bekannte Kompositionen sind *Muskrat Ramble* und *Savoy Blues*.

Osibisa, ghanaisch-karibische Band. O. formierte sich 1969 in London um den Saxophonisten *Teddy Osei*, den Schlagzeuger *Sol Amarfio* und den Trompeter

Mac Tontoh, die zuvor langjährige Erfahrung in der Highlife-Szene von Accra gesammelt hatten. Mit ihrer Mischung aus Highlife, Rock und Soul lieferte die Gruppe einen zentralen Beitrag zur Bewußtmachung afrikanischer Klänge in Europa und avancierte zu einem der ersten international erfolgreichen Projekte aus Westafrika. *Osibisa* (1971) und *Woyaya* (1972) sind die wichtigen Alben der Anfangsphase. Die weltweite Popularität von O. ließ in den 1980er Jahren nach, als im Zuge des eher am Pop orientierten Weltmusik-Booms ihre Afrorock-Fusion nicht mehr gefragt war. Ungeachtet dessen treten O. bis heute auf und veröffentlichen gelegentlich Alben (*Aka Kakra*, 2000).

Osmonds, The, amerik. Gesangsensemble, bestehend aus den Brüdern *Alan* (*22.7.1949), *Melvin* (*28.8. 1951), *Merrill* (*30.5.1953), *Jay* (*2.3.1955), *Donny* (*9.12.1957) und *Jimmy Osmonds* (*16.5.1963). Zwischen 1971 und 1978 verkauften die Kinder eines Maklers aus Utah dem autoritären, den Mormonen zugehörigen Imperator dieses lukrativen Familienunternehmens weltweit mehr als 25 Mio. Platten. Eine streng choreographierte Bühnenshow und einheitliches Bühnenoutfit bildeten den optischen Rahmen für Softpopstücke wie *One Bad Apple* oder *Love Me for a Reason* (zwei ihrer größten Hits) und Härteres wie das Pseudo-Hardrockstück *Crazy Horses* (1972). Auch auf Solopfaden waren die Geschwister erfolgreich: Speziell Donny O. und Schwester Marie konnten, einzeln und im Duett, Erfolge feiern; Jimmy machte, vornehmlich in Japan, Karriere als *Jimmy Boy*. Nach zwischenzeitlicher Trennung starteten die O. Mitte der 80er Jahre ein Comeback als Country-Band, Donny gelang 1989 ein Achtungserfolg mit *Soldiers of Love*. Eine neue Osmonds-Generation nahm 1992 den Faden wieder auf: Alans Söhne debütierten auf *Boysterous* als *The Osmond Boys*. Wichtige LPs der O. sind *The Osmonds* (1971), *Crazy Horses* (1972) und *Love Me for a Reason* (1974)

Osterwald, Hazy (eig. Rolf Osterwälder), *18.2.1922 Bern; Schweizer Trompeter und Bandleader. O. studierte am Konservatorium in Bern und spielte seit 1941 im Orchester von T. Stauffer; 1944 gründete er seine erste eigene Band. Berühmt wurde O. in den 50er Jahren mit seinem *Hazy-Osterwald-Sextett*, das effektvolle Showmusik darbot und zahlreiche Tourneen unternahm, u. a. in die UdSSR. Besonderen Erfolg hatte um 1960 der von ihm produzierte *Kriminal-Tango*. O. ist mit seiner musikalischen Show aus aktuellen Hits und Evergreens der 50er und 60er Jahre immer noch ein beliebter Gast in Clubs und auf Hotel-Galas. Auf dem Album *50 Jahre Musik mit Hazy Osterwald* (2000) präsentiert O. einen Überblick über sein musikalisches Repertoire, unter dem Titel *Kriminaltango – Die Geschichte meines Lebens* (1999) erschien seine Autobiogaphie.

O'Sullivan, Gilbert (eig. Raymond Edward O.), *1.12.1946 Waterford; irischer Pop-Sänger und Pianist. Eingängige, mitunter von Kinderchören und Geigen untermalte Balladen und Pop-Songs machten O. zu einem der populärsten Sänger der frühen 70er Jahre. Nach einem ersten Hit mit *Nothing Rhymed* (1970) in Großbritannien gelangen O. mit *Clair* (1972), *Get Down* und *Ooh Baby* (1973) innerhalb kurzer Zeit drei weltweite Single-Erfolge. Doch schon ab Mitte der 70er Jahre verlief die Karriere des Sängers ruhiger. Überdies in Prozesse um Urheberrechte verstrickt, fanden seine Bemühungen, mit kommerziellen, marktorientierten Arbeiten im Gespräch zu bleiben, immer weniger Anklang. Mit dem Titel *What's In A Kiss* schaffte er es 1980 noch einmal in die Top 20 in GB. Zu seinen bekanntesten Platten zählen *Himself* (1971), *Back to Front* (1972), *I'm a Writer Not a Fighter* (1973), *A Stranger in My Own Back Yard* (1974) und *Greatest Hits* (1990).

Otis, Johnny (eig. John Veliotes), *28.12.1921 Vallejo (Kalifornien); Komponist, Produzent, Bandleader, Multiinstrumentalist und Sänger griech. Abstammung. Als einer der wenigen weißhäutigen Musiker beeinflußte O. bes. in den 50er Jahren Jazz und v.a. Rhythm & Blues. Nach Schlagzeug-Engagements u.a. bei Harlan Leonard und seinem Idol Count Basie stellte O. 1945 seine erste Jazz-Band zusammen, mit der er den Hit *Harlem Nocturne* aufnahm. In den nächsten Jahren ließ O., vom Schlagzeug des öfteren ans Vibraphon gewechselt, zumeist andere Vokalisten in den Vordergrund treten. Seine zahlreichen Big Bands wie *The Johnny Otis Rhythm and Blues Caravan* oder *Johnny Otis Congregation* produzierten stetig neue Hits, darunter *Double Crossing Blues* und *Cupid's Boogie (1950)*, *Ma He's Making Eyes at Me* (1957) oder *Willie and the Hand Jive* (1958). Außerdem schrieb O. diverse Charts-Erfolge u.a. für Little Esther, Mel Walker, Etta James, Gladys Knight und »Big Mama« Thornton. Hörenswerte Platten sind *The Johnny Otis Show* (1957), *The New Johnny Otis Show* (1981), *The Complete Savoy Recordings, Gee Baby* (1987), *The Capitol Years* (1989). In den 90er Jahren begann sich das Multitalent mit den Ursprüngen der afroamerikanischen Musik und Kultur auseinanderzusetzen. Er hat inzwischen hunderte von Radiosendungen zu diesem Thema produziert. Heute hält er Kurse an der University of California (Berkeley) zu diesem Themenkreis. O. ist Besitzer einer Ladenkette für gesunde Kost und findet noch die Zeit, mit seiner Musik auf die Bühne zu gehen.

P

Palmer, Robert, *19.1.1949 Batley, †26.9.2003; engl. Pop-Sänger. P. veröffentlichte stilistisch sehr unterschiedliche Platten, deren Stücke bisweilen unvermutet zwischen Pop, Rock, Soul, Reggae, Disco, Jazz, Funk und sogar Calypso hin und her schwenkten. Die Flexibilität garantierte dem stets elegant auftretenden Sänger v.a. in den 80er Jahren ein breites Publikum, konfrontierte ihn allerdings auch des öfteren mit dem Vorwurf der Oberflächlichkeit. Nach dem Rock-Debüt *Sneakin' Sally Through the Alley* (1974) und weiteren, wenig beachteten LPs wie *Pressure Drop* (1975) oder *Some People Can Do What You Like* (1976) gelang P. erst Ende der 70er Jahre mit Songs wie *Johnny and Mary* (1980) oder *Looking for Clues* (1981) der kommerzielle Durchbruch. Zu den größten Single-Hits des Sängers, der 1985 und 1994 für kurze Zeit mit Musikern von → *Duran Duran* und *Chic* in der Band *Power Station* aktiv war, zählen *Addicted to Love* (1986), *She Makes My Day* (1988) und *Mercy Mercy Me/I Want You* (1991). Seine bekanntesten Alben sind u.a. *Double Fun* (1978), *Secrets* (1979), *Clues* (1980), *Pride* (1983), *Riptide* (1985), *Heavy Nova* (1988), *Didn't Explain* (1990), *Ridin' High* (1992), *Honey* (1994) und *Drive* (2003).

Parker, Charlie (Charles) **Christopher,** genannt Bird oder Yardbird, *29.8.1920 Kansas City (Kansas), †12.3.1955 New York; amerik. Jazzmusiker (Altsaxophon) und Komponist. 1937 wurde er Berufsmusiker und spielte in den Big Bands seiner Heimatstadt den vom Blues geprägten Kansas City Jazz. Zu Anfang der 40er Jahre ging er nach New York, wo er sich rasch zum bedeutendsten Vertreter des Bebop entwickelte. P. gilt als einer der kreativsten Musiker des Jazz, dem er richtungweisende Impulse gab. Durch Auflösung und Fragmentierung der im Swing erstarrten Parameter erschloß er neue Ausdrucksmöglichkeiten und setzte dabei den Blues als zentrales Moment des Espressivo wieder ein, freilich nicht mehr in der traditionellen Art. Bei den von ihm komponierten Themen handelt es sich überwiegend um frei erfundene Melodien über dem Harmoniegerüst einer Bluesformel oder eines Swing-Schlagers. Die auf alle Instrumente der Band ausgedehnte Off-Beat-Phrasierung führt zu einer komplexen polyrhythmischen Gestaltung. In der Tongebung verzichtete P. weitgehend auf die traditionellen Mittel der Hot-Intonation, ferner auf komplizierte Arrangements. Seine wichtigsten Schallplattenaufnahmen hat er in Quintettbesetzung eingespielt, u. a. mit Dizzy Gillespie, Miles Davis, Charlie Mingus, Max Roach und Bud Powell.

Parker, Graham, *18.11.1950 London; engl. Rock-Sänger. Seine musikalische Karriere begann P. 1976 mit dem Album *Howlin' Wind*. Dabei stand ihm mit *The Rumour* eine ausgezeichnete Begleitband zur Verfügung. P.s außergewöhnliche Stimme, die Kritiker oft zu Vergleichen mit der Tierwelt animierte, bestimmten die lebendigen Songs mit dem rockigen Groove. Die britische Musikpresse feierte ihn damals als »heiße Bühnenattraktion«. Das Live-Album *The Up Escalator* (1980) liefert dafür einen großartigen Beweis. Obwohl von der Kritik geliebt, blieb P. das große Publikum versagt. An den Erfolg seiner großen Vorbilder Van Morrison, Bruce Springsteen und Bob Dylan konnte der Musiker nie heranreichen. Dabei versuchte er immer wieder, hitorientierte Alben herauszubringen, doch auch *Another Grey Day*, das der Sänger 1982 mit New Yorker Studiomusikern einspielte, konnte diesen Anspruch nicht erfüllen. P. blieb damit seinem Image als ewiger Geheimtip treu. Zu P.s Produktionen zählen u. a. *Parkerilla* (1978), *The Mona Lisa's Sister* (1993), *12 Haunted Episodes* (1995), *Acid Bubblegum* (1996) und *Songs Of No Consequence* (2005).

Parsons, Alan, *20.12.1948 London; brit. Toningenieur und Musikproduzent. In den späten 60er Jahren arbeitete P. in den Abbey Road Studios der EMI als Toningenieur für so erfolgreiche Platten wie *Abbey Road* von den *Beatles* oder *Pink Floyds The Dark Side of the Moon*. Für letzteres erhielt er 1973 eine Grammy-Nominierung. 1974 wechselte er ins Produzentenfach. Zu seinen Erfolgen zählen *Year of The Cat* (1976) und *Time Passages* (1978) von Al Stewart. Seinen Solo-Durchbruch schaffte er 1976 zusammen mit Eric Woolfson als *The Alan Parsons Project* und dem Album *Tales of Mystery and Imagination*, einer musikal. Adaption div. E. A. Poe-Stories. Sein Hang zu *Pink Floyd*-ähnlichem Bombast und die Liebe zum symbolbeladenen Konzeptalbum bestimmten auch die folgenden erfolgreichen LPs: *I Robot* (1977) beschäftigte sich mit zunehmender Technologisierung, *Pyramid* (1978) thematisierte den aufkommenden Pyramidenkult, *Eve* (1979) porträtierte einen neuen Frauentypus. Zu den raren Singlehits zählen *Eye in the Sky* und *Don't Answer Me*. Auch in den 80er und 90er Jahren veröffentlichte P. weiterhin regelmäßig Platten, ohne überdurchschnittliche Verkaufszahlen verzeichnen zu können, außerdem arbeitete er zusammen mit Woolfson am Wiener Musical *Freudiana* (1993). Neuere Alben von P. sind *Ladyhawke* (1995), *On Air* (1996) und *The Time Machine* (1999).

Parton, Dolly, *19.1.1946 Locust Ridge (Tennessee); amerik. Country-Sängerin. P. ist die weltweit erfolgreichste Interpretin dieses Genres. Ab 1967 für einige

Jahre in der Fernsehsendung des Country-Stars Porter Wagoner engagiert, mit dem sie einige Duett-Erfolge hatte, darunter *Last Thing On My Mind*, *Better Move It On Home* oder *Please Don't Stop Loving Me* (1974), erreichte P. auch solo die Country- und Pop-Charts. Neben *Dumb Blonde*, *Jolene* und *Coat of Many Colours* zählt *I Will Always Love You* (1974) zu ihren größten Single-Hits, der in der Version von Whitney → Houston 1992 noch einmal die Spitze der Hitparaden erreichte. Ab 1977, nach der Trennung von Wagoner und einer Umorientierung hin zu Elementen aus Rock, Pop und Disco, war P. mit Hits wie *Here You Come Again* (1977) oder *9 to 5* (1980), aber auch durch Arbeiten mit anderen Künstlern erfolgreich. Die bekanntesten Songs waren ihre Duette mit Kenny Rogers, darunter der Bee Gees-Song *Island in the Stream* (1983) und *Real Love* (1985) sowie die mit einem Grammy geehrte Produktion *The Trio* an der Seite von Emmylou Harris und Linda Ronstadt (1987). Zu ihren bekanntesten Platten zählen *Hello I' m Dolly* (1967), *Just Because I' m a Woman* (1968), *Coat of Many Colours* (1971), *My Tennessee Mountain Home* (1973), *Eagle When She Flies* (1991), *Slow Dancing With The Moon* (1993) und *Halos & Horns* (2002).

Partridge Family, The, amerik. Fernsehserie um Freud und Leid einer musizierenden Familie. Zwischen 1970 und 1974 gehörte *The Partridge Family* zu den beliebtesten US-Serien. Als Oberhaupt der Familie agierte die Schauspielerin und Sängerin *Shirley Jones*, die bereits in div. Filmmusicals (z. B. *Oklahoma!*) mitgewirkt und einen Oscar für die beste Nebenrolle in *Elmer Gantry* (1969) erhalten hatte. Neben *Danny Bonaduce* und *Susan Dey* bedeutete die Serie v. a. für *David Cassidy* ein Karrieresprungbrett. Als singender Sonnyboy stieg er zu einer der Teenager-Ikonen der 70er Jahre auf. Cassidy, im wirklichen Leben Stiefsohn seiner Filmmutter Shirley, verbuchte u. a. mit *Cherish* (1971), *Rock Me Baby* (1972) und *Daydreamer/The Puppy Song* (1973) Bestseller-Hits. Ebenso fanden die in der Serie dargebotenen Pop-Songs der Familie den Weg in brit., dt. und hauptsächlich amerik. Hitlisten. Zu den größten Hits der P. F. zählen *I Think I Love You* (1970), *Doesn't Somebody Want to Be Wanted* (1971) und *I'll Meet You Halfway* (1971). Nach Cassidys Ausstieg verlor die Serie ihre Zugkraft beim Publikum, kurze Zeit später wurde sie eingestellt.

Pass, Joe (eig. Joseph Anthony Passalaqua), *13.1. 1929 New Jersey, † 23.5.1994 Los Angeles; amerik. Jazz-Gitarrist. Beeinflußt von Bebop-Musikern wie C. Parker und vom Gitarristen D. Reinhardt, spielte P. als Jugendlicher in verschiedenen Bands und entwickelte dabei ein kühles, ausgereiftes Spiel auf der halbakustischen Gitarre, das ihm bereits mit seinem 1962 erschienen Debüt *Sounds of Synanon* die Aufmerksamkeit der Jazzwelt sicherte. Der Titel bezog sich auf den Namen eines Rehabilitations-Zentrums, in dem P. seine Drogenabhängigkeit kuriert hatte. In der Folgezeit spielte P. mit Jazz-Musikern der Westcoast-Richtung wie C. Baker oder L. McCann, aber auch für Stars wie F. Sinatra und D. Ellington. Ab 1970 orientierte sich P. nach Europa, wo er auf zahlreichen Jazz-Festivals zu hören war, so u. a. im Duo mit dem dänischen Bassisten N.-H. Ørsted-Pedersen und regelmäßig mit dem Pianisten O. Peterson und der Sängerin E. Fitzgerald. P. brillierte dabei als sensibel zurückhaltender, aber emanzipierter Begleiter mit einer über technische Schaustücke erhabenen Virtuosität. Zu seinen LPs gehören *For Django* (1964), *Virtuoso No. 2* (1976) und *Speak Love* (1983, mit E. Fitzgerald).

Passport, dt. Jazz-Rock-Band um den Saxophonisten und Komponisten Klaus → Doldinger (*1936). Doldinger, der ab 1955 mit Bands wie den *Feetwarmers, Motherhood* und unter dem Pseudonym Paul Nero sehr erfolgreich gearbeitet hatte, stellte 1971 mit *Olaf Kübler*, Saxophon, *Lothar Meid*, Baßgitarre, *Jimmy Jackson*, Keyboards, und *Udo → Lindenberg*, Schlagzeug, die erste von oft wechselnden P.-Besetzungen zusammen, die sich jeweils durch virtuose Beherrschung der Idiome Jazz und Rock auszeichneten. 1973–77 fand P. mit *Curt Cress*, Schlagzeug, *Kristian Schultze*, Keyboards und *Wolfgang Schmid*, Baßgitarre, zu einer stabilen Konstellation; die Band konzertierte u. a. in Europa, den USA und Brasilien. Auf den LPs *Cross Collateral, Infinity Machine* und *Iguacu* entwickelte P. unter Doldingers Leitung einen kühlen, technisch ausgereiften Jazz-Rock, der mit dem kompletten Austausch der Musiker ab 1977 in Richtung Pop gelenkt wurde. Auftritte mit Gästen wie Buddy Guy (1975) oder Etta James (1980) zeigten P. aber auch als versierte Interpreten von Blues- und Soul-Material. Neben der glatte Fusion-Arrangements und ausgedehnte Improvisationen propagierenden Musik für P. komponierte Doldinger auch für TV- und Kinofilme. Wichtige LPs von P. sind *Ataraxia* (1978), *Man in the Mirror* (1983), *Blues Roots* (1991), *Down To Earth* (1993), *Passport To Paradise* (1996), *Move* (1998), *Passport Control* (1999) und *Passport – Live* (2000).

Pastorius, John Francis, »Jaco« *1.12.1951 Philadelphia, †21.9.1987 Fort Lauderdale; amerik. Jazzrock-Bassist. Durch seine virtuose Beherrschung des Fretless-Bass (elektr. Baßgitarre ohne Bünde) erregte P. als Mitglied der Fusions-Gruppe →*Weather Report* 1976 die Aufmerksamkeit von Kritik und Publikum. Mit federndem, melodiestarkem Spiel löste sich P. von der Rolle des Bassisten als Teil der Rhythmusgruppe und emanzipierte sich als Solist, etwa neben den Gitarristen Pat → Metheny und Bireli Lagrene. P. spielte mit eigenen Bands oder als Solo-Performer (Berliner Jazztage 1979) und verband lyrische Ausdrucksstärke mit instrumentaler Artistik. Mitunter erstarrte seine Virtuosität jedoch zur egozentrischen Pose – wie auf dem Album *Shadows and Light* der Sängerin Joni Mitchell. Schwindendes Interesse der Öffentlichkeit und persönliche Krisen gingen P.s frühem Tod voraus: Er starb an den Folgen einer Schlägerei in einem Nachtclub. Wichtige LPs von P. sind *Jaco* (1976), *Word of Mouth* (1983), *Heavy Weather* (1976, mit *Weather Report*), *8:30* (1980, mit Weather Report) und *Hejira* (1976, mit J. Mitchell).

Patitucci, John, *22.12.1959 in Brooklyn, New York; amerik. Jazzmusiker (Baß, Komposition). P. spielte im Alter von 11 Jahren Rock-Baß. Nach dem Umzug seiner Familie nach Kalifornien spielte er im High-School-Orchester akustischen Baß. Es folgte ein Musikstudium an der California State University in San Francisco und Long Beach. Seit 1982 arbeitete er als Studiomusiker für Stan Getz, David Sanborn, Wayne Shorter u. a. 1985 wurde er Mitglied von Chick Coreas *Electric Band* und *Akoustic Band*. Mit diesen beiden erfolgreichen Ensembles nahm er sieben Alben auf, darunter *The Chick Corea Electric Band* (1986), *Akoustic Band* (1989), *Light Years* (1987). Sein Debütalbum *John Patitucci* mit eigener Band brachte es Ende der 80er Jahre in die Jazzcharts. Fortan produzierte er eigene Platten in verschiedenen Besetzungen, wie *One More Angel* (1997) und *Now* (1998, mit Michael Brecker und John Scofield). 1994 zog P. nach New York und spielte mit Monty Alexander (*Echoes of Jilly's*, 1996), Gary Burton u. v. a. 2002 ging er mit Wayne

Shorters neu formiertem Quartett auf Tour und war an den Aufnahmen zu *Footprints Live!* und *Alegria* beteiligt. Sein 2003 erschienenes Album *Songs, Stories and Spirituals* vereint brasilianische Musik, amerikanischen Gospel und Elemente der klassischen Musik und demonstriert damit eindrucksvoll P.s Einfallsreichtum als Komponist und Arrangeur. P. erweiterte dazu sein Trio um klassisches Instrumentarium (Streichquartett, Flöte, Cello und Gitarre) sowie mit der Sängerin Luciana Souza.

Peacock, Gary, *12.5.1935 Barley, Idaho; amerik. Jazzmusiker (Baß, Komposition). P. lernte zunächst Klavier, bevor er sich dem Kontrabaß zuwandte. Er absolvierte seinen Militärdienst in Deutschland, blieb nach seiner Entlassung zunächst dort und arbeitete als Jazzbassist mit Hans Koller, Attila Zoller u.a. 1958 zog er nach Kalifornien und spielte mit Musikern wie Don Ellis, Terry Gibbs, ging 1962 nach New York, arbeitete mit Bill Evans, Jimmy Guiffre, Roland Kirk und – vor allem – Paul Bley zusammen. Seine stilistische Vielfalt und sein Ideenreichtum machten ihn zu einem begehrten Sideman, sowohl im Bereich des Mainstream als auch in der Avantgarde. 1964 trat er mit Albert Ayler und Don Cherry, zwei Protagonisten des Free Jazz, in Europa auf. 1969 hielt er sich für drei Jahre in Japan auf und zog sich vorübergehend von der Musik zurück. Mitte der 70er Jahre machte er seine ersten Aufnahmen für ECM, denen eine Vielzahl bemerkenswerter Produktionen folgen sollte, u.a. mit Jan Garbarek (*December Poems*, 1977; *Voice From The Past/Paradigm*, 1981). Mit seinem Album *Tales Of Another* (1977) begann die Zusammenarbeit mit Keith Jarrett, in dessen legendärem Trio mit Jack DeJohnette er bis heute spielt und auf zahlreichen Platten wie *Standards Live* (1982), *Standards Vol 1, 2, Changes* (jeweils 1983), *The Cure* (1990), *Inside Out* (2000) zu hören ist. Weitere Alben: *Spiritual Unity* (1964, mit Albert Ayler), *Partners* (1989, mit Paul Bley), *In The Evening Out There* (1991).

Pearl Jam, amerik. Rock-Band in der Besetzung *Eddie Vedder* (eig. Edward Mueller, *23.12.1966), Gesang, *Stone Gossard*, Gitarre, *Jeff Ament*, Baßgitarre, *Jack Irons* (ehemals *Dave Abbruzzese*, davor *Dave Krusen*), Schlagzeug, und *Mike McCready*, Gitarre. 1990 hervorgegangen aus den Bands *Mother Love Bone, Temple of the Dog* und *Green River* (spät. *Mudhoney*), gehören P.J. zu den erfolgreichsten Bands des Seattle-Booms. Vom Grunge um die Dekadenwende nur minimal beeinflußt, prägten P.J. mit zwar traditionellem, jedoch ungestüm und unverbraucht vorgetragenem US-Rock das Schlagwort vom *Alternative Rock*. Die Single *Alive* von ihrem Debüt *Ten* (1991) wurde weltweit zum Überraschungserfolg, ausgedehnte Tourneen fundierten P.J.s Ruf als eine jener US-Bands mit dem größten kreativen Potential, *Vs.* (1993) und *Vitalogy* (1994) bestätigten dies. Mit dem Augenmerk auf die amerik. Songwritertradition als eine ihrer Inspirationsquellen, spielten Vedder (oft mit seinem Image als Antistar kokettierend) und Gossard 1992 bei einer Bob Dylan-Tribute-Veranstaltung, zudem bildeten P.J. die Backing-Band Neil → Youngs auf dessen LP *Mirrorball* (1995). Weitere Albumveröffentlichungen: *No Code* (1996), *Yield* (1998), *Live On Two Legs* (1998) und *Binaural* (2000). Ihrem Ruf als Credibility-Band kamen P.J.auch noch nach, als ihre Songs und Alben Ende der 90er immer belangloser wurden.

Pere Ubu, amerik. Rock-Gruppe. Beeinflußt von → Captain Beefheart und den → *Beach Boys*, benannt nach einer Figur des Surrealisten Alfred Jarry, entstand

P. U. 1975 um den Sänger *David Thomas* und den Gitarristen *Peter Laughner. Tom Herman*, Gitarre, *Tim Wright*, Baßgitarre, *Allen Ravenstine*, Synthesizer, und *R. Scott Krauss*, Schlagzeug, komplettierten die erste einer Reihe wechselnder Besetzungen. Nach den ersten Singles *30 Seconds over Tokyo* und *Final Solution* spielte P. U. bis 1977 nur in ihrer Heimat Cleveland in Ohio. Die Atmosphäre dieser Industriestadt und ihrer Werkhallen spiegelte sich im Klang der 1978 erschienenen LPs *The Modern Dance* und *Dub Housing*. P.U.s Musik verband Rock 'n' Roll und Pop mit atonalen Passagen über maschinenhaftem Takt; bes. Ravensteins Elektronikgeräusche und Thomas' exaltierter Gesang machten P. U. zu einer Band jenseits der Kategorien und zum wichtigen Vorläufer des Punk Rock. 1982 löste sich die Band auf, Thomas nahm Solo-Alben auf, aber 1987 fand sich um den Sänger eine neue Besetzung zusammen. Die Musik dieser Phase war zugänglicher als das Frühwerk, ohne die faszinierend unorthodoxe Aura zu verlieren. Bis ins neue Jahrtausend gab es mehrere weitere Reunions um Thomas, der zugleich auch mit den *Pale Boys* arbeitete. Nennenswerte LPs der Band sind *The Art of Walking* (1980), *Terminal Tower* (1986), *The Tenement Year* (1988), *Ray Gun Suitcase* (1995) und *Apocalypse Now* (2000).

Perry, Lee, *20.3.1936 Kingston; jamaikanischer Reggae-Produzent und Sänger. P., auch bekannt als »Scratch« und »The Upsetter«, gilt neben King Tubby als genialer Erfinder der jamaikanischen Dub-Musik (das ist die durch elektronische Manipulation wie Echo-Effekte, Überblendungen und andere Verfremdungen vorgenommene Bearbeitung von Reggae-Songs am Mischpult). In den 50er Jahren experimentierte P. als Assistent des jamaikanischen Produzenten Coxsone Dodd in dessen Studio One und hatte mit Arbeiten u. a. für *Toots and the Maytals* und *U-Roy* eigenen Erfolg. Großen Einfluß nahm P.s Studio-Kenntnis auf die Karriere von *Bob → Marley and The Wailers*, deren LPs *African Herbsman* und *Soul Rebel* er nach der Trennung von Coxsone 1968 betreute. In seinem Black Ark-Studio produzierte P. alle Stars des Reggae, seine von Western Music und Naturgeräuschen inspirierten Klangideen setzten dabei Maßstäbe. Auf seinem Upsetter-Label veröffentlichte P. auch eigene LPs wie *Blackboard Jungle Dub* (1974) und *Super Ape* (1976). Ab 1980, als sein Studio zerstört wurde, lebte P. in Europa (Schweiz, Holland und London). Junge Dub-Produzenten wie Adrian Sherwood und Mad Professor unterstützten die Legende L. P., die bis ins neue Jahrtausend zu den Aktivposten des progressiven Reggae gehört, bei weiteren Aufnahmen. Zu seinen LPs gehören *Return of Django* (1968), *Rhythm Shower* (1973), *Time Boom X De Devil Dead* (1987), *Satan Kicked the Bucket* (1988), *Black Ark Experryments* (1995), *Dry Acid* (1998) und *Jamaican E. T.* (2002); als Produzent betreute er u. a. *War inna Babylon* (M. Romeo, 1976) und *Police and Thieves* (J. Murvin, 1977).

Pet Shop Boys, engl. Pop-Duo. Im Herbst 1981 gegründet von *Neil Tennant* (*10.7.1954 North Shields), Gesang, und *Christopher Sean Lowe* (*4.10.1959 Blackpool), Keyboards. Mit Witz und Pathos, Melancholie und Glamour produzierten die P. S. B. ab Mitte der 80er Jahre intelligente wie dekadente Popmusik. Unterlegt von Lowes zumeist aufwendig produzierten Rhythmen und Arrangements thematisierte Tennant zumeist Alltägliches und banale Befindlichkeiten. Die erste Chart-Plazierung gelang dem Duo 1985 mit *Westend Girls*. Zu den größten Hits der P. S. B. zählen Eigenkompositionen wie *Opportunities* (1986), *It's a Sin* (1987), *What Have I*

Done to Deserve This (1987), *Heart* (1988), *So Hard* (1990) und *Can You Forgive Her* (1993), aber auch verfremdete Song-Versionen anderer Interpreten, darunter Elvis Presley (*Always on My Mind*, 1987), *U2* (*Where the Streets Have No Name*, 1991) und *Village People* (*Go West*, 1993). Mit den brillanten Alben *Behaviour* (1990) und *Very* (1993) etablierten sich die P.S.B. als eine der herausragenden, einflußreichen Pop-Gruppen der 90er Jahre. 2005 begleiteten sie mit Sinfonieorchester Sergej Eisensteins Stummfilmklassiker *Panzerkreuzer Potemkin*. Weitere wichtige Platten sind *Please* (1986), *Actually* (1987), *Introspective* (1988), *Disco 2* (1994), *Alternative* (1995), *Bilingual* (1996), *Nightlife* (1999) und *Release* (2002).

Peter, Paul & Mary, amerik. Folk-Trio. Mit optimistisch gefärbten Melodien und geschickten Gesangsarrangements machten *Peter Yarrow* (*31.5.1938) und *Noel Paul Stookey* (*30.12. 1937), beide Gitarre und Gesang, sowie *Mary Travers* (*9.11.1937), Gesang, Folkmusik einem großen Publikum zugänglich. 1961 in New York auf Vermittlung des Managers Albert Grossmann zusammengekommen, interpretierte das Trio sowohl Folk-Standards als auch eigenes Material. Durch Hits wie *If I Had a Hammer*, *500 Miles*, *Blowin' in the Wind* oder *Puff the Magic Dragon*, aber auch LPs wie *Peter, Paul & Mary* (1962), *Moving* (1963) oder *Song Will Rise* (1965) zu einer der erfolgreichsten Gruppen der frühen 60er Jahre geworden, nutzten die drei Musiker ihre breite Akzeptanz u.a. zu Engagements in der amerik. Bürgerrechtsbewegung. Mit dem Aufkommen des Folkrocks verlor das Trio jedoch musikalisch an Bedeutung. Nach der Trennung 1970 veröffentlichte Solo-Alben blieben außerhalb der USA weitgehend unbeachtet. 1990 gelang P.P.M. allerdings mit *Flowers and Stones* nach mehreren Versuchen ein passables Comeback. Yarrow tourte Anfang des neuen Jahrtausends mit der Klezmer-Band *Klezmatics*. Weitere wichtige Platten sind *In the Wind* (1963), *Album 1700* (1967), *Collection* (1982).

Peterson, Oscar Emmanuel, *15.8.1925 Montreal; kanadischer Jazzpianist. Er spielte zunächst in Kanada, schloß sich dann 1949 der Tourneeproduktion »Jazz at the Philharmonic« an und gehört seitdem zur US-Szene. Berühmt sind seine Trios der 50er Jahre, u.a. 1951 mit *Ray Brown* (Baß) und *Irving Ashby* (Gitarre). In Combobesetzung mit Schlagzeug wurde P. der ideale Begleiter vieler Jazzmusiker, u.a. von *Ella Fitzgerald*. Seit den 70er Jahren tritt er aber auch als Solist ohne Rhythmusgruppe auf. An Virtuosen wie Art Tatum und Nat »King« Cole orientiert, besitzt P. eine perfekte Technik, was ihm den Ehrentitel »Paganini des Jazzpianos« eintrug. 1993 schien seine Karriere zu Ende, als er einen schweren Schlaganfall erlitt, in dessen Folge er kaum noch Klavier spielen konnte. Mit eisernem Willen und hartem Training gelang es P., entgegen allen ärztlichen Prognosen, die Folgen der Krankheit weitgehend zu überwinden. 1994 produzierte er bereits wieder Klavieraufnahmen und schloß 1995 eine umjubelte Europatournee an. Eine Auswahl seiner Aufnahmen: *Tenderly* (1953), *Live At The Stratford's Shakespeares Festival* (1956), *Night Train* (1962), *We Get Requests* (1964), *Trio Plus One* (1964, mit *Clark Terry*), *If You Could See Me Now – The Oscar Peterson Four* (1983), *The London House Sessions* (1996). P. machte Aufnahmen und konzertierte u.a. mit Ella Fitzgerald, Fred Astaire, Billie Holiday, Count Basie und Dizzy Gillespie. Darüber hinaus schrieb er viele eigene Werke, darunter mehrere Filmmusiken. P. wurde 13mal zum besten Jazzpianisten ernannt vom Jazz-

Magazin *Downbeat*, erhielt 7 Grammys, den Premium Imperiale der Japan Art Association für sein Lebenswerk und zahlreiche Ehrendoktorwürden. Im Jahr 2000 erhielt P. den IMC-Unesco-Musikpreis für sein Engagement für Musik, Frieden, Völkerverständigung und seinen Einsatz für in der US-Bürgerrechtsbewegung für die schwarzen Amerikaner.

Petrowsky, Ernst-Ludwig, *10.12.1933 Güstrow (Mecklenburg); dt. Jazzmusiker (Saxophon, Klarinette, Baßklarinette, Flöte) und Bandleader. Er spielte in den 50er Jahren vor allem Bebop und Hardbop, hatte eigene Gruppen und wirkte in Big Bands mit. In der ehemaligen DDR aufgewachsen prägte P. seit Mitte der fünfziger Jahre wesentlich die Entwicklung des Jazz in der DDR, trotz aller Behinderungen von seiten des Staatsapparates. Sein Auftritt Ende der 60er Jahre beim Montreux-Festival erregte großes Aufsehen. In den 70er Jahren spielte er häufig mit westlichen Musikern, u. a. mit A. Mangelsdorff, P. Brötzmann und A. von Schlippenbach. P. hatte inzwischen zu einem eigenständig ausgeprägten Free Jazz gefunden. 1979 nahm er zusammen mit dem Ostberliner Schlagzeuger Günter Sommer am »Clarinet Summit« beim SWF Baden-Baden teil, trat erfolgreich beim Festival in Moers auf und stellte auf Tourneen zusammen mit dem Posaunisten Conrad Bauer und dem Pianisten Ulrich Gumpert die Elite des DDR-Jazz vor. Mit eigenen Gruppen, mit *Synopsis* bzw. *Zentralquartett* sowie als Mitglied zahlloser int. Spitzenensembles gewann er unverwechselbares Profil. Weltweit erfahren und geschätzt, reicht das Spektrum seiner Aktivitäten von der Mitwirkung in der *Georg Gruntz Concert Jazz Band* bis hin zum *Globe Unity Orchestra*, bis zu Tony Oxley's *Celebration Orchestra* und Günter Lenz *Springtime*. Im Duo mit Uschi Brüning stellt P. neben seiner musikalischen Vielseitigkeit auch seinen ausgeprägten Sinn für Sprach-Musik-Kunst-Stücke und nicht zuletzt seinen eigenwilligen Humor unter Beweis. Als Schallplatteneinspielung ist *Clarinet Summit Live – You Better Fly Away* (1980) zu nennen. Seit der Wende ist er hauptsächlich mit dem *Zentralquartett* zu hören. 1997 wurde P. mit dem deutschen Jazz-Preis ausgezeichnet.

Petrucciani, Michel, *28.12.1962 Montpellier, Frankreich; † 6.1.1999 New York; frz. Jazzpianist. P. wuchs in einer Jazzmusikerfamilie auf. Von Geburt an litt er an der seltenen Glasknochenkrankheit (Osteogenesis imperfecta), die ein normales Wachstum verhindert. Bei seinen Konzerten mußte er zum Flügel getragen werden, eine spezielle Konstruktion ermöglichte ihm das Bedienen der Pedale. Dennoch erlernte er in früher Kindheit das Klavierspiel. Als Jazzpianist begann er im Trio mit seinem Vater und Lehrer, Tony Petrucciani (git) und Bruder Louis (b). Bereits 15jährig ging er mit Clark Terry auf Tour, anschließend arbeitete er mit Schlagzeuger Kenny Clarke zusammen. 1980 nahm er in Paris seine erste Platte mit dem Titel *Flash* auf, ein Jahr später ging er in die USA, wo ihn 1982 Charles Lloyd in sein neues Quartett aufnahm. Mit Lee Konitz im Duo nahm er das Album *Toot Sweets* (1982) auf. Mit 23 Jahren wurde er als erster französischer Jazzmusiker vom renommierten Label Blue Note unter Vertrag genommen. In dieser Zeit entstanden u. a. die Alben *Power of Three* (1986, mit Wayne Shorter und Jim Hall, live in Montreux) sowie *Michel Plays Petrucciani* (1987, mit Eddie Gomez und Al Foster). P. wurde in Frankreich zu einem Nationalhelden, aber überall in der Welt begeisterte er sein Publikum mit seinem leidenschaftlichen Klavierspiel, in dem sich große Lebensfreude widerspiegelte.

1992 ging er nochmals mit seinem Vater im Duo auf Tour, eine Hommage an den Menschen, dem er so viel zu verdanken hatte. Weitere bedeutende Alben: *Conversations* (1992, mit Tony Petrucciani), *Promenade With Duke* (1993, Solo), *Dreyfus Night In Paris* (1994) *Both Worlds* (1998, Septett mit Bob Brookmeyer u.a).

Pettiford, Oscar, *30.9.1922 Okmulgee (Oklahoma), †8.9.1960 Kopenhagen; amerik. Jazzmusiker (Kontrabaß, Violoncello). Er spielte Anfang der 40er Jahre zunächst Swing und Mainstream, stieß dann bald zum Modern Jazz, leitete mit Dizzy Gillespie eine Bebop-Band und hatte 1944 eine eigene Gruppe. 1950 übertrug er (in der Band von Duke Ellington, der er seit 1945 angehörte) – gewissermaßen als Besonderheit – das solistische Pizzicato auf das Violoncello, was als eines seiner besonderen Verdienste gilt. In den 50er Jahren wandte sich P., der dem Mainstream treu geblieben war, verstärkt dem Modern Jazz zu; er kam 1958 nach Europa, lebte in der Bundesrepublik Deutschland und in Dänemark, trat u.a. mit Attila Zoller und H. Koller auf und beeinflußte die mitteleuropäische Jazzszene sehr stark. In der Nachfolge Jimmy Blantons hob P. den Kontrabaß als Solo- und Melodieinstrument hervor. Zu seinen bekanntesten Stücken gehören *Blues in the Closet* und *Swingin' till the Girls Come Home.*

Petty, Tom, *20.10.1952 Gainesville (Florida); amerik. Rock-Sänger und Gitarrist. In seinen rhythmisch geradlinigen Songs, deren entspannte, auf wenige Akkorde beschränkte Harmonien dem Stil der →*Byrds* entlehnt waren, hielt sich P. von Modeströmungen und neuen Musikstilen fern. Nach dem ersten Album *Tom Petty and the Heartbreakers* (1976) war es v.a. das dritte Werk *Damn the Torpedos* (1979), das P. als Superstar etablierte und allein in den USA über 3 Mio. mal verkauft wurde. Konflikte mit der Plattenindustrie schienen zunächst einen Karrierebruch anzudeuten, bis 1985 das vielgelobte Album *Southern Accents* erschien. Außerordentlich erfolgreich waren auch P.s Arbeiten mit den *Traveling Wilburys*, einem spontan mit Roy Orbison, Bob Dylan, George Harrison und Jeff Lynne ins Leben gerufenen Prominenten-Ensemble, das 1988 und 1991 durch lockere wie unkomplizierte Rocksongs überraschte. Mit den Solo-Alben *Full Moon Fever* (1989), *Into the Great Wide Open* (1991) und *Wildflowers* (1994) konnte P. seine Rolle als konventioneller, auf bewährte Stilmuster zurückgreifender Rockstar festigen. Auf *The Last DJ* (2002) rechnete er verbittert mit dem Rock-Business ab. Weitere Platten sind *You're Gonna Get It* (1978), *Hard Promises* (1981), *Long After Dark* (1982), *Pack up the Plantation: Live!* (1985), *Let Me Up* (1987), *Songs and Music from »She's The One«* (1996) und *Echo* (1999).

Piazzolla, Astor *11.3.1921 Mar del Plata, †4.7.1992 Buenos Aires; argentinischer Bandoneonist, Pianist und Komponist. P. kam als Kind italienischer Auswanderer mit 3 Jahren nach New York, wo er klassischen Pianounterricht erhielt und als Teenager in einem Film mit Carlos Gardel das Bandoneon spielte. Mit 16 Jahren kehrte er nach Argentinien zurück, wo er als zweiter Bandoneonist und Arrangeur im Orchester des führenden Tangomusikers Anibal Troílo agierte. P. entwickelte zu dieser Zeit seine Vision, den herkömmlichen Tango harmonisch und rhythmisch zu modernisieren, bildete sich bei Alberto Ginastera weiter, begann mit der Komposition klassischer Werke und erschloß sich die Welt des Jazz. Nadia Boulanger ermutigte ihn während eines Studienaufenthaltes in Paris, seine innovativen

Bestrebungen voranzutreiben. Mit der Gründung seines eigenen Tango-Oktetts (Besetzung: zwei Bandoneons, zwei Violinen, Kontrabaß, Violoncello, E-Gitarre) überführte er 1955 den Tango vom Orchester in eine kammermusikalische Umgebung, die Einflüsse aus der Klassik, der Jazzimprovisation, argentinischen Folkloreanleihen und dem herkömmlichen Tango-Erbe zur Sprache des Tango Nuevo verband. Wenig später führte er seine Arbeit in verschiedenen Quintett-Formationen fort. In populären Werken wie *Adios Nonino* und *Libertango*, der Tango-Operette *Maria De Buenos Aires* oder die Zusammenarbeit mit dem Poeten Horacio Ferrer gipfelte P. erste produktive Tango Nuevo-Phase. Später unternahm er Ausflüge in den Jazzrock, arbeitete mit Jazzmusikern wie Gerry Mulligan und Gary Burton, verlor aber nie den Kontakt zur klassischen Musik und schrieb u. a. für Mstislav Rostropowitsch. Unter seinen späten Werken ragt die Einspielung *Hora Zero* (1986) mit seinem letzten Ensemble, dem *New Tango Sextet*, als Vermächtnis heraus. Kompositionen aus dem 1000 Stücke umfassenden Werk von P. gehören heute zum Repertoire von Gidon Kremer, dem *Kronos Quartet*, Yo-Yo Ma oder Al Di Meola.

Pickett, Wilson, *18.3.1941 Prattville (Alabama), †19.1.2006 Reston (Virginia); amerik. Soul-Sänger. Als erste Stimme der Gospel-Gruppe *The Violinaires* und Sänger der Detroiter Band *Falcons* erarbeitete sich P. in den frühen 60er Jahren den Hit *I Found a Love*, dem bald erste Aufnahmen als Solist folgten. P. schloß einen Vertrag mit der Firma Atlantic ab, die ihn nach einem balladesken Debut mit den Musikern der Stax-Studios in Memphis zusammenbrachte. Mit dem Gitarristen *Steve Cropper*, der auch an Otis → Reddings wichtigsten Songs beteiligt war, schrieb P. Millionen-Hits wie *In the Midnight Hour* und *Don't Fight It*. Vorlagen wie *Hey Jude* von den *Beatles* oder *Sugar Sugar* von den Teenager-Helden *The Archies* glich P. mit rauh insistierender, ungemein selbstbewußter Stimme seinem Stil an. Seit Beginn der 70er Jahre und mit häufigen Wechseln der Plattenfirmen verlor P. stetig an künstlerischer Überzeugungskraft – nicht zuletzt aufgrund mangelnder Konsequenz bei der Auswahl seines Materials. 1991 wurde P. in die Rock 'n' Roll Hall of Fame aufgenommen. 1999 kehrte P. auf die Bühne zurück und brachte mit *It's Harder Now* sein erstes Album seit 12 Jahren. Wichtige LPs sind *In the Midnight Hour* (1966), *Don't Knock My Love* (1971) und *Greatest Hits* (1972).

Pink Floyd, engl. Rockgruppe, gegr. 1965 und benannt nach den Vornamen der Bluessänger Pink Anderson und Floyd Council, mit den Musikern *Roger Waters* (*6.9.1944), Baßgitarre und Gesang, *Syd Barrett* (*6.1.1946), Gitarre, seit 1968 an seiner Stelle *David Gilmore* (*1944), *Nick Mason* (*27.1.1945), Schlagzeug, sowie *Rick Wright* (*28.7.1945), Orgel und Synthesizer. P. F. erschloß dem Rock als erste Gruppe alle Möglichkeiten der elektronischen Musik. Berühmt wurde die Gruppe durch ihre »Psychedelic Music«, verbunden mit Lightshows. Neben live-elektronischer Musik verwendete sie dabei Einspielungen von Tonbandcollagen, Echowirkungen, quadrophonen Raumklang und eine raffinierte Beleuchtungstechnik. In dem Album *Atom Heart Mother* (1970) versuchte P. F. durch die Verbindung von Symphonieorchester, Chor und Rockgruppe neue musikalische Wege zu gehen. *Dark Side of the Moon* von 1973 war konventioneller und wurde zu einem der erfolgreichsten Alben aller Zeiten. Mit dem nachfolgenden Album *Wish You Were Here* (1975, mit dem Syd Barrett gewidmeten Titel *Shine*

On You Crazy Diamond) schuf P. F. einen Meilenstein des Progressive Rock. 1981 traten sie u. a. in New York, London und Dortmund mit der Supershow *The Wall* auf. Nach dem Weggang von Roger Waters 1986 und einem erbitterten Streit über die Weiterführung von P. F. fand sich die Gruppe anläßlich von Bob Geldofs Neuauflage von Live 8 2005 überraschend in kompletter alter Besetzung erneut zusammen. Weitere Einspielungen sind: *The Piper At The Gates Of Dawn* (1967), *A Saucerful of Secrets* (1968), *Ummagumma* (1969), *Zabriskie Point* (Soundtrack zu Michelangelo Antonionis Film, 1970), *Meddle* (1971), *Animals* (1977), The Wall (1980), *The Final Cut* (1983), *A Momentary Lapse Of Reason* (1987), *Delicate Sound Of Thunder* (1988), *The Division Bell* (1994), *Pulse* (1995), *The Wall – Live in London 1980* (2000), *In The Flesh. Roger Waters Live* (2000) und *Echoes – The Best Of Pink Floyd* (2001).

Pitney, Gene, *17.2.1941 Hartford (Conneticut), †5.4.2006 Cardiff (Wales); amerik. Sänger und Songschreiber. P. arbeitete in den frühen 60er Jahren zunächst unter verschiedenen Pseudonymen als Autor für andere Interpreten. So schrieb er den Teenager-Schlager *Hello Mary Lou* (1961) für Ricky Nelson. Erfolg unter eigenem Namen hatte er im selben Jahr mit *Town without Pity* aus dem gleichnamigen Film. P.s durchdringende, leidenschaftliche Stimme, die sich unter der Federführung der Autoren Burt Bacharach und Hal David voll entfaltete, machte ihn über die USA hinaus bekannt. Die Hits *Only Love Can Break a Heart, 24 Hours from Tulsa, The Man who Shot Liberty Valence, Princess in Rags* u. a. etablierten ihn in den 60er Jahren als feste Größe im Popgeschäft. P. nahm seine Songs auch in anderen Sprachen, so auf Italienisch, auf. In den 70er Jahren blieb P. ein Begriff, erregte jedoch kaum Aufsehen. Erst 1988 tauchte sein Name wieder an den Spitzen der Charts auf, als Mark →Almond ihn für das Duett *Something's Gotten Hold of my Heart* engagierte. Zu seinen LPs zählen *Blue Gene* (1964), *It Hurts to be in Love* (1966) und *G. P. Sings Burt Bacharach* (1969).

Pixies. Die amerik. Rock-Gruppe in der Besetzung *Black Francis* (eig. Francis Black) Gesang und Gitarre, *Kim Deal*, Baßgitarre und Gesang, *Joey Santiago* Gitarre, und *David Lovering*, Schlagzeug, wurde schon mit ihrer ersten Veröffentlichung, dem Mini-Album *Come on Pilgrim* (1987) zur Überraschungsband der Independent-Szene. Mit rauhen Gitarrensounds, einem Gespür für eingängige, fast poppige Gesangsmelodien sowie dem immer leicht dissonanten Leadgesang von Bandgründer und Hauptsongschreiber Black Francis kreierten die aus Boston stammenden P. einen ureigenen Sound, der sie auch über die eingeschworene Independent-Gemeinde hinaus bekannt machte. Die Qualität von Live-Auftritten war regelmäßig den Launen des egozentrischen Bandleaders Francis unterworfen. Francis war es auch, der die Band nach Erscheinen des Albums *Trompe Le Monde* 1991 auflöste. Unter dem neuen Pseudonym Frank Black startete er eine Solo-Karriere und veröffentlichte bis 1996 drei Soloalben, die von der Kritik hochgelobt wurden, kommerziell aber nur wenig erfolgreich waren. Bassistin Kim Deal gründete ihre Band *The Breeders* – und 1995 *The Amps* – und landete mit dem Album *The Last Splash* (1993) einen Millionenseller. Mehrere Reunions der P. hatten aber keine Veröffentlichungen zur Folge. Wichtigste Alben sind *Surfer Rosa* (1988) und *Doolittle* (1989), von Frank Black als Solist *Teenager of the Year* (1994) und von Kim Deal mit *The Breeders*: *Pod* (1990).

Poco, amerik. Rock- und Country-Band, 1968 gegründet von *Richie Furay* (*9.5.1944) und *Jim Messina* (*5.12. 1947), beide Gesang und Gitarre, *Randy Meisner* (*8.3.1946), Gesang und Baßgitarre, *Rusty Young* (*23.2.1946), Steel-Guitar, und *George Grantham* (*20.1.1947), Schlagzeug. Versierte Gesangsarrangements und eingängige Melodien prägten die Musik der Gruppe, die schon mit ihren ersten Alben *Pickin' up the Pieces* (1969), *Poco* (1970) und *Deliverin'* (1970) geschickt Elemente aus Rock, Bluegrass und Country verband. Nachdem Meisner, Messina und Furay bis 1973 durch *Timothy Schmit* (*30.10.1947) sowie *Paul Cotton* (*26.2.1943), beide Gitarre und Gesang, ersetzt worden waren, entwickelten v.a. Cotton, Young und Schmit Mitte der 70er Jahre neue musikalische Konzepte, die P. auf Alben wie *Head over Heals* (1975) oder *Indian Summer* (1977) erfolgreich umsetzte. 1979 gelangen der Band mit *Crazy Love* und *Heart of the Night* zwei Pop-Hits. Nach der offiziellen Auflösung 1984 fand sich die Gründungsformation von P. 1989 noch einmal zu einem Comeback für das Album *Legacy* zusammen. Seitdem hat sich wieder eine lockere Zusammenarbeit enttwickelt und die Musiker treten sporadisch bei Konzerten gemeinsam auf. Weitere ausgewählte Platten sind *A Good Feelin' to Know* (1972), *Cantamos* (1974), *Legend* (1978), *Under the Gun* (1980), *Inamorata* (1984).

Pogues, brit.-irische Folk-Band um Sänger *Shane MacGowan* (*25.12.1957 Kent, England) sowie u.a. *Peter »Spider« Stacy*, Flöte, *Jem Finer*, Banjo, und *James Fearnley*, Akkordeon. Mit ihrer Kombination aus irischer Folklore und brit. Punkrock sorgten die P. Anfang der 80er Jahre für Aufsehen. Neben Shanties und Traditionals sang MacGowan v.a. eigene Stücke, darunter derbe Trink- und Liebeslieder zwischen Sentimentalität und Aggressivität, aber auch sozialkritische und politisch motivierte Songs. Diese wurden von den P. mit akustischen Instrumenten, darunter Blechflöte, Mandoline, Akkordeon und Banjo, ebenso frisch wie ungehobelt interpretiert. Mit der LP *If I Should Fall from Grace with God* (1988) erreichte die zeitweise achtköpfige Gruppe zum ersten Mal die europäischen Charts, auf *Peace and Love* (1989) begannen die P. mit karibischen Klängen, Jazz und anderen Stilen zu experimentieren. Nach seinem Ausscheiden 1991 nahm MacGowan u.a. 1994 das Solo-Werk *The Snake* auf, während der Rest der P. mit wechselnden Sängern versuchte, das Fehlen des wichtigsten Musikers zu kompensieren. Weitere ausgewählte Platten sind *Red Roses for Me* (1984), *Rum Sodomy & the Lash* (1985), *Hell's Ditch* (1990), *Waiting For Herb* (1993) und *Pogue Mahone* (1996).

Police, The, engl. Rock-Band, 1977 in London gegr. mit → *Sting* (eig. Gordon Matthew Sumner, *2.10. 1951), Gesang und Baßgitarre, *Andy Summers* (*31.12. 1942), Gitarre, und *Steward Copeland* (*16.7.1952), Schlagzeug. Die gelungene Verbindung von Reggae-Rhythmen mit New Wave-Rock und die einprägsamen Songs, die von Songschreiber und Leadsänger Sting mit seiner charakteristischen hohen und kraftvoll-rauhen Stimme intoniert wurden, machten P. zu einer der erfolgreichsten Bands der späten 70er und frühen 80er Jahre. 1977 nahmen P. mit E. Schoener dessen LP *Video Flashback* auf und arbeiteten auch im folgenden Jahr intensiv mit Schoener und seinem Laser-Theater in München zusammen. 1978 erschien P.s erst später erfolgreiche Debüt-Single *Roxanne*, ein Song über eine Prostituierte. Ab 1979 stürmten P. die int. Charts mit Hit-Singles wie: *Can't Stand Losing You* (1979), *Message In a Bottle* (1979), *Walking on the*

Moon (1979), *Don't Stand So Close to Me* (1980), *De DO DO Do, De DA DA Da* (1980), *Every Breath You Take* (1983) u. v. a. 1985 traten P. nur noch einmal zusammen auf. 1987 trennte sich die Band ohne offizielle Ankündigung, und die Musiker arbeiteten nur noch an ihren Solo-Projekten. P.-LPs sind *Outlandos d'Amour* (1979), *Regatta de Blanc* (1979), *Zenyatta Mondatta* (1980), *Ghost in the Machine* (1981), *Synchronicity* (1983) und *Every Breath You Take – The Singles* (1986).

Ponty, Jean-Luc, *29.9.1942 Avranches (Normandie); frz. Jazzmusiker (Violine). P. studierte seit 1959 Violine am Pariser Conservatoire, spielte 2 Jahre in den Concerts Lamouréux und kam dann zum Jazz. 1964 nahm er mit eigenem Quartett am Festival Antibes und 1967 als Nachwuchs-Sensation am »Violin Summit« in Basel teil. Danach trat er in Deutschland oft mit Wolfgang Dauner auf, war 1971 Star beim »New Violin Summit« der Berliner Jazztage, wandte sich dann dem Jazz-Rock zu und spielte seit 1972 mit Frank Zappas *Mothers of Invention*. In den 70er Jahren übersiedelte er in die USA. Hier bildete er unter Einbeziehung von Rock und Folklore einen neuen publikumswirksamen Stil aus, der nur noch wenige Jazzelemente aufweist. 1980 begann P. mit Synthesizern, Sequenzern und einer elektronisch modifizierten Geige zu arbeiten. In den 90er Jahren veränderte er seinen Stil erneut und wandte sich der afrikanischen Musik zu. Zusammen mit westafrikanischen Musikern entwickelte er eine Synthese aus Jazz und afrikanischen Rhythmen. Seine wichtigsten Alben sind *Le Grands Violinistes de Jazz* (1964), *Experience* (1969), *Upon The Wings Of Music* (1975), *Storytelling* (1989), *Tchokola* (1991) und *Live Enigma* (2001).

Pop, Iggy (eig. James Newell Osterberg), *21.4.1947 Ann Arbor (Michigan), amerik. Rock-Sänger. Mit seiner Auffassung von Rock-Entertainment, die bis zur Selbstverstümmelung bei Auftritten führte, seiner Ausstrahlung, aber auch durch die Leistung, fast zwei Dekaden Sex, Drugs & Rock 'n' Roll überlebt zu haben, ist P. eine *der* Persönlichkeiten der Rockgeschichte. 1967 gründete er zusammen mit Ron und Scott Asheton sowie Dave Alexander die *Stooges*, die, ähnlich wie → MC 5, ungleich härter zu Werke gingen als die meisten Zeitgenossen. Rohe, von Feedback durchsetzte, hochenergetische Songs wie *Search & Destroy*, *No Fun* und *I Wanna Be Your Dog* zählten später zu den Inspirationsquellen des Punk. 1974, nach Zusammenarbeit mit *John Cale* (1969–70) und später *David Bowie*, trennten sich die *Stooges*. Private und Drogenprobleme hielten P. in den folgenden Jahren von kontinuierlichem Arbeiten ab, dennoch veröffentlichte er, u. a. in Zusammenarbeit mit Bowie, bemerkenswerte LPs, wie z. B. *The Idiot* und *Lust for Life* (beide 1977). Mitte der 80er machte P. eine endgültige Kehrtwendung hin zu einer betont gesunden Lebensweise. Im musikalischen Tonfall moderater, in der Haltung jedoch ungebrochen, verbuchte er nun auch kommerzielle Erfolge: Singlehits waren *Cry for Love* (1986) und *Candy* (1990), ein Duett mit B–52's' Kate Pierson. 2003 erfolgte ein Klassentreffen mit den *Stooges*, dokumentiert auf *Skull Ring*. Zu seinen LPs gehören *Stooges* (1969), *Funhouse* (1970) und *Raw Power* (1973) (mit *The Stooges*) sowie *Zombie Birdhouse* (1981), *Blah Blah Blah* (1986), *Brick by Brick* (1990), *American Caesar* (1993), *Avenue B* (1999) und *Beat Em Up* (2001).

Portishead, engl. TripHop-Band, 1993 in Bristol gegründet. Mit ihren ruhig dahinfließenden, ebenso meditativen wie rhythmisch stringenten Klangteppichen definierten die Protagonisten von P., *Beth Gibbons* (*4.1.1965), Gesang, und *Geoff Barrow* (*9.12.1971), Instrumente, einen ganz neuen Umgang mit Pop. Barrow arbeitete zunächst für Neneh Cherry, bevor er seine auf den Errungenschaften von *Massive Attack* aufbauenden Ideale in einem eigenen Projekt umsetzen wollte. Ihr erstes Album *Dummy* löste 1995 einen wahren Trip-Hop-Rausch in Großbritannien aus. Für das zweite Album *Portishead* (1997) verfremdete Barrow frisch generierte Sounds so lange, bis sie alt und verbraucht klangen. Auf *Roseland NYC Live* (1998) umgab sich die Band schließlich mit einem 30köpfigen Streichorchester. 2002 bündelte Gibbons ihre Erfahrungen solo auf *Out Of Season.*

Powell, Baden (eig. Roberto Baden Powell de Aquino), *6.8.1937 Varre-e-Sai (Brasilien), †26.9.2000 Rio de Janeiro; brasilianischer Gitarrist. P. lernte mit 7 Jahren klassische Gitarre und absolvierte 14jährig das Konservatorium in Rio. Mit 15 Jahren trat er als professioneller Musiker auf, begleitete Sängerinnen der Música Popular Brasileira und spielte in verschiedenen Jazzcombos. Im Alter von 20 Jahren begann er zu komponieren. Seine Vertonungen zahlreicher Gedichte von Vinícius de Moraes und Paulo Cesar Pinheiro machten ihn zur nationalen Berühmtheit. Internationalen Erfolg brachte ihm die Platte *Tristeza on Guitar* (1966) ein. Nach seinem triumphalen Erfolg bei den Berliner Jazztagen 1967 tourte er regelmäßig mit dem *Baden Powell Quartett* durch Europa und Japan. B.P.s elegantes Gitarrenspiel vereinte klassische iberische Gitarrentradition mit Jazz und afrobrasilianischer Musikkultur. In den 70er Jahren mußte sich B. P. aus gesundheitlichen Gründen für längere Zeit vom Konzertleben zurückziehen. 1988 nahm er das Album *Rio das Valsas* auf. Noch in seinem Todesjahr veröffentlichte er *Lembrancas,* welches das späte Schaffen eines großen Meisters der brasilianischen Gitarre dokumentiert. Weitere Alben: *Images on the Guitar* (1971), *Canto on Guitar* (1991)

Powell, Bud (Earl), *27.9.1924 New York, †31.7. 1966 ebd.; amerik. Jazzpianist. Er nahm Anfang der 40er Jahre an den Jam sessions in »Minton's Playhouse« in New York teil, bei denen der Bebop entwickelt wurde. Schon seit 1945 mußte er das Musizieren ständig wegen Nervenzusammenbrüchen unterbrechen; bis Ende der 50er Jahre spielte er vor allem mit einem Trio in New York, übersiedelte 1959 nach Paris, wo er mit Kenny Clarke auftrat, und erzielte 1960 mit Oscar Pettiford einen großen Erfolg bei den Essener Jazztagen. 1964 kehrte er in die USA zurück, trat aber nur noch kurze Zeit auf. P. verfügte über eine virtuose pianistische Technik und gilt als der Pianist, der den Achtelnoten-Beat des Modern Jazz auf das Klavier übertragen hat. Er komponierte u. a. auch *Hallucination, Oblivion* und *Parisian Throughfare.*

Prefab Sprout, engl. Pop-Gruppe, 1982 gegründet in der Besetzung *Paddy McAloon* (*7.6.1957), Gesang, Gitarre und Keyboards, *Wendy Smith* (*31.5.1963), Baßgitarre und Gesang, *Martin McAloon* (*4.1.1962), Baßgitarre, und *Neil Conti* (*12.2.1959), Schlagzeug. Paddy MacAloons feinsinnige Melodien, verschrobene Akkordfolgen und intelligente Texte brachten P.S. zunächst die Aufmerksamkeit engl. Popmusik-Kritiker ein. Ein kommerzieller Erfolg v. a. in Europa wurde für die Gruppe, die weitgehend auf Live-Auftritte verzichtete, erst das Album *From Langley Park to Memphis* (1988), an dem u.a Stevie Wonder und Pete Townshend mitwirkten. Auch das konzeptionelle Werk *Jordan: The Comeback* (1990) schaffte es in die Hitparaden. Zu den wichtigen Platten von P.S. zählen weiterhin *Swoon* (1984), *Steve McQueen* (1985) und *Protest Songs* (1989). 1997 überraschte P.S. Kritiker und Publikum mit dem Album *Andromeda Heights*, das in der Musikpresse als Meisterwerk gefeiert wurde. Auf die McAloon-Brüder geschrumpft, veröffentlichten P.S. 2001 *The Gunman And Other Stories.*

Presley, Elvis Aaron, *8.1.1935 East Tupelo (Mississippi), † 16.8.1977 Memphis (Tennessee); amerik. Rock 'n' Roll-Sänger und Gitarrist. Als Kind sang er in Kirchenchören und bei Country Western-Revivals und begann mit 12 Jahren Gitarre zu spielen. Nach der Schulausbildung arbeitete er in verschiedenen Berufen und nahm 1953 zu Privatzwecken seine erste Schallplatte auf. Mit Rundfunkübertragungen seiner ersten Lieder, darunter *That's allright Mamma* und *Blue moon of Kentucky,* begann 1954 seine rasche und steile Karriere. Gastspielreisen, Fernsehshows, Schallplatten (bis heute etwa 500 Millionen verkaufte Platten und Kassetten, für die P. 20 goldene LPs und 50 goldene Singles erhielt) und seit 1956 auch Spielfilme (u.a. *Love Me Tender, Blue Hawai Girls, Girls, Girls*) machten ihn vor allem 1956–58 weltweit bekannt. Sein Live-Comeback in Las Vegas 1970 und die Show »Aloha from Hawaii«, die 1973 live über Satellit weltweit ausgestrahlt wurde, waren letzte Höhepunkte seiner Laufbahn. P. hat wie kaum ein anderer Musiker die Entwicklung der amerikanischen Unterhaltungsmusik der Nachkriegszeit beeinflußt. Seine Rhythm and Blues-Stimme und sein Rockabilly-Personalstil, eine Mischung aus Country, Blues, Gospel und Rock and Roll, machten ihn zum Inbegriff des »Rockers« und zum Idol vieler Jugendlicher in aller Welt. Seine bekanntesten Songs sind *Heartbreak Hotel, Love Me Tender, King Creole, I Need Your Love Tonight, Don't Be Cruel, Hound Dog, It's Now or Never, A Fool Such As I, Fever* und *In the Getto.*

Preston, William »Billy«, *9.9.1946 Houston (Texas), † 6.6.2006 Scottsdale (Arizona); amerik. Tasteninstrumentalist und Sänger. P.s Wurzeln liegen – wie bei vielen afroamerikanischen Musikern – in der Tradition der »schwarzen« Gottesdienste. Nach Lehrjahren in der Band der Gospel-Diva Mahalia Jackson begleitete der junge Pianist den Rock 'n' Roll-Sänger Little Richard auf einer Deutschland-Tournee. Im Hamburger Star Club lernte P. die *Beatles* kennen, an deren Spätwerk und Solo-LPs er mit unverkennbaren Klavier- und Orgelbeiträgen beteiligt war. Weiterhin brillierte P. in den 60er und 70er Jahren als Gaststar bei Aufnahmen von Barbra Streisand, Sly Stone sowie der *Rolling Stones. Nothing From Nothing* war 1974 ein veritabler Solo-Hit. Mit Anbruch der 80er Jahre schwand P.s Popularität trotz weiterer Aktivitäten, so für das Motown-Label. Zu seinen wichtigen LPs zählen *Everybody Loves Some Kind Of Music* (1973), *The Kids And Me* (1974) sowie *Abbey Road* (1969, mit Beatles), *Live At Fillmore West* (1971, mit A. Franklin) und *Sticky Fingers* (1971, mit *Rolling Stones*). Seine Solo-Alben sind *The Most Exciting Organ ever* (1965), *That's The Way God Planned It* (1969), *Everybody Likes Some Kind Of Music* (1973), *Billy Preston* (1974) und *Billy & Syreeta* (1981).

Pretenders, The, brit. Rock-Band. Bandleaderin *Chrissie Hynde* (*7.9.1951), Gitarre und Gesang, formierte die Band 1978 zusammen mit *Pete Farndon* (*12.6.1952, † 14.4.1983), Baßgitarre, *James Honeyman-Scott* (*4.11.1956, † 16.6.1982), Gitarre, und *Martin Chambers* (*4.9.1951) in London. Zum damaligen Zeitpunkt Teil der New Wave, setzten die P. der Diversifizierung des Punk in neuheitliche Spielarten Rock-Traditionalismen entgegen. Dabei verquickten sie inspiriertes Songwriting mit klassischen Rockelementen zur modernen Variante einer Rock 'n' Roll-Band. Die Songtexte thematisierten weniger die Standardthemen des Rock, als vielmehr Hyndes Kampf für Gleichberechtigung und ihr Engagement für den Tierschutz. Erste Hits der Band waren *Stob Your Sobbing* (1978) und *Brass in Pocket* (1979). Trotz Besetzungswechsel und tragischer Verluste blieben die P. ihrem Stil treu. Zu den späteren Erfolgen zählen *Don't Get Me Wrong* (1986) und Hyndes Duette mit →*UB40*, Sonny & Chers *I Got You Babe* (1985) und *Breakfast in Bed* (1988). Mit der LP *Last of the Independents* (1994) konnte die Band auch 16 Jahre nach der Gründung einen kommerziellen Erfolg feiern. Zu ihren LPs zählen *Pretenders* (1979), *II* (1981), *Learning to Crawl* (1984), *Get Close* (1986) und *Patchy*! (1990)

Pretty Things, engl. Rock-Band. 1962 in London von Sänger *Phil May* (*9.11. 1944) gegründet, teilten die nach einem Bo Diddley-Song benannten P.T. – zunächst mit *Dick Taylor* (*28.1943), Gitarre, *John Stax* (*6.4.1944), Baßgitarre, *Vic Prince* (*9.8.1944), Schlagzeug, und *Brian Pendleton*, Gitarre – Englands Begeisterung für US-Blues und -Rock 'n' Roll. Ihre Auftritte mit langem Haar und schäbiger Kleidung waren provokant, ihre Hits *Rosalyn*, *Don't Bring Me Down* und *Honey Don't* von einer Härte, die selbst die Songs der *Rolling Stones*, ihrer Konkurrenten, übertraf. Die Hinwendung zu komplexer Musik, z.B. auf *S. F. Sorrow* (1968), sowie der Versuch ihrer Plattenfirma, durch den Zusatz von Streichern mehr Eingängigkeit zu erreichen, machten das Image der P.T. unscharf und verhinderten den Erfolg. Bis in die 70er Jahre erschienene LPs, etwa *Freeway Madness* (1972), zeigten die P.T. als Hardrock-Band, die – ohne Hits – schließlich aufgab. Ab 1980 wagte May mit diversen Musikern immer wieder den Neubeginn, zuletzt im Herbst 1995, flankiert von der aufwendigen CD-Anthologie *unrepentant*. Weitere LPs sind *We'll Be Together* (1964), *We Want Your Love* (1967), *Parachute* (1970) und *Silk Torpedo* (1975).

Prince (eig. P. Roger Nelson), *7.6.1958 Minneapolis (Minnesota); amerik. Sänger, Multiinstrumentalist und Komponist. Beeinflußt von Jimi Hendrix, James Brown und *Sly and the Family Stone* wurde der Autodidakt P. zu einem der einfallsreichsten und kontroversesten Pop-Musiker der 80er und 90er Jahre, der durch spielerische musikalische Leichtigkeit, abwechslungsreiche, experimentelle Arrangements und spektakuläre Live-Shows Aufsehen erregt. P.s Stilbreite umfaßt Funk, Disco, Rock, Blues, Gospel und Soul. 1978 nahm ihn die Firma Warner Brothers unter Vertrag, ließ P. aber von Anfang an völlige kreative Freiheit. Auf den ersten Alben von *For You* (1978) bis *Controversy* (1981) widmete sich P. vor allem provokanten sexuellen Themen. Der Durchbruch kam mit der Doppel-LP *1999* (1982). Das Filmdebüt *Purple Rain* (1984) und der gleichnamige Soundtrack brachen amerik. Verkaufsrekorde. Mit seiner Band *The Revolution* spielte P. das grandiose Hit-Album *Sign of the Times* (1987) ein. Nach einem Verwirrspiel um das in letzter Sekunde zurückgezogene *Black Album* folgten weitere Soundtrack- und LP-Erfolge. 1992 veröffentlichte P., nun mit *The New Power Generation*, das als *Symbol* bekannte Album. Nach Auseinandersetzungen mit Warner Brothers verkündete er, daß er das »Symbol«, eine Verbindung des weiblichen und männlichen Logos, als neuen Namen annehme. Da dieses Symbol unaussprechlich war, wurde er in den

Medien meistens als »The Artist Formerly Known As Prince« (TAFKAP) bezeichnet. Seit 2001 führt P. wieder seinen alten Namen. 1994 hatte er mit der Single *The Most Beautiful Girl* seinen größten Erfolg in Europa. Auf dem eigenen Label Paisley Park produzierte P. u. a. Mitglieder seiner Bands wie Sheila E. und Vorbilder wie George →Clinton. P.-Songs wurden von Chaka Khan (*I Feel for You*), Sinead O'Connor (*Nothing Compares 2 U*) und den *Bangles* (*Manic Monday*) mit Erfolg interpretiert. Weitere P.-LP sind *Around the World in a Day* (1985), *Parade* (1986), *Lovesexy* (1988), *Diamonds and Pearls* (1991), *The Gold Experience* (1995), *Chaos And Disorder* (1996), *Emancipation* (1996), *Crystal Ball* (1998), *The Vault ... Old Friends 4 Sale* (1999), *Rave Un2 The Joy Fantastic* (1999), *N.E.W.S.* (2003) und *Musicology* (2004).

Procol Harum, engl. Rock-Band, die sich 1967 formierte, als die von Sessionmusikern um den Londoner Sänger und Pianisten *Gary Brooker* (*29.5.1945) eingespielte Single *A Whiter Shade of Pale* ein Hit wurde. Mit *Matthew Fisher* (*7.3.1946), Orgel, *David Knights* (*28.6.1945), Baßgitarre, *Robin Trower* (*9.3.1945) und *Barrie J. Wilson* (*18.3.1947), Schlagzeug, stabilisierte sich eine Kernformation; P. H., deren erster Hit schwellende Orgelklänge und die assoziative Lyrik des Texters Keith Reid verband, lieferte mit den LPs *Shine on Brightly* (1968) und *A Salty Dog* (1969) Musterbeispiele für sog. Progressive Rock, in dem klassische Elemente, Geräuschszenarien und Rhythm 'n' Blues zu schwerblütigen Songs verdichtet wurden. Die LPs, gelegentlich mit großem Orchester eingespielt, stellten neben Brookers gequälter Stimme eine bis zur Überlastung mit Effekten geladene Atmosphäre zur Schau. Ihr reizvoller Manierismus verlor aber bald an Anziehungskraft. 1977 lösten sich P. H. auf; Trower, Fisher und Brooker spielten Solo-LPs ein. Einen Neuversuch wagten P. H. 1991 mit dem Ergebnis des Albums *Prodigal Stranger* und einer erfolgreichen US-Tournee. Weitere LPs: *Home* (1970), *Broken Barricades* (1971), *Grand Hotel* (1973), *Procol's Ninth* (1975).

Public Enemy, amerik. HipHop-Gruppe. P. E. entstand Mitte der 80er Jahre in New York um die Rapper *Chuck D* (eig. Carlton Douglas Ridenhour, *1.8.1960) und *Flavor Flav* (eig. William Drayton, *16.3.1959) mit dem DJ *Terminator X* (eig. Norman Rogers) und *Professor Griff* (eig. Richard Griffin), der als »Minister of Information« das Ziel unterstrich, auf allen künstlerischen Ebenen das politische Bewußtsein der schwarzen Amerikaner zu schärfen. P. E. waren die ersten Rap-Stars, die den ermordeten Schwarzenführer Malcolm X zitierten; in ihren Shows verstärkte die vierköpfige »Security Of The First World« mit Waffenattrappen und Uniformen das Bild einer disziplinierten Organisation gegen rassistische weiße Vorherrschaft. Ihr Debüt *Yo! Bum Rush The Show* erschien 1987 auf dem Def Jam-Label; auf *It Takes a Nation of Millions to Hold Us Back*, einer der bis heute wichtigsten HipHop-LPs, entfaltete sich 1988 der Stil der Gruppe mit schweren Funk-Beats, überlagert von Sirenen, aggressiven Störtönen und den Agitationsreimen des Kommunikationsfachmanns Chuck D. Anfang der 90er Jahre galt P. E. als eloquenteste, aber höchst kontroverse Rap-Stimme. So empörten antisemitische Äußerungen des Professor Griff, und das neue Mitglied *Sister Souljah* erntete durch einen als rassistisch empfundenen Kommentar zu den Aufständen in Los Angeles (1992) sogar öffentliche Kritik des US-Präsidenten. Auf *Fear of a Black Planet* (1990, mit der Single *Fight the Power*), *Apocalypse '91* (1991) und

Muse-Sick-N-Hou-Mess-Age (1994) erarbeiteten sich P.E. eine Position als »schwarze Nachrichtenstation« mit z.T. scharfsinnigen Analysen zur Lage der Black Community.

Puente, Tito *20.4.1923 Harlem, †31.5.2000 New York; puertoricanischer Perkussionist und Bandleader. Im Alter von 13 Jahren stieg P. als Drummer in der Bigband von Ramon Olivera ein, studierte dann Komposition, Orchestration und Piano an der New York School Of Music. Prägende Einflüsse erfuhr er bei Machito, der pionierhaft Jazz und Latin Music zusammenbrachte. Ab1949 war P. mit seinem eigenen Orchester an der Verbreitung des Mambo sowie des Cha-Cha-Cha beteiligt. Er spielte mit allen Spitzenperkussionisten der lateinamerikanischen Musik, unter ihnen Mongo Santamaria und Johnny Pacheco, und trug die Beinamen »Rey del Timbal« und »King Of Mambo«. Gleichwohl adaptierte P. auch Bossa Nova- und Broadway-Hits und nahm etliche Jazz-Alben auf. Weltweit bekannt wurde sein Hit *Oye Como Va*, der später von Carlos Santana interpretiert wurde. Unter seinen späten Aufnahmen findet sich eine in Zusammenarbeit mit der bekanntesten kubanischen Salsa-Sängerin, Celia Cruz, und sein Live-Album *Mambo Birdland*, für das ihm Monate nach seinem Tod ein Latin Grammy zugesprochen wurde.

Q

Quatro, Suzi, *3.6.1950 Detroit (Michigan); amerik. Rock-Sängerin und Baßgitarristin. Als Tochter eines Jazzmusikers kam Q. sehr früh mit Musik in Kontakt. Bereits mit 16 Jahren machte sie mit ihrer Schwester Patty erste Aufnahmen mit den *Pleasure Seekers*. Nach einem Engagement in Vietnam zog sie Anfang der 70er Jahre nach England, wo sie mit Hilfe des Produzententeams Nicky Chinn und Mick Chapman 1973–74 diverse Hits (*Can the Can, 48 Crash, Devil Gate Drive*) landen konnte. Sie bediente sich in Text, Musik und Pose aus dem klischeebeladenen Rock 'n' Roll-Fundus. Zusammen mit ihrem späteren Ehemann *Len Tuckey*, Gitarre, *Alastair McKenzie*, Keyboards, und *Dave Neil*, Schlagzeug, sang sie sich mit röhrender Stimme durch die von Männern geprägte Hardrock-Landschaft. Ein Imagewechsel hin zum Discosound der späten 70er bedeutete für sie den Karriereknick. Ein kurzes Comeback als Sängerin gelang ihr 1978 mit *If You Can't Give Me Love* und *Stumblin' In*, zusammen mit Chris Norman (1979). Später verlegte sie sich aufs Schauspiel; sie wirkte in der US-Serie *Happy Days* mit und übernahm die Titelrolle in einer Aufführung von I. Berlins Musical *Annie Get Your Gun*. Zu ihren wichtigen LPs gehören *Suzi Quatro* (1973) und *Quatro* (1974). 1993 heiratete Q. den deutschen Musikagenten Rainer Haas. Weit entfernt von etwaigen Hitparadenplätzen arbeitet sie unbeirrt weiter. Ihre Live-Auftritte stehen denen der 70er Jahre in nichts nach, was sie zum umjubelten Höhepunkt diverser Oldie-Festivals macht. Alben neueren Datums sind *Oh Suzi Q.* (1991), *What Goes Around – Greatest & Latest* (1995) und *Unreleased Emotions* (1999).

Queen, brit. Rock-Gruppe, die 1972 mit *Freddie Mercury* (eig. Frederick Bulsara *5.9.1946, †24.11.1991), Gesang und Piano, *Brian May* (*19.4.1947), Gitarre und Gesang, *John Deacon* (*19.8.1951), Baßgitarre und Gesang, sowie *Roger Taylor* (*26.7.1949), Schlagzeug und Gesang, gegründet wurde. Q. widmeten sich von Beginn an einer Rockmusik mit ausgeprägtem Hang zu Theatralik und Pathos. Dabei vermischten sie Hardrock-Einflüsse mit Pop und opernhaften

Arrangements. 1975 gelang Q. mit der Single *Bohemian Rhapsody* der erste Nr. 1-Erfolg in den Charts. Das Stück markierte die Ausnahmestellung, die Q. in den folgenden 20 Jahren innerhalb der Rockmusik einnehmen sollten: Von aufwendigen mehrstimmigen Chören und Musical-Elementen bis hin zur klassischen harten Rockgitarre geriet das 6-Minuten-Stück zu einer perfekten Inszenierung an der Grenze zum Kitsch. Es folgten Hitsingles wie *We Will Rock You* oder *Another One Bites The Dust.* Im Mittelpunkt der Q.-Shows, die zunehmend zu Materialschlachten mutierten, stand der ebenso stimmgewaltige wie exaltierte Sänger Freddie Mercury, dessen androgynes Bühnengebaren stets auch als Genre-Parodie zu verstehen war. Neben ihrer Arbeit als Band komponierten Q. verschiedentlich Filmmusik, etwa für den Fantasy-Streifen *Highlander.* 1991 starb Freddie Mercury an Aids. Vier Jahre nach seinem Tod erschien mit *Made In Heaven* das ergreifende letzte offizielle Q.-Album. Die Songs wurden kurze Zeit vor Freddie Mercurys Tod eingespielt. Die Gesangsparts hatte Mercury im Rollstuhl gesungen. Zum Gedenken an Freddie Mercury wurde 1992 ein Tribute-Konzert im Londoner Wembley-Stadion organisiert, bei dem Künstler wie Elton John, George Michael oder die Band Guns N 'Roses dem verstorbenen Sänger mit der Darbietung von Queen-Songs die letzte Ehre erwiesen. 2005 war eine Auferstehung von Q. mit ex-*Free*-Sänger Paul Rodgers im Gespräch. Wichtigste Alben der Band sind *Queen I* (1973), *Queen II* (1974), *A Night at the Opera* (1975), *A Day At The Races* (1976), *Jazz* (1978), *Live Killers* (1979), *The Game* (1980), *Flash Gordon – Soundtrack* (1980), *A Kind Of Magic* (1986), *The Miracle* (1989) und *Innuendo* (1991).

Quicksilver Messenger Service, amerik. Rock-Band. Gegründet in der Besetzung *John Cipollina* (*24.8.1943, †29.5.1989) und *Gary Duncan* (eig. G. Grubb, *4.9. 1946), beide Gitarre, *Greg Elmore* (*4.9.1946), Schlagzeug, *David Freiberg* (*24.8.1938), Baßgitarre, und *Dino Valenti* (eig. Chester Powers, *7.11.1943, †16.11.1994), Gesang, gilt die Band als einer der einflußreichsten Vertreter des Westcoast. Ab 1964 durch das Wechselspiel zweier Leadgitarren, ungewöhnliche Improvisationen und v.a. den charakteristischen Gitarrenstil Cipollinas zu einer Konzert-Attraktion in San Francisco geworden, erreichte die Gruppe mit den brillanten Alben *Quicksilver Messenger Service* (1968), *Happy Trials* (1969) und *Shady Grove* (1969) die US-Charts. Nach mehrfachen Umbesetzungen begann der Ende 1969 nach längerer Haftstrafe wieder zur Band gestoßene Valenti zunehmend, seine musikalischen Vorstellungen durchzusetzen. Cipollina wandte sich deshalb ab 1971 anderen Projekten zu (u.a. *Copperhead, Man*), Freiberg wurde Mitglied bei →*Jefferson Starship.* Weitere wichtige Platten sind *Just for Love* (1970), *Quicksilver* (1971), *What about Me* (1971), *Comin' Thru* (1972), *Anthology* (1973), *Solid Silver* (1975).

R

R.E.M., amerik. Rock-Band, bestehend aus *Michael Stipe* (*4.1.1960), Gesang, *Mike Mills* (*17.12.1958), Baßgitarre, *Peter Buck* (*6.12.1956), Gitarre, und *Bill Berry* (*31.7.1958), Schlagzeug. Von der ersten Single *Radio Free Europe* (1981) bis zum Aufstieg zu Superstars amerik. Rock-Musik brauchten R.E.M. (Abk. für Rapid Eye Movement) 10 Jahre. Mit folkorientiertem, melodischem Rock und dem charismatischen Gesang von

M. Stipe arbeiteten R. E. M. auf konstant hohem musikal. Niveau, ohne sich von aktuellen Trends beeindrucken zu lassen. Unter Verzicht auf wohlfeile Show-Effekte boten sie unprätentiöse Rock-Musik und avancierten schnell zu den Favoriten der Musikkritik. Mit dem Song *The One I Love* (1987) gelangte die Band erstmals in die Top 10 der Single-Charts. Der endgültige Durchbruch gelang mit dem Album *Out of Time* (1991). Spätere Alben der Band entwarfen eher düstere Endzeitpoesie. Bis 1995 konnten R. E. M. 20 Mio. Schallplatten absetzen. Nach der Jahrtausendwende bauten sie kreativ ab, ihre Popularität ließ jedoch nicht nach. Zu ihren wichtigsten Alben gehören *Fables of the Reconstruction* (1985), *Document* (1987), *Green* (1988), *Out of Time* (1991), *Automatic For The People* (1992), *Monster* (1994), *New Adventures In Hi-Fi* (1996), *Up* (1998), *Reveal* (2001) und *Around The Sun* (2004).

Radiohead, engl. Rock-Band, 1991 in Oxford gegründet. Vom Alternative Rock ausgehend setzten R. neue Akzente im Artrock. Kopf von R. war der charismatische Sänger *Thom Yorke* (*7.10. 1968), zu dem *Edward »Ed« John O'Brien* (*15. April 1968), Gitarre, *Colin Greenwood* (*26.6.1969), Baßgitarre, *Jonathan »Jonny« Greenwood* (*5.11.1971), Gitarre, und *Phil Selway* (*23.5.1964), Schlagzeug, stießen. Auf ihrer ersten EP *Drill* (1992) agierten sie noch als anarchische Gitarren-Band. Mit ihrer Debüt-LP *Pablo Honey* (1993) lehnten sie sich als typische Britpop-Band an die *Beatles* an. Obwohl R. noch nicht ihren ureigenen Sound gefunden hatten, erhielten sie für die CD bereits Platin. Auf *The Bends* (1996), ihrem Megaseller *OK Computer* (1997), *Kid A* (2000), *Amnesiac* (2001), *I Might Be Wrong* (2001) und *Hail To The Thief* (2003) vollzogen R. einen spannenden Slalom zwischen einfühlsamen Songalben und experimentellen Noise-Elaboraten. Ihre stetig wachsende Popularität nutzte die Band, um auch politisch, z. B. gegen den Irak-Krieg, Stellung zu beziehen.

Rafferty, Gerry, *16.4.1947 Glasgow; schottischer Pop-Sänger und Gitarrist. Nach dem LP-Debüt *Can I Have My Money Back* (1971) und einigen eher unbedeutenden Arbeiten zwischen Folk, Rock und Pop, darunter immerhin der Hit *Stuck in the Middle with You* (1973) mit seiner Gruppe *Stealers Wheel*, glückte R. 1978 mit *City to City* eine weltweit erfolgreiche LP, die sich mehr als 5 Mio. mal verkaufte. Bes. der Song *Baker Street*, mit einem durch den Studiomusiker Raphael Ravenscroft markant in Szene gesetzten Saxophon-Thema, führte R. ins Rampenlicht. Doch bereits der LP-Nachfolger *Night Owl* (1979) konnte den Erfolg von *City to City* nicht wiederholen. Auch R.s Arbeiten in den 90er Jahren fanden nur begrenzten Zuspruch. Weitere Platten sind u. a. *Snakes and Ladders* (1980), *On a Wing and a Prayer* (1992) und *Over My Head* (1994).

Rage Against The Machine, amerikan. Rock-Band, 1992 in Los Angeles gegründet. R.A.T.M. waren sicher die einflußreichste Polit-Band der 90er Jahre, deren Aktivitäten sich weit über ihre Musik hinaus auf Internetforen, Unterschriftenaktionen und Kampagnen zur Freilassuung politischer Häftlinge auf der ganzen Welt erstreckten. Sie setzten einen entschiedenen Kontrapunkt zur MTV-Mentalität. *Tom Morello* (*30.5. 1964), Gitarre, und *Brad Wilk* (*5.9.1968), Schlagzeug, fanden in *Zach de la Rocha* (*1970) einen Sänger, der die politischen Botschaften der Band regelrecht ins Publikum katapultierte. Vierter im Bunde war Bassist *Timmy C.* Noch vor Erscheinen ihrer ersten CD *Rage Against The Machine* (1992) hatte sich die Band im Vorprogramm von Stars wie

Body Count, Public Enemy oder den *Suicidal Tendencies* einen sagenhaften Ruf erspielt. Ihre Alben *Evil Empire* (1996), *The Battle Of Los Angeles* (1999) und *Renegades* (2000) waren stets gegen den Mainstream gebürstelt. 2001 trennte sich de la Rocha von den drei anderen Musikern, die sich mit *Soundgarden*-Sänger Chris Cornell zu der Heavy Metal-Super Group *Audioslave* zusammenfanden.

Rainbow, brit. Hard-Rock-Band, bestehend aus *Ritchie Blackmore* (*14.4.1945), Gitarre, *Ronnie James Dio* (*10.7.1948), Gesang, *Cozy Powell*, Schlagzeug, *Tony Carey* (*16.10.1953), Keyboards, *Bob Daysley* und *Jimmy Bain*, beide Baßgitarre. R. wurde 1975 von R. Blackmore gegründet, der vorher bei *Deep Purple* gespielt hatte. In deren musikal. Tradition stehend, lebte Blackmore hier seinen Hang zu Mystik- und Fantasie-Stoffen aus. Wichtigen Einfluß nahm auch R. J. Dio, der den Hard-Rock-Sound mit seinem starken, opernhaften Timbre prägte. Nachdem Blackmores Ausstieg bei *Deep Purple* erbitterte Auseinandersetzungen um musikal. Linie und Autoritätsfragen vorausgingen, gewährte er der ständig wechselnden Bandbesetzung allenfalls den Status von Begleitmusikern in einem Solo-Projekt. Erfolgreich waren R. v. a. in Großbritannien. Songs wie *Since You've Been Gone* (1979) oder *I Surrender* (1981), inzwischen mit deutlich poppigem Anstrich, erreichten Plazierungen in den brit. Top 10. Nach einer wenig beachteten Wiederbelebung von R. 1995 machte Blackmore mit der Pseudo-Renaissance-Band *Blackmore's Night* weiter. Zu den bemerkenswertesten Alben der Band gehören *Richie Blackmore's Rainbow* (1975), *Rising* (1976), *Long Live Rock 'n' Roll* (1978), *Difficult to Cure* (1981), *Straight Between The Eyes* (1982), *Final Vinyl* (1986) und *Strangers In Us All* (1995).

Rainey, Ma (eig. Gertrude Malissa Nix Pridgett), *26.4.1886 Columbus (Georgia), †22.12.1939 ebd.; amerik. Bluessängerin. Sie ging um die Jahrhundertwende mit der Minstrelgruppe ihres Mannes William »Pa« Rainey auf Tournee und trat bis 1933 als Bluessängerin auf; der Höhepunkt ihrer Kaniere lag zwischen 1923–29. Wie Bessie Smith, die von ihr wesentlich gefördert wurde, hat M. R., die als »Mother of the Blues« galt, dem Bluesgesang neben Ausdruckskraft auch Würde verliehen. Sie spielte auch mit Louis Armstrong und Fletcher Henderson Schallplatten ein. Der noch heute populäre Bluessong *See See Rider* ist vermutlich eine Komposition von ihr.

Raitt, Bonnie, *8.11.1949 Burbank (Kalifornien); amerik. Blues- u. Countryrock-Sängerin. Stark beeinflußt von klassischen Blues- und Country-Aufnahmen, begann R. nach ihrem Studium, als Solistin in kleinen Clubs zu spielen und entwickelte dabei weithin akzeptierte Fähigkeiten als Sängerin und Gitarristin. 1971 erschien ihr Debüt, von der Kritik ebenso begrüßt wie sechs weitere, im Laufe der 70er Jahre veröffentlichte LPs, die sie als nüchterne, aber emotional überzeugende Interpretin verschiedenster Fremdvorlagen zeigten. R. sang Songs von Randy Newman, Alan Toussaint, Martha Reeves u. v. a. 1979 rief sie bekannte Musiker, so die Songschreiber Jackson Browne und James Taylor, zu einem Konzert gegen die Nutzung von Kernenergie auf, dokumentiert auf dem 3 LPs umfassenden Album *No Nukes*. Wie viele der Musiker ihrer Generation verlor R. in den neuen Popmoden gehorchenden 80er Jahren an Popularität. 1989 erschien jedoch mit *Nick of Time* ein Werk, das ihre Ausdrucksstärke in dem Zeitgeschmack angepaßte Arrangements kleidete und – wie die folgenden Alben – zum Bestseller wurde. Weitere LPs von R. sind *Takin' my Time* (1973),

Home Plate (1975), *Longing in Their Hearts* (1994), *Road Tested* (1995), *Fundamental* (1998) und *Silver Lining* (2002).

Ramazotti, Eros, *28.10.1963 Rom; it. Sänger. 1984 bei dem Nachwuchswettbewerb des San Remo-Festivals entdeckt, gilt R. als einer der erfolgreichsten it. Pop-Künstler aller Zeiten. Gefühlsbetonte Texte und einschmeichelnde Melodien sprachen, von R. gemeinsam mit dem Autorengespann Piero Cassano und Adelio Cogliati entworfen, vorwiegend ein weibliches Publikum an. Die raffiniert arrangierten, selten bloß banalen Rock- und Popballaden verkauften sich durchweg millionenfach. Bereits das Debüt-Album *Cuori Agitati* (1985) enthielt mit *Una Storia Importante* einen europaweiten Single-Hit. Auch die Nachfolgewerke *Nuovi Eroi* (1986), *In Certi Momenti* (1987) und *Musica É* (1988) festigten R.s Rolle als Superstar it. Popmusik, der in den 90er Jahren auf Alben wie *In Ogni Senso* (1990) und *Tutte Storie* (1993) etwas härtere Töne anschlug. Neuere Alben sind *Dove C'è Musica* (1996), *Eros* (1997), *Eros Live* (1998), und *Stilelibero* (2000).

Rammstein, dt. Rock-Band, 1994 in Berlin gegründet. Kaum eine andere deutsche Band polarisierte jemals derart wie Rammstein, was weniger auf ihre musikalischen als auf ihre inhaltlichen Positionen zurückzuführen ist. Schon der Name, der sich auf einen folgeschweren Unfall bei einer Flugshow im Ort selbigen Namens 1988 bezog, spaltete zwischen Begeisterung und Ablehnung. R. setzte sich aus Mitgliedern verschiedener ostdeutscher Bands, unter anderem *Feeling B* zusammen. *Till Lindemann* (*4.1.1963), Gesang, *Paul Landers* (*9.12.1964), Gitarre, *Richard Z. Kuspe* (*24.6.1967), Gitarre, *Oliver Riedel* (*11.4.1971), Baßgitarre, *Christoph Schneider* (*11.5.1966), Schlagzeug, und *Flake Lorenz* (*16.11.1966), Keyboards, fanden einen infektiösen Sound zwischen Industrial und Leni Riefenstahl-Ästhetik, ihre Shows waren stets mit viel Feuerwerk versehen. Ihr erstes Album *Herzeleid* (1995) erinnerte noch ein wenig an *Deutsch Amerikanische Freundschaft*, mit dem Nachfolger *Sehnsucht* (1997) stürmten sie schon die Charts auf beiden Seiten des Atlantik. Regisseur David Lynch wurde auf R. aufmerksam und integrierte zwei ihrer Songs in den Soundtrack seines Films *Lost Highway*. Nach jedem weiteren Album machten Auflösungsgerüchte die Runde, doch R. konnten sich mit *Mutter* (2001) und *Reise, Reise* (2004) immer wieder behaupten. 2003 setzte der Dresdner Komponist Torsten Rasch einige Texte von Rammstein in seinem mit den Dresdner Symphonikern aufgenommenen Liederzyklus *Mein Herz Brennt* um.

Ramones, amerik. Punk-Rock-Formation. Als eine der ersten Punks-Bands der 70er Jahre verknüpften die R. – *Joey Ramone* (*19.5.1952, †15.4.2001), Gesang, *Johnny Ramone* (*18.10.1948, †15.9. 2004), Gitarre, *Tommy Ramone* (*29.1. 1949), Schlagzeug, und *Dee Dee Ramone* (*18.9.1952, †5.6.2002), Baßgitarre – naive Drei-Akkord-Miniaturen mit Gesangsmelodien im Stile der *Beach Boys*. Die ersten 3 Studio-LPs zählen zu den wichtigsten Veröffentlichungen der Punk-Bewegung insgesamt. Mit sarkastisch-ironischen Texten und einem comicartigen Gossen-Image wurden die R. zum Role-Model für die Independent-Musik-Szene der späten 70er und der 80er Jahre. Immer wieder kommentierten die R. in ihren Sounds die Kollektivneurosen einer durch Gewalt, Drogen und das Vietnam-Trauma verunsicherten US-Nation. Der einzige Anspruch, den die Band nach eigenem Bekunden verfolgte, war jedoch, dasselbe Live-Repertoire in immer kürzerer Zeit zu bewältigen. Mit Erscheinen des Albums *Adios Amigos* (1995) lösten sich die R. auf. Sie veröffentlichten u. a. die Alben *Ramones* (1976), *Leave Home* (1976), *Rocket to Russia* (1977) und *It's Alive* (1979).

Rare Earth, amerik. Soul-und Rock-Band, die 1969 in Detroit vom Saxophonisten *Gil Bridges* (*14.8.1942) gegründet wurde. Zu den wechselnden Besetzungen der Gruppe gehörten u. a. der Drummer *Pete Rivera*, die Gitarristen *Paul Warren* und *Ray Monette* und der auch als Solist wirkende Sänger und Schlagzeuger *Peter Hoorelbeke* (*16.6. 1945). Bereits als Studiomusiker für Motown-Records tätig, erhielten R. E. als einzige weiße Band einen Vertrag mit der Detroiter Hit-Firma und sogar ein eigenes, nach der Gruppe benanntes Label. Ihre virtuosen, dabei vitalen Interpretationen fremder Hits wie *Tobacco Road, Eleanor Rigby* oder *Feelin' Alright* krönten R. E. mit einer 21 Minuten langen Version des Smokey Robinson-Titels *Get Ready*. U.a. mit dem Hausproduzenten Norman Whitfield erarbeiteten R. E. bis 1976 bei Motown eine Reihe anspruchsvoller Alben. Nach dem Wechsel zu Prodigal wurde Hoorelbeke gegen *Wayne Baraks* ausgetauscht. R. E. blieben bis in die 90er Jahre aktiv und haben wie viele klassische Soul-Künstler v. a. in England ein interessiertes Publikum. 1993 erschien die LP *A Different World*. Außerdem veröffentlichten sie u. a. *Get Ready* (1969), *Ecology* (1970), *In Concert* (1971) und *Ma* (1973).

Rattles, The, dt. Rock-Band. In der Besetzung *Achim Reichel* (*28.1.1944), Gitarre und Gesang, *Herbert Hildebrandt* (*23.1.1943), Baßgitarre, *Reinhard »Dicky« Tarrach*, Schlagzeug, und *Herrmann »Rugy« Rugenstein* (*30.9.1946), Gitarre, gehörten die 1961 gegründeten R. Mitte der 60er Jahre zu den beliebtesten Beat-Bands Deutschlands. In England, insbes. in Liverpool, galten die R. zu jener Zeit als einzige dt. Band von Relevanz. Ihre Karriere begannen sie wie ihre Vorbilder, die → *Beatles* (die sie im Sommer 1966 auf deren Deutschland-Tournee begleiteten), im Hamburger Starclub. Erste Chart-Erfolge waren *La La La* (1965) und *Come on and Sing* (1966); *Hurra, die Rattles kommen* (1966) gilt als erster dt. Musikfilm des Rockgenres. Die von Personalwechseln bestimmte Karriere der R. verzeichnete 1970 mit *The Witch* (auch in den USA) einen kommerziellen Höhepunkt. Mit Sängerin *Linda Fields* (1975 mit *Shame, Shame, Shame* als Solistin erfolgreich) wandten sich die R. 1973 gängigen Disco- und Popschemata zu. Ab 1976 kam es immer seltener zu Auftritten, im Laufe der 80er und 90er Jahre waren die R. in unterschiedlichen Besetzungen zuweilen Gäste auf Oldie-Veranstaltungen. Zu ihren besten LPs zählen *Twist-Time im Starclub* (1964), *The Rattles* (1965) und *The Witch* (1979).

Rea, Chris, *4.3.1951 Middlesbrough (Cleveland); brit. Softrock-Gitarrist und Sänger. Vornehmlich in England und Deutschland gehört R. mit seinen Rock-Balladen zu den erfolgreichsten Interpreten. Zu seinen frühen Einflüssen zählen Joe Walsh und Ry → Cooder; seine Lieder, etwa *On the Beach* (1986) oder *Road to Hell* (1989) sind geprägt von meist melancholischen Stimmungen, R.s rauchige Stimme akzentuiert die Songs ebenso charakteristisch wie sein Slideguitar-Spiel. Neben den gängigen Liebesthemen setzt sich R. in seinen Texten auch immer wieder mit Politik und Umweltproblematik auseinander. Seine LP *Espresso Logic* (1993) zeigt eine Verlagerung des textlichen Schwerpunktes auf die Schattenseiten des menschlichen Zusammenlebens. 1978–83 verlief R.s Solo-karriere zunächst schleppend, mit der LP *Water Sign* (1983) und einer anschließenden Europatour änderte sich dies. Spätestens seit *Let's Dance* (1987) ist R. Stammgast in europäischen Hitparaden. Er blieb seinem musikal. Stil seitdem weitgehend treu. Zu R.s wichtigen LPs zählen *On the Beach* (1986), *Dancing with Strangers* (1987), *The Road to Hell* (1989), *Auberge* (1991), *God's Great Banana Skin* (1992), *Expresso Logic* (1993), *La Passione* (1996), *The Road To Hell Part 2* (1999), *King Of The Beach* (2000).

Red Hot Chili Peppers, amerik. Rock-Band. *Michael »Flea« Balzary* (*16.10.1962), Baßgitarre, *Anthony Kiedis* (*1.11.1962), Gesang, *Jack Irons*, Schlagzeug, (1989 ersetzt durch *Chad Smith*) und *Hillel Slovak* († Juni 1988, ab 1989 fest ersetzt durch *John Frusciante*), Gitarre, gründeten die Band Anfang der 80er Jahre und gelten spätestens seit ihrer von Funkveteran George → Clinton produzierten LP *Freaky Styley* (1985) als Mitbegründer des sog. Crossover. Dabei verbinden R.H.C.P. die Rhythmuselemente des Funk und pulsierendes Baßspiel mit den Gitarrensounds von Hard-Rock. Ihren kommerziellen Durchbruch schaffte die Band mit dem von Rick Rubin produzierten Album *Blood Sugar Sex Magic* (1991), die Ballade *Under the Bridge*, eine zwiespältige Ode an Los Angeles, war ein Single-Hit. Überschattet wurde die Bandgeschichte von Drogenproblemen und dem daraus resultierenden Tod Slovaks. Nach div. Umbesetzungen stieß Dave Navarro von der Gruppe *Jane's Addiction* zur Band und bereicherte das Repertoire mit abwechslungsreichem und expressivem Gitarrenspiel. Die einzige unter seiner Mitwirkung entstandene LP *One Hot Minute* geriet 1995 nach 4jähriger Veröffentlichungspause zum Welterfolg. Dennoch kehrte für das weitaus massenkompatiblere Album *Californication* (1999) Frusciante zurück. Flea und Frusciante wirkten auch bei der überaus erfolgreichen Progrock-Band *The Mars Volta* mit. Weitere wichtige LPs der Band sind *The Uplift Mofo Party Plan* (1988), *Mother's Milk* (1989), *What Hits?* (1992), *Out In L.A.* (1994), *By The Way* (2002) und *Live At Hyde Park* (2004).

Redding, Otis, *9.9.1941 Dawson (Georgia), † 10.12. 1967 Wisconsin; afro-amerik. Soul-Sänger. O. R. schulte seinen Gesang, von unterschiedlichen Vorbildern wie Sam Cooke und Little Richard beeindruckt, zunächst in der Gruppe *Johnny Jenkins and the Pinetoppers*. 1962 entdeckten ihn die Produzenten des *Stax/Volt*-Labels in Memphis. Seine erste Single *These Arms of Mine* war ein veritabler Erfolg bei »schwarzen« Soul-Fans. Mit *Mr. Pitiful* und *Pain in My Heart* folgten weitere Balladen. Begleitet von den stilbildenden Musikern des Stax-Studios (u.a Steve Cropper, Git., Booker T. Jones, Orgel, Donald Dunn, Baßgitarre), entwickelte R. seinen höchst individuellen Stimmduktus. Im dramatischen Wechselspiel mit einer vierköpfigen Bläsersektion erreichte R. eine beispiellose emotionale Intensität, etwa bei den Aufnahmen *I´ve been Lovin´ you too Long* und *Try a Little Tenderness*.

Redman, Don (Donald) **Matthew,** *29.7.1900 Piedmont (Virginia), † 30.11.1964 New York; amerik. Jazzmusiker (Arrangeur, Bandleader, Komponist, Alt- und Tenorsaxophonist). R. trat 1923 dem Orchester Fletcher Henderson bei, leitete als Arrangeur 1927–31 McKinney's Cotton Pickers und spielte dann bis 1940 mit einem eigenen Orchester. Seither war er hauptsächlich als Arrangeur tätig. R. gilt als der erste ernstzunehmende Jazzarrangeur und hat durch eine genau durchdachte Satztechnik den Big Band-Stil entscheidend geprägt. Von seinen Kompositionen wurde besonders *Save it pretty, Mama* durch Louis Armstrong bekannt.

Redman, Joshua, *1.2.1969 Berkeley (Kalifornien); amerik. Jazzmusiker (Tenorsaxophon, Komposition). Der Sohn des Saxophonisten Dewey Redman und einer russischen Tänzerin gehört zu den eindrucksvollsten jüngeren Jazzsaxophonisten der Gegenwart. R. strebte als Harvard-Absolvent eine juristische Laufbahn an und entschloß sich dann doch, Berufsmusiker zu werden. 1991 gewann er den Preis des Thelonious Monk-Instituts für Saxophon und machte die Jazzwelt auf sich aufmerksam. Sein erstes Album *Joshua Redman* (1992) wurde begeistert aufgenommen. Ein Jahr später folgte die CD *Wish* mit Pat Metheny, Charlie Haden und Billy Higgins. Fortan leitete er bis heute seine eigenen Bands, überwiegend im Format des klassischen Quartetts bzw. Quintetts. Mit Pianist Brad Mehldau und Schlagzeuger Brian Blade nahm er *Mood Swing* (1994) und *Timeless Tales* (1998) auf. 1996 gehörte er dem *Chick Corea Sextett* an und spielte auf der CD *Tribute To Bud Powell*. 2002 ging er mit *YaYa 3* im Trio mit dem Organisten Sam Yahel und Brian Blade unkonventionellere Wege. Noch im gleichen Jahr nahm er mit ihnen und Gastmusiker Flea von den *Red Hot Chilli Peppers* die CD *Elastic* auf, die dieser Band den Namen gab. *Momentum* (2005) heißt das jüngste Album dieses kreativen Ensembles.

Reed, Lou (eig. Louis Firbanks), *2.3.1942 Brooklyn (New York); amerik. Sänger, Gitarrist und Songschreiber. Während des Literaturstudiums in Syracuse begann R., beeinflußt von schwarzen Jazz- und Rock 'n' Roll-Musikern und dem Schriftsteller Delmore Schwartz, Songs zu schreiben. Zwischen diesen Polen entwickelte R. einen Stil, den er zunächst in der 1965 gegründeten Band →*Velvet Underground* erprobte. 1970 verließ R. die damals erfolglose Gruppe und begann eine Solo-Karriere. Sein zweites, 1972 von David Bowie produziertes Album *Transformer* enthielt den Song *Walk on the Wild Side*, ein reportagehaftes Protokoll der Untergrund-Szene um Andy Warhol. Single und LP wurden zu R.s größten Hits. In den 70er Jahren litt R.s Karriere unter dem Drogenkonsum des Sängers, LPs wurden z. T. widerwillig eingespielt, erst in den 80er Jahren gelang es R., sich zum abgeklärten Chronisten des amerik. Großstadtlebens zu stilisieren. Sein Konzeptalbum *Berlin* (1973) und die LP *Street Hassle* (1978) zählen zu R.s wichtigsten Arbeiten der 70er, *The Blue Mask* (1982), *New Sensation* (1984) und *New York* (1989) zu den ausgereiften Werken der 80er Jahre. 1990 leitete die Zusammenarbeit mit John →Cale an *Songs for Drella*, einem Tribut für den verstorbenen Mentor Warhol, die Neugründung der *Velvet Underground* ein. R.s Songdichtungen erschienen 1993 in dem Band *Between Thought and Expression*. Zu seinen besten LPs gehören *Lou Reed* (1972), *Rock 'n' Roll Animal* (1974), *Metal Machine Music* (1975), *The Bells* (1979), *Magic and Loss* (1992), *Let The Twilight Reeling* (1996) und *Ecstasy* (2000). Sein Konzeptalbum *The Raven* (2003) nach Texten von Edgar Allen Poe wirkte hilflos und überladen. Die Live-DVD *Live In Spain* (2005) zeigte ihn jedoch wieder in Bestform mit Songs aus seiner gesamten Karriere.

Reinhardt, Django Jean Baptiste, *23.1.1910 Liverchies (Belgien), †16.5. 1953 Fontainebleau (Frankreich); belgischer Jazzmusiker (Gitarrist, Bandleader, Komponist). R. erlitt 1928 durch einen Brand eine Lähmung der linken Hand, erlernte eine 3-Finger-Technik und wurde bald der führende Swinggitarrist Europas. 1934 gründete er mit dem Geiger Stéphane Grappelli in Paris das nur mit Saiteninstrumenten besetzte Quintette du Hot Club de France. Nach dem kriegsbedingten Weggang Grappellis ersetzte R. später die Geige durch eine Klarinette. R. gehörte zu den ersten auch in den USA anerkannten europäischen Jazzmusikern. 1946 unternahm er mit Duke Ellington eine USA-Tournee. Sein Stil verschmolz Elemente des Jazz, der Zigeunermusik und des Flamenco mit Anklängen an die abendländische Klassik. In der französischen Jazzszene ist sein Einfluß noch heute beträchtlich. Auch die meisten deutschen Sinti-Swingmusiker wie Schnuckenack Reinhardt und Häns'che Weiss lehnen sich stark an ihn an. Bekannte Kompositionen sind *Nuages* und *Daphne*.

Reinhardt, Schnuckenack, *1921 Weinsheim (Pfalz), †15.4.2006 Sankt Leon-Rot (Rheinland-Pfalz); dt. Jazzmusiker (Violine). Wie Django Reinhardt ist auch S. ein Mitglied des weitverzweigten Reinhardt-Clans der Sinti. Von seinem Vater erhielt er ersten Violinunterricht, spielte bereits mit 14 Jahren in einer Kapelle, u. a. auch bei den Reichssendern Frankfurt und Saarbrücken. Anschließend besuchte er 2 Jahre das Mainzer Konservatorium. Mit dem von ihm gegründeten *S.R.-Quintett* produziert S. seit 1967 Schallplatten und unternimmt Tourneen durch Deutschland, Österreich, Frankreich und die Schweiz. Die Musik R.s basiert auf der Folklore der Zigeuner, wird aber auch von der ungarischen und rumänischen Volksmusik und vom Swing in der Tradition Django Reinhardts geprägt. R. war in den 60er Jahren der erste deutsche Sinto, der sich dem Jazz und Swing eines Django Reinhardt annäherte und mit seiner Geige als Inbegriff des deutschen Zigeunerjazz international Erfolge feierte. Der noch immer überaus vitale und spielfreudige R. führte in seinem letzten Ensemble die Tradition der Reinhardt-Sippe fort: An seiner Seite spielten die Söhne Forell (Sologitarre) und Ricardo (Rhythmus-Gitarre), unterstützt von Helmut Weis (Piano) und Jani Lehrmann (Kontrabaß).

Residents, amerik. Experimental-Band aus San Francisco, deren Mitglieder konsequent ihre Anonymität bewahrten. Den Mythos um ihre Identitäten nutzen die R., um mit Hilfe stets neuer Computer-Technologien dadaistische Toncollagen zu verfassen, die etwa ab 1978 v. a. ein New Wave-Publikum anregten. So enthält das *The Residents Commercial Album* (1980) 40 einminütige, aus Geräuschen, Synthesizerklängen und Gesang bestehende Song-Fragmente. Kontrovers diskutiert wurde neben ihrer bizarren Bühnen-Performance auch das mehrfach verwandte Konzept der R., Songs von den *Rolling Stones*, *Beatles*, James Brown, Hank Williams oder Elvis Presley zu persiflieren und als Schablone für eigene Klangspielerein zu verwenden. 1994 veröffentlichten die R. die CD-Rom *Freakshow*. Weitere Platten sind *Meet the Residents* (1974), *Third Reich 'n' Roll* (1975), *Fingerprince* (1976), *Not Available* (1978), *Eskimo* (1979), *The Mark Of The Mole* (1981), *Hell!* (1986), *Heaven?* (1987), *Freakshow* (1991), *Gingerbread Man* (1994), *Wormwood* (1998), *Demons Dance Alone* (2002), *Icky Flix* (2004) und *Animal Lover* (2005).

Rich, Buddy (eig. Bernard R.), *30.6.1917 New York, †2.4.1987 Los Angeles; amerik. Jazz-Schlagzeuger. Der Sohn einer Artisten-Familie begann seine Karriere als Wunderkind im Show-Milieu und glänzte bereits 6jährig als Steptänzer. Sein rhythmisches Talent übertrug R. mit 11 Jahren auf das Schlagzeug, das er seit 1937 in zahllosen Bands namhafter Jazz-Musiker mit unerhörter Virtuosität von seiner Begleiterrolle befreite. R. vereinte im Spiel die vollendete Koordination von Händen und Füßen mit einem sicheren Sinn für Tempo und Balance. Er spielte u. a. mit Charlie Parker, Dizzie Gillespie und Thelonious Monk und brachte es seiner auch visuell faszinierenden Auftritte wegen zu einer eigenen Fernsehshow. Ab 1966 leitete er eine eigene Big Band im Geiste klass. Swing-Ensembles und spielte in kleineren Combos unter eigenem Namen. 1979 erhielt R. von der Berkeley School of Music einen Ehrendoktortitel. Grundlagen seines Spiels veröffentlichte R. in div. Lehrbüchern. Zu seinen wichtigen LPs zählen *Swinging New Big Band* (1966–70), *Tuff Dude* (1974), *Speak No Evil* (1976) und *Buddy Rich Orchestra* (1981).

Richard, Cliff (eig. Harry Roger Webb), *14.10.1940 Lucknow (Indien); brit. Sänger. Nachdem R. 1958 mit *Move It*, seiner ersten von mittlerweile über 100 Singles, in typischer Rock 'n' Roll-Manier debütiert hatte, vollzog er schon ein Jahr später die Kehrtwendung zum wohlerzogenen Sunny Boy, fernab von Aufbegehren und Rebellenattitüde. Begleitet von den *Shadows*, verbuchte er 1959 mit der Beat-Ballade *Living Doll* den ersten Megahit, Dutzende von Chart-Plazierungen sollten in den nächsten vier Dekaden folgen. Passend zu seinem Bekenntnis zum Christentum 1963 waren seine Songs: im besten Sinne simple, eingängige Schlager – beseelt von Moral und Optimismus, quasi tönende Kontrapunkte zum Selbstverständnis des Rock 'n' Roll-Lifestyle. Seinen Glauben vertrat R. auch in Predigten und beteiligte sich an Spendenaktionen und Wohltätigkeitsveranstaltungen in Kirchen und Schulen. Bis in die 90er Jahre hinein verfolgte R., unter soundtechnischen Zugeständnissen an den Zeitgeist, überaus erfolgreich seine musikalische Linie. Zu seinen größten Erfolgen zählen *We Don't Talk Anymore* (1979) und *Saviour's Day* (1990). Wichtige LPs sind *The Young Ones* (1961), *Power to all friends* (1973), *The Album* (1993), *Songs From Heathcliff* (1995), *Real As I Wanna Be* (1998) und *Wanted* (2001).

Richie, Lionel, *20.6.1949 Tuskegee (Alabama), afroamerik. Pop- und Soul-Sänger. Nach seinem Ausscheiden bei der Motown-Gruppe *Commodores* 1982 steuerte R. eine der steilsten Karrieren der Pop-Geschichte an. Als Spezialist für einschmeichelnd vorgetragene Balladen erreichte er mit den Hits *Endless Love* (1981 im Duett mit Diana Ross), *All Night Long* (1983) und *Hello* (1984) ein überwiegend hellhäutiges Millionenpublikum. 1985 schrieb R. gemeinsam mit Michael Jackson die Single *We Are the World*, deren Gewinne an Hunger und Unterversorgung leidenden afrikanischen Staaten zufließen sollten. Stars wie Bruce Springsteen und Bob Dylan gaben dem Projekt ihre Stimme. Nach der LP *Dancing on the Ceiling* (1986) wurde es ruhig um R. Mit Ende einer gesundheitlich bedingten Kreativpause knüpfte er 1992 an alte Erfolge an. *My Destiny* war ein weiterer Balladen-Hit für R. Im Jahr 2000 erregte R. reges Medieninteresse mit dem Album *Renaissance*, drei Jahre später folgte *Just For You*. Seine erfolgreichsten Alben sind: *Lionel Richie* (1982), *Can't Slow Down* (1983) und *Back to Front* (1992).

Richman, Jonathan, *16.5.1951 Boston (Massachussetts), amerik. Sänger, Gitarrist und Songschreiber. Beeindruckt von den Live-Shows der frühen → *Velvet Underground*, formierte R. Ende der 60er Jahre seine Band *The Modern Lovers* und präsentierte erste Songs vor kleinem Publikum. 1972 ging er, betreut von John → Cale, an die Arbeit für ein Debüt-Album, Uneinigkeiten mit Cale verhinderten die Veröffentlichung. Die Songs erschienen erst 1976 in neuer Version beim amerik. Berserkley-Label, zu dessen Stars R. damals zählte. Seine naiven Folk-Rock-Lieder mit ihren skurrilen Themen gelangten in die Charts: *Roadrunner* und *Egyptean Reggae* erreichten 1977 die Top 10. Mit wechselnden Begleitern oder als Solo-Entertainer widmete sich R. in den folgenden Jahren seinen charmanten, sympathisch simpel gehaltenen Songs. In dieser Manier bearbeitete er u. a. Vorlagen aus Country and Western (LP *Jonathan Sings Country*, 1990) und besang eine Platte mit eigenen Songs in spanischer Sprache. Einige seiner LPs sind *Jonathan Richman and The Modern Lovers* (1976), *Rock 'n' Roll with The Modern Lovers* (1977), *Rockin' and Romance* (1985), *I, Jonathan* (1992), *I'm So Confused* (1998), *Her Mystery Not Of High Heels And Eye Shadow* (2001) und *Not So Much To Be Loved As To Love* (2004).

Ritenour, Lee, *11.1.1952 Los Angeles; amerik. Jazz- und Rock-Gitarrist. R. erhielt als Kind Gitarrenunterricht und vertiefte seine Fertigkeiten später u. a. bei Joe → Pass. Nach dem Universitätsstudium spielte R. in div. Bands, bevor er 1974 mit der. Big Band des brasilianischen Orchesterchefs Sergio Mendez auf Tournee ging. Neben vielseitigen Verpflichtungen als Top-Studiomusiker (u. a. für Herbie Hancock, Stanley Clarke und Sonny Rollins) fand R. auch Zeit für Eigenproduktionen, die v. a. Mitte der 70er Jahre, auf dem Höhepunkt der Jazz-Rock-Mode, seinen Namen bekannt machten. Flüssige Melodien und kühle Technik verbindet R. in seinen Fusion-Kompositionen wie *Captain Fingers* (1977) zu einem Spiel von popverwandter Eingängigkeit. Dennoch liegen R.s Wurzeln im Jazz, wie er auf *Wes Bound* (1992), einem Tribut für den Gitarristen Wes Montgomery, in Erinnerung brachte. Einige seiner besten LPs sind *Banded Together* (1984), *Earth Run* (1986), *Stolen Moments* (1990), *Larry and Lee* (1995, mit Larry Carlton), *Alive In L. A.* (1997), *This Is Love* (1998) und *Overtime* (2005).

Roach, Max (Maxwell), *10.1.1925 Brooklyn (New York); amerik. Jazzmusiker (Schlagzeuger, Bandleader, Komponist). Er gehörte in den 40er Jahren zu den Bebop-Avantgardisten um Charlie Parker und Dizzy Gillespie, beteiligte sich dann in den 50er Jahren wesentlich am Hardbop und dokumentierte dies besonders eindrucksvoll mit seinem Quintett von 1954–56, zu dem Clifford Brown und später auch Sonny Rollins gehörten. In dieser Zeit schuf er Stücke mit bis dahin im Jazz nicht üblichen – ungeraden Metren und behandelte das Schlagzeug auch als Melodieinstrument, ferner wandte er mit Drumensembles als einer der ersten eine Verschmelzung von Jazz mit afrikanischer Perkussion an. Seit 1971 ist R. Musiklehrer, tritt aber auch mit Gruppen auf, die Modern Jazz und Negro spirituals zu einer neuen Synthese verbinden; viel beachtet wurden seine Duos mit dem Free Jazz-Musiker Archie Shepp. R. gehört zu den schärfsten Kritikern der Rock music, in der er eine Verdummungstendenz feststellt. Als Komponist trat er bes. mit seiner Suite *Freedom Now* (1960) hervor, die den Weg des schwarzen Amerikaners von der Sklaverei bis zur Gegenwart in einer grandiosen Mischung aus Hardbop und afrikanischer Perkussivität beschreibt. In den 90er Jahren schrieb R. ein Konzert für Schlagzeug-Solo und Orchester, das mit großem Erfolg aufgenommen wurde.

Robinson, Smokey (eig. William R.), *19.2.1940 Detroit (Michigan); amerik. Soul-Sänger und Songschreiber. In den 50er Jahren formierte R. mit Freunden das Gesangsensemble *The Miracles*, das

1958 unter den ersten Künstlern des von B. Gordy gegründeten Motown-Labels war. R.s Talent als Songschreiber, Arrangeur und Interpret verhalfen der jungen Firma maßgeblich zu ersten Hit-Erfolgen. Der von R. und den *Miracles* aufgenommene Song *Shop Around* war 1961 der erste Single-Hit für Motown. In der Folge schrieb R. auch für Mary Wells (*My Guy*), *The Temptations* (*Get Ready*) und *The Supremes*. Mit den *Miracles* brachte R. in perfekt choreographierten Live-Shows Hits wie *Tracks of my Tears, I Second that Emotion, Going to a GoGo* und *Tears of a Clown* auf die Bühne und in die Charts. Ab 1972 wandte sich R. einer Solo-Karriere zu und verfeinerte seinen weichen Sopran auf LPs wie *Smokey* (1973) und dem ambitionierten, jazzbeeinflußten Album *A Quiet Storm* (1975). Bis in die 80er Jahre hinein veröffentlichte R. konstant neue Werke von unterschiedlicher Qualität; mit *Being with You* gelang ihm 1981 ein Hit, an die Triumphe der 60er Jahre konnte der Sänger indes nicht anknüpfen. Zu R.s wichtigsten Arbeiten zählen die Motown-Platten mit den *Miracles* und die Solo-LPs *Where there's Smoke ...* (1979), *Being with You* (1981) und *One Heartbeat* (1987). 1987 wurd R. in die Rock 'n' Roll Hall Of Fame aufgenommen. Für sein Lebenswerk erhielt er 1989 einen Grammy.

Rogers, Kenny (eig. Kenneth David R.), *21.8.1938 Houston (Texas); amerik. Country- und Pop-Sänger. Trotz wenig flexibler Stimme gelang R. mit weichen, gefühligen Balladen, die seiner Musik nicht selten den Vorwurf banalen Wohlklangs eintrugen, eine Weltkarriere. Nach ersten musikal. Aktivitäten bei *The Scholars, New Christy Ministrels* und *First Edition*, mit denen ihm durch Songs wie *Just Dropped In (To See What Condition My Condition Was In)* (1968) oder *Something's Burning* (1970) erste Hits geglückt waren, begann R. Mitte der 70er Jahre seine Solokarriere. Diese brachte ihn mit Stücken wie *Lucille* (1977), *She Believes in Me* (1977), *Coward of the Country* (1979), *Lady* (1980) oder *I Don't Need You* (1981) mehrfach in die int. Charts. Auch Duette mit zahlreichen Sängerinnen, darunter *Island in the Stream* mit Dolly Parton (1983), *We've Got Tonight* (1983) mit Sheena Easton, *Don't Fall in Love with a Dreamer* (1980) mit Kim Carnes, waren kommerziell sehr erfolgreich. Nebenbei wirkte R. in zahlreichen Filmen mit, darunter *The Gambler, Coward of the Country* und *Six Pack*. Div. Zusammenstellungen wie *25 Greatest Hits* (1987) geben einen Überblick über sein Werk.

Rolling Stones, 1962 in London gegründete und heute noch bestehende engl. Rockgruppe, die in folgender Besetzung begann: *Mick Jagger* (eig. Michael Philipp J.,*26.7.1943), Gesang, *Keith Richard* (eig. K. Richards, *18.12.1943), Gitarre, *Bill Wyman* (eig. William Perks, *24.10.1941), Baßgitarre, *Charlie Watts* (eig. Charles Robert W., *2.6.1942), Schlagzeug und *Brian Jones* (eig. Lewis B. Hopkin-J., *28.2.1942, † 2.7.1969), Gitarre. Nach Jones' Tod trat *Mick Taylor* (*17.1.1949) der Band als zweiter Gitarrist bei; er wurde 1974 durch *Ron Wood* (*1.6.1947) ersetzt. – Ausgehend vom harten, aggressiven Rhythm & Blues fanden die R. S. in den 60er Jahren zu einer eigenständigen, gewollt »schwarzen« und primitiven musikalischen Gestaltung, für die u. a. riffartige vokale und instrumentale Melodien, simple tonale Harmonik und ein peitschender, die schweren Taktzeiten betonender Rhythmus charakteristisch waren. Die Musik diente der Begleitung und Ausdeutung von Texten, die pronünciert Unbehagen über gesellschaftliche Mißstände artikulierten. Die R. S. wurden so Symbolfiguren der Jugendrevolte jener Jahre. Sie verursachten manchen Skandal und galten in der Rock-Musik als Antipoden der *Beatles*, deren künstlerischer Entwicklung sie indes bisweilen folgten. – In den 70er Jahren wandte sich die Band vom direkten sozialen Protest ab und pflegte einen häufig als dekadent bezeichneten Stil, den vor allem das vokale Timbre und die Exzentrik M. Jaggers, ihrer dominierenden Persönlichkeit, prägte. Die Songs der R. S. haben zum größten Teil M. Jagger und K. Richard verfaßt; zu den bekanntesten zählen *The Last Time*, *Satisfaction*, *Mother's Little Helper*, *As Tears Go By*, *Let's Spend the Night Together*, *Jumpin' Jack Flash*, *Honky Tonk Women*, *Street Fighting Man* und *Sympathy for the Devil*. 1991 verließ Bassist Bill Wyman die R. S. und wurde nicht mehr ersetzt. Wyman lieferte mit seinem Buch *Stone Alone* einen intimen Einblick in die skandalumwitterte Band. Für ihn kamen jetzt wechselnde Musiker zum Einsatz. Ihr 40jähriges Band-Jubiläum feierten die R. S. mit einer gigantischen Welttournee, die sie in den Jahren 2002 bis 2003 noch einmal mit riesigem Bühnenaufwand in die großen Stadien führte. Die wichtigsten Alben der R. S. sind: *The Rolling Stones* (1964), *Aftermath* (1966), *Between The Buttons* (1967), *Their Satanic Majesties Request* (1967), *Beggar's Banquet* (1968), *Let It Bleed* (1969), *Get Yer Ya-Ya's Out* (1970), *Sticky Fingers* (1971), *Exile On Main Street* (1972). *It's Only Rock And Roll* (1974), *Tatoo You* (1981), *Undercover* (1983), *Steel Wheels* (1989), *Vodoo Lounge* (1994), *Bridges To Babylon* (1997), *No Security* (1998) und *Live Licks* (2004).

Rollins, Henry, *13.2.1961 Washington (D.C.); amerik. Sänger, Autor und Schauspieler. Neben Jello Biafra ist der charismatische R. die umtriebigste Figur der US-Hardcore-Szene. Als Kind kam er mit den Jazzvorlieben seiner Mutter in Kontakt, ein Konzert der *Bad Brains* entfachte 1979 seine Leidenschaft für Hardcore-Punk. 1981–86 war er Sänger der US-Hardcore-Legende *Black Flag* und begann 1983 mit seinen Spoken-Word-Performances, die er auch auf div. CDs veröffentlichte. 1984 gründete er den Buchverlag *2.13.61* und publizierte Werke von Exene Cervenka (Sängerin der Band *X*), *Iggy Pop* und eigene, zumeist autobiographisch gefärbte Kurzgeschichten (z. B. *Black Coffee Blues*, 1993). Nach dem Ende *Black Flags* debütierte er auf dem von Punk und Metal beeinflußten *Hot Animal Machine* (1986) als Solist, von 1987 an spielte er zusammen mit Gitarrist Chris Haskett, Andrew Weiss, Baßgitarre (später ersetzt durch Melvin Gibbs) und Sim Cain, Schlagzeug, unter dem Namen *The Rollins Band*. Vereinzelt spiegelten sich bald auch R.s frühe Jazz- und Funkeinflüsse im metallischen Sound der Band wider. 1993 debütierte er in *The Chase* (u. a. mit Charlie Sheen) als Schauspieler. Wichtige LPs des Sängers sind *Damaged* (1981, mit *Black Flag*), *Life Time* (1987), *The End of Silence* (1992), *Weight* (1994, mit *The Rollins Band*), *Come In And Burn* (1997), *Get Some Go Again* (2000) und *Nice* (2001).

Rollins, Sonny (eig. Theodore Walter), *7.9.1929 New York; amerik. Jazzmusiker (Tenorsaxophon) und Bandleader. Er spielte Ende der 40er und Anfang der 50er Jahre mit vielen Größen des Bebop zusammen, gewann dann Mitte der 50er Jahre als Hardbopmusiker überragende Bedeutung. 1956–57 spielte er im jazzgeschichtlich bedeutsamen Quintett von Max Roach, seither hat er meist eigene Gruppen, von denen ein Trio mit dem Gitarristen Jim Hall und 1963 eine Gruppe mit dem avantgardistischen Trompeter Don Cherry besonders erwähnenswert sind. Im Laufe der 70er Jahre zeigte R. gelegentlich eine Neigung zum Jazz Rock. R. hat die rauhes voluminöse Spielweise von Coleman Hawkins in den Modern Jazz übertragen und zahlreiche Tenorsaxophonisten beeinflußt. Weitere Kennzeichen seines Stils sind starke Dynamik, ausgeprägtes Rubato, gewagte Motivverarbeitung, expressives Staccato und rhythmische Komplexität. Sein *Konzert für Saxophon u. Orchester* wurde 1986 uraufgeführt. Trotz seiner Offenheit für Rock und Rhythm & Blues blieb R. in seiner Spielweise dem Jazz treu. Bis weit in die 00er Jahre gehörte er zu den gefragtesten Saxophonisten überhaupt.

Ronstadt, Linda, *15.7.1946 Tucson (Arizona); amerik. Sängerin. Aufgewachsen mit Country-Musik und Rock 'n' Roll, sang R. in jungen Jahren mit ihren Geschwistern als *New Union Ramblers*, dann bei den *Stone Poneys*, die von Ex-*Monkees*-Mitglied Michael Nesmith produziert wurden. 1969 erschien R.s Solo-LP *Hand Sown, Home Grown* mit Südstaaten-Rock; für *Silk Purse* ging R. 1972 in die puristische Country-Hauptstadt Nashville, nahm später aber auch Songs gänzlich genrefremder Autoren wie Tim Buckley oder Elvis Costello auf. Damit wies sich R. als vielseitige Interpretin aus, der Kritiker trotz makellosem Vortrag eine oft zu unbekümmerte Distanz zur musikalischen Vorlage nachsagten. Ihre LPs waren dennoch Millionenerfolge. In den 80er Jahren arbeitete R. gemeinsam mit unterschiedlichen Künstlern wie Neil Young und Aaron Neville, sang Broadway-Schlager und Evergreens im Geiste Frank Sinatras. Eine der bedeutendsten Arbeiten dieser Zeit war *Trio* (1987) mit den Country-Stars Emmylou Harris und Dolly Parton. Ihren mexikanischen Wurzeln zollte R. mit spanisch besungenen Platten Tribut. Zu ihren wichtigen Alben gehören *Heart Like a Wheel* (1974), *Different Drum* (1974), *Living in the USA* (1980), *Lush Life* (1984), *Mas Canciones* (1992), *Feels Like Home* (1995) und das Weihnachtsalbum *A Merry Little Christmas* (2000). 2004 versuchte sie auf *Hummin' To Myself* ein halbherziges Comeback als Jazzsängerin.

Ross, Diana, *26.3.1944 Detroit (Michigan); amerik. Soul- und Pop-Sängerin. Als Schützling von Berry Gordy, Gründer der Plattenfirma Motown und als erste Stimme des erfolgreichen Soul-Trios → *The Supremes* gelang R. in den 60er Jahren eine der größten Pop-Karrieren aller Zeiten. Ab 1970 baute Gordy die Sängerin – der Firmen-Philosophie gemäß mit Blick auf den weißen Publikumsgeschmack – als Solistin auf. R. hatte eine eigene Fernsehshow, spielte in dem Film *Lady Sings the Blues* die Sängerin Billie Holiday und sang in Musicals wie *Mahogany* (1975) und *The Wiz* (1977). Ihre zahlreichen LPs enthielten Hits wie *Reach Out, Ain't No Mountain High Enough* oder *Love Hangover.* 1980 schufen ihr die Produzenten Nile Rodgers und Bernard Edwards von der Band *Chic* ein neues Umfeld, indem sie R.s sanfte Sopranstimme mit kantigen Disco-Beats konfrontierten: Die LP *Diana* und die Single *Upside Down* wurden zu Klassikern. 1981 trennte sich R. von Motown. Auf weiterhin erfolgreichen LPs zeigte sie Gespür für musikalische Trends, bewies aber immer wieder Treue zu ihren Blues- und Soulwurzeln, wie die Alben *Red Hot Rhythm and Blues* (1987) und *Live ...Stolen Moments* (1993) bewiesen. Weitere LPs der Sängerin sind *I' m Still Waiting* (1971), *Diana and Marvin* (1973, mit Marvin Gaye), *The Boss* (1979), *Workin' Overtime* (1989), *Take Me Higher* (1995) und *Every Day Is A New Day* (1999).

Roth, David Lee, *10.10.1955 Bloomington (Indiana); amerik. Rock-Sänger. Der Hardrocker war schon immer ein Meister der Selbstinszenierung. Seine

Bühnenshow geriet durch akrobatische Einlagen fast zur Zirkusshow. Das starke Ego des Sängers führte dazu, daß er 1984 die erfolgreiche Hardrock-Band *Van Halen* verließ und sich fortan einer Solokarriere widmete. Ihm zur Seite stand mit Steve Vai ein erfahrener Musiker, der vorher lange mit Frank Zappa gespielt hatte. Doch zunächst waren es mit *California Girls* (1985) und *Just a Gigolo* (1986) Coverversionen, die R. zu großen Hits verhalfen. Für Gesprächsstoff sorgte 1986 auch R.s Versuch, Eddie und Alex Van Halen zu hindern, weiterhin unter dem Namen *Van Halen* aufzutreten. Dies mißlang ihm, was ihn immer wieder zu rüden Attacken gegen seine ehemaligen Freunde herausforderte. Davon abgesehen konnte sich R. in den 80er Jahren als Solokünstler etablieren. Seine Alben erreichten in den USA Platinstatus. In den 90er Jahren sank sein Stern, während die Bandkollegen von *Van Halen* weiterhin Erfolge feierten. R. veröffentlichte bislang 6 Alben: *Eat 'em and Smile* (1986), *Skyscraper* (1988), *A Little Ain't Enough* (1991), *Your Filthy Little Mouth* (1994), *Crazy from the Heat* (1995) und *DLR Band* (1998). Eine Reunion mit *Van Halen* scheiterte 2001 an einer Krebsdiagnose Eddie Van Halens.

Roxette, schwedisches Pop-Duo, bestehend aus *Per Gessle* (*12.2.1959 Halmstad), Gitarre und Gesang, und *Marie Fredrikson* (*29.5.1958 ebd.), Gesang. Mit 25 Mio. verkauften Platten sind R. Schwedens erfolgreichster musikalischer Exportartikel seit →*Abba*. Nachdem Gessle und Fredriksson jeweils zwei Soloalben mit mäßigem Erfolg veröffentlicht hatten, taten sie sich 1986 auf Geheiß des Ex-*Abba*-Managers Thomas Johannson zum Duo R. zusammen. Ebenso eingängig wie abwechslungsreich schaffte das Duo 1988 mit *The Look* vom zweiten Album *Look Sharp* den weltweiten Durchbruch; *Listen to Your Heart* und *It Must Have Been Love* (Soundtrack-Beitrag zu *Pretty Woman*) waren weitere Welthits. Anfang der 90er schwand die Popularität der beiden in den Staaten, in Europa war ihre Zugkraft weiterhin ungebrochen. Nach einer Welttournee und anschließender Schwangerschaftspause Marie Fredriksons veröffentlichten R. mit *Crash! Boom! Bang!* ein weiteres Erfolgsalbum, in bewährter Mischung aus Hymnisch-Balladeskem und temporeicheren Rock-Songs, wobei *Sleeping in My Car* ein bemerkenswerter Single-Hit wurde. Weitere wichtige R.-LPs sind *Pearls of Passion* (1986), *Joyride* (1991), *Tourism* (1992), *Don't Bore Us – Get To The Chorus* (1995), *Baladas En Espaniol* (1996), *Have A Nice Day* (1999) und *Room Service* (2001).

Roxy Music, engl. Pop-Band, 1972 in London gegründet mit *Bryan Ferry* (*26.9.1945), Gesang, Keyboards, *Brian Eno* (*15.5.1948), Synthesizer, *Andrew Mackay* (*23.7.1946), Saxophon und Oboe, *Phil Manzanera* (*31.1.1951), Gitarre, *Paul Thompson* (*13.3.1951), Schlagzeug, und dem Bassisten *Graham Simpson* (später: *John Porter*, *John Gustafson*). Nur eine Single, *Virginia Plain*, und ihr Debüt-Album *Roxy Music* machten die Band 1972 sofort berühmt. Von Erfahrungen in der Kunst- und Avantgarde-Szene geprägt, öffneten die Musiker ihre Songs für elektronische Verfremdungen und Zitate aus traditionellem Rock 'n' Roll, Gospel oder Country-Music. Als Eno R.M. 1973 verließ (für ihn kam Multiinstrumentalist *Edwin Jobson*, *28.4. 1955), verlor die Musik ihren experimentellen Charakter. Dennoch bewiesen weitere Produktionen (*Street Life*, *Love Is the Drug*) das hohe Niveau von intelligent mit den Regeln des Pop-Songs spielenden Künstlern. Während Amerika sich dem komplexen Konzept verschloß, genossen R.M. in

Europa die kultische Verehrung eines Publikums, das die wechselnden Images – Ferry erschien z. B. als Gigolo im Smoking – genau kopierte. 1975 ging die Band auseinander und kam erst 1979 für die LP *Manifesto* wieder zusammen. Reduziert auf das Team Ferry, Mackay und Manzanera, fanden R. M. zu einem eleganten, romantischen Sound. Die Hits *More Than This* und *Avalon* setzten einen glanzvollen Schlußpunkt hinter ihre Karriere. Ab 1983 wandten sich alle Mitglieder wieder Solo-Projekten zu. Für viele engl. Gruppen der 80er und 90er Jahre (u. a. *ABC*, *Tindersticks*) bildeten R. M. einen starken Einfluß. Rock-Chronisten erkannten in R. M. »die erste postmoderne Pop-Band«. Wichtige LPs der Band sind *For Your Pleasure* (1973), *Stranded* (1973), *Country Life* (1974) und *Siren* (1975). 2005 kam es anläßlich Ferrys 60. Geburtstag zu einer erneuten Auferstehung von R. M.

Rubalcaba, Gonzalo, *27.5.1963 Havanna (Kuba); Jazzpianist. R. wuchs in einer musikalischen Familie auf. Mit seinem Vater, Pianist Guilermo R., spielte er in früher Kindheit Perkussion, mit acht Jahren erhielt er klassischen Klavierunterricht. Während seiner musikalischen Ausbildung am Konservatorium und am Institut der Schönen Künste in Havanna spielte er als Jazzpianist in diversen Clubs. 1983 ging er mit dem *Orchesta Aragon* auf Tournee, 1985 stellte er seine eigene *Grupo Proyecto* bei den Berliner Jazztagen vor. 1986 machte er in Havanna Aufnahmen mit Charlie Haden. In dessen Trio zusammen mit Paul Motian trat er 1989 beim Festival in Montreal (Live CD: *The Montreal Tapes*), 1990 in Montreux auf. In den 90er Jahren brachte er im Trio bzw. Quartett mehrere erfolgreiche Alben heraus: *The Blessing* (1991), *Imagine* (1994), *Inner Voyage* (1998, mit Michael Brecker). Seine Platte *Supernova* (2001) wurde mit dem Latin Grammy ausgezeichnet, einer von vielen Preisen, die R. in seiner Karriere erhielt. 2004 erschien sein Album *Paseo*, welches u. a. Bearbeitungen von traditionellen kubanischen Liedern enthält. R. bereichert die Jazzwelt mit seinem rhythmisch komplexen Klavierspiel, welches die Wurzeln der afrokubanischen Musik jazzstilistisch reflektiert. Weitere Platten: *Antiguo* (1997, mit dem *Cuban Quartet*), *Nocturne* (2000, mit Charlie Haden).

Rumpf, Inga, *2.8.1948 Hamburg; dt. Sängerin. Die Tochter eines Seemanns begann ihre Karriere 1965 als Sängerin der *City Preachers*. 1970 nahm sie mit *I. D. Company* ihre erste Platte auf. Im selben Jahr gründete sie mit Carsten Bohn, Karl Heinz Schott und Jean Jacques Kravetz die in der Bundesrepublik sehr populären Rock-Band *Frumpy*. 1972 löste sich die Band auf, R. und ein Teil der Besetzung gingen in der ebenfalls erfolgreichen Soul-Band *Atlantis* auf. Die Frankfurter Allgemeine Zeitung bezeichnete R. mit ihrer tiefen und klaren Stimme damals als »größtes Individualtalent der bundesdeutschen Rockszene«. 1976 tourte R. mit dem *Jochen-Brauer-Sextett* durch Rußland. Im selben Jahr gewann sie den »Coup d'Europe Musical« in Österreich. 1978 erschien das Album *My Life Is Boogie* und festigte R.s Ruf als Deutschlands Rock-Lady Nr. 1. 2 Jahre später reiste sie nach New York und nahm dort das viel beachtete Album *I Know Who I Am* auf. Das Album präsentierte, neben Eigenkompositionen, auch Coversongs wie *Roxanne* von Police. In den 80er Jahren widmete R. sich mehr dem Jazz, verlor aber dadurch ihre Popularität bei den Massen. Die wieder aktivierte Zusammenarbeit mit den Bandkollegen von *Frumpy* sorgte 1995 für das Live-Album *Frumpy 1995*. Zu ihren übrigen Produktionen gehören *Second Hand-Mädchen* (1975), *Reality* (1981), *Lieben, Leiden, Leben* (1984), *Two Is One*

(1986), *Fifty Fifty* (1994, mit dem *Joja Wendt Quartett*), *Open Up Your Door* (1994), *In The 25th Hour-Nullviernull* (1996) und *At Lloyd's* (1997, mit dem *Joja Wendt Quartett*). Eine Überblick über die größten Erfolge von R. gibt das Album *The Best Of All My Years – So Far* (1997).

RUN DMC, amerik. HipHop-Trio, das 1983 von *Run* (eig. Joseph Simmons, *24.11.1966), *DMC* (eig. Darryl McDaniels, *31.5.1964) und *Jam Master Jay* (eig. Jason Mizell *21.1.1965) im New Yorker Vorort Hollis gegründet wurde. Runs Erfahrung als Solo-Rapper und die Beziehungen seines Bruders Russel S. (Gründer des wichtigen DefJam-Labels) führten zum raschen Erscheinen der Singles *It's Like That/Sucker MCs* und *Hard Times*. Neben den witzigen, sozialkritischen Texten stach v. a. der Einsatz von Rock-Elementen hervor. Ihr Album *King of Rock* und die Single *Walk This Way* (mit der Hardrock-Band *Aerosmith*) waren Meilensteine der zweiten Rap-Welle. Mit *My Adidas* (1986) legte das Trio den Mode-Code des HipHop auf Jahre hinaus fest. Der Aufstieg der Band ist in dem halbbiographischen Film *Krush Groove* (1985) ironisch dokumentiert. Als ab 1987 Bands wie → *Public Enemy* der jungen HipHop-Kultur eine neue Richtung vorgaben, verloren *Run DMC* an Geltung. Erst 1993 erschien wieder ein diskutables Werk, auf dem Stars der jüngeren Generation (u. a. Pete Rock, *A Tribe Called Quest*) den einflußreichen Veteranen durch Gastbeiträge Tribut zollten. Weitere LPs der Band sind *Run DMC* (1984), *Tougher Than Leather* (1987), *Back from Hell* (1990), *Down With The King* (1993) und *Crown Royal* (2001).

Rushing, Jimmy (James Andrew), *26.8.1903 Oklahoma City (Oklahoma), † 8.6.1972 New York; amerik. Jazzsänger. R. trat seit 1925 als Bluessänger auf, war 1935–50 bei Count Basie engagiert und trug dort als Meister des modernen Jazzblues wesentlich zum Profil der Band bei. Von 1950 an bis in die 60er Jahre unternahm R. fortlaufend Tourneen mit wechselnden Besetzungen, u. a. auch mit den Bands von Basie und Benny Goodman und eigenen Formationen. Er schrieb die Texte zu *Good Morning Blues* und *Goin' to Chicago Blues*.

Russell, Pee Wee (Charles Ellsworth), *27.3.1906 St. Louis (Missouri), † 15.2.1969 Alexandria (Virginia); amerik. Jazzmusiker (Klarinette). Er spielte Mitte der 20er Jahre mit Bix Beiderbecke und Frank Trumbauer, später mit Musikern des Chicago-Jazz wie Red Nichols, Bud Freeman, Bobby Hackett und Eddie Condon. In den 50er und 60er Jahren trat er meist mit den Gruppen von Eddie Condon und George Wein auf. R. war ein origineller Vertreter des alten Dixieland. Kennzeichnend für seinen nicht virtuosen, aber ausdrucksstarken Stil war bes. der Wechsel von Growltönen und harten Attacken. R. hat auch Kompositionen des Modern Jazz, u. a. von Thelonious Monk und Ornette Coleman, interpretiert.

Ryder, Mitch (eig. William Sherille Levise), *26.2.1945 Detroit; amerik. Rock-Sänger. William Sherille Levise suchte 1965 auf eine einfache Weise den Namen für seine Band aus, indem er einfach ins Telefonbuch tippte. Als *Mitch Ryder & The Detroit Wheels* eroberte die Rhythm & Blues-Gruppe mit den Alben *Take a Ride* (1966) und *What Now My Love* (1967) die Charts. 1967 ging R. als Solokünstler nach Las Vegas, was ihn in den Augen seiner Fans als Rocker unglaubwürdig erscheinen ließ. Die Plattenverkäufe gingen daraufhin rapide zurück, und die Karriere von R. bekam einen Knick. Nur in der Bundesrepublik blieb dank des fulminanten Auftritts

1979 in der *Rockpalast Nacht* eine treue und größere Fangemeinde zurück. Als einer der ersten westlichen Künstler durfte er 1988 ein Live-Konzert in der DDR mitschneiden, was daran lag, daß R. aus seiner kritischen Haltung gegenüber der Reagan-Regierung nie einen Hehl gemacht hatte. Der Song *I' m From America* (*He's Not My President*) war das beste Beispiel dafür. Andere Produktionen von R. waren *Like a Rolling Stone* (1988), *In the China Shop* (1986), *Red Blood White Mink* (1988), *Rite of Passage* (1994) und *Monkey Island* (1999, mit *King Chubby*).

S

Sade (eig. Folasade Adu), *16.1.1959 Ibadan (Nigeria); nigerianische Soul- und Jazz-Sängerin. 1964 siedelte die Tochter einer Britin und eines Nigerianers zusammen mit ihrer Mutter nach Großbritannien über, wo sie später Kunst studierte und als Fotomodell arbeitete. Ab 1981 sang sie in der Latin-Band *Ariva* und erhielt 1983 einen Solo-Vertrag mit der Plattenfirma Epic. Mit ihrem Debüt *Diamond Life* (1984) gehörte S. neben Bands wie *Working Week* oder *Style Council* zu den erfolgreichsten Protagonisten eines Soul- und Jazz-Revivals, das Mitte der 80er die britischen Inseln erfaßt hatte. In Stücken wie *Your Love is King* oder *Smooth Operator* sang sie mit dunklem, weichem Timbre zu einer Mixtur aus sanften Soulklängen, Latinadaptionen und Cocktailbar-Jazz. Die nachfolgenden Veröffentlichungen bescherten ihr bis 1988 sowohl dies- als auch jenseits des Atlantiks anhaltenden Erfolg. Einen anschließenden Rückzug vom Showgeschäft beendete sie 1992 erfolgreich, mit einer Best-of-Compilation erreichte sie 1994 die amerikanischen Top 5. Zu ihren LPs zählen *Diamond Life* (1984), *Promise* (1985), *Stronger than Pride* (1988), *Love Deluxe* (1992), *The Best of Sade* (1994). Mit dem Album *Lovers Rock* und einigen eindrucksvollen Konzerten meldete sich S. im Jahr 2000 erneut zurück ins Showgeschäft. Daß sie in der Pause nichts von ihrer Ausstrahlung eingebüßt hat, beweist das Live-Album *Lovers Live* (2002).

Sam and Dave, amerik. Soul-Duo. Die ehemaligen Gospel-Sänger *Sam Moore* (*12.10.1935 Miami) und *David Prater* (*9.5.1937 Ocilla, †9.4.1988) lernten sich Ende der 50er Jahre bei einem Auftritt in Miami kennen und nahmen als *Sam & Dave* von 1960 bis 64 für das Roulette-Label auf. Als sie ab 1965 bei Stax-Records von dem Autorengespann Isaac → Hayes und David Porter betreut wurden, gelangen ihnen Soul-Hits wie *You Don't Know Like I Know* (1966), *Soul Man* (1967), *Hold on, I' m Coming* (1968) und *Soul Sister, Brown Sugar* (1969). Das privat verfeindete Duo harmonierte musikalisch: M.s rauhe Stimme stand im perfekten Kontrast zu P.s hoher u. klarer Tonlage. Das Schlagwort »Double Dynamite« charakterisierte ihre explosive Liveshow. M. und P. trennten sich 1970 und traten beide – jeweils mit anderen Partnern – weiter als S. & D. auf. Durch den Musik-Film *Blues Brothers* (1979) mit *Hold on* … im Soundtrack wieder ins Gespräch gebracht, kamen M. und P. noch einmal zusammen. Einen späten Hit hatte M. 1986 mit einer Neuversion von *Soul Man* – hier im Duo mit Lou → Reed. P.s Tod 1988 machte eine Wiedervereinigung unmöglich. LPs des Duos sind *Hold On* (1966), *Soul Men* (1967) und die Anthologie *Sweat 'n' Soul* (1993).

Sanborn, David, *30.7.1945 Tampa (Florida); amerik. Saxophonist. S., der in den 70er Jahren neben Michael → Brekker zum gefragtesten Gast-Saxophonisten bei amerik. Pop-, Soul- und Jazzproduktionen wurde, erhielt bereits als Kind Unterricht und vertiefte seine Kenntnisse, beeinflußt von Hank Crawford, an der Northwestern University. Zunächst als festes Mitglied der *Butterfield Blues Band*, später als Sideman bei James Brown, Stevie Wonder, John Lennon und den *Brecker Brothers*, erarbeitete sich S. eine glänzende Technik und einen charakteristisch singenden Ton auf dem Altsaxophon. S. zeigte sich bei experimentellen Jazz-Projekten, etwa in der *Gil Evans Big Band*, ebenso virtuos wie Mitte der 70er Jahre als Solist in David Bowies Gruppe. Zudem veröffentlichte der Wanderer zwischen Pop-Hitparade und Jazz-Avantgarde zahlreiche Solo-LPs. *Heart to Heart* (1978), *Backstreet* (1983) u.a. waren mit ihrer eingängigen Jazzrock-Fusion kommerziell höchst erfolgreich. Wichtige LPs von und mit S. sind *Young Americans* (1975, mit David Bowie), *Gil Evans Plays the Music of Jimi Hendrix* (1975), *As we Speak* (1982), *Upfront* (1992), *Pearls* (1995) und *Inside* (1999).

Sanders, Pharoah (Farrell), *13.10. 1940 Little Rock (Arkansas); amerik. Jazzmusiker (Tenorsaxophon, Bandleader). Er spielte seit 1962 bei namhaften Musikern des Avantgardejazz, wie Don Cherry und Sun Ra, trat dann 1966 der Gruppe von John Coltrane bei und wurde ein hervorragender Mitspieler von dessen ekstatisch-hymnischem Free Jazz. Nach dessen Tod (1967) stand S. im Zentrum des Interesses. In den 70er Jahren jedoch wich sein spezifisches Pathos einem gefälligen Popjazz. Das Aufgreifen der – für den Jazz neuartigen – sog. Pendelharmonik weist aber wieder auf seine avantgardistische Vergangenheit hin. Die wichtigste Alben sind *Karma* (1969), *Elevation* (1973), *Journey To The One* (1980), *Welcome To Love* (1990) und *Spirits* (2000).

Sandoval, Arturo, *6.11.1949 Artemisa (Kuba); amerik. Jazzmusiker (Trompete, Flügelhorn, Klavier). S. spielte als Autodidakt mehrere Instrumente in Kleinstadtbands, bevor er 15jährig ein klassisches Trompetenstudium an der Cuban National School of Arts aufnahm. Gleichzeitig interessierte er sich sehr für Jazz, vor allem für die Musik seines großen Vorbildes Dizzy Gillespie, dem er 1977 erstmals begegnen sollte. Als klassischer Trompeter war er Mitglied des kubanischen Orchesters für moderne Musik und gastierte beim BBC Symphony Orchestra London. Zurück in Kuba, war er Gründungsmitglied der Gruppe *Irakere*, die mit ihrem Mix aus kubanischer Folkore, Jazz, Rock und klassischen Elementen große Erfolge feierte und mit einem Grammy ausgezeichnet wurde. 1981 verließ S. *Irakere*, um eine eigene Latin Jazz-Band zu gründen, mit der er ebenfalls weltweit tourte. In den 80er Jahren wurde er mehrfach zum besten kubanischen Musiker gewählt. Er spielte drei Jahre in Dizzy Gillespies *United Nation Orchestra* und ist auf dessen ebenfalls Grammy-prämierter Platte *Live At The Royal Festival Hall* zu hören. 1990 setzte er sich von Kuba ab und erhielt politisches Asyl in den USA. Seither lebt er in Miami, seit 1998 als amerikanischer Staatsbürger. Mitte der 90er Jahre wurde er auf eine Professur an die Florida University berufen. Sein Leben war Inhalt des TV-Films *For Love And Country* (2000). Weitere Alben: *The Best Of Irakere* (1978), *No Problem* (1986), *I Remember Clifford* (1991), *Swinging* (1996), *From Havanna With Love* (2003).

Santana, Carlos, *20.7.1947 Autlan de Jalisco (Mexiko); amerik. Gitarrist. Von diversen, wechselnden Musikern unterstützt, fusionierte S. mit seiner Band *Santana* ab Ende der 60er Jahre Rock, Blues, Jazz und polyrhythmische Elemente lateinamerikanischen und afrikanischen Ursprungs. V.a. sein Auftritt beim Woodstock-Festival machte den typischen Sound aus melodieführender Gitarre und diversen Percussion-Instrumenten populär. Zu seinen Hits zählen eigene und Fremdkompositionen wie *Evil Ways* (1970), *Black Magic Woman* (1970, von Peter Green), *Oye Como Va* (1971, von Tito Puente), *Samba Pa Ti* (1974), *She's Not There* (1977, von den *Zombies*) oder *Hold On* (1982). Nebenbei nahm S. Arbeiten mit Buddy Miles, darunter das sehr erfolgreiche Konzertalbum *Carlos Santana and Buddy Miles Live* (1972), aber auch Platten mit John McLaughlin und Stanley Clarke auf. Unter seinen zahlreichen Solo-Platten ragen *Love, Devotion, Surrender* (1973, mit John McLaughlin) und *Blues for Salvador* (1988) heraus. Zu seinen wichtigsten Alben zählen *Santana* (1969), *Abraxas* (1970), *Santana III* (1971), *Lotus* (1974), *Moonflower* (1977) und *Viva Santana*! (1988). Im zu Ende gehenden Jahrtausend hatte S. schließlich ein sensationelles Comeback. Seine 1999 veröffentlichte LP *Supernatural*, auf der zahlreichen Weltstars als Gäste vertreten sind, stürmte nicht nur in der ganzen Welt an die Spitze der Hitparaden, sondern erhielt auch 9 Grammys. 2002 produzierte er nach demselben Strickmuster *The Shaman*.

Sauter, Eddie (Edward Ernest), *2.12.1914 Brooklyn (New York), †21.4.1981 Nyack (New York); amerik. Jazzmusiker (Bandleader und Arrangeur). S. begann zunächst als Trompeter in mehreren Swingbands, erregte dann als Arrangeur der Red Norvo Band Aufsehen und prägte seit 1940 mit seinen ausgefallenen Arrangements den Klang vieler Orchester, u. a von Benny Goodman und Woody Herman. Unter dem Einfluß von Stefan Volpe verband S. zunehmend Elemente zeitgenössischer Konzertmusik mit dem Jazz. 1952 gründete er zusammen mit Bill Finegan das »Sauter-Finegan Orchestra«, das von der Fachwelt bewundert, vom Musikmanagement jedoch abgelehnt wurde. 1957–59 leitete S. die Big Band des SWF in Baden-Baden, kehrte danach in die USA zurück, arbeitete dort erneut mit Finegan zusammen und war bis kurz vor seinem Tod als Arrangeur und Komponist für den Rundfunk tätig. Seine originellen Sounds und ungewöhnlichen Instrumentierungen genießen weiterhin großes Ansehen.

Sayer, Leo (eig. Gerard Hugh S.), *21.5.1948 Brighton; engl. Sänger und Songschreiber. Mit den Hit-Singles *The Show Must Go On* (1973) und *One Man Band* (1974) machte sich S. von London aus einen Namen als Autor und Interpret dramatisch gefärbter Pop-Songs. In der Maske des Clowns traf der schmächtige Sänger mit der Falsettstimme den Geist einer Zeit, in der Elemente der Zirkuswelt, des Cabarets, der Travestie (etwa im »Glamrock«, verkörpert durch Alice Cooper, *Roxy Music, T. Rex* u. v. a.) die Popbühnen beherrschten. S. verband die Theatralik des einsamen Entertainers mit einprägsamen Melodien, die auch der aufkommenden Disco-Welle Tribut zollten (mit *You Make Me Feel Like Dancing*). Nach der Hit-Ballade *When I Need You* (1976) blieb S. weiter aktiv, bis sich sein Weg während der 80er Jahre in Streitigkeiten mit Management und Plattenlabel verlor. Dem Comeback-Versuch *Cool Touch* war 1990 kein Erfolg beschieden. Wichtige LPs von S. sind *Silverbird* (1973), *Just a Boy* (1974) und *Endless Flight* (1976).

Schlippenbach, Alexander von, *7.4.1938 Berlin; dt. Jazzmusiker (Pianist, Bandleader). S. spielte 1963–64 im Ensemble von Gunter Hampel, das den neuen Jazz in Deutschland vorbereitete, wurde 1965 Mitglied des Quintetts von M. Schoof und hat seit demselben Jahr auch eigene Gruppen, die einen oft kompromißlosen, spezifisch mitteleuropäischen Free Jazz interpretieren. Bes. bekannt wurde S. als Leiter des *Globe Unity Orchestra*, das als erste Formation in der Jazzgeschichte Free Jazz in Big Band-Besetzung spielte. Als Pianist kommt S. von Cecil Taylors unorthodoxem und energiegeladenem Free Jazz-Stil her. Eine bekannte Schallplatteneinspielung von S. ist *Globe Unity* (1965). S. lebt als freischaffender Pianist, Komponist und Arrangeur in Berlin. Zuletzt befasste er sich intensiv dem Werk von Thelonious Monk und nahm es mit der Band *Die Enttäuschung* komplett neu auf. S. erhielt 1976 den Kunstpreis der Stadt Berlin, Schallplattenpreise der Union Deutscher Jazzmusiker (1980/1981) sowie 1994 den Albert Mangelsdorff-Preis.

Schlüter, Wolfgang, *12.11.1933 Berlin; dt. Jazzvibraphonist. Nach einer klassischen Ausbildung zum Orchester-Schlagzeuger entschied sich S. für eine Jazz-Karriere, nachdem er 1952 Lionel Hampton im Konzert erlebt hatte. S. war 1956 Gründungsmitglied des Quintetts von Michael Naura und wurde bald zur ersten Garde der Vibraphonisten gerechnet. Nach seinem Weggang 1963 spielte er als Solist bei den bekannten deutschen Rundfunkorchestern (Edelhagen, Lehn, Werner) und ab 1965 als ständiges Mitglied beim NDR-Tanzorchester. Inzwischen hat S. die NDR-Bigband altershalber verlassen und spielt als Solist und Ensemblemusiker, häufig wieder mit Naura. S. verbindet die Erfahrung von Cool Jazz und Hard Bop mit den erweiterten Formen und Harmonien des neuen Jazz.

Schoof, Manfred, *6.4.1936 Magdeburg; dt. Jazzmusiker (Trompete, Flügelhorn, Kornett; Bandleader, Komponist). Er studierte Klavier und Trompete 1955–57 an der Musikakademie in Kassel und 1958–63 an der Musikhochschule in Köln und gehörte 1963–65 zur Gruppe von Gunter Hampel, die den neuen Jazz in Deutschland wesentlich vorbereitete. 1965 gründete S. ein eigenes Quintett, zu dem A. von Schlippenbach gehörte, und beteiligte sich 1965–66 an dessen *Globe Unity*; er tritt heute mit eigenen Formationen auf und gilt als führender Trompeter des Free und New Jazz in Deutschland. Charakteristisch für S. sind heftige Attacken im Diskant; er hat jedoch auch den lyrisch gedämpften Ton von Miles Davis in den Ausdrucksbereich des neuen Jazz übertragen. B.A. Zimmermann schrieb den Jazzpart in seiner Oper *Die Soldaten* für die Gruppe von S. und sein Trompetenkonzert für S. als Solisten. Seit 1972 ist S. an der Musikhochschule Köln als Lehrer tätig. Seit 1990 ist er Inhaber einer Professur. Für seinen Beitrag zur Musik wurde S. mit mehreren Preisen ausgezeichnet. So erhielt er 1977 den großen Schallplattenpreis der Deutschen Phono-Akademie für die Einspielung *Scales* mit seinem Quintett. 1980 wurde ihm der 1. Preis der Union Deutscher Jazzmusiker verliehen für die LP *The Early Quintett.*

Scofield, John, *26.12.1951 Dayton (Ohio); amerik. Jazzgitarrist. Nach dem Studium an der Berklee Music School und Gastspielen bei Gary Burton, Chet Baker u.v.a. wurde S. Mitglied in Billy Cobhams Ensemble. Seine scharfe, dabei melodisch raffinierte Phrasierung entfaltete sich aber v.a. in der Band des Trompeters Miles Davis, wo S. von 1982–85 eine zentrale Rolle einnahm – etwa auf den Alben *Starpeople* (1983) und *Decoy* (1984). Parallel zu seinem Engagement bei Davis veröffentlichte S. LPs unter eigenem Namen und ist auf zahllosen Alben namhafter Jazzmusiker ein stets prägender Solist, so als Sideman des

Saxophonisten Joe Henderson und – besonders erfolgreich – im Duo mit dem Gitarristen Pat Metheny auf der LP *I Can See your House from Here* (1993). S.s an Jim Hall und Wes Montgomery geschultes Gitarrenspiel verbindet die bodenständige Rhythmik von Blues und Funk mit einer an Jazz-Bläsern orientierten Expressivität und der Liebe zu ausgiebigen Funk-Jams. Eine Auswahl seiner Solo-LPs: *Bar Talk* (1980), *Electric Outlet* (1984), *Still Warm* (1986), *Bump* (2000), *Works For Me* (2001) und der Ray Charles-Tribut *That's What I Say* (2005).

Scorpions, The, dt. Hard-Rock-Band in der Besetzung *Klaus Meine* (*25.5.1948), Gesang, *Rudolf Schenker* (*31.8.1948), Gitarre, *Herman Rarebell* (*18.11.1953), Schlagzeug, *Matthias Jabs* (*25.10.1955), Gitarre, und *Ralph Rieckermann*, Baßgitarre. 1971 fand die Band (damals noch mit *Michael Schenker*, ab 1973 bei *UFO*) in Hannover zusammen und strebte einen Hard-Rock-Stil int. Formats an. Unter der Regie von Produzent Dieter Dierks (bis zur LP *Savage Amusement*, 1988) debütierte die Band 1972 auf *Lonesome Crow*. Mit *Virgin Killer* (1976) legten die S. den Grundstein zum Erfolg in Europa und Japan. Spätestens seit *Rock You Like a Hurricane* (1984 ein erster US-Hit) gilt die Band, die als erste ihres Genres in der UdSSR (1988) auftrat, als weltweit erfolgreichste Rock-Gruppe Deutschlands. Immer wieder reicherten die S. ihr Repertoire mit Balladen an, wie etwa *Wind of Change* (1991), ihrem größten Erfolg, der von den Liberalisierungsprozessen in Osteuropa inspiriert war, in drei Sprachen veröffentlicht wurde und in zwölf Ländern Platz 1 der Hitparade erreichte. Zu den wichtigen LPs der S. zählen *Animal Magnetism* (1980), *Love at First Sting* (1984), *World Wide Live* (1985), *Crazy World* (1989) und *Face the Heat* (1993). Im Jahr 2000 machten die S. von sich reden, als sie zusammen mit den Berliner Philharmonikern das Album *Moment Of Glory* aufnahmen. Auch mit der nachfolgenden LP beschritten sie ungewohnte Wege: Die Liveaufnahme *Acoustica* (2001) zeigt die Rock-Band ausschließlich mit akustischen Instrumenten. Umso rockiger gebärdeten sie sich dafür auf *Unbreakable* (2004).

Scott, Tony (eig. Anthony Sciacca), *17.6.1921 Morristown (New Jersey); amerik. Jazmusiker (Klarinette, Saxophon, Flöte) und Bandleader. Seit Mitte der 1940er Jahre spielte S. in bedeutenden Bands und versuchte, konsequent Klang und Phrasierung seines Hauptinstrumentes, der Klarinette, dem Modern Jazz anzugleichen. Seit 1954 leitete er mehrere eigene Gruppen und war 1959–65 ununterbrochen in Ostasien, wo er v. a. auf die Jazzszene in Indonesien einen nachhaltigen Einfluß ausübte. S., der auf der Klarinette eine sogenannte »Mischphrasierung« zwischen Swing und Modern Jazz hören läßt, hat seinen Stil wesentlich mit Elementen asiatischer Musik durchsetzt. Hervorzuheben sind sein Timing und seine belcantistische Tonbildung. S.s Interesse für die fernöstliche Kultur schlug sich in den Alben *Music For Zen Meditation* (1965) und *Music For Yoga Meditation And Other Joys* (1966) nieder. Noch ungewöhnlicher für einen Jazzmusiker erscheint das Album *Lush Life* von 1989. Es enthält ausschließlich Variationen des Billy Strayhorn-Titels *Lush Life*. S. tritt bis heute bei europäischen Jazz-Festivals auf. In die USA reist er nicht mehr.

Searchers, engl. Pop-Band. Genau wie die *Beatles* stammen die Mitglieder der S., *Chris Curtis* (eig. Christopher Crummey, *26.8.1941), Schlagzeug, *Tony Jackson* (*16.7.1940) Baßgitarre und Gesang, *John McNally* (*30.8.1941), Gitarre und Gesang, *Mike Pender* (eig. Michael Prendergast, *3.3.1942), *Frank Allen* (eig. Francis Renaud McNeice, *14.12.1943), Gesang und Baßgitarre, *John Blunt* (*28.3.1947), Schlagzeug, *Billy Adamson*, Schlagzeug, und *Spencer James*, Gesang und Gitarre, aus der Industriemetropole Liverpool. 1960 waren die S., die sich nach einem John Ford-Film benannten, noch die Begleitband des Rock 'n' Roll-Sängers John Sandon. 3 Jahre später versuchten sie es mit dem Coversong *Sweets for My Sweets* (1963) selbst und landeten damit sofort auf Platz 1 der britischen Charts. Mit *Sugar and Spice* (1963), *Needles and Pins* (1964) und *When You Walk in the Room* (1964) folgten in den nächsten Jahren weitere Hits. Dies waren alles Coverversionen; mit Eigenkompositionen hatten die S. dagegen kein Glück. Nach 1964 begann sich die Band neu zu formieren und änderte in den nächsten 20 Jahren ständig die Besetzung, ohne allerdings mit *Second Take* (1972) oder *Searchers* (1981) an die alten Erfolge anknüpfen zu können. Bis heute sind die S. allerdings beliebte Gäste bei diversen Oldie-Veranstaltungen geblieben. Zu ihren erfolgreichsten Alben zählen *Meet the Searchers* (1963), *Sugar And Spice* (1963) und *It's the Searchers* (1964).

Sebastian, John B., *17.3.1944 New York; amerik. Sänger, Gitarrist und Songschreiber. Mit seiner Gruppe *The Lovin' Spoonful*, zu der außer ihm der Gitarrist *Zalman Yanovsky* (*19.12.1944), Baßgitarrist *Steve Boone* (*23.9.1943) und Drummer *Joe Butler* (*16.1.1943) gehörten, spielte der ehemalige Session-Musiker S. ab 1965 eine Mischung aus Blues, Folk u. Pop-Melodien, die v. a. dem Publikum in den Clubs seiner Heimatstadt gefielen; mit Songs wie *Day Dream, Summer in the City* oder *Did You Ever Have to Make up Your Mind* hatten *The Lovin Spoonful* um 1966 mehrere Hits, von S. mit rauher, freundlicher Stimme gesungen. Ab 1968 arbeitete S. als Solist, trat u. a. beim Woodstock-Festival auf und veröffentlichte bis Mitte der 70er Jahre ein halbes Dutzend Solo-LPs, darunter der sehr erfolgreiche Soundtrack der TV Serie *Welcome Back, Kotter*. Diesem Genre blieb S. als Komponist treu: Er schrieb Musik für Kinderfilme. 1992 erschien sein Album *Tar Beach*. Weitere Alben von S. sind *Hums of the Lovin' Spoonful* (1966), *John B. Sebastian* (1970), *The Four of Us* (1971), *Tarzana Kid* (1974), *Tar Beach* (1993), *John Sebastian* (1995), *I Want My Roots* (1996), *King Biscuit Flower Hour* (1996), *Chasin' Gus' Ghost* (1999) und *Live* (2000).

Seger, Bob (eig. Robert Clark S.), *6.5.1945 Ann Arbor (Michigan); amerik. Rock-Sänger. S. machte durch seine ehrliche wie bodenständige Art und mit dynamischer, konventioneller Rockmusik von sich reden. Obwohl sich seine erste LP *Ramblin' Gamblin' Man* (1968) fast 1 Mio. mal verkaufte, stießen die folgenden, bis 1975 veröffentlichten LPs allenfalls auf lokales Interesse. Erst nach dem Hit *Katmandu* von der LP *Beautiful Loser* (1975) und v. a. dem folgenden Konzert-Mitschnitt *Live Bullet* (1976) gelang S. mit seiner neuformierten *Silver Bullet Band* der endgültige Durchbruch. In den folgenden Jahren etablierte sich der Musiker mit zahlreichen Hits wie *Still the Same* (1978), *Against the Wind* (1980), *Tryin' to Live My Life Without You* (1981), *Shame On the Moon* (1982) und *Shake Down* (1987) v. a. in den US-Hitparaden. Ab Mitte der 80er Jahre widmete sich S. neben Platten wie *The Fire Inside* (1991) u. a. auch der Filmmusik. Wichtige ausgewählte Werke sind außerdem *Night Moves* (1976), *Stranger in Town* (1978), *Nine Tonight* (1981), *Like a Rock* (1986), *The Fire Inside* (1991) und *It's A Mystery* (1995).

Sex Pistols, The, brit. Punk-Band. *Steve Jones* (*3.9. 1955) Gitarre, *Paul Cook* (*20.7.1956), Schlagzeug, *Johnny Rotten* (eig. John Lydon, *31.1.1956), Gesang und *Glen Matlock* (*27.8.1956), Baßgitarre, später ersetzt durch *Sid Vicious* (eig. John Beverly, *10.5.1957, †2.2.1979) wurden in den nur 3 Jahren ihres Bestehens (1975–78) zu einer der wichtigsten Bands der Musikgeschichte. Ursprünglich als laute Werbeträger für Manager McLarens Modeshop vorgesehen, wurden sie zum Bannerträger eines neuen Stils: Punk-Rock. Gelangweilt vom inhaltsleeren Symbolismus von Mega-Acts wie *Pink Floyd*, waren die S. P. ein rüder Aufschrei gegen das Establishment, die Regierung, gegen soziale Mißstände. Ihre Musik war laut und wirkungsvoll: Den blutleer gewordenen Rock 'n' Roll belebten sie auf eindringliche Weise neu, beseelt von einer Direktheit, die man bis dahin nicht kannte. *God Save the Queen* oder *Holidays in the Sun* brachen ebenso musikal. Traditionen wie gesellschaftliche Tabus. J. Rottens Texte sorgten, neben ständigen Ausschreitungen bei Konzerten, für Auftrittsverbote. S. Vicious, der Matlock ersetzte, reihte sich mit privaten und öffentlichen Skandalen mühelos ein. Unter der Last der öffentlichen Erwartungen, der zunehmenden Ausgrenzung und dem internen Wechselspiel der vier Charaktere zerbrach die Band. 1978 verließ Rotten die S.P. und gründete *PIL*. Eine Live-Reunion der S. P. Mitte der 90er Jahre war nur von kurzer Dauer. Eine ihrer besten LPs ist *Never Mind the Bollocks – Here's the Sex Pistols* (1977).

Shaw, Artie (eig. Arthur Arshawsky), *23.5.1910 New York, †30.12.2004 Thousand Oaks (California); amerik. Jazzmusiker (Klarinette, Bandleader). Er trat seit Mitte der 30er Jahre als Soloklarinettist und Bandleader auf und verwendete in seinen verschiedenen Formationen auch immer wieder Streicher. S. galt als der schärfste Konkurrent von Benny Goodman, er förderte trotz erheblicher Widerstände farbige Musiker wie die Sängerin Billie Holiday und den Trompeter Roy Eldridge. In den 40er und dann noch einmal in den 50er Jahren trat er besonders mit seiner Combo *Gramercy Five* hervor. Seit 1960 war S. Präsident einer Produktionsgesellschaft. Sein größter Big Band-Erfolg war *Begin the Beguine*. Als Solist war S. berühmt für seine brillante Technik und seinen schönen Ton. Eine seiner bekanntesten Kompositionen wurde die Erkennungsmelodie seiner Band (*Nightmare*). In den 80er Jahren beendete S. abrupt seine musikalische Laufbahn, »um zu überleben«, wie er selbst sagte. Er schrieb *The Trouble with Cinderella* (NY 1952, ^{2}1963, Lo 1955) und *I love You, I Hate You Drop Dead*! (1965).

Shaw, Woody *24.12.1944 Laurinburg (North Carolina), †10.5.1989 New York; amerik. Trompeter und Flügelhornist. Seit seinem 11. Lebensjahr als klassischer Trompeter geschult, begeisterte sich S. als Teenager v. a. für das Spiel des Jazzmusikers Freddie Hubbard, der neben Clifford Brown zu einem der wichtigsten Vorbilder für S. wurde. In der ersten Hälfte der 60er Jahre wirkte S. als Sideman beim Coltrane- und Mingus-Partner Eric Dolphy, mit dem er 1964 nach Paris ging. Ab 1965 präzisierte er seine musikal. Ideale als Solist u.a. bei Gil Evans und Herbie Hancock sowie bei McCoy Tyner, dem langjährigen Pianisten des Coltrane-Quartettes, der ein wichtiger Lehrmeister für S. war. Parallel veröffentlichte S. Platten unter eigenem Namen. Als Vertreter des Modern Jazz brillierte der Trompeter dabei sowohl in kleinen Ensembles als auch in Big Bands. Wichtige LPs von S. sind *Moontrane* (1975), *Stepping Stones* (1978), *Lotus Flower* (1983), *Double Take* (1984), *Im-*

agination (1987) und *Last Of The Line* (1997).

Shearing, George Albert, *13.8.1919 London; angloamerik. Jazzpianist. S., von Geburt an blind, spielte eine Zeitlang in einem Blindenorchester, übersiedelte 1947 in die USA, wurde rasch bekannt und machte Anfang der 50er Jahre mit seinem Quintett aus Klavier, Vibraphon, Gitarre, Baß und Schlagzeug weit über den Jazz hinaus Furore. Durch Unisonospiel der Melodieinstrumente und durch die Blockakkorde von S. entstand ein unverwechselbarer Sound. S., der vorübergehend auch mit einer Big Band spielte und immer wieder als Solist mit Symphonieorchestern auftrat – er gilt als guter Mozart-Interpret –, bevorzugt bis heute die Combo, aber auch Trio- und Solospiel, wobei er jetzt farbiger wirkt als früher. Auffallend ist seine neuerliche Neigung zur geschmackvoll ausgefeilten Miniatur. Seine bekannteste Komposition ist *Lullaby of Birdland.* An Schallplatteneinspielungen sind *Piano Solo* (1947), *I Hear Music* (1952), *Black Satin* (1956), *Jazz Moments* (1962), *Windows* (1977), *Gettin' in the Swing of Things* (1979) und *Back To Birdland* (2001) zu nennen. Die Karriere von S. ist eine der erfolgreichsten und längsten des Jazz. S. produziert und konzertiert ununterbrochen seit rund 55 Jahren.

Shepp, Archie, *24.5.1937 Fort Lauderdale (Florida); amerik. Jazzmusiker (Tenor-, Sopransaxophon, Bandleader). Er arbeitete Ende der 50er Jahre zusammen mit Cecil Taylor u. a. an einer Revolutionierung des Jazz, einer spezifischen »Black music« mit gesellschaftspolitischem Bezug. Seit 1960 trat er als Avantgardist in Erscheinung, spielte u. a. mit John Coltrane und Marion Brown in namhaften Aufnahmen des Free Jazz. Noch Anfang der 70er Jahre radikaler Anhänger der Black Power-Bewegung, löste er sich Mitte der 70er Jahre vom Free Jazz und der Politisierung und berief sich musikalisch wie verbal auf die Jazztradition (Charlie Parker, Coleman Hawkins). S., heute eher ein Neokonservativer, hat dennoch nichts von seiner Expressivität verloren, sein Stil läßt sich als »Free Bop« bezeichnen, eine Synthese aus Bebop und Free Jazz. Seine bekannteste Schallplatteneinspielung ist *Things Have Got to Change* (1971). Unglücklicherweise veränderte sich sein Ton in der Mitte der 80er Jahre. Besonders in der Höhe, die bis dahin sein Markenzeichen war, ließ seine Spiel nach, so daß S. in den 90er Jahren nicht mehr die Bedeutung erreichte, die viele von ihm erhofften.

Sheridan, Tony (eig. Anthony Esmond S. McGinnity), *21.5.1940 Norwich; engl. Rock 'n' Roll-Sänger und Gitarrist. S.s Name ging in die Musikgeschichte ein, weil er 1961 in Hamburg Aufnahmen mit einer Band namens *Beat Brothers* machte. Hinter diesem Namen verbargen sich keine Geringeren als die *Beatles*, die bekanntlich zur damaligen Zeit auch ihr Glück in Hamburg versuchten. Der Titel *My Bonnie*, produziert von Bert Kaempfert, kam sogar in die deutschen Charts (Platz 3). Nachdem die Beatlemania ausgebrochen war, wurde 1963 der Song *Skinny Minny* mit den *Beat Brothers* veröffentlicht und war prompt ein Hit. Nur daß sich diesmal hinter diesem Namen nicht die *Beatles* verbargen, sondern namenlose Studiomusiker. Kaempfert war weiterhin als Produzent für S. tätig, konnte aber mit ihm den früheren Erfolg nicht wiederholen. S. entschied sich dann in den 70er Jahren, sein Glück als deutschsprachiger Rocker zu versuchen. Doch dieser Versuch mißlang gründlich und so blieb S.s Name letztlich nur als Weggefährte der Fab Four im Gedächtnis und durch das Album *Tony Sheridan: The Singles 1961–1963*. 2002 erschien überraschend ein

Album von S. mit dem Titel *Vagabond* bei der norddeutschen Plattenfirma Bear Family Records. Mit einfühlsamen selbstgeschriebenen Liedern läßt S. sein Leben und seine musikalische Vergangenheit Revue passieren.

Shorter, Wayne, *25.8.1933 Newark (New Jersey); amerik. Jazzmusiker (Sopran-, Tenorsaxophon). Er spielte zunächst konventionellen Modern Jazz, kam dann 1964 zu Miles Davis, wurde bald herausragender Solist in dessen Konzept mit modalem Jazz und vollzog mit ihm auch seit 1968 die Hinwendung zum Jazz-Rock. Anfang der 70er Jahre verließ S. die Davis-Gruppe und gründete zusammen mit Joe Zawinul die Gruppe *Weather Report*, die erfolgreichste Jazz-Rock-Formation der 70er Jahre. Die phrasierungstechnisch geschmeidigen Improvisationen von S. lassen erkennen, daß er das Erbe von John Coltrane auf eine neue, melodiöse Art weiterführt. Seine wichtigsten Alben sind *Blues á la Carte* (1959), *Speak No Evil* (1964), *Adam's Apple* (1966), *Schizophrenia* (1967), *Native Dancer* (1974), *High Life* (1994), *Alegria* (2003) und *Beyond The Sound Barrier* (2005).

Silver, Horace (eig. Horace Ward Martin Tavares Silver), *2.9.1928 Norwalk (Connecticut); amerik. Jazz-Pianist. Seit Anfang der 50er Jahre spielte S. mit namhaften Musikern des Modern Jazz zusammen, wurde bald ein begehrter Begleiter und leitete seit 1956 eigene, z.T. hervorragend besetzte Gruppen. S. vertritt einen rhythmisch stark akzentuierten Hard-Bop und trug wesentlich dazu bei, die Soulelemente der Gospelmusik im Jazz zu etablieren. Bekannte Kompositionen sind *Nisa's Dream, Opus de Funk* und *Song For My Father.*

Simon, Carly, *25.6.1945 New York; amerik. Pop-Sängerin. Mit ihren eingängigen, mitunter glatten Melodien aus Rhythm & Blues und Folk gilt S. als klassische Vertreterin des Mainstream-Pop. Bereits durch ihre Debüt-LP *Carly Simon* (1970) gewann S. v.a. in den USA ein großes, zumeist besser situiertes Publikum. Über 2 Jahrzehnte hatte S. immer wieder Single-Hits, darunter *You're So Vain* (1973), das 1991 erfolgreich wiederveröffentlicht wurde, *Nobody Does It Better* (1977, aus dem James Bond-Film *Der Spion, der mich liebte*) sowie *Jesse* (1980), *Coming Around Again* (1986) und *Let the River Run* (1989). Mit ihrem zeitweiligen Ehemann James →Taylor hatte S. überdies einige erfolgreiche Duette, so 1974 den Hit *Mockingbird.* Zu den bekanntesten Alben von S. zählen außerdem *Anticipation* (1971), *No Secrets* (1972), *Hotcakes* (1974), *Coming Around Again* (1987), *Have You Seen Me Lately* (1990) und *The Bedroom Tapes* (2000).

Simon, Paul, *13.10.1942 Newark (New Jersey); amerik. Pop-Sänger. Nach der Trennung des Duos → *Simon & Garfunkel* verstand es S. mit großem Erfolg, seine feinsinnigen und komplexen Pop-Kompositionen mit Reggae, Jazz und zumeist rhythmusbetonter Folklore aus Südamerika und Afrika zu verbinden. Nach einigen Hits wie *Kodachrome* (1973), *50 Ways to Leave Your Lover* (1975), *Slip Slidin' Away* (1977) oder *Late in the Evening* (1980) sorgte v.a. seine mit südafrik. Musikern aufgenommene Platte *Graceland* (1986) für Furore. Der Erfolg des Albums, das über 10 Mio. mal verkauft wurde, konfrontierte S. indes auch mit dem Vorwurf kultureller Ausbeutung. Mit *The Rhythm of the Saints* (1990) setzte S. seine ambitionierte Arbeit an sog. Weltmusik fort, diesmal mit brasilianischen Musikern. Weitere wichtige Platten sind *Paul Simon* (1972), *There Goes Rhymin' Simon* (1973), *Still Crazy after All these Years*

(1975), *One Trick Pony* (1980), *Hearts and Bones* (1983), *Songs From The Capeman* (1997), und *You're The One* (2000).

Simon & Garfunkel, amerik. Folk-Duo, bestehend aus Paul Simon, *13.10.1942 Newark (New Jersey), und Art Garfunkel, *5.11.1942 New York, beide Gesang und Gitarre. Lyrische Texte und v.a. Simons sanftmütige und schöngeistige Kompositionen fanden ab Mitte der 60er Jahre breite Akzeptanz. Nach *Wednesday Morning, 3. A.M.* (1964), ihrer ersten unter den eigenen Namen veröffentlichten und kaum beachteten LP, gingen S. & G., die schon Ende der 50er Jahre als *Tom & Jerry* aufgetreten waren, zunächst wieder getrennte Wege. Erst der Erfolg einer von der Plattenfirma nachträglich veränderten Version des Stücks *The Sounds of Silence* (1966) führte das Duo wieder zusammen. Weitere Single-Hits wie *Mrs. Robinson* (1968, aus dem Film *Die Reifeprüfung*), *The Boxer* (1969), *El Condor Pasa, Bridge Over Troubled Water* und *Cecilia* (alle 1970) folgten. V.a. ihre LP *Bridge Over Troubled Water* (1969), die rund 10 Mio. mal verkauft wurde, machte S. & G. zu einem der erfolgreichsten Duos der Popularmusik. Bereits Anfang des Jahres 1970 trennten sich S. & G., nicht ohne jedoch seitdem zu gelegentlichen Auftritten wieder zusammenzufinden, so 1981 für ein Freiluftkonzert im New Yorker Central Park oder 1993 anläßlich einer Tournee von Simon. Beide starteten in den 70er Jahren Solo-Karrieren (s. dort). Zu den bekanntesten Alben von S. & G. zählen außerdem *Parsley, Sage, Rosemary and Thyme* (1966), *Bookends* (1968), *The Concert in Central Park* (1982) und *Collected Works* (1990).

Simone, Nina (eig. Eunice Waymon), *21.2.1933 Tryon (North Carolina), †21.4.2003 Marseille; afroamerik. Blues- und Jazz-Sängerin. Geschult durch Gospelchor und Klavierunterricht, orientierte sich die junge S. vor allem an der Jazz-Sängerin Billie Holiday. Zunächst bestand ihr Repertoire aus Showmelodien und leichtem Pop-Material; 1959 war S.s Version des Gershwin-Songs *I Loves You Porgy* ein Hit. Ab Mitte der 60er Jahre wandte sich S. unter dem Eindruck tagespolitischer Ereignisse in ihren Songs v.a. den sozialen Problemen der »schwarzen« US-Bevölkerung zu. 1974 zog sich S. ins Privatleben zurück. Psychische Krisen, durchaus eine Folge von Erfahrungen mit dem amerik. Rassismus, waren auch in späteren Konzerten, die oft als Auftritte einer überempfindlichen »schwarzen Diva« kommentiert wurden, spürbar. 1987 gelangte S.s Song *My Baby just Cares for Me,* durch einen Werbespot weltweit verbreitet, in die Hitparade. In ihrem 1991 erschienenen Erinnerungsband *I Put a Spell on You* (dt.: Meine schwarze Seele, H 1993) gibt S. Auskunft über ihre unruhige Karriere. Wichtige LPs von S. sind *Nina Simone And Her Friends* (1957), *The Amazing Nina Simone* (1959), *Blues Ballads* (1964), *High Priestess of Soul* (1967), *Gifted and Black* (1971), *Folksy Nina* (1972), *Baltimore* (1978), *Live At Ronnie Scott's* (1984) und *Let It Be Me* (1987).

Simple Minds, brit. New Wave- und Pop-Band, 1978 in Glasgow gegründet. Bestehend aus *Jim Kerr* (*9.7.1959), Gesang, *Charles Burchill* (*27.11.1959), Gitarre, bis 1990 *Michael MacNeil* (*20.7.1958), Keyboards, sowie diversen weiteren Musikern. Kerrs emotionaler Gesang, sein Gespür für Dramaturgie und Pathos sowie die von Keyboards dominierten, hymnenartigen Songs der S.M. weckten Mitte der 80er Jahre v.a. neoromantische Stimmungen. Nach einigen New Wave-beeinflußten Alben wie *Life in a Day* (1979) und *Sons and Fascination* (1981) erreichte die Gruppe mit der LP *New Gold Dream* (1982) erstmals ein breiteres Publikum und 1985 mit dem Song *Don't You (Forget about Me)* die Spitze der US-Charts. Weitere Singles wie *Alive and Kicking* (1985), *Sanctify Yourself* (1986), *Belfast Child* (1989) oder *See the Lights* (1991) etablierten die Gruppe v.a. in Europa als Superstars. Ihre große Popularität nutzten Kerr, Burchill und Begleiter mehrfach zu sozialem Engagement, so u.a. für Amnesty International. Zu den bekanntesten Alben zählen *Sparkle in the Rain* (1984), *Once Upon a Time* (1985), *Real Life* (1991), *Good News from the Next World* (1995) und nach längerer Pause *Cry* (2002) sowie *Black & White 050505* (2005).

Sinatra, Frank (Francis) **Albert,** *12.12.1915 Hoboken (New Jersey), †14.5.1998 Los Angeles; amerik. Sänger und Filmschauspieler. 1938 trat er erstmals in einer Radiosendung auf, wurde 1939 von Harry James als Sänger in seinem Orchester engagiert und sang 1940–42 bei Tommy Dorsey. In den 40er Jahren war S. der populärste Sänger und einer der erfolgreichsten Entertainer des Showbusiness in den USA. Er produzierte Schallplatten und wirkte in Filmen mit (u.a.: *Anchor's Aweigh*, 1945; *On the Town*, 1949). Nachdem Anfang der 50er Jahre seine Popularität nachzulassen schien, gelang ihm mit dem Film *Verdammt in alle Ewigkeit* (1953), für den er mit dem Oscar ausgezeichnet wurde, ein Comeback. Es folgten zahlreiche weitere Filme (u.a. *Guys and Dolls*, 1955; *The Man with the Golden Arm*, 1955; *High Society*, 1956; *Can-Can*, 1960; *Come Blow Your Horn*, 1962; *The Detective*, 1967), Fernsehshows und zahlreiche Tourneen. 1971 wollte sich S. aus dem Showbusiness zurückziehen, trat jedoch 1974 in Las Vegas erneut auf, ging ein Jahr später auf Europa-Tournee und kam auch nach Deutschland. Zu seinen bekanntesten Songs gehören: *All the Way, The Lady is a Tramp, Three Coins in the Fountain, Witchcraft, I've Got You under My Skin, Love and Marriage, Only the Lonely, High Hopes, How Deep Is the Ocean, Nice'n Easy, Strangers in the Night, I'll Never Smile Again* und *Night and Day.*

Siouxsie and the Banshees, brit. New Wave-Band. *Siouxsie Sioux* (eig. Susan Dallion, *27.5.1957), Gesang, *Budgie* (eig. Peter Clark, *21.8.1957), Schlagzeug und Percussion, sowie *Steve Severin* (*25.9.1955), Gitarre, bilden bis heute den Kern der 1976 gegr. Band. Als Bestandteil der aufkommenden Punkszene Londons kultivierten sie zunächst einen durch Siouxs Gesang geprägten, gitarrenlastigen Stil. Anfang der 80er veränderte die Band ihren Sound: Budgies durch afrikanische und arabische Elemente angereichertes Drumming, Severins effektreiches Gitarrenspiel und das von Siouxsie eingebrachte dramatisch-morbide Element fügten sich zu einem von Magie und Mythen getragenen Stil. Im Umfeld der Band kam es immer wieder zu Kollaborationen. *The Cure*'s Robert Smith half zeitweise als Gitarrist aus und veröffentlichte zusammen mit Severin eine LP als *The Glove* (1983), Budgie und Siouxsie landeten im selben Jahr als *The Creatures* einen Hit mit *Right Now.* Trotz zunehmend längerer Veröffentlichungspausen Anfang der 90er Jahre trennte sich die Band offiziell nicht, gab dann aber 1996 ihre Auflösung bekannt.. *Face to Face* (1992) war Bestandteil des Soundtracks zum Film *Batman Returns*, ein zweites Best of-Album folgte. Wichtige LPs: *Scream* (1978), *JuJu* (1981) und *Through the Looking Glass* (1987).

Sisters of Mercy, engl. New Wave-Rockband. 1980 in Leeds u.a. von Sänger *Andrew Eldritch* (eig. A. Taylor, *15.5.1959) gegründet, erreichten die S.o.M. mit von schweren Gitarrenklängen und v. a. Eldritchs Baßstimme dominierten Songs zunächst ein Underground-Publikum. Die düsteren Sounds und mystischen Textmotive, für die auch der Begriff des Gothic-Rock geprägt wurde, fanden zahlreiche Nachahmer. Nach der Trennung 1985 und einem Rechtsstreit zwischen Eldritch und *Wayne Hussey* (*26.5.1959), Gitarre und Gesang (später bei *The Mission*), startete Eldritch 1987 mit der ehemaligen *Gun Club*-Baßgitarristin *Patricia Morrison* (*4.1.1962) ein kommerziell erfolgreiches Comeback, das mit *This Corrosion* (1987), *Dominion* (1988) und *Lucretia My Reflection* (1988) mehrere Hits hervorbrachte. Mit neuen Musikern gelangen Eldritch ab 1990 weitere Chart-Erfolge, darunter *More* (1990) sowie die Wiederveröffentlichung von *Temple of Love* (1992, mit Gastsängerin Ofra Haza). Bisherige Alben der S.o.M. sind u. a. *First and Last and Always* (1985), *Floodland* (1987), *Vision Thing* (1990) und *Some Girls Wander by Mistake* (1992)

Slade, engl. Rock-Quartett. Nachdem der Versuch, sich als Skinhead-Formation einen Namen zu machen, in Handgreiflichkeiten und kommerziellem Mißerfolg endete, stiegen *Neville »Noddy« Holder* (*15.6.1946), Gesang und Gitarre, *Dave Hill* (*4.4.1946), Gitarre, *Don Powell* (*10.9.1946), Schlagzeug, und *Jim Lea* (*14.6.1949), Baßgitarre und Piano, unter der Ägide ihres Managers Chass Chandler ab 1972 zu Topstars des Glam-Rock auf. Mit clowneskem Bühnen-Outfit und dem Image unverwüstlicher Spaßvögel begeisterte die Band zwischen 1972 und 1975 ein v. a. jugendliches Publikum. Mit simplem Stimmungs-Rock gelangen ihnen Single-Hits am Fließband. Songs wie *Coz I Luv You*, *Mamma Weer all Crazee Now* oder *Gudbuy T'Jane* (stets versehen mit absichtlich inkorrekter Orthographie) bescherten ihnen Absatzmarken in Millionenhöhe. Auch nach dem Ende der Glam-Welle arbeitete die Band weiter. Zwar konnten sie mit der Ballade *My oh My* in den 80er Jahren noch einen Hit landen, ihre musikal. Substanz reichte insgesamt aber kaum über das Singleformat hinaus. Zu ihren besten Alben gehören *Slade Alive*! (1972), *Slayed*? (1972), *Old New Borrowed and Blue* (1974) und *Till Deaf Do Us Part* (1981).

Slayer, amerik. Heavy-Metal-Band, bestehend aus *Tom Araya*, Gesang und Baßgitarre, *Dave Lombardo* (*1964), Schlagzeug, *Jeff Hanneman*, Gitarre, und *Kerry King* (*1964), Gitarre. Sowohl in musikal. als auch in textlicher Hinsicht entwickelten sich S. (engl., = Mörder) ab Erscheinen ihres Debüt-Albums *Show No Mercy* (1983) zu einer der brutalsten Formationen des Genres. Machte die Band zunächst hauptsächlich durch Koketterie mit satanischen Inhalten, Make Up, Kunstblut und absurd überdimensionierte Nagelnieten auf sich aufmerksam, wurde sie mit Erscheinen ihres Albums *Reign in Blood* (1986) auch von der bis dahin spottenden Kritik euphorisch gefeiert. Frei von jeglichem Pathos setzte die Band neue Maßstäbe in Härte und Tempo. Doch immer wieder gerieten die Texte in die Kritik. Durch den Song *Angel of Death*, der sich kritiklos dem Nazi-Verbrecher Mengele widmet, geriet die Gruppe in Verdacht, mit faschistischem Gedankengut zu sympathisieren. Lombardo verschaffte sich auch als Jazz-Avantgardist Respekt. Zu ihren wichtigsten Alben gehören außerdem *South of Heaven* (1988), *Divine Intervention* (1994), *Diabolus In Musica* (1996) und *God Hates Us All* (2001).

Sledge, Percy *25.11.1940 Leighton (Alabama); amerik. Soul-Sänger. S. sang in den frühen 60er Jahren in der *Esquires Combo*. 1966 wurde seine beim Besuch eines Freundes in dessen Studio gesungene Ballade *When a Man Loves a Woman* umgehend zu einem Millionenhit, und die Plattenfirma Atlantic Records nahm S. unter Vertrag. Die meist in den für Soul-Hits berühmten Muscle Shoals-Studios in Alabama eingespielten LPs, etwa *The Percy Sledge Way* (1967) sowie die Songs *Out of Left Field* (1967), *Warm and Tender Love* und *Take Time to Know Her* (1968) festigten S.s Ruhm als Sänger, der mit rauher, warmherziger Stimme emotionale Höhen und Tiefen durchmaß. Dabei war S.s Herkunft aus dem ländlichen Süden der USA durch Country- und Gospel-Elemente in seinen Liedern stets spürbar. S. blieb auch während der folgenden Jahrzehnte aktiv, veröffentlichte anspruchsvolle Soul-Alben, die aber im Schatten seines ersten, populär gebliebenen Welthits keinen Erfolg mehr erzielten. In den 80er und 90er Jahren diente der Song in Werbespots und Kinofilmen als musikal. Signal für Romanzen und große Gefühle. Zu seinen wichtigen LPs gehören *I'll be your Everything* (1974), *Wanted Again* (1987) und *Blue Night* (1994).

Sly and the Family Stone, amerik. Soul-Band. Vom Radio-DJ und Produzenten *Sly Stone* (eig. Sylvester Stewart, *15.3.1944) 1967 in San Francisco gegründet, feierten *Cynthia Robinson* (*12.1.1946), Trompete, *Rose Stone* (*21.3.1945), Keyboards und Gesang, *Freddy Stone* (*5.6.1946), Gitarre, *Gerry Martini* (*1.10.1943), Saxophon, *Larry Graham* (*14.8.1946), Baßgitarre und *Greg Errico* (*1.9.1949), Schlagzeug, in ihrer Musik ein von schwarzem Selbstbewußtsein und der Aufbruchsstimmung der Hippie-Bewegung getragenes Lebensgefühl. Auf den LPs *Life* (1968) und *Stand!* (1969) sowie den Singles *Dance to the Music* und *Everyday People* (beide 1968) kreuzte das aus schwarzen und weißen Musikern bestehende Ensemble Soul und Blues mit den elektronischen Sounds des psychedelischen Rock. Nach dem Auftritt in Woodstock (1969) und einer *Greatest Hits*-Veröffentlichung (1970) führten Drogenprobleme des Organisten, Sängers und Songschreibers Stone zu einem Kurswechsel. Das Album *There's a Riot Goin' On* (1971) war eine bittere Bilanz der erfolgreichen Jahre, in der Stone persönliche Krisen und politische Kritik zu einem düsteren Manifest verarbeitete, das als Meisterwerk gilt und den Anstoß für zahlreiche sozialkritische Soul-Aufnahmen der 70er Jahre gab. Geplatzte Konzerttermine, Stones Drogensucht und seine musikal. Stagnation läuteten den künstlerischen Abstieg der Band ein. Versuche, erneut Fuß zu fassen, scheiterten an der jahrzehntelangen psychischen Zerrüttung des Soul-Revolutionärs. Stones' gewaltiger Einfluß auf Musiker wie Miles Davis, George Clinton, Prince und die gesamte HipHop-Szene ist bis in die Gegenwart spürbar. Weitere LPs sind *A Whole New Thing* (1967), *Dance to the Music* (1968), *Fresh* (1973) und *Small Talk* (1974).

Small Faces, engl. Rock-Band. Die Musiker *Kenny Jones* (*16.9.1948), Schlagzeug, *Ronnie Lane* (*1.4. 1946, †4.6.1997), Baßgitarre, *Steve Marriott* (*30.1. 1947, †20.4.1991), Gesang und Gitarre, *Ian McLagan* (*12.5. 1945), Keyboards, und *Jimmy Winston* (*20.4. 1945) Orgel, waren, neben *The Who*, Mitte der 60er Jahre die Idole der Mod-Bewegung. Witzige Texte, transportiert mit krachenden Gitarren und einem pulsierenden Beat, waren das Erfolgsrezept der Band. Mit *Itchycoo Park* und *Lazy Sunday* landeten die S. F. 1967 internationale Hits. 2 Jahre später trennte sich die Band. Marriott gründete mit Peter → Frampton *Humble Pie*, während die restlichen Mitglieder mit Ron Wood und Rod → Stewart als → *Faces* für kurze Zeit erfolgreich waren. Als 1976 *Itchycoo Park* in Großbritannien erneut veröffentlicht wurde und in die Charts gelangte, kamen Marriott und Co. wieder als S. F. zusammen. Doch die große Zeit der Band war definitiv vorbei. Das Album *Small Faces in the Shade* wurde 1978 sogar vor der Veröffentlichung zurückgezogen und besiegelte das Ende der Band. Zu den wichtigen Alben der S. F. gehören *Small Faces* (1966), *From the Beginning* (1966), *i* (1967) und *Odgens' Nut Gone Flake* (1968).

Smashing Pumpkins, The, amerikan. Rock-Band, 1990 in Chicago gegründet. *Billy Corgan* (*17.3.1967), Gesang und Gitarre, *James Iha* (*26.3.1968), Gitarre, und *D'Arcy Wretzky* (*1.5.1968), Baßgitarre, bestritten ihre ersten Konzerte mit einem Drum-Computer, bevor *Jimmy Chamberlin* (*10.6.1964) das Schlagzeug übernahm. Die erste LP *Gish* (1992) entstand unter Regie von Butch Vig, der schon Nirvanas *Nevermind* zum Welterfolg gemacht hatte. Das knallharte Album verkaufte sich 1,5 Mio. mal, aber erst mit dem weicheren, androgyn anmutenden *Siamese Dream* (1993) gelang ihnen der Durchbruch. Das opulente Doppelalbum *Mellon Collie and the Infinite Sadness* (1995) und sein Nachfolger *Adore* (1998) waren Meisterwerke von komplexer Schönheit. Doch Drogenprobleme und persönliche Differenzen führten zu Umbesetzungen. *MACHINA/The Machines of God* (2000) klang dann nur noch wie ein lauer Abklatsch einstiger Klasse. Den Schlußakkord setzte die Band 2002 mit dem halbherzigen Live-Album *Earphoria*. Corgan und Chamberlin machten gemeinsam in der Band *Zwan* weiter und begleiteten sich auch später auf ihren Solo-Platten.

Smith, Bessie (Elizabeth), *15.4.1898 Chattanooga (Tennessee), †26.9.1937 Clarksdale (Mississippi); amerik. Bluessängerin. Sie wurde 1910 von Ma Rainey verpflichtet, trat in Shows auf, hatte 1919 eine eigene Revue und begann 1923 mit einer Serie außerordentlich erfolgreicher Schallplattenaufnahmen, u. a. mit Cootie Williams, Fletcher Henderson und Louis Armstrong. 1926 auf dem Gipfel ihres Ruhms, trat sie in dem Film *St. Louis Blues* auf. Eine veränderte Publikumshaltung und die Wirtschaftskrise, aber auch ihr Alkoholkonsum führten 1930 zu ihrem Abstieg. Sie trat nur noch in Theatern von zweifelhaftem Ruf auf und sang 1933 zum letztenmal auf Schallplatte. 1936 deutete sich noch ein Comeback an; 1937 wurde ihr die Hauptrolle in einer Show angeboten, doch verunglückte sie auf einer Fahrt nach Memphis tödlich. Nicht belegt werden kann das Gerücht, daß sie als Schwarze auf den Stufen eines »weißen« Krankenhauses verbluten mußte. Trotz des äußeren Rahmens vieler ihrer Auftritte, wie Show und Revue, bewegte sich die Gesangskunst von B. S. außerhalb der Glamoursphäre. Mit ihrer sonor-rauchigen Stimme erfüllte sie den Vaudeville-Blues mit einer weit über das Metier hinausgehenden Kraft des Ausdrucks. Das Elementare und bisweilen Würdige ihres Gesangs trug ihr den Ehrentitel »Kaiserin des Blues« ein.

Smith, Jimmy James Oscar, *8.12.1925 Norristown (Pennsylvania), †8.2.2005 Scottsdale (Arizona); amerik. Jazz-Organist. Er studierte Klavier und Kontrabaß und gründete 1955 ein eigenes Trio, mit dem er bald sehr erfolgreich war. Während der 60er Jahre trat er auch als Solist in Big Bands auf, begleitete das Vokalensemble *The Supremes* und 1969 den Pianisten Erroll Garner. In der Jazzszene der 70er Jahre blieb er allerdings etwas im Hintergrund. S. gilt als führender Organist des konventionellen Modern Jazz. Sein Verdienst ist es, die Phrasierungen von Blasinstrumenten und den Sound einer Big Band als neue Spielmöglichkeiten für die Hammond-Orgel erschlossen zu haben, womit er viele Nachahmer fand. Nachdem sich S. für einige Jahre aus der Musikszene zurückgezogen hatte und zwischenzeitlich einen Club in Los Angeles betrieb, unterschrieb er 1985 wieder einen Plattenvertrag bei Blue Note Records, der allerdings mehr repräsentativen Charakter hatte. Erst 2001 kehrte S. mit den Blues-Projekten *Fourmost Return* und *Dot Com Blues* als Musiker zurück.

Smith, Patti, *31.12.1946 Chicago, amerik. Rock-Sängerin. S. war die Ikone des New Wave. In den 60er Jahren tummelte sich die Fabrikarbeitertochter in der New Yorker Künstlerszene, schrieb zusammen mit Sam Shepard Theaterstücke und veröffentlichte Gedichtbände. Die Musik entdeckte sie erst spät als ihr Medium. 1974 kam ihr Debütalbum *Horses* heraus. S. wich dabei oft von den üblichen Gesangsmustern ab, assoziierte eher zu den rauhen Klängen der Gitarren. Diese Darbietung übte damals eine starke Faszination aus und war stilbildend für einige junge Bands. Auf der Bühne war die Musikerin unberechenbar. Oft waren ihre Auftritte durch übermäßigen Drogenkonsum ein einziger Drahtseilakt. Ihr kommerziell erfolgreichstes Album *Easter* erschien 1977. Darauf fand sich der Song *Because the Night*, den S. gemeinsam mit Bruce → Springsteen geschrieben hatte und der ihr größter Hit wurde. 1979 zog sich die Künstlerin nach der Aufnahme von *Wave* aus dem Musikgeschäft zurück, um nach eigenem Bekunden nur noch Hausfrau zu sein. 1988 erschien indes ihr beachtliches Album *Dream of Life*. Andere Werke von S. sind *Radio Ethopia* (1978), *Wave* (1979), *Gone Again* (1996), *Peace And Noise* (1996), *Gung Ho* (2000), das aufwendig gestaltete Best-Of Album *Land* (2002) und *Trampin'* (2004).

Smiths, The, brit. Rock-Band. *Andy Rourke*, Baßgitarre, *Steven Patrick Morrissey* (*22.5.1959), Gesang, *Johnny Marr* (*31.10.1963), Gitarre, und *Mike Joyce* (*1.6. 1963), Schlagzeug fanden 1982 zusammen. Mit *This Charming Man* hatten sie 1983 ihren ersten Hit, unzählige weitere (etwa *Bigmouth Strikes Again* oder *Shoplifters of The World Unite*) sollten bis 1987 folgen. Gestützt auf eine solide Rhythmusgruppe machte die Kreativität des Gespanns Morrissey/Marr die S. zur wohl wichtigsten britischen Pop-Band ihrer Dekade. Marrs Gitarrenspiel war ebenso virtuos wie eigenständig; warme Akkorde und perlende Läufe ließ er in einfallsreichen Arrangements zu einer Einheit verschmelzen. Den S.-Sound komplettierte Morrisseys Gesang zwischen Falsett und moll-tönendem Weltschmerz. Er machte seine sexuelle Desorientiertheit zur Attitüde. Von einer fast unangenehmen Offenheit getrieben, aalte er sich im Kosmos seiner Erfahrungen und verbalisierte unterschiedlichste Problematiken. *Meat is Murder* verdammte Fleischgenuß, *Panic* schoß eine Breitseite gegen englische DJs und *The Headmaster's Ritual* war ein zynischer Seitenhieb auf das Schulsystem. 1987, kurz nach Abschluß eines Vertrages mit EMI, löste sich die Band auf. Marr war danach als Gastmusiker (u. a. für *Bryan Ferry* und *The Pretenders*) tätig und gründete 1990 zusammen mit Barney Sumner *Electronic*. Morrissey begann eine Solo-Karriere. Der Einfluß der Band blieb bis in die 90er bestehen; Gruppen wie *Suede* oder *Gene* sind unüberhörbar von den S. inspiriert. Wichtige LPs der Band sind *The Smiths* (1984), *Meat is Murder* (1985), *The Queen is Dead* (1986) und *Strangeways Here We Come* (1987). Erwähnung verdienen auch die Solo-LPs von Morrissey *Viva Hate* (1988) und *Kill Uncle* (1991).

Soft Machine, brit. Jazz-Rock-Band, 1966 in Canterbury gegründet von *Robert Wyatt* (eig. R. Ellidge, *28.1.1945), Schlagzeug und Gesang, *Mike Ratledge*, Keyboards, *David Allen*, Gitarre, und *Kevin Ayers*, Baßgitarre und Gesang. Mit virtuoser Perkussionsarbeit, ungewöhnlichen Harmonien und Improvisationen präsentierten sich S. M. auf ihren ersten drei, schlicht durchnumerierten Alben zwischen 1968 und 1970 als kreatives Künstler-Kollektiv, das einen Bogen von psychedelischer Rockmusik zum Jazz spannte und als Wegbereiter des Jazzrock gilt. Stete Besetzungswechsel dokumentierten indes die individualistischen Ansprüche der Mitglieder. Allen und Ayers verließen bereits 1968 die Gruppe, wurden u. a. durch *Hugh Hopper* ersetzt und gründeten → *Gong* (Allen) bzw. widmeten sich experimentellen, bizarren Soloalben wie *Joy of a Toy* (1969, Ayers). Wyatt schied 1971 aus, Ratledge verließ 1975 S.M. als letztes Gründungsmitglied. Neu hinzugekommene Musiker konnten den Reiz der frühen Jahre nicht bewahren. Insbes. Wyatt, der 1972 die Experimentalband *Matching Mole* gründete und sich nach einem schweren Unfall 1973 auf Gesang und Keyboards konzentrierte, gelang eine Reihe brillanter Soloalben voll emotionaler Tiefe. Zu den wichtigsten zählen *Rock Bottom* (1974), *Ruth is Stranger than Richard* (1975) und *Dondestan* (1991).

Solal, Martial, *23.8.1927 Algier; frz. Jazz-Pianist. S. kam 1950 nach Paris, spielte zunächst mit französischen Orchestern, dann auch mit bedeutenden amerikanischen Jazzmusikern wie Kenny Clarke, Jay Jay Johnson und Oscar Pettiford. Seit den 60er Jahren leitete er eigene Trios, trat in den 70er Jahren aber auch als Solist hervor. S. gehört zu den führenden europäischen Jazzpianisten. Er setzt den virtuosen Stil des Swingpianisten Art Tatum mit den komplexeren Mitteln des Modern Jazz fort. Seine Flexibilität ermöglichte es ihm, auch mit Musikern wie Django Reinhard oder Sidney Bechet zu spielen. Einige seiner besten Alben sind *Martial Solal* (1961), *Trio In Concert* (1962), *Four Keys* (1979) und *Martial Solal Plays Ellington* (2000).

Sonic Youth, amerik. Underground-Rock-Band, gegründet 1981 in Manhattan (New York) mit *Kim Gordon*, Baßgitarre und Gesang, *Thurston Moore*, Gitarre und Gesang, *Lee Ranaldo*, Gitarre und Gesang, und *Richard Edson*, Schlagzeug, ab 1986 ersetzt durch *Steve Shelley*. Mitglieder von S. Y. spielten 1979 mit dem Avantgarde-Komponisten Glenn Branca, dessen Ästhetik – die Schichtung elektrischer Gitarren-Akkorde über schweren Schlagzeug-Beats – S. Y. prägte. Die Gruppe verbindet diesen Sound mit der Faszination für Pop- und Jugend-Kultur. Ihre Platten enthalten Anspielungen auf Madonna, die *Carpenters*, die *Beatles*, *ZZ Top*. Den Glanz dieser Superstars brechen S. Y. in ihrem Werk mit Referenzen auf die Nachtseiten der US-Gesellschaft: soziale Entwurzelung, Serienmorde, das Vietnam-Trauma. Extreme bestimmen auch das Spiel der Band: Sprünge von filigranen zu überlaut verzerrten Passagen sprengen v. a. auf der Bühne die Form zugunsten explosiver Intensität, dem erklärten Ideal der Gruppe. Darin finden intellektuelle Distanz und emotionale Direktheit zu einer Einheit, die S. Y. zu einer der einflußreichsten Stimmen des Underground-Rock gemacht hat. Seit dem Jahr 2000 wurde S. Y. durch den Chicagoer Avantgarde-Komponisten und -Gitarristen Jim O'Rourke verstärkt. Zu ihren wichtigen Werken zählen *Sonic Youth* (1982), *E.V.O.L.* (1986), *Daydream Nation* (1988), *Goo* (1990), das Video *1991, The Year Punk Broke* (1992), *Dirty* (1992), *Washing Machine* (1996), *A Thousand Leaves* (1998), *NYC*

Ghosts & Flowers (2000), *Murray St.* (2002) und *Sonic Nurse* (2004).

Sonny and Cher, amerik. Gesangsduo. *Salvatore »Sonny« Bono* (*16.2.1935 Michigan, † 16.2.1998 Sierra Nevada) und *Cherilyn »Cher« Sarkasian LaPierre* (*20.5.1946 El Centro), starteten nach der Hochzeit 1964 ihre Karriere. Im eigenwilligen Partnerlook gaben sie ihre folkrock-adaptierten Songs über Teenagerfrust, ewige Liebe und Pseudorebellion zum besten. Am erfolgreichsten taten sie dies 1965, als sie mit Liedern wie *I Got You Babe* oder *Baby Don't Go* fünf Hit-Singles verzeichneten. In der Flower-Power-Ära wurde es ruhig um die beiden. Erst 1971 gelang ihnen ein Comeback und sie reüssierten erfolgreich in ihrer Fernsehserie *Sonny and Cher Comedy Hour.* 1974 trennten sich ihre Wege: Sonny ging in die Politik und wurde 1994 in den US-Senat gewählt, während Cher eine steile Karriere als Schauspielerin und Solistin machte. Filme wie *Silkwood* (1983) oder *Mondsüchtig*, für den sie 1988 einen Oscar erhielt, zeigten sie als vielseitige Darstellerin; *If I Could Turn back Time* (1989), *The Shoop Shoop Song* (1991) und *Believe* (1998) zählten zu den Hits, die ihr ein zweites Standbein als erfolgreiche Sängerin sicherten. Wichtige LPs von S. & C. sind *Look at Us* (1965), *The Wondrous World of Sonny & Cher* (1966). Erwähnung verdienen Chers Solo-LPs *Heart of Stone* (1989) und das überaus erfolgreiche Album *Believe* (1998).

Soundgarden, amerik. Rockband. *Chris Cornell*, Gesang und Gitarre, *Hiro Yamamoto* (1991 ersetzt durch *Ben Shepherd*), Baß, *Kim Thayil*, Gitarre und *Matt Cameron*, Drums, fanden 1985 zusammen und waren Teil jener kreativen Szene Seattles, die sich gegen Ende der 80er Jahre zur Brutstätte erfolgreicher Bands wie → *Pearl Jam* oder → *Nirvana* entwikkelte. Dem Grungeboom setzten S. ihr Verständnis von Hardrock entgegen. Während die frühen LPs mit ihren zäh fließenden Songs noch von Vorlieben für → *Black Sabbath* und die → *Melvins* zeugten, zeichnete spätestens ihr mehrfach vergoldetes Album *Superunknown* (1994) S.'s Version einer zeitgemäßen Rockband, frei von Heavy Metal-Klischees und überholten Macho-Attitüden. Cornells variable Stimme prägt dabei moderne Rocksongs von mitunter fast beatlesker Harmonievielfalt, die durch Thayils Stil und das jazzgeschulte Drumming Camerons akzentuiert werden. Unabhängig von S. waren die Musiker auch immer wieder in andere Projekte involviert. So schrieb Cornell Songs für → Alice Cooper, beteiligte sich (wie auch S. und weitere Seattle-Acts) als Solist am Soundtrack zum Film *Singles* (1991); Shepard und Cameron starteten das Bandprojekt *Hater.* Nach dem Split von S. 1997 wurde Cornell mit Mitgliedern von *Rage Against The Machine* in der Metal Band *Audioslave* aktiv. LPs: *Ultramega O.K.* (1988), *Louder Than Love* (1989), *Badmotorfinger* (1991), *Superunknown* (1994), *Down On The Upside* (1996) und der Sampler *A-Sides.*

Spandau Ballett, brit. Pop-Band in der Besetzung *Tony Hadley* (*2.6.1960), Gesang, *John Keeble* (*6.7.1959), Schlagzeug, *Gary Kemp* (*15.10.1959), Gitarre und Keyboards, *Martin Kemp* (*10.10.1962), Baßgitarre, und *Steve Norman* (*25.3.1960), Percussion und Saxophon. Neben Bands wie *Visage* oder → *Duran Duran* gehörten die 1979 gegründeten S. B. Anfang der 80er Jahre zu den sog. New Romantics, einer auf Styling und Design basierenden musikalischen Reaktion auf die Rauheit des Punk. S. B., 5 Dandies in Designeranzügen, begründeten ihr Image insbes. durch Videoclips. War ihre erste Erfolgssingle *To Cut a Long Story Short* (1981) noch kühler Synthie-Pop, so spielten sie in der Folgezeit glatten, oft balladesken Pop: eine weiße Soul-Variante – melodiös, jedoch ohne Tiefgang. Zu Ihren größten Hits zählen *Chant No. 1* (1982), *True* und *Gold* (1983). Um Anspruch und Tiefe bemüht, veröffentlichten S.B. 1986 *Through the Barricades* und konnten mit dem Titelstück einen weiteren Hit verzeichnen. Noch einmal versuchte die Gruppe den Erfolg von 1983/84 zurückzuholen mit dem Album *Heart Like A Sky* (1989), doch dieser Versuch scheiterte. Fehlende Verkaufszahlen und Querelen mit ihrem Label Columbia führten 1990 zum Split. T. Hadley versuchte sich 1992 ebenso wie G. Kemp 1995 als Solist. Wichtige LPs der S.B. sind *True* (1983), *Parade* (1984) und *Through the Barricades* (1986).

Sparks, amerik. Pop-Duo. In den 70er Jahren sorgten die Brüder *Ron Mael* (eig. Ronald Day, *12.8.1948 Los Angeles), Keyboards, und *Russel Mael* (eig. Dwight R. Day, *5.10.1953 Los Angeles), Gesang, mit ihrem Elektro-Pop vor allem in Großbritannien für Aufsehen. Die Amerikaner boten auf ihren Alben *Kimono My House* (1974), *Propaganda* (1974) oder *Indiscreet* (1975) eine Mixtur aus schrägen Melodien und absurden Texten. Aber nicht nur die Musik war merkwürdig, auch auf der Bühne bildeten die S. ein interessantes Gespann: Während R. Mael tanzte und der Mädchenschwarm war, rührte sich R. Mael überhaupt nicht und glich mit seinem Menjou-Bärtchen einer Stummfilmfigur. 1974 hatten die Brüder mit *This Town Ain't Big Enough for Both of Us* ihren ersten Hit. Es folgten weitere Chartplazierungen. Nach *Sparks in Outer Space* (1983) wurde es stiller um die S., deren Einfluß auf die elektronische Popmusik in Europa und bes. in Großbritannien beachtlich war. Erst 1994 feierten sie mit dem Hit *When Do I Get to Sing ›My Way‹* und dem Album *Gratuitous Sax and Senseless Violins* ein erfolgreiches Comeback. Zu den übrigen Produktionen der S. zählen *Whomp that Sucker* (1981), *Angst in My Pants* (1982), *Pulling Rabbits out of a Hat* (1984), *Music That You Can Dance To* (1986), *Intereor Design* (1988) und *Plagiarism* (1998).

Specials, The, engl. Pop-Band, gegründet 1977 in Coventry. *Jerry Dammers* (*22.5.1954), Keyboards, *Terry Hall* (*19.3.1959), Gesang, *Neville Staples* (*11.4.1956), Gesang, *Lynval Golding* (*24.7.1951), Gitarre, *Roddy Byers*, Gitarre, *Horace Panter*, Baßgitarre und *John Bradbury*, Schlagzeug, brachten Erfahrungen in Punk- und Reggae-Bands zusammen und stellten politische Kritik und Alltagsgeschichten ins Zentrum ihrer Songs. Die Singles *Gangsters* und *Too Much Too Soon* erschienen auf dem für stilistisch verwandte Ska-Bands gegründeten Two Tone-Label. 1981 setzte sich das aus schwarzen und weißen Musikern bestehende Septett mit *Ghost Town* trotz eines Boykotts durch Radio und TV an die Spitze der englischen Charts. Nach zwei LPs trennten sich die S. Hall, Golding und Staples hatten 1982 als *Fun Boy Three* Erfolg, Dammers veröffentlichte 1984 die hochgelobte LP *Special AKA – In The Studio* mit dem abermals politisch expliziten Hit *Free Mandela*. 1988 war D. maßgeblich an der Organisation des Mandela-Birthday-Festivals in London beteiligt. Während Hall 1994 nach verschiedenen Projekten eine Solo-LP veröffentlichte, kamen andere Mitglieder der S. für Konzerte unter altem Namen zusammen. Nennenswerte LPs sind *Specials* (1979) und *More Specials* (1981). In den 90er Jahren brachten die S. eine Reihe ebenso uninteressanter wie erfolgloser Anschlußalben heraus.

Spinners, The (auch The Detroit S.), amerik. Soul-Vokalgruppe, deren Besetzung in den 40 Jahren ihres Bestehens mehrfach wechselte. Die Gründungsmitglieder *Henry Fambrough* (*10.5. 1935), *Billy Henderson* (*9.8.1939), *Pervis Jackson* (*17.5.1938) und *Bobby Smith* (*10.4.1937) begleiteten mit makellosen Chor-Harmonien die Sänger *G.C. Cameron*, ab 1971 *Phillipe Wynn* (*3.4.1941, † 14.7.1984) und ab 1977 *John Edwards* (*25.12.1944). 1955 in Detroit gegründet, spielten die S. für das *Tri-Phi*-Label erste Singles ein, so den Hit *That's What Girls Are Made For* (1961). *Tri-Phi* wurde vom Motown-Konzern gekauft, wo die S. trotz ihrer Erfolge mit *Truly Yours* (1966) und *It's a Shame* (1970), nicht in dem Maße unterstützt wurden wie etwa die stilistisch verwandten *Four Tops* oder die *Temptations*. Erst der Wechsel zu Atlantic-Records und die Unterstützung des Produzenten Thom Bell machte sie in den 70er Jahren zu Stars. Bell kombinierte gefällige Streicherarrangements mit eleganter rhythmischer Leichtigkeit. Die S., die sich in Europa wegen einer gleichnamigen engl. Band Detroit S. nennen mußten, paßten sich mit wechselnden Produzenten den Moden an, erfreuten jedoch v.a. bei Oldie-Konzerten das Publikum mit ihren 70er-Jahre-Hits: *Could it be I'm Falling in Love*, *I'll Be Around*, *Ghetto Child* oder *Games People Play*. Nennenswerte LPs sind *Spinners* (1973), *Live* (1975), *Smash Hits* (1977), *Love Trippin* (1980) und *Lovin' Feelings* (1985).

Spliff, dt. Rock-Band. S. bestand zum größten Teil aus Mitgliedern der ehemaligen *Nina Hagen Band*, die sich 1976 gegründet hatte. Zunächst versuchte es die Gruppe 1980 mit der englischsprachigen Rockrevue *The Spliff Radio Show*, der erhoffte Durchbruch gelang dadurch jedoch nicht. Erst, als die Rocker *Reinhold Heil* (*18.5.1954), Keyboards und Gesang, *Herwig Mitteregger* (*6.9.1953), Gesang und Schlagzeug, *Bernhard Potschka* (*1.3.1952) Gitarre und Gesang, und *Manfred Praeker* (*25.2.1951), Baßgitarre und Gesang, ihr Konzept änderten und deutsche Texte sangen, konnten sie ein breites Publikum begeistern, denn es war die Zeit der Neuen Deutschen Welle, und deutsche Bands wurden endlich wahrgenommen. Mit *Carbonara* (1982) hatte S. damals einen Riesenhit, den sie mit *Das Blech* (1982), einer frühen HipHop-Nummer, noch fortsetzen konnten. Das Abebben der deutsche Welle bedeutete auch das Ende der Band. Die Gruppe löste sich auf und die Mitglieder kümmerten sich um ihre Solokarrieren, wobei jedoch nur H. Mitteregger später noch einigen Erfolg aufweisen konnte. Zu den Alben von S. zählen *The Spliff Radio Show* (1980), *Herzlichen Glückwunsch* (1982), *85555* (1984) und *Schwarz auf Weiß* (1984).

Spooky Tooth, engl. Rock-Band, 1966 gegründet. In der Besetzung *Luther Grosvenor* (*24.12.1948, auch als *Ariel Bender* bei *Mott the Hoople*), Gitarre, *Mike Harrison* (*3.9.1945), Gesang und Keyboards, *Mike Kellie* (*24.3.1947), Schlagzeug, *Greg Ridley* (*23.10.1947), Baßgitarre, *Gary Wright* (*26.4.1943), Gesang, zählten S.T. Ende der 60er Jahre zu den bekanntesten progressiven Blues-Rock-Bands in Großbritannien. Bereits 1970 löste sich die Band auf, und die Mitglieder versuchten sich zumeist erfolglos an Solokarrieren. Eine Reformierung 1972 durch einen Teil der ehemaligen Mitglieder sowie div. neu hinzugekommene Musiker, darunter zeitweise Sänger *Mike Patto* (*22.9.1942, † 4.3.1979), hielt lediglich bis 1974. Insbes. Wright machte anschließend Karriere als Solo-Künstler, so v.a. mit Hits wie *The Dream Weaver* oder *Love Is Alive* (1976). Platten von S.T. sind u.a. *It's All about Spooky Tooth* (1968), *Spooky Two* (1969), *Ceremony* (1969), *The Last Puff* (1970) und *You*

Broke My Heart and So I Busted Your Jaw (1973).

Spotnicks, schwedische Instrumental-Band. Ihren Bandnamen entlehnten die Musiker *Bo Winberg* (*27.3.1939), Gitarre, *Bob Lander* (eig. Bo Starander, *11.3.1942), Gitarre, *Björn Thelin* (*11.6.1942), Baßgitarre, *Ove Johannson*, Schlagzeug, *Derek Skinner* (*5.3. 1944), *Peter Winsens*, Orgel, *Jimmy Nicol*, Schlagzeug, und *Tommy Tausis* (*22.3.1946), Schlagzeug, der ersten Rakete, die 1957 von den Sowjets ins All geschossen wurde. Das war auch das Jahr der Gründung der S., die wie die britischen Shadows fast ganz auf Gesangseinlagen verzichteten. 1962 hatten sie mit der Beatnummer *Orange Blossom Special* ihren ersten Hit in Großbritannien und nahmen das ebenso erfolgreiche Album *Amapola* auf. 10 Jahre später unterlegte das Deutsche Fernsehen die Übertragung eines Wettbewerbs der Olympischen Spiele in München mit Musik der S. *If You Could Read My Mind* (1972) wurde daraufhin ein großer Hit in der Bundesrepublik. Die Besetzung der Band wechselte im Laufe der Jahre ständig. Einzige Konstante war B. Lander, der immer wieder neue Musiker um sich scharte und mehrere Alben, aufnahm, so u. a. *The Spotnicks in London* (1989), *The Spotnicks in Paris* (1989) und *The Spotnicks in Berlin* (1990).

Springfield, Dusty (eig. Mary Catherine Isabel Bernadette O'Brian), *16.4.1939 Hampstead, † 2.3.1999 Henley-on-Thames, Oxfordshire; engl. Pop-Sängerin. Nach ersten Aufnahmen mit dem Folktrio *The Springfields* startete S. 1963 mit Fremdkompositionen aus Soul, Pop und Rhythm & Blues eine außerordentlich erfolgreiche Solo-Karriere. Ihre ausdrucksstarken, kraftvollen Balladen machten S. zu einer der beliebtesten Sängerin Großbritanniens der 60er Jahre. Zu ihren größten Hits zählen *You Don't Own Me* (1964), *You Don't Have to Say You Love Me* (1966) und *Son of a Preacher Man* (1968). Ende der 80er Jahre gelang S. an der Seite der → Pet Shop Boys mit theatralischen Pop-Songs wie *What Have I Done to Deserve This* (1987) und *Nothing Has Been Proved* (1989, aus dem Film *Scandal*) ein Comeback. 1995 erhielt S. für *Son of a Preacher Man*, der für den Soundtrack zu *Pulp Fiction* wiederveröffentlicht worden war, eine Platin-Auszeichnung. Einen Überblick über ihr Werk geben zahlreiche Hit-Zusammenstellungen (u. a. 1994), das Debüt-Album *A Girl Called Dusty* (1964) und *Dusty in Memphis* (1969).

Springsteen, Bruce, *23.9.1949 Freehold (New Jersey); amerik. Rock-Sänger und -gitarrist. Musikalisch tief verwurzelt in den traditionellen Sounds von Elvis Presley und Chuck Berry, aber auch der *Beatles* und Van Morrisons, verarbeitete S. von 1973 an diese Vorlieben zu erfolgreichem Mainstream-Rock, der ihm neben zahlreichen Hits weltweit Superstar-Status sicherte. Neben charismatischer Bühnenpräsenz, mit der er seine oft hymnischen Songs unterstreicht, ist es v. a. eine ausgeprägte Bodenständigkeit und »Volksnähe«, die ihn seinen Fans als »einen der ihren« erscheinen läßt. Trotz z. T. mißinterpretierten Umgangs mit nationalen Symbolen und Themen (*Born in the USA*, 1984) präsentierte S. sich stets als Sprachrohr der Unterdrückten und Außenseiter und verbalisierte die Sorgen des »kleinen Mannes«. Unterstützt wurde S. dabei bis 1989 von der *E-Street-Band* (u. a. mit *Clarence Clemons*, Saxophon, *Max Weinberg*, Schlagzeug, *Roy Bittan*, Piano, und *Gary Tallent*, Baßgitarre), die ihn live und auf seinen erfolgreichsten LPs begleitet. Mit *Nebraska* (1982) und *The Ghost of Tom Joad* (1995) präsentierte sich S. in Sänger/Songschreiber-Tradition und verzichtete zugunsten sparsam instrumentierter Songs auf lautstarke Unterstützung. Zu seinen größten Singleerfolgen zählen u.a. *Born to Run* (1975), *Hungry Heart* (1980), *Brilliant Disguise* (1987) und *Streets of Philadelphia* (1994, mit dem Oscar-prämierten Song aus dem Film *Philadelphia*). Nennenswerte LPs sind *Greetings from Astbury Park NJ* (1973), *Darkness on the Edge of Town* (1978), *Human Touch* und *Lucky Town* (beide 1992). – 1999 begann S. wieder mit E-Street zu touren und bewies eindrucksvoll, daß er immer noch zum besten gehört, was die Rockmusik zu bieten hat. Davon überzeugt auch der Konzertmitschnitt *Live In New York City* (2001). Unter den Eindrücken der Anschläge vom 11. September 2001 entstand das bewegende Album *Rising* (2002), das S. seit vielen Jahren wieder in einer Studioproduktion mit der E-Street Band zeigt. 2004 mischte er sich auf Seiten des Demokraten John Kerry aktiv in den amerikanischen Wahlkampf ein. Mit *Devils And Dust* (2005) legte er ein sensibles Werk zwischen Alternative Country und handfestem Rock vor.

Stansfield, Lisa, *11.4.1966 Rochdale; brit. Soul-Sängerin. Bereits im Teenager-Alter sammelte sie als Moderatorin des englischen Kinderfernsehens Bühnen- und Kameraerfahrung. Inspiriert von der zum damaligen Zeitpunkt angesagten Dance-Szene Großbritanniens, veröffentlichte sie mit ihren Schulfreunden Andy Morris und Ian Devaney 1986 das erfolglose Album *Big Thing*. 1989 lieh sie ihre Stimme *People Hold On*, einem Hit des Dancefloor-Projekts *Coldcut*; Grund genug für Big Life Records, sie mit einem Solovertrag auszustatten. Die Zusammenarbeit mit Morris/Devaney war diesmal erfolgreicher: Das Debüt-Album *Affection* (1989) verband auf eingängige Weise S.s sanfte Stimme mit modernen Discorhythmen. Diese urbane Soul/Funk-Mischung für ein vornehmlich weißes Publikum bescherte ihr in Europa und den USA Chart-Erfolge wie z.B. *All Around The World* (1990), *All Woman* (1992) und *Someday (I' m Coming Back)* (1993), einem Song vom Soundtrack des Whitney Houston-Films *Bodyguard*. Weitere LPs der Sängerin sind *Real Love* (1992), *So Natural* (1993), *Lisa Stansfield* (1997), *Face Up* (2001) und *The Moment* (2005).

Status Quo, brit. Rock-Band in der Besetzung *Mike »Francis« Rossi* (*29.4. 1949), Gitarre und Gesang, *Alan Lancaster* (*7.2.1949), Baßgitarre und Gesang, *Richard »Rick« Parfitt* (*12.10.1948), Gitarre und Gesang, sowie *John Coghlan* (*19.9.1946), Schlagzeug, später ersetzt durch *Peter Kircher* (*21.1.1948), anschließend ersetzt durch *Jeff Rich*. Wohl keine andere Gruppe vereint auf sich fast 30 Jahre Bandgeschichte und – trotz div. Line-Up-Wechsel – unbeirrtes Festhalten am eigenen limitierten Stil. Als S.Q. (gegründet 1967) machte die Band, nach Versuchen unter anderen Namen (*Spectres*, *Traffic Jam*), zum ersten Mal 1968 mit *Pictures of Matchstick Men* von sich reden, einer zeitgemäßen, poppigen Variante des Psychedelic Rock. Nach einem ersten Tief Ende der 60er Jahre, wandten sich S.Q. 1970 dem boogieverwurzelten Hard-Rock zu, dem sie, nur marginal variierend, bis in die 90er Jahre treu blieben. 70er-Jahre-Hits wie *Down Down*, *Rockin all over the World* u.v.m. stehen für den unverwechselbaren Stil von S.Q. Spätere Erfolge waren *In the Army Now* (1986) und *Come on You Reds* (1994). Einzig in den USA war ihnen kein nennenswerter Erfolg vergönnt. Bedeutende LPs der Band sind *Ma Kelly's Greasy Spoon* (1970), *Blue for You* (1976), *Live* (1976), *Whatever You Want* (1978), *Back To Back* (1983), *Perfect Remedy* (1989), *Thirsty Work* (1994), *Under The*

Influence (1999) und *Famous In The Last Century* (2000).

Stauffer, Teddy (eig. Ernest Henry), *2.5.1909 Morat am Murtensee (Schweiz), † 27.8.1991 Acapulco; Schweizer Jazz- und Unterhaltungsmusiker (Bandleader, Saxophon, Violine). Er gründete 1929 die Swing-Band »T. S. und seine Teddies« (international aufgetreten als »T. S. and His Original Teddies«), spielte in Gleiwitz, dann in Berlin und erweiterte die Formation zu einer Big Band. Vermutlich wegen seiner »Verjazzung« des Horst-Wessel-Liedes mußte S. Deutschland verlassen; er ging 1940 nach Amerika und ließ sich in Acapulco nieder, während die *Original Teddies* von Eddie Brunner übernommen wurden. S.s Band spielte stilechten Swing, aber auch vom Swing beeinflußte Unterhaltungsmusik aller Art. Sie gab vielen talentierten deutschen Musikern Gelegenheit, den durch die Kulturpolitik des Naziregimes erschwerten Kontakt zur internationalen Jazzszene nicht völlig zu verlieren. Herausragender Solist der Band war der Klarinettist und Saxophonist Ernst Höllerhagen. Zu den charakteristischen Swingtiteln der Band gehört *Christopher Columbus.* Eine Autobiographie erschien unter dem Titel *Es war und ist ein herrliches Leben* (B 1968).

Steely Dan, amerik. Rock-Band. Nach einem Wort aus dem Roman *Naked Lunch* von William Burroughs benannt (es bezeichnet dort einen eisernen Dildo), formierte sich S. D. 1972 in Los Angeles um die Musiker und Songschreiber *Walter Becker* (*20.2.1950), Gitarre, Baßgitarre und Gesang, sowie *Donald Fagen* (*10.1.1948), Gesang und Keyboards. Becker und Fagen entdeckten auf dem College die gemeinsame Liebe zum Jazz, gingen mit dem Gesangsquartett *Jay and the Americans* auf Tour und wurden als Auftragskomponisten der Firma ABC vom Produzenten Gary Katz als feste Band verpflichtet. Becker und Fagen tauschten die vorgesehenen Begleiter bald gegen handverlesene Jazz- und Studiomusiker (Wayne Shorter, Larry Carlton u. a.) aus. Auf LPs wie *Can't Buy a Thrill* (1972, mit dem Hit *Do it Again*) und *Pretzel Logic* (1974, mit dem Hit *Rikki, Don't Lose that Number*) und *The Royal Scam* (1976) entwickelten S. D. einen swingenden Sound: reich an Details, stets in harmonischer Nähe zu Jazz und Soul und von kühler Finesse. Auf dem letzten Album *Gaucho* (1980) führten S. D. ihre nie live aufgeführten Kompositionen zur Perfektion. Fagens Solo-LP *The Nightfly* erschien 1982. Bis 1993 arbeiteten Fagen und Becker v. a. als Produzenten, dann meldete sich Fagen mit dem enthusiastisch aufgenommenen Album *Kamakiriad* zurück; Beckers Solo-Debüt *11 Tracks of Whack* folgte 1994. Weitere LPs vor *Gaucho* sind *Countdown to Ecstasy* (1973), *Kathy Lied* (1975) und *Aja* (1977). 1995 traten Becker und Fagen erstmals wieder gemeinsam auf, im Jahr 2000 folgte die offizielle Wiedervereinung mit *Two Against Nature,* drei Jahre später folgte mit *Everything Must Go* abermals ein starkes Statement.

Steig, Jeremy, *23.9.1942 New York; amerik. Jazz-Flötist. Er hat etwa seit 1957 Kontakt zum Jazz, spielte dann aber mehr und mehr mit Rock-Musikern zusammen. In den 60er Jahren gründete er die Gruppe *Jeremy and the Satyrs*, die mit ihrer Synthese von Jazz und Rock keine Publikumsresonanz fand und wieder aufgelöst werden mußte. Seit 1969 hatte S. Erfolg im Zusammenspiel mit jazzorientierten Gruppen wie der niederländischdeutschen *Association P. C.*; großes Aufsehen, auch bei seinen Kollegen von der Konzertmusik, erregte 1973 sein Auftritt beim »Flute Summit« anläßlich der Donaueschinger Musiktage. In der 2. Hälfte der 70er Jahre trat S. oft mit dem

Kontrabassisten Eddie Gomez im Duo auf. Was Roland Kirk auf der Flöte schon vorgeformt hatte, hat S. systematisch fortgesetzt: Stimme, Atem, Funktionsgeräusche des Instruments, Zwischen- und Obertöne werden in den Ablauf der Improvisationen organisch miteinbezogen und verleihen der Flöte einen neuen Klang. Herausragende Alben sind *Flute Fever* (1963), *Music For Flute And Double Base* (1978), *Rain Forest* (1980) und *Jigsaw* (1991).

Steppenwolf, kanadische Rock-Band. *John Kay* (eig. Joachim Krauledat, *12.4.1944), Gesang und Gitarre, *Michael Monarch* (*5.6.1946), Gitarre, *Goldy McJohn* (*2.5.1944), Keyboards, *Rushton Moreve* (*1948, † 1.7.1981), Baßgitarre, und *Jerry Edmonton* (*24.10. 1946), Schlagzeug, traten zunächst unter dem Namen *Sparrows* auf. Der Produzent Gabriel Mekler nahm sich 1968 der nicht sonderlich erfolgreichen Band an und ließ ihren Namen in S. ändern. Das Debütalbum *Steppenwolf* (1968) der Hard-Rocker wurde ein Riesenhit und der Single-Titel *Born to Be Wild* (1968) die Hymne aller Motorradfahrer, aber auch der freiheitsliebenden Hippiebewegung. Weltweit bekannt wurde der Song durch Peter Fondas Kultfilm *Easy Rider.* Damit etablierte sich S. als Superband, deren Tourneen Millionen besuchten. Ende der 60er Jahre engagierte sich die Band gegen den Vietnamkrieg und gab mehrere Benefizkonzerte für dessen Opfer. 1971 beendete *For Ladies Only* die Erfolgsgeschichte von S., die danach mehr durch ständiges Wechseln der Besetzung auf sich aufmerksam machte, als durch großartige Plattenverkäufe. Trotzdem blieb die Band zusammen und veröffentlichte 1987 *Rock & Rebells*. 2002 ging John Kay wieder mit S., als einziges Mitglied der Altbesetzung, auf Tournee. Die Konzerte fanden eher im kleinen Rahmen statt. Zu den wichtigen Alben von S. zählen außerdem *At Your Birthday Party* (1969), *Early Steppenwolf* (1969) und *Live* (1970).

Stern, Mike, *10.1.1953 Boston, Massachusetts; amerik. Jazzgitarrist. S. wuchs in Washington D.C. auf. Als Jugendlicher hörte er begeistert die Musik von Eric Clapton, Jimi Hendrix und Bluesgitarristen wie B.B. King, und er interessierte sich für Jazz. An der Berklee School of Music studierte er Gitarre bei Pat Metheny und Mick Goodrick. Mit 22 Jahren kam er zu *Blood Sweat and Tears*, 1979–80 spielte er in der Fusion-Band von Billy Cobham. 1981 holte ihn Miles Davis in seine Band. Stern spielte auf dem Comeback-Album *The Man With the Horn* sowie *We Want Miles* (jeweils 1981). S. glänzt durch sein kraftvolles Gitarrenspiel, das unmittelbar rockigen Zugriff mit der Raffinesse moderner Jazzharmonik verbindet. Fortan arbeitete S. als Sideman großer Jazzmusiker wie Jaco Pastorius, Michael Brecker (*Don't Try This At Home*,1988, *Return Of The Brecker Brothers*, 1992) u.v.a. Seinem Debütalbum als Bandleader *Upside Downside* bei Atlantic Records aus dem Jahre 1986 folgten weitere Produktion, beinahe im jährlichen Abstand bis heute. Für *Standards* (1992) erhielt er vom *Guitar Player Magazine* die Auszeichnung bester Jazzgitarrist des Jahres. *Is What It Is* (1993), *Between the Lines* (1995), *Voices* (2000) wurden jeweils für einen Grammy nominiert. Weitere Alben: *Odds And Ends* (1991), *Play* (1999), *These Times* (2003).

Stevens, Cat (eig. Steven Demetri Georgiou), *1.7. 1948 London; Folk- und Pop-Sänger griech.-schwed. Abstammung. Hatte S. von 1967 an mit gefälligen, aufwendig instrumentierten Popsongs wie *Matthew and Son*, *Here Comes My Baby* oder *The First Cut Is the Deepest* zunächst v.a. jüngere Zuhörer begeistert, führte 1969 eine längere Krankheit zum Karrierebruch und Überdenken des eigenen künstlerischen Anspruches. Wieder genesen, kam S. 1970 zu einem Comeback, das ihn mit gefühligen Romantizismen und sensiblen Akustik-Balladen wie *Lady D'Arbanville*, *Morning Has Broken*, *Father and Son* oder *If You Wanna Be Free* (aus Hal Ashby's Filmerfolg *Harold and Maude*) als seriösen und sehr erfolgreichen Solo-Interpreten etablierte. Mit der LP *Back to Earth* beendete der 1977 zum islamischen Glauben gewechselte Sänger seine zuletzt stagnierende Karriere. Als Yussouf Islam widmete er sich ab 1978 v.a. religiös motivierter Arbeit. Für Aufsehen sorgte S. noch einmal 1989, als er die Verfolgung des Schriftstellers Salman Rushdie durch schiitische Fundamentalisten befürwortete. Einige Zeit später widerrief er. Zu den wichtigsten Platten von S. zählen *Matthew and Son* (1967), *Mona Bone Jakon* (1970), *Tea for the Tillerman* (1971), *Teaser and the Firecat* (1971), *Catch Bull at Four* (1972), *Cat's Cradle* (1977).

Stewart, Rex William, *22.2.1907 Philadelphia, †7.9. 1967 Los Angeles; amerik. Jazzmusiker (Trompete, Kornett). In den 20er Jahren bis 1932 trat er immer wieder in der Band von Fletcher Henderson auf, war 1934–44 einer der Solisten in der Band von Duke Ellington und spielte seit 1948 mit vielen deutschen Swing- und Dixielandmusikern zusammen. Anfang der 50er Jahre arbeitete er als Programmgestalter beim Rundfunk in New York und ging 1956/57 wieder als Musiker in die »Szene« zurück. S. war anfänglich von Bix Beiderbeckes lyrisch getragenem Stil beeinflußt, übernahm dann von Bubber Miley die Anwendung von Dämpfern und die Growl-Technik. Kennzeichnend für ihn wurden die durch das nur halb heruntergedrückte Ventil entstehenden »Quetschtöne« und die sogenannten »sprechenden Effekte« und insgesamt flüssige und ideenreiche Improvisationen.

Stewart, Rod, *10.1.1945 London; brit. Pop-Sänger. V.a. mit erfolgreichen Interpretationen von Fremdkompositionen (z.B. von Cat Stevens und Tom Waits) machte sich S. einen klangvollen Namen und gehört zu den erfolgreichsten Künstlern Großbritanniens. In den 60er Jahren war er zunächst Teil der Londoner Rhythm & Blues-Szene, spielte u.a. mit Brian Auger, danach mit M. Fleetwood und P. Green (den Gründern von *Fleetwood Mac*). 1967 gründete er mit Jeff Beck, der ihn auch später bei Soloprojekten unterstützte, und *Ron Wood* (später Mitglied der *Rolling Stones*) die *Jeff Beck Group*. Die aus den *Small Faces* hervorgegangenen *Faces* begleiteten S. ab 1969 auf seinen ersten Solo-LPs. Mit *Maggie May*, 1971 ein erster Welterfolg, begann für S. ein Reigen von Hits, der sich bis in die 90erJahre fortsetzte. Dabei variierte er oft zwischen erfolgreichen Musikstilen wie dem Disco-Sound (*Do Ya Think I'm Sexy*, 1978) oder Blues (*Tom Traubert's Blues*, 1993). Seine rauhe Gesangsstimme sicherte ihm jedoch stets hohen Wiedererkennungswert. Zu seinen größten Erfolgen zählen *Sailing* (1975), *Baby Jane* (1983) und *All for Love* (zusammen mit Sting und Bryan Adams, 1994). Zu seinen besten LPs gehören *Atlantic Crossing* (1975), *Blondes Have More Fun* (1978), *Tonight I'm Yours* (1981) und *Unplugged ... and Seated* (1993). Weitere Alben sind *A Spanner In The Works* (1995), *If We Fall In Love Tonight* (1996), *When We Were The New Boys* (1998) und *Human* (2001). Weil S. seine Stimme durch Überbeanspruchung ganz verloren hatte, mußte er sich längeren ärztlichen Behandlungen unterziehen. Wieder genesen, konnte er im Jahr 2002 eine ausgedehnte Tournee unternehmen. Auf seinen aktuellen Alben *I Had To Be You ...* (2002), *As Times Go By ...* (2003) und

Stardust ... (2004) wagt sich S. äußerst erfolgreich an die Klassiker des American Songbook.

Sting (eig. Gordon Matthew Sumner), *2.10.1951 Wallsend; engl. Sänger, Bassist und Songschreiber. S. wurde 1977 von dem Drummer Stewart Copeland entdeckt und gründete mit diesem zusammen das erfolgreiche Rocktrio *The* → *Police*. Der charismatische S., der den Namen seiner Vorliebe für schwarz-gelb gestreifte Pullover verdankt (Sting, engl. = Stachel = Biene), wurde in kürzester Zeit zu einem Pop-Idol. Ab 1984 arbeitete S. intensiv an seiner Solo-Karriere. In seinen jazz-inspirierten Balladen setzt sich S. mit politischen und gesellschaftlichen Mißständen, aber auch zwischenmenschlichen Problemen auseinander. Daneben unterstützt er durch Benifiz-Konzerte die Arbeit von Amnesty International und engagiert sich für den brasilianischen Regenwald. Mit *If You Love Somebody Set Them Free* und *Russians* aus seinem Solo-Debüt *The Dream of the Blue Turtle* (1985) gelang S. sofort der Sprung in die brit. und amerik. Charts, weitere Hits folgten. Bei seinen Projekten arbeitet S. gemeinsam mit Musikern wie Branford Marsalis, Mark Knopfler, Gil Evans, Eric Clapton u. a. Neben seinem musikal. und politischen Engagement war S. als Schauspieler aktiv, z. B. in dem *Who*-Film *Quadrophenia* (1979) und in *Stormy Monday* (1988). Weitere LPs von S. sind *Bring on the Night* (1986), *Nothing Like the Sun* (1987), *The Soul Cages* (1991), *Ten Summoner's Tales* (1993), *Mercury Falling* (1996), *Brand New Day* (1999) und *Sacred Love* (2003).

Stranglers, The, brit. Rock-Band. *Jet Black* (eig. Brian Duffy, *26.8.1938), Schlagzeug, *Hugh Cornwell* (*28.8. 1949), Gitarre und Gesang, *Jean Jacques Burnel* (*21.2. 1952), Baßgitarre, und *Dave Greenfield*, Keyboards, gründeten 1974 die *Guildford Stranglers*, ab 1975 verzichteten sie auf die Herkunftsangabe im Bandnamen. Ihr aggressiver Gestus und ihre provokanten, oft sexistischen Texte machten sie zu Vertretern des Punkgenres, musikalisch hoben sie sich jedoch von ihren Zeitgenossen ab. Neben Blacks stoischem Schlagzeugspiel und Burnels Baß prägte Greenfield mit seinem an die → *Doors* erinnernden Orgelspiel den Sound der S. Mit dem Debüt *Rattus Norvegicus IV* (1977) begann für die S. eine hitreiche Karriere; zu ihren Erfolgen zwischen 1977 und 1979 zählten *Peaches*, *Nice 'n' Sleazy* und *Duchess*. Einer ihrer bekanntesten Songs, *Golden Brown* (1982), ein mit raffinierten Taktwechseln durchsetztes Stück, deutete an, was sich 1984 mit *Aural Sculptures* manifestierte. Eingängige Popsongs wie *Skin Deep* oder *Always the Sun* bestimmten von nun an den Output der Band. Ende der 80er Jahre schwand ihr Erfolg zunehmend. 1990 verließ Cornwell die S., die sich mit Ex-Vibrators-Gitarrist John Ellis und Sänger Paul Roberts verstärkten. Weitere Besetzungswechsel brachten zunehmend Unsicherheit in die Band. Zu ihren LPs gehören *No More Heroes* (1977), *Black & White* (1979), *La Folie* (1981), *Dreamtime* (1986), *About Time* (1995) und *Coup De Grasse* (1998).

Strasser, Hugo, *7.4.1922 München; dt. Unterhaltungsmusiker und Komponist. S. studierte zunächst Klarinette in München und war nach dem 2. Weltkrieg sowohl in deutschen als auch in amerik. Bands tätig; 1955 gründete er eine eigene Band, die bis heute zu den führenden deutschen Tanzmusik-Ensembles zählt. Daneben ist S. auch als Komponist von Tanzmusik hervorgetreten. Auszeichnungen u. a.: Deutscher Schallplattenpreis (1982), Goldener Tanzschuh, Goldener Löwe von Radio Luxemburg, Goldene Medaille des Bayrischen Rundfunks (1987).

Streisand, Barbra, *24.4.1942 New York; amerik. Schauspielerin, Regisseurin und Sängerin. Sie nahm Schauspielunterricht in New York, arbeitete als Barsängerin und machte durch erste Fernsehauftritte auf sich aufmerksam. Der Durchbruch gelang ihr 1962 mit dem Musical *I Can Get It for You Wholesale* von H. Rome. Ihren Ruf als hervorragende Musicaldarstellerin festigte sie in Jules Stynes Musical *Funny Girl* (1964). Für die Verfilmung dieses Musicals wurde sie 1968 mit dem Oscar ausgezeichnet. S., die heute zu den profiliertesten Künstlern des Showbusiness zählt, produzierte zahlreiche Schallplatten, auch gemeinsam mit anderen Sängern, wie N. Diamond, B. Gibb oder D. Johnson. Sie veranstaltet darüber hinaus Tourneen, tritt in Fernsehshows auf und wurde durch viele Filmrollen weltweit bekannt (*Hello Dolly,* 1969; *On a Clear Day You Can See Forever,* 1969; *The Owl and the Pussycat,* 1971; *What's Up, Doc?,* 1972; *Up the Sandbox,* 1973; *The Way we Were,* 1973; *For Pete's Sake,* 1974). Für den Film *Yentl* (1983) war S. Drehbuchautorin, Produzentin, Regisseurin und Hauptdarstellerin in einer Person. Dasselbe wiederholte sie mit *Prince of Tides* (Der Herr der Gezeiten, 1991). Essentiell bei ihren Alben sind *The Barbra Streisand Album* (1963) und *Simply Streisand* (1967) sowie die Soundtracks zu ihren Filmen.

Summer, Donna (eig. D. Gaines), *31.12.1948 Boston (Massachusetts); amerik. Soul- und Pop-Sängerin. S. wurde 1975 berühmt mit der Single-Version des 17minütigen Disco-Titels *Love to Love You Baby,* der wegen der gestöhnten Refrainzeilen für kontroverse Reaktionen sorgte. 1967 war die Sängerin für die deutsche Version des Hippie-Musicals *Hair* nach München gekommen. Von dort aus startete sie, nach weiteren Auftritten, z.B. in *Porgy and Bess*, eine Karriere als Solistin, die von Studio-Produzenten wie G. → Moroder und Harold Faltermeyer souverän gelenkt wurde. Deren kühler Elektronik-Sound und S.s lasziver Gesang trafen den Nerv der Disco-Ära mit Songs wie *I Feel Love.* Nach den Alben *Live and More* und *Bad Girls* verließ S. die Münchner Hitfabrik. Zurück in den USA, bemühte sie sich um einen adäquateren musikalischen Rahmen für ihre klare und kräftige Soul-Stimme, z.B. in einem Duett mit B. → Streisand. Ihr Hit *She Works Hard for the Money* (1983) bediente sich dann wieder der funktionalen Rhythmen früherer Disco-Werke. Zu ihren wichtigen LPs gehören *Love to Love You, Baby* (1975), *A Love Trilogy* (1976), *The Wanderer* (1980), *All Systems Go* (1987), *Another Place And Time* (1989) und *Mistaken Identity* (1991).

Sun Ra (auch Le Sonyr Ra, eig. Herman Sonny Blount), *22.5.1914 Birmingham (Alabama), †30.5. 1993 ebd.; amerik. Jazzmusiker (Klavier, Orgel, Synthesizer), Bandleader und Komponist. R. verweigerte Angaben über Ort und Datum seiner Geburt und hielt auch seinen richtigen Namen geheim. Stattdessen behauptete er, von einem anderen Planeten zu stammen. 1946–47 spielte er als Pianist bei Fletcher Henderson, brach wenig später radikal mit der Tradition und wurde in Chicago der geistige Führer einer experimentellen Jazzgruppe. Anfang der 70er Jahre übersiedelte er nach New York, wo er mit größeren und kleineren Formationen, u.a. *Solar Arkestra, Myth Science Arkestra* und *Research Intergalactic Arkestra*, auftrat. R. vertritt einen kompromißlosen Free Jazz. Nach seiner (heftig umstrittenen) Auffassung darf es zwischen der Erarbeitung eines Stückes und dessen endgültiger Interpretation keinen Unterschied geben. Nach seinem Tod wurde das Arkestra in seinem Sinne erst von John Gilmore und dann von

Marshall Allen geleitet. Herausragende Alben: *The Magic City* (1965), *Space is the Place* (1972), *Mayan Temples* (1990).

Sunnyland, Slim (eig. Albert Luandrew), *September 1907 Lambert (Mississippi), † 17.3.1995 Chicago; amerik. Jazz- und Bluesmusiker (Gesang, Klavier). Er spielte zuerst in Stummfilmkinos, wurde dann Boogie- und Bluespianist sowie Sänger und gesuchter Begleiter. 1964 warb ihn J.E. Berendt für das »American Folk Bluesfestival« in Deutschland an, was für S., in den USA nur von eingeweihten beachtet, vermutlich die erste große Anerkennung als Musiker bedeutete. Charakteristisch für sein Spiel ist eine originelle Verbindung von archaisch wirkendem Folk blues und Swing Jazz im Stil von Count Basie.

Supertramp, brit. Rock-Band. In der Besetzung *Richard »Rick« Davies* (*22.7.1944), Keyboards, *Roger Hodgson* (*21.3.1950), Gesang, Baßgitarre und Keyboards, *Dougie Thompson* (*1951), Baßgitarre, *John A. Helliwell* (*15.2. 1945), Saxophon, und *Bob Siebenberg,* Schlagzeug, schafften S. 1974, nach 5 erfolglosen Jahren als Progressive Rock-Band, mit der LP *Crime of the Century* und der Single *Dreamer* (1975) den Durchbruch. Die Songschreiber Hodgson und Davies, die auch den stimmigen Harmoniegesang prägten, legten größten Wert auf ausgefeilte Arrangements. Ihnen zur Seite standen erstklassige Musiker, und so entstand in der Folgezeit eine Vielzahl weltweiter LP- und Single-Erfolge. *Crisis? What Crisis?* (1975), *Even in the Quietest Moments* (1977) und *Breakfast in America* (1979) verquickten höchstes technisches Niveau mit Kommerzialität, poppige Miniopern wie *School* oder das prätentiös simple *The Logical Song* wurden zu Dauerbrennern. Eine kreative Pause Anfang der 80er wurde durch *Famous Last Words* (1982) beendet; einer Welttournee (1983) folgte der Weggang Hodgsons, der eine Solokarriere startete. So uninspiriert und glanzlos wie *Famous Last Words* waren auch die folgenden beiden LPs und so verabschiedeten sich S. mit *Live in 88* von ihrem Publikum. 1997 starteten S. ohne Hodgson ein Comeback mit dem Album *Some Things Never Change.* Zwar wurden keine Verkaufsrekorde erzielt, aber der Name S. ist wohl immer noch populär genug, um Konzerthallen zu füllen. 2002 erschien das Album *Slow Motion,* wieder ohne Hodgson, der stattdessen (vergeblich) versuchte, per Gerichtsbeschluß verbieten zu lassen, daß S. auf Konzerten seine Songs spielen.

Supremes, The, amerik. Soul-Gesangstrio mit Diana → Ross (*26.3.1944), *Mari Wilson* (*6.3.1944), *Florence Ballard* (*30.1.1943, † 22.2.1976), ab 1967 ersetzt durch *Cindi Birdsong* (*16.12. 1943). Ross, Ballard und Wilson begannen 1959 als Vokalquartett *The Primettes* mit der Sängerin Barbara Martin. Nach zunächst erfolgloser Bewerbung bei Motown-Records erhielt das in The S. umgetaufte Trio im Vorprogramm der *Temptations* eine Chance. Mit Songs des Autoren-Teams Holland/Dozier/Holland wurden die Sängerinnen Mitte der 60er Jahre zur erfolgreichsten weiblichen Pop-Gruppe des Jahrzehnts. *Where Did our Love Go?, Stop in the Name of Love, You Can't Hurry Love, You Keep Me Hangin' On* u.v.a Songs des Trios gelangten auf Platz 1 der US-Charts und machten die S. international bekannt. Ihr melodiöser Pop-Sound stand auch bei gemeinsamen Arbeiten mit den *Temptations* oder den *Four Tops* im Vordergrund. 1969 startete Leadsängerin Ross, protegiert von Motown-Chef Berry Gordy, eine Solo-Karriere. Sie wurde ersetzt durch Jean Terell. Bis 1977 sangen die S. als *The New Supremes* mit schwindendem Erfolg. Einen guten Überblick über das Schaffen der S. geben die LPs *Where Did our Love Go?* (1964), *I Hear a Symphony* (1966), *Sing Holland-Dozier-Holland* (1967), *Reflections* (1968) und *Floy Joy* (1972).

Sweet, The, brit. Pop- und Rock-Band, bestehend aus *Brian Connolly* (*5.10.1945, †9.2.1997), Gesang, *Steve Priest* (*23.2.1950), Baßgitarre, *Andy Scott* (*30.6. 1951), Gitarre, und *Mick Tucker* (*17.7.1949, † 14.2.2002), Schlagzeug. Mit glamourösem Sound und schrillem Äußeren begeisterte die von ihrem Manager Phil Wainman intensiv vermarktete Gruppe ab 1971 v. a. Kinder und Jugendliche. Die vom brit. Autoren-Duo Nicky Chinn und Mike Chapman entworfenen Billig-Produktionen wie *Funny Funny*, *Wig-Wam Bam*, *Ballroom Blitz*, *Block Buster* oder *Teenage Rampage* benutzten populäre, stets wiederkehrende Motive aus Hardrock, Pop und Heavy Metal. Ab 1974 zunehmend auf künstlerische Selbstständigkeit bedacht, erreichten S. auch ohne die musikalischen Vorgaben von Chinn/Chapman mit Single-Hits wie *Fox on the Run*, *The Lies in Your Eyes* und schließlich *Love Is Like Oxygen*, dem letzten großen Erfolg 1978, die europäischen Charts. In den 90er Jahren machte die Band in wechselnden Besetzungen als *Andy Scott's Sweet* weiter. Als auch Connolly wieder eine Band namens *The Sweet* auf den Plan rief, stritten sich die Gerichte. Connollys Tod führte 1997 eine Entscheidung herbei. Einen Überblick geben Platten wie *Sweet Fanny Adams* (1974), *The Sweet's Golden Greats* (1983), *Collection* (1989) und *Sweetlife* (2002).

Swingle Singers, frz. Jazz-Vokalgruppe, gegr. 1962 von Ward Swingle (*21.9.1927), einem in Frankreich lebenden amerik. Sänger, Pianisten und Arrangeur. Die Gruppe mit der Solistin Christiane Legrand und in der Begleitung von Kontrabaß und Schlagzeug setzte die Musik von J. S. Bach und dann auch anderer Komponisten des Barock auf in sich stimmige Art und Weise in die Harmonien und Phrasierungen des Jazz um und hatte damit weltweiten Erfolg. Vorläufer der S. war die Gesangsformation *The Double Six of Paris* (1959–62), die nach Art des angloamerikanischen Ensembles *Lambert, Hendricks & Ross* Instrumentaltitel des Jazz bzw. Chorusimprovisationen von Jazzmusikern wie Lester Young gesanglich interpretierte.

T

T.Rex, engl. Glam-Rock-Band. *Marc Bolan* (*30.9. 1947, † 16.9.1977), Gesang und Gitarre, *Mickey Finn*, Congas, *Steve Currie*, Baßgitarre, und *Bill Legend*, Schlagzeug, formierten sich 1970 als Nachfolgeband von *Tyrannosaurus Rex* in London. M. Bolan, Gründer der Band und gleichzeitig ihr unumstrittener Chef, hatte bis dahin mit versponnen lyrischem Elektro-Folk sein Publikum gesucht. Doch *T.Rex* erwiesen sich bald als Hauptvertreter und Schrittmacher der Glam-Rock-Welle der frühen 70er Jahre. Bolan inszenierte sich als androgyne Diva und produzierte mit Songs wie *Hot Love*, *Get it On* und *Metal Guru* Teenager-Hymnen, die sich fast 20 Mio. mal verkauften. Nach dem Abebben der Glam-Hysterie versank die Band schnell in der Bedeutungslosigkeit. Zu ihren besten Alben gehören *Electric Warrior* (1971) und *The Slider* (1972).

Taj Mahal (eig. Henry St. Clair Fredericks), *17.5. 1942 New York; amerik. Bluessänger und Multiinstrumentalist. Sein Interesse für die Wurzeln des Blues in den ländlichen US-Südstaaten führte

M. 1965 zur Gründung der Gruppe *Rising Sons*, der auch der Gitarrist Ry →Cooder angehörte. Nach Auflösung des kurzlebigen Projekts veröffentlichte M. 1967 sein Debüt *Taj Mahal*, den ersten Beweis für die Fähigkeit, bodenständige Lust am Musizieren mit dem Wissen eines Musikhistorikers zu verbinden, der die schwarze Folklore Amerikas bis zu ihren afrikanischen Ursprüngen durchdrungen hat. Das Doppelalbum *Giant Step/De Ole Folks at Home* (1969) ist M.s beeindruckendstes Ergebnis dieser Forschungen. *More Roots* – weitere Wurzeln – legte der Autodidakt 1974 auf einer gleichnamigen LP frei, die mit Reggae-Elementen v.a. dem karibischen Erbe seines Vaters Tribut zollte. Ab den 70er Jahren veröffentlichte M., der sich im Konzert meist allein mit Gitarre und Piano begleitet, seine Schallplatten bei kleinen Firmen, um sich die Unabhängigkeit von kommerziellen Mechanismen zu wahren. Zu seinen wichtigen LPs zählen *Natch'l Blues* (1968), *The Real Thing* (1971), *Music fuh Yah* (1978), *Taj* (1986), *An Evening of Acoustic Music* (1994), *Kulanian* (1999), *Shoutin' In Key* (2000), *Hanapepe Dream* (2001, mit *Phantom Blues Band*) und *Mkutano* (2004).

Talking Heads, amerik. Pop-Band, bestehend aus *David Byrne* (*14.5.1952), Gesang und Gitarre, *Jerry Harrison* (*21.2.1949), Keyboards, *Tina Weymouth* (*22.11. 1950), Baßgitarre, und *Chris Frantz* (*8.5.1951), Schlagzeug. Die Formation gilt durch die nervöse wie eloquente Rhetorik Byrnes und ihre v.a. rhythmisch komplexe Musik als einflußreich. Bereits das Debüt *Talking Heads: 77* etablierte das mit intellektuellem Habitus auftretende Quartett als innovative Kraft. In den 80er Jahren gelangen der Band mit *Once in a Lifetime* (1981), *Burning down the House* (1983) und *Road to Nowhere* (1985) einige Single-Hits, 1984 mit *Stop Making Sense* (Regie: Jonathan Demme) einer der erfolgreichsten Konzertfilme der Pop-Geschichte. Während Weymouth und Frantz nebenbei die Pop-Gruppe *Tom Tom Club* konzipierten, verwoben die T.H. zunehmend Stile unterschiedlicher Kulturkreise in ihre Werke, so auf *Naked* (1988) afrikanische Einflüsse. Nach der Auflösung 1991 blieb v.a. Byrne im öffentlichen Interesse. Byrne, der schon früh mit der LP *My Life in the Bush of Ghosts* (1981, mit Brian Eno) und div. Film- und Theater-Arbeiten eigene Wege gegangen war (für die Filmmusik zu Bertoluccis *Der letzte Kaiser* bekam B. 1987 einen Oscar), machte auch als Förderer südamerik. Künstler, Produzent (*B-52's*) und nicht zuletzt durch vielbeachtete Soloalben von sich reden, darunter *Uh-Oh* (1992) und *David Byrne* (1994). Zu den wichtigsten Platten der T.H. zählen *More Songs About Buildings and Food* (1978), *Fear of Music* (1979), *Remain the Light* (1980), *The Name Of The Band Is Talking Heads* (1982), *Speaking in Tongues* (1983), *Stop Making Sense* (1984), *Little Creatures* (1985), *True Stories* (1986) und *Naked* (1988).

Tangerine Dream, dt. Instrumental-Band. *Edgar Froese* (*6.6.1944), Gitarre und Synthesizer, *Volker Hombach*, Flöte und Violine, *Chris Franke* (*6.4.1953), Schlagzeug, und *Peter Baumann* (*29.1.1953), Keyboards, schufen »kosmische Musik« und waren international erfolgreicher als in ihrer deutschen Heimat. Der Maler und Grafiker E. Froese gründete 1967 die erste Formation von T.D., die sich an psychedelischer Musik, wie sie → *Jefferson Airplane* oder *Greatful Dead* spielten, orientierte. 1968 löste sich die Band wieder auf, um sich 1970 um Froese wieder neu zu formieren. Das Debütalbum *Electronic Meditation* wurde von der Kritik wohlwollend aufgenommen. Der kommerzielle Erfolg kam 1972 mit *Zeit*, das durch Synthesizerklänge geprägt war und sehr erfolgreich in Großbritannien, Frankreich und Japan lief. Die Nachfolger *Phaedra* (1974), und *Rubycon* (1975) etablierten T.D. als wichtigste Synthesizer-Gruppe der Welt. Als erste deutsche Band gab T.D. 1975 ein Konzert in der Londoner Royal Albert Hall. Ebenso waren sie 1980 die erste westliche Rock-Band, die in der DDR Konzerte geben durften. Mit der Musik zur deutschen Krimiserie *Tatort* (*Das Mädchen auf der Treppe*) konnten sie 1981 erstmals auch die deutschen Charts erobern. T.D. blieben in den 80er Jahren die führende Instrumental-Band und beeinflußten mit ihrem Sound viele der in den 90er Jahren gegründeten sogenannten New Age-Bands, die Entspannungs- und Meditationsmusik komponierten. Zu ihren Werken zählen weiterhin *Atem/Alpha Centauri* (1976), *Exit* (1982), *Legend* (1986), *Turn of the Tides* (1994), *Ambient Monkeys* (1998), *Mars Polaris* (1999) und *The Seven Letters From Tibet* (2000). Im neuen Jahrtausend machten sich die zu Edgar Froeses Familienband mutierten T.D. an das ehrgeizige Unterfangen, auf mehreren Alben Dantes *Göttliche Komödie* zu vertonen. Die Ergebnisse waren jedoch eher peinlich.

Tatum, Art, *13.10.1910 Toledo (Ohio), †5.11.1956 Los Angeles; amerik. Jazzmusiker (Pianist). In früher Kindheit fast völlig erblindet, spielte er in Nightclubs und im Radio und kam 1932 nach New York, wo er noch bei Fats Waller lernte. Nach kurzen Engagements in verschiedenen Bands war T. schon weltbekannt, als er 1943 ein eigenes Trio (mit Kontrabaß, Gitarre) gründete. Sein virtuoses Spiel gilt im Jazz bis heute als unerreicht.

Taylor, Cecil Percival, *25.3.1933 New York; amerik. Jazzmusiker (Klavier), Bandleader und Komponist. T. gründete 1956 ein eigenes Quartett, mit dem er unabhängig von Ornette Coleman und Don Cherry zur Entwicklung des Free Jazz beitrug, und spielte mit späteren Gruppen Hard Driving Jazz, u.a. 1958 mit John Coltrane. Anfang der 60er Jahre entwickelte er ein starkes eigenes Profil und gehört seither zur Spitze der Avantgarde im Free Jazz. Seit den 70er Jahren tritt er mit seiner Free Jazz-Gruppe *Unit* auf. T. hat zu einer neuen Behandlung des Klaviers im Jazz gefunden; er verbindet ekstatischen Free Jazz und Clusters mit Elementen der modernen europäischen Konzertmusik. Eine starke Tendenz zur Atonalität bekundet sich u.a. in der Aufgabe der traditionellen Funktionsharmonik, doch werden durch schwerpunktmäßige Umspielung noch tonale Zentren angedeutet. T. ist bis heute musikalisch aktiv. Er ist seinem Stil treu geblieben und hat sich nie von modischen Strömungen beeinflussen lassen.

Taylor, James, *12.3.1948 Boston (Massachusetts); amerik. Pop-Sänger. Bereits sein Debütalbum *James Taylor*, 1968 auf dem *Beatles*-Label Apple erschienen, zeigte T. in Songs wie *Carolina on My Mind* als feinfühligen Sänger und talentierten Interpreten von Country- und Folk-orientierter Popmusik. Doch erst das 2. Album *Sweet Baby James* (1969) brachte T. den Durchbruch, verkaufte sich über 2 Mio. mal und trug dem häufig mit Drogenproblemen kämpfenden Künstler mit *Fire and Rain* (1970) einen ersten Single-Hit ein, dessen Erfolg von *You've Got a Friend* (1971), Taylors Version eines Songs von Carole King, noch übertroffen wurde. In den 70er Jahren hatte T. v.a. sehr erfolgreiche Duette, so *Mockingbird* (1974) mit seiner Ehefrau Carly →Simon, *(What a) Wonderful World* (1978) mit Paul Simon und Art Garfunkel oder *Her Town Too* (1981) mit J.D.Souther, verlor sich jedoch des öfteren in seinen Solo-Werken in banalem Wohlklang. Mit dem gelungenen Album *New Moon Shine* gelang T. 1991 nach einer längeren kreativen Krise noch einmal ein Comeback. Weitere wichtige Alben sind u. a. *Mud Slide Slim and the Blue Horizon* (1971), *One Man Dog* (1972), *Walking Man* (1973), *Gorilla* (1975), *J. T.* (1977) und *Hourglass* (1997).

Teagarden, Jack (Weldon John), auch »Big T.« genannt, *20.8.1905 Vernon (Texas), † 15.1.1964 New Orleans; amerik. Jazzmusiker (Posaune), Sänger und Bandleader. T. erhielt 1921 sein erstes Engagement, spielte bei Ben Pollack und Paul Whiteman und leitete 1939–47 eine vorzügliche Swing-Big Band. 1947–51 trug er wesentlich zum Profil der »Louis Armstrong All Stars« bei, spielte während der 50er Jahre immer wieder mit Armstrong, führte aber vor allem eigene Gruppen, gelegentlich mit seinem Bruder **Charlie T.** (»Little T.«) als Jazztrompeter. T. gilt als der bedeutendste weiße Posaunist des traditionellen Jazz. Typisch für sein Spiel waren virtuose Beweglichkeit, ausgeprägtes Melos und ein lyrisch-wehmütiger Ton, den er auch als Sänger pflegte. Berühmt sind seine verschiedenen Einspielungen des *Basin Street Blues*.

Tears For Fears, brit. Pop-Duo. *Roland Orzabal* (*22.8.1961), Gitarre, Keyboards und Gesang, sowie *Curt Smith* (*24.6.1961), Baßgitarre und Gesang, erhielten nach dem Split ihrer Band *Graduate* 1981 einen Plattenvertrag bei Phonogram und benannten sich nach einem Buch des Psychologen Arthur Janov. *Mad World* und *Pale Shelter* waren erste Hits und gaben die stilistische Richtung an. Vom Equipment her eine Synthie-Pop-Band, belebten die zwei ihren Sound durch (Akustik-)Gitarren und echtes Schlagzeug; Melodie und große Gefühle prägten die von Smith emphatisch intonierten Songs, die unter Mithilfe von *Ian Stanley*, Keyboards, und *Manny Elias*, Schlagzeug, entstanden. Den Welthits *Everybody Wants to Rule the World* und *Shout* (1985) folgte Ende der 80er ein eklektizistischer Querschnitt durch die Popgeschichte: Auf *The Seeds of Love* (1989) adaptierten T. F. F. Größen wie die → *Beatles* und schufen authentisch tönenden Zitat-Pop; trotz anhaltenden Erfolgs trennten sich Orzabal und Smith, der eine Solokarriere startete. Orzabal firmierte weiterhin unter dem alten Bandnamen und konnte mit *Laid so Low* (1992) an alte Erfolge anknüpfen. Wichtige LPs der T. F. F. sind *The Hurting* (1983), *Songs from the Big Chair* (1985) (mit Orzabal und Smith) sowie *Elemental* (1993), *Raoul & The Kings of Spain* (1995) und *Saturnine, Martial And Lunatic* (1996). Eine solistische Visitenkarte gab Smith mit *Soul on Board* (1993) ab. 2004 fand das Duo wieder zusammen und veröffentlichte das abermals beatleske *Everybody Loves A Happy Ending*.

Temptations, The, amerik. Soul-Vokal-Gruppe, deren Kern ab 1962 unter Namen wie *The Distants* und *The Elgins* in Detroit zusammenkam. Dazu gehörten *Eddie Kendricks* (*17.12.1939, † 1992), *Melvin Franklin* (*12.10. 1942, † 1995), *Paul Williams* (*2.7.1939, † 1973), *Otis Williams* (*30.10.1941) und *Elbridge Bryant*. Ihren ersten großen Hit erzielten die T. 1965 mit dem von Smokey → Robinson produzierten *My Girl*. Im Zentrum dieser Aufnahme stand der Sänger *David Ruffin* (*18.1.1941, † 1991), der 1968 von *Dennis Edwards* (*3.2.1943) ersetzt wurde. Auch bei den folgenden Hits *I Know I'm Losing You* (1966) und *I Wish it Would Rain* (1968) gruppierten sich die makellosen Chorstimmen der T. um Ruffins rauhen Bariton. Neben den Aufnahmen der *Supremes* spiegeln die T.-Songs dieser Zeit den klassischen Motown-Sound. – Mit dem Produzenten Norman Whitfield begann für die T. ab 1969 eine Phase epischer, psychedelischer Klangspiele – in dem 12minütigen Hit *Papa Was a Rolling Stone* vom Album *All Directions* (1972) sangen die experimentell arrangierten Stimmen sozialkritische Texte. Damit und mit Songs wie *Ball of Confusion* folgten sie dem Soul-Trend der frühen 70er, gaben aber auch neue Impulse. Ab 1973 wurde P. Williams von Eddie Kendricks ersetzt, 1976 verließen die T. Motown und banden sich an Atlantic Records – ohne vergleichbaren Erfolg. Die Band blieb während der Disco-Ära aktiv und hatte erst 1984 einen nennenswerten Hit mit dem zeitgemäß produzierten Dancefloor-Titel *Treat Her Like a Lady*. Durch verschiedene Wiedervereinigungen und Oldie-Tourneen blieben die T. als Überlebende der großen Soul-Ära prominent. Andere relevante LPs der T. sind *Cloud Nine* (1969), *Psychedelic Shack* (1970), *Truly for You* (1984) und die hervorragende, 5 CDs umfassende Anthologie *Emperors of Soul* (1995).

Ten Years After, brit. Blues-Band. *Alvin Lee* (eig. Graham Barnes, *19.12.1944), Gitarre und Gesang, *Chick Churchill* (*2.1.1946), Keyboards, *Leo Lyons* (*30.11.1943), Baßgitarre, und *Ric Lee* (*20.10.1945), Schlagzeug, fanden 1966 zusammen. Nachdem L. Lyons und A. Lee bereits zuvor in div. Bands zusammengespielt hatten, gehörten T. Y. A. 1967 mit ihrem Debüt-Album gleichen Titels zu den erfolgreichsten Bands eines brit. Bluesbooms. Ihrem schweren Blues fügten sie Jazz-Elemente hinzu, die entstehenden Freiräume für Improvisationen wußte v. a. Lee mit seinen Gitarrensoli effektiv und spektakulär zu nutzen. Unvergessen ist seine Performance während des Woodstock-Festivals (1969). 1975 löste sich die Band zunächst auf. Lee musizierte, wie schon zuvor, in div. Projekten weiter (u. a. als *Ten Years Later* und *The Alvin Lee Band*), Lyons wurde Produzent. Unregelmäßigen Auftritten (ab 1983) folgte 1988 die endgültige Reunion in Originalbesetzung, nach einem erneuten Album (*About Time*, 1989) tourte die Band ausgiebig. Lee veröffentlichte 1994 ein weiteres Soloalbum, unter Mitwirkung von George Harrison unter dem Titel *1994*. Im Zuge von Oldies- und Revival-Veranstaltungen fanden ab Mitte der 90er mehrere wenig beachtete Reunions statt. Seit 2002 touren T. Y. A. ohne Alvin Lee und mit dem jungen Gitarristen *Joe Gooch* (*3.5.1977). Wichtige LPs der Band sind *Ten Years After* (1967), *Undead* (1968), *Stonedhenge* (1968), *Ssssh* (1969), *Cricklewood Green* (1970) und *Recorded Live* (1973).

Terry, Clark, *14.10.1920 St. Louis; amerik. Jazzmusiker (Trompete, Flügelhorn, Bandleader). T. begann 1945 bei Lionel Hampton, spielte Swing und Bebop bei verschiedenen Bands, ging 1948 zu Count Basie und trug 1951–59 wesentlich zum Klangbild der Band von Duke Ellington bei. Seit 1960 tritt T. mit eigenen Gruppen und Tourneebands auf, er gründete eine Big Band, die er seither immer wieder neu formiert. In den USA ist T. auch ein gesuchter Interpret für zeitgenössische Konzertmusik. Typisch für sein Spiel sind Witz, Esprit und Virtuosität.

Teschemacher, Frank, *14.3.1906 Kansas City, †29.2.1932 Chicago; amerik. Jazzmusiker (Klarinette, Altsaxophon). Er gründete mit Jimmy McPartland, Bud Freeman und Jim Lannigan in Chicago eine Band, die, in veränderter Besetzung als *Austin High School Gang*, anfangs der 20er Jahre Aufsehen erregte. Im Laufe der 20er Jahre spielte er bei Red Nichols, Jan Garber, Ted Lewis und zuletzt bei Wild Bill Davison. T. gehörte zu den führenden Musikern des Chicago-Stils.

Thelin, Eje, *9.9.1938 Jönköping, †18.5.1990; schwedischer Jazzmusiker (Posaune). Th. spielte seit 1961 mit eigenen Gruppen, wurde 1967 Dozent für Jazz an der Hochschule für Musik und Darstellende Kunst in Graz, wo er großen Einfluß ausübte, und trat in den 70er Jahren wieder mit eigenen Formationen und als Gast prominenter Musiker des internationalen Free Jazz und New Jazz auf. Unabhängig von Albert Mangelsdorff in Deutschland, der ihn als sein erstes Vorbild bezeichnet, hat Th. wesentlich zur Erweiterung der Spiel- und Ausdrucksmöglichkeiten der Posaune beigetragen. Er war ein souveräner Improvisator und zeigte in unbegleiteten Solostücken äußerste Reife; spielerische Merkmale sind Tonmächtigkeit, linear weiche Phrasierung sowie Verhaltenheit und Eleganz im Ausdruck.

Thielemans (eig. Tilmans), **Jean »Toots«**, *29.4.1922 Brüssel; belg. Jazzmusiker (Mundharmonika, Gitarre). Th. gehört seit Mitte der 40er Jahre zur Jazzszene. 1950 begleitete er Benny Goodman in Europa und wanderte 1951 in die USA aus. Dort spielte er im *George Shearing Quintet*, gründete eine Combo und ist seither auf allen großen Jazzfestivals in den USA und in Europa zu hören. Bekannt geworden ist auch seine 3/4-Takt-Komposition *Bluesette.* Auf der chromatischen Mundharmonika war Th. über Jahrzehnte hinweg der einzige Musiker, der dieses Instrument mit unverfälschter Jazzphrasierung spielte, wobei er den Tenorsaxophonsound von Lester Young und Stan Getz auf die Mundharmonika übertragen hat. In den 70er Jahren ist ihm hierin der Brasilianer Mauricio Einhorn gefolgt. Tonbildung und Improvisation sind linear im Sinne des Cool Jazz, wodurch Th. sich grundlegend von den expressiven Harmonikaspielern des Folk-Blues unterscheidet. In den 90er Jahren hob Th. das *Brasil Project* aus der Taufe. Unbekümmert spielt er, begleitet von den besten brasilianischen Musikern, Samba-Rhythmen auf der Mundharmonika.

Thin Lizzy, irische Rock-Band aus Dublin. *Brian Downey*, Schlagzeug, *Scott Gorham* (*17.3.1951), Gitarre, *Brian Robertson* (*7.2.1956), Gitarre, *Eric Bell*, Gitarre, und *Gary Moore* (*4.4.1952), Gitarre waren die tragenden Figuren in der wechselvollen Biographie der von 1970–83 aktiven Band um Baßgitarrist und Sänger *Phil Lynott* (*20.8.1951, †4.1.1986). Nach zwei unbeachteten Alben gelang ihnen 1973 mit einer zeitgemäßen Version des irischen Traditionals *Whisky in the Jar* der Durchbruch. Über den Teppich zweier Gitarren legte Lynott mit dunkler Stimme melancholisch-pathetische Zeilen von Verlierern, Kriegern und unglücklich Liebenden. Dieser bluesverwandte, eigenwillige Hard Rock bescherte der Band Hits wie *The Boys are back in Town* (1976) und hochgelobte Alben wie *Thunder and Lightning* (1983). Von Besetzungswechseln zermürbt, trennte sich die Band im selben Jahr nach einer großen Abschiedstournee. In der Folgezeit versuchte Lynott bis zu seinem Tod mit mäßigem Erfolg div. Neuanfänge (z. B. *Grand Slam* zusammen mit Downey oder auf *Out in the Fields* mit Gary Moore). Wichtige LPs von T. L. sind *Vagabonds of the Western World* (1973), *Jailbreak* (1976) und *Live and Dangerous* (1977).

Three Degrees, The, amerik. Gesangs-Trio aus Philadelphia in der Besetzung Fayette Pinkney, Sheila Ferguson und Valerie Holiday. In den 60er Jahren begann die Karriere der T. D. unter dem Management des Produzenten und Arrangeurs Richard Barrett. Zu Beginn der 70er Jahre versuchte dieser, die drei als Phillysound-Alternative zum angesagten Motownsound zu positionieren. Der

Zugang zum amerik. Markt blieb ihnen jedoch weitestgehend verwehrt, ihr opulent orchestrierter Disco-Soul für ein vornehmlich weißes Publikum konnte sich fast ausschließlich in Europa etablieren. Hits wie *Dirty Ol' Man*, *Year of Decision* oder *When Will I See You Again* zählen zu den Highlights des kontinentalen Disco-Sounds Mitte der 70er Jahre. Einen ihrer größten Erfolge verbuchten die T. D. außerdem mit ihrem Vokalbeitrag zum tönenden Leitthema des Phillysound, dem Titel *T.S.O.P.* (The Sound of Philadelphia) des Orchesters *M.F.S.B.* (Mothers, Fathers, Sisters, Brothers) im Jahre 1973. Einen Überblick über das Schaffen der T. D. geben die LPs *The Three Degrees* (1974), *With Love* (1975) und *Standing Up for Love* (1976).

Ton Steine Scherben, dt. Rock-Band, gegründet u. a. von *Rio Reiser* (eig. Ralph Möbius, *9.1.1950, †20.8.1996), Gesang, *R. P. S. Lanrue* (eig. Ralph Steitz, *14.1.1950), Gitarre, und *Kai Sichtermann* (*6.3.1951), Baßgitarre. V.a. durch Reisers einfühlsame Stimme sowie seine engagierten und dennoch selten prätentiösen Texte gelten T. S. S., obwohl nie in den Hitparaden, als eine der wichtigsten dt. Rock-Bands. Aus einer Theatergruppe entstanden, propagierten T. S. S. gesellschaftskritische Ansätze. Ihre zunächst unabhängig produzierten und vertriebenen Platten machten sie zum Sprachrohr linker Subkultur. Neben der Debüt-LP *Warum geht es mir so dreckig* (1971) war es v.a. das Album *Keine Macht für Niemand* (1972), dessen Texte von der studentischen Protestbewegung als politische Slogans verwandt wurden. Mitte der 70er Jahre widmete sich die Band persönlicher gefärbten Platten wie *Wenn die Nacht am tiefsten* (1974) oder *Ton Steine Scherben* (1981). Nach der Auflösung von T. S. S. 1985 begann Reiser eine Solokarriere als Pop-Sänger, die mit dem Album *Rio I.* (1986) und der Hit-Single *König von Deutschland* überraschend erfolgreich startete. Weitere Alben wie *Blinder Passagier* (1990) und *Durch die Wand* (1991) folgten. In den 90er Jahren machte Reiser zudem als Musical-Komponist und Schauspieler auf sich aufmerksam, so 1995 u. a. in einer *Tatort*-Rolle. Am 20.8.1996 starb Rio Reiser überraschend auf seinem Bauernhof in Niebüll. In seiner Autobiographie *König von Deutschland* (Köln 1994) dokumentierte R. eindrucksvoll die Geschichte seines Lebens und seiner Band.

Tortoise, amerik. Rock-Band, 1990 in Chicago gegründet. Aus den Gruppen *Poster Children*, *The Sea And Cake*, *11th Dream Day* und *Bastro* hervorgehend, erfanden T. eine Schnittmenge von Rock, elektronischer Musik, Minimal Music, Jazz und Lounge Pop, die von der Presse als Post Rock glorifiziert wurde. Die rein instrumental agierende Band kam ohne Leader oder Frontmann aus und verzichtete auf jeden Starrummel. *Doug McCombs* (*9.1.1962), Baßgitarre und Gitarre, *Johnny Herndon* (*8.4.1970), Perkussion, *Dan Bitney* (*7.10.1970), Perkussion, *John McEntire* (*9.4.1970), Perkussion, und *Bundy K. Brown*, Gitarre, überraschten Fans und Fachwelt im Vorprogramm der Bands, aus denen sie gemeinsam hervorgingen, mit ihrem anspruchsvollen Low Frequency Rock. Ihr Debütalbum *Tortoise* (1994) entstand mit Brad Wood am Sampler. Auf dem zweiten Album *Millions Now Living Will Never Die* (1996) machte Brown für *King Kong*-Gitarrist Dave Pajo Platz, der auf *TNT* (1998) dem Jazzgitarristen Jeff Parker wich. Die CDs *Standards* (2001) und *It's All Around You* (2004) beschrieben weiterhin einen Weg zu mehr Komplexität. Außer in ihren eigenen Projekten begleiteten T. auch den brasilianischen Sounderfinder Tom Zé und das Chicagoer Free Jazz-Urgestein Fred Anderson. Herndon, Bitney und Parker spielten darüber hinaus in der einflußreichen Chicagoer Elektronik-Jazz-Band *Isotope 217*.

Tosh, Peter (eig. Winston Hubert McIntosh), *9.10. 1944 Westmoreisland, † 11.9.1987 Kingstontown (ermordet); jamaikanischer Reggae-Songschreiber, Sänger und Gitarrist. Der Beginn von T.s Karriere war geprägt durch die Zusammenarbeit mit Bob → Marley, mit dem er und Bunny Livingstone 1963 *The Teenagers* (später: *Wailers*) gründeten. T. schrieb so bedeutende Stücke wie *Soon Come* und zusammen mit B. Marley den Bestseller *Get up Stand Up*. 1974 verließ der sehr ehrgeizige T. die Formation, die inzwischen in Marley einen festen Leader gefunden hatte, und startete eine Solo-Karriere. Erfolg hatte er u. a. mit der Single-Auskoppelung *Legalize It* (1976). Der Titel wurde zum vielzitierten Aufruf zur Legalisierung von Cannabis. Die LP *Equal Rights* (1977) ließ T. deutlich als politisch radikalen Repräsentanten des Rastafari-Kults erkennen. Seine provokativen Texte brachten ihn häufig mit dem Gesetz in Konflikt. Zu seinen weiteren LPs gehören *Mystic Man* (1979), *Wanted Dread or Alive* (1981) und *Mama Africa* (1983).

Toten Hosen, Die, dt. Punk-Band. *Campino*, Gesang, *Breiti*, Gitarre, *Andi*, Baßgitarre, *Kuddel*, Gitarre und *Wölli*, Schlagzeug, fanden 1982 in Düsseldorf zusammen und wurden zur kommerziell erfolgreichsten Punk-Band Deutschlands. Ihren Vorbildern – etwa den *Lurkers*, *Ramones* oder *Motörhead* – nacheifernd, setzen die T. H. auf simple Rhythmik, leicht nachvollziehbare Akkordfolgen und betont eingängige Refrains. Ihr Repertoire erstreckt sich dabei von Trinkliedern (*Altbierlied*, *Bommerlunder*) über Politisches (*1000 Gute Gründe*) bis zu Liebesweisen (*Weil ich Dich liebe*). Außer mit ihren LPs machte die Band auch immer wieder durch einfallsreiche Projekte auf sich aufmerksam und demonstrierte Publikumsnähe: Den Fußball-Bundesligisten Fortuna Düsseldorf unterstützten sie finanziell beim Kauf eines Spielers; 1987 veröffentlichten sie als *Die Roten Rosen* eine LP mit ihren Versionen alter Schlager; 1988 vertonten sie die Bühnenversion des Films *Clockwork Orange*, auf privaten Partys ihrer Fans spielten sie 1993 eine komplette Tournee ohne Gage. Ihren musikal. Helden (u. a. Johnny Thunders) widmeten sie unter deren Mitwirkung ein Album mit Coverversionen alter Punk-Songs. Wichtige LPs der Band sind *Opel-Gang* (1983), *Bis zum bitteren Ende* (1987), *Kauf mich* (1993), *Opium fürs Volk* (1996), *Unsterblich* (1999), *Auswärtsspiel* (2002) und *Zurück Zum Glück* (2004).

Toto, amerik. Softrock-Band. In der Besetzung *Bobby Kimball* (eig. Robert Toteaux, *29.3.1957), Gesang, *Steve Lukather* (*4.10.1957), Gitarre und Keyboards, *David Paich* (*25.6.1954), Keyboards, *Jeff Porcaro* (*1.4.1954, † 5.8.1992) und *David Hungate*, Baßgitarre, hatte die sich aus Studiomusikern (u. a. für *Cheap Trick*, *Pink Floyd*) rekrutierende Band zwischen 1978 und 1982 ihre größten Erfolge. Textlich durchweg an der Oberfläche treibend, waren es die technischen Fähigkeiten der Musiker und ihre Arrangements, die perfekt produzierte Mainstream-Evergreens wie *Hold The Line* (1978), *Rosanna* (gewidmet der Schauspielerin Rosanna Arquette) und *Africa* (beide 1982) entstehen ließen. Mit dem Weggang Kimballs (1984, ersetzt zunächst durch *Fergie Fredrikson*, dann durch *Jean-Michel Byron*) versank T. trotz anhaltenden Outputs und Kollaborationen z. B. mit Miles Davis oder Phil Collins zunehmend in der Mittelmäßigkeit. Den unter ungeklärten Umständen verstorbenen Jeff Porcaro ersetzte zwischenzeitlich Studiodrummer Simon

Phillips. Gute Kritiken konnten T. erneut 1995 für ihre LP *Tambu* verbuchen. Erfolgreich waren sie auch mit *Toto* (1978), *Hydra* (1979) und *Toto IV* (1982). Nach diversen Um- und Neubesetzungen fand sich im März 1999 fast die gesamte Urbesetzung von T. wieder zusammen, um das Album *Mindfields* aufzunehmen. Anschließend ging man gemeinsam auf eine lange Tournee, die bis 2002 dauerte.

Touré, Ali »Farka« (Ali Ibrahim Touré) *1939 Kanau, † 7.3.2006 Bamako (Mali); malischer Gitarrist und Sänger. Aus einer noblen Familie des Songhai-Volkes im Norden Malis stammend, schulte sich T. autodidaktisch auf verschiedenen traditionellen Instrumenten der Region und auf der Gitarre. Nach der Unabhängigkeit Malis arbeitete er in den 1960ern als Orchesterchef und Toningenieur bei Radio Mali und entdeckte den Blues von John Lee Hooker, in dem er Parallelen zur Musik der Tuareg fand. Seine Solokarriere startete T. 1976, er tourte zunächst in Westafrika, 1987 erstmals auch in Europa. Dort wurde er in der aufkeimenden Weltmusik-Szene zum Star, besonders durch sein 1993 veröffentlichtes Album *Talking Timbuktu*, einer Zusammenarbeit mit Ry Cooder. Als einer der wenigen afrikanischen Musiker der Gegenwart blieb T. in seiner Heimatregion ansässig, wo er als Farmer lebte und 1999 sein Solo-Album *Niafunké* einspielte.

Townshend, Pete, *19.5.1945 Chiswick; engl. Rock-Gitarrist und Sänger. T. war der Kopf der Rock-Band *The* → *Who* und schuf mit *My Generation* (1965) die Hymne der rebellischen Jugend. Er etablierte 1969 mit *Tommy* das Genre der Rockoper. T. war ein Rockrebell, der seine Gitarre mit Windmühlenbewegungen traktierte und sie am Ende einer jeden Live-Show zertrümmerte. Alkoholexzesse lähmten in den 70er Jahren seine Kreativität. Anfang der 80er Jahre brachte er mit *Empty Glass* (1980) und *All Cowboys Have Chinese Eyes* (1982) zwei beachtliche Solo-Alben heraus. 1982 lösten sich *The Who* auf und T. konzentrierte sich auf seine Solokarriere. 1985 feierte er in Europa mit einer umjubelten Tournee ein Comeback. Trotz des großen Erfolgs wollte T. nicht mehr auf Tournee gehen und schrieb stattdessen mit *Iron Man* (1989) und *Psychoderelict* (1993) wieder Rockopern. *Tommy* wurde 1995 für die deutsche Bühne adaptiert (UA: Offenburg). Zu seinen übrigen Produktionen gehören *Rough Mix* (1977), *White City* (1985) und *Another Scoop* (1987). In den späten 90er Jahren zeigte sich T., der durch die extreme Lautstärke der *Who*-Konzerte einen Gehörschaden davongetragen hat, wieder erfolgreich auf der Bühne.

Traffic, engl. Rock-Band, die 1967 Schlagzeilen machte, als der knapp volljährige Sänger und Tastenspieler *Steve* → *Winwood* (*12.5.1948) die erfolgreiche *Spencer Davis Group* verließ, um dort mit *Jim Capaldi* (*24.8.1944), Schlagzeug und Gesang, *Dave Mason* (*10.5.1946), Gitarre und Gesang, sowie dem Multiinstrumentalisten *Chris Wood* (*24.6.1944, † 12.7.1983) zusammenzuspielen. T.s erste LP *Mr. Fantasy* spiegelte mit Sitar- und Flötenklängen die psychedelische Phase des brit. Pop wider. Auf *Traffic* (1968) gab sich die Band als Kollektiv aus 4 Individualisten. Mason, der die Hits *Hole in My Shoe* und *Feelin' Alright?* gesungen hatte, löste sich bald von T. Ohne ihn spielte die Band die bis dahin stimmigste LP *John Barleycorn Must Die* (1970) ein. Die langen Instrumentalpassagen, dominiert von Winwoods Orgel, prägten auch die Konzerte von T. Mit wechselnden Begleitern nahm das Kern-Trio bis 1974 von der Kritik geschätzte Schallplatten auf. Dann faßten die Mitglieder Einzelkarrieren ins Auge. 20

Jahre später fanden Capaldi und Winwood noch einmal für das Traffic-Album *Far from Home* zusammen. Weitere LPs der Band sind *Welcome to the Canteen* (1971), *The Low Spark of High-Heeled Boys* (1971) und *Where the Eagle Flies* (1974).

Tremeloes, engl. Pop-Band. Vom Sänger und Gitarristen *Brian Poole* (*3.11.1941) als Begleiter verpflichtet, bearbeiteten *Alan Blakeley* (*1.4.1942), Gitarre und Gesang, *Alan Howard* (*17.10.1941), Baßgitarre und Gesang, *Richard Westwood* (*7.5.1943), Gitarre und Gesang, sowie *David Munden* (*2.12.1943), Schlagzeug und Gesang, ab 1961 als *Brian Poole & The Tremeloes* mit mäßigem Erfolg bekannte US-Hits wie *Twist and Shout.* Poole und Howard verließen die Band 1966 und wurden ersetzt durch *Len »Chips« Hawkes* (*2.11.1946). Mit dem Sänger und Bassisten Hawkes spielten die T. *There Comes My Baby* (von C. →Stevens geschrieben), *Silence Is Golden* und *Even the Bad Times are Good* und hatten damit eine von 1967–70 währende Hitserie. Die süßliche Interpretation solcher Songs wich in den folgenden Jahren einem härteren Gruppenklang; der abrupte Stilwechsel, der die Ambitionen der T. hörbar machen sollte, ließ die Band in der Publikumsgunst sinken. Ernüchtert kehrten die T. zur bewährten Formel zurück. 1992 erschien nach anderthalb Jahrzehnten eine neue LP der Band, die heute v. a. auf Oldie-Veranstaltungen auf den nostalgischen Reiz ihrer 60er Jahre-Hits setzt. Zu ihren weiteren LPs gehören *Here Come the Tremeloes* (1967), *Alan, Dave, Rick and Chips* (1967), *Master* (1970) und *Don't Let the Music Die* (1975).

Trio, dt. Pop-Band. *Stephan Remmler*, Gesang und Keyboards, *Peter Behrens*, Schlagzeug, und *Gert »Kralle« Krahwinkel*, Gitarre, funktionierten 1980 ihre WG im norddt. Großenkneten zur Band um. Mit Songs wie *Da Da Da Ich lieb Dich nicht Du liebst mich nicht* oder *Anna* gehörten Sie zu den Hitlieferanten der Neuen Deutschen Welle Anfang der 80er Jahre. Erfolgsgeheimnis der drei war ihr exotisch anmutender Hang zur Reduktion. P. Behrens, klassisch ausgebildeter Schlagzeuger, gab am Standschlagzeug einen variationsarmen Beat vor, G. Krahwinkel, nur mit einem Kofferverstärker ausgerüstet, spielte einfache, aber effektive Riffs, die von Vorlieben für die *Rolling Stones* u. a. Rockgrößen zeugten. S. Remmler sang, unterstützt von einem *Casio*-Keyboard, ebenso minimalistische Texte. Die bekannteren Stücke der Band verbanden Dadaismus-Anklänge mit bodenständigem Humor, andere gaben pointierte Situations- und Gefühlsbeschreibungen wieder (*Los Paul, Sunday You Need Love*). Mit Abebben der Neuen Deutschen Welle 1983 waren auch T. am Ende ihrer kreativen Möglichkeiten. Remmler startete erfolgreich eine Solokarriere als Interpret von neudeutschen Schlagern (*Keine Sterne in Athen, Alles hat ein Ende ...*). Zu ihren LPs gehören *Trio* (1981), *Bye Bye* (1982), *What's The Password* (1985) und *Fünf Jahre zuviel* (1986).

Tristano, Lennie (Léonard Joseph), *19.3.1919 Chicago, †18.11.1978 New York; amerik. Jazzmusiker (Klavier) und Bandleader. T., 1928 erblindet, erhielt seine Ausbildung am Conservatory of Music in Chicago, kam 1946 nach New York und führte ein eigenes Trio, das unabhängig von Miles Davis zur Entwicklung des Cool Jazz beitrug und insbes. seit 1949 mit T.s Schülern Lee Konitz (Altsaxophon) und Warne Marsh (Tenorsaxophon) eines seiner Zentren wurde. Seit 1951 bildete T. mit großem Erfolg Jazzmusiker aus und trat kaum noch als Solist und Ensemblespieler hervor, fand aber 1965 bei den Berliner Jazztagen noch einmal starke Resonanz. Durch Erweiterung der Harmonien, kontrapunktische Satzgestaltung (insbes. seit den 60er Jahren unter dem Einfluß der Musik J.S. Bachs) und einen Trend zur Atonalität zielte T. auf eine lineare und komplexe Form des Cool Jazz. Sein Stück *Intuition,* 1949 aufgenommen, gilt jazzhistorisch als Vorwegnahme des Free Jazz.

Troggs, The, engl. Rock-Band. *Ronnie Bond* (eig. Ronald Bullis, *4.5.1943, † 13.11.1992), Schlagzeug, *Chris Britton* (*21.1.1945), Gitarre, *Peter Staples* (*3.5.1944), Baßgitarre, und *Reg Presley* (eig. Reginald Ball, *12.6. 1943) Gesang und Okarina, formierten sich 1965 zunächst unter dem Namen *Troglodytes* (Höhlenmenschen), in Anspielung auf ihren Übungsraum in einer Tropfsteinhöhle. Unter dem verkürzten Namen konnte die Band zwischen 1966 und 1967 weltweite Chart-Erfolge feiern. Presleys Okarinaspiel begründete den eigenwilligen Stil der Band, und in Verbindung mit Brittons einfachem, kraftvollem Gitarrenspiel schuf die Band Hits wie das damals fast brachial anmutende *Wild Thing* oder *With a Girl Like You* (beide 1966), auch das balladeske *Love is all Around* (1967). Diese Songs inspirierten bis in die 90er Jahre hinein div. Bands (*Buzzcocks*, *REM*, *Wet Wet Wet*) zu Coverversionen. 1969 trennten die T. sich zunächst, aber bereits 3 Jahre später reformierten Presley und Bond die Band. In den 80er Jahren spielten die T. vornehmlich auf Oldie-Veranstaltungen, 1991 nahmen sie mit Mitgliedern von *REM* die LP *Athens Andover* auf, ohne jedoch erneut den großen Durchbruch zu schaffen. Zu ihren LPs gehören *From Nowhere* (1966), *Troglodynamite* (1966) und *Live at Max's Kansas City* (1979).

Trumbauer, Frankie (Frank), *30.5. 1901 Carbondale (Illinois), † 11.6.1956 Kansas City; amerik. Jazzmusiker (Saxophon) und Bandleader. Mit 17 Jahren hatte er seine erste eigene Band, spielte in den 20er Jahren u.a. bei Phil Napoleon und hatte 1925–26 wieder eine Band, zu der auch Bix Beiderbecke gehörte. Danach spielte er bei Jean Goldkette und Paul Whiteman, hatte in den 30er Jahren nochmals ein eigenes Orchester und trat seit 1940 nur noch selten auf. T. gehörte zu den bedeutendsten Saxophonisten seiner Zeit, sein Einfluß reicht bis zu Lester Young. Seine Schallplatteneinspielungen mit Beiderbecke, aber auch mit Joe Venuti und Jack Teagarden haben jazzgeschichtlich hohen Rang.

Trunk, Peter, *17.5.1935 Frankfurt a.M., † 1.1.1974 New York; dt. Jazzmusiker (Kontrabaß). Er trat seit Mitte der 50er Jahre mit amerik. Jazzgrößen wie Kenny Clarke, Zoot Sims und Stan Getz auf und gehörte 1958–59 dem Albert-Mangelsdorff-Septett und danach dessen Quintett an. In den 60er Jahren war er Mitglied der Formationen von K. Edelhagen, Dusko Gojkovic und Kl. Doldinger und gründete später mit M. Schoof, mit dem er seit 1969 zusammenspielte, das »New Jazz Trio«. T. galt als der führende dt. Jazzbassist, dessen Spiel sich durch melodische und rhythmische Ausgeglichenheit und höchste Differenzierung in der Begleitung auszeichnete. Seine stilistische Palette reichte vom herkömmlichen Modern Jazz bis zu Experimenten aus Free Jazz und Kammermusik; zuletzt wandte er sich einem gemäßigten, nicht auf Lautstärke bedachten Jazzrock zu.

Tubes, The, amerik. Rock-Band in der Besetzung *Fee Waybill* (eig. John Waldo, *17.9.1950), Gesang, *Roger Steen*, Gitarre, *Bill Spooner*, Gitarre, *Vince Welnick*, Keyboards, *Michael Cotten*, Keyboards, *Rick Anderson*, Baßgitarre, und *Re Styles*, Gesang. Anfang der 70er Jahre begann die Karriere der T., deren Konzerte schnell Kultstatus erreichten. In einer schrillen Mixtur aus Performance, Comedy und Rocktheater präsentierte die Band bissige, oft schlüpfrige Satiren auf die Ausgestaltungen des Show-, insbes. des Rockbusiness. Größter Hit war das den Kokaingenuß thematisierende *White Punks on Dope* (1975). Ungleich erfolgloser waren die Plattenveröffentlichungen der Band, ihr Zynismus blieb zwischen Bühne und Vinyl auf der Strecke. Mehr und mehr die Ecken und Kanten einbüßend, konvertierten die T. 1980 vollends zum einst verdammten Kommerz und unterstützten Olivia Newton-John im Filmmusical *Xanadu*, 1983 war *She's a Beauty* ein weiterer bemerkenswerter Hit. Zu ihren interessanteren LPs gehören *The Tubes* (1975), *Young and Rich* (1976) und *Now* (1977).

Tyler, Bonny (eig. Gaynor Hopkins), *8.6.1951 Skewen (Wales); brit. Sängerin. Die Waliserin startete ihre Karriere 17jährig in kleineren Clubs und Pubs. Eine Kehlkopfoperation verändert 1976 ihre Stimme, was sich positiv auf ihre Karriere auswirken sollte, denn danach galt T. als »weiblicher Rod Stewart«. Mit *Lost in France* (1976) und *It's a Heartache* (1978) eroberte die Sängerin Ende der 70er Jahre die internationalen Charts. Danach wurde es wieder still um T., bis sie sich 1983 mit *Total Eclipse of a Heart* eindrucksvoll wieder zurückmeldete. Einen großen Erfolg verbuchte T. 2 Jahre später mit *Holding out for a Hero* (1985), einem Song zu dem Musikfilm *Footloose*. 1991 wurde T. von Dieter Bohlen produziert, der mit dem Gespür für Massengeschmack sie v. a. in Deutschland wieder zurück an die Spitze der Charts führte. 1994 erhielt T. den Preis der Deutschen Phonoakademie. Zu ihren erfolgreichsten Produktionen zählen *Bitter Blue* (1991), *Angel Heart* (1992) und *Silhouette in Red* (1993).

Tyner, McCoy, *11.12.1938 Philadelphia (Pennsylvania); amerik. Jazzmusiker (Klavier, Flöte, Komposition). T. wuchs in Philadelphia in der Nachbarschaft von Bud und Richie Powell auf. 15jährig gründete er eine eigene R & B-Band und spielte zunehmend mit ortsansässigen Jazzmusikern.1959 nahm Benny Golson ihn in sein *Jazztet*, dem auch Art Farmer angehörte. *Meet the Jazztet* hieß die erste Platte dieser Band. 1960–1965 arbeitete er im Quartett von John Coltrane. In dieser Zeit entwickelte er sich zu einem der weltbesten Jazzpianisten. Seine energiegeladene, perkussive Spielweise und seine kraftvollen, häufig aus Quartschichten gebildeten Akkorde verschmelzen zu einem unnachahmlichen Sound, der Coltranes dynamisches Saxophonspiel perfekt ergänzte und nachfolgende Pianistengenerationen nachhaltig beeinflußte. Es entstanden Alben wie *Impressions* (1961), *Ballads* (1962), *A Love Supreme* (1964) u. v. a. Danach arbeitete er als Sideman u. a. von Ike & Tina Turner und leitete seine eigenes Trio bzw Quartett. Sein Album *The Real McCoy* (1967, mit Joe Henderson, Ron Carter und Elvin Jones) gehört zu den eindruckvollsten Beiträgen des Mainstream der 60er Jahre. Sein Album *Sahara* (1972) wurde bei *Down Beat* zur Platte des Jahres gewählt. Ebenfalls ausgezeichnet wurde die Live-LP *Enlightment* (Montreux 1973, u. a. mit Alphonse Mouzon). Bis heute konzertiert T. weltweit mit seinen Gruppen, vom Trio mit Avery Sharpe (b) und Aaron Scott (dr) bis zur Big Band. Weitere interessante LPs sind *Inner Voices* (1977) und *The Best Of McCoy Tyner Big Band* (1993).

U

U2, irische Rock-Band, 1976 in Dublin gegründet von den Schulfreunden *Bono* (eig. Paul Hewson, *10.5.1960), Gesang, »*The Edge*« (eig. David Evans, *8.8. 1961), Gitarre, *Adam Clayton* (*13.3.1960), Baßgitarre, und *Larry Mullen* (eig. Laurence M., *1.10.1961), Schlagzeug. U 2, vom Publikum umjubelt, von der Kritik verpönt, wurden mit ihrem simplen, aber kräftigen Gitarrenrock weltweit die wohl populärste Rock-Band der späten 80er Jahre. U2 präsentieren sich als sendungsbewußte, christliche Weltverbesserer. Ihre Songs sind gespickt mit christlichen und politischen Botschaften sowie utopischen Wünschen, die der charismatische Leadsänger und begabte Geschichtenerzähler Bono mit viel Emotion und Überzeugungskraft vorträgt. Erste Erfolge in Irland erzielte U2 bereits mit ihrer Debüt-Single *Out of Control* (1979). Der weltweite Durchbruch kam 1983 mit dem Album *War* und den Hits *Sunday Bloody Sunday* (über den irischen Bürgerkrieg) und *New Year's Eve* (über die polnische Solidaritätsbewegung); die folgenden U2-LPs wurden alle int. Hits. 1991 erschien das experimentellere Album *Achtung Baby* – wieder ein int. Erfolg, verstärkt durch die anschließende Zoo-TV-Welttournee. Weitere LPs der Band sind *Boy* (1980), *Under a Blood Red Sky* (1983), *The Unforgettable Fire* (1984), *The Joshua Tree* (1987), *Rattle and Hum* (1988), *Zooropa* (1993), *Pop* (1997) und *All That You Can't Leave Behind* (2000). Auf *How To Dismantle An Atomic Bomb* (2005) ließen sie mit neuen Songs sämtliche Stilarten ihrer bisherigen Laufbahn Revue passieren.

UB 40, brit. Pop-Reggae-Band in der Besetzung *James Brown* (*21.11.1957), Schlagzeug, *Alastair »Ali« Campbell* (*2.2.1959), Gesang und Gitarre, *Robin Campbell* (*25.12.1954), Gitarre und Gesang, *Earl Falconer* (*23.1.1959), Baßgitarre, *Norman Hassan* (*26.1. 1958), Percussion, *Brian Travers* (*7.2.1959), Saxophon, *Michael Virtue* (*19.1.1957), Keyboards, und *Astro* (eig. Terence Wilson, *24.6.1954), Gesang und Toasting. UB 40 formierten sich 1977 in Birmingham und benannten sich nach der Kennziffer des brit. Antragsformulars auf Arbeitslosengeld. Ihr Stil vereint europäischen Mainstream-Pop mit dem karibischen Groove des Reggae. Diese Mixtur untermalten, insbes. zu Beginn ihrer Karriere, sozialkritische Texte, die von Solidarität mit Bergarbeitern ebenso wie von der Antipathie gegen die brit. Regierung kündeten und soziale Mißstände anprangerten. Von 1981 an veröffentlichten sie auf ihrem Label Dep International und verloren zunehmend die letzten inhaltlichen Ecken und Kanten, über die ihr trivialer Softreggae von je her schon kaum verfügte. In den europäischen Charts blieben sie mit ihrem leichtgewichtigen Reggae Stammgäste. Größte Erfolge waren *One in Ten* (1981), *Red Red Wine* (1983/88) und *I Got You Babe* (1985, mit Chrissie Hynde). Sie veröffentlichten u. a. die LPs *Signing Off* (1980), *Present Arms* (1981), *Promises and Lies* (1993), *Guns In The Ghetto* (1997), *Cover Up* (2001), *The Fathers Of Reggae* (2002) und *Who You Fighting For?* (2005).

Ultravox, brit. Pop-Band. *Chris Cross* (eig. Christopher St. John, *14.7.1952), Baßgitarre, *John Foxx* (eig. Dennis Leigh), Gesang, *Billie Currie* (*20.5. 1952), Keyboards und Violine, *Steve Shears* (1978 ersetzt durch *Robin Simon*), Gitarre, und *Warren Cann* (*20.5.1952), Schlagzeug, gründeten U. 1976 als eine der ersten New Wave-Bands. Beeinflußt von Gruppen wie → *Kraftwerk* und → *Roxy Music* entwickelten U. einen eigenständigen, gleichermaßen von Gitarren und Synthesizern getragenen Elektro-Pop, der Kritikerlob und – später – Kultstatus sicherte, jedoch keinen kommerziellen Erfolg bescherte. Mit dem Eintritt von Gitarrist und Sänger *James »Midge« Ure* (*10.10.1952), der ab 1979 Simon und Foxx ersetzte, änderte sich dies. Eingängigere, weniger innovative Songs wie *Vienna* (1981) oder *Dancing with Tears in My Eyes* (1984) wurden zu europäischen Chart-Erfolgen. Mitte der 80er Jahre konzentrierte sich Ure zunehmend auf seine Solokarriere (*If I Was*, 1985), Currie versuchte nach gescheiterten Soloversuchen die Wiederbelebung von U., konnte vergangene Erfolge jedoch nicht wiederholen. Wichtige LPs sind *Ha Ha Ha* (1977), *Vienna* (1980) und *Rage in Eden* (1981); Solo-LPs von J. Foxx: *Metamatic* (1980) und *The Golden Section* (1983); Solo-LP von M. Ure: *The Gift* (1985).

United Jazz and Rock Ensemble, The, int. besetzte Big Band, die von dem dt. Pianisten *Wolfgang Dauner* (*30.12. 1935) mit *Ian Carr* (*21.4.1933), Trompete, *Jon Hiseman* (*21.6.1944), Schlagzeug, *Volker Kriegel* (*24.12.1943, †14.6.2003), Gitarre, *Albert Mangelsdorff* (*5.9.1928, †25.7.2005), Posaune, *Charlie Mariano* (*12.12.1923), Saxophon, *Ack van Rooyen* (*1.1.1930), Trompete, *Barbara Thompson* (*27.7.1944), Saxophon und *Eberhard Weber* (*22.1. 1940), Baß, gegründet wurde. Die sog. »Band der Bandleader« kam 1975 für die dt. Fernsehserie *elfeinhalb* zusammen und wurde durch zahlreiche Konzerte zu einer der erfolgreichsten Jazz-Gruppen Europas. Jedes Mitglied verfügt über langjährige Erfahrung als Solist und arrangiert eigene Werke für die Gruppe – so Marianos *South Indian Line* oder Dauners *Trans Tanz*. Die Komponisten berücksichtigen dabei den individuellen Ton der beteiligten Musiker, deren Wurzeln in unterschiedlichen Jazz-Genres wie Bebop (Mariano) oder Jazz-Rock (Kriegel, Hiseman) ein stilübergreifendes Spiel ermöglichen. Die um die Trompeter Kenny Wheeler bzw. Johannes Faber erweiterte Band blieb diesem Konzept in 20 Jahren sporadischer Zusammenarbeit verbunden. Zu den wichtigen LPs der Band zählen *Live im Schützenhaus* (1977), *The Break Even Point* (1979), *Live Opus 6* (1984), *Round Seven* (1992), *Na Endlich!* (1992) und *Die Neunte von United* (1996). 2002 machte das Ensemble seine Abschiedstournee.

Uriah Heep, brit. Hardrock-Band. Von der Kritik gehaßt, von den Fans geliebt, startete die Band, die sich nach einer Dickens-Figur benannte, 1969 mit den Musikern *David Byron* (eig. Garrick B., *29.1.1947, †28.2.1985), Gesang, *Mick Box* (*8.6.1947), Gitarre und Gesang, *Ken Hensley* (*24.8.1945), Gitarre, Keyboards und Gesang, *Paul Newton* (*1946), Baß, und *Keith Baker*, Schlagzeug ihre Karriere. Besonders erfolgreich waren die Hard-Rocker mit dem Hang zum Pomp in der Bundesrepublik. Dort waren sie 1971 mit *Gypsy* zum ersten Mal in den Charts vertreten. Den größten Erfolg hatten die Briten mit *Lady in Black* (1971). Der Song, zuerst auf dem Album *Salisbury* (1971) vertreten, kam in den 70er Jahren gleich dreimal in die deutschen Charts. Die Fluktuation in der Gruppe war sehr stark, keiner der 5 Sänger konnte sich langfristig etablieren, ebensowenig wie die 5 Schlagzeuger. Die Blütezeit der Band war in den 70er Jahren (mit *Lee Kerslake* am Schlagzeug und *Gary Thain*, Baßgitarre), als sich sämtliche Alben in den internationalen Charts etablieren konnten. Nachdem der Kopf der Band, Keyboarder Ken Hensley, 1981 U. H. verlassen hatte, löste sich die Band offiziell auf. Aber schon ein Jahr später rief das letzte verbliebene Gründungsmitglied Mick Box U. H. wieder ins Leben. Chartserfolge gelangen nicht mehr, als Live-Attraktion ist die Band aber nach wie vor äußerst beliebt. Zu den wichtigen Alben zählen *Very 'eavy, very 'umble* (1970), *Look at Yourself* (1971), *Demons and Wizards* (1972), *The Magician's Birthday* (1972), *Sweet Freedom* (1973), *Wonderworld* (1974) und *Return to Fantasy* (1975).

V

Van Halen, amerik. Hard-Rock-Quartett, bestehend aus *Eddie van Halen* (*26.1.1957), Gitarre, *Alex van Halen* (*8.5.1955), Schlagzeug, *David Lee Roth* (*10.10.1955), Gesang, und *Mike Anthony* (*20.6.1955), Baßgitarre. Neben dem extrovertierten Bühnengebaren von D. L. Roth war es die revolutionäre Gitarrentechnik von E. van Halen, die V. H. von Beginn an die Aufmerksamkeit von Publikum und Kritik sicherte. Schon mit dem Debüt-Album *Van Halen* wurde die Band ab 1978 zum Inbegriff einer neuen Generation von Hard-Rock-Formationen, die bald sogar Stadien füllte. Ihre auf dem Debüt enthaltene Coverversion des *Kinks*-Klassikers *You Really Got Me* gelangte auf Anhieb in die Single-Charts. Mit dem Nr.-1-Hit *Jump* (1984), der Hard-Rock- und Pop-Elemente clever verband, etablierte sich die Band endgültig in der Riege der Superstars. 1985 verließ Roth die Band, um sich einer nicht minder erfolgreichen Solo-Karriere zu widmen und wurde durch *Sammy Hagar* ersetzt. Als dieser nach 7 Jahren seinerseits die Band verließ, wurde Gary Cherone sein Nachfolger am Mikro. Eine geplante Reunion mit Roth scheiterte 2001 aufgrund einer Krebsdiagnose E. v. Halens. Zu den bedeutendsten V.H.-Alben zählen *Van Halen* (1978), *MCMLXXXIV* (1983) und *5160* (1986).

Vangelis (eig. Evangolos Papathanassiou), *29.3. 1943 Athen; griech. Komponist und Keyboarder. Erste musikalische Erfolge konnte der Klangtüftler 1962 mit der Band *Formynx* verbuchen. Wegen der Militärdiktatur in seiner griechischen Heimat mußte V. 1968 nach Frankreich emigrieren. Dort gründete er mit Demis Roussos die Band *Aphrodite's Child*, die mit romantischen Popballaden erfolgreich war. Nebenbei etablierte sich V. als Komponist von Filmmusik. Gewaltige Klangkonstruktionen zeichneten die Werke des Ausnahme-Pianisten aus. 1971 nahm er mit *The Dragon* sein erstes eigenes Album auf, wobei er fast alle Instrumente selber spielte. Der pompöse Klang kam besonders gut in Frankreich an. 1974 übersiedelte V. nach London und lernte dort den Yes-Sänger Ian Anderson kennen. Gemeinsam nahmen sie in den 80er Jahren die Alben *The Friends of Mr. Cairo* (1981) und *Private Collection* (1983) auf und hatten mit *I'll Find My Way Home* (1981) und *I Hear You Now* (1983) internationale Hits. 1981 wurde V. für seine Musik zu *Chariots of Fire* (1981) für den Oscar nominiert. In Deutschland hatte V. seinen größten Erfolg 1995, als der Boxweltmeister Henry Maske eine V.-Komposition zu seiner Erkennungsmelodie bei den Kämpfen bestimmte. Das dazugehörige Album *1492: Conquest of Paradise* (1992) hielt sich daraufhin monatelang in den deutschen Charts. Weitere wichtige Produktionen sind *Blade Runner* (1984), *Opera Sauvage* (1987) und *Themes* (1989).

Vanilla Fudge, amerik. Rock-Band. *Carmine Appice* (*15.12.1946), Schlagzeug, *Tim Bogart* (*14.8.1944), Baßgitarre, *Vincent Martell* (*11.11.1945), Gitarre, und *Mark Stein* (*11.3.1947), Gesang und Keyboards, kamen 1966 in New York zusammen, um die Ideen des Psychedelic-Pop auf aktuelle Hits zu übertragen. So entstanden extrem verlangsamte Versionen von *Eleanor Rigby* und *Ticket to Ride* von den *Beatles*, von *Some Velvet Morning* von *Nancy Sinatra & Lee Hazlewood* und v. a. von *You Keep Me Hangin'On* von den *Supremes*. Geprägt von lastenden Orgelflächen, überakzentuierten Schlagzeugeinsätzen und exaltiertem Gesang, wirkte der V.F.-Sound wie eine Dekonstruktion des bekannten Materials. Auf der LP *The Beat Goes On* (1968) gipfelte diese Arbeitsweise in einer Collage, die musikalische Motive von Glenn Miller, Elvis Presley und Beethoven zu verbinden suchte. 1969 fiel die Gruppe auseinander: Bogart, Beck und Martell gründeten *Cactus*, Stein die Gruppe *Boomerang*. Für einen Neustart in den 80er Jahren brachte das anvisierte Publikum kein Interesse auf. Nennenswerte LPs der Band sind *Vanilla Fudge* (1967), *Renaissance* (1968) und *Near the Beginning* (1969).

Vaughan, Sarah Lois, *27.3.1924 New Jersey, †3.4. 1990 Los Angeles; amerik. Jazz-Sängerin und Pianistin. Nach Gesangserfahrungen in der Baptistenkirche und einem Musikstudium in den späten 30er Jahren debütierte V. in den Gruppen der Jazz-Bandleader Billie Eckstine und Earl Hines. Während der 40er Jahre erlebte V. dort und in Ensembles von Dizzy → Gillespie und Count Basie die Wechsel von BeBop zu Cool Jazz, deren musikal. Anforderungen die Sängerin in schwierigsten rhythmischen und harmonischen Lagen perfekt gerecht wurde. Ihre Versionen von Standards wie *Body and Soul* und die Jazz-Hits *Nature Boy* (1948) und *Whatever Lola Wants* (1955) brachten ihr den Beinamen »The Divine One« und Auszeichnungen in den Umfragen der führenden Jazz-Magazine ein. V., die in einem Atemzug mit den herausragenden Jazz-Sängerinnen Ella Fitzgerald und Billie Holiday zu nennen ist, erhielt einen Ehren-Doktortitel der angesehenen Berkley School of Music und blieb bis zu ihrem Tod musikal. aktiv. Neben Aufnahmen mit o.g. Musikern sind folgende LPs unter eigenem Namen von Wichtigkeit: *Sarah Vaughan* (1954), *Live in Japan* (1973) und *Ellington Song Book* (1979).

Vaughan, Stevie Ray, *3.10.1954 Dallas (Texas), †27.8.1990 East Troy (Wisconsin); amerik. Blues-Sänger und Gitarrist. V. wurde schon zu Lebzeiten aufgrund seiner Virtuosität als der »neue Hendrix« gefeiert. Er begann seine Karriere in kleinen texanischen Clubs und gründete div. Bands, von denen aber nur die Rhythm & Blues-Formation *Double Trouble* längere Zeit existierte. Der Durchbruch gelang 1982, als V. mit *Double Trouble* beim Montreux Festival auftrat. David → Bowie entdeckte ihn dort und engagierte ihn für die Aufnahmen zu seinem Album *Let's Dance*. Statt mit Bowie auf Tour zu gehen, nahm V. 1983 allerdings sein erstes eigenes Album *Texas Flood* auf, das ihm gute Kritiken einbrachte. Der Nachfolger *Couldn't Stand the Weather* brachte 1984 dann auch den kommerziellen Erfolg. V. bekam dafür Platin in den Vereinigten Staaten und den begehrten amerikanischen Musikpreis Grammy. V. wurde in den nächsten Jahren ein begehrter Sessionmusiker, er arbeitete u. a. mit James → Brown und Bob → Dylan zusammen. 1990 tourte er gemeinsam mit seinem Bruder Jimmy, einem Mitglied der *Fabulous Thunderbirds*, im Vorprogramm von Eric → Clapton. Während dieser Tournee starb V. bei einem Hubschrauberabsturz. Die Stadt Austin setzte dem genialen Gitarristen 1992 ein Denkmal. V. veröffentlichte, neben den bereits genannten, noch die Alben *Soul to Soul* (1985), *Live Alive* (1986) und *In Step* (1989). Posthum erschienen *Family Style* (1990) und *The Sky is Crying* (1991).

Vega, Suzanne, *12.8.1959 Santa Monica (Kalifornien); amerik. Folk-Sängerin und Gitarristin. V. schrieb bereits 14jährig eigene Songs. 1984 übersiedelte sie nach New York und tingelte, wie ihr Vorbild Bob Dylan, zunächst durch die Folk-Clubs in Greenwich Village. Der ehemalige Patti-Smith-Gitarrist Lenny Kay wurde auf die zierliche Sängerin mit der klaren Stimme aufmerksam und verhalf ihr zu Plattenaufnahmen. Ihr Debütalbum geriet im Sommer 1985 zur Sensation: Die amerikanische Kritik schwärmte von einer »neuen Joni Mitchell«, aber auch in Europa fand V. große Beachtung. Auch das Nachfolge-Album *Solitude Standing* konnte sich 1987 in den int. Charts durchsetzen. Mit V. begann eine Neo-Folk-Welle, die aber Ende der 80er Jahre wieder abebbte. V. blieb ihrem Stil treu, konnte indes an ihren früheren Erfolg nicht mehr Erfolg anknüpfen. Im selben Jahr brachten *DNA* eine Dancefloor-Version des A-capella-Songs *Tom's Diner* von V. heraus, die wesentlich erfolgreicher war als das Original. Mit dem Album *92.9.F* (1992) probierte V. einen etwas rockigeren Stil, mit dem sie sich letztlich aber auch nicht durchsetzen konnte. Zu V.s LPs zählen *Suzanne Vega* (1985), *Solitude Standing* (1987), *Days of Open Hand* (1990), *99,9 Degrees F* (1992), *Nine Objects Of Desire* (1996) und *Songs Of Red And Grey* (2001).

Veloso, Caetano, *1942 Santo Amaro da Purificação (Bahia); brasilianischer Sänger. Gemeinsam mit Musikern wie Gilberto → Gil begann V. Mitte der 60er Jahre, traditionelle brasilianische Stile wie Samba oder Forró, eine polkaähnliche Tanzmusik mit Akkordeon, mit Bossa Nova, Jazz und westlicher Beat- und Rockmusik zu verknüpfen. Als virtuoser Sänger und Sprach-Jongleur, der sich gern über metrische Konventionen hinwegsetzte, suchte V. in poetischen Balladen wie auch in scharfen Polemiken stets den Einklang von Musik und Wort zu verwirklichen und zählt heute zu Brasiliens führenden Intellektuellen. Seine erste Platte *Domingo* veröffentlichte V. 1967 (mit Gal Costa). 1969 wurde V. wegen seines politischen Engagements zusammen mit Gil inhaftiert. Nach mehreren Jahren des Exils in Großbritannien – Eindrücke, die auf Platten wie *Caetano Veloso* (1972) verarbeitet wurden – gelang ihm mit der LP *Outras Palavras* (1981) sein bis dahin größter Erfolg. Seine Position als einer der wichtigsten Musiker Brasiliens konnte V. bis in die 90er Jahre mit Alben wie *Circuladô* (1991) oder *Fina Estampa* (1995) festigen. Ausgewählte Werke sind des weiteren *Transa* (1972), *Araça azul* (1973), *Joia* (1975), *Caetano* (1987), *Estrangeiro* (1989), *Tropicalia 2* (1993), *Livro* (1998), *Noites Do Norte* (2000) und *Circulado Vivo* (2004).

Velvet Underground, amerik. Rock-Band, die sich 1965 in New York mit Lou → Reed (*2.3.1942), Gitarre und Gesang, John → Cale (*9.3.1942), Baßgitarre und Viola, Sterling Morrison (*29.8.1943, † 1995), Gitarre, und Angus McLise, Schlagzeug, zusammenfand. Mit der für McLise eingesprungenen Maureen Tucker (*1945) an den Drums erregte das Experimentalrock-Quartett das Interesse des Künstlers Andy Warhol, der die Band in seinem Multimedia-Spektakel *The Exploding Plastic Inevitable* präsentierte. Warhol unterstützte die Produktion des Debüt-Albums, dessen Cover – eine abziehbare Banane – nach seiner Idee gestaltet wurde; er schlug auch das deutsche Fotomodell Nico (eig. Christa Päffgen, *16.10.1938, † 18.7. 1988) als Sängerin vor. V. U. schockierten mit einer düsteren Mischung aus Folk, Rock 'n' Roll und Rückkopplungs-Lärm, erhielten beste Kritiken, aber geringen Publikumszuspruch. *The Velvet Under-*

ground & Nico (1966) – mit klassischen Titeln wie *Heroin, Venus in Furs* und *Waiting for the Man* – verkaufte sich ebenso schlecht wie die zweite LP *White Light/White Heat* (1968), die bereits ohne Nico entstand. Wegen persönlicher Spannungen mit Reed verließ auch Cale 1968 die Band und wurde ersetzt durch Doug Yule, Baßgitarre, Gitarre und Gesang. Ein drittes Album, schlicht *The Velvet Underground* betitelt, verzichtete auf musikal. Radikalismus und stellte Reeds Songschreiber-Fähigkeit in den Vordergrund. *Loaded* (1970) war das letzte offizielle Album; auch Reed stieg aus und steuerte eine Solo-Karriere an. Erst Anfang der 80er Jahre erhielten V. U. die zu Lebzeiten nicht erreichte Popularität, als junge amerik. Künstler wie Jonathan → Richman, → *R.E.M.*, *Dream Syndicate* u. a. sich auf die Band bezogen. Neben der Neuauflage der alten LPs erschienen 1985 und 1986 zwei Alben mit unveröffentlichten Songs, und 1990 kamen die Mitglieder auf einer Warhol-Ausstellung in Paris spontan für einen Kurzauftritt zusammen. Eine 1993 anberaumte Welttournee mit Reed, Cale, Morrison und Tucker wurde jedoch aufgrund erneuter Streitigkeiten abgebrochen. Im Herbst 1995 unterstrich eine 5 CDs umfassende Anthologie, *Peel Slowly and See*, die Bedeutung der legendären Band. Weitere LPs sind *V. U.* (1985), *Another View* (1986) und *Live MCMXCIII* (1993), das mitreißende Dokument der letzten kurzlebigen Reunion der Band.

Venuti, Joe (Giuseppe), *19.3.1894 Lecco am Comer See, † 14.8.1978 Seattle (Washington); amerik. Jazmusiker (Violine). V. wuchs in den USA auf, erhielt 1923 zusammen mit dem Gitarristen Eddie Lang, seinem langjährigen Gefährten, das erste Engagement, spielte in bedeutenden Bands wie denen von Red Nichols, Paul Whiteman, Frank Trumbauer und bei den Dorsey-Brüdern. In die 2. Hälfte der 20er Jahre fallen seine jazzgeschichtlich bedeutsamen Duos mit E. Lang; ihr kammermusikalischer Swing-Jazz fand später in V.s Gruppe *Blue Four* eine Fortsetzung. Seit den 30er Jahren trat V. mit eigenen Bands auf und hatte bis in die 70er Jahre großen Erfolg. V. gilt neben Stéphane Grappelli als der erste bedeutende Geiger des Jazz. Er spielte mit ebensoviel Schmelz wie Expressivität und liebte gelegentlich auch das Virtuose, das er mit Akkordspiel auf allen 4 Saiten verband.

Viera, Joe, *4.9.1932 München; dt. Jazzmusiker (Sopran- und Altsaxophon) und Bandleader. V. gehört seit 1955 zur deutschen Jazzszene, tritt bis heute mit eigenen Bands auf und kreiert als Bandleader und Arrangeur einen Modern Jazz, der meist handwerklich gelungen, bisweilen aber überladen wirkt. Daneben wirkt V. seit den frühen 60er Jahren als Jazz-Dozent (Remscheid, Burkhausen), ist seit 1968 Direktor des Education Center der Europäischen Jazzföderation in München und seit 1972 Leiter des Jazzstudios an der Musikhochschule in Hannover, wo er seit 1981 eine Professur innehat. In Wien gibt V. seit 1970 die *reihe jazz* heraus, in der er als eigenen Beitrag *Der Free Jazz, Formen und Modelle* (1974) veröffentlichte. Er schrieb ferner *Jazz in Europa* (Mn 1965) und *Grundlagen der Jazzrhythmik* (W 1970).

Vincent, Gene (eig. Vincent Eugene Craddock), *11.2.1935, † 12.10.1971; amerik. Rock 'n' Roll-Sänger und Gitarrist. V. gründete 1956 mit den *Blue Caps* seine erste Band. Durch Zufall wurde im selben Jahr sein *Be-Bop-A-Lula* ein großer Hit. V. hatte als A-Seite seiner Single *Woman Love* bestimmt. Doch einem Discjockey in Baltimore gefiel die B-Seite besser und so spielte er sie ständig. Mit dem Song trat V. in allen wichtigen Fernsehsendungen auf und übernahm sogar eine Rolle in dem Mansfield-Film *That Girl Can't Help It*. Dabei waren Bühnenshows eine Qual für den Rock 'n' Roller, da er seit seiner Zeit bei der Armee an einer schweren Beinverletzung litt und sich deshalb kaum bewegen konnte. *Be-Bop-A-Lula* sollte der einzige große Erfolg von V. werden. Ein in seiner amerikanischen Heimat gestarteter Comebackversuch wurde durch seinen plötzlichen Tod vereitelt. Er hinterließ nur wenige Alben: *Bluejean Bebop* (1957), *I' m Back and I' m Proud* (1970), *If You Could Only See Me Today* (1970) und *The Day the World Turned Blue* (1971).

Violent Femmes, amerik. Rocktrio, gegründet von *Gordon Gano* (*7.6.1963), Gesang und Gitarre, *Brian Ritchie* (*21.11.1960), Baßgitarre, und *Victor De Lorenzo* (*25.10.1954), Schlagzeug. Die simple Kombination aus Akustikbaß, Stehschlagzeug und E-Gitarre machte die V. F. früh zu einer Live-Attraktion. Ihre rohe, dennoch intelligente und mit Witz inszenierte Musik verband Elemente aus Punk und Rock, Country und Folk. Obgleich ihnen nie beeindruckende Hit-Erfolge gelangen, verfügten die V. F. über eine allmählich gewachsene Hörerschaft. So wurde das Debütalbum *Violent Femmes* (1984) allein in den USA bis 1994 über 1 Mio. mal verkauft, ohne sich je in den Charts zu plazieren. Mit dem Folge-Album *Hallowed Ground* (1985) erweiterte die Band ihr Spektrum um perkussive Elemente und Blasinstrumente. Nach einer vorübergehenden Trennung 1986 widmete sich Gano der Gospelgruppe *Mercy Seat*, Ritchie nahm mehrere Solo-Alben auf. Mit dem vierten Album *3* (1989) meldeten sich die V. F. wieder zurück. 1993 wurde De Lorenzo durch den Schlagzeuger *Guy Hoffmann* ersetzt. Weitere wichtige Platten der V. F. sind *The Blind Leading the Naked* (1986), *Why Do Birds Sing?* (1991) und *New Times* (1994). 1999 kamen die V. F. nach längerer Pause wieder für das Live-Album *Viva Visconsin* zusammen, dem das Studio-Werk *Freak Magnet* (2000) folgte. *Something's Wrong* (2001) war das erste Album der Rockgeschichte, das ausschließlich als MP3 erschien.

W

Waits, Tom, *7.12.1949 Pomona (Kalifornien); amerik. Sänger, Gitarrist, Keyboarder, Song- und Playwriter und Schauspieler. W.s Markenzeichen ist seine vielseitige, verbraucht klingende Stimme, die direkt aus zweitklassigen Bars und billigen Kneipen zu kommen scheint. Seine Themen sind die Schattenexistenzen des amerik. Großstadt-Nachtlebens. In unvergleichbarem Stil, mit einfachen, ausdrucksstarken Melodien singt er über Liebe, Abstieg, Verfall und die pessimistischen Gefühle der gesellschaftlich »Zukurzgekommenen«. Der Jazz-Sänger W., der als Türsteher und Barmusiker begann, avancierte nach Erscheinen erster Alben, dem Debüt *Closing Time* (1973), dem jazzbeeinflußten *Heart of Saturday Night* (1974) und dem Live-Mitschnitt *Nighthawks at the Diner* (1975) zu einer Kultfigur der 70er Jahre. Jedoch veränderte sich seine Musik ständig, W. experimentiert und nimmt stets fremde Einflüsse auf. So tendiert *Blue Valentine* (1978) in Richtung Rock und Rhythm & Blues, die »Operachi Romantica« *Frank's Wild Years* (1987) dagegen ist die schräge Theatermusik zu einem gleichnamigen Stück von W. und seiner Frau Kathleen Brennan. Seit den 80er Jahren widmet sich W. einer Schauspielkarriere. Er spielte u. a. im Jarmusch-Film *Down by Law* (1986), in Coppolas *Rumblefish* (1983) und *Dracula* (1992) sowie in Altmans *Short Cuts* (1993). 1988/89 spielte und sang W. in

The Black Rider, einer an Webers *Freischütz* angelehnten schwarzen Komödie des Regisseurs und Autors Robert Wilson (Libretto: William Burroughs). 1988 veröffentlichte W. den Musik-Film *Big Time*, 1991 den Soundtrack zu Jarmuschs Film *Night on Earth*. Viele W.-Songs wurden von anderen Musikern gecovert, so z. B. *Jersey Girl* von Bruce Springsteen, *Martha* von Tim Buckley, *Downtown Train* von Rod Stewart. Weitere LPs sind: *Foreign Affairs* (1977), *Swordfishtrombones* (1982), *Rain Dogs* (1985), *Bone Machine* (1992), *The Black Rider* (1993), *Beautiful Maladies* (1998), *Mule Variations* (1999), *Alice* und *Blood Money* (beide 2002) und *Real Gone* (2004), sein erstes Album ohne Tasteninstrumente.

Walker, Junior (eig. Autry de Walt jr.) *1942 Blytheville (Arkansas), † 23.11. 1995; amerik. Saxophonist und Sänger. W. veröffentlichte zunächst beim *Tr Phi*-Label des Detroiter Plattenfirmenbesitzers Harvey de Fuqua, der u.a die *Detroit Spinners* betreute. Als de Fuqua beim *Motown*-Konzern unterschrieb, übernahm W. im Firmenprogramm die Rolle des Solo-Instrumentalisten mit Gespür für tanzbare Stimmungsmusik. Seine Versionen von Hits anderer *Motown*-Interpreten (etwa Marvin Gaye, *The Supremes*) waren geprägt von intensivem Jazz- und Rhythm 'n' Blues-Verständnis und nahmen den Vorlagen ihren oft glatten Unterton. Eigene Hits, die er mit seiner Band *The All Stars* einspielte, waren *Satan's Blues* (1964), *Shotgun* (1965), *Shake and Fingerpop*, *Roadrunner* (1966) oder *Pucker up Buttercup* (1967). W.s Musik behielt über die Jahrzehnte hinweg ihre direkte, bodenständige Soul-Substanz und sicherte ihm v. a. in Großbritannien bis zu seinem Tod ein begeistertes Publikum. Zu seinen LPs gehören *Shotgun* (1965), *Hot Shot* (1976) und *Blow the House Down* (1983).

Walker, T-Bone (Aaron Thibeaux), *28.5.1910 Linden (Texas), † 16.3.1975 Los Angeles; amerik. Jazzmusiker (Gesang, Gitarre). Schon als Jugendlicher begleitete W. Größen des Blues wie Ma Rainey und Blind Lemon Jefferson, trat dann seit 1934 selbst als Bluessänger auf und wurde 1939–40 durch die Band von Les Hite populär, mit der er den berühmten *T-Bone Blues* (1940) aufnahm. Zwischen 1940 und Ende der 1960er Jahre unternahm er häufig als Solist Tourneen durch die USA; 1962 trat er in der Tourneeveranstaltung »American Folk Blues Festival« auf. W. hat in hervorragender Weise den Folk-Blues mit Jazzelementen verbunden und auf der Gitarre die Entwicklung des virtuosen Bluesspiels gefördert.

Walker Brothers, amerik. Pop-Trio. *Scott Walker* (eig. Scott Engel, *9.1. 1944), Gesang und Baßgitarre, *John Walker* (eig. John Maus, *12.11.1943), Gesang und Gitarre, sowie *Gary Leeds* (*3.9.1944), Schlagzeug, gingen im Februar 1965 nach England, um von dort aus mit melancholischen Songs die Hitparaden zu erobern. Der Erfolg ihrer großzügig orchestrierten Singles *Make It Easy on Yourself*, *My Ship Is Coming In* und *The Sun Ain't Gonna Shine Anymore* machte die W. B. zu Teenager-Idolen. Unter dem übergroßen Druck der Beliebtheit trennten sich die Musiker 1967. S. Walker moderierte eine eigene TV-Show und sang auf Solo-LPs u. a. Lieder des belgischen Chansonniers Jacques Brel (*Amsterdam*).1975 fanden die W. B. wieder zusammen und veröffentlichten bis 1978 3 LPs und den Hit *No Regrets*. Erst 1984 meldete sich der öffentlichkeitsscheue Scott Walker mit dem Werk *Climate of Hunter* zurück, dessen dramatische Ausdruckskraft nach weiteren 11 Jahren des Schweigens auf dem Album *Tilt!* noch übertroffen wurde. Dieses radikale Spiel zwischen avantgardistischem Gestus und feinsinniger Song-Kunst festigte W.s Status als genialer Außenseiter der Popwelt. Wichtige LPs der Band sind *The Walker Brothers* (1965), *The Walker Brothers Story* (1973), *No Regrets* (1975) und *Nite Flights* (1978).

Waller, Fats (Thomas Wright), *21.5.1904 New York, †15.12.1943 Kansas City (Kansas); amerik. Jazzmusiker (Klavier, Orgel), Bandleader und Komponist. W. betrat 1922 die Jazzszene, spielte in verschiedenen Bands und seit 1930 mit eigenen Gruppen und als Solist. Er setzte zunächst die Tradition des Ragtime-Pianos fort, kam aber in den 30er Jahren zum Swing und wurde der bedeutendste Pianist dieses Stils. Kennzeichnend für sein Spiel ist das nur kurze Anspielen eines Themas mit sofortigem Übergang zu einer souveränen, temperamentvollen Improvisation. W., ein humorvoller Charakter, wurde vom Musikmanagement planmäßig als »Musik-Clown« aufgebaut und als Jazzsänger mit kabarettistischer Note vermarktet. Von seinen über 400 Liedern wurden vor allem *Ain't Misbehavin'* und *Honeysuckle Rose* sowie *Black and Blue, Wild Cat Blues, Squeeze Me* und *Keeping out of Mischief* populär.

War, amerik. Soul-Rock-Band, die Mitte der 60er Jahre in Los Angeles mit *Howard Scott* (*15.3.1946), Gitarre und Gesang, *B.B. Dickerson* (*3.8.1949) Baßgitarre und Gesang, *Lonnie Jordan* (*21.11.1948), Keyboards und Gesang, *Harold Brown* (*17.3.1946) Schlagzeug und Gesang, *Dee Allen* (*19.7.1931, †30.8.1988) Percussions, *Charles Miller* (*2.6.1939), Saxophon und Flöte, sowie *Lee Oskar* (*24.3.1948) Mundharmonika und Gesang, zunächst nur auf lokaler Ebene spielte. 1967 engagierte sie Eric → Burdon als Begleitband und nahm W. mit nach England. Burdons Bluesstimme und W.s intensive Mischung aus Soul, Rock und an → Santana erinnernde lateinamerik. Einflüsse hatten enormen Erfolg. Die LPs *Eric Burdon Declares War* (1969) und *Black Man's Burdon* (1970) sowie die Hits *Tobacco Road* und *Spill the Wine* brachten W. genug Ruhm, um nach der Trennung von Burdon in den 70er Jahren im Geschäft zu bleiben. Die LP *The World Is a Ghetto* (1972) verkaufte sich millionenfach. W. blieb auch über die Disco-Ära hinaus aktiv. Ihre alten LPs wurden von der Rap-Generation entdeckt und ihrer prägnanten Rhythmik wegen vielfach gesamplet. 1994 veröffentlichten W. das Album *Peace Sign*. Weitere LPs der Band sind *War* (1971), *Why Can't We Be Friends* (1975) und *Galaxy* (1978).

Warwick, Dionne (eig. D. Warrick) *12.12.1941 East Orange (New Jersey); amerik. Pop-Sängerin. W.s Wurzeln in der Gospel-Musik führten die 20jährige Sängerin in das Umfeld der frühen Soul-Szene. Die Bekanntschaft mit den Songschreibern Burt Bacharach und Hal David leitete ihre steile Karriere ein. Ab 1962 sang W. auf vielen, heute als Standards der Popgeschichte geltenden Kompositionen des Duos Bacharach/David: *Walk on By, I Say a Little Prayer, Valley of the Dolls, Do You Know the Way to San José* u.v.a waren überaus intelligente Popminiaturen und allesamt Hits. W.s tänzerisch leichte Stimmführung gab in den 70er Jahren u.a Songs der → *Spinners* zusätzlichen Glanz. Arbeiten mit den Motown-Autoren Holland/Dozier oder Barry Gibb von den *Bee Gees* waren weniger erfolgreich. Erst der Produzent Barry → Manilow leitete ihr Comeback ein. Seit den 80er Jahren widmete W. sich karitativer Tätigkeit (z.B. für die AIDS-Hilfe mit *That's What Friends Are For*, 1985). 1993 erschienen neue Aufnahmen mit dem Team Bacharach/David. Bes. hörenswerte LPs von W. sind *Anyone who Had a Heart* (1963), *Promises Promises*

(1968), *Sings Bacharach* (1974), *Heartbreaker* (1982) und *Friends Can Be Lovers* (1993).

Washington, Grover, *12.12.1943 Buffalo (New York), † 17.12.1999 New York; amerik. Saxophonist, Flötist und Arrangeur. Mit 10 Jahren begann W. ein intensives musikal. Studium, dem bereits 1960 die Gründung seiner eigenen Band *Four Clefs* folgte. Verpflichtungen als Sessionmusiker bei Soul- und Jazz-Aufnahmen führten zu einem Plattenvertrag, der W. ab den frühen 70er Jahren Veröffentlichungen unter eigenem Namen ermöglichte. W.s Gespür für klare, eingängige Jazz-Arrangements bekannter Vorlagen (etwa Marvin Gayes *Trouble Man*) und seine geschmeidigen Saxophon- und Flötenimprovisationen prägten LPs wie *Inner City Blues* (1971) oder *Live at the Bijou* (1977). Mit *Mr. Magic* (1975) gelang ihm ein Millionenhit, der noch übertroffen wurde vom Erfolg des 1980 erschienenen Albums *Winelight.* Der daraus ausgekoppelte Song *Just the Two of Us*, geschrieben und gesungen von Bill → Withers, war W.s größter Hit. Weitere seiner LPs sind *All the King's Horses* (1972), *Inside Moves* (1984), *Time out of Mind* (1990), *Love Like This* (1992), *Next Exit* (1992), *All My Tomorrows* (1994) und *Soulful Strut* (1996).

Waters, Ethel, *31.10.1900 Chester (Pennsylvania), † 1.9.1977 Los Angeles; amerik. Jazz- und Popsängerin. Sie trat viel in Revuetheatern und Nachtclubs auf, wurde anfänglich oft vom Orchester Fletcher Henderson begleitet und machte während ihrer Laufbahn Songs wie *Dinah, Memories of you* und *Stormy Weather* bekannt.

Weather Report, amerik. Jazz-Rock-Gruppe; W.R. wurde 1971 vom östr. Keyboardspieler *Josef »Joe« Zawinul,* (*7.7.1932) und dem amerik. Saxophonisten *Wayne Shorter* (*25.8.1933) mit dem Bassisten *Miroslav Vitous* (*1947) und den Schlagzeugern *Alphonse Mouzon* (*1948) und *Airto Moreira* (*1941) gegründet, um elektronische Klänge, Jazz-Improvisation und rockorientierte, erdige Rhythmik zu verbinden. J. Zawinul war nach Lehrjahren u.a. bei Friedrich Gulda und Cannonball Adderley – ebenso wie W. Shorter – Mitglied in Miles Davis' Band gewesen. Shorter war zuvor auch bei Art → Blakey und als Solist in Erscheinung getreten. W.R.s Musik entwickelte bis Mitte der 70er Jahre ein Klangprofil, in dem das ausgeprägte Gespür der beiden Bandleader für liedhafte Themen mit der virtuosen Spieltechnik aller beteiligten Instrumentalisten harmonierte. Die oft wechselnde Besetzung stabilisierte sich 1977 mit Jaco → Pastorius am Baß und Drummer Peter → Erskine. In dieser Zeit entstand das Erfolgsalbum *Heavy Weather* mit dem aus Zawinuls Feder stammenden Jazz-Hit *Birdland.*1986 beendeten Zawinul und Shorter die gemeinsame Arbeit. Beide blieben mit eigenen Projekten aktiv. Wichtige LPs der Band sind *Sweetnighter* (1973), *Mysterious Traveller* (1974), *Black Market* (1975), *8:30* (1979), *Domino Theory* (1984), *Sortin' Life* (1984) und zuletzt *This Is This!* (1985). Im Jahr 2000 erfuhr W.R. eine nachträgliche Ehrung. Bekannte Musiker wie John Scofield und Michael Brecker veröffentlichten das Album *Celebrating The Music Of Weather Report*, auf dem sie die besten Stücke von W.R. neu einspielten.

Webb, Chick (eig. William), *10.2.1902 Baltimore, † 16.6.1939 ebd.; amerik. Jazzmusiker (Schlagzeuger, Bandleader). W., der mißgestaltet zur Welt kam, spielte zuerst auf Ausflugsdampfern und in verschiedenen Bands, kam 1924 nach New York und leitete eigene Bands. 1934 entdeckte er Ella Fitzgerald, die sein Star wurde. W. gehört zu den vitalsten und wichtigsten Schlagzeugern der Swing-Ära. Die Vitalität von W. hat sich auf seine Bands übertragen, weshalb diese bei musikalischen Wettbewerben in Harlem, den sog. »Battles«, gefürchtet waren.

Weber, Eberhard, *22.1.1940 Stuttgart; deutscher Jazzmusiker (Baß, Cello, Komposition). W. erhielt mit 6 Jahren Cellounterricht von seinem Vater, interessierte sich als Jugendlicher für Jazz und lernte Kontrabaß weitgehend autodidaktisch. 1962 begann er mit Wolfgang Dauner in dessen Trio zu spielen. Zunächst beeinflußt von Bill Evans und Scott LaFaro, entwickelte sich die Band zunehmend in Richtung freie Improvisation. W. blieb Dauner in dessen 1970 gegründetem Ensemble *Et Cetera* verbunden. Über die Zusammenarbeit mit Dave Pike lernte er Volker Kriegel kennen und spielte 1973–74 in dessen Fusion-Band *Spectrum*. In dieser Zeit begann er, eigene Wege zu erforschen, inspiriert auch durch die Musik der klassischen Moderne und Avantgarde, vor allem Steve Reich. Er entwickelte eine neue Art eines fünfsaitigen Electrobasses. Sein 1973 veröffentlichtes Album *The Colours Of Chloë* wurde mit dem Preis der Deutschen Phonoakademie ausgezeichnet. 1975 gründete W. die Gruppe *Colours*, der u.a. Charlie Mariano und Rainer Brüninghaus angehörten, eine der bedeutendsten Jazzformationen Europas. 1975–87 war er Mitglied des von Dauner gegründeten *United Jazz And Rock Ensemble*. In den 80er Jahren arbeitete er mit Jan Garbarek und Gary Burton zusammen. Neben seiner regen Konzerttätigkeit ist er auch als Filmmusikkomponist aktiv. Wichtige Alben: *Music Zounds* (1970, mit Wolfgang Dauner), *Yellow Fields* (1975), *Silent Feet* (1977, jeweils mit *Colours*), *Wayfarer* (1983), *Twelve Moons* (1992, jeweils mit Jan Garbarek), *Pendulum* (1993, Solo).

Webster, Ben (Benjamin) **Francis**, *27.2.1909 Kansas City, †20.9.1973 Kopenhagen; amerik. Jazzmusiker (Tenorsaxophon). W. spielte in den 20er Jahren in verschiedenen Bands, u.a. auch als Pianist, und kam in den 30er Jahren zu Bennie Moten, Fletcher Henderson und Benny Carter. 1938–43 spielte er in der Band von Duke Ellington, wo er sich als Solist profilierte und wesentlich zum großen Format des Ensembles in dieser Zeit beitrug. Danach wechselte W. wieder häufiger die Bands, bildete auch eigene Ensembles, spielte u.a. in der Tourneereihe »Jazz at the Philharmonic« und seit 1963 fast ständig in Europa, wo er sich 1964 niederließ. W. gehört in die von Coleman Hawkins angeführte Reihe der großen Tenorsaxophonisten mit voluminösem Ton. Schnelle, swingend-jumpende Titel spielte er wie Hawkins sehr rauh, entfaltete aber in Balladen eine sehr eigene Spielweise, die durch weichen Atem und zarten Hauch charakterisiert ist.

Weller, Paul, *25.5.1958 Woking; engl. Rock-Sänger und Gitarrist. Engagierter Gesang, scharfsinnige Sozialkritik und ein Gespür für dynamische Melodien machten W. mit verschiedenen Projekten populär. Zunächst bei *The Jam* aktiv, einer bereits 1974 mit Schlagzeuger *Rick Buckler* (*6.12.1955) und Baßgitarrist *Bruce Foxton* (*1.9.1955) gegründeten Band, die mit einfachen Songs aus Rhythm & Blues, Punk und Beat in der Tradition von *The Who* ein Mod-Revival einläutete, hatte W. v.a. in England zahlreiche Single-Hits, darunter *Going Underground* (1980), *Town Called Malice* (1982) oder *Beat Surrender* (1982). Nach der überraschenden Auflösung von *The Jam* orientierte sich W. mit *Style Council*, einem gemeinsam mit *Mick Talbot* (*11.9.1958), Keyboards, konzipierten Nachfolgeprojekt, mehr in Richtung Soul und Jazz. Single-Hits wie *Speak Like* *a Child* und *Long Hot Summer* (1983), *My Ever Changing Moods* und *Shout to the Top* (1984) sowie *It Didn't Matter* (1987) demonstrierten seine ungebrochene Popularität. Nach dem Ende von *Style Council* und einer längeren kreativen Krise entwickelte sich W. in den 90er Jahren zu einem erfolgreichen Solo-Interpreten, der u. a. mit *Wild Wood* (1993) und *Stanley Road* (1995) gelungene Alben veröffentlichte. Ausgewählte Platten sind *In the City* (1977), *This Is the Modern World* (1977), *All Mod Cons* (1978), *Sound Affects* (1980) und *The Gift* (1982) (mit *The Jam*) sowie *Cafe Bleu* (1984) und *Our Favourite Shop* (1985) (mit *Style Council*). Neuere Alben: *Heavy Soul* (1997), *Modern Classics* (1998), *Heliocentric* (2000), *Days Of Speed* (2001), *Illumination* (2002) und *Studio 150* (2004).

White, Barry, *12.9.1944, Galveston (Texas), †4.7. 2003; amerik. Tasteninstrumentalist und Soul-Sänger. Mit tiefer, einschmeichelnder Stimme prägte der schwergewichtige W. seine vom Philadelphia-Sound und von Soul-Größen wie Isaac → Hayes beeinflußten Soulballaden und gehörte zu den erfolgreichsten Solo-Interpreten des 70er-Jahre-Disco-Sound. Aufgewachsen in Los Angeles, begann W.s Karriere 1960 als Organist der *Upfronts*, einer Rhythm & Blues-Formation. Später spielte er die Keyboards des *Bob and Earl*-Hits *Harlem Shuffle* (1963), von 1966 an arbeitete er als A & R-Manager für Bronco Records. Den Grundstein für seine beachtliche Karriere legte er 1971, als er drei Ex-Gospel-Sängerinnen zum Trio *Love Unlimited* zusammenschloß, die erfolgreich mit *Walking in the Rain with the One I Love* (1972) debütierten. Unterstützt vom Orchester gleichen Namens verzeichnete W. selbst einen ersten Hit mit *I'm Gonna Love You just a Little More* (1973), etliche weitere wie etwa *You're the First, The Last, My Everything* sollten bis 1979 folgen. Nach erfolglosen Jahren versuchte er 1987 ein Comeback, aber erst sieben Jahre später konnte er den US-Markt mit Songs nach altem Strickmuster zurückerobern. Zu seinen LPs zählen *I've Got so much to Give* (1973), *Let the Music Play* (1976), *The Icon Is Love* (1994) und *Stayin' Power* (1999).

White, Tony Joe, *23.7.1943 Goodwill (Louisiana); amerik. Rock-Sänger und Gitarrist. Mit sog. Swamp-Rock, einer bodenständigen Variante aus Blues und Rock, begann W. 1969 seine Karriere. Gefälliges Gitarrenspiel und ein sonorer Baßbariton dominierten die erfolgreichen Alben *Black and White* (1969), *..Continued* (1969) und *Tony Joe* (1970), sowie den Song *Polk Salad Annie*, mit dem W. ein Top-10-Hit in den USA gelang. In den 70er und 80er Jahren arbeitete der zurückhaltende Musiker zumeist mit und für andere Künstler, so u. a. mit Tina Turner, Waylon Jennings und Kenny Rogers. W.s Songs wurden von zahlreichen Sängern sehr erfolgreich interpretiert, darunter Elvis Presley, Tom Jones, Joe Cocker, Etta James, Roy Orbinson, Joe Dassin, Johnny Hallyday und Emmylou Harris. In den 90er Jahren widmete sich W. wieder intensiver seiner Solo-Karriere. Die Alben *Closer to the Truth* (1991), *Path of a Descent Groove* (1993) und *Lake Placid Blues* (1995) waren v. a. in Frankreich erfolgreich. Weitere erfolgreiche Platten sind *Tony Joe White* (1971), *The Train I' m On* (1972), *Homemade Ice Cream* (1973), *Real Thing* (1980), *One Hot July* (1998) und *The Heroines* (2004).

White Stripes, The, amerikan. Rock-Duo, am 14. Juli 1997 in Detroit gegründet. Die vermeintlichen Geschwister *Meg* (eigentl. Megan Martha) *White*, Schlagzeug, und *Jack* (eigentl. John Anthony Gillis) *White*, Gitarre und Gesang, beriefen sich auf Bands wie *Led Zeppelin* und die *Yardbirds* und führten den Rock auf seine Substanz zurück. Von der Presse wurden sie nach der Jahrtausendwende weltweit als Retter des Rock 'n' Roll gefeiert. Ihre Musik war intensiv, ihre Auftritte waren hyperaktiv. Bereits das Debütalbum *The White Stripes* (1999) kam ohne jede Redundanz aus. Auf *De Stijl* (2000), *Blood White Cells* (2001), dem in nur zehn Tagen eingespielten *Elephant* (2003) und *Get Behind Me, Satan* (2005) feilten sie konsequent und kompromißlos ihr Konzept weiter aus. Die DVD *Under Blackpool Lights* (2004) dokumentiert eindrucksvoll eine Live-Show der Band.

Whiteman, Paul, *28.3.1890 Denver (Colorado), †29.12.1967 Doylestown (Pennsylvania); amerik. Bandleader. W. gründete 1919 seine erste Band und unternahm vor allem in den 20er und 30er Jahren mit einem großen Ensemble zahlreiche Tourneen durch die USA. Bei seinem ersten und gleichzeitig bedeutendsten Konzert 1924 brachte er G. Gershwins *Rhapsody in Blue* zur Uraufführung. Für sein aufwendig besetztes Orchester engagierte er immer wieder namhafte Jazzmusiker, u. a. Bix Beiderbecke; der Sänger Bing Crosby begann hier seine Laufbahn. Während der 30er Jahre verlegte sich W. zunehmend auf Unterhaltungsmusik. 1940 wurde er musikalischer Leiter der Rundfunkstation ABC in New York. Der von ihm entwickelte sogenannte »symphonische Jazz« verbindet Elemente des Jazz und der amerikanischen Populärmusik mit abendländischer Kunstmusik und blieb stets umstritten. Seinen Ehrennamen »King of Jazz« hat W. stets strikt abgelehnt, zumal er seine Musik nicht so sehr als Jazz, sondern allgemein als »amerikanische Musik« verstand.

Whitesnake, brit. Hardrock-Band. *David Coverdale* (*21.9.1951), Gesang, *Micky Moody* (*30.8.1950), Gitarre, *Bernie Marsden* (*7.5.1971), Gitarre, *Neil Murray*, (*27.8.1950), Baßgitarre, *David Dowle*, (*20.1.1953), Schlagzeug, und *Jon Lord* (*9.6.1941), Keyboards, galten als legitime Nachfolger von → *Deep Purple*. Das lag zum einen daran, daß D. Coverdale, ehe er W. 1978 gründete, lange bei den Ur-Rockern gesungen hatte. Zum anderen spielten mit J. Lord und dem späteren Schlagzeuger *Ian Paice* weitere *Purple*-Mitglieder bei W. mit. 1978 brachte W. mit *Snake Bite* und *Trouble* gleich zwei Alben heraus, die allerdings nur in Japan sehr erfolgreich waren. W. blieb weitgehend bei den üblichen Stilmitteln des Heavy Metal, der Ende der 70er Jahre ein Revival feierte. Das begünstigte den Erfolg der Band, die sich 1980 mit *Ready an' Willing* in den int. Charts behaupten konnten. Querelen sorgten Anfang der 80er Jahre für eine starke Fluktuation unter den Bandmitgliedern. Mit *Cozy Powell* und *Steve Vai* holte Coverdale erfahrene Musiker zu sich. 1987 wurde das erfolgreichste Jahr der Band: Die Singles *Here I Go Again* und *Is This Love* erreichten Spitzenpositionen in den Charts, das dazugehörige Album *1987* verkauften sich über 6 Mio. mal. Andere wichtige Alben waren *Ready an' Willing* (1980), *Slide In* (1984) und *Slip of Tongue* (1984). 1998 erschienen mit *Restless Heart* und *Stalkers In Tokyo* die bisher letzten Lebenszeichen der Band.

Who, The, brit. Rock-Band. *Roger Daltrey* (*1.3.1945), Gesang, *John Entwistle* (*9.10.1946, †27.6.2002), Baßgitarre, *Keith Moon* (*23.8.1947, †7.9.1978; ersetzt durch *Kenny Jones*, *16.9.1948), Schlagzeug, und Pete → Townshend benannten sich 1965 von *The Highnumbers* um in *The Who*. Im ersten Jahr ihrer Karriere verbuchten sie 3 Hitsingles und avancierten zu einer *der* Mega-Bands der

Rockgeschichte. Dabei taten sich bes. K. Moon, ein exaltierter Drummer von Format, und P. Townshend, der nach Konzerten oft das Signal zur Zerstörung des Equipments gab, hervor. Die Musik der W. basierte auf einer kruden Rhythm & Blues-Spielart, die sie später zunehmend verfeinerten und auch in orchestral angereicherte Arrangements verpackten. Der Mod-Bewegung zugetan, vermengten die W. in den 60er Jahren die Frustration der Jugendlichen zu einem explosiven Gemisch (*I Can't Explain*, *My Generation*) und gerierten sich als Sprachrohr einer sprachlosen Generation. Gegen Ende des Jahrzehnts, beeinflußt vom Geist der Hippie-Bewegung (W. spielten 1969 in Woodstock), war die Band Mitbegründer des Genres der Rockoper: *Tommy* (1969) beschrieb Fall und Aufstieg eines taubstummen, blinden Jungen, *Quadrophenia* (1973) zeichnete am Beispiel der Mod-Bewegung ein ernüchterndes, von Straßenschlachten zwischen Gangs geprägtes Bild der Jugend. Im Laufe der 70er Jahre verlor die Band an innovatorischer Kraft, mit Moons Tod hatte sie viel von ihrem Glanz eingebüßt. Ihr Auftritt beim *Live Aid*-Festival (1985) setzte den Schlußpunkt. Wie in den Jahren zuvor konzentrierten sich bes. Daltrey (auch als Schauspieler) und Townshend auf Solokarrieren. Wichtige LPs der Band sind *My Generation* (1966), *A Quick One* (1966), *The Who Sell Out* (1967), *Tommy* (1969), *Live at Leeds* (1970), *Quadrophenia* (1973) und *The Kids Are Alright* (1979). 1997 kamen die verbliebenen Musiker von W. wieder zusammen und unternahmen eine sehr erfolgreiche Welttournee, die sie als absolute Meister ihres Fachs zeigte. 2001 traf man sich wieder und plante sogar ein neues Album. Doch alle Pläne zerschlugen sich, als Bassist John Entwistle am Vorabend einer dreimonatigen USA-Tournee tot in seinem Hotelzimmer aufgefunden wurde. 2003 feierte sich die Rest-Band mit großem Staraufgebot auf *Live At The Royal Albert Hall.*

Wilco, amerikan. Country-Crossover-Band, gegründet 1993 in Belleville, Illinois. Aus der legendären Folk-Rock-Band *Uncle Tupelo* hervorgegangen, kultivierten W. eine stimmige Mischung aus alternativem Country, Post Rock und Klangprinzipien der Neuen und elektroakustischen Musik. Mit *Jeff Tweedy*, Gitarre und Gesang, *Ken Coomer*, Schlagzeug, *John Stirratt*, Baßgitarre, *Max Johnston*, Geige und Gitarre, und *Jay Bennett*, Keyboards, Akkordeon und Mundharmonika generierten sie auf ihrem Debüt *A. M.* (1995) einen Sound, der von der internationalen Presse mit *Exile On Mainstreet* von den *Rolling Stones* verglichen wurde. Auf *Being There* (1996) und *Summer Teeth* (1999) verfeinerten sie diesen Sound. Gemeinsam mit Billy Bragg nahmen sie zwei Alben mit Songs von Woody Guthry auf. Die unter Regie von Jim O'Rurke entstandenen CDs *Yankee Hotel Foxtrott* (2003) und *A Ghost Is Born* (2004) waren bemerkenswerte Beispiele für eine Musik, die sich jeder Kategorisierung entzieht.

Williams, Cootie (Charles Melvin), *24.7.1908 Mobile (Alabama), †15.9. 1985 Long Island; amerik. Jazzmusiker (Trompete). Er spielte bei Chick Webb und Fletcher Henderson und 1929–40 in der Band von Duke Ellington, wo er Growl im Stil von Trixy Sam Nanton einsetzte und in den 30er Jahren einer der führenden Solisten war. Danach schloß er sich für kurze Zeit Benny Goodman an, gründete 1941 eine Big Band, bevorzugte aber später Combos. 1962–66 spielte er erneut bei Ellington. Berühmt wurden W.' Einspielungen mit Ellington, vor allem von dessen *Concerto for Cootie.*

Williams, Hank (eig. Hiriam King W.), *17.9.1923 Mt. Olive (Alabama), † 1.1. 1953; amerik. Country-Sänger und Gitarrist. W. gilt als einer der wichtigsten Vertreter dieses Genres. Obgleich weder sein Privatleben noch die offene und ehrliche Sprache seiner Texte den üblichen, schönfärberischen Stereotypien und Klischees der Countrymusik entsprach, war W. schon zu Lebzeiten außerordentlich erfolgreich. In seiner nur kurzen Karriere erreichte W. mit einer ganzen Reihe von Single-Hits wie *Move It on Over* (1947), *Lovesick Blues* (1949), *Cold Cold Heart* (1951), *Hey, Good Lookin'* (1951), *Kaw-Liga* (1953) oder *Your Cheatin' Heart* (1953) die Hitparaden. Viele seiner Songs waren stilbildend und wurden von Interpreten aller Stilrichtungen neu aufgenommen. Zahlreiche Zusammenstellungen seiner Hits bis in die 90er Jahre dokumentierten die große Bedeutung W.s' für die Countrymusik, aber auch für Folk, Pop und Rock. Auch sein Sohn **Hank Williams Jr.**, *26.5.1949 Shreveport (Louisina), konnte in den 80er Jahren eine recht erfolgreiche Solo-Karriere in der Countrymusik starten. Hörenswerte Platten von W. sind u. a. *40 Greatest Hits* (1978), *Rare Takes and Radio Cuts* (1984), *On the Air* (1985), *Rare Demos First to Last* (1987) und *The Original Singles Collection* (1991).

Williams, Joe (Joseph Goreed), *12.12.1918 Cordele (Georgia), † 29.3. 1999 Las Vegas; amerik. Jazzmusiker (Gesang). W. sang in den 40er Jahren u. a. in den Bands von Coleman Hawkins, Lionel Hampton und Count Basie, in dessen Ensemble er seit 1955 endgültig die Stelle von Jimmy Rushing einnahm. Bis ins Alter trat er immer wieder mit Mitgliedern oder der gesamten Basie-Band auf. Er gehörte zu den großen Vertretern des Jazz-Blues, hatte ein stark ausgeprägtes Timing und sang mit einem jazzspezifischen Rubato.

Williams, Mary Lou (eig. Mary Elfrieda Winn, geborene Burley), *8.5.1910 Pittsburgh, † 30.5.1981 Durham (North Carolina); amerik. Jazzmusikerin (Klavier) und Komponistin. Sie begann 1925 in der Band ihres späteren Mannes John Williams, spielte 1929–42 bei Andy Kirk, leitete dann eigene Bands und trat 1968 mit Sonny Rollins und 1978 mit Benny Goodman auf. Sie war eine bedeutende Swingpianistin, gehörte nach dem Krieg zu den wichtigsten Exponenten des modernen Jazz und gelangte im Laufe der Jahre zu einem zeitlosen Mainstreamstil. Bedeutung hatten auch ihre Arrangements. Von ihren größeren Kompositionen, u. a. *The Zodiac Suite, St. Martin de Porres* und die Kantate *Black Christ of the Andes,* ist letztgenanntes Werk eine geglückte Verbindung von Jazz mit Elementen des Spirituals sowie populärer und kirchlicher Musik Südamerikas.

Williams, Robbie, *13.2.1974 Staffordshire, engl. Pop-Sänger. W. begann seine Laufbahn 1991 in der Boy Group *Take That,* die er 1995 verließ. Sein Solo-Debüt *Life Thru A Lens* (1997) war von W.' Alkohol-Eskapaden geprägt, floppte zunächst, kletterte aber nach 28 Wochen an die Spitze der britischen Charts. Auf seinem zweiten Album *I've Been Expecting You* (1998) gelang ihm geschickt der Spagat zwischen Brit Pop und klassischem Entertainment. Auf weiteren CDs wie *Sing When You're Winning* (2001) und *Escapology* (2002) stülpte er sich die Identitäten von Frank Sinatra und anderer Entertainer über, deren Image und Habitus er für das 21. Jh. brillant modifizierte. Trotz seiner zahlreichen Hits suchte er immer wieder den öffentlichen Skandal, um in den Medien präsent zu bleiben.

Williams, Tony (eig. Anthony W.), *12.12.1945 Chicago, † 23.2.1997 Dale City (Kalifornien); amerik. Jazz-Schlagzeuger. Als 18jähriges Wunderkind öffnete W. im Miles Davis-Quintett (mit Wayne Shorter, Herbie Hancock und Ron Carter) neue Dimensionen für die Rolle des Schlagzeugs im modernen Jazz, indem er den Beat durch Akzentverschiebungen und Auslassungen zugleich abstrahierte und intensivierte. Nach ersten Unterrichtsstunden mit 8 Jahren und Erfahrungen in div. Jazzcombos spielte W. ab 1963 v. a. bei Davis und als Leiter eigener Projekte. 1964 erschien seine LP *Life Time*, die einer Band mit W., John McLaughlin, Larry Young u. a. den Namen gab. Der als kompliziert geltende W. erhielt zahllose Auszeichnungen für sein Spiel, zog sich aber oft für Jahre aus der Musikwelt zurück. Als Begleiter von Stan Getz, Stanley Clarke, Sonny Rollins u. v. a. zeigte sich W. überaus flexibel. Auf seiner LP *The Joy of Flying* (1979) spielte er Rock und Soul und mit dem Freejazz-Pianisten Cecil Taylor. Seinem Mentor Davis zollte W. ab 1977 in einem sporadisch arbeitenden Quintett Tribut (mit Shorter, Hancock, Carter und wechselnden Trompetern), zuletzt mit einem 1994 erschienenen, herausragenden Album. Zu seinen bemerkenswertesten LPs zählen *In a Silent Way* (1969, mit M. Davis), *Emergency* (1969, mit *Lifetime*), *Ego* (1971) und *Foreign Intrigue* (1985).

Wilson, Brian, *20.6.1942 Hawthorne (Kalifornien); amerik. Pop-Komponist, Sänger und Multiinstrumentalist. Als kreativer Kopf der 1961 gegründeten → *Beach Boys* gilt W. als überragende Figur der Popmusik der 60er Jahre. Sein kompositorisches Talent, das W. zu verspielten, fast kindlichen Melodien mit kompliziertem Harmoniegesang und orchestralen Arrangements verwandte, wird noch heute als außergewöhnlich beurteilt. Bereits 1964 entschied der psychisch labile Künstler, sich ausschließlich der Studioarbeit zu widmen, nicht ohne jedoch den *Beach Boys* weiter als Ideengeber zur Verfügung zu stehen. Als Meisterwerke gelten dabei *Pet Sounds* (1966) und *Smile*, ein gemeinsam mit Van Dyke Parks konzipierter Entwurf und eine aus zahllosen Ideen und Songfragmenten bestehende Pop-Collage, die in ihrer Gesamtheit nie veröffentlicht, jedoch gleich für mehrere *Beach Boys*-Alben wie die großartigen LPs *Smiley Smile* (1967) und *Surf's Up* (1971) verwendet wurde. In den 70er Jahren verfiel W. in schwere Depressionen. Seither in kontinuierlicher psychologischer Behandlung, gelang ihm mit *Beach Boys Love You* (1977) das letzte große Werk für die *Beach Boys*. Nach mehrjähriger Pause folgte das beschwingte Soloalbum *Brian Wilson* (1988). 1995 sorgten seine Retrospektive *I Just Wasn't Made for these Times* sowie das brillante Werk *Orange Crate Art*, einem abermals gemeinsam mit Van Dyke Parks entworfenen Konzept-Album, für Aufsehen. 2001 kehrte W. überraschend auf die Bühne zurück, gab mehrere umjubelte Konzerte und trat zusammen mit Paul McCartney, Eric Clapton, Phil Collins u. v. a. beim 50jährigen Thronjubiläum der Queen im Park des Buckingham Palastes auf. Die Solo-Alben von W. sind *Brian Wilson* (1988), *Imagination* (1998), *Live At The Roxy Theatre* (2001) und *Pet Sounds Live* (2002). 2004 realisierte er das seit Mitte der 60er Jahre geplante Album *Smile*.

Wilson, Jackie, *9.6.1934 Detroit (Michigan), †21.1. 1984 Mount Holly (New Jersey); amerik. Soul-Sänger. W. war einer der ersten Vokalisten, der in den 50er Jahren nach Gesangsschulung im Gospel-Chor als schwarzer Gesangs-Solist Erfolge feierte und die musikal. Basis für den neuen großstädtischen Soul mitbegründete. Der ehemalige Boxer gehörte zunächst zu *Billy Ward and the Dominoes*, bevor ihm sein Freund Berry Gordy, Gründer des Detroiter Motown-Labels, Hits wie *Reet Petite* u. *Lonely*

Teardrops auf den Leib schrieb. In den 60er Jahren begeisterte W. v. a. als Live-Künstler, der bei seinen mitreißenden, exaltierten Shows fremde Vorlagen zu ureigenen Wilson-Songs machte. 1975 erlitt W. bei einem dieser Auftritte einen Herzinfarkt. Bis zu seinem Tod lag der Sänger seitdem – meist ohne Bewußtsein – im Krankenhaus. Sein alter Hit *Reet Petite* indes kam 1986 noch einmal in die Hitparaden und setzte sich in England auf Platz 1. Einen Überblick über W.s Schaffen geben die LPs *Lonely Teardrops* (1958), *Soul Galore* (1966), *Very Best Of* (1975) und *Reet Petite* (1986).

Wilson, Teddy, *24.11.1912 Austin (Texas), † Juli 1986 New Britain (Connecticut); amerik. Jazzmusiker (Klavier). Er spielte seit 1929 in namhaften Bands, u. a. in der von Louis Armstrong, war 1936–39 Mitglied des Benny Goodman-Trio (später Quartett), leitete 1939–40 eine Big Band und trat dann meist mit eigenen kleineren Ensembles oder als Solist auf. In den 50er Jahren spielte er erneut mit Goodman, mit dem er 1962 eine Tournee durch die UdSSR unternahm, unterrichtete an der Juilliard School of Music in New York und war als Moderator im Rundfunk zu hören. Auf- und absteigende Dezimen und chromatische Wechselakkorde, verbunden mit prägnanter Melodik, kennzeichnen W.s trotz merklicher Einflüsse von Earl Hines und Art Tatum eigenständig entwickelten Stil.

Wings, brit. Pop-Band, bestehend aus *Paul McCartney* (*18.6.1942) und *Linda McCartney* (*25.9.1942, † 17.4.1998), Keyboards, sowie wechselnden Begleitmusikern. Nach den Solo-Alben *McCartney* (1970) und *Ram* (1971) gründete P. McCartney im August 1971 offiziell die W., ohne zunächst die Erwartungen erfüllen zu können, die an ihn als ehemaliges Mitglied der *Beatles* geknüpft wurden. Erst mit der überraschend frischen, in nur wenigen Tagen aufgenommenen LP *Band on the Run* (1973) emanzipierte sich McCartney von seiner Vergangenheit und widerlegte die Kritik, die sein kreatives Potential zunehmend angezweifelt hatte. Neben weiteren bekannten Alben wie *Venus and Mars* (1975) oder *Wings over America* (1976) schrieb McCartney für die W. zahlreiche Singles-Hits, darunter *My Love* (1973), *Live and Let Die* (1973), *Band on the Run* (1974), *Listen to What the Man Said* (1975), *Silly Love Songs* (1976) und v. a. *Mull of Kintyre* (1977). Nach der Auflösung der W. hatte M. kommerziell sehr erfolgreiche, musikalisch weniger anspruchsvolle Pop-Duette wie *Ebony and Ivory* (1982, mit Stevie Wonder) oder *The Girl Is Mine* (1982) und *Say Say Say* (1983, beide mit Michael Jackson). Mit dem brillanten Album *Flowers in the Dirt* gelang McCartney 1989 ein kreatives Solo-Comeback. Seine bekanntesten Platten mit den W. sind außerdem *Wild Life* (1971), *Red Rose Speedway* (1973), *Wings at the Speed of Sound* (1976) und *London Town* (1978). 2001 erschienen die besten Aufnahmen der Wings digital bearbeitet auf der Wings-Anthologie *Wingspan*. Zu den Solo-Alben zählen *McCartney II* (1980), *Tug of War* (1982), *Give My Regards to Broad Street* (1984), *Off the Ground* (1993), *Flaming Pie* (1997) und *Driving Rain* (2001).

Winter, Edgar, *28.12.1946 Beaumont (Texas); amerik. Keyboarder, Sänger, Gitarrist und Saxophonist. W. spielte zunächst zusammen mit seinem Bruder → Johnny Winter in div. Bands mit und unterstützte ihn bei seinen Soloprojekten. 1970 nahm W. im Alleingang *Entrance* auf, auf dem der Multi-Instrumentalist eine gewagte Fusion von Jazzrock und Soul anbot. Um auf Tournee gehen zu können, gründete W. *White Trash*. Das Live-Album *Roadwork* fand

1972 große Beachtung in den USA. Ein Jahr später wandte sich W. dem Hardrock zu, löste *White Trash* auf und gründete die *Edgar Winter Group*. Deren Instrumentalsong *Frankenstein* wurde weltweit ein Hit. Doch der Erfolg hielt nicht lange an, und 1974 wurde die Band aufgelöst. W. spielte dann für Meat Loaf und Todd Rundgren. 1976 nahm er gemeinsam mit seinem Bruder Johnny das Album *Together* auf, das ihre Lieblingssongs enthielt. In den folgenden Jahren spielte W. noch 2 gelungene Hardrock-Alben ein, die aber keine große Zuhörerschaft fanden. Danach arbeitete er nur noch als Studiomusiker. 1992 gab W. erstmals nach fünfzehn Jahren wieder in gemeinsames Konzert mit seinem Bruder in New York. Neben den bereits genannten zählen zu den bedeutenden Werken von W. *Shock Treatment* (1974), *Jasmine Nightdreams* (1975) und *The Edgar Winter Group with Rick Derringer* (1975).

Winter, Johnny, *23.2.1944 Leland (Mississippi); amerik. Bluesgitarrist und Sänger. W. sorgte Ende der 60er Jahre für Aufsehen mit seinen unverfälschten und atemberaubenden Interpretationen des Blues. Der Albino spielte 1968 mit seinem Bruder → Edgar Winter in div. Chicagoer Clubs, bis ihm ein Jahr später ein Plattenvertrag angeboten wurde. Sein Debütalbum *Johnny Winter* erreichte Platz 30 in den amerikanischen Charts. Auf dem Nachfolger *Second Winter* präsentierte sich W. ungleich härter. Das Album gefiel durch seine dynamischen Coverversionen von Dylans *Highway 61 Revisited* oder Chuck Berrys *Johnny B. Goode. Live And* brachte 1970 den großen Durchbruch, an dem W. fast zerbrach. Seine Heroinsucht brachte ihn ins Krankenhaus und führte zu einer zweijährigen Zwangspause. 1973 meldete sich der Ausnahme-Gitarrist mit Coverversionen von *Stones*-Songs eindrucksvoll zurück. Nach erfolgreicher Tournee mußte er aufgrund gesundheitlicher Probleme erneut pausieren. 1976 spielte er gemeinsam mit seinem Bruder *Together* ein. Anschließend produzierte er die Blues-Legende Muddy Waters. In den 80er und 90er Jahren nahm W. unbeachtet von der großen Öffentlichkeit einige großartige Blues-Rock-Alben auf. Dazu zählen *Guitar Slinger* (1984), *Third Degree* (1986), *Let Me In* (1991), *Scorchin' Blues* (1993) und *Back In Beaumont* (2000).

Winwood, Steve, *12.5.1948, engl. Sänger, Tasteninstrumentalist und Songschreiber. W. begann seinen Weg als Wunderkind am Mikrofon der → *Spencer Davis Group*, wo der Teenager-Hits wie *Keep on Running* mit der Stimme eines erfahrenen Soulveteranen sang. W. verließ die S. D. G. 1967 und gründete → *Traffic*. Kurzfristig war er auch Mitglied der prominent besetzten Band *Blind Faith*. Nach Auflösung von *Traffic* 1974 zog W. sich weitgehend aus der Musikwelt zurück; seine Solo-LPs *Steve Winwood* (1977) und *Arc of a Diver* (1980) wurden nach der Zeit des freiwilligen Exils enthusiastisch aufgenommen. W. präsentierte sich nun als ausdrucksstarker, gereifter Sänger, Komponist und Multiinstrumentalist. Private Krisen ließen W. Mitte der 80er Jahre in den USA nach einem Neuanfang suchen. Für die dort entstandenen Alben, u. a. *Back in the High Light* (1986), tat sich der Einzelgänger mit hochklassigen Studiomusikern und Gaststars wie Chaka Khan zusammen und erzielte bis 1990 Hits wie *Higher Love* oder *Roll with It*. 1994 spielte er mit Jim Capaldi ein neues *Traffic*-Album ein. Zu seinen wichtige Solo-LPs gehören *Winwood* (1972), *Talking Back to the Night* (1982), *Refuge of the Heart* (1990) und *About Time* (2003).

Wire, engl. Punk- und New Wave-Band, gegründet 1976 von *Colin Newman* (*16.9.1954), Gesang und Gitarre, *Bruce Gilbert* (*18.5.1946), Gitarre, *Graham Lewis* (*22.2.1953), div. Instrumente, und *Robert Gotobed* (eig. Mark Field, *1951), Schlagzeug. Durch intelligente Texte und den Gegensatz aus kantig-monotonen Gitarren und weichen, von Produzent Mike Thorne eingesetzten Keyboards schufen W. einige Klassiker der New Wave-Ära, darunter Songs wie *Mannequin* (1977), *I Am the Fly* (1978) oder *I Should Have Known Better* (1979). Bereits Ende 1979 trennte sich die Band, der im Gegensatz zu zahlreichen konkurrierenden Bands des Genres ein eher zurückhaltendes Image anhaftete. Während Lewis und Gilbert das Projekt *Dome* verfolgten, nahm Newman mehrere Solo-LPs auf. 1986 reformierte sich die Band und nahm in der Urbesetzung das vielgelobte, von Synthesizer-Klängen dominierte Album *The Ideal Copy* (1987) auf. Nach weiteren Platten wie *A Bell Is a Cup Until It Is Struck* (1988) und *Manscape* (1991) verließ Gotobed 1991 die Gruppe, die als *Wire* noch im gleichen Jahr *The First Letter* aufnahm. Die Alben der späten 90er und frühen 00er Jahre blieben weitgehend unbeachtet. Die wichtigsten Werke von W. sind jedoch v.a. die frühen Alben *Pink Flag* (1977), *Chairs Missing* (1978) und *154* (1979).

Wishbone Ash, brit. Hardrock-Band. *Steve Upton* (*24.5.1946), Schlagzeug und Percussions, *Andy Powell* (*8.2.1950), Gitarre und Gesang, *Martin Turner* (*1.10.1947), Baßgitarre und Gesang, und *Ted Turner* (eig. David Alan T., *2.8.1950), Gitarre, verbrachten 1969 ein Jahr im Übungsraum, bis sie endlich durch Vermittlung des *Deep Purple*-Gitarristen Ritchie Blackmore einen Plattenvertrag erhielten. Die Briten spielten soliden Hardrock, bestimmt durch den unisonen Sound der beiden Leadgitarren. V.a. durch ihre Live-Auftritte sicherte sich W. A. in den 70er Jahren eine stetig wachsende Fangemeinde. Das Album *Argus* (1973), das durch seine komplexe Instrumentalisierung bestach, wurde die erfolgreichste Produktion der Band. Die folgenden Jahre waren durch starke personelle Wechsel bestimmt. Zwar konnte der Erfolg von *Argus* nie wiederholt werden, doch die Fans blieben ihrer Gruppe treu. 1987 fand sich die Ur-Besetzung wieder zusammen, um *Nouveau Calls* aufzunehmen. Andere wichtige LPs der Band waren *Wishbone Ash* (1970), *Wishbone Four* (1974), *New England* (1976), *Number the Brave* (1981) und *Raw to the Bone* (1984). 1996 ging die Band wieder auf Tournee und stellte, diesmal in kleineren Hallen, ihre immer noch excellente Live-Qualitäten unter Beweis. Im gleichen Jahr erschien das Studioalbum *Illuminations*. Mit den nächsten Alben *Trance Visonary* und *Psychic Terrorism* (beide 1998) überraschten W. A. ihre Fans mit modernen Sounds der 90er Jahre, die die Alt-Rocker offenbar mühelos mit ihrem typischen Rock verbanden.

Withers, Bill (eig. William W.), *4.7.1938 Slab Fork (West Virginia); amerik. Sänger und Songschreiber. W. wurde nach einer Reihe von Aushilfsarbeiten als Gesangstalent entdeckt, dessen warme Soulstimme ebenso bestechend war wie seine Fähigkeit als Autor eingängiger, oft sozialkritischer Pop-Balladen. Mit einem Team um den Musiker Booker T. entstand 1971 ein erstes Album, *Just What I Am*. Von dieser LP stammt einer seiner größten Hits, *Ain't no Sunshine* (u.a auch ein Hit für Michael Jackson). Nach diesem vielversprechenden Start erzielte W. erst in den 80er Jahren einen ähnlichen Erfolg als Sänger bei Grover → Washingtons *Just the Two of Us*. W.s eigene Alben enthielten stets sorgfältig gearbeitete Songs, dennoch erhielten nur wenige größere Beachtung. *Lean on Me* war 1989, obwohl erstmals 1972 erschienen, W.s dritter Hit. Wichtige LPs sind *Still Bill* (1972), *Live at Carnegie Hall* (1973) und *Lovely Days* (1989).

Witherspoon, Jimmy (James), *8.8. 1923 Gurdon (Arkansas), †18.9.1997 Los Angeles; amerik. Jazz-Sänger. Er sang in den 40er Jahren u. a. in der Band von Jay McShann, trat dann bald als Solist hervor, wandte sich in den 50er Jahren auch dem Rhythm & Blues zu und war bis zu seinem Tod mit bedeutenden Bands des Swing und des Mainstream Jazz zu hören. W. gehörte zu den führenden Vertretern der Richtung, die Blues und Jazz verbinden; besonders überzeugend verwendete er die Riffs des Blues und des Jump als Steigerungseffekte.

Womack, Bobby, *4.3.1944 Cleveland (Ohio); amerik. Soul-Sänger, Gitarrist und Songschreiber. W. sang zunächst Gospel mit seinen Brüdern im Ensemble *Valentinos*, öffnete sich aber unter dem Einfluß von Sam → Cooke ab Anfang der 60er Jahre der weltlicheren Soul-Musik. Als Songschreiber machte sich W. einen guten Namen: Otis Redding und die *Rolling Stones* spielten seine Kompositionen; er arbeitete als Sessionmusiker (so auf Sly Stones Meilenstein *There's a Riot Going On*) und legte ab 1971 eigene LPs vor, auf denen er sich als Sänger mit intimer, tief persönlicher Ausstrahlung vorstellte; charakteristisch für W.s Aufnahmen war auch der leichte Einfluß amerik. Country-Musik. *That's the Way I Feel* und *Woman's Got to Have It* hießen zwei seiner Hits. In der Folge verfing sich W. in Drogenproblemen und privaten Tragödien, erwies sich Anfang der 80er Jahre jedoch als »Soul Survivor«. *The Poet* (1981) gilt als eine seiner stärksten LPs. W. veröffentlichte weiterhin brillante Alben wie *Womagic* (1986) und *The Last Soul Man* (1987), blieb im Grunde aber ein Künstler für Kennerkreise. Zu seinen LPs gehören weiterhin *Communication* (1971), *Understanding* (1973), *Safety Zone* (1977), *The Poet 2* (1984), *Too Close for Comfort* (1989), *At Home In Muscle Shoals* (1989) und *Back To My Roots* (1999).

Wonder, Stevie (eig. Steveland Judkins Morris), *13.5.1950 Saginaw (Michigan); amerik. Soulsänger, Multiinstrumentalist, Songschreiber und Produzent. Bereits mit 10 Jahren vom *Miracles*-Sänger Ronnie White bei Motown-Records eingeführt, veröffentlichte »Little Stevie Wonder« 1963 das Debüt *The Twelve Year Old Genius* und die Hit-Single *Fingertips*. 21jährig löste sich der bis dahin als blindes Wunderkind präsentierte W. vom Motown-Chef Berry Gordy, der für W.s Ausbildung und die Verwaltung seiner Einnahmen gesorgt hatte, und setzte seine musikalischen Vorstellungen durch. Auf seinen abseits der Motown-Pop-Formeln entstandenen LPs der 70er Jahre erwies sich W. als kreatives Genie, dessen eigener Umgang mit Studio-Elektronik dem Soul eine Flut neuer Impulse gab. Nahezu völlig solistisch eingespielte LPs enthielten Hits wie *You Are the Sunshine of my Life* und *Superstition* (beide 1972), *Living for the City* (1973), *I Wish* und *Sir Duke* (beide 1976). W.s Meisterwerk *Songs in the Key of Life* (1976) streifte den gesamten Kosmos der afroamerik. Popmusik. In den 80er Jahren drosselte W. sein Arbeitstempo, erzielte jedoch mit dem für Martin Luther King geschriebenen *Happy Birthday* einen Hit, sang mit Paul McCartney (*Ebony and Ivory*, 1982), schrieb erfolgreich Musik für die Filme *The Woman in Red* (mit dem Hit *I Just Called to Say I Love You*, 1984) und *Jungle Fever* (1991). 1995 erschien *Conversation Peace*, eine Songsammlung, die W.s Eigenarten – die kindlich-optimistische

Stimme, den warmen Keyboardklang – in Dialog mit den aktuellen Sounds der HipHop- und Dancefloor-Szene präsentierte. 2005 gelang W. ein großes Comeback mit der Funk-Single *So What the Fuss* mit Prince an der Gitarre. Weitere LPs von W. sind *Down to Earth* (1966), *Talking Book* (1972), *Innervisions* (1973), *Fullfillingness First Finale* (1974), *Hotter than July* (1980), *In Square Circle* (1985), *Characters* (1987), *Natural Wonder* (1995) und *A Time 2 Love* (2005).

X

XTC, brit. New Wave-Band. Die Brit-Popper *Colin Moulding* (*17.8.1955), Gesang und Baßgitarre, *Andy Partridge* (*11.11.1953), Gesang und Gitarre, *Barry Andrews* (*12.9.1956), Keyboards, *Terry Chambers* (*18.7. 1955), Schlagzeug, und *Dave Gregory*, Gitarre, begannen 1978 als Punkmusiker. Das Debütalbum *White Music* fiel durch schrille Kompositionen auf, auch der noch im selben Jahr veröffentlichte Nachfolger *Go 2* gefiel durch seine Gratwanderungen zwischen Punk und Pop. Während der Aufnahmen verließ B. Andrews die Band und wurde durch D. Gregory ersetzt, der XTC zu melodiösem Pop führte, ohne das die Band ihre Verschrobenheit verlor. Nach wie vor dominierten ironische Texte und musikalische Schrägheiten ihre Songs. Mit *Black Sea* (1980) und *English Settlement* (1982) verbuchte die Band auch erste Erfolge in den USA und Japan. Doch ihre größte Fangemeinde hatte XTC in Europa. Hier gelangte sie mit *The Big Express* (1984) und *Orange and Lemons* (1989) in die Charts. Weitere Alben waren *Nonsuch* (1992), *Apple Venus Pt.1* (1999) und *Wasp Star* (2000).

Y

Yardbirds, engl. Rock- und Rhythm & Blues-Band, 1963 gegründet von *Keith Relf* (*22.3.1943, † 14.5. 1976), Gesang, *Chris Dreja* (*11.11.1945), Gitarre, *Eric Clapton* (eig. E. Clapp, *30.3.1945), Gitarre, *Paul Samwell-Smith* (*8.5.1943), Baßgitarre, und *Jim McCarty* (*25.7.1943), Schlagzeug. Mit energiegeladenen Live-Auftritten, langen Blues-Improvisationen und aggressivem Sound gelten die Y. als Wegbereiter für Hardrock und Heavy Metal. Nach dem Abgang Claptons, der 1965 zunächst durch *Jeff Beck* (*24.6.1944) ersetzt worden war, orientierten sich die Y. zunehmend kommerziell und hatten mit Songs wie *For Your Love*, *Heart Full of Soul*, *Evil Hearted You* oder *Still I' m Sad* ab 1965 mehrere Single-Hits. 1966 wurde Samwell-Smith durch *Jim Page* (*9.1.1944) ersetzt. Nach dem Ende der Y. 1968 machten einige Mitglieder weiter von sich reden. Relf gründete *Renaissance*, Page *Led Zeppelin*, Clapton war mit *Cream*, *Blind Faith* und später solo sehr erfolgreich (s. jeweils dort). Dreja arbeitete mehrere Jahrzehnte als Fotograf und rief die Y. unter dem Eindruck des Erfolges der *White Stripes* 2003 für das grandiose Comeback *Birdland* zusammen, an dem auch wieder Jeff Beck beteiligt war. Zu den wichtigsten Platten der Y. zählen *Five Live Yardbirds* (1964), *For Your Love* (1965), *Having a Rave Up* (1966), *Yardbirds* (1966) und *Little Games* (1967).

Yello, Schweizer Synthiepop-Duo. *Boris Blank* (*15.1.1953), Synthesizer, und *Dieter Meier* (*4.3. 1945), Gesang, veröffentlichten 1980 ihr Debüt *Solid Pleasure* (damals noch zusammen mit *Carlos Peron*, der 1982 ausschied) auf Ralph Records, dem Plattenlabel der → *Residents.* B. Blank, ein ehemaliger LKW-Fahrer, und Meier, Exzentriker mit abenteuerlichem Lebenslauf (Pokerspieler, Golfprofi, experimenteller Filmemacher und Performer), kreierten Soundtracks für imaginäre Filme; Klangcollagen, deren innovatives Potential spätere Erfolgsgruppen wie etwa die → *Pet Shop Boys* grundlegend beeinflußte. *You Gotta Say Yes to Another Excess* (1983) bedeutete den erfolgreichen Schnittpunkt zwischen der experimentellen Phase und der Hinwendung zu kommerziellen Tönen; *I Love You* und *Lost Again* waren europäische Top-Hits. In der Folge variierten Y. das Konzept nur noch minimal, die Stücke wurden rhythmusbetonter, konventioneller. Zu den größten Erfolgen zählen *Oh Yeah* (1985), *The Rhythm Divine* (gesungen von Shirley Bassey, 1987) und *The Race* (1988). Wichtigee Y.-LPs sind *Claro Que Si* (1981), *Stella* (1985), *One Second* (1987), *Flag* (1988), *Baby* (1989), *Zebra* (1994), *Hands On Yello* (1995), *Pocket Universe* (1997) und *Motion Picture* (1999).

Yes, engl. Rock-Band, 1968 in London gegründet von *Jon Anderson* (*25.10. 1944), Gesang, *Chris Squire* (*4.3.1948), Baßgitarre, *Bill Bruford* (*17.5.1948), Schlagzeug, *Tony Kaye* (*11.1.1946), Keyboards, *Pete Banks* (*7.7.1947), Gitarre. Banks wurde 1970 durch *Steve Howe* (*8.4.1947), Kaye 1971 durch *Rick Wakeman* (*18.5.1949) und Bruford 1972 durch *Alan White* (*14.6.1949) ersetzt; weitere Umbesetzungen folgten v. a. in den 80er Jahren. Mit einer von Jazz und Klassik beeinflußten sog. Progressive Rock-Musik galten Y. als eine der Supergruppen der 70er Jahre. Y. schufen Rocksongs von zumeist epischer Breite, deren prätentiöse Lyrik und verspielte, virtuose Instrumentalpassagen zahlreiche Bands beeinflußten. Mit ihren ausgefeilten, auf Synthesizer und elektronische Effekte gestützten Soundlandschaften, der häufig komplexen Rhythmik darunter (etwa auf *Relayer*, 1974) und der hohen, klaren Stimme Jon Andersons darüber blieben sie jedoch unerreicht. Der oftmals schwülstige Bombast auf LPs wie *Tales from Topographic Oceans* (1974) bildete allerdings ebenso eine der Hauptangriffsflächen für die Punk- und New Wave-Bewegung. Im Anschluß an eine mehrjährige Pause gelangen der u. a. von Anderson und Squire wiederbelebten Band mit dem von Trevor Horn produzierten Pop-Album *90125* (1983) und dem Single-Hit *Owner of a Lonely Heart* ihre größten kommerziellen Erfolge. Nach längerem Rechtsstreit um den Gruppennamen und diversen Solo-Projekten fanden sich sämtliche Mitglieder der frühen 70er Jahre 1991 zu dem vielbeachteten, wenn auch musikalisch bedeutungslosen Comeback *Union* zusammen. Entgegen allen Erwartungen produzieren Y. trotz immer wieder aufflackernder Streitigkeiten weiterhin Aufnahmen und unternehmen Tourneen. Zu den wichtigsten Platten der Gruppe gehören das Debüt-Album *Yes* (1969), *Fragile* (1972), *Close to the Edge* (1972), *Yessongs* (1973, Live-Dreifach-Album), *Relayer* (1974) und *Going for the One* (1977). Die Alben neueren Datums sind *Keys to Ascension* (1996) und *Magnification* (2001).

Young, Lester Willis, genannt Pres bzw. Prez, *27.8. 1909 Woodville (Mississippi), † 15.3.1959 New York; amerik. Jazzmusiker (Saxophon). Er trat 1934 kurze Zeit in der Band von Fletcher Henderson auf, konnte sich aber wegen seines eigenwilligen Stils dort nicht halten. 1936–40 und erneut 1943–44 spielte er bei Count Basie, mit dem er 1936 seine ersten Aufnahmen machte und sich als einer der besten Jazzimprovisatoren neben Louis Armstrong und Charlie Parker profilierte. Später trat er in kleineren Ensembles auf. Im Gegensatz zur klangvoll timbrierten Spielweise Coleman Hawkins' nähert sich Y.s leichter, fast vibratoloser Ton schon dem Klangideal des Cool Jazz.

Young, Neil, *12.11.1945 Toronto, kanadischer Rock-Sänger und Gitarrist. Als wichtige, stets nonkonforme Größe der Rockmusik bis in die heutige Zeit kreativ, schuf Y. mit emotionalem Gitarrenspiel und hohem, dünnem und dennoch eindringlichem Gesang eine Reihe einflußreicher Alben. Zunächst von 1966–68 bei der Country-Rock-Gruppe *Buffalo Springfield* aktiv, spielte Y. nach einer ersten Solo-LP (1969) bei dem Quartett → Crosby, Stills, Nash & Young. Ab 1971 konzentrierte sich Y. mit großem Erfolg wieder auf seine Solokarriere, unterstützt von seiner Begleitband *Crazy Horse*. Die LP *Harvest* (1972) mit dem Hit *Heart of Gold* (1972) sowie Rock-Alben wie *Tonight's the Night* (1973) und *Zuma* (1975) gelten als Genre-Klassiker. Anfang der 80er Jahre irritierte Y. mit unkommerziellen stilistischen Kurswechseln zwischen Funk, Computerklängen und konventioneller Countrymusik seine Hörer und Plattenfirma gleichermaßen. Erst mit Werken wie *Freedom* (1989) oder *Ragged Glory* (1991) gewann Y. sein altes Publikum wieder zurück und festigte seine Rolle als generationsübergreifende Identifikationsfigur in der Rockmusik. Zuletzt machte Y. durch das Album *Mirror Ball* (1995), einer Zusammenarbeit mit der Gruppe → *Pearl Jam* von sich reden. Weitere wichtige Platten von Y. sind *Everybody Knows This Is Nowhere* (1969), *After the Goldrush* (1970), *Comes a Time* (1978), *Rust Never Sleeps* (1979), *Harvest Moon* (1992), *Sleep with Angels* (1994), *Broken Arrow* (1996), *Are You Passionate?* (2002) und das zugleich als CD und Spielfilm veröffentlichte *Greendale* (2003).

Young, Paul, *17.1.1956 Luton; engl. Sänger. Als Vertreter des »Blue-eyed Soul« (von weißen, v. a. engl. Interpreten gespielte Soulmusik) bewegte sich Y. ab Ende der 70er Jahre auf eine erfolgreiche Karriere zu. In Bands wie *Kat Kool, Streetband* und *Q-Tips* entwickelte er bei zahlreichen Auftritten seinen Stil, geschult an Vorbildern wie Marvin Gaye. Dessen Song *Wherever I Lay My Hat* gelangte 1983 in Y.s Version an die Spitze der englischen Charts. Ebenso zugkräftig war das Solo-Debüt *No Parlez* (1983), das Y. als zumeist einfühlsamen Interpreten bekannter Vorlagen etablierte. Mit *Come Back and Stay, Love of the Common People* und *I'm Gonna Tear Your Playhouse Down* erzielte Y. weitere Hits, bevor sein Weg in den späten 80er Jahren durch Erkrankungen der Stimmbänder unterbrochen wurde. Das folgende Jahrzehnt erlebte den genesenen Y., der mit *Don't Dream It's Over* und *Senza Una Donna* (zus. mit dem Italiener Zucchero) auch neue Erfolge erreichte. Nennenswerte LPs sind *The Secret of Association* (1984), *Between Two Fires* (1987), die Kompilation *From Time to Time* (1991), *Other Voices* (1990) und *The Crossing* (1993).

Youngbloods, amerik. Rock-Band, 1965 gegründet von *Jesse Colin Young* (eig. Perry Miller, *11.11.1944), Gesang und Gitarre, *Jerry Corbitt* (später ersetzt durch *Michael Kane*), Gitarre und Baßgitarre, *Lowell »Banana« Levinger*, Gitarre und Piano, sowie *Joe Bauer*, Schlagzeug. Unter der Regie von Young machten die Y. mit Songs im Stile der *Beatles* und verspielten Kompositionen aus Westcoast, Blues, Country, Folk und Rock auf sich aufmerksam. Ihre größten Hit hatte die Band mit *Get Together* (1967), einem Song von Dino Valenti (→ *Quicksilver M.S.*). 1972 löste sich die Gruppe auf. Young startete in den 70er und 80er Jahren eine nur wenig beachtete Karriere mit zahlreichen Solo-Alben, darunter zuletzt *The Highway Is for Heroes* (1987). Zu den wichtigsten LPs der Y. sind *Youngbloods* (1967), *Earth Music* (1967), *Get Together* (1969) und *Elephant Mountain* (1969) zu zählen.

Z

Zappa, Frank (eig. Francis Vincent), *21.12.1940 Baltimore (Maryland), †4.12.1993 Los Angeles; amerik. Rockmusiker. Er gründete 1964 die Gruppe *Mothers of Invention*. Ihre Musik, die Elemente des Rock 'n' Roll, Jazz, neuerer Musik (I. Strawinsky, E. Varèse, J. Cage), des Vaudeville sowie Revue-Gags und technische Effekte (Elektronik, Verzerrungen, Übersteuerungen) zu sogenannten »musikalischen Müllskulpturen« (Z.) vermischt, wendet sich mit sozialkritischen Texten und teilweise obszön-provokativen Showeinlagen gegen den sogenannten »American way of life«. 1969 löste Z. die Band auf, formierte sie später aber neu, drehte mit ihr 2 Filme und unternahm zahlreiche Tourneen, u. a. auch nach Deutschland (zuletzt 1982). Von seinen Schallplatteneinspielungen sind zu nennen: *Freak Out!* (1966), *Absolutely Free* (1967), *Cruisin' with Ruben & 771e Jets* (1968), *Weasles Ripped My Flesh* (1970), *Fillmore East June 71* (1971), *Just Another Band from L. A.* (1972), *Over Nite Sensation* (1973), *Apostrophe* (1974), *One Size Fits All* (1975), *Orchestral Favourites* (1979), *Tinsel Town Rebellion* (1981), *Perfect Stranger* (1984), *Broadway the Hard Way* (1989)

Zawinul, Joe (eig. Josef) *7.7.1932 Wien; östr. Jazzmusiker (Klavier, Keyboards, Komposition). Z. spielte früh Akkordeon, seit dem siebten Lebensjahr lernte er Klavier am Konservatorium Wien. Nach dem Krieg begann er sich für Jazz zu interessieren, 20jährig arbeitete er mit dem Saxophonisten Hans Koller zusammen. 1959 ging er als Stipendiat der Berklee School of Music in die USA, wo er sich der Band von Maynard Ferguson anschloß. 1961–70 spielte er in der Band von Cannonball Adderley, schon in dieser Zeit wurde er als Komponist solcher Hits wie *Mercy, Mercy, Mercy* weltbekannt. In der Zusammenarbeit mit Miles Davis wurde er einer der Wegbereiter des Fusion-Stils. *In A Silent Way* (1969) stammt aus seiner Feder. 1970 folgte das bahnbrechende Album *Bitches Brew*. 1971 gründete Z. mit Wayne Shorter die Gruppe *Weather Report*, eine der erfolgreichsten Fusion-Bands überhaupt, die bis zu ihrer Auflösung 1985 zahlreiche Alben, verbunden mit weltweiten Chartnotierungen, hervorbrachte. Der Hit *Birdland* aus dem Album *Heavy Weather* (1976) wurde mit einem Grammy ausgezeichnet. Z. schuf einen unnachahmlich farbigen Sound, in dem die Elektronisierung des Instrumentariums eine entscheidende Rolle spielte. 1987 gründete Z. die Gruppe *Zawinul Syndicate*, mit der er bis heute in unterschiedlichen Besetzungen weltweit tourt. Weitere bekannte Alben mit *Weather Report*: *I Sing The Body Electric* (1972), *Black Market* (1976), mit *Zawinul Syndicate*: *Black Water* (1989).

Zoller, Attila (Cornelius), *13.6.1927 Visegrád, 25.1.1998 Vermont; ung. Jazzmusiker (Gitarre) und Bandleader. Z. ging 1948 nach Wien, später nach Frankfurt a.M., spielte mit Jutta Hipp und Albert Mangelsdorff und gehörte bald zu den herausragenden Musikern der deutschen Jazzszene. Bis 1959 war er Mitglied der Gruppe von Hans Koller, übersiedelte im selben Jahr nach New York, spielte in namhaften Bands, u. a. bei Stan Getz und Herbie Mann, gründete eigene Gruppen und wandte sich schrittweise der Avantgarde und dem Free Jazz zu. Z. löste sich immer wieder von der amerikanischen Szene und trat regelmäßig in Deutschland auf. Albert Mangelsdorff war sein bevorzugter Partner. Als Meister des lyrisch ausgesparten Spiels entfaltete er sich besonders in kleiner Besetzung. Er schrieb und spielte die Musik zu den Filmen *Katz und Maus* und *Das Brot der frühen Jahre.*

Zombies, engl. Rock-Band. 1963 gegründet, bestanden die Z. zu ihren besten Zeiten aus *Colin Blunstone* (*24.6.1945), Gesang und Gitarre, *Rodney Argent* (*14.6.1945), Keyboards, *Paul Atkinson* (*19.3.1946), Gitarre, *Hugh Grundy* (*6.3.1945), Schlagzeug, und *Chris Taylor White* (*7.3.1943), Baßgitarre. Mit dem Image unkomplizierter Oberschüler und beschwingten Songs, deren mehrstimmiger Gesang und Gitarrensounds an den Stil der → *Beatles* und → *Kinks* angelehnt waren, begeisterten die Z. vor allem das amerik. Publikum. Bereits die erste Single *She's Not There* (1964), aber auch Songs wie *Tell Her No* (1965) oder *Time of the Season* (1969) erreichten die Hitparaden. Nach der frühen Auflösung der Z. 1967 konnten lediglich Blunstone und Argent mit Solo-Arbeiten auf sich aufmerksam machen. *The Zombies Live on the BBC (1965–1967)*, eine Veröffentlichung alter Radioaufnahmen, zeigte 1985 noch einmal die außerordentliche Popularität der Z. in den USA, als das Album dort die Top Ten erreichte. Weitere wichtige Platten sind *Begin Here* (1965), *Odyssey and Oracle* (1968), *The Zombies Collection Vol. 1+2* (1989).

ZZ TOP, amerik. Bluesrock-Band. *Frank Beard* (*11.6. 1949), Schlagzeug, *Billy Gibbons* (*16.12.1949), Gitarre, und *Dusty Hill* (*19.5.1949), Baßgitarre, formierten die Band 1970 in Texas. Zunächst spielten Z. eine konservative Mischung aus Country, Blues und Hard-Rock, die ihnen bereits während der 70er Jahre, beginnend mit *Tres Hombres* (1973), weltweite Millionenverkäufe sicherte. Mit *Eliminator* (1983) modernisierten sie ihre Version von Blues & Boogie durch die Verwendung von Synthesizern und Drumcomputern. Dabei festigte die Band ihr selbstironisches Image durch aufwendig produzierte Videoclips (Regie: Tim Newman), die amerik. Klischees (Autos und Frauen) bis ins Absurde überspitzten (z.B. *Gimme all Your Lovin',* 1984). Mit *Afterburner* (1985), der gelungensten Synthese aus Bluesroots und modernen Sounds, konnten Z. ihren größten Erfolg verbuchen, der ihnen gleich drei Top 10-Hits bescherte. *Antenna* (1994) zeigte die Band wieder von ihrer traditionellen Seite. Zu den weiteren LPs zählen *Tejas* (1976), *Deguello* (1979), *El Loco* (1981), *Recycler* (1990) und *XXX* (1999).

Die Artikel dieses Bandes sind dem folgenden Werk entnommen:

Musiklexikon,
2., aktualisierte und erweiterte Auflage
ISBN 3-476-02086-X
Redaktion der 1. Aufl.: Ralf Noltensmeier
Redaktion der 2. Aufl.: Harald Hassler

Redaktion des vorliegenden Bandes:
Harald Hassler

Umschlagabbildung:
Ella Fitzgerald © David Redfern/Redferns
Bruce Springsteen © Paul Bergen/Redferns

Bibliografische Information
Der Deutschen Bibliothek
Die Deutsche Bibliothek verzeichnet diese Publikation in der Deutschen Nationalbibliografie; detaillierte bibliografische Daten sind im Internet über <http://dnb.ddb.de> abrufbar.

Gedruckt auf chlorfrei gebleichtem, säurefreiem und alterungsbeständigem Papier

ISBN-13: 978-3-476-02171-7
ISBN-10: 3-476-02171-8

www.metzlerverlag.de
info@metzlerverlag.de

Einbandgestaltung: Katja Störrle
Satz: Dörr + Schiller GmbH, Stuttgart
Druck und Bindung: C. H. Beck, Nördlingen
Printed in Germany
August/2006
Verlag J. B. Metzler Stuttgart · Weimar